HISTOIRE
DU
CONSULAT
ET DE
L'EMPIRE

TOME XVI

L'auteur déclare reserver ses droits à l'égard de la traduction en Langues étrangères, notamment pour les Langues Allemande, Anglaise, Espagnole et Italienne.

Ce volume a été déposé au Ministère de l'Intérieur (Direction de la Librairie), le 10 août 1857.

PARIS. IMPRIMÉ PAR HENRI PLON, RUE GARANCIÈRE, 8.

HISTOIRE
DU
CONSULAT
ET DE
L'EMPIRE

FAISANT SUITE
A L'HISTOIRE DE LA RÉVOLUTION FRANÇAISE

PAR M. A. THIERS

TOME SEIZIÈME

PARIS
PAULIN, LIBRAIRE-ÉDITEUR
60, RUE RICHELIEU

1857

HISTOIRE
DU CONSULAT
ET
DE L'EMPIRE.

LIVRE QUARANTE-NEUVIÈME.

DRESDE ET VITTORIA.

Napoléon se hâte peu d'arriver à Dresde, afin de différer sa rencontre avec M. de Bubna. — Ses dispositions pour le campement, le bien-être et la sûreté de ses troupes pendant la durée de l'armistice. — Son retour à Dresde et son établissement dans le palais Marcolini. — A peine est-il arrivé que M. de Bubna présente une note pour déclarer que la médiation de l'Autriche étant acceptée par les puissances belligérantes, la France est priée de nommer ses plénipotentiaires, et de faire connaître ses intentions. — En réponse à cette note, Napoléon élève des difficultés de forme sur l'acceptation de la médiation, et évite de s'expliquer sur le désir exprimé par M. de Metternich de venir à Dresde. — Conduite du cabinet autrichien en recevant cette réponse. — M. de Metternich se rend auprès des souverains alliés pour convenir avec eux de tout ce qui est relatif à la médiation. — Il obtient l'acceptation formelle de cette médiation, et repart après avoir acquis la connaissance précise des intentions des alliés. — Comme l'avait prévu M. de Metternich, Napoléon en apprenant cette entrevue, veut le voir, et l'invite à se rendre à Dresde. — Arrivée de M. de Metternich dans cette ville le 25 juin. — Discussions préalables avec M. de Passano sur la médiation, sur sa forme, sa durée, et la manière de la concilier avec le traité d'alliance. — Entrevue avec Napoléon. — Entretien orageux et célèbre. — Napoléon, regrettant les emportements imprudents auxquels il s'est livré, charge M. de Bassano de reprendre l'entretien avec M. de Metternich. — Nouvelle entrevue dans laquelle Napoléon, déployant autant de souplesse qu'il avait d'abord montré de violence, consent à la médiation, mais en arrachant à M. de Metternich une prolongation d'armistice jusqu'au 17 août, seule chose à laquelle il tint, dans l'intérêt de ses préparatifs militaires. — Acceptation formelle de la médiation autrichienne, et assignation du 5 juillet pour la réunion des plénipotentiaires à Prague. — Retour de M. de Metternich à Gitschin, auprès de l'empereur François. — La nécessité de s'entendre avec la Prusse et la Russie sur la prolongation de l'armistice et sur l'envoi des plénipotentiaires à Prague entraîne un nouveau délai, d'abord jusqu'au 8, puis jusqu'au 12 juillet. — Napoléon, auquel ces délais convenaient, s'en réjouit en affectant de s'en plaindre, et en fait naître de nouveaux en partant lui-même pour Magdebourg. — Son départ le 10 juillet. — Il apprend en route les événements d'Espagne. — Ce qui s'était passé dans ce pays depuis que les Anglais avaient été expulsés de la Castille, et que les armées du centre, d'Andalousie et de Portugal avaient été réunies. — Projets de lord Wellington pour la campagne de 1813. — Il se propose de marcher sur la Vieille-Castille avec 70 mille Anglo-Portugais et 20 mille Espagnols. — Projets des Français. — Possibilité en opérant bien de tenir tête aux Anglais, et de les rejeter même en Portugal. — Nouveaux conflits entre l'autorité de Paris et celle de Madrid, et fâcheuses instructions qui en sont la suite. — Il résulte de ces instructions et de la lenteur de Joseph à évacuer Madrid une nouvelle dispersion des forces françaises. — Reprise des opérations en mai 1813. — Quatre divisions de l'armée de Portugal ayant été envoyées au général Clausel dans le nord de la Péninsule, Joseph, qui aurait pu réunir 76 mille hommes contre lord Wellington, n'en a que 52 mille à lui opposer. — Retraite sur Valladolid et Burgos. — Le manque de vivres précipite notre marche rétrograde. — Deux opinions dans l'armée, l'une consistant à se retirer sur la Navarre afin d'être plus sûr de rejoindre le général Clausel, l'autre consistant à se tenir toujours sur la grande route de Bayonne afin de couvrir la frontière de France. — Les ordres réitérés de Paris font incliner Joseph et Jourdan vers cette dernière opinion. — Nombreux avis expédiés au général Clausel pour l'engager à se réunir à l'armée entre Burgos et Vittoria. — Retraite sur Miranda del Ebro et sur Vittoria. — Espérance d'y rallier le général Clausel. — Malheureuse inaction de Joseph et de Jourdan dans les journées du 19 et du 20 juin. — Funeste bataille de Vittoria le 21 juin, et ruine complète des affaires des Français en Espagne. — A qui peut-on imputer ces déplorables événements? — Irritation violente de Napoléon contre son frère Joseph, et ordre de le faire arrêter s'il vient à Paris. — Envoi du maréchal Soult à Bayonne pour rallier l'armée, et reprendre l'offensive. — Retour de Napoléon à Dresde, après une excursion de quelques jours à Torgau, à Wittenberg, à Magdebourg et à Leipzig. — Suite des négociations de Prague. — MM. de Humboldt et d'Anstett nommés représentants de la Prusse et de la Russie au congrès de Prague. — Ces négociateurs, rendus le 11 juillet à Prague, se plaignent amèrement de n'y pas voir arriver les plénipotentiaires

français au jour convenu. — Chagrin et doléances de M. de Metternich.
— Napoléon, revenu le 15 à Dresde, après avoir différé sous divers
prétextes la nomination des plénipotentiaires français, désigne enfin
MM. de Narbonne et de Caulaincourt. — Une fausse interprétation
donnée à la convention qui prolonge l'armistice lui fournit un nouveau prétexte pour ajourner le départ de M. de Caulaincourt. — Son
espérance en gagnant du temps est de faire remettre au 1ᵉʳ septembre la reprise des hostilités. — Redoublement de plaintes de la
part des plénipotentiaires, et déclaration de M. de Metternich qu'on
n'accordera pas un jour de plus au delà du 10 août pour la dénonciation de l'armistice, et du 17 pour la reprise des hostilités. — La difficulté soulevée au sujet de l'armistice étant levée, Napoléon expédie
M. de Caulaincourt avec des instructions qui soulèvent des questions
de forme presque insolubles. — Pendant ce temps il quitte Dresde le
25 juillet pour aller voir l'Impératrice à Mayence. — Finances et police de l'Empire durant la guerre de Saxe; affaires des séminaires de
Tournay et de Gand, et du jury d'Anvers. — Retour de Napoléon à
Dresde le 4 août, après avoir passé la revue des nouveaux corps qui se
rendent en Saxe. — Vaines difficultés de forme au moyen desquelles
on a même empêché la constitution du congrès de Prague. — M. de
Metternich déclare une dernière fois que si le 10 août à minuit les
bases de paix n'ont pas été posées, l'armistice sera dénoncé, et l'Autriche se réunira à la coalition. — Pensée véritable de Napoléon dans
ce moment décisif. — Ne se flattant plus d'empêcher la Russie et la
Prusse de reprendre les hostilités le 17 août, il voudrait, en ouvrant une négociation sérieuse avec l'Autriche, différer l'entrée en
action de celle-ci. — Il entame effectivement avec l'Autriche une négociation secrète qui doit être conduite par M. de Caulaincourt et
ignorée de M. de Narbonne. — Ouverture de M. de Caulaincourt à
M. de Metternich le 6 août, quatre jours avant l'expiration de l'armistice. — Surprise de M. de Metternich. — Sa réponse sous quarante-
huit heures, et déclaration authentique des intentions de l'Autriche,
donnée au nom de l'empereur François. — Avantages tout à fait
inespérés offerts à Napoléon. — Nobles efforts de M. de Caulaincourt pour décider Napoléon à accepter la paix qu'on lui offre. —
Contre-proposition de celui-ci, envoyée seulement le 10, et jugée
inacceptable par l'Autriche. — Le 10 août s'étant passé sans l'adoption des bases proposées, l'Autriche déclare le congrès de Prague
dissous avant qu'il ait été ouvert, et proclame son adhésion à la
coalition. — Napoléon, éprouvant un moment de regret, ordonne,
mais inutilement, à M. de Caulaincourt de prolonger son séjour à
Prague. — L'empereur de Russie ayant précédé le roi de Prusse en
Bohême, et ayant conféré avec l'empereur François, déclare, au nom
des souverains alliés, les dernières propositions de Napoléon inacceptables. — Retour et noble affliction de M. de Caulaincourt. — Départ de Napoléon de Dresde le 16 août. — Sa confiance et ses projets.
— Profondeur de ses conceptions pour la seconde partie de la campagne de 1813. — Il prend le cours de l'Elbe pour ligne de défense,
et se propose de manœuvrer concentriquement autour de Dresde, afin

de battre successivement toutes les masses ennemies qui voudront l'attaquer de front, de flanc ou par derrière. — Projets de la coalition et forces immenses mises en présence dans cette guerre gigantesque. — L'armée de Silésie, commandée par Blucher, étant la première en mouvement, Napoléon marche à elle pour la rejeter sur la Katzbach. — Combats des 20, 21 et 22 août, à la suite desquels Blucher est obligé de se replier derrière la Katzbach. — Napoléon apprend le 22 au soir l'apparition de la grande armée des coalisés sur les derrières de Dresde. — Son retour précipité sur Dresde. — Il s'arrête à Stolpen, et forme le projet de déboucher par Kœnigstein, afin de prendre l'armée coalisée à revers, et de la jeter dans l'Elbe. — Les terreurs des habitants de Dresde et les hésitations du maréchal Saint-Cyr en cette circonstance détournent Napoléon de la plus belle et de la plus féconde de ses conceptions. — Son retour à Dresde le 26, et inutile attaque de cette ville par les coalisés. — Célèbre bataille de Dresde livrée le 27 août. — Défaite complète de l'armée coalisée et mort de Moreau. — Position du général Vandamme à Péterswalde sur les derrières des alliés. — Nouveau et vaste projet sur Berlin qui détourne Napoléon des opérations autour de Dresde. — Désastre du général Vandamme à Kulm amené par le plus singulier concours de circonstances. — Conséquences de ce désastre. — Retour de confiance chez les coalisés et aggravation de la situation de Napoléon, dont les dernières victoires se trouvent annulées. — Sa situation au 30 août 1813.

Intention véritable de Napoléon en signant l'armistice de Pleiswitz.

En signant l'armistice de Pleiswitz, Napoléon n'avait d'autre intention que de gagner deux mois pour compléter ses armements, et les proportionner aux forces des nouveaux ennemis qu'il allait s'attirer, mais il n'avait pas eu un moment la pensée de la paix, ne voulant à aucun prix la conclure aux conditions que l'Autriche prétendait y mettre. Ces conditions révélées tant de fois depuis quatre mois, tantôt par de simples insinuations, tantôt par les déclarations récentes et formelles de M. de Bubna, étaient, comme on l'a vu, les suivantes : Dissolution du grand-duché de Varsovie; reconstitution de la Prusse au moyen d'une partie considérable de ce grand-duché, et de quelques portions des provinces anséatiques; restitution à l'Allemagne des villes libres de Lubeck, de Brême, de Hambourg; abolition de la Confédération du Rhin; rétrocession à l'Autriche de l'Illyrie et des portions de la Pologne qui lui avaient jadis appartenu. Quoique cette paix continentale, prélude assuré de la paix maritime, laissât à la France, indépendamment de la Belgique et des provinces rhénanes, la Hollande, le Piémont, la Toscane, l'État romain, maintenus en départements français, la Westphalie, la Lombardie, Naples, constitués en royaumes vassaux, Napoléon la repoussait absolument, non à cause des pertes de territoire qui étaient presque nulles, mais comme une atteinte à sa gloire, et lui préférait sans hésiter la guerre avec l'Europe entière. C'était sans doute une insigne témérité pour lui-même, une cruauté pour tant de victimes destinées à périr sur les champs de bataille, une sorte d'attentat envers la France, exposée à tant de dangers uniquement pour l'orgueil de son chef, mais enfin c'était une résolution à peu près prise, et dans laquelle il y avait fort peu de chance de l'ébranler. Il eût fallu autour de lui de meilleurs conseillers, et surtout de plus autorisés, pour le faire revenir de cette détermination fatale. Pourtant, bien que tout à fait résolu (ce qui résulte d'une manière incontestable de ses ordres, de ses communications diplomatiques, et de quelques aveux inévitables faits à ses coopérateurs les plus intimes), il ne pouvait lui convenir de laisser apercevoir sa véritable pensée, ni aux puissances avec lesquelles il avait à traiter, ni à la plupart des agents de son gouvernement, du zèle desquels il avait grand besoin. En effet, connue de l'Autriche,

Juin 1813.

Sa pensée est de continuer la guerre, et de prendre seulement le temps d'achever ses préparatifs.

Soin de Napoléon à cacher ses desseins, afin de ne pas exciter de trop graves mécontentements dans le public et dans l'armée.

la pensée de Napoléon aurait définitivement décidé cette puissance contre nous, accéléré ses armements déjà bien assez actifs, répandu le désespoir parmi nos alliés déjà bien assez dégoûtés de notre alliance, rendu impossible une prolongation d'armistice à laquelle Napoléon tenait essentiellement, et qu'il ne désespérait pas d'obtenir en traînant les négociations en longueur. Avouée aux hommes qui composaient son gouvernement, sa résolution de ne pas accepter la paix se serait bientôt répandue dans le public, aurait augmenté l'aversion qu'inspirait sa politique, étendu cette aversion à sa personne et à sa dynastie, rendu les levées d'hommes plus difficiles, et irrité, découragé l'armée, qui ne voyant plus de terme à l'effusion de son sang, serait devenue plus hardie et plus sévère dans son langage. Il semblait effectivement que l'opposition, comprimée partout, se fût réfugiée dans les camps, et que nos militaires de tout grade, pour prix des sacrifices qu'on exigeait d'eux, voulussent exercer la liberté inaliénable de l'esprit français. Après s'être précipités le matin au milieu des dangers, ils déploraient le soir dans les bivouacs l'obstination fatale qui faisait couler tant de sang pour une politique qu'ils commençaient à ne plus comprendre. Ils avaient bien admis qu'après Moscou et la Bérézina il fallût une revanche éclatante aux armes françaises; mais après Lutzen, après Bautzen, le prestige de nos armes étant rétabli, ils auraient été révoltés, et peut-être glacés dans leur zèle, s'ils avaient appris que Napoléon pouvant conserver la Belgique, les provinces rhénanes, la Hollande, le Piémont, la Toscane, Naples, ne s'en contentait pas, et voulait encore immoler des milliers d'hommes pour garder Lubeck, Hambourg, Brême, pour conserver le vain titre de protecteur de la Confédération du Rhin! Par toutes ces raisons, Napoléon ne dit à personne, excepté peut-être à M. de Bassano, sa pensée tout entière; il n'en dit à chacun que ce que chacun avait besoin d'en savoir pour accomplir sa tâche particulière, réservant pour lui seul la connaissance complète de ses funestes desseins.

Juin 1813

On vient de voir que M. de Bubna avait reparu au quartier général avec les conditions de l'Autriche, et que ces conditions avaient été considérablement modifiées, puisqu'en remettant à la paix maritime le sacrifice des villes anséatiques et de la Confédération du Rhin, on avait fait tomber la seule objection qu'elles pussent raisonnablement provoquer. Napoléon se sentant alors serré de près, et craignant d'avoir à se prononcer immédiatement, ce qui lui eût mis l'Autriche sur les bras avant qu'il fût en mesure de lui résister, avait signé l'armistice si désavantageux de Pleiswitz, non pour avoir le temps de traiter, mais pour avoir celui d'armer. Il écrivit sous le secret au prince Eugène et au ministre de la guerre qu'il signait cet armistice, dont il prévoyait en partie le danger, pour avoir le temps de se préparer contre l'Autriche, à laquelle il entendait faire la loi au lieu de la recevoir d'elle. Il recommanda à l'un et à l'autre de ne rien négliger pour que l'armée d'Italie destinée à menacer l'Autriche par la Carinthie, pour que l'armée de Mayence destinée à la menacer par la Bavière, fussent prêtes à la fin de juillet, et d'agir de manière que les jours *comptassent double*, car on

Napoléon dit une partie de son secret au prince Eugène et au ministre de la guerre, parce qu'il ne peut pas faire autrement.

avait à peine deux mois pour achever les armements que les circonstances rendaient indispensables. Toutefois il n'avoua ni à l'un ni à l'autre quelle était cette loi de l'Autriche qu'il ne voulait pas subir, il leur laissa même croire que les exigences de cette puissance étaient exorbitantes, et ne tendaient à rien moins qu'à ruiner la puissance de la France et à offenser son honneur. Il écrivit au prince Cambacérès, auquel il avait remis en partant le dépôt de son autorité, que l'armistice signé pourrait sans doute conduire à la paix, qu'il *ne fallait pas toutefois que ce fût une raison de ralentir les préparatifs de guerre, mais au contraire une raison de les redoubler, car ce n'était qu'autant qu'on verrait que nous étions formidables sur tous les points, que la paix pourrait être sûre et honorable.* — Mais au prince Cambacérès pas plus qu'aux autres, il n'osa dire ce qu'il entendait par une paix sûre et honorable, et il se garda de lui avouer qu'il ne considérait pas comme telle une paix qui, indépendamment du Rhin et des Alpes, concédait directement ou indirectement à la France la Hollande, la Westphalie, le Piémont, la Lombardie, la Toscane, les États romains et Naples.

A M. de Bassano seul, qu'il ne pouvait pas tromper, puisque ce ministre était l'intermédiaire de toutes les communications de la France avec les puissances européennes, et duquel il n'avait pas d'ailleurs la moindre objection à craindre, il découvrit sa vraie pensée, en lui confiant le soin de recevoir à sa place M. de Bubna. Il lui dit qu'il ne voulait pas voir cet envoyé, pour n'avoir pas à se prononcer sur les conditions de l'Autriche; il lui enjoignit de l'emmener à Dresde, où devait bientôt revenir le quartier général français, et de l'y retenir jusqu'à son retour, ce qui ferait gagner une dizaine de jours, et conduirait à la mi-juin avant d'avoir réuni les plénipotentiaires. En soulevant ensuite des difficultés de forme, il était possible d'atteindre le mois de juillet sans s'être prononcé sur le fond des choses. Puis en montrant au dernier moment quelque disposition à traiter, et en argumentant du peu de temps qui resterait alors, il serait encore possible de faire prolonger d'un mois la durée de l'armistice, ce qui après juin et juillet assurerait tout le mois d'août, et procurerait ainsi trois mois pour armer, trois mois dont les puissances coalisées profiteraient sans doute, mais pas autant que la France, car elles n'étaient administrées ni avec la même activité ni avec le même génie.

Ce plan arrêté, Napoléon fit partir M. de Bassano pour Dresde, en le chargeant d'annoncer sa prochaine arrivée dans cette capitale, et de lui chercher en dehors des résidences royales une habitation commode et convenable, où il fût à la fois à la ville et à la campagne, où il pût travailler en liberté, respirer un air pur, et se trouver à portée des camps d'instruction établis au bord de l'Elbe. Il ordonna d'y amener une partie de sa maison, la Comédie française elle-même, afin d'y déployer une sorte de splendeur pacifique, qui respirât la satisfaction, la confiance et le penchant au repos, penchant qui n'avait jamais moins pénétré dans son âme. *Il est bon*, écrivit-il au prince Cambacérès, *qu'on croie que nous nous amusons ici*. —

Juin 1813.

Napoléon songe à se faire accorder un mois de plus de suspension d'armes, en feignant de négocier.

LIVRE XLIX.

Juin 1813.

Avant de retourner à Dresde, Napoléon met tous ses soins à bien cantonner ses troupes.

Suivant son usage, Napoléon ne quitta point ses troupes sans avoir assuré leur entretien, leur bonne santé, et leur instruction pendant la durée de la suspension d'armes. Il s'était réservé, d'après les conditions de cet armistice, la basse Silésie, pays riche en toutes sortes de ressources tant pour la nourriture que pour le vêtement des hommes. Il y répartit ses corps d'armée, depuis les montagnes de la Bohême jusqu'à l'Oder, de la manière suivante.

Leur distribution sur la ligne frontière stipulée par l'armistice.

Il plaça Reynier à Gorlitz avec le 7ᵉ corps, Macdonald à Lowenberg avec le 11ᵉ, Lauriston à Goldberg avec le 5ᵉ, Ney à Liegnitz avec le 3ᵉ, Marmont à Buntzlau avec le 6ᵉ, Bertrand à Sprottau avec le 4ᵉ, Mortier aux environs de Glogan avec l'infanterie de la jeune garde, Victor à Crossen avec le 2ᵉ, Latour-Maubourg et Sébastiani au bord de l'Oder avec la cavalerie de réserve. Le maréchal Oudinot, avec le corps destiné à marcher sur Berlin, fut cantonné sur les limites de la Saxe et du Brandebourg, lesquelles formaient de l'Oder à l'Elbe la ligne de démarcation stipulée par l'armistice. Ces divers corps durent camper dans des villages ou des baraques, manœuvrer, se reposer et bien vivre. Ils devaient être entretenus au moyen de réquisitions sur le pays, ménagées de manière à pouvoir y subsister trois mois au moins, et à y former des approvisionnements pour l'époque du renouvellement des hostilités. Napoléon prescrivit en outre des levées de draps et de toiles dans la partie de la Silésie qui lui était restée, et qui les produisait en abondance, afin de réparer le vêtement déjà usé de ses soldats. La Silésie devant, dans tous les cas, revenir à la Prusse, puisque l'Autriche n'en voulait pas, il n'avait à la ménager que pour en faire durer les ressources aussi longtemps que ses besoins.

De toutes ses places sur l'Oder et la Vistule, celle de Glogau ayant eu seule l'avantage d'être débloquée, il en renouvela la garnison et les approvisionnements, et ordonna d'en perfectionner les moyens de défense. Il expédia des officiers à Custrin, Stettin, Dantzig, pour apprendre à ces garnisons les derniers triomphes de nos armes, pour leur porter des récompenses, et veiller à ce que les vivres consommés chaque jour fussent remplacés immédiatement par des quantités égales, conformément aux conditions expresses de l'armistice. Il avait été convenu par l'une des stipulations de l'armistice que l'importante place de Hambourg dépendrait du sort des armes, et resterait à ceux qui l'occuperaient le 8 juin au soir. Elle était rentrée dans nos mains le 29 mai, par l'arrivée du général Vandamme à la tête de deux divisions, et serait redevenue plus tôt notre propriété sans l'intervention singulière et un moment inexplicable du Danemark dans cette occasion. Jusque-là le Danemark nous avait été fidèle, et il nous le devait, puisque c'était pour lui conserver la Norvége que nous avions la guerre avec la Suède. A la suite de notre désastre de Moscou, il avait été vivement sollicité par la Russie et l'Angleterre d'abandonner la Norvége à la Suède, avec promesse de l'indemniser aux dépens de la France s'il cédait, et avec menace, s'il résistait, d'abattre la monarchie danoise. A ces sollicitations menaçantes de la Russie et de l'Angleterre, s'étaient

Juin 1813.

Ce qui s'était passé à Hambourg pendant les derniers événements.

Attitude équivoque du Danemark.

Juin 1813.

Les exigences de la coalition ramènent le Danemark à la France.

Le retour du Danemark rend facile la rentrée de nos troupes dans la ville de Hambourg.

Nouvelle occupation de Hambourg.

jointes les instances plus douces de l'Autriche, invitant le Danemark à s'unir à elle, et lui promettant la conservation de la Norvége, s'il adhérait à sa politique médiatrice. Au milieu de ce conflit de suggestions de tout genre, le Danemark craignant que la France ne fût plus en mesure de le soutenir, avait loyalement demandé à Napoléon l'autorisation de traiter pour son compte, afin d'échapper aux périls qui le menaçaient, et Napoléon touché de sa franchise y avait généreusement consenti. Il lui avait même renvoyé les matelots danois qui servaient sur notre flotte, pour que sa situation s'approchât davantage de la neutralité. L'espérance du Danemark avait été en se remettant en paix avec l'Angleterre par l'intermédiaire de la Russie, et en restant neutre ensuite avec tout le monde, de s'assurer la conservation de la Norvége. Bientôt on lui avait signifié que non-seulement il fallait qu'il nous déclarât la guerre, ce qui coûtait fort à sa loyauté, mais qu'il fallait en outre qu'il renonçât à la Norvége, sauf une indemnité éventuelle, de manière que la défection envers nous ne l'aurait pas même sauvé de la spoliation. Révolté de ces exigences, le Danemark nous était enfin revenu, et l'une de ses divisions, qui s'était tenue aux portes de Hambourg dans une attitude équivoque, et presque inquiétante, nous avait tendu la main, au lieu de nous menacer. Vandamme alors que rien ne retenait, avait expulsé le rassemblement de Tettenborn, composé de Cosaques, de Prussiens, de Mecklembourgeois, de soldats des villes anséatiques, et avait arboré de nouveau les aigles françaises sur tout le cours de l'Elbe inférieur. Napoléon avait sur-le-champ expédié au maréchal Davout l'ordre de s'établir fortement dans Hambourg, Brême et Lubeck, lui avait réitéré l'injonction de punir sévèrement la révolte de ces villes, d'en tirer les ressources nécessaires pour l'armée, et de créer sur le bas Elbe un vaste établissement militaire qui complétât les défenses de ce grand fleuve, où nous allions avoir Kœnigstein, Dresde, Torgau, Wittenberg, Magdebourg et Hambourg. Cette ligne si importante, objet de si vifs débats dans la négociation de l'armistice, nous était donc assurée, indépendamment de celle de l'Oder, dont nous avions la partie la plus essentielle, celle qui faisait face à Dresde. Quelques troupes de partisans, il est vrai, avaient passé la ligne de l'Elbe, et parcouraient en ce moment la Westphalie, la Hesse, la Saxe, répandant partout la terreur des Cosaques, devenue presque superstitieuse. Napoléon forma sur ses derrières un corps d'infanterie et de cavalerie pour les poursuivre à outrance, et sabrer sans pitié ceux qu'on prendrait en deçà de l'Elbe. Le duc de Padoue destiné, comme on l'a dit, à commander un troisième corps de cavalerie, lorsque les deux premiers, ceux de Latour-Maubourg et de Sébastiani, seraient complétés, se trouvait alors à Leipzig avec le noyau de son corps. Il comptait environ trois mille cavaliers et quelques pièces d'artillerie attelée. Napoléon lui adjoignit la division polonaise Dombrowski, la division Teste (quatrième de Marmont), laissée en arrière pour achever son organisation, une seconde division wurtembergeoise récemment arrivée, quelques bataillons de garnison de Magdebourg, ce qui

Juin 1813.

Renouvellement des ordres sévères de Napoléon.

Corps de cavalerie et d'infanterie confié au duc de Padoue pour purger la rive gauche de l'Elbe de la présence des Cosaques.

formait un rassemblement de 8 mille cavaliers et de 12 mille fantassins. Il lui prescrivit de s'occuper uniquement de la police du pays compris entre l'Elbe et le Rhin, de le pacifier, de le purger de coureurs, et s'il en surprenait quelques-uns postérieurement au 8 juin, terme extrême assigné aux hostilités, de les traiter comme des bandits, et tout au moins de les faire prisonniers, afin de s'emparer de leurs chevaux qui étaient excellents.

Ces premiers soins donnés à l'exécution de l'armistice et au bien-être des troupes pendant la suspension d'armes, Napoléon s'achemina vers Dresde, où il avait le projet de passer tout le temps des prochaines négociations, et rétrograda vers l'Elbe avec la cavalerie et l'infanterie de la vieille garde, marchant lui-même au pas de ses troupes par journées d'étapes. Il ne fut de retour à Dresde que le 10 juin, ce qui convenait à son calcul de se trouver le plus tard possible en présence de M. de Bubna. Le roi de Saxe vint à sa rencontre, et les habitants de Dresde eux-mêmes, voyant avec plaisir la guerre écartée de leurs foyers, et leur roi honoré, lui firent un accueil auquel on n'aurait pas dû s'attendre de la part d'une population allemande.

Napoléon descendit au palais Marcolini, dont M. de Bassano avait fait choix pour lui. Ce palais, entouré d'un vaste et beau jardin, était situé dans le faubourg de Friedrichstadt, tout près de la prairie de l'Osterwise, où des troupes nombreuses pouvaient manœuvrer au bord de l'Elbe. Napoléon y trouva sa maison déjà installée et toute prête à le recevoir. Là, sans être à charge à la cour de Saxe, sans être

incommodé par elle, il avait ce qu'il désirait, un
établissement convenable, de l'air, de la verdure et
un champ de manœuvre. Il décida qu'il aurait le
matin un lever comme aux Tuileries, au milieu du
jour des revues et des manœuvres, le soir des dî-
ners, des réceptions, et les chefs-d'œuvre de Cor-
neille, de Racine, de Molière, représentés par les
premiers acteurs de la Comédie française. Le lendemain même de son retour à Dresde, sa vie telle qu'il
l'avait ordonnée commençait avec la précision et
l'invariabilité d'une consigne militaire. Mais en même
temps M. de Bubna, qui, arrivé de Vienne depuis
plus de quinze jours, attendait vainement le moment de le voir, lui rappela sa présence par une note
formelle, à laquelle il fallait de toute nécessité répondre clairement et promptement.

Pour comprendre cette note et son importance, il
est indispensable de connaître les dernières circonstances survenues en Autriche, où comme ailleurs
les événements se succédaient avec une prodigieuse
rapidité, sous la violente impulsion que Napoléon
imprimait partout à la marche des choses. En employant M. de Caulaincourt dans la négociation de
l'armistice, afin de susciter l'occasion d'un arrangement direct avec la Russie, Napoléon avait fourni à
celle-ci une arme dangereuse, et dont elle devait
faire un funeste usage. Si l'empereur Alexandre,
moins blessé par les dédains de Napoléon, moins
épris du rôle tout nouveau de roi des rois, avait pu
partager à quelque degré l'opinion du prince Kutusof,
qui voulait qu'on se tirât de cette guerre en signant
avec la France une paix toute russe, c'eût été un

Juin 1813.

Longue
attente
de M. de
Bubna, et note
par lui remise
à l'arrivée
de Napoléon.

Communica-
tions entre
les coalisés
et la cour
d'Autriche
pendant
la négociation
de
l'armistice.

Juin 1843.

On se sert de la présence de M. de Caulaincourt aux avant-postes pour effrayer l'Autriche, et la décider par la crainte de l'arrangement direct.

grand à-propos de lui envoyer M. de Caulaincourt, qui avait été longtemps son confident et presque son ami. Mais enivré de l'encens que brûlaient devant lui les Allemands, Alexandre était devenu malgré sa douceur ordinaire un ennemi implacable, auquel il était dangereux de chercher à s'adresser. Au lieu de le toucher par l'envoi de M. de Caulaincourt, on lui fournit seulement un moyen de mettre un terme aux longues hésitations de l'Autriche. C'était le cas en effet pour Alexandre de dire à cette puissance: Décidez-vous, car si, faute de nous secourir, vous nous laissez encore battre comme à Lutzen, comme à Bautzen, nous serons forcés de traiter avec notre commun ennemi, d'accepter les avances qu'il nous fait, de conclure avec lui une paix exclusivement avantageuse à la Russie, et de vous livrer définitivement à son ressentiment, qui ne doit pas être *médiocre*, car si vous n'avez pas assez fait pour nous secourir, vous avez assez fait pour lui inspirer une profonde défiance. — Ce langage à la cour de Vienne serait venu d'autant plus à propos le lendemain de Bautzen, qu'un nouveau mouvement en arrière allait éloigner les coalisés des frontières de l'Autriche, et les priver de tout contact avec elle. C'était donc le moment ou jamais de s'unir, car un pas de plus, et les mains tendues les unes vers les autres ne pourraient plus se joindre.

Telles sont les raisons qu'on avait résolu d'employer auprès de l'empereur François et de M. de Metternich; et tandis que MM. Kleist et de Schouvaloff négociaient à Pleiswitz l'armistice du 4 juin, on avait appelé M. de Stadion, on lui avait fait remarquer le choix de M. de Caulaincourt pour cette négociation, on avait même ajouté le mensonge à la vérité, car on avait parlé de prétendues insinuations que ce personnage se serait permises (ce qui était faux), et desquelles on pouvait conclure que Napoléon songeait à s'entendre directement avec la Russie aux dépens de l'Autriche. Tout ce que l'envoi de M. de Caulaincourt permettait de supposer en fait de tentatives diplomatiques, on l'avait donné pour accompli, et on avait pressé M. de Stadion de déclarer à son cabinet, que ce qu'on refusait aujourd'hui, on serait obligé de l'accepter dans quelques jours, sous la pression des circonstances et des victoires de Napoléon. M. de Stadion, qui n'aimait pas la France, et qui avait été fort offusqué de la présence de M. de Caulaincourt, s'était hâté de peindre à sa cour, en l'exagérant beaucoup, le danger d'un arrangement direct entre la France et la Russie. Ne comptant même pas assez sur l'influence des paroles écrites, on avait expédié, comme nous l'avons dit, M. de Nesselrode, le même qui pendant quarante ans n'a cessé de conseiller à ses divers maîtres une politique profonde par sa patience, mais pas toujours d'accord avec leur tempérament irritable. Jeune alors, simple, modeste, moins dogmatique que M. de Metternich, moins entreprenant, mais doué d'autant de finesse, et fait pour gagner la confiance d'un prince éclairé comme Alexandre, il avait déjà obtenu sur lui un ascendant très-marqué. Le czar, quoiqu'il eût laissé à M. de Romanzoff le vain titre de chancelier, en mémoire de la Finlande et de la Bessarabie conquises sous son ministère, avait amené M. de

Juin 1813.

Envoi de M. de Nesselrode à Vienne pour menacer l'Autriche d'un arrangement direct avec la France.

Nesselrode à son quartier général, et ne dirigeait plus les affaires qu'avec lui et par son conseil. Il l'avait expédié dès le 1er juin pour Vienne, avec la mission de prier, de supplier, de menacer au besoin la cour d'Autriche, en lui montrant la tête de Méduse, c'est-à-dire Napoléon s'abouchant avec Alexandre, et renouvelant sur l'Oder l'entrevue du Niémen, et peut-être à Breslau l'alliance de Tilsit. M. de Nesselrode s'était mis en route sur-le-champ, se dirigeant sur Vienne à travers la Bohême.

Il n'en fallait pas tant pour donner à deux esprits aussi clairvoyants que l'empereur François et M. de Metternich une commotion décisive. L'Autriche, en effet, replacée par la fortune dans une grande situation, dont elle avait été précipitée depuis vingt ans par l'épée de Napoléon, courait cependant un grave danger. Tout le monde la caressait en ce moment, tout le monde se présentait à elle les mains pleines des dons les plus magnifiques. Alexandre lui offrait non-seulement l'Illyrie et une part de la Pologne, mais l'Italie, mais le Tyrol, mais la couronne impériale d'Allemagne, que Napoléon avait fait tomber de sa tête, et, plus que tout cela, l'indépendance. La France lui offrait avec l'Illyrie et une part de la Pologne, non pas l'Italie, non pas le Tyrol, non pas la couronne impériale, mais ce qui l'eût charmée un siècle auparavant, la Silésie, sans l'indépendance il est vrai, à laquelle elle tenait plus qu'à tout le reste. Elle n'avait donc qu'à choisir; mais si, voulant jouir trop longtemps de ce rôle de puissance universellement courtisée, elle ne se décidait pas à propos, il était possible qu'après avoir été flattée, caressée par tous, elle finit par être honnie par tous aussi, et écrasée sous leur commun ressentiment, car si Napoléon et Alexandre s'entendaient, il devait en résulter une paix exclusivement russe; l'Autriche n'aurait rien de la Pologne, rien de l'Illyrie, rien de l'Italie; on ne céderait point à son désir de reconstituer l'Allemagne, sauf quelques dédommagements qu'on accorderait peut-être à la Prusse, et, loin de recouvrer son indépendance, elle retomberait sous la domination de Napoléon devenue plus dure que jamais. Il suffisait pour cela d'un instant, et, dans les conjonctures présentes, les choses se décidant à coups d'épée, et quels coups d'épée ! c'était assez de quarante-huit heures pour changer la face du monde.

Plein de ces préoccupations, M. de Metternich avait déjà songé à conduire son maître à Prague, afin d'être tout près du théâtre des batailles et des négociations, et de pouvoir, du haut de la Bohême comme d'un observatoire élevé et voisin, suivre le torrent si rapide des choses, et s'y jeter au besoin. La nouvelle du choix de M. de Caulaincourt pour négocier l'armistice l'avait affecté au point de rendre son émotion visible aux yeux pénétrants de M. de Narbonne. Les lettres de M. de Stadion ne lui avaient plus laissé un seul doute, et en vingt-quatre heures l'empereur et son ministre avaient formé la résolution de quitter Vienne pour Prague, au grand étonnement du public, surpris non d'une telle résolution, mais de la promptitude avec laquelle elle avait été prise. Dans les rapports où l'on était avec la France, on avait en quelque sorte l'obligation de

Juin 1813.

d'être repoussée universellement, après avoir été universellement recherchée.

Départ subit de l'empereur François et de son ministre pour Prague.

2.

lui tout expliquer, et M. de Metternich s'était hâté de dire à M. de Narbonne, que les négociations étant à la veille de commencer par l'intermédiaire de l'Autriche, il fallait que le médiateur se rapprochât des parties soumises à sa médiation, qu'à Prague on gagnerait six jours au moins sur chaque communication, ce qui importait fort, la paix du monde devant se conclure en six semaines. Cette raison justifiait le voyage à Prague, mais non pas le départ en vingt-quatre heures. Des renseignements secrets et l'air contraint de M. de Metternich avaient achevé de tout révéler à la vigilance de la légation française. M. de Narbonne avait su, par des informations sûres, que la cour de Vienne accélérait son départ par la crainte d'un arrangement direct de la France avec la Russie, et ces informations lui expliquaient en outre les nouveaux sentiments qu'il avait cru découvrir chez M. de Metternich. M. de Narbonne, en effet, avait trouvé le ministre autrichien sensiblement refroidi, ce qui était naturel, car si M. de Metternich s'était échappé de notre alliance comme un serpent s'échappe à force de mouvements alternatifs des étreintes d'une main puissante, toutefois il n'avait pas entièrement déserté notre cause, et dans l'intention fort sage de tout terminer sans guerre, il avait défendu auprès des coalisés le système d'une paix modérée, ce qui n'avait pas été facile, et il était fondé à nous en vouloir de chercher à négocier une paix désastreuse pour lui, tandis qu'il s'efforçait d'en stipuler une très-acceptable pour nous.

Du reste, M. de Narbonne avait eu à peine le temps d'entretenir M. de Metternich, et ce dernier,

parti en toute hâte, était avec l'empereur François à
Gitschin, résidence située à une vingtaine de lieues
de Prague, dès le 3 juin au soir. En y arrivant il
avait rencontré M. de Nesselrode, qui apprenant le
départ de la cour, avait rebroussé chemin pour la joindre. Les paroles que ces deux hommes d'État, alors
si importants, avaient pu s'adresser, on les devine.
M. de Nesselrode avait, au nom de l'empereur de
Russie et du roi de Prusse, supplié M. de Metternich
de mettre fin à de trop longues hésitations, de ne
pas laisser battre de nouveau les alliés, car, battus
encore une fois, ils seraient obligés de se soumettre
à Napoléon, de traiter avec lui aux dépens de l'Autriche, et de consacrer pour jamais la dépendance de
l'Europe. M. de Nesselrode s'était appliqué surtout à
montrer à M. de Metternich que Napoléon trahissait
les Autrichiens, car tandis que ceux-ci soutenaient
pour lui le système d'une paix modérée, il songeait
à les sacrifier, et à conclure une paix accablante
pour eux seuls. Il avait donc pressé instamment le
ministre autrichien de suivre enfin l'exemple de la
Prusse, et de s'unir par un traité formel aux souverains alliés. M. de Metternich n'avait besoin d'être
ni éclairé ni excité, car il l'était suffisamment. Mais
ce ministre, dont le mérite a toujours été d'avoir, avec
un esprit sans froideur, une politique sans passion,
s'attachait de plus en plus au système de conduite
qu'il avait adopté, celui d'épuiser le rôle intermédiaire d'arbitre, avant de passer au rôle de belligérant. Ce système de conduite, outre qu'il déga-
geait l'honneur de l'empereur François, son honneur
de souverain et de père, avait l'avantage de ménager

Juin 1813.

Rencontre de M. de Nesselrode et de M. de Metternich.

Résolution invariable de M. de Metternich d'épuiser le rôle de médiateur avant de passer au rôle de belligérant.

aussi la considération de l'Autriche, de lui procurer le temps dont elle avait besoin pour armer, et, par-dessus tout, de rendre possible une conclusion pacifique, car c'eût été un bien beau résultat pour elle que de reconstituer la Prusse, de rétablir l'indépendance de l'Allemagne, de recouvrer en outre l'Illyrie et la part perdue de la Gallicie, sans courir les hasards peut-être funestes (personne ne le savait alors) d'une nouvelle guerre avec Napoléon.

M. de Metternich avec une prévoyance profonde voulait s'épargner non-seulement la chance bien dangereuse de voir tout le monde, fatigué de ses temporisations, s'arranger à ses dépens, mais la chance aussi de se faire battre par la France, ce qu'il redoutait fort malgré les événements de l'année précédente, et, par ce motif, il cherchait d'une main à tenir la Prusse et la Russie, pour qu'elles ne pussent lui échapper, et de l'autre à contenir Napoléon, pour lui faire accepter une paix que l'Europe pût agréer. Aussi avait-il dit à M. de Nesselrode qu'il s'était engagé à être médiateur, qu'il remplirait franchement ce rôle pendant les deux mois qui allaient suivre, qu'il lui fallait indispensablement, à l'égard de la France, passer par le rôle de médiateur avant d'en arriver à celui d'ennemi, que jusque-là il ne pouvait prendre parti, mais que si des conditions de paix raisonnables étaient définitivement repoussées, il conseillerait à son maître, l'armistice expiré, de s'unir aux puissances alliées, et de tenter un suprême et dernier effort pour arracher l'Europe à la domination de Napoléon.

Ce qu'on s'était promis actuellement, en conséquence de ces vues, c'était, de la part de la Russie, de ne pas se laisser séduire par l'appât d'un arrangement direct, de la part de l'Autriche, de déclarer la guerre au jour indiqué, si les conditions de la médiation n'étaient pas acceptées par la France. M. de Metternich, profitant du voisinage de Prague, y avait rappelé M. de Bubna pour vingt-quatre heures, lui avait bien expliqué la position, lui avait positivement affirmé qu'on n'était pas encore engagé avec les belligérants, l'avait autorisé à donner à l'appui de ce fait la parole d'honneur de l'empereur François, mais l'avait autorisé aussi à signifier de la manière la plus expresse qu'on finirait par s'engager, si la durée de l'armistice n'était pas employée à négocier sincèrement une paix modérée. Il l'avait en même temps chargé d'annoncer au cabinet français, que la médiation de l'Autriche était formellement acceptée par la Prusse et par la Russie, ce qui obligeait dès lors le médiateur à demander à chacun ses conditions, et notamment à la France qui était instamment priée de faire connaître les siennes. M. de Bubna devait à cette occasion témoigner le désir de M. de Metternich de venir un moment à Dresde, pour tout terminer sur les lieux, dans un entretien cordial avec Napoléon. Là, en effet, on pouvait finir en quelques heures, car si M. de Metternich parvenait à persuader Napoléon, tout serait dit, les coalisés étant dans l'impossibilité de refuser les conditions que l'Autriche déclarerait acceptables.

Telles sont les choses, fort importantes comme on le voit, que M. de Bubna, revenu à Dresde, voulait communiquer à Napoléon, et dont il ne disait qu'une

Juin 1813.

Double déclaration en ce sens que M. de Bubna est chargé de porter à Dresde.

Note de M. de Bubna, constituant

24 LIVRE XLIX.

Juin 1813.

pour
le cabinet
français
une vraie mise
en demeure.

partie à M. de Bassano, sachant l'inutilité des explications avec ce ministre, qui recevait les opinions de son maître et ne les faisait pas. Napoléon étant arrivé le 10 juin, M. de Bubna avait remis le 11 une note pour déclarer que la Russie et la Prusse avaient officiellement accepté la médiation de l'Autriche, que celle-ci était occupée à leur demander leurs conditions de paix, et qu'on attendait que la France voulût bien énoncer les siennes. Ce n'était là qu'une mise en demeure, ayant pour but non d'amener une entière et immédiate énonciation des conditions de la France, mais de provoquer les pourparlers préliminaires, les épanchements confidentiels, préalable indispensable et plus ou moins long, suivant le temps dont on dispose, des déclarations officielles et définitives.

Preuve
évidente
que Napoléon
ne voulait
pas la paix,
résultant
de plusieurs
pertes
de temps
volontaires.

Si Napoléon avait voulu la paix, celle du moins qui était possible et dont il connaissait les conditions, il n'aurait pas perdu de temps, quarante jours au plus lui restant pour la négocier. On était en effet au 10 juin, et l'armistice expirait au 20 juillet. Avec son ardeur accoutumée, il aurait appelé M. de Metternich à Dresde, aurait tâché de lui arracher quelque modification aux propositions de l'Autriche, ce qui était très-possible avec le désir qu'elle avait d'en finir pacifiquement, et aurait renvoyé ce ministre, une, deux et trois fois, au quartier général des puissances alliées, pour aplanir les difficultés de détail toujours nombreuses dans tout traité, mais devant l'être bien davantage dans un traité qui allait embrasser les intérêts du monde entier. Mais la preuve évidente qu'il ne la voulait pas (indépendamment des preuves irréfragables contenues dans sa correspondance), c'était le temps qu'il perdait et qu'il allait perdre encore. Son projet, comme nous l'avons dit, c'était de différer le moment de s'expliquer, de multiplier pour cela les questions de forme, puis de paraître s'amender tout à coup lorsque la suspension d'armes serait près d'expirer, de se montrer alors disposé à céder, d'obtenir à la faveur de ces manifestations pacifiques une prolongation d'armistice, de se donner ainsi jusqu'au 1ᵉʳ septembre pour terminer ses préparatifs militaires, de rompre à cette époque sur un motif bien choisi qui pût faire illusion au public, et de tomber soudainement avec toutes ses forces sur la coalition, de la dissoudre, et de rétablir plus puissante que jamais sa domination actuellement contestée, calcul pardonnable assurément, et dont l'histoire des princes conquérants n'est que trop remplie, s'il avait été fondé sur la réalité des choses! Avec de telles vues il n'était pas temps encore de recevoir M. de Bubna, et de lui répondre par oui ou par non, sur des conditions qui se réduisaient à un petit nombre de points dont aucun ne prêtait à l'équivoque. Aussi Napoléon prit-il la résolution de laisser passer quatre ou cinq jours avant d'admettre auprès de lui M. de Bubna et de répondre à sa note, ajournement fort concevable si aucun terme n'avait été fixé aux négociations, et si, comme lors du traité de Westphalie, on avait eu pour négocier des mois et même des années. Mais perdre quatre ou cinq jours sur quarante pour une première question de forme, qui en supposait encore mille autres, c'était trop dire ce qu'on voulait, ou plutôt ce qu'on ne voulait pas.

Juin 1813.

Napoléon prend quelques jours pour répondre à la note remise le 11 juin par M. de Bubna.

Juin 1813.

Toutefois Napoléon venait d'arriver à Dresde, fatigué sans doute, accablé de soins de tout genre, et à la rigueur on pouvait comprendre qu'il ne reçût point M. de Bubna le jour même. Il n'y avait pas d'ailleurs de souverain au monde qui fût plus dispensé que lui de se plier aux convenances d'autrui, et qui s'y pliât moins. Ces retards envers M. de Bubna n'avaient donc encore rien de bien significatif. Seulement Napoléon prouvait ainsi qu'il n'était pas pressé, car lorsqu'il l'était, les jours, les nuits, la fatigue, le repos, tout devenait égal pour lui, et n'être pas pressé de la paix en ce moment, c'était ne pas la désirer. M. de Bassano reçut la dépêche de M. de Bubna, affecta de la trouver infiniment grave, dit que sous trois ou quatre jours on répondrait, et que sous trois ou quatre jours aussi Napoléon donnerait audience à M. de Bubna, et s'expliquerait avec lui sur le contenu de sa note.

Nombreuses chicanes de forme.

Dans cet intervalle la réponse fut préparée et rédigée. Elle était de nature, plus encore que le temps volontairement perdu, à révéler les dispositions véritables du gouvernement français. On objecta d'abord à M. de Bubna qu'il n'avait aucun caractère pour remettre une note. Cet agent, en effet, reçu officieusement par Napoléon, et envoyé auprès de lui comme lui étant plus agréable qu'un autre, et comme plus spirituel notamment que le prince de Schwarzenberg qui l'était peu, n'avait jamais été formellement accrédité, ni à titre de plénipotentiaire ni à titre d'ambassadeur; il n'avait donc pas qualité pour remettre une note. C'était là une difficulté bien mesquine, car on avait déjà échangé avec ce personnage les com-

On conteste d'abord à M. de Bubna le caractère nécessaire pour remettre une note.

munications les plus importantes. Néanmoins on rédigea une première réponse à M. de Bubna, dans laquelle on soutint qu'il fallait que la note qu'il avait présentée fût signée de M. de Metternich, pour prendre place dans les archives du cabinet français, car il n'avait quant à lui aucun titre qui pût donner à cette note un caractère d'authenticité. Après cette difficulté de forme, on éleva des difficultés de fond. La première était relative à la médiation elle-même. Sans doute, disait-on, la France avait paru disposée à admettre la médiation de l'Autriche, avait même promis de l'accepter, mais une résolution si importante ne pouvait pas se supposer, se déduire d'un simple entretien, et il fallait un acte officiel, dans lequel on déterminerait le but, la forme, la portée, la durée de cette médiation. Ce n'était pas tout : cette médiation comment se concilierait-elle avec le traité d'alliance? le cabinet autrichien serait-il médiateur, c'est-à-dire arbitre, arbitre prêt à se prononcer contre l'une ou l'autre partie, et à se prononcer les armes à la main, comme il était d'usage que le fît un médiateur armé? alors que devenait le traité d'alliance de l'Autriche avec la France? Il fallait s'expliquer sur ce point. Enfin, quelle que fût la portée de la médiation, il y avait une question de forme sur laquelle l'honneur ne permettait pas de garder le silence. Ainsi le médiateur se saisissant si brusquement, et on peut dire si cavalièrement, de son rôle, annonçait déjà une manière de traiter qui ne pouvait convenir à la France. Il paraissait en effet vouloir s'entremettre entre toutes les parties belligérantes, porter lui seul la parole de celles-ci à celles-là, et ne les jamais placer en pré-

Juin 1813.

On élève ensuite des objections sur la prétention du cabinet autrichien, de réunir la double qualité de médiateur et d'allié.

Juin 1813.

On s'oppose formellement à une autre prétention de l'Autriche, celle d'être l'intermédiaire unique entre les parties contractantes.

sence les unes des autres (ce qui était effectivement le secret désir de l'Autriche, afin d'empêcher l'arrangement direct). Une telle manière de négocier n'était pas admissible. La France ne reconnaissait à personne le droit de traiter pour elle ses propres affaires. S'y prendre de la sorte, c'était lui imposer une paix concertée avec d'autres, et la France si longtemps victorieuse, au point de dicter des conditions à l'Europe, n'en était pas réduite, surtout quand la victoire lui était revenue, à accepter les conditions de qui que ce soit. Elle voulait bien, pour parvenir à la paix dont tout le monde avait besoin, renoncer à dicter des conditions; jamais elle ne consentirait à s'en laisser dicter, l'Europe fût-elle réunie tout entière pour lui faire la loi. —

On remplit plusieurs notes de ces chicanes, et Napoléon en remplit lui-même un long entretien avec M. de Bubna. Il lui accorda cet entretien le 14 juin, et les notes furent signées et remises le 15. M. de Bassano les accompagna d'une lettre personnelle pour M. de Metternich, dont le ton était même contraire au but qu'on se proposait d'atteindre, car Napoléon voulait qu'on gagnât du temps, et la hauteur de langage n'était pas un moyen d'y réussir. Dans cette lettre, il imputait le temps perdu à M. de Metternich, se plaignait maladroitement de ce que l'armistice ayant été signé le 4 juin, on fût si peu avancé le 15, comme si M. de Bubna n'avait pas été dès les derniers jours de mai au quartier général français, demandant une entrevue sans pouvoir l'obtenir, comme si l'Autriche sur tous les points ne se fût pas montrée impatiente de provoquer et de donner des explications. Enfin, quant au désir exprimé par M. de Metternich de venir à Dresde, M. de Bassano, sans même éluder, répondait d'une manière à peine polie que les questions étaient encore trop peu mûries pour qu'une entrevue de M. de Metternich, soit avec le ministre des affaires étrangères, soit avec Napoléon lui-même, pût avoir l'utilité qu'on en attendait, et qu'on en espérait plus tard.

Juin 1813.

On répond d'une manière presque négative au désir de venir à Dresde exprimé par M. de Metternich.

Telles furent les réponses dont M. de Bubna dut se contenter, et qui furent expédiées à M. de Metternich à Prague. Il fallait un jour pour se rendre dans cette capitale de la Bohème, un jour pour en revenir, et si M. de Metternich et son maître mettaient trois ou quatre jours pour se résoudre, on devait atteindre le 20 juin avant d'être obligé de parler de nouveau. De son côté il serait bien permis à la diplomatie française d'employer quelques jours à se décider sur le texte de la convention par laquelle on accepterait la médiation, d'employer quelques jours encore pour réunir les plénipotentiaires, et on aurait ainsi gagné le 1er juillet sans s'être abouché avec la diplomatie européenne. Il suffirait alors de se montrer conciliant un moment, du 1er au 10 juillet par exemple, pour être fondé à demander que l'expiration de l'armistice fût reportée du 20 juillet au 20 août, ce qui, avec six jours pour la dénonciation des hostilités, conduirait au 26 août, fort près de ce 1er septembre, terme désiré par Napoléon. Tels étaient ses calculs et les moyens employés pour en obtenir le succès.

Napoléon se flatte par ces divers ajournements de faire proroger l'armistice jusqu'au 1er septembre.

Pendant qu'il ne visait qu'à perdre le temps dans les négociations, il ne visait au contraire qu'à le bien employer dans l'accomplissement de ses vastes

Vastes projets militaires de Napoléon, pour lesquels

conceptions militaires. Le premier projet de Napoléon, lorsqu'il comptait sur l'alliance ou la neutralité de l'Autriche, était de s'avancer jusqu'à l'Oder et à la Vistule, pour rejeter les Russes sur le Niémen, et les ramener chez eux vaincus et séparés des Prussiens. Tous les préparatifs actuels étant faits dans la supposition de la guerre avec l'Autriche, les plans ne pouvaient plus être les mêmes, car en s'avançant seulement jusqu'à l'Oder, il eût laissé les armées autrichiennes sur ses flancs et ses derrières. Il n'avait donc à choisir pour future ligne défensive qu'entre l'Elbe et le Rhin, ou le Main tout au plus. Il préféra l'Elbe pour des raisons profondes, généralement peu connues et mal appréciées. (Voir la carte n° 28.) Disons d'abord que se porter sur le Rhin ou sur le Main revenait à peu près au même, car la petite rivière du Main, en décrivant plusieurs contours à travers le pays montueux de la Franconie, et venant après un cours de peu d'étendue tomber dans le Rhin à Mayence, pouvait bien servir à défendre les approches du Rhin, quand on se battait avec des armées de soixante ou quatre-vingt mille hommes, mais ne pouvait plus avoir cet avantage depuis qu'on se battait avec des masses de cinq à six cent mille, et eût été débordée par la droite ou par la gauche avant quinze jours. On devait donc ne considérer le Main que comme une annexe de la ligne du Rhin, c'est-à-dire comme le Rhin lui-même, et il n'y avait à choisir qu'entre le Rhin et l'Elbe. Poser ainsi la question, c'était presque la résoudre. Se retirer tout de suite sur le Rhin, c'était faire à l'Europe un abandon de territoire plus humiliant cent fois que les sacrifices qu'elle deman-

Juin 1813.

il avait besoin d'un délai de trois mois.

Napoléon, comptant par ses refus avoir la guerre avec l'Autriche, choisit le cours de l'Elbe pour sa ligne d'opération.

dait pour accorder la paix. C'était abandonner non-seulement les alliances de la Saxe, de la Bavière, du Wurtemberg, de Bade, etc., mais les villes anséatiques qui nous étaient si vivement disputées, mais la Westphalie et la Hollande qui ne l'étaient pas, car la Hollande elle-même n'est plus couverte quand on est sur le Rhin. Et comment exiger dans un traité le protectorat de la Confédération du Rhin, qu'on déclarait en rétrogradant sur le Rhin ne pouvoir plus défendre? comment prétendre aux villes anséatiques, à la Westphalie, à la Hollande qu'on reconnaissait ne pouvoir plus occuper? A prendre ce terrain pour champ de bataille, il eût été bien plus simple d'accepter tout de suite les conditions de paix de l'Autriche, car en renonçant à la Confédération du Rhin et aux villes anséatiques, on eût conservé au moins sans contestation la Westphalie et la Hollande, et soustrait définitivement à tous les hasards le trône de Napoléon, et, ce qui valait mieux, la grandeur territoriale de la France. Indépendamment de ces raisons, qui politiquement étaient décisives, il y en avait une autre, qui moralement et patriotiquement était tout aussi forte, c'est que rétrograder sur le Rhin, c'était consentir à transporter en France le théâtre de la guerre. Sans doute tant que le Rhin n'était point franchi par l'ennemi, on pouvait considérer la guerre comme se faisant hors de France; mais le voisinage était tel, que pour les provinces frontières la souffrance était presque la même. De plus, en obtenant des victoires sur le haut Rhin, entre Strasbourg et Mayence par exemple, Napoléon n'était pas assuré qu'un de

Juin 1813.

Nécessité d'adopter cette ligne, puisqu'il continuait la guerre pour ne pas abandonner les villes anséatiques et la Confédération du Rhin.

Avantage qu'avait la ligne de l'Elbe d'éloigner les hostilités de la frontière de France.

ses lieutenants ne laisserait pas forcer sa position au-dessous de lui, et alors la guerre se trouverait transportée en France, et ce ne serait plus la situation d'un conquérant se battant pour la domination du monde, ce serait celle d'un envahi réduit à se battre pour la conservation de ses propres foyers. Mieux eût valu, nous le répétons, accepter la paix tout de suite, car outre qu'elle n'était pas humiliante, qu'elle était même infiniment glorieuse, elle n'exigeait pas de Napoléon un sacrifice comparable à celui que lui eût infligé la retraite volontaire sur le Rhin. Ceux donc qui le blâment d'avoir adopté la ligne de l'Elbe, feraient mieux de lui adresser le reproche de n'avoir pas accepté la paix, car cette paix entraînait cent fois moins de sacrifices de tout genre que la retraite immédiate sur le Rhin. La déplorable idée de continuer la guerre pour les villes anséatiques, et pour la Confédération du Rhin, étant admise, il n'y avait évidemment qu'une conduite à tenir, c'était d'occuper et de défendre la ligne de l'Elbe.

Le grand esprit de Napoléon ne pouvait pas se tromper à cet égard, et planant comme l'aigle sur la carte de l'Europe, il s'était abattu sur Dresde, comme sur le roc d'où il tiendrait tête à tous ses ennemis. Le récit des événements prouvera bientôt que s'il y fut forcé, ce fut, non point par le vice de la position elle-même, mais par suite de l'extension extraordinaire donnée à ses combinaisons, de l'épuisement de son armée, et des passions patriotiques excitées contre lui dans toute l'Europe. Six ans plus tôt, avec l'armée de Friedland, il y aurait tenu contre le monde entier.

La ligne de l'Elbe, quoique présentant dans sa partie supérieure un obstacle moins considérable que le Rhin, avait cependant l'avantage d'être moins longue, moins accidentée, plus facile à parcourir intérieurement pour porter secours d'un point à un autre, et, depuis les montagnes de la Bohême jusqu'à la mer, semée de solides appuis, tels que Kœnigstein, Dresde, Torgau, Wittenberg, Magdebourg, Hambourg. Quelques-uns de ces appuis exigeaient des travaux, et c'est pour ce motif que Napoléon dans ses calculs militaires, qui étaient plus profonds que ses calculs politiques, voulait sans cesse allonger l'armistice, pour réparer la faute de l'avoir signé. Il s'agissait de savoir si la ligne de l'Elbe s'appuyant à son extrême droite aux montagnes de la Bohême, et si la Bohême donnant à l'Autriche le moyen de déboucher sur les derrières de cette position, il était possible de se défendre contre un mouvement tournant de l'ennemi. C'était la question que s'adressaient beaucoup d'esprits éclairés, et qu'ils s'adressaient tout haut. Mais Napoléon qui, à mesure que son malheur commençait à délier certaines langues timides, permettait ces objections, Napoléon faisait des gestes de dédain quand on lui disait que sa position de Dresde pourrait être tournée par une descente des Autrichiens sur Freyberg ou sur Chemnitz. (Voir les cartes nᵒˢ 28 et 58.) Ce n'était pas, en effet, au général de l'armée d'Italie, qui retrouvait agrandie la position qu'il avait si longtemps occupée autour de Vérone, qui retrouvait dans l'Elbe l'Adige, dans la Bohême le Tyrol, dans Dresde Vérone elle-même, et qui fortement établi jadis au débouché des Alpes, avait fondu tour à tour sur ceux qui se présentaient ou devant lui ou derrière lui, et les avait plus maltraités encore lorsqu'ils s'aventuraient sur ses derrières, ce n'était pas au général de l'armée d'Italie qu'on pouvait faire peur d'une position semblable. Il répondait avec raison que ce qu'il demanderait au ciel de plus heureux, c'était que la principale masse ennemie voulût bien, tandis qu'il serait posté sur l'Elbe, déboucher en arrière de ce fleuve, qu'il courrait sur elle, et la prendrait tout entière entre l'Elbe et la forêt de Thuringe. Le prochain désastre des coalisés à Dresde prouva bientôt la justesse de ses prévisions, et si plus tard, comme on le verra, il fut forcé sur l'Elbe, ce ne fut point par la Bohême, mais par l'Elbe inférieur, que ses lieutenants n'avaient pas su défendre, et après plusieurs accidents qui l'avaient prodigieusement affaibli. Sa pensée, toujours profonde et d'une portée sans égale lorsqu'il s'agissait des hautes combinaisons de la guerre, était donc de s'établir fortement sur les divers points de l'Elbe, de manière à pouvoir s'en éloigner quelques jours sans crainte, soit qu'il fallût prévenir la masse qui s'avancerait de front, soit qu'il fallût revenir rapidement sur celle qui aurait par la Bohême débouché sur ses derrières, en un mot de recommencer avec 500 mille hommes contre 700 mille, ce qu'il avait accompli dans sa jeunesse avec 50 mille Français contre 80 mille Autrichiens, et les résultats prouveront qu'avec des éléments moins usés, la supériorité incomparable de ses conceptions eût triomphé cette seconde fois comme la première. Mais la gloire de réaliser sur une échelle si vaste les prodiges de sa jeunesse ne devait pas lui être accordée, pour le punir d'avoir trop abusé des hommes et des choses, des corps et des âmes !

Juin 1813.

Pour que la ligne de l'Elbe pût avoir toute sa valeur, il fallait employer le temps de la suspension d'armes à en fortifier les points principaux, et se hâter, soit qu'on réussit ou non à prolonger la durée de l'armistice. Le premier point était celui de Kœnigstein, à l'endroit même où l'Elbe sort des montagnes de la Bohême pour entrer en Saxe. (Voir la carte n° 58.) Deux rochers, ceux de Kœnigstein et de Lilienstein, placés comme deux sentinelles avancées, l'une à gauche, l'autre à droite du fleuve, resserrent l'Elbe à son entrée dans les plaines germaniques, et en commandent le cours fort étroit en cette partie. Sur le rocher de Kœnigstein, situé de notre côté, c'est-à-dire sur la gauche du fleuve, se trouvait la forteresse de ce nom, laquelle domine le célèbre camp de Pirna, illustré par les guerres du grand Frédéric. Il n'y avait rien à ajouter aux ouvrages de cette citadelle; seulement la garnison étant saxonne, Napoléon prit soin de la renouveler peu à peu et sans affectation par des troupes françaises. Il ordonna d'y rassembler dix mille quintaux de farine et d'y construire des fours, afin de pouvoir y nourrir une centaine de mille hommes pendant neuf ou dix jours, on va voir dans quelle intention. Sur le rocher opposé situé à la rive droite, celui de Lilienstein, presque tout était à créer. Napoléon commanda des travaux rapides qui permissent d'y loger deux mille hommes en sûreté, et en chargea le général Roguet, l'un des généraux distingués de sa garde. Puis il fit ramasser

Nombreux points d'appui qui devaient rendre la ligne de l'Elbe formidable.

Kœnigstein et Lilienstein.

3.

Juin 1813.

le nombre de bateaux nécessaires pour y jeter un pont spacieux et solide, capable de donner passage à une armée considérable, et qui, protégé par ces deux forts de Lilienstein et de Kœnigstein, fût à l'abri de toute attaque. Dans sa profonde prévoyance, Napoléon calculait que si une armée ennemie, réalisant les pronostics de plus d'un esprit alarmé, débouchait de la Bohême sur ses derrières, pour attaquer Dresde pendant qu'il serait sur Bautzen par exemple, il pourrait passer l'Elbe à Kœnigstein, et prendre à revers cette armée imprudente. On reconnaîtra bientôt quelle vue pénétrante de l'avenir supposait une telle précaution.

Dresde.

Après Kœnigstein et Lilienstein, placés au débouché des montagnes, venait Dresde, centre des prochaines opérations, Dresde, qui allait devenir, comme nous l'avons déjà dit, ce que Vérone avait été dans les guerres d'Italie. Pendant sa dernière campagne d'Autriche, ne voulant pas exposer Dresde à être le but des opérations de l'ennemi, et désirant épargner à son placide allié le roi de Saxe l'épreuve d'un siége, Napoléon avait conseillé aux ministres saxons de démolir les fortifications de Dresde, et de les remplacer par celles de Torgau.

État de cette place. Napoléon s'occupe de suppléer aux fortifications détruites.

Par une négligence trop ordinaire, on avait démoli Dresde sans édifier Torgau, dont les ouvrages étaient à peine commencés. C'était chose fort regrettable, mais Napoléon y pourvut par des travaux qui bien qu'improvisés devaient suffire à leur objet. De l'enceinte de Dresde il restait les bastions, qu'il fit réparer et armer. Il suppléa aux courtines par des fossés remplis d'eau et par de fortes palissades.

En avant de Dresde, comme dans toutes les villes déjà anciennes, il existait de grands faubourgs, dont la défense importait autant que celle de la ville elle-même. Napoléon les fit envelopper de palissades, et, en avant de toutes les parties saillantes de leur pourtour, il ordonna de construire des redoutes bien armées, se flanquant les unes les autres, et offrant une première ligne d'ouvrages difficile à forcer. Sur la rive droite, c'est-à-dire dans la Neustadt (ville neuve), il décida la construction d'une suite d'ouvrages plus serrés, qui devinrent bientôt une vaste tête de pont presque complètement fortifiée. Deux ponts en charpente, établis l'un au-dessus, l'autre au-dessous du pont de pierre, servaient avec celui-ci aux communications de la ville et de l'armée. Les choses ainsi disposées, trente mille hommes devaient se soutenir dans Dresde environ quinze jours contre deux cent mille hommes, si un chef de grand caractère était chargé du commandement. A ces moyens de défense Napoléon ajouta d'immenses magasins, dont nous ferons bientôt connaître le mode d'approvisionnement, ainsi que de vastes hôpitaux suffisants pour l'armée la plus nombreuse. Il y avait déjà seize mille malades ou blessés dans Dresde; il en prépara l'évacuation, afin d'avoir à sa disposition les seize mille lits qui deviendraient vacants, outre tous ceux qu'il allait établir encore. Avec les toiles de la Silésie il avait de quoi se procurer le principal matériel de ces hôpitaux.

Après Dresde Napoléon s'occupa de Torgau et de Wittenberg. Il avait pour principe qu'avec du bois on pouvait tout, et que des ouvrages en terre pourvus de fortes palissades étaient capables d'opposer la plus longue résistance. C'est ainsi qu'il résolut de suppléer à ce qui manquait aux fortifications de Torgau et de Wittenberg, et il donna les ordres nécessaires pour que ces travaux fussent achevés en six ou sept semaines. Des milliers de paysans saxons bien payés travaillaient jour et nuit à Kœnigstein, à Dresde, à Torgau, à Wittenberg. Sur ces deux derniers points comme sur les autres, l'établissement des magasins et des hôpitaux accompagnait la construction des ouvrages défensifs. A Magdebourg, l'une des plus fortes places de l'Europe, il n'y avait rien ou presque rien à ajouter en fait de murailles ; il suffisait d'en terminer l'armement et d'en composer la garnison. Napoléon résolut d'y consacrer un corps d'armée, qui sans être entièrement immobilisé, pût tout à la fois servir de garnison et rayonner autour de la place, de manière à lier entre elles nos deux principales masses agissantes, celle du haut Elbe et celle du bas Elbe. Dans cette vue, il imagina de transférer à Magdebourg la presque totalité de ses blessés, et de plus le dépôt de cavalerie du général Bourcier. D'abord il importait que nos blessés et le dépôt de nos remontes en Allemagne fussent à l'abri de toute attaque, et dans un emplacement qui ne gênât pas le mouvement de nos forces actives. Sous ces divers rapports Magdebourg présentait tous les avantages nécessaires, car à des remparts presque invincibles cette place joignait de nombreux bâtiments pour hôpitaux, et des espaces libres pour y construire des écuries en planches. Elle était en outre située à une distance presque égale de Hambourg et de Dresde, ce qui en faisait un dépôt précieux entre les deux points extrêmes de notre ligne de bataille. Napoléon après y avoir nommé pour gouverneur son aide de camp le général Lemarois, officier intelligent et vigoureux, lui donna pour instructions sommaires *de convertir Magdebourg tout entier en écuries et en hôpitaux*. Il calculait qu'en faisant descendre par eau à Magdebourg tous les blessés et malades qui le gênaient à Dresde, qu'en y transportant le dépôt de cavalerie du général Bourcier actuellement en Hanovre, il aurait toujours sur quinze ou dix-huit mille blessés ou convalescents, sur dix ou douze mille cavaliers démontés, trois à quatre mille convalescents guéris, trois à quatre mille cavaliers en état de servir à pied, et pouvant fournir à la défense un fond de garnison de sept à huit mille hommes constamment assuré. Dès lors un corps mobile d'une vingtaine de mille hommes, établi à Magdebourg pour y lier entre elles nos armées du haut et du bas Elbe, pourrait en laissant cinq à six mille hommes au dedans, en porter quinze mille au dehors, et rayonner même à une grande distance sans que la place fût compromise. On voit avec quel art subtil et profond il savait combiner ses ressources, et les faire concourir à l'accomplissement de ses vastes desseins.

De Magdebourg à Hambourg le cours de l'Elbe restait sans défense, car de l'une à l'autre de ces villes il n'y avait pas un seul point fortifié. Ce sujet avait occupé Napoléon dès le jour de la signature de l'armistice, et après avoir conçu divers projets, il avait envoyé le général Haxo pour vérifier sur les lieux mêmes quel était celui qui vaudrait le mieux. A la suite d'un long examen, il s'était arrêté à l'idée de construire à Werben, plus près de Magdebourg que de Hambourg, au sommet du coude que l'Elbe forme en tournant du nord à l'ouest, et à son point le plus rapproché de Berlin, une espèce de citadelle faite avec de la terre et des palissades, munie de baraques et de magasins, et dans laquelle trois mille hommes pourraient se maintenir assez longtemps. Enfin Hambourg fut le dernier et le plus important objet de sa sollicitude.

Il fallait bien que cette grande place de commerce, qui était l'un des principaux motifs pour lesquels il se refusait à une paix nécessaire, fût non pas seulement défendue en paroles contre les négociateurs, mais en fait contre les armées coalisées. Le temps manquait malheureusement, et là comme ailleurs on ne pouvait exécuter que des travaux d'urgence. Il eût fallu dix ans et quarante millions pour faire de Hambourg une place qui comme Dantzig, Magdebourg ou Metz, pût soutenir un long siége. Napoléon, en faisant relever et armer les bastions de l'ancienne enceinte, en faisant creuser et inonder ses fossés, remplacer ses murailles par des palissades, et lier entre elles les différentes îles qui entourent Hambourg, y prépara un vaste établissement militaire, moitié place forte, moitié camp retranché, où un homme ferme, comme le prouva bientôt l'illustre maréchal Davout, pouvait opposer une longue résistance. Restait au-dessous de Hambourg, à l'embouchure même de l'Elbe, le fort de Gluckstadt, dont la garde fut confiée aux Danois, réduits alors par d'indignes traitements à vaincre ou à succomber avec nous.

Juin 1813.

Ainsi des montagnes de la Bohême jusqu'à l'Océan du nord, la ligne de l'Elbe devait se trouver jalonnée d'une suite de points fortifiés, d'une valeur proportionnée au rôle de chacun d'eux, et pourvue de ponts qui nous appartiendraient exclusivement, de telle sorte qu'on pût à volonté se porter au delà, revenir en deçà, manœuvrer en un mot dans tous les sens, offensivement et défensivement. La maxime de Napoléon, qu'on ne devait défendre le cours d'un fleuve qu'offensivement, c'est-à-dire en s'assurant de tous ses passages, et en se ménageant toujours le moyen de le franchir, cette maxime allait recevoir ici sa plus savante application.

Ensemble de la ligne de l'Elbe.

Il fallait toutefois suffire à la dépense de ces travaux, qui pour s'exécuter avec rapidité devaient être soldés comptant. Il fallait joindre aux établissements militaires qui viennent d'être énumérés d'immenses approvisionnements, afin que les masses d'hommes qui allaient se mouvoir sur cette ligne y fussent pourvues de tout ce qui leur serait nécessaire. Ici l'esprit ingénieux de Napoléon ne lui fit pas plus défaut que son impitoyable volonté pour faire subir aux peuples les lourdes charges de la guerre.

Après avoir assuré la défense de cette ligne, Napoléon s'occupe d'en assurer l'approvisionnement.

On a vu qu'il avait ordonné au maréchal Davout de tirer une cruelle vengeance de la révolte des habitants de Hambourg, de Lubeck et de Brême, de faire fusiller immédiatement les anciens sénateurs, les officiers ou soldats de la légion anséatique, les fonctionnaires de l'insurrection qui n'auraient pas eu le

Premiers ordres rigoureux donnés à l'égard de Hambourg.

temps de s'évader, et puis de dresser une liste des cinq cents principaux négociants pour prendre leurs biens, et *déplacer la propriété*, avait-il dit. Il avait compté en donnant ces ordres sur l'inexorable rigueur du maréchal Davout, mais aussi, pour l'honneur de tous deux, sur le bon sens et la probité de ce maréchal. Celui-ci était arrivé quelques jours après le général Vandamme, n'avait pas trouvé un seul délinquant à fusiller, et s'y était pris du reste de manière à n'en trouver aucun. La frontière du Danemark placée aux portes mêmes de la ville, l'avait aidé à sauver tout le monde. Quelques exécutions regrettables avaient eu lieu antérieurement, mais c'était lors du premier mouvement insurrectionnel du mois de février, et en punition des indignes traitements exercés contre les fonctionnaires français.

Le maréchal fut donc assez heureux pour n'avoir personne à fusiller. Il restait à dresser des listes de proscription, qui n'entraîneraient pas la perte de la vie, mais celle des biens, et cette mesure ne lui semblait pas plus sage que l'autre. Les Hambourgeois coupables, ou supposés tels, étaient en masse dans la petite ville d'Altona, véritable faubourg de la ville de Hambourg, demandant à revenir dans leurs demeures, à charge au Danemark qui ne voulait pas être compromis avec la France, et faisant faute à celle-ci, qui désirait et pouvait tirer d'eux de grandes ressources, ce qui était plus profitable que d'en tirer des vengeances. Le maréchal Davout représenta à Napoléon qu'il valait mieux pardonner à ceux qui rentreraient dans un temps prochain, leur imposer pour unique châtiment une forte contribution, qu'ils se diraient d'abord incapables de payer, qu'ils payeraient ensuite, se borner ainsi à leur faire peur, et les punir par un côté très-sensible pour eux, très-utile pour l'armée, l'argent. Pas de sang et de grandes ressources, fut le résumé de la politique qu'il conseilla à l'Empereur.

Napoléon qui avait le goût des grandes ressources et pas du tout celui du sang, accepta cette transaction. — *Si le lendemain de votre entrée*, écrivit-il au maréchal Davout, *vous en eussiez fait fusiller quelques-uns, c'eût été bien, maintenant c'est trop tard. Les punitions pécuniaires valent mieux.* — C'est ainsi que le despotisme et la guerre habituent les hommes à parler, même ceux qui n'ont aucune cruauté dans le cœur. Il fut donc décidé que tout Hambourgeois rentré dans quinze jours serait pardonné, que les autres seraient frappés de séquestre, et que la ville de Hambourg acquitterait en argent ou en matières une contribution de cinquante millions. Une petite partie de cette contribution dut peser sur Lubeck, Brême, et les campagnes de la 32e division militaire. Dix millions durent être soldés comptant, vingt en bons à échéance. Quant au surplus, il fut ouvert un compte pour payer les chevaux, les blés, les riz, les vins, les viandes salées, le bétail, les bois, qu'on allait exiger de Hambourg, de Lubeck et de Brême. Sur le même compte devait être porté le prix de toutes les maisons qu'on allait démolir pour élever les ouvrages défensifs de Hambourg. Les Hambourgeois se plaignirent beaucoup, voulurent présenter leurs doléances à Napoléon, qui refusa de les recevoir, et cette fois trouvèrent inflexible le maréchal

Juin 1813.

Contribution de cinquante millions frappée sur les Hambourgeois, et acquittable en argent ou en matières.

qu'ils avaient eu pour défenseur quelques jours auparavant. Ils acquittèrent néanmoins la partie de la contribution qui devait être soldée sur-le-champ, soit en argent, soit en matières. C'était ce qui importait le plus aux besoins de l'armée. Dix millions environ furent envoyés à Dresde; de grandes quantités de grains, de bétail, de spiritueux furent embarqués sur l'Elbe pour le remonter.

Dès que Napoléon se vit en possession de ces ressources, il en disposa de manière à se procurer sur tous les points du fleuve et particulièrement à Dresde, de quoi nourrir les nombreuses troupes qu'il allait y concentrer. Il voulait avoir à Dresde, centre principal de ses opérations, de quoi entretenir trois cent mille hommes pendant deux mois, et notamment une suffisante réserve de biscuit, laquelle portée sur le dos des soldats permettrait de manœuvrer sept ou huit jours de suite sans être retenu par la considération des vivres. Il fallait pour cela cent mille quintaux de grains ou de farine à Dresde, huit ou dix mille à Kœnigstein. Il s'en trouvait environ soixante-dix mille à Magdebourg, qu'on avait mis tout l'hiver à réunir dans cette place, soit pour l'approvisionnement de siège, soit pour suffire à l'entretien des troupes de passage. Napoléon ordonna que ces soixante-dix mille quintaux fussent transportés par l'Elbe à Dresde, et remplacés immédiatement par une quantité égale tirée de Hambourg. Grâce à cette combinaison, ces masses immenses de denrées n'avaient que la moitié du chemin à parcourir. On s'était aperçu que la chaleur et la fatigue donnaient la dyssenterie à nos jeunes soldats, et qu'une ration de riz les guérissait très-vite. On s'empara de tout ce qu'il y avait de riz à Hambourg, à Brême, à Lubeck; on prit de même les spiritueux, les viandes salées, le bétail, les chevaux, les cuirs, les draps, les toiles. Ces matières furent embarquées sur l'Elbe, en suivant le procédé que nous venons d'indiquer, de prendre à Magdebourg ce qui s'y trouvait déjà, et de le remplacer par des envois de Hambourg. Tous les bateliers du fleuve requis et payés avec des bons sur Hambourg, furent mis en mouvement dès les premiers jours de juin, dans le moment même où sous prétexte de fatigue, Napoléon refusait de recevoir M. de Bubna. Ainsi dans les mains de Napoléon l'Elbe était tout à la fois une puissante ligne de défense, et une source inépuisable d'approvisionnements.

Mais il ne borna pas ses précautions à cette ligne seule. Au delà de Dresde à Liegnitz, et en deçà de Dresde à Erfurt, il voulait avoir aussi des magasins bien fournis. Profitant de la richesse de la basse Silésie, sur laquelle était campée l'armée qui avait combattu à Bautzen, et n'ayant guère à ménager cette province, il ordonna qu'on employât les deux mois de l'armistice à réunir une réserve de vingt jours de vivres pour chaque corps, en confectionnant tous les jours beaucoup plus que le nécessaire. En arrière de Dresde, à Erfurt, à Weimar, à Leipzig, à Nuremberg, à Wurzbourg, pays saxons ou franconiens, il était chez des alliés, et il n'usa de l'abondance du pays qu'en payant ce qu'il prenait. Il y ordonna la formation à prix d'argent de très-grands approvisionnements. Toutefois il s'écarta de ces mé-

Juin 1813.

Autres approvisionnements tirés

nagements à l'égard de la ville de Leipzig, qui s'était montrée ouvertement hostile. Il prit les tissus de toile et de laine, les grains, les spiritueux, dont les magasins de Leipzig étaient abondamment pourvus, et de plus fit occuper les établissements publics pour y créer des hôpitaux. Il y joignit la menace de faire brûler la ville au premier mouvement insurrectionnel. Les villes d'Erfurt, de Naumbourg, de Weimar, de Wurzbourg, furent également remplies d'hôpitaux. Erfurt dont il s'était toujours réservé la possession depuis 1809, Wurzbourg qui était la capitale du grand-duché de Wurzbourg, places qui l'une et l'autre étaient susceptibles d'une certaine résistance, furent armées, afin d'avoir une suite de points fortifiés sur la route de Mayence, si des événements qu'on ne prévoyait pas alors rendaient une retraite nécessaire, car, ainsi que nous l'avons déjà fait remarquer, Napoléon, qui dans ses calculs politiques ne voulait jamais admettre la possibilité des revers, l'admettait toujours dans ses calculs militaires. Enfin ne pouvant trouver qu'en France les armes, les munitions de guerre, et certains objets d'équipement, tandis que les vivres il les trouvait partout, il conclut avec des compagnies allemandes, des marchés, soldés comptant, pour transporter de Mayence à Dresde, par les trois routes de Cassel, d'Eisenach et de Hof, les objets d'armement et d'équipement qu'il était impossible de se procurer en Saxe.

Telles furent les mesures imaginées par Napoléon, pour qu'à la reprise des opérations sa ligne de bataille fût tout à la fois fortement défendue, et largement approvisionnée. Restait un dernier soin à prendre, celui de proportionner le nombre des soldats à l'étendue que la guerre allait acquérir, et Napoléon ne l'avait pas négligé, car dans son vaste esprit toutes les mesures allaient ensemble, sans attendre que l'une fît naître la pensée de l'autre. Toutes étaient conçues simultanément, avec un accord parfait, et ordonnées sans perte d'une heure.

On a déjà vu qu'en se flattant de l'idée que l'Autriche accéderait peut-être à ses plans, il avait pourtant pris ses mesures dans une hypothèse contraire, et qu'il avait préparé en Westphalie, sur le Rhin, en Italie, trois armées de réserve capables d'entrer prochainement en ligne. Les deux mois de l'armistice, qu'il voulait étendre à trois mois, étaient destinés à terminer vers le commencement d'août cette œuvre commencée en mars.

En Westphalie c'étaient, comme nous l'avons dit, les régiments réorganisés de la grande armée de Russie qui devaient composer deux grands corps sous les maréchaux Victor et Davout, celui-ci de seize régiments, celui-là de douze. Les autres régiments de la grande armée avaient été renvoyés en Italie d'où ils étaient originaires. Les bataillons de chaque régiment ne pouvant être réorganisés tous à la fois, on avait d'abord reconstitué les seconds bataillons, puis les quatrièmes, enfin les premiers, selon l'époque du retour des cadres, et on avait successivement composé les divisions de seconds, de quatrièmes et de premiers bataillons, de manière que chaque régiment était réparti en trois divisions. Napoléon pressé de faire cesser un état de choses vicieux, voulut réunir les trois bataillons déjà prêts, et former les divisions par régiments, non plus par bataillons. Il ne manquait que les troisièmes bataillons, qui allaient être bientôt disponibles à leur tour, et alors tous les régiments devaient être portés à quatre bataillons. Le maréchal Davout forma avec les siens quatre belles divisions, et le maréchal Victor trois. Tandis que ces organisations s'achevaient, Napoléon arrêta l'emplacement et l'emploi de ces deux corps d'armée. Celui du maréchal Victor resté en arrière jusqu'ici, fut acheminé sur la ligne frontière de l'armistice, et cantonné le long de l'Oder, aux environs de Crossen, pour achever de s'y instruire, et pour s'y approvisionner conformément aux prescriptions adressées à tous les autres corps.

Napoléon pensant que pour garder les départements anséatiques et le bas Elbe, le maréchal Davout, renforcé par les Danois, aurait trop de quatre divisions, car d'après toutes les vraisemblances les grands coups devaient se porter sur l'Elbe supérieur, imagina de partager le corps de ce maréchal, de lui laisser deux divisions, d'en confier deux au général Vandamme, et de placer celles-ci à Wittenberg, d'où il pourrait les attirer à lui, s'il en avait besoin, ou les renvoyer sur le bas Elbe, si elles devenaient nécessaires au maréchal Davout.

Les autres corps destinés à renforcer la masse des troupes actives s'organisaient à Mayence. Là, comme on doit s'en souvenir, se rendaient les cadres tirés de France ou d'Espagne, qu'on remplissait sur les bords du Rhin de conscrits rapidement instruits, et qu'on réunissait ensuite dès qu'on avait pu se procurer deux bataillons du même régiment, afin d'éviter autant que possible la formation vicieuse en régiments provisoires. Il y avait à Mayence quatre divisions dont l'organisation était presque achevée, et qui dans deux mois seraient en aussi bon état qu'on pouvait l'espérer dans la situation des choses. Napoléon les destinait au maréchal Saint-Cyr, blessé en 1812 sur la Dwina, mais actuellement remis de ses fatigues et de sa blessure. C'étaient par conséquent trois corps d'armée, ceux du maréchal Victor, du général Vandamme, du maréchal Saint-Cyr, comprenant environ 80 mille hommes d'infanterie, sans les armes spéciales, dont Napoléon allait accroître ses forces en Saxe contre l'apparition éventuelle de l'Autriche sur le théâtre de la guerre. Ce puissant renfort était indépendant de l'augmentation que devaient recevoir les corps avec lesquels il avait ouvert la campagne. Outre les quatre divisions déjà prêtes à Mayence, Napoléon avait encore rassemblé les éléments de deux autres, qui allaient se former sous le maréchal Augereau, et être rejointes par deux divisions bavaroises. La cour de Bavière un moment attirée, comme la Saxe, à la politique médiatrice de l'Autriche, s'était subitement rejetée en arrière, dès qu'on lui avait demandé sur les bords de l'Inn des sacrifices sans compensation. Elle s'était hâtée de renouveler ses armements, et on pouvait compter de sa part sur deux bonnes divisions, à la condition toutefois que la victoire viendrait contenir l'esprit de son peuple, et encourager la fidélité de son roi. Ces quatre divisions, deux françaises et deux bavaroises,

Juin 1813.

Corps du maréchal Saint-Cyr.

Corps du maréchal Augereau.

Juin 1813.

Armée d'Italie.

devaient menacer l'Autriche vers le haut Palatinat.

Enfin Napoléon avait suivi avec son attention accoutumée l'exécution des ordres donnés au prince Eugène, pour qu'avec les cadres revenus de Russie, avec ceux qui revenaient chaque jour d'Espagne, on refît en Italie une armée de soixante mille hommes, à laquelle il voulait joindre vingt mille Napolitains. Murat, toujours flottant entre les sentiments les plus contraires, blessé par les traitements de Napoléon, mais voulant avant tout sauver sa couronne, ne sachant avec qui elle serait sauvée plus sûrement, ou avec l'Autriche, ou avec la France, faisait encore attendre l'envoi de son contingent. Napoléon à peine rentré à Dresde l'avait sommé de se décider, et avait enjoint à M. Durand de Mareuil, ministre de France à Naples, de se retirer si les ordres de marche n'étaient donnés immédiatement au corps napolitain. Il restait dans les dépôts de quoi fournir six à sept mille hommes de cavalerie légère à la future armée d'Italie, ce qui suffisait dans cette contrée, où la cavalerie, trouvant peu l'occasion de charger en ligne, n'était qu'un moyen de s'éclairer. Les arsenaux et les dépôts d'Italie contenaient encore les éléments d'une belle artillerie. Napoléon se flattait donc d'avoir en Italie au 1er août une armée de 80 mille hommes, pourvue de 200 bouches à feu, menaçant d'envahir l'Autriche par l'Illyrie, et ayant pour but Vienne elle-même. Il calculait que l'Autriche, eût-elle armé trois cent mille hommes, ce qui était beaucoup dans l'état de ses finances et avec le temps dont elle disposait, n'en pourrait pas tirer plus de deux cent mille combattants présents au feu, dont il faudrait qu'elle détournât cinquante mille pour tenir tête au prince Eugène en Italie, trente mille pour faire face au maréchal Augereau en Bavière, ce qui ne lui laisserait pas plus de cent vingt mille hommes à ajouter à la masse des troupes coalisées sur l'Elbe.

Juin 1813.

Les trois corps de Victor, de Vandamme, de Saint-Cyr (sans compter celui d'Augereau, qui n'était pas destiné à agir sur l'Elbe), lui semblaient déjà une ressource presque suffisante contre l'apparition de l'Autriche sur le terrain de cette lutte formidable. Mais le corps de Poniatowski, après bien des vicissitudes, amené à travers la Gallicie et la Bohême à Zittau, sur la ligne où campaient nos corps de Silésie, était une nouvelle ressource d'une véritable importance, bien moins par la quantité, que par la qualité des soldats. Il n'y en avait pas de plus braves, de plus aguerris, de plus dévoués à la France. De leur patrie, il ne leur restait que le souvenir, et le désir de la venger. Napoléon résolut de leur en donner une, en les faisant Français, et en les prenant au service de la France. En attendant leur annexion définitive à l'armée française, il les plaça sous l'administration directe de M. de Bassano, et prescrivit à ce ministre de leur payer leur solde arriérée, de les pourvoir de vêtements, d'armes, de tout ce qui leur manquait, de leur faire en un mot passer ces deux mois dans une véritable abondance. Ils pouvaient, en recueillant quelques débris de troupes polonaises épars çà et là, mais sans toucher ni à la division Dombrowski, ni à divers détachements de leur nation répandus dans les places,

Corps du prince Poniatowski, amené par la Bohême en Silésie.

4.

réunir environ douze mille hommes d'infanterie et trois mille de cavalerie. C'était une nouvelle force ajoutée à celles qui avaient combattu à Lutzen et à Bautzen.

Enfin, au nombre des ressources créées pour la campagne d'automne, et pour l'éventualité de la guerre avec l'Autriche, il fallait compter le développement donné à la garde impériale. Elle n'avait eu que deux divisions à l'entrée en campagne, une de vieille, l'autre de jeune garde. Une troisième division avait rejoint au moment de l'armistice, une quatrième venait d'arriver, une cinquième était en marche, ce qui avec douze mille hommes de cavalerie et deux cents bouches à feu, devait composer un corps de près de cinquante mille hommes, dont trente mille de jeune infanterie, que Napoléon entendait ne pas ménager comme la vieille garde, mais employer dans toutes les grandes batailles, qui malheureusement allaient être nombreuses et sanglantes.

Restait la cavalerie, qui avait manqué au commencement de la campagne, et qui avait été l'un des motifs de Napoléon pour signer l'armistice. Une cavalerie insuffisante équivaut à peu près à une cavalerie nulle, car elle n'ose pas s'engager de peur d'être accablée, et demeure cachée derrière l'infanterie qu'elle ne sert pas même à éclairer. C'est ce qu'on avait vu à Lutzen et à Bautzen. Les deux corps de Latour-Maubourg et de Sébastiani ne montaient pas au 1er juin à plus de huit mille cavaliers. On pouvait en tirer quatre mille des dépôts du général Bourcier, et environ vingt-huit mille de France, les uns amenés par le duc de Plaisance, les autres en marche sous le duc de Padoue, ce qui devait porter à quarante mille hommes les forces de l'armée d'Allemagne en troupes à cheval, sans compter la cavalerie de la garde impériale et des alliés, Saxons, Wurtembergeois et Bavarois. Seulement dans les vingt-huit mille cavaliers tirés de France, il y en avait quelques mille venant à pied, et auxquels il fallait fournir des chevaux. Les troubles survenus sur la gauche de l'Elbe par suite de l'insurrection des villes anséatiques, avaient singulièrement nui aux remontes. Napoléon ordonna de les reprendre, et fit insérer sur cet objet un article dans le traité d'alliance par lequel le Danemark s'était définitivement rattaché à la France. Par ce traité la France promettait d'entretenir toujours vingt mille hommes de troupes actives à Hambourg, afin de concourir à la défense des provinces danoises, et le Danemark s'engageait en retour à fournir à la France dix mille hommes d'infanterie, deux mille de cavalerie, les uns et les autres soldés par le trésor français, et à procurer dix mille chevaux à condition qu'ils seraient payés comptant. C'était, indépendamment des achats recommencés en Hanovre, une nouvelle ressource pour monter les cavaliers qui venaient de France à pied. On avait donc la presque certitude de réunir sous deux ou trois mois près de quarante mille cavaliers de toutes armes, non compris dix à douze mille de la garde, et huit à dix mille des alliés, ce qui devait composer une force totale de soixante mille hommes à cheval. Napoléon attribua deux mille hommes environ de cavalerie légère ou de ligne à chaque corps d'armée pour s'éclairer. Le reste il le forma suivant son usage en divers corps de réserve, destinés à combattre en ligne. Les généraux Latour-Maubourg et Sébastiani en commandaient déjà deux, qui avaient fait la campagne du printemps. Le duc de Padoue commandait le troisième, qui venait d'arriver et était occupé à châtier les Cosaques. Le comte de Valmy, fils du vieux duc de Valmy, fut placé à la tête du quatrième. Napoléon en voulut créer un cinquième avec des régiments nouvellement tirés d'Espagne. Depuis qu'il avait donné l'ordre d'évacuer Madrid, et de concentrer toutes les forces françaises dans le nord de la Péninsule, la cavalerie qui avait eu pour mission principale de lier entre eux les divers corps d'occupation, était beaucoup moins nécessaire. Il y avait encore trente-six régiments de cavalerie dans la Péninsule, dont vingt de dragons, onze de chasseurs, cinq de hussards. Napoléon crut que c'était assez de vingt, surtout en ne prenant que les cadres, et en laissant la plus grande partie des hommes en Espagne. Il ordonna donc le départ de dix régiments de dragons, quatre de chasseurs, deux de hussards. Il en destina deux à l'Italie, quatorze à l'Allemagne, et recommanda de transporter tout de suite ces cadres à Mayence, où ils allaient se remplir de sujets empruntés aux dernières conscriptions et déjà passablement instruits. Les chevaux requis en France, et payés comptant, devaient servir à les monter. Napoléon se promettait encore quatorze ou quinze mille cavaliers, provenant de cette origine, et enfermés tous dans des cadres excellents. C'était un dernier supplément qui à l'automne devait porter à soixante-quinze mille hommes au moins le total de sa cavalerie. A ces préparatifs pour l'infanterie et la cavalerie, Napoléon ajouta ceux qui concernaient l'artillerie, et il fit ses dispositions pour qu'elle pût mettre en mouvement mille bouches à feu de campagne.

Juin 1813.

Ainsi établi sur la ligne de l'Elbe, qu'il avait rendue formidable par les appuis qu'il s'y était ménagés, Napoléon se flattait d'avoir sans les garnisons 400 mille combattants, plus 20 mille en Bavière et 80 mille en Italie, ce qui porterait la totalité de ses ressources à 500 mille hommes de troupes actives, et à 700 mille en y comprenant les non présents sous les armes. C'était pour atteindre à ces nombres énormes, suffisants dans sa puissante main pour battre la coalition même accrue de l'Autriche, qu'il avait consenti à un armistice qui donnait aux coalisés le temps d'échapper à ses poursuites, et malheureusement aussi celui d'augmenter considérablement leurs forces. La question était de savoir si en fait de création de ressources, le temps profiterait aux coalisés autant qu'à Napoléon. Les coalisés, il est vrai, n'avaient pas son génie, et c'est sur quoi il fondait ses espérances, mais ils avaient la passion, seule chose qui puisse suppléer au génie, surtout quand elle est ardente et sincère. Napoléon, ne tenant guère compte de la passion, avait supposé que le temps lui servirait plus qu'à ses ennemis, et c'est dans cet espoir qu'il mettait tant d'art à le bien employer en fait de préparatifs militaires, et à le perdre en fait de négociations.

Totalité des forces dont Napoléon se flattait de disposer pour soutenir la guerre contre l'Europe entière.

La réponse envoyée à M. de Metternich le 15 juin, avait été interprétée comme elle devait l'être, et

Effet produit par la réponse.

l'habile ministre autrichien avait parfaitement compris que lorsque sur quarante jours restant pour négocier la paix générale, on en perdait d'abord cinq pour répondre à la note constitutive de la médiation, indépendamment de ceux qu'on allait perdre encore pour résoudre les questions de forme, il fallait en conclure qu'on était peu pressé d'arriver à une solution pacifique. Il se pouvait, à la vérité, que Napoléon ne voulût dire sa véritable pensée que dans les derniers moments; il se pouvait aussi que dans les difficultés qu'il avait soulevées, il y en eût quelqu'une qui lui tînt sérieusement à cœur, et par ces considérations M. de Metternich ne désespérait pas complétement de la paix, soit aux conditions proposées par l'Autriche, soit à des conditions qui s'en approcheraient. Dans l'un et l'autre cas, il avait pensé qu'il fallait à son tour attendre Napoléon, en employant toutefois un moyen de le stimuler. Les deux souverains de Prusse et de Russie insistaient vivement pour voir l'empereur François, dans l'espérance de l'attacher définitivement à ce qu'ils appelaient la cause européenne. Mais l'empereur François, croyant devoir à sa qualité de père et de médiateur, d'observer une extrême réserve à l'égard de deux souverains devenus ennemis implacables de la France, ne voulait pas, tant qu'il n'aurait pas été contraint à nous déclarer la guerre, s'aboucher avec eux. Les mêmes raisons de réserve n'existaient pas pour M. de Metternich, et ce ministre s'était rendu à Oppontschna afin de conférer avec les deux monarques coalisés. Son intention était de profiter de cette occasion pour les amener à ses idées, chose plus facile sans doute que d'y amener Napoléon, mais difficile aussi, et exigeant bien des soins et des efforts, car ils voulaient la guerre tout de suite, à tout prix, et jusqu'au renversement de Napoléon, ce qui n'était pas encore, du moins alors, le point de vue de l'Autriche. M. de Metternich était donc parti ostensiblement, certain que lorsque Napoléon le saurait en conférence avec les deux souverains, il en éprouverait une vive jalousie, et au lieu de lui refuser de venir à Dresde, lui en adresserait la pressante invitation. Cette vue, bientôt confirmée par l'événement, avait paru aussi fine que juste à l'empereur François, qui par ce motif avait approuvé le voyage de M. de Metternich à Oppontschna.

Tandis que ce ministre était en route pour s'y rendre, la Prusse et la Russie venaient de se lier par un traité de subsides avec l'Angleterre. Par ce traité, conclu le 15 juin et revêtu de la signature de lord Cathcart, de M. de Nesselrode et de M. de Hardenberg, l'Angleterre s'engageait à fournir immédiatement 2 millions sterling à la Russie et à la Prusse, et à prendre à sa charge la moitié d'une émission de papier monnaie, intitulé *papier fédératif*, et destiné à circuler dans tous les États alliés. La somme émise devait être de 5 millions sterling. C'étaient donc 4 millions 1/2 sterling (112 millions 500 mille francs) que l'Angleterre fournissait aux deux puissances, à condition qu'elles tiendraient sur pied, en troupes actives, la Russie 160 mille hommes, la Prusse 80 mille, qu'elles feraient à l'ennemi commun de l'Europe une guerre à outrance, et qu'elles ne traiteraient pas sans l'Angleterre, ou du moins sans se

Juin 1813.

Traité de subsides entre l'Angleterre et les puissances coalisées.

Condition imposée par ce traité de ne pas faire la paix sans l'Angleterre.

concerter avec elle. Les souverains de Russie et de Prusse ayant informé lord Cathcart qu'ils étaient sommés d'accepter la médiation de l'Autriche, et qu'ils y étaient disposés, sauf les conditions de paix qui seraient déterminées d'accord avec le cabinet britannique, lord Cathcart n'avait pas vu là une infraction au traité de subsides, et il avait reconnu lui-même qu'il fallait se prêter à tous les désirs de l'Autriche, car probablement les conditions que cette puissance regardait comme indispensables ne seraient pas admises par Napoléon, et l'on entraînerait ainsi cette puissance à la guerre par la voie toute pacifique de la médiation.

M. de Metternich arrivé à Oppontschna avait été accablé de caresses et de sollicitations par les souverains et leurs ministres. Les uns et les autres, pour le décider, disaient leurs forces immenses, irrésistibles même si l'Autriche se joignait à eux, et dans ce cas Napoléon perdu, l'Europe sauvée. Ils disaient encore la paix impossible avec lui, car évidemment il ne la voulait pas, et en outre peu sûre, car si on laissait échapper l'occasion de l'accabler pendant qu'il était affaibli, il reprendrait les armes dès qu'il aurait recouvré ses forces, et la lutte avec lui serait éternelle. Ces points de vue n'étaient pas, ne pouvaient pas être ceux de l'Autriche. Cette puissance n'était pas comme la Russie enivrée du rôle de libératrice de l'Europe, comme la Prusse réduite à vaincre ou à périr, comme l'Angleterre à l'abri de toutes les conséquences d'une guerre malheureuse : elle avait de plus des liens avec Napoléon, que la décence, et chez l'empereur

François l'affection pour sa fille, ne permettaient pas de rompre sans les plus graves motifs. Elle rêvait d'ailleurs la possibilité de rétablir l'indépendance de l'Europe sans une guerre qu'elle regardait comme pleine de périls, même contre Napoléon affaibli. Elle était donc d'avis que si on pouvait conclure une paix avantageuse et qui offrît des sûretés, il fallait en saisir l'occasion, et ne pas tout compromettre pour vouloir tout regagner d'un seul coup. Si par exemple Napoléon renonçait à sa chimère polonaise (c'est ainsi qu'on qualifiait le grand-duché de Varsovie), s'il consentait à reconstituer la Prusse, à rendre à l'Allemagne son indépendance par l'abolition de la Confédération du Rhin, à lui rendre son commerce par la restitution des villes anséatiques, il valait mieux accepter cette paix que s'exposer au danger d'une guerre formidable, qui à côté de bonnes chances en présentait d'effrayantes. Si l'Angleterre n'inclinait pas vers cette manière de penser, il fallait l'y amener forcément, en lui signifiant qu'on la laisserait seule. Pour elle d'ailleurs le point le plus important était obtenu, car il était facile de voir que Napoléon allait renoncer à l'Espagne, puisqu'il admettait au congrès les représentants de l'insurrection de Cadix, ce qu'il n'avait jamais accordé. Il fallait donc imposer la paix à l'Angleterre comme à Napoléon, car cette paix était un besoin urgent pour le monde entier, et on avait le moyen de l'obtenir, en menaçant l'Angleterre de traiter sans elle, et Napoléon de l'accabler sous les forces réunies de l'Europe. Telles étaient les idées de l'Autriche, que les deux souverains de

Juin 1813.

Prusse et de Russie, dominés par les passions du moment, étaient loin de partager. Ils auraient voulu une paix beaucoup plus rigoureuse pour la France, et par exemple la Westphalie, la Hollande, ne leur semblaient pas devoir être concédées à Napoléon. Ils parlaient de lui ôter une partie au moins de l'Italie, pour la rendre à l'Autriche, qui n'avait pas besoin qu'on éveillât en elle ce genre d'appétit, mais chez laquelle la prudence faisait taire l'ambition.

Résolutions formelles exprimées par M. de Metternich.

M. de Metternich, tout en trouvant ces vœux fort légitimes, avait déclaré que l'Autriche, dans l'espoir d'une conclusion pacifique, se bornerait à demander l'abandon du duché de Varsovie, la reconstitution de la Prusse, l'abolition de la Confédération du Rhin, la restitution des villes anséatiques, et ne ferait la guerre que si ces conditions étaient refusées par la France. On lui avait répondu qu'elles le seraient inévitablement, à quoi le ministre autrichien avait facilement répliqué que si elles étaient refusées, alors son maître pourrait honorablement devenir membre de l'alliance, et le deviendrait résolûment.

Il suffisait que l'Autriche posât des conditions d'une manière formelle, pour qu'on fût obligé de les admettre, car sans elle la guerre à Napoléon ne présentait aucune chance. Dictant la loi à la Prusse et à la Russie, elle la dictait par suite à l'Angleterre, qui bientôt se verrait contrainte de traiter si le continent finissait lui-même par traiter. On devait donc subir les volontés de l'Autriche, mais on les subissait sans répugnance, car on était convaincu que les conditions par elle imaginées seraient rejetées par Napoléon, et on croyait en lui cédant la tenir bien plus

Les monarques coalisés adhèrent aux vues de l'Autriche, convaincus que, qu'être tenu par elle. Le résultat de ces conférences avait été qu'on accepterait la médiation autrichienne, qu'on s'aboucherait avec Napoléon par l'intermédiaire de l'Autriche, que celle-ci lui proposerait les conditions précitées, qu'elle ne lui déclarerait la guerre qu'en cas de refus, que jusque-là elle demeurerait neutre, que relativement à l'Angleterre, en l'informant de cette situation, on ajournerait la paix avec elle pour simplifier la question : toutefois l'opinion était que la paix continentale devait entraîner prochainement et inévitablement la paix maritime.

Ces bases adoptées, M. de Metternich était revenu à Gitschin, auprès de son maître, et avait trouvé en y arrivant sa prévoyance parfaitement justifiée. En effet Napoléon, inquiet de ce qui se passait en Bohême, sachant que les allées et venues étaient continuelles entre Gitschin, résidence de son beau-père, et Reichenbach, quartier général des coalisés, sachant même que M. de Metternich avait dû voir les deux souverains de Russie et de Prusse à Oppontschna, n'avait pas pensé qu'il fallût pousser l'application à perdre son temps, jusqu'à rester étranger à tout ce qui se tramait entre les puissances, et peut-être jusqu'à laisser nouer à côté de lui une coalition redoutable, dont il pourrait prévenir la formation en intervenant à propos. En voyant M. de Metternich, avec lequel il avait fort la coutume de s'entretenir, il se flattait au moins de pénétrer les desseins de la coalition, ce qui pour lui n'était pas de médiocre importance, et surtout de se ménager une nouvelle prolongation d'armistice, seul résultat auquel il tînt beaucoup, car pour la paix il n'y tenait nullement aux conditions proposées. En conséquence il avait fait dire par M. de Bassano à M. de Bubna qu'il recevrait volontiers M. de Metternich à Dresde, et qu'il croyait même sa présence devenue nécessaire pour l'entier éclaircissement des questions qu'il s'agissait de résoudre. M. de Bubna avait sur-le-champ écrit à Gitschin, et c'est ainsi que M. de Metternich, en revenant de son entrevue avec Alexandre et Frédéric-Guillaume, avait trouvé l'invitation de se rendre à Dresde auprès de Napoléon. Comme c'était justement ce que lui et l'empereur François désiraient, il n'y avait pas à hésiter sur l'acceptation du rendez-vous offert, et M. de Metternich s'était décidé à se mettre de nouveau en route. Au moment de son départ, l'empereur François lui avait remis une lettre pour son gendre, dans laquelle il donnait pouvoir à son ministre des affaires étrangères de signer tous articles relatifs à la modification du traité d'alliance, et à l'acceptation de la médiation autrichienne. Dans cette lettre, il pressait de nouveau Napoléon de se résoudre à la paix, qui était, disait-il, la plus belle et l'unique gloire qui lui restât à conquérir.

M. de Metternich arriva le 25 juin à Dresde, et le lendemain 26 eut une première entrevue avec M. de Bassano, car ostensiblement c'était avec ce ministre qu'il devait négocier. Ils employèrent environ deux jours à de vaines chicanes sur le traité d'alliance, qui existait toujours et pourtant devait rester suspendu, sur la manière de concilier le rôle de médiateur et celui d'allié, sur la forme de la médiation, sur la prétention du médiateur d'être le seul intermédiaire des puissances belligérantes. Fidèle à son système de gagner du temps, Napoléon avait ainsi gagné deux jours; mais M. de Metternich n'était pas venu pour s'aboucher uniquement avec un ministre sans influence, et il avait d'ailleurs à remettre une lettre de l'empereur François à l'empereur Napoléon; il fallait donc qu'il le vît, et sans de plus longs retards. Napoléon, de son côté, plein d'un courroux que la présence de M. de Metternich faisait bouillonner dans ses veines, était maintenant tout disposé à le recevoir. Pénétrer le secret de son interlocuteur, lui arracher une prolongation d'armistice, n'était déjà plus son but, mais lui dire son fait, épancher sa passion, était en réalité son plus pressant besoin. Il reçut M. de Metternich le 28 juin dans la seconde moitié du jour. En traversant les antichambres du palais Marcolini, M. de Metternich les trouva remplies de ministres étrangers, d'officiers de tous grades, et rencontra notamment le prince Berthier, qui souhaitait la paix, sans l'oser dire à Napoléon, et ne savait manifester ses désirs qu'auprès de ceux auxquels il aurait fallu les cacher. A l'aspect de M. de Metternich, une sorte d'anxiété parut sur tous les visages. Le prince Berthier, en le conduisant jusqu'à l'appartement de l'Empereur, lui dit : Eh bien, nous apportez-vous la paix?... Soyez donc raisonnable... terminons cette guerre, car nous avons besoin de la faire cesser, et vous autant que nous. — A ce ton, M. de Metternich put juger que les rapports de ses espions étaient parfaitement vrais, que partout en France on désirait ardemment la paix, même dans l'armée, ce qui malheureuse-

Juin 1813.

Dispositions de Napoléon.

Thème de convention, tendant à imputer les pertes de temps à l'Autriche.

Plaintes amères contre l'Autriche.

ment n'était pas une manière de disposer nos ennemis à la conclure. Il eût mieux valu en effet montrer plus d'amour de la paix à Napoléon, et moins à M. de Metternich; mais ainsi sont faites les cours où l'on n'ose pas parler : souvent on dit à tout le monde ce qu'il faudrait ne dire qu'au maître. M. de Metternich introduit dans le cabinet de Napoléon, le trouva debout, l'épée au côté, le chapeau sous le bras, se contenant comme quelqu'un qui ne va pas se contenir longtemps, poli mais froid. — Vous voilà donc, monsieur de Metternich, lui dit-il, vous venez bien tard!... et sur-le-champ, suivant le langage convenu du cabinet français, il s'efforça, par un premier exposé de la situation, de mettre sur le compte de l'Autriche le temps perdu depuis l'armistice, et il n'y avait pas moins de vingt-quatre jours écoulés sans aucun résultat, puisqu'on était au 28 juin, et que l'armistice avait été signé le 4. Puis il fit un détail de ses relations avec l'Autriche, se plaignit d'elle amèrement, et s'étendit fort au long sur le peu de sûreté des rapports avec cette puissance. — J'ai, dit-il, rendu trois fois son trône à l'empereur François; j'ai même commis la faute d'épouser sa fille, espérant me le rattacher, mais rien n'a pu le ramener à de meilleurs sentiments. L'année dernière, comptant sur lui, j'ai conclu un traité d'alliance par lequel je lui garantissais ses États, et par lequel il me garantissait les miens. S'il m'avait dit que ce traité ne lui convenait point, je n'aurais pas insisté, je ne me serais même pas engagé dans la guerre de Russie. Mais enfin il l'a signé, et après une seule campagne, que les éléments ont rendue malheureuse, le voilà qui chancelle, et ne veut plus ce qu'il semblait vouloir chaudement, s'interpose entre mes ennemis et moi, pour négocier la paix, à ce qu'il dit, mais en réalité pour m'arrêter dans mes victoires, et arracher de mes mains des adversaires que j'allais détruire... — Si vous ne teniez plus à mon alliance, ajouta Napoléon, qui commençait à s'animer en parlant, si elle vous pesait, si elle vous entraînait avec le reste de l'Europe à une guerre qui vous répugnait, pourquoi ne pas me le dire? Je n'aurais pas insisté pour vous contraindre; votre neutralité m'aurait suffi, et à l'heure qu'il est la coalition serait déjà dissoute. Mais sous prétexte de ménager la paix en interposant votre médiation, vous avez armé, et puis, vos armements terminés, ou presque terminés, vous prétendez me dicter des conditions qui sont celles de mes ennemis eux-mêmes; en un mot, vous vous posez comme gens qui sont prêts à me déclarer la guerre. Expliquez-vous : est-ce la guerre que vous voulez avec moi?... Les hommes seront donc toujours incorrigibles!... les leçons ne leur serviront donc jamais!... Les Russes et les Prussiens, malgré de cruelles expériences, ont osé, enhardis par les succès du dernier hiver, venir à ma rencontre, et je les ai battus, bien battus, quoiqu'ils vous aient dit le contraire. Vous voulez donc, vous aussi, avoir votre tour? Eh bien, soit, vous l'aurez... Je vous donne rendez-vous à Vienne, en octobre. —

Cette manière si étrange de traiter, cette façon méprisante de qualifier un mariage dont au reste il ne paraissait nullement fâché comme homme privé, offensa et irrita M. de Metternich, sans lui imposer beaucoup, car une fermeté froide lui aurait causé bien plus d'impression. — Sire, répondit-il, nous ne voulons pas vous déclarer la guerre, mais nous voulons mettre fin à un état de choses devenu intolérable pour l'Europe, à un état de choses qui nous menace tous, à chaque instant, d'un bouleversement universel. Votre Majesté y est aussi intéressée que nous, car la fortune pourrait bien un jour vous trahir, et dans cette mobilité effrayante des choses, il ne serait pas impossible que vous-même rencontrassiez des chances fatales. — Mais que voulez-vous donc, reprit Napoléon, que venez-vous me demander? — Une paix, ajouta M. de Metternich, une paix nécessaire, indispensable, une paix dont vous avez besoin autant que nous, une paix qui assure votre situation et la nôtre... — Et alors, avec des ménagements infinis, insinuant plutôt qu'énonçant une condition après l'autre, M. de Metternich essaya d'énumérer celles que nous avons déjà fait connaître. Napoléon, bondissant comme un lion, laissait à peine achever le ministre autrichien, et l'interrompait à chaque énonciation, comme s'il eût entendu chaque fois un outrage ou un blasphème. — Oh! dit-il, je vous devine... Aujourd'hui vous me demandez seulement l'Illyrie pour procurer des ports à l'Autriche, quelques portions de la Westphalie et du grand-duché de Varsovie pour reconstituer la Prusse, les villes de Lubeck, Hambourg et Brême pour rétablir le commerce de l'Allemagne, et pour relever sa prétendue indépendance l'abolition du protectorat du Rhin, d'un vain titre,

Juin 1813.

Réponse modérée de M. de Metternich, fondée principalement sur le besoin général de la paix.

Exposé fort adouci des conditions de cette paix.

Emportement de Napoléon.

à vous entendre!... Mais je sais votre secret, je sais ce qu'au fond vous désirez tous... Vous Autrichiens, vous voulez l'Italie tout entière; vos amis les Russes veulent la Pologne, les Prussiens la Saxe, les Anglais la Hollande et la Belgique, et si je cède aujourd'hui, demain vous me demanderez ces objets de vos ardents désirs. Mais pour cela préparez-vous à lever des millions d'hommes, à verser le sang de plusieurs générations, et à venir traiter au pied des hauteurs de Montmartre!... — Napoléon, en prononçant ces mots, était pour ainsi dire hors de lui, et on prétend même qu'il se permit envers M. de Metternich des paroles outrageantes, ce que ce dernier a toujours nié.

M. de Metternich alors essaya de montrer à Napoléon qu'il n'était pas question de telles choses, qu'une guerre imprudemment prolongée pourrait peut-être faire renaître de semblables prétentions, que sans doute il y avait en Europe des fous dont les événements de 1812 avaient exalté la tête, qu'il y en avait bien quelques-uns de cette espèce à Saint-Pétersbourg, à Londres ou à Berlin, mais qu'il n'y en avait pas à Vienne; que là on demandait juste ce qu'on voulait, et rien au delà; que du reste le vrai moyen de déjouer les prétentions de ces fous, c'était d'accepter la paix, et une paix honorable, car celle qu'on offrait était non pas seulement honorable, mais glorieuse. — Un peu radouci par ces paroles, Napoléon dit à M. de Metternich que s'il ne s'agissait que de l'abandon de quelques territoires, il pourrait bien céder; mais qu'on s'était coalisé pour lui dicter la loi, pour le contraindre à céder, pour lui

Juin 1813.

Effort de M. de Metternich pour calmer Napoléon.

5.

ôter son prestige, et, avec une naïveté d'orgueil singulière, laissa voir que ce qui le touchait sensiblement ici, c'étaient moins les sacrifices exigés de lui, que l'humiliation de recevoir la loi après l'avoir toujours faite. — Puis, avec une fierté de soldat qui lui allait bien : Vos souverains, dit-il à M. de Metternich, vos souverains nés sur le trône ne peuvent comprendre les sentiments qui m'animent. Ils rentrent battus dans leurs capitales, et pour eux il n'en est ni plus ni moins. Moi je suis un soldat, j'ai besoin d'honneur, de gloire; je ne puis pas reparaître amoindri au milieu de mon peuple; il faut que je reste grand, glorieux, admiré!... — Quand donc finira cet état de choses, répliqua M. de Metternich, si les défaites comme les victoires sont un égal motif de continuer ces guerres désolantes?... Victorieux, vous voulez tirer les conséquences de vos victoires; vaincu, vous voulez vous relever! Sire, nous serons donc toujours les armes à la main, dépendant éternellement, vous comme nous, du hasard des batailles!... — Mais, reprit Napoléon, je ne suis pas à moi, je suis à cette brave nation qui vient à ma voix de verser son sang le plus généreux. A tant de dévouement je ne dois pas répondre par des calculs personnels, par de la faiblesse; je dois lui conserver tout entière la grandeur qu'elle a achetée par de si héroïques efforts. — Mais, Sire, reprit à son tour M. de Metternich, cette brave nation dont tout le monde admire le courage, a elle-même besoin de repos. Je viens de traverser vos régiments; vos soldats sont des enfants. Vous avez fait des levées anticipées, et appelé une génération à peine formée ; cette génération une fois détruite par la guerre actuelle, anticiperez-vous de nouveau ? en appellerez-vous une plus jeune encore ?... — Ces paroles, qui touchaient au reproche le plus souvent reproduit par les ennemis de Napoléon, le piquèrent au vif. Il pâlit de colère ; son visage se décomposa, et n'étant plus maître de lui, il jeta, ou laissa tomber à terre son chapeau, que M. de Metternich ne ramassa point, et allant droit à celui-ci, il lui dit : Vous n'êtes pas militaire, Monsieur, vous n'avez pas, comme moi, l'âme d'un soldat ; vous n'avez pas vécu dans les camps ; vous n'avez pas appris à mépriser la vie d'autrui et la vôtre, quand il le faut... Que me font, à moi, deux cent mille hommes !... — Ces paroles, dont nous ne reproduisons pas la familiarité soldatesque, émurent profondément M. de Metternich. — Ouvrons, s'écria le ministre autrichien, ouvrons, Sire, les portes et les fenêtres, que l'Europe entière vous entende, et la cause que je viens défendre auprès de vous n'y perdra point ! — Redevenu un peu plus maître de lui-même, Napoléon dit à M. de Metternich avec un sourire ironique : Après tout, les Français dont vous défendez ici le sang, n'ont pas tant à se plaindre de moi. J'ai perdu, cela est vrai, deux cent mille hommes en Russie ; il y avait dans le nombre cent mille soldats français des meilleurs ; ceux-là je les regrette... oui, je les regrette vivement... Quant aux autres, c'étaient des Italiens, des Polonais, et principalement des Allemands... — A ces paroles Napoléon ajouta un geste qui signifiait que cette dernière perte le touchait peu. — Soit, reprit M. de

_{Juin 1813,}
_{et particulièrement en France.}

_{Nouvelle et plus vive explosion de Napoléon.}

_{Belle réponse de M. de Metternich.}

Metternich, mais vous conviendrez, Sire, que ce n'est pas une raison à donner à un Allemand. — Vous parliez pour les Français, je vous ai répondu pour eux, répliqua Napoléon. — Puis, à cette occasion, il employa plus d'une heure à raconter à M. de Metternich qu'en Russie il avait été surpris et vaincu par le mauvais temps; qu'il pouvait tout prévoir, tout surmonter, excepté la nature; qu'il savait se battre avec les hommes, mais non pas avec les éléments. N'ayant pas revu M. de Metternich depuis la catastrophe de 1812, il s'étudia à refaire à ses yeux le prestige de son invincibilité, beaucoup trop détruit dans l'esprit de certains hommes, et mit un grand soin à prouver que sur le champ de bataille on ne l'avait jamais vaincu, ce qui était vrai; que s'il avait perdu des canons, c'était par le froid qui, en tuant les chevaux, avait détruit le moyen de traîner l'artillerie. Pendant qu'il parlait, marchant avec une extrême animation, il avait rencontré et repoussé du pied dans un coin de l'appartement son chapeau resté à terre. Au milieu des allées et venues de ce long entretien, il revint à l'idée fondamentale de son discours, c'est que l'Autriche, à laquelle il avait fait remise tant de fois des peines qu'elle avait encourues, à laquelle il avait demandé une archiduchesse pour l'épouser, faute, disait-il, bien grande de sa part, osait encore, au mépris de tant de bons procédés, lui déclarer la guerre. — Faute, reprit M. de Metternich, pour Napoléon conquérant, mais non pas faute pour Napoléon politique et fondateur d'empire. — Faute ou non, reprit Napoléon, vous voulez donc me déclarer la guerre! Soit, quels sont vos moyens? deux cent mille hommes en Bohême, dites-vous, et vous prétendez me faire croire à des fables pareilles! C'est tout au plus si vous en avez cent, et je soutiens que ces cent se réduiront probablement à quatre-vingt mille en ligne. — Là-dessus il conduisit M. de Metternich dans son cabinet de travail, lui montra ses notes et ses cartes, lui dit que M. de Narbonne avait couvert l'Autriche de ses espions, et qu'on tenterait en vain de l'effrayer par des chimères; que les Autrichiens n'avaient pas même cent mille hommes en Bohême... — La prétention des Autrichiens était d'en avoir trois cent cinquante mille sous les armes, dont cent mille sur la route d'Italie, cinquante mille en Bavière, deux cent mille en Bohême. C'étaient là les propos d'hommes qui n'avaient pas l'habitude de ce genre de calculs, et qui ne savaient pas que si l'Autriche avait trois cent cinquante mille hommes sur ses contrôles, elle en aurait tout au plus deux cent mille au feu, dont cinquante peut-être sur la route d'Italie, trente sur celle de Bavière et cent ou cent vingt en Bohême. Napoléon, par l'expérience qu'il avait des mécomptes qu'on essuie à la guerre sous le rapport des nombres, traita légèrement les assertions de M. de Metternich, que celui-ci, étranger à l'administration militaire, n'était pas capable de justifier suffisamment. Laissant là ce sujet sur lequel il n'était pas facile de s'entendre, Napoléon dit à M. de Metternich : Du reste, ne vous mêlez pas de cette querelle, dans laquelle vous courez trop de dangers pour trop peu d'avantages, tenez-vous à part. Vous voulez l'Illyrie, eh bien, je vous la cède; mais

Juin 1813.

Discussion des forces que l'Autriche peut jeter dans la balance.

Juin 1813.

soyez neutre, et je me battrai à côté de vous et sans vous. La paix que vous voulez procurer à l'Europe, je la lui donnerai sûrement, et équitablement pour tous. Mais la paix que vous cherchez à conclure au moyen de votre médiation, est une paix imposée, qui me fait jouer aux yeux du monde le rôle d'un vaincu auquel on dicte la loi... la loi, quand je viens de remporter deux victoires éclatantes!... — M. de Metternich revint à l'idée de la médiation, dont il ne pouvait se départir, s'efforça de la montrer non comme une contrainte qu'il s'agissait de faire subir à Napoléon, mais comme une intervention officieuse d'un allié, d'un ami, d'un père, qui, au jugement du monde, quand on connaîtrait les conditions proposées, serait encore considéré comme bien partial pour son gendre. — Ah! vous persistez, s'écria Napoléon avec colère, vous voulez toujours me dicter la loi, eh bien, soit, la guerre! mais au revoir, à Vienne!... —

Nouvel effort de M. de Metternich pour expliquer le vrai sens de la médiation.

Dernier défi de Napoléon.

Longueur de l'entrevue de Napoléon avec M. de Metternich, et anxiété de ceux qui en attendaient le résultat.

Cette mémorable entrevue, qui ne décida pas la question de la paix et de la guerre, ainsi qu'on le verra bientôt, mais qui fit éclater d'une manière si peu opportune les dispositions intérieures de Napo-

[1] Cette célèbre entrevue est de toutes celles où Napoléon a figuré personnellement, la plus difficile à reproduire, faute de documents suffisants. Pour les autres entretiens de Napoléon rapportés précédemment dans cette histoire, il existait des documents nombreux, soit dans nos archives diplomatiques, soit dans les archives diplomatiques étrangères; pour celui dont il s'agit ici au contraire, Napoléon n'ayant rien adressé à ses agents extérieurs, on manque de l'un des moyens d'information les plus certains. Il se contenta d'en parler à M. de Bassano, qui plus tard fut l'auteur des diverses versions publiées par des écrivains avec lesquels il était lié. Cet entretien mémorable serait donc à peu près perdu, si M. de Metternich n'en avait écrit lui-même, avec le plus

DRESDE ET VITTORIA.   73

léon, cette mémorable entrevue avait duré cinq à
six heures. Il était presque nuit lorsqu'elle se termina, à ce point que les deux interlocuteurs pouvaient à peine distinguer les traits l'un de l'autre.
Napoléon ne voulant pas en quittant M. de Metternich se séparer brouillé, lui dit quelques mots plus
doux, et lui assigna un nouveau rendez-vous pour
les jours suivants. La longueur de l'entretien avait
fort préoccupé les habitués de l'antichambre impériale. L'anxiété des visages était plus grande encore
que lorsque M. de Metternich était entré. Le major
général Berthier, accouru pour savoir quelque chose
de ce qui s'était passé, demanda à M. de Metternich
s'il était content de l'Empereur. — Oui, répondit le
ministre autrichien, j'en suis content, car il a éclairé
ma conscience, et, je vous le jure, votre maître a
perdu la raison! —

Ce n'était pas la violence de cet entretien qui en
cette occasion avait causé le plus de tort aux affaires
de l'Empire, c'était la triste conviction que Napoléon avait dû laisser dans l'esprit de M. de Metternich, que jamais il n'accepterait les conditions si
modérées dans lesquelles l'Autriche s'était renfer-

Juin 1813.

Conséquences
que
cette entrevue
pouvait avoir,
plus grandes
que celles
qu'elle eut
en effet.

grand détail, et en temps utile, toutes les particularités. Ayant obtenu
de son obligeance la communication de ce récit, qui m'a paru trop sévère pour Napoléon, mais généralement exact, j'ai conservé dans ce
qu'on vient de lire tout ce qui m'a semblé incontestable, d'après la
connaissance que j'avais des négociations du moment, et d'après les
autres récits publiés par les écrivains auxquels M. de Bassano avait
communiqué ses souvenirs. Je n'ai, comme dans toutes les occasions
semblables, conservé que ce que j'ai considéré comme à l'abri de toute
contestation. Ce qui est incontestable me paraissait d'ailleurs suffisant
pour donner de cette scène historique une idée qui fût à la fois exacte
et complète.

mée. Heureusement néanmoins, M. de Metternich, attachant sa gloire et sa sûreté à obtenir par la paix les conditions qu'il croyait indispensables, était homme à sacrifier l'orgueil à la politique, et à ne pas prendre feu tant qu'il resterait une chance de réussir. Napoléon pouvait dès lors donner carrière à son humeur, pourvu qu'au dernier moment il eût un retour de bon sens, et qu'il agréât la paix encore si prodigieusement belle qu'on lui offrait. Les explosions de son caractère, on était tout prêt à les pardonner à son génie et à sa puissance, et on aurait volontiers supporté un désagrément pour un grand résultat. Du reste, quand on avait souffert de son humeur impétueuse, on était promptement dédommagé, car lorsqu'il s'était livré à ses passions, il en était honteux, revenait bien vite, se hâtait de caresser ceux qu'il avait le plus blessés, et leur prodiguait les séductions pour leur faire oublier ses écarts. La situation que nous retraçons devait bientôt en fournir un nouvel exemple.

A peine s'était-il séparé du ministre autrichien qu'il était déjà plein de regrets de s'être autant abandonné à son emportement naturel, car il n'avait obtenu de cette entrevue rien de ce qu'il s'était promis. Loin de pénétrer les secrets du ministre autrichien, il lui avait révélé les siens en lui laissant voir l'obstination invincible de son orgueil, et il avait nui surtout à son principal dessein, celui de faire prolonger l'armistice, en montrant trop clairement que cet armistice ne conduirait point à la paix. Aussi ordonna-t-il sur-le-champ à M. de Bassano de courir après M. de Metternich, et de lui parler de l'objet essentiel, dont il n'avait pas été dit grand'chose dans l'entrevue, c'est-à-dire de la médiation autrichienne, de sa forme, de ses conditions, du délai dans lequel elle devrait s'exercer. M. de Metternich avait même pu croire qu'elle était refusée, au langage de Napoléon. Pour détruire cette idée, M. de Bassano eut l'ordre d'entreprendre de concert avec M. de Metternich la rédaction d'une convention relative au mode de la médiation, ce qui prouverait au ministre autrichien que malgré les emportements de Napoléon, tout n'était pas perdu, et que la résolution de repousser tout arbitrage pacifique n'était pas définitivement arrêtée dans la pensée du gouvernement français.

Juin 1813.

M. de Bassano chargé de rédiger un projet de convention, relativement à la médiation autrichienne.

La journée suivante fut en effet consacrée par MM. de Metternich et de Bassano à débattre la question de la médiation, et il ne fut plus rien dit de ce traité d'alliance, dont on avait eu la maladresse de fournir à l'Autriche le moyen de se dégager un article après l'autre, et dont les tristes restes ne valaient pas la peine qu'on s'irritât pour les sauver. On parla uniquement de la médiation, de la manière dont elle s'exercerait, et du sentiment que l'Autriche y apporterait à l'égard de la France. M. de Metternich renouvela l'assurance d'une médiation toute partiale pour nous, mais parut tenir beaucoup à la forme qui constituait le médiateur intermédiaire exclusif des parties contractantes. On essaya d'une rédaction sans pouvoir tomber d'accord, parce que M. de Bassano voulait la surcharger de précautions que M. de Metternich trouvait gênantes. Mais les détails furent débattus sans aigreur,

Juin 1813.

et du ton de gens décidés à s'entendre. Tout fut renvoyé à l'Empereur, et M. de Metternich dut le revoir le 30 juin pour résoudre avec lui les dernières difficultés.

Nouvelle entrevue dans laquelle Napoléon paraît complétement changé.

Le 30, en effet, M. de Metternich, accompagné de M. de Bassano, revit Napoléon, et le trouva tout changé, comme un ciel épuré par un orage. Il était ouvert, gai, plein d'un aimable repentir. — Vous persistez donc à faire le méchant avec nous? dit-il à M. de Metternich avec une familiarité pleine de grâce. — Puis il prit des mains de M. de Bassano le projet de convention, dont il connaissait les points sujets à difficulté, et il se mit à en lire les articles l'un après l'autre. A chaque article, comme s'il eût été du parti de M. de Metternich, il disait : Mais cela n'a pas le sens commun, ne s'inquiétant guère de l'amour-propre de son ministre, et il paraissait presque toujours abonder dans les idées du diplomate autrichien. S'adressant ensuite à M. de Bassano, il lui dit : Asseyez-vous et écrivez, et il dicta un projet simple, clair, net, comme il était capable de le faire. Cette rédaction qui écartait toutes les difficultés, une fois terminée, il demanda à M. de Metternich : Ce projet vous convient-il?—Oui, sire, répondit l'illustre diplomate, sauf quelques expressions.—Lesquelles? reprit Napoléon. — M. de Metternich les ayant indiquées, Napoléon les changea sur-le-champ à l'entière satisfaction de son interlocuteur, s'attachant à lui complaire en tout. Enfin ce projet, qui déclarait que dans le désir et l'espérance de rétablir la paix, au moins parmi les Etats du continent, l'empereur d'Autriche offrait sa médiation

Cette fois, après avoir tout concédé dans les formes à M. de Metternich, Napoléon cherche avec beaucoup d'adresse à lui arracher une prolongation d'armistice.

à l'empereur Napoléon, que l'empereur Napoléon l'acceptait, et que les plénipotentiaires des diverses puissances se réuniraient à Prague le 5 juillet au plus tard, ce projet complétement arrêté, Napoléon, toujours du ton le plus aisé, dit à M. de Metternich : Mais ce n'est pas tout, il me faut une prolongation d'armistice... Comment en effet, du 5 au 20 juillet, terminer une négociation qui doit embrasser les intérêts du monde entier, et qui, si on voulait bien régler toutes les difficultés, exigerait des années? — La question effectivement était embarrassante, quoique, sur les points importants, on eût pu s'entendre en quelques heures, si on l'avait voulu. Mais au premier aspect la question n'admettait pas d'autre réponse qu'un assentiment. M. de Metternich, vaincu par toutes les condescendances de cette journée, n'était pas disposé à compromettre la médiation à laquelle il attachait tant de prix, pour quelques jours de plus ou de moins dans la durée des négociations. Il répondit qu'il espérait faire accepter la prolongation demandée aux Prussiens et aux Russes, bien qu'ils fussent convaincus que l'armistice, utile seulement à la France, leur était nuisible à eux, et il ne disputa que sur l'étendue de cette prolongation. Napoléon voulait obtenir jusqu'au 20 août, pour gagner le 26 avec les six jours accordés pour la dénonciation de l'armistice. M. de Metternich contestait un terme aussi long, non pas en son nom, mais au nom de ceux dont il devait obtenir l'assentiment, et répétait que si on voulait agir avec une entière bonne foi, tout pourrait être terminé en une journée. Napoléon répondait qu'il lui en fallait qua-

Juin 1813.

Napoléon en faisant valoir le peu de temps qui reste pour négocier, obtient une prolongation d'armistice de vingt jours, du 26 juillet au 16 août, compris six jours pour se prévenir de la reprise des hostilités.

rante au moins pour juger des vues de ses adversaires, et faire connaître les siennes. — Quant à moi, vous pouvez être sûr, ajouta-t-il, que je ne vous dirai mes véritables intentions que le quarantième jour. — Alors, répliqua M. de Metternich, les trente-neuf jours qui précèdent le quarantième sont inutiles. — La conversation ayant pris ce tour plaisant, on touchait évidemment à un accord, et après discussion, M. de Metternich parut disposé à prolonger l'armistice jusqu'au 10 août, avec six jours pour se prévenir de la reprise des hostilités, ce qui devait conduire au 16, et entraînait une prolongation de vingt jours, du 26 juillet au 16 août. Napoléon alors, feignant de trouver du 5 juillet au 16 août les quarante jours dont il avait besoin pour négocier, et au fond, bien qu'il en souhaitât davantage, jugeant bon de gagner au moins ce temps pour l'achèvement de ses préparatifs, déclara qu'il acceptait la proposition de M. de Metternich. En conséquence on ajouta un dernier article, par lequel il était dit que, vu le peu de temps qui restait pour négocier d'après les termes de l'armistice signé à Pleiswitz, l'empereur Napoléon s'engageait à ne pas dénoncer cet armistice avant le 10 août (16 août en ajoutant les six jours pour l'avis préalable), et que l'empereur d'Autriche se chargeait d'obtenir le même engagement de la part du roi de Prusse et de l'empereur de Russie. Napoléon voulut qu'on signât à l'instant même, et renvoya ensuite M. de Metternich comblé de toutes sortes de caresses. Ainsi le lion changé tout à coup en sirène avait su arracher à l'habile ministre autrichien la seule chose qu'il désirât véritablement, c'est-à-dire une prolongation d'armistice. Ne voulant pas la paix aux conditions proposées, ne voulant que le temps nécessaire pour en imposer une qui fût à son gré, vingt jours de plus étaient pour lui une conquête d'un prix inestimable. Le sacrifice des questions de forme qu'il avait paru faire en simplifiant autant le texte de la convention, n'en était pas un de sa part, car sur le point important de savoir si les parties contractantes s'aboucheraient toutes ensemble dans une conférence commune, ou ne traiteraient que par l'entremise du médiateur, il avait éludé, mais non abandonné la difficulté, en se taisant dans la rédaction; et il était fort aise de l'avoir réservée, car elle lui restait pour occuper les premiers jours du congrès, et pour perdre le temps dans lequel on était renfermé, sans avoir à s'expliquer sur le fond des choses. C'était à M. de Metternich, souhaitant ardemment le succès de la médiation, à regretter que cette difficulté n'eût pas été vidée tout de suite, et qu'elle demeurât comme un gros obstacle sur le chemin des négociations. Napoléon avait donc avec quelques instants de douceur réparé jusqu'à un certain point le mal causé par les imprudents éclats de sa colère, et obtenu tout ce qu'il désirait. Heureux ce singulier génie, heureuse la France, s'il avait pu employer cette merveilleuse souplesse à la tirer du faux pas où il l'avait engagée!

Maintenant l'habileté de la part de l'Autriche, si passionnée pour le succès de la médiation, eût consisté à ne pas laisser à Napoléon un seul prétexte de perdre du temps, et dès lors à lui répondre sur-le-champ que la convention constitutive de la média-

Juin 1813.

Retour de M. de Metternich à Gitschin le 1er juillet.

Juillet 1813.

Temps imprudemment perdu par l'Autriche, et remise du 5 au 8 juillet pour la réunion des plénipotentiaires.

Dispositions des monarques coalisés réunis à Reichenbach.

tion était acceptée, que la prolongation de l'armistice l'était également, et que les négociateurs, comme on l'avait stipulé, se réuniraient exactement le 5 juillet. Malheureusement il n'en fut pas ainsi. M. de Metternich, parti de Dresde le 30 juin, jour même de la signature, et arrivé le 1er juillet à Gitschin, causa une grande joie à son maître en lui annonçant que la médiation était acceptée, ce qui faisait passer la cour d'Autriche de la situation embarrassante d'alliée de la France, à la situation indépendante et forte de son arbitre, et lui procurait un lustre dont elle avait besoin auprès du public autrichien. M. de Metternich n'eut donc pas de peine à obtenir de l'empereur François la ratification immédiate de la convention. Mais, soit qu'il n'eût pas entièrement pénétré les intentions dilatoires de Napoléon, soit qu'il fût dominé par des difficultés toutes matérielles, M. de Metternich fournit lui-même des prétextes aux pertes de temps, en demandant de remettre du 5 au 8 juillet la réunion des plénipotentiaires. Après avoir demandé cette remise, laquelle, d'après ce qu'on a vu des projets de Napoléon, ne devait pas rencontrer d'obstacle de notre part, M. de Metternich s'adressa aux souverains réunis à Reichenbach, pour leur annoncer l'acceptation de la médiation, pour leur faire agréer la prolongation de l'armistice, et obtenir le prompt envoi de leurs plénipotentiaires à Prague.

Les coalisés de Reichenbach n'avaient pas compris toute la portée de l'armistice de Pleiswitz en le signant. Ils n'y avaient vu d'abord que l'avantage de se soustraire aux conséquences immédiates de la bataille de Bautzen, sans songer aux avantages de temps qu'il procurait à Napoléon. Maintenant qu'ils étaient sortis de péril, qu'ils avaient ainsi recueilli le principal fruit de l'armistice, qu'ils voyaient les armements de Napoléon se développer chaque jour, bien que les leurs se développassent aussi, ils étaient presque aux regrets d'une suspension d'armes qui pourtant les avait sauvés, et ils n'étaient nullement enclins à en prolonger la durée. Une circonstance d'ailleurs les disposait plus mal encore à l'égard de la prolongation consentie par M. de Metternich, c'est qu'ils avaient pour vivre la partie la moins fertile de la Silésie, tandis que Napoléon avait la meilleure, et qu'ils craignaient de manquer bientôt de moyens de subsistance. De plus, auprès des Allemands, surtout des Prussiens, tout ajournement des hostilités semblait un pas fait dans la politique pacifique de l'Autriche, et une sorte de trahison. Il y eut donc quelque peine à leur arracher leur consentement, et assez pour entraîner une nouvelle perte de temps. Toutefois les deux souverains alliés n'avaient rien à refuser à l'Autriche, et dès qu'elle voulait une chose, ils devaient l'accorder. Or l'Autriche s'étant engagée envers Napoléon à prolonger l'armistice, on ne pouvait pas lui faire l'outrage de déclarer son engagement imprudent et nul. On le ratifia donc, mais en demandant, vu les distances et le temps déjà écoulé, une nouvelle remise du 8 au 12 juillet, pour la réunion des plénipotentiaires à Prague, et en promettant, du reste, qu'ils seraient exacts au rendez-vous. M. de Metternich informa M. de Bassano de ces dernières déterminations, mais, en les

Juillet 1813.

Frappés des avantages de temps que l'armistice procure à Napoléon, ils ne voudraient pas le prolonger.

Toutefois ils accordent la prolongation pour complaire à l'Autriche, et demandent une nouvelle remise au 12 juillet

lui faisant connaître, il s'exprima au sujet de la prolongation de l'armistice comme à l'égard d'une chose qui allait de soi, et ne communiqua point son acceptation officielle par les souverains de Prusse et de Russie.

Rien ne convenait mieux à Napoléon que des délais dont il n'était pas l'auteur. Il fit répondre comme s'il se résignait au lieu de se réjouir. Depuis que la cour d'Autriche s'était transportée de Vienne aux environs de Prague, il avait rappelé à Dresde M. de Narbonne, l'y avait retenu quelques jours, et puis l'avait expédié de nouveau pour qu'il continuât à Prague ainsi qu'à Vienne son rôle d'ambassadeur. Napoléon le chargea d'exprimer des regrets au sujet du dernier retard, et en même temps de se plaindre de la négligence qu'on paraissait mettre à communiquer officiellement le consentement donné à la prolongation de l'armistice, comme si ce consentement avait pu être douteux. Il l'autorisa de plus à déclarer que lorsque les négociateurs russe et prussien seraient connus et partis pour leur destination, la France désignerait et ferait partir ses négociateurs, et d'insinuer que ce seraient probablement MM. de Narbonne et de Caulaincourt.

Tandis qu'il adressait ces réponses, Napoléon se proposait de tirer des délais imprudents auxquels l'Autriche s'était prêtée, de nouveaux délais qu'il rattacherait adroitement à ceux dont il n'était pas cause. Depuis longtemps il avait projeté certaines excursions pour visiter, suivant son usage, les lieux qui allaient devenir le théâtre de la guerre, et il voulait, s'il en avait le loisir, parcourir les bords de l'Elbe depuis Kœnigstein jusqu'à Hambourg, aller même passer quelques jours à Mayence avec l'Impératrice, qui était impatiente de le revoir, et à laquelle il désirait donner des témoignages publics d'affection. En se montrant tendre et soigneux pour Marie-Louise, il augmentait pour l'empereur François la difficulté d'oublier les liens de paternité qui l'unissaient à la France. Il résolut de commencer par la plus utile de ces excursions, par celle qui devait lui procurer la vue des points importants de Torgau, de Wittenberg, de Magdebourg. On était arrivé au 8 juillet. Napoléon, qui n'avait aucun doute sur la réunion des plénipotentiaires russe et prussien à Prague le 12 au plus tard, aurait pu nommer les siens, rédiger leurs instructions, et les faire partir, ou les tenir prêts à partir au premier signal. Eût-il même fallu différer de quelques jours ses excursions, il l'aurait dû, car aucun intérêt n'égalait en ce moment celui d'une prompte réunion du congrès, et d'ailleurs les inspections locales auxquelles il voulait se livrer, les revues de troupes qu'il se proposait de passer, n'auraient pas eu moins d'utilité pour être retardées d'une semaine. Au contraire en prenant patience encore un jour, il aurait reçu de Prague les communications qu'il se plaignait de n'avoir pas reçues, il aurait connu les plénipotentiaires désignés, l'époque précise de leur réunion, et l'acceptation formelle du nouveau terme assigné à l'armistice. Mais il lui convenait mieux de se dire contraint à s'absenter immédiatement, parce qu'alors il n'était tenu de répondre qu'à son retour, et les quatre ou cinq jours qu'il allait gagner ainsi pouvaient être considé-

Juillet 1813.

Voyage imprévu à Magdebourg, pour visiter les bords de l'Elbe.

6.

rés comme une conséquence du temps qu'on avait perdu du 5 au 12 juillet. Il déclara donc tout à coup qu'ayant différé son départ jusqu'au 9, sans avoir rien reçu de Prague, il se voyait obligé par les affaires urgentes de son armée, de quitter Dresde le 10. En même temps, de peur de donner à ses ennemis le moyen de le faire enlever par une troupe de Cosaques, malgré l'armistice, il ne dit pas où il allait, certain que lorsqu'on apprendrait qu'il était quelque part, il n'y serait déjà plus. Il ne dit pas non plus combien il resterait absent, laissant espérer que ce serait trois jours au plus, que par conséquent on n'aurait pas beaucoup à attendre les réponses que son départ ajournait inévitablement. La diplomatie autrichienne ayant ainsi perdu huit jours involontairement, il allait en perdre encore très-volontairement quatre ou cinq, ce qui devait remettre la réunion des plénipotentiaires, fixée d'abord au 5 juillet, puis au 12, à une nouvelle époque qui n'était pas déterminée.

Départ de Napoléon le 10 juillet.

Le 10 juillet au matin il partit donc pour Torgau en toute hâte, ne prenant point un vain prétexte quand il disait s'absenter pour des affaires importantes, et ne trompant que sur l'urgence de ces affaires.

Napoléon apprend en route les graves événements qui s'étaient passés en Espagne.

Au moment même où il quittait Dresde, on y apprenait les derniers événements d'Espagne, qui, bien qu'on dût les prévoir d'après ce qui s'était passé, n'en devaient pas moins causer une surprise bien agréable pour nos ennemis, bien douloureuse pour nous, et d'une influence funeste pour l'ensemble de nos affaires. Il faut faire connaître ces événements, qui par leurs conséquences politiques se lient nécessairement à ceux dont l'Allemagne était alors le théâtre.

Après la réunion des trois armées du centre, de Portugal et d'Andalousie, la situation des Français dans la Péninsule offrait encore bien des chances favorables. Le maréchal Suchet, se maintenant par son corps le plus avancé à Valence, et par deux autres corps en Catalogne et en Aragon, était maître de la partie de l'Espagne la plus essentielle pour nous, et en avait toutes les places fortes en sa possession. Le roi Joseph était à Madrid avec l'armée du centre, ayant devant lui, répandue sur le Tage, de Tarancon à Almaraz, l'armée d'Andalousie, et sur sa droite en arrière, entre la Tormès et le Douro, l'armée de Portugal. Dans cette position, il n'avait rien à craindre, si, persistant à tenir ensemble ces forces récemment réunies, il était toujours prêt à tomber en masse sur les Anglais à leur première apparition. Ces trois armées en janvier 1813 présentaient 86 mille hommes de toutes armes, comprenant le reste de ce que la France avait envoyé de meilleur en Espagne. Délivré des résistances du maréchal Soult que Napoléon avait emmené avec lui en Allemagne, débarrassé aussi des entêtements du général Caffarelli, il pouvait se promettre une exécution plus fidèle de ses ordres. Par suite de ces changements, le général Clausel commandait l'armée du nord, le général Reille celle de Portugal, le comte d'Erlon celle du centre, le général Gazan celle d'Andalousie. Sans le redoutable effet produit par les événements de Russie, la situation de Joseph n'eût pas été mauvaise. Mais ces événements avaient sin-

Juin 1813.

Notre situation en Espagne depuis la réunion des trois armées du centre, de Portugal et d'Andalousie.

Juin 1813.

Conduite
des cortès
de Cadix.

gulièrement excité les esprits, et réveillé chez les Espagnols l'espérance d'être prochainement délivrés de notre domination.

Les cortès de Cadix gouvernaient toujours assez confusément, mais avec un ardent patriotisme, les affaires de l'insurrection espagnole, et lord Wellington avec beaucoup de suite et de fermeté celles de l'insurrection portugaise. Les cortès avaient, comme nous l'avons rapporté ailleurs, terminé leur constitution, et, copiant exactement celle que la France s'était donnée en 1791, elles avaient adopté une chambre unique et un roi pourvu seulement du veto suspensif. En attendant que ce roi pût leur être rendu, les cortès prétendaient représenter la souveraineté tout entière, s'étaient attribué le titre de Majesté, et accordaient celui d'Altesse à une régence élective, composée de cinq membres, et investie du pouvoir exécutif en l'absence de Ferdinand VII. Les cortès avaient contre elles, outre les Français et les rares partisans de Joseph, tous les amis du vieux régime qu'elles avaient aboli, et se trouvaient sans cesse en conflit avec la régence, suspecte à leurs yeux parce qu'elle avait été composée de grands personnages du clergé et de l'armée. C'est ce qui explique pourquoi Séville et toute l'Andalousie étant abandonnées par les Français, les cortès avaient mieux aimé demeurer au milieu du peuple de Cadix, plus confiantes dans le peuple de cette ville que dans aucun autre. Sans les malheurs de Russie, sans la défaite de Salamanque, Joseph, moins contrarié, mieux pourvu d'argent, aurait pu avec le temps tirer un grand parti des divisions des Espagnols.

En ce moment une question avait fort ajouté à ces divisions, c'était celle du commandement des armées. Les succès de lord Wellington, et surtout les qualités que l'armée portugaise avait déployées sous ses ordres, avaient suggéré à certains membres des cortès l'idée de lui offrir le commandement en chef des troupes espagnoles. L'esprit indépendant et jaloux de la nation avait d'abord opposé des obstacles à ce projet, mais l'espérance de voir l'armée espagnole égaler bientôt et surpasser même l'armée portugaise, et en particulier la victoire de Salamanque, avaient fait taire toutes les répugnances, et on avait nommé lord Wellington généralissime. Cet illustre personnage avait mis à son acceptation deux conditions, la première qu'il obtiendrait l'assentiment de son gouvernement, et la seconde qu'il exercerait sur l'organisation et les mouvements de l'armée espagnole une autorité absolue. Le cabinet britannique ayant tout naturellement consenti à ce qu'il acceptât l'autorité qu'on lui offrait, il s'était transporté à Cadix pendant l'hiver, pour s'entendre avec la régence sur toutes les questions que soulevait son futur commandement. Accueilli avec de grands honneurs, mais attaqué en même temps par les journaux organes des jalousies nationales, il avait plus d'une fois regretté de s'être exposé à un semblable traitement, et aurait même refusé le généralat, s'il n'avait craint par son refus de porter un coup funeste à l'insurrection. On lui avait pourtant accordé à peu près l'autorité qu'il désirait, mais il craignait fort de ne pas tirer grand parti des Espagnols, faute d'argent et faute de bons officiers. On lui promettait

Juin 1813.

Les cortès défèrent à lord Wellington le commandement des armées espagnoles.

Juin 1813.

Projet de lord Wellington pour la campagne de 1813.

Il veut, à la tête de cent mille hommes, s'avancer en Vieille-Castille pour faire tomber d'un seul coup l'établissement des Français dans la Péninsule.

l'argent, sans moyen de le fournir, et quant aux officiers, il aurait en vain voulu suppléer à ceux qui lui manquaient par des officiers anglais. Jamais l'armée espagnole n'aurait souffert, malgré l'exemple de l'armée portugaise, qu'on lui donnât des étrangers pour la conduire. Il était parti du reste encore plus applaudi qu'attaqué, et résolu à s'occuper presque exclusivement de l'armée espagnole de Galice, qui devait servir sous ses ordres immédiats.

Revenu à Fresnada, sur la frontière nord du Portugal, il avait employé tout l'hiver à préparer la campagne prochaine. Son projet était d'avoir environ 45 mille Anglais, supérieurement organisés, 25 mille Portugais, et environ 30 mille Espagnols instruits et équipés le moins mal possible, et de s'avancer ainsi avec une centaine de mille hommes sur le nord de la Péninsule, afin de couper au pied de l'arbre la puissance des Français en Espagne. Toutefois, depuis que la concentration des trois armées de Portugal, du centre et du midi, avait réuni à Madrid une force de 80 à 90 mille Français, égaux pour le moins aux Anglais, et bien supérieurs aux Portugais et aux Espagnols, il regardait son entreprise comme très-hasardeuse, ne voulait la tenter qu'avec beaucoup de circonspection, et à condition que les insurgés de Catalogne et de Murcie, soutenus par l'armée anglo-sicilienne, feraient en sa faveur une forte diversion sur Valence, et que les flottes anglaises secondant les bandes des Asturies et des Pyrénées, donneraient de continuelles occupations à notre armée du nord. Consulté sur un projet d'invasion dans le midi de la France pendant qu'on se battait en Saxe avec Napoléon, il avait répondu que le premier soin des Anglais devait être de forcer les Français à repasser les Pyrénées, pour n'entrer en France qu'à leur suite. Mais ce résultat, il avait été bien loin de le promettre en présence des 86 mille hommes actuellement concentrés sous Joseph autour de Madrid.

Ces idées du général en chef britannique, qu'il était facile de deviner même sans le secours d'aucune information, indiquent suffisamment quel aurait dû être le plan des Français pour rendre cette campagne plus heureuse que les précédentes, et ce plan devait être avant tout de rester réunis, et puis de bien choisir la position sur laquelle ils s'établiraient. Malheureusement le choix de leurs positions en avant et en arrière de Madrid n'était pas des mieux entendus. Lorsque en effet il faudrait se replier pour tenir tête aux Anglo-Portugais dans la Vieille-Castille, entre Salamanque et Valladolid, il était à craindre qu'on n'arrivât point à temps, et surtout qu'on ne fût obligé de se priver, pour la garde de Madrid, de forces très-regrettables un jour de bataille. Le mieux eût donc été d'évacuer Madrid, de se transporter à Valladolid, de n'y garder que l'indispensable en fait de matériel, d'expédier sur Vittoria, malades, blessés, vivres et munitions, et d'être ainsi dans la nouvelle capitale qu'on aurait adoptée, concentrés et en même temps allégés de tout poids inutile. C'était l'avis du maréchal Jourdan; mais quoique d'une parfaite sagesse, ses avis étaient donnés sans énergie, et il en eût fallu beaucoup pour vaincre la répugnance de Joseph à évacuer Madrid. Depuis qu'il avait vu lord Welling-

Juin 1813.

Les projets de lord Wellington, faciles à deviner, auraient dû amener les Français à évacuer Madrid pour se concentrer en Vieille-Castille.

C'était l'avis du maréchal Jourdan, mais Joseph répugnait à évacuer Madrid.

Juin 1813.

ton fuir devant lui, et qu'il avait pu rentrer triomphant dans sa capitale, il s'était encore une fois cru roi d'Espagne, et sans les événements de Russie, il n'aurait pas même conservé de doute sur son établissement définitif dans ce pays. Lui proposer maintenant de sortir de Madrid, c'était lui proposer de redevenir roi vagabond, de rendre aux Espagnols toutes les espérances qu'ils avaient perdues, de traîner de nouveau sur les routes une foule de malheureux attachés à son sort, et de se priver du plus clair de son revenu, qui consistait dans l'octroi de Madrid, et dans le produit des deux ou trois provinces environnantes. Pourtant Joseph avait l'esprit si juste, qu'il n'avait pas absolument repoussé l'idée de quitter Madrid lorsque le maréchal Jourdan lui en avait parlé, et que si ce dernier eût insisté davantage, on aurait pu évacuer Madrid en janvier, employer les mois de février et de mars à réprimer les bandes du nord, puis revenir en avril pour être tous réunis au mois de mai contre le duc de Wellington, en prenant un mois entier pour faire reposer les troupes et les préparer à la campagne décisive de 1813. Ces idées, parfaitement conçues par le maréchal Jourdan, restèrent donc en projet jusqu'à ce qu'on reçut de Paris des dépêches de Napoléon, contenant pour cette campagne des instructions fort arrêtées.

Idées de Napoléon sur la conduite à tenir en Espagne pendant l'année 1813.

Nous avons exposé déjà les pensées de Napoléon à l'égard de l'Espagne pour l'année 1813. Dégoûté d'une entreprise qui avait déplorablement divisé ses forces, il y aurait volontiers renoncé s'il l'avait pu, mais ayant attiré les Anglais dans la Pénin-

sule, il ne dépendait plus de lui de se débarrasser
d'eux à volonté. En ouvrant par exemple à Ferdinand VII les portes de Valençay, il aurait eu les
Anglais à Toulouse ou à Bordeaux au lieu de les
avoir à Burgos ou à Valladolid. Il fallait donc continuer à combattre au delà des Pyrénées pour n'être
pas obligé de combattre en deçà. Mais Napoléon,
comme on l'a vu, avait réduit cette tâche autant que
possible pour 1813, car loin d'envoyer des renforts
en Espagne, il en avait tiré au contraire des cadres
et beaucoup d'hommes d'élite, en se tenant en mesure néanmoins de conserver la Castille vieille, les
provinces basques, la Catalogne et l'Aragon. Son
projet secret était de traiter avec l'Angleterre, en
restituant l'Espagne moins les provinces de l'Èbre
à Ferdinand VII, et en dédommageant celui-ci avec
le Portugal, que la maison de Bragance pouvait bien
abandonner depuis qu'elle avait trouvé au Brésil un
si bel asile. C'est ce qui explique pourquoi Napoléon avait consenti pour la première fois à admettre
dans un congrès les représentants de l'insurrection
espagnole.

C'est d'après ces idées que Napoléon avait tracé
ses instructions, mais toujours d'une manière trop
générale, absorbé qu'il était par les préparatifs de
la campagne de Saxe. Dépité de ce qu'un courrier
employait quelquefois trente ou quarante jours pour
aller de Paris à Madrid, tenant surtout à soumettre
les provinces de l'Èbre qu'il avait le projet d'adjoindre à la France, il prescrivit de rétablir à tout prix
les communications, répétant avec sa fougue ordinaire, quand une pensée le préoccupait, qu'il était

Juin 1813.

Désirant
ne se réserver
de l'Espagne
que
les provinces
de l'Èbre,
et importuné
de
la présence
des guérillas
dans le nord
de
la Péninsule,
Napoléon
fonde sur
cette double
considération

scandaleux, déshonorant, qu'aux portes de France on fût plus en péril qu'au milieu de la Manche ou de la Castille, et qu'on ne pût aller de Bayonne à Burgos sans être dévalisé et égorgé. Il ordonna donc d'employer l'hiver à réduire Mina, Longa, Porlier et tous les chefs de bandes qui infestaient la Navarre, le Guipuscoa, la Biscaye, l'Alava. Pour y réussir plus certainement, il voulut qu'on évacuât Madrid, qui ne l'intéressait plus guère depuis qu'il songeait à rendre la couronne à Ferdinand VII, que Joseph transférât sa cour à Valladolid, qu'il ramenât dès lors la masse des troupes françaises dans la Vieille-Castille, qu'il rapprochât l'armée de Portugal de Burgos, et qu'il en prêtât une grande partie au général Clausel pour détruire les bandes, qu'il reportât l'armée d'Andalousie de Talavera à Salamanque, l'armée du centre de Madrid à Ségovie, laissant tout au plus un détachement dans cette capitale, afin qu'elle ne parût pas définitivement abandonnée. Il prescrivit enfin une dernière disposition, c'était de donner à l'armée d'Andalousie une attitude offensive, pour persuader aux Anglais que l'on conservait des projets sur le Portugal. Napoléon espérait ainsi, en portant de Madrid à Valladolid le siège du gouvernement et en n'ayant plus qu'une seule armée au lieu de trois, soumettre par la queue de cette armée les bandes espagnoles qui ravageaient le nord, et par sa tête menacer le Portugal, de manière à y fixer les Anglais et à les détourner de toute entreprise sur le midi de la France. Malheureusement il y avait encore dans ce plan bien des illusions. D'abord il était fort peu probable que nous

Juin 1813.

ses plans pour 1813.

Il prescrit l'évacuation de Madrid, la concentration des forces françaises en Castille, mais ordonne de prêter l'armée de Portugal au général Clausel pour détruire les bandes du nord avant l'ouverture de la campagne.

songeassions sérieusement à Lisbonne lorsque nous étions réduits à évacuer Madrid, et lord Wellington avait montré assez de bon sens pour qu'on ne pût pas se flatter de l'induire en de telles erreurs. D'ailleurs il n'était pas nécessaire de l'inquiéter sur le Portugal pour le retenir dans la Péninsule; il suffisait de le battre en Castille, à Salamanque, à Valladolid, à Burgos, n'importe où, pour le clouer de nouveau derrière les lignes de Torrès-Védras. Mais ce grand objet, on le compromettait évidemment en prêtant l'armée de Portugal au général Clausel, dans l'espérance de soumettre les bandes du nord de l'Espagne. Ces bandes étaient pour assez longtemps indomptables, et Joseph avec raison les représentait comme une Vendée, sur laquelle les moyens moraux pourraient plus que les moyens physiques. Il était donc bien douteux que vingt mille hommes de plus missent le général Clausel en mesure de vaincre les bandes du nord, et il était bien certain que vingt mille hommes de moins mettraient Joseph dans l'impossibilité de gagner une bataille sur les Anglais. Mais tout occupé de refaire la puissance militaire de la France, y travaillant jour et nuit, continuant à ne pas lire la correspondance d'Espagne, ordonnant de trop loin, et sans une attention assez soutenue, Napoléon crut qu'un détachement de vingt mille hommes accordé au général Clausel lui permettrait d'en finir avec les guérillas pendant l'hiver, et que le printemps venu, on pourrait se reporter à temps, et tous ensemble, à la rencontre des Anglais.

Les instructions de Napoléon, transmises par le ministre de la guerre dès le mois de janvier, et réi-

94 LIVRE XLIX.

Juin 1813.

n'arrivent, à cause de la difficulté des communications, qu'en février et mars.

térées en février, n'arrivèrent pour la première fois qu'au milieu de février, pour la seconde qu'au commencement de mars, c'est-à-dire trente jours environ après leur départ. C'était une première perte de temps extrêmement fâcheuse, naissant des circonstances mêmes qui affectaient si vivement Napoléon, c'est-à-dire de l'occupation de toutes les routes par les bandes insurgées. Il en coûtait beaucoup à Joseph, comme nous venons de le dire, d'abandonner Madrid, car son autorité sur les Espagnols, ses finances, et les familles des afrancesados, allaient également en souffrir. Mais déjà sa raison et le maréchal Jourdan lui avaient dit qu'il fallait se résoudre à ce sacrifice. Les ordres de Napoléon ne servirent qu'à l'y déterminer définitivement. Mieux eût valu sans doute le faire plus tôt, car les troupes qu'on allait prêter au général Clausel seraient redevenues libres plus promptement, mais Joseph, quoique inclinant par bon sens à cette résolution, n'avait pu s'y

Translation de la cour d'Espagne de Madrid à Valladolid.

décider qu'à la dernière extrémité. En conséquence il ordonna la translation de sa cour et de son gouvernement à Valladolid, mais en laissant une division à Madrid. La masse des blessés et des malades à évacuer (il y en avait neuf mille), du matériel à mettre en sûreté, des familles de fonctionnaires à transporter, était si grande, que cette évacuation exigea près d'un mois. Le nouvel établissement ne fut pas terminé avant le commencement d'avril. Les troupes furent distribuées de la manière suivante. (Voir la carte n° 43.) L'armée de Portugal fut transférée de Salamanque à Burgos. Elle avait été réduite par le renvoi des cadres inutiles et le versement de l'effectif

Nouvelle distribution des trois armées de Portugal,

dans un moindre nombre de régiments, de huit divisions à six, et elle y avait gagné en organisation ce qu'elle avait perdu en force numérique. Trois de ces divisions furent envoyées au général Clausel pour l'aider à soumettre les bandes; une fut retenue à Burgos; deux furent échelonnées en avant de Palencia, prêtes à soutenir la cavalerie le long de l'Esla, et observant l'armée espagnole de la Galice. L'armée d'Andalousie, transportée de la vallée du Tage dans celle du Douro, et se liant par sa droite avec celle de Portugal, occupa le Douro et la Tormès pour se tenir en garde contre l'armée anglo-portugaise campée dans le Béira. Elle occupait Zamora, Toro, Salamanque, Avila. Une de ses divisions, celle du général Leval, fut laissée à Madrid, pour continuer l'occupation apparente de la capitale, et en percevoir les produits. Enfin l'une des deux divisions de l'armée du centre fut établie à Valladolid même, l'autre à Ségovie, afin d'appuyer la division Leval, qui restait en l'air au milieu de la Nouvelle-Castille.

Juin 1813. d'Andalousie et du centre, et envoi dans le nord de l'Espagne d'une partie de celle de Portugal.

Ces trois armées, qui au mois de janvier présentaient encore 86 mille hommes aguerris, dont 12 mille de superbe cavalerie, n'en comptaient plus en avril que 76 mille, par suite du départ des cadres et des hommes d'élite que Napoléon avait appelés en Saxe. Leur division en trois armées offrait bien des inconvénients, car malgré la révocation des chefs qui avaient opposé à l'autorité de Joseph de si funestes résistances, il restait encore dans les trois états-majors des tendances à l'isolement, des habitudes d'exploiter le pays pour le compte de chaque armée, ex-

Malgré le départ des chefs les moins obéissants, la distribution des troupes françaises en trois armées distinctes laisse subsister les anciennes divisions.

trêmement dangereuses. Fondre ces armées en une seule, bien compacte, placer celle-ci sous un chef unique, tel que le général Clausel, aussi vigoureux sur le champ de bataille que soumis à l'état-major royal, la réunir tout entière entre Valladolid et Burgos, lui procurer du repos, réparer son matériel, composer ses magasins, eût été probablement un moyen de tout sauver. Malheureusement on n'en fit rien.

On laissa les trois armées séparées, car Napoléon n'aurait pas vu avec plaisir la réunion dans les mains de Joseph d'une pareille masse de forces. Chaque état-major conserva ainsi ses prétentions, et quand, par le conseil de Jourdan, Joseph ordonna aux administrations de ces trois armées les mesures nécessaires pour la création des magasins, chacune d'elles refusa d'obéir à l'état-major général. Il fallut un ordre nouveau de Paris, qui mit plus d'un mois à parvenir à Madrid, pour obliger chacun des trois intendants à déférer aux injonctions de l'intendant en chef. Le temps le plus précieux pour la formation des approvisionnements fut ainsi perdu. Enfin, après avoir envoyé trois divisions de l'armée de Portugal au général Clausel pour l'aider à soumettre les bandes, il fallut lui en expédier une quatrième, puis en acheminer une cinquième jusqu'à Briviesca, de manière que le général Reille n'en conserva qu'une avec lui. Il dut même la partager en deux, et placer l'une de ses brigades à Burgos, l'autre à Palencia, derrière la cavalerie qui gardait l'Esla. On n'avait donc, si les Anglo-Portugais arrivaient brusquement, que deux des trois armées à leur opposer, et

DRESDE ET VITTORIA. 97

déjà le bienfait de la concentration, auquel on avait dû, après la malheureuse bataille de Salamanque, le rétablissement de nos affaires, était presque annulé. Si encore ces renforts envoyés au général Clausel l'avaient mis en mesure d'anéantir les bandes de guérillas, le mal de la dispersion, quoique irréparable, n'aurait pas été sans compensation. Mais cette Vendée espagnole était aussi difficile à vaincre que l'avait été la Vendée française, et il devenait évident que la force sans les moyens moraux et politiques serait insuffisante pour y réussir.

Juin 1843.

La marine anglaise, côtoyant sans cesse le rivage des Asturies de Santander à Saint-Sébastien, y versant des armes, des munitions, des objets d'équipement, des vivres, concourant à l'attaque ou à la défense des postes maritimes, apportait aux insurgés un secours qui doublait leurs moyens et leur audace. Porlier, Campillo, Longa, Mina, Mérino, tantôt réunis, tantôt séparés, toujours bien informés, évitaient nos colonnes dès qu'elles étaient en nombre, ne les abordaient que lorsqu'elles s'étaient divisées pour courir après eux, et alors avaient l'art de se rejoindre pour les accabler. Ils n'avaient emporté nulle part d'avantages considérables, mais ils avaient détruit jusqu'à deux bataillons à la fois, notamment à Lerin, et bien que le général Clausel eût cinquante mille hommes à leur opposer, qu'il mit la plus grande activité à les poursuivre, il ne parvenait que rarement à les atteindre, et presque jamais à garantir les communications, parce que pour garder efficacement les routes il eût fallu en occuper tous les points, ce qui était absolument impossible. Le général Clausel avait

Efforts impuissants du général Clausel pour détruire les bandes, malgré le secours de presque toute l'armée de Portugal.

TOM. XVI. 7

repris Castro sur le bord de la mer, rendu les Anglais circonspects, traité Mina rudement, ravitaillé Pampelune, actes fort méritoires sans doute, mais de peu d'importance pour les affaires générales de la Péninsule. Il n'en fallait pas moins trois à quatre mille hommes d'escorte pour voyager en sûreté de Bayonne à Burgos, si l'objet ou le personnage escorté attirait l'attention de l'ennemi; et en attendant, pour un si mince résultat, on consumait les forces des troupes qui étaient la dernière ressource qu'on pût opposer aux Anglais!

Tandis qu'on s'épuisait de la sorte en courses inutiles, les mois d'avril et de mai s'étaient écoulés, et le moment des grandes opérations étant venu, lord Wellington avait quitté ses cantonnements. Il entrait en campagne avec 48 mille Anglais, 20 mille Portugais, 24 mille Espagnols, ces derniers mieux armés, mieux vêtus que de coutume : il avait ainsi plus de 90 mille hommes à sa disposition. Son intention était de faire passer d'abord l'Esla par sa gauche que commandait sir Thomas Graham, et de n'aborder avec son centre et sa droite la ligne du Douro plus difficile à forcer, que lorsque sa gauche se trouverait par le passage de l'Esla sur les derrières des Français qui défendaient le Douro. (Voir la carte n° 43.) Cette fois il marchait avec un parc d'artillerie de siége, et n'était plus exposé à échouer devant un ouvrage comme le fort de Burgos.

Le 14 mai sa gauche exécuta un premier mouvement, et se répandit le long de l'Esla. La cavalerie du général Reille, n'étant soutenue que par une brigade d'infanterie, n'avait pu se montrer ni hardie ni vigilante, et l'Esla était passé avant qu'elle fût en mesure de le savoir ou de l'empêcher. Les Anglais ne se hâtèrent pas de nous pousser vivement, car une aile ne voulait pas marcher sans l'autre, et vers le 20 mai seulement lord Wellington, avec sa droite, se porta sur Salamanque et la Tormès. Le 24 il fut signalé au général Gazan comme s'avançant à la tête de forces considérables.

L'armée française, qui aurait dû être prête et concentrée dès le 1er mai aux environs de Valladolid, se voyait surprise dans la situation la plus fâcheuse. Sans doute le maréchal Jourdan plus jeune, Joseph plus actif et plus décidé, n'auraient pas souffert que les choses restassent dans l'état où l'ennemi allait les trouver. Ainsi, malgré l'extrême difficulté des informations en Espagne, ils auraient tâché de se tenir plus au courant des mouvements des Anglais; malgré les ordres de l'Empereur, qui après tout étaient des instructions plutôt que des ordres, ils auraient pu, à l'approche du danger, rappeler les divisions de l'armée de Portugal prêtées au général Clausel, attirer auprès d'eux ce général lui-même, seul capable de commander en chef dans une grande bataille, ils auraient pu au moins concentrer davantage les armées d'Andalousie et du centre, et ce qui restait de celle de Portugal; enfin, malgré la résistance des administrations particulières qu'il fallait briser au besoin, ils auraient pu créer à Burgos les magasins sans lesquels il était impossible que dans un tel pays on manœuvrât en liberté. Mais Jourdan, dégoûté du régime impérial dont il voyait de si près les abus, d'une guerre dont il avait depuis longtemps prédit

Juin 1813.

Les troupes françaises surprises dans un véritable état de dispersion.

7.

Juin 1813.

Lente concentration des trois armées françaises sur Valladolid.

les funestes conséquences, se ressentant déjà des effets de l'âge, retenu seulement par son affection pour Joseph, et n'aspirant qu'à rentrer en France, se contentait de signaler avec un rare bon sens les fautes qu'on allait commettre, et ne savait pas communiquer à Joseph le courage de les prévenir. Joseph, jugeant avec discernement le vice des choses, savait s'irriter quelquefois contre son frère et jamais lui désobéir, ni prendre, comme général et comme roi, l'autorité qu'après tout on ne l'aurait pas puni d'avoir prise. Jourdan se consolait trop de tout ce qu'il voyait par le mépris peu dissimulé d'un honnête homme, Joseph se désolait, mais les choses n'en suivaient pas moins leur cours parfois heureux, plus ordinairement malheureux, et destiné à devenir désastreux dans un temps très-prochain.

C'est ainsi que lord Wellington, en marche dès le 11 mai par sa gauche, le 20 par sa droite, trouva l'armée d'Andalousie dispersée de Madrid à Salamanque, celle du centre de Ségovie à Valladolid, celle de Portugal de Burgos à Pampelune.

Le premier soin devait être de rappeler de Madrid la division Leval, et de lui faire repasser le Guadarrama pour la transporter à Valladolid. Le général Gazan aurait pu en donner l'ordre sur-le-champ, mais comme il s'agissait d'abandonner définitivement la capitale, il crut devoir venir à Valladolid même s'en entendre avec Joseph. On perdit ainsi deux jours. L'autorisation d'évacuer fut expédiée le 25 de Valladolid. En même temps on envoya à toutes les troupes sur les lignes de la Tormès, du Douro, de l'Esla, l'ordre de rétrograder lentement, afin de ménager à la division Leval le temps de se replier, et comme le général Reille n'avait pour appuyer sa cavalerie le long de l'Esla qu'une des deux brigades de la division Maucune, on lui prêta une division de l'armée du centre, celle du général Darmagnac. On laissa le reste de l'armée du centre échelonné sur Ségovie pour recueillir la division Leval. L'armée d'Andalousie, la plus entière des trois, dut se retirer de Salamanque sur Tordesillas (voir la carte n° 43), en cédant le terrain peu à peu, afin que toutes nos troupes dispersées eussent le temps de se concentrer. A ces mesures, dictées par la situation, on en ajouta une dernière, ce fut d'avertir le général Clausel de l'approche des Anglais, de lui redemander les cinq divisions de l'armée de Portugal, de l'engager à venir lui-même avec quelques troupes de l'armée du nord, afin d'avoir au moins 80 mille hommes à opposer aux Anglais. Enfin on écrivit au ministre de la guerre Clarke, pour lui faire connaître l'état des choses, et le presser d'ordonner de son côté la concentration des forces. Ce ministre, demeuré seul à Paris depuis que Napoléon était parti pour l'Allemagne, ne savait que répéter sans discernement les ordres de l'Empereur, qui prescrivaient, comme objet essentiel, de rétablir les communications avec la France, de rester maître avant tout des provinces du nord, et de prendre une attitude offensive à l'égard du Portugal, afin de détourner les Anglais de toute tentative contre les côtes de France. Quelques jours même avant l'apparition des Anglais, il n'avait pas craint d'ordonner l'envoi en Aragon d'une nouvelle division de l'armée de Portugal, pour maintenir les commu-

Juin 1813.

Avis envoyé au général Clausel de l'approche des Anglais, et ordre d'accourir lui-même avec les divisions de l'armée de Portugal qu'on lui a prêtées.

Juin 1843.

On dispute aux Anglais le terrain pied à pied.

nications avec le maréchal Suchet. Il n'y avait donc pas grand secours à attendre du duc de Feltre. Le seul service qu'il pût rendre, c'était de transmettre de son côté au général Clausel l'avis de la marche des Anglais, ce qui n'était pas indifférent, car, malgré tout ce qu'on avait fait pour communiquer sûrement avec l'armée du nord, on n'était pas certain d'y réussir avant trois ou quatre semaines. Au surplus le général Clausel était si bon compagnon d'armes, et comprenait si bien l'importance de battre les Anglais, qu'aussitôt averti il ne pouvait manquer de renvoyer les divisions de l'armée de Portugal, et de venir lui-même avec les troupes disponibles de l'armée du nord.

Heureusement pour les premiers jours de la campagne on avait affaire à un ennemi solide, mais circonspect, et nos soldats, aussi vaillants que bien commandés, n'étaient pas faciles à déconcerter. Le général Reille recueillit sa cavalerie, se retira en bon ordre sur Palencia, et avec la division d'infanterie Maucune, la seule qui lui restât, avec la division Darmagnac qui lui avait été prêtée, mit hors d'atteinte la route de Valladolid à Burgos, laquelle était la ligne de retraite de l'armée. Le général Villatte, placé sur la Tormès, la défendit vaillamment, même trop vaillamment, car s'il était utile de retarder l'ennemi, il était dangereux de prétendre l'arrêter, et il perdit ainsi quelques centaines d'hommes, mais après en avoir fait perdre beaucoup plus aux Anglais. Grâce à cette attitude et à la prudente lenteur de lord Wellington, le général Leval put évacuer Madrid, et repasser sain et sauf le Guadarrama, ramenant avec lui les derniers restes de notre établissement à Madrid. Il rejoignit l'armée du centre à Ségovie. Le 2 juin on se trouvait dans les positions suivantes : le général Reille entre Rio-Seco et Palencia avec sa cavalerie et deux divisions; l'armée d'Andalousie à Tordesillas sur le Douro, avec ses quatre divisions; enfin l'armée du centre à Valladolid avec une division française et une espagnole. C'était un total d'environ 52 mille hommes, au lieu de 76 mille qu'on aurait pu réunir, si on n'avait pas sitôt renoncé aux avantages de la concentration pour le chimérique projet de la destruction des bandes.

Juin 1813.

Une fois groupés autour de Valladolid, il y avait trois partis à prendre (voir la carte n° 43) : le premier, de s'arrêter et de livrer bataille tout de suite avec 52 mille hommes contre 90 mille, ce qui était imprudent et prématuré, chaque pas fait en arrière donnant la chance de recouvrer une ou plusieurs divisions de l'armée de Portugal; le second, de se retirer sur Burgos, puis sur Miranda et Vittoria, jusqu'à ce qu'on eût rejoint l'armée du nord elle-même, ce qui était simple et peu chanceux; le troisième enfin, de ne pas quitter la ligne du Douro, de manœuvrer sur ce fleuve en le remontant transversalement jusqu'à Aranda, même jusqu'à Soria, d'où par une route que le maréchal Ney avait suivie en 1808, on serait tombé entre Tudéla et Logroño, c'est-à-dire en Navarre, précisément au point où l'on était assuré de rencontrer le général Clausel et même le maréchal Suchet, si des événements extraordinaires exigeaient la concentration générale de toutes nos forces, plan assez hardi en apparence, mais le plus sûr en réa-

Trois partis à prendre après la concentration opérée autour de Valladolid.

Juin 1813.

L'avis de se retirer directement sur Burgos et Miranda, et d'y attirer le général Clausel, est adopté.

lité. Les trois projets furent pris en considération et discutés. Personne n'imagina de se battre immédiatement avec 52 mille hommes contre 90 mille, quand on devait se flatter d'en avoir chaque jour davantage. On ne méconnut pas le mérite du troisième plan, consistant à remonter le cours du Douro jusqu'aux approches de la Navarre, mais on le jugea téméraire et compliqué, et surtout on lui trouva le défaut d'abandonner la route de Bayonne, et de négliger le soin des communications si recommandé par les instructions de Paris, comme si une armée anglaise aurait jamais osé franchir les Pyrénées, en laissant une armée de 80 mille Français sur ses derrières, et de 150 mille en comptant le maréchal Suchet. Par ces divers motifs on préféra le second plan, celui qui consistait à se retirer paisiblement sur Burgos, en écrivant lettres sur lettres pour ramener les divisions prêtées au général Clausel, sinon toutes, au moins celles qui recevraient en temps utile l'avis qu'on leur expédiait.

Évacuation de Valladolid, et retraite sur Burgos.

Cette retraite commença donc, et il fallut après Madrid abandonner Valladolid même, cette seconde capitale qu'on venait de se créer dans la Vieille-Castille. On achemina devant soi le matériel, les malades, les blessés, les afrancesados, et la marche ne put être que fort lente. Les troupes, mal approvisionnées, étaient obligées de s'étendre pour vivre, ce qui rendait la retraite peu sûre. Heureusement nous avions dix mille hommes d'une excellente cavalerie, l'ennemi n'était pas entreprenant, et on put ainsi se retirer sans accident fâcheux. Lord Wellington, attendant la fortune sans jamais courir après elle, savait bien qu'il en faudrait venir à une bataille générale, et se résignait à cette chance, mais avec la résolution de ne combattre, suivant son usage, que sur un terrain favorable, et jusqu'à ce moment il semblait se contenter d'un seul résultat, celui de nous ramener vers les Pyrénées. Dans cette intention, il portait toujours en avant sa gauche partie des frontières de la Galice, de manière à menacer notre droite (droite en tournant le dos aux Pyrénées), et à décider ainsi plus vite nos mouvements rétrogrades. On ne comprend même pas comment ce général si sensé, se hâtait lui-même de nous pousser sur nos renforts, et ne cherchait pas une occasion de nous joindre, lorsqu'au lieu d'être 70 mille nous n'étions que 50 mille.

Juin 1813.

Le 6 juin on atteignit les environs de Palencia, et une reconnaissance exécutée par Joseph et Jourdan révéla complétement cette disposition des Anglais de porter toujours leur gauche renforcée sur notre droite. Le 7 on continua de marcher sur Burgos, et on vint prendre la position de Castro-Xeriz, entre la Puyserga et l'Arlanzon, en avant de Burgos. La rareté des subsistances ne permettant pas de conserver cette importante position aussi longtemps qu'on l'aurait voulu, on se replia sur Burgos le 9. Le général Reille avec la division Maucune et la division Darmagnac s'établit sur le Rio Hormaza, le général Gazan avec l'armée d'Andalousie derrière le Rio Urbel, à cheval sur l'Arlanzon, l'armée du centre dans l'intérieur de Burgos.

Arrivée le 7 juin aux environs de Burgos.

On s'était pressé, faute de vivres, d'arriver à Burgos, et on devait, faute de vivres encore, se

Impossibilité de séjourner à Burgos.

Juin 1813.

par suite du défaut de vivres, et par la nécessité où l'on est de rallier le général Clausel.

presser d'en partir. Les nombreux convois de malades, d'expatriés, de conducteurs d'artillerie, accumulés à Burgos, avaient dévoré les magasins peu considérables qu'on avait formés dans cette ville, et les troupes pouvaient à peine y subsister quelques jours. On achemina de nouveau ces convois sur Miranda et Vittoria, et on eut le tort, une fois la résolution adoptée de rétrograder jusqu'aux Pyrénées, de ne pas envoyer tous les embarras à Bayonne, pour en délivrer complétement l'armée. On fit reposer les troupes quelques jours afin de consommer les subsistances qui restaient, et de gagner un temps qui était gagné pour la concentration, car chaque jour qui s'écoulait ajoutait aux chances de rallier le général Clausel. A Burgos d'ailleurs on avait trouvé la division Lamartinière, l'une de celles qu'on avait prêtées à l'armée du nord, et qui était la plus nombreuse de l'armée de Portugal. Elle procurait près de 6 mille hommes de plus au général Reille, ce qui permit de rendre à l'armée du centre la division Darmagnac qu'on lui avait temporairement empruntée.

Avant de quitter Burgos on discute encore une fois le plan à suivre, et on examine s'il faut se diriger sur Vittoria, ou faire un détour, pour rejoindre en Navarre le général Clausel.

C'était une nouvelle raison de se rapprocher de l'Èbre, et de pousser plus loin le mouvement rétrograde, car si on ne ralliait pas toutes les divisions envoyées au général Clausel, on pouvait du moins en recouvrer encore une ou deux, et un tel renfort était d'une importance décisive. Au surplus les vivres manquaient et il fallait aller se nourrir plus loin. Ici s'élevait pour la seconde fois la question de savoir, si on continuerait à suivre la grande route de Bayonne, pour rester fidèle aux ordres qui avaient tant recommandé le soin des communications avec la France, ou si on opérerait un mouvement transversal, pour déboucher sur l'Èbre à Logroño, au lieu d'y arriver par Miranda, ce qui rendait la réunion avec le général Clausel presque infaillible. C'était, sans aucune des objections qu'il avait d'abord provoquées, le plan qui avait été repoussé à Valladolid, et qui consistait à se porter en Navarre par Soria, afin de rejoindre plus sûrement le général Clausel. Cette fois le détour à faire était si peu considérable, et la certitude de la jonction avec le général Clausel, qui opérait en Navarre, d'un intérêt si capital, qu'on a peine à comprendre la résistance à une telle proposition. Les généraux Reille et d'Erlon l'appuyèrent fort; mais le maréchal Jourdan et Joseph, moins bien inspirés que de coutume, dominés surtout par les instructions de Paris répétées à chaque courrier, craignirent de découvrir les communications avec Bayonne, et persistèrent à se diriger directement sur Miranda et Vittoria. Seulement n'ayant pas de nouvelles du général Clausel, on lui envoya, cette fois sous l'escorte de quinze cents hommes, l'avis de l'arrivée de l'armée dans la direction de Vittoria. On prit donc encore le parti de rétrograder sur l'Èbre par Briviesca, Pancorbo, Miranda.

Le 12 juin le général Reille voyant les Anglais essayer de nouveau de déborder notre droite (nous répétons qu'il s'agit de notre droite le dos tourné aux Pyrénées), voulut les contraindre à déployer leurs forces, et tint en arrière du Rio Hormaza. Les Anglais montrèrent environ 25 mille hommes, mais le général Reille, qui n'en avait pas la moitié, manœuvra avec tant d'aplomb et de vigueur qu'il leur

Juin 1813.

La marche directe sur Vittoria prévaut. Nouvel avis au général Clausel.

tua trois ou quatre cents hommes, sans en perdre lui-même plus d'une cinquantaine, et repassa le Rio Hormaza et même l'Arlanzon dans un ordre parfait. Il était évident que les Anglais, sans être impatients de nous livrer bataille, voulaient cependant nous contraindre à leur céder le terrain en débordant toujours l'une de nos ailes. Le 13 on se détermina à partir de Burgos, et comme dans cette campagne on savait lord Wellington pourvu d'un équipage de siége considérable, que d'ailleurs on ne voulait pas se priver de deux ou trois mille hommes en les laissant à Burgos que nous n'avions guère l'espérance de revoir, on se décida à faire sauter le fort qui nous avait rendu de si grands services l'année précédente. Il fut résolu que les munitions dont il était rempli et qu'on ne pouvait pas transporter, seraient livrées aux flammes ainsi que le fort lui-même.

Le 13, pendant que nous marchions sur Briviesca, l'armée fut attristée par une effroyable explosion, triste signe d'une retraite sans espoir de retour, et on sut, par l'arrière-garde, que cette opération, exécutée sans les précautions nécessaires, avait causé à nos troupes, et surtout à la ville, des dommages assez considérables. On arriva le 14 juin à Briviesca, le 15 à Pancorbo, le 16 à Miranda. Parvenu à ce dernier point, on était au bord de l'Èbre, et un pas de plus on allait être à Vittoria, au pied même des Pyrénées. (Voir la carte n° 43.) L'ennemi s'était avancé par sa gauche jusqu'à Villarcajo, continuant sa manœuvre accoutumée de déborder notre droite. En même temps on avait appris que le général Clausel, à la première nouvelle de l'approche des Anglais, s'était hâté de diriger sur l'armée la division Sarrut qu'on venait de recueillir en route, la division Foy qui était encore sur le revers des Pyrénées entre Mondragon et Tolosa, et qu'il s'avançait lui-même par Logroño en remontant l'Èbre, avec les deux divisions restantes de l'armée de Portugal, et deux divisions de l'armée du nord. On l'espérait à Logroño pour le 20.

C'était le cas d'exécuter le plus simple des mouvements, c'est-à-dire de descendre l'Èbre de Miranda à Logroño, ce qui aurait entraîné un détour de quelques lieues à peine, et assuré d'une manière certaine la jonction avec le général Clausel. Mais la route directe de Bayonne par Vittoria préoccupait plus que jamais Joseph et Jourdan. On craignait non-seulement de la découvrir en descendant l'Èbre jusqu'à Logroño, mais même en restant sur la route de Miranda à Vittoria, de ne pas la protéger assez, car l'ennemi pouvait par Villarcajo franchir les montagnes un peu plus haut, se porter par Orduña sur Bilbao, pousser de Bilbao à Tolosa, et nous couper la route de Bayonne. Pour parer à ce danger, le maréchal Jourdan voulait porter l'armée de Portugal par Puente-Larra sur Orduña, afin de fermer le débouché par lequel la route de Vittoria à Bayonne aurait pu être interceptée. C'était l'obstination du ministre de la guerre à reproduire les premiers ordres de Napoléon qui amenait cette funeste pensée, laquelle aurait privé Joseph des trois divisions du général Reille jusqu'à ce qu'on eût repassé les Pyrénées, et eût replacé l'armée, même après la réunion avec le général Clausel, dans le dangereux

Juin 1813.

Probabilité et presque certitude d'une grande bataille avant de repasser les Pyrénées.

état d'infériorité numérique où elle se trouvait dans le moment. Or, il n'était pas probable que les Anglais nous laissassent franchir les Pyrénées sans livrer bataille, bien qu'en apparence ils n'eussent d'autre but que celui de nous faire évacuer l'Espagne. Le maréchal Jourdan était disposé à ne pas leur supposer d'autre intention, et il faut reconnaître que leur conduite habituelle donnait quelque crédit à une opinion pareille.

On avait séjourné le 17 juin à Miranda, pour procurer quelque repos à l'armée. Il fallait cependant prendre un parti, car on ne pouvait demeurer plus longtemps en cet endroit, et permettre à l'ennemi de nous devancer aux divers cols des Pyrénées. Il y avait toujours eu deux avis bien distincts dans l'état-major, l'un consistant à se diriger le plus tôt possible, par un mouvement transversal, sur Logroño et la Navarre, afin de rallier le général Clausel, sans tenir compte du mouvement des Anglais contre notre droite, car ils ne pouvaient pas songer à passer ces montagnes tant qu'ils n'auraient pas gagné sur nous une bataille décisive; l'autre au contraire consistant à donner une attention extrême au mouvement par lequel les Anglais menaçaient nos communications, et à parer à ce mouvement en ne quittant pas la grande route de Bayonne, et en y appelant le général Clausel, qu'on espérait d'ailleurs y voir arriver d'un instant à l'autre. Le premier avis était celui du général Reille et du comte d'Erlon; le second était celui du maréchal Jourdan et du roi Joseph fatalement dominés par les ordres de Paris.

Nouvelle

Le conflit entre les deux opinions fut fort vif à Miranda, car le moment était venu d'opter entre l'une ou l'autre. Le général Reille soutenait que le général Clausel s'étant fait annoncer sur l'Èbre aux environs de Logroño, il fallait se hâter d'y descendre pour le rejoindre, et que toute considération devait céder devant le grand intérêt de la concentration de nos forces, répétant ce qu'il avait toujours dit, que le mouvement par lequel les Anglais cherchaient à nous déborder n'était pas une menace sérieuse, tant qu'ils ne nous auraient pas sérieusement battus. Le maréchal Jourdan et Joseph, au contraire, craignaient par-dessus tout le mouvement qui transportant les Anglais par Orduña sur Bilbao et Tolosa, les placerait entre nous et Bayonne, au revers de la grande chaîne des Pyrénées. De plus le convoi comprenant toutes nos évacuations, nos malades, nos blessés, les expatriés espagnols, se trouvait à Vittoria, et descendre sur Logroño c'était le découvrir, et le livrer à l'ennemi. Enfin le général Clausel, auquel on avait indiqué Vittoria comme point de rendez-vous, pouvait bien s'y être dirigé sans venir à Logroño, et, dans ce cas, il serait lui-même aussi compromis que le convoi.

Il faut reconnaître que l'avis du général Reille et du comte d'Erlon, bien que le meilleur, comme on le verra bientôt, avait perdu de son mérite apparent depuis qu'on avait envoyé le convoi à Vittoria, et qu'on avait fait dire au général Clausel de s'y rendre, car, sans même partager la crainte d'être tourné par Orduña, le danger de découvrir le convoi, peut-être le général Clausel lui-même en descendant obliquement sur Logroño, était un motif

Juin 1813.

discussion à Miranda sur la direction à suivre.

L'avis du général Reille et du général comte d'Erlon est de se porter en Navarre.

Jourdan et Joseph insistent pour la marche directe sur Vittoria.

LIVRE XLIX.

Juin 1813.

très-spécieux de continuer à marcher directement sur Vittoria, et on ne saurait blâmer Joseph et le maréchal Jourdan d'avoir persisté dans leur première opinion, surtout en tenant compte des ordres de Paris, qui leur faisaient un devoir impérieux de veiller à leurs communications avec la France.

Ils envoient le général Reille à Orduña, de crainte d'être tournés par les Anglais.

Joseph et le maréchal Jourdan ne se bornèrent pas à adopter la marche directe sur Vittoria, ils voulurent se donner tout repos d'esprit relativement au danger d'être tournés par Orduña et Bilbao, et ils prescrivirent au général Reille de se porter par Puente-Larra sur Osma, par Osma sur Orduña et Bilbao, tandis que le reste de l'armée s'avancerait immédiatement sur Vittoria. On espérait rallier à Vittoria le général Clausel, gagner par cette réunion plus qu'on n'aurait perdu par le départ du général Reille, et, adossé ainsi aux Pyrénées avec les généraux Gazan, d'Erlon, Clausel, ayant sur le revers de ces montagnes le général Reille pour parer à un mouvement tournant, opposer partout à l'ennemi une barrière de fer. Mais en prenant de telles dispositions, il aurait fallu avertir le général Clausel autrement que par des paysans ou des officiers détachés; il aurait fallu, par un régiment de cavalerie (arme dont on avait beaucoup plus qu'on ne pouvait en employer), lui adresser à Logroño même l'indication du vrai rendez-vous, et expédier des ordres positifs pour hâter le départ du convoi de Vittoria, afin de ne pas l'y rencontrer sur son chemin, et de n'y pas tomber dans un encombrement dangereux[1].

[1] Nous nous permettons d'indiquer ces mesures, comme celles qu'on aurait dû prendre, parce qu'on a généralement reproché depuis à Jo-

Le sens, le jugement ne faisaient jamais défaut ni à Joseph, ni au maréchal Jourdan; mais, ainsi que nous l'avons dit ailleurs, l'activité qui multiplie les précautions, qui ne se fie jamais aux ordres donnés une seule fois, cette activité qui vient de la jeunesse et d'une extrême ardeur d'esprit, leur manquait absolument. Ils résolurent donc de diriger le général Reille avec ce qu'il avait de l'armée de Portugal sur Osma, les généraux Gazan et d'Erlon avec les armées du centre et d'Andalousie sur Vittoria, sans prendre malheureusement aucune des précautions que nous venons d'indiquer.

Juin 1813.

Le 18 le général Reille se mit en mouvement sur Osma avec les divisions Sarrut, Lamartinière et Maucune. Mais à peine cette dernière était-elle en marche qu'elle fut assaillie par une nuée d'ennemis, auxquels elle n'échappa qu'à force de vigueur et de présence d'esprit. Le général Reille arrivé à Osma, trouva des troupes nombreuses vers Barbarossa, déjà postées à tous les abords des montagnes, et ne permettant pas d'en approcher. C'étaient les Espagnols de l'armée de Galice, qui avaient pris les devants pour occuper avant nous les passages des Pyrénées. On aurait pu croire que conformément aux conjectures du maréchal Jourdan et du roi Joseph, ils allaient franchir les Pyrénées à Orduña pour couper la route de Bayonne; mais ils n'y songeaient pas. Ils voulaient seulement nous devancer au pied des montagnes, pour prendre des positions dominantes

Départ de Miranda le 18.

seph et au maréchal Jourdan de ne les avoir pas prises, et que le simple bon sens suffit d'ailleurs pour en apprécier la convenance et la nécessité.

dans notre flanc, si nous étions décidés à livrer une bataille défensive le dos appuyé aux Pyrénées, ou nous précéder tout au plus au col de Salinas, pour nous entamer avant que nous eussions regagné la frontière de France.

Le général Reille voyant la route d'Orduña interceptée, renonça facilement à une opération qu'il blâmait, et se décida à regagner par un mouvement latéral la grande route de Miranda à Vittoria. De son côté Joseph avait décampé dans la nuit du 18 au 19 juin pour se rendre à Vittoria, et le 19 au matin tous nos corps étaient en pleine marche sur cette ville. Vittoria, située au pied des Pyrénées sur le versant espagnol, s'élève au milieu d'une jolie plaine entourée de montagnes de tous les côtés. Si on y prend position le dos tourné aux Pyrénées, on a sur la droite le mont Arrato, qui vous sépare de la vallée de Murguia, devant soi la Sierra de Andia, et sur la gauche enfin des coteaux à travers lesquels passe la route de Salvatierra à Pampelune. Une petite rivière, celle de la Zadorra, arrose toute cette plaine, en coulant d'abord le long des Pyrénées où elle a sa source, puis en longeant à droite le mont Arrato, pour s'échapper par un défilé très-étroit à travers la Sierra de Andia.

Le gros de notre armée venant de Miranda et des bords de l'Èbre, parcourait la grande route de Bayonne, qui pénètre directement dans la plaine de Vittoria par le défilé que suit la rivière de la Zadorra pour en sortir. Le général Reille y arrivait latéralement, en s'y introduisant par les divers cols du mont Arrato. Le corps avec lequel lord Wellington avait toujours essayé de nous déborder, et qui était composé d'Espagnols et d'Anglais, aurait pu nous devancer aux passages du mont Arrato, et occuper ainsi avant nous la plaine de Vittoria, si le général Reille, qui dans son mouvement latéral lui était opposé, ne l'eût contenu par la vigueur avec laquelle il disputa le terrain toute la journée du 19. Par le fait, le détour qu'on avait prescrit au général Reille, inutile quant au but qu'on s'était d'abord proposé, eut néanmoins des conséquences heureuses, car s'il ne nous préserva pas du danger chimérique de voir la route de Bayonne coupée au delà des Pyrénées, il nous sauva du danger de la voir interceptée en deçà, par l'occupation même du bassin de Vittoria. Le 19 au soir, nos trois armées s'y trouvaient réunies sans aucun accident. Le général Reille avait tué beaucoup de monde à l'ennemi, et n'en avait presque pas perdu.

Il devenait urgent d'arrêter ses résolutions. Il n'était pas à présumer que lord Wellington nous laissât repasser les Pyrénées sans nous livrer bataille, car une fois parvenus à la grande chaîne, adossés à ses hauteurs, embusqués dans ses vallées, nous n'étions plus abordables, et concentrés d'ailleurs avant d'avoir été atteints, nous pouvions tomber sur l'armée anglaise avec 80 mille hommes, et l'accabler. Lord Wellington avait déjà commis une faute assez grave en nous permettant d'aller si loin sans nous joindre, et en nous donnant ainsi tant de chances de rallier le général Clausel, mais on ne pouvait pas supposer qu'il la commettrait plus longtemps. On devait donc s'attendre à une bataille prochaine, à moins

Juin 1813.

Réunion le 19 au soir de nos trois armées dans le bassin de Vittoria.

Nécessité pour les Français

Juin 1813.

de livrer
bataille.

Forces
qu'on aurait
pu réunir
à Vittoria.

qu'on ne quittât tout de suite Vittoria pour franchir le col de Salinas, et descendre sur la Bidassoa. Mais ce parti était à peu près impossible. Repasser les Pyrénées sans combat, c'était fuir honteusement devant ceux que quelques mois auparavant on avait mis en fuite près de Salamanque; c'était abandonner le général Clausel aux plus grands périls, car on le laissait seul sur le revers des Pyrénées; c'était y laisser aussi, moins immédiatement compromis, mais compromis cependant, le maréchal Suchet avec tout ce qu'il avait de forces répandues depuis Saragosse jusqu'à Alicante. Ainsi l'honneur militaire, le salut du général Clausel, la sûreté du maréchal Suchet, tout défendait de repasser les Pyrénées, et il fallait combattre à leur pied, c'est-à-dire dans le bassin de Vittoria, où devait nous rejoindre le général Clausel. Si ce général arrivait à temps, on pouvait être 70 mille combattants au moins, et plus encore, si le général Foy, qui était sur le revers entre Salinas et Tolosa, avec une division de l'armée de Portugal, arrivait également. On avait donc toute chance de battre les Anglais, qui, bien que formant avec les Portugais et les Espagnols une masse de 90 mille hommes, n'étaient que 47 ou 48 mille soldats de leur nation. Pourtant il se pouvait qu'on ne fût pas rejoint sur-le-champ par le général Clausel, et qu'un ou deux jours se passassent à l'attendre. Il fallait, dans ce cas, se mettre en mesure de tenir tête aux Anglais jusqu'à l'arrivée du général Clausel, et pour cela reconnaître soigneusement le terrain et prendre toutes ses précautions pour le bien défendre. On aurait eu besoin ici d'une vigilance qui

DRESDE ET VITTORIA.   117

malheureusement avait toujours manqué dans la direction de cette armée.

Des six divisions de l'armée de Portugal on en avait trois, la division Maucune qui n'avait pas quitté l'armée, et les divisions Sarrut et Lamartinière qui avaient rejoint en route. Il s'en trouvait une quatrième, celle du général Foy, au revers des Pyrénées. Les deux autres, celles des généraux Barbot et Taupin, étaient encore auprès du général Clausel, qui les amenait renforcées de deux divisions de l'armée du nord. Avec les divisions de l'armée de Portugal qu'on avait recouvrées, avec les armées du centre et d'Andalousie, on aurait compté environ 60 mille hommes, sans les pertes de la retraite. Mais bien qu'on n'eût pas livré de combats sérieux, on avait perdu 3 à 4 mille hommes par maladie, fatigue, dispersion. Il en restait 56 à 57 mille, dont il fallait distraire une partie pour escorter le convoi qu'on ne pouvait pas garder à Vittoria, et on devait ainsi se trouver réduit à 54 mille hommes environ [1]. C'était laisser bien des chances à la mauvaise fortune que de combattre avec une pareille infériorité numérique. Mais comme on n'avait pas le choix, et qu'on pouvait être assailli par l'ennemi avant l'arrivée du

Juin 1813.

Forces qu'on y avait par suite de la dispersion de l'armée de Portugal.

Ce qu'il aurait fallu faire pour attendre en sécurité l'arrivée du général Clausel.

---

[1] Dans les Mémoires du maréchal Jourdan, imprimés récemment avec ceux du roi Joseph, on trouve des chiffres un peu différents, mais le maréchal, quoique toujours extrêmement véridique, a trop réduit les forces des Français pour atténuer la défaite de la bataille de Vittoria. Après des calculs qu'il serait trop long de reproduire, nous sommes arrivés à croire plus exacts, du moins plus rapprochés de la vérité, les chiffres que nous présentons ici. Du reste la différence n'est que de 4 à 5 mille hommes. Nous devons ajouter que le maréchal Jourdan a tout à fait raison contre les chiffres allégués par le ministre de la guerre, lesquels sont entièrement faux.

général Clausel, il fallait se servir des localités le mieux possible pour compenser l'infériorité du nombre, et prendre ses mesures sinon le 19 au soir, au moins le 20 au matin, car il était à présumer que les Anglais, parvenus aux Pyrénées en même temps que nous, ne nous laisseraient pas beaucoup de temps pour nous y asseoir. Dans la soirée même du 19 on aurait dû se débarrasser de l'immense convoi qui comprenait les blessés, les expatriés, le matériel, et se composait de plus de mille voitures, car c'était une horrible gêne s'il fallait combattre, et un désastre presque certain s'il fallait se retirer. En l'expédiant le soir même, et en l'escortant seulement jusqu'au revers de la montagne de Salinas, où l'on devait rencontrer le général Foy, il était possible de ramener à temps les troupes qui l'auraient accompagné. Après s'être délivré du convoi, il fallait se bien établir dans la plaine de Vittoria. Les Anglais, ayant toujours tenté de déborder notre droite, allaient continuer probablement la même manœuvre. Ils devaient, venant de Murguia, essayer de déboucher à travers les passages du mont Arrato dans la plaine de Vittoria, ce qui les conduirait aux bords de la Zadorra, qui longe, avons-nous dit, le pied du mont Arrato. Bien que cette rivière fût peu considérable, on pouvait en rendre le passage difficile en rompant tous ses ponts, et en couvrant ses gués d'artillerie, ce qui était aisé, puisque nous traînions après nous une masse énorme de canons. Or il était indispensable de rendre ce passage non-seulement difficile, mais presque impossible, car, en traversant la Zadorra, l'ennemi pouvait tomber sur les derrières ou au moins sur le flanc de notre armée, rangée dans le bassin de Vittoria, et faisant face au défilé par lequel on y pénètre en venant de Miranda. Ce défilé à travers lequel la Zadorra s'échappe, ainsi que nous l'avons déjà dit, et qui s'appelle le défilé de la Puebla, était le second obstacle à opposer à l'ennemi, et il fallait bien étudier le terrain pour chercher les meilleurs moyens de le défendre. Il y avait pour cela une position dont l'événement prouva les avantages, et qui aurait fourni le moyen d'interdire aux Anglais tout accès dans la plaine. En se portant en effet un peu en arrière, dans l'intérieur même du bassin de Vittoria, on rencontrait une éminence, celle de Zuazo, qui permettait de mitrailler l'ennemi débouchant du défilé, ou descendant des hauteurs de la Sierra de Andia, puis de l'y refouler en le chargeant à la baïonnette après l'avoir mitraillé. Cette position, assez rapprochée de Vittoria et des passages du mont Arrato par lesquels les Anglais menaçaient de déboucher sur nos derrières, permettait d'avoir toutes choses sous l'œil et sous la main, et de pourvoir rapidement aux diverses occurrences. Il était donc possible, en coupant les ponts de la Zadorra, en occupant avec soin la hauteur de Zuazo, de défendre le bassin de Vittoria avec ce qu'on avait de troupes, et d'y attendre en sûreté le général Clausel. Enfin à toutes ces précautions on aurait dû joindre celle d'envoyer au général Clausel non pas des paysans mal payés, mais un régiment de cavalerie pour lui renouveler l'indication précise du rendez-vous. Or, comme nous l'avons déjà dit, on avait plus de cavalerie qu'il n'en fallait sur le terrain où l'on était appelé à combattre.

Juin 1843.

Inaction forcée de Jourdan et de Joseph.

Le maréchal Jourdan est atteint de la fièvre, et Joseph ne peut rien ordonner sans lui.

La seule mesure prise est d'acheminer sur Bayonne le convoi des évacuations, mais en le faisant partir le 20 au lieu du 19.

De ces diverses précautions, il n'en fut pris aucune. Le 19 au soir on ne fit point partir le convoi, et on n'envoya au général Clausel que des paysans sur lesquels on ne devait pas compter, et qui d'ailleurs, s'ils avaient été fidèles, auraient été exposés à être arrêtés. Le jour suivant 20, au lieu de monter à cheval pour reconnaître le terrain, Jourdan et Joseph ne sortirent point de Vittoria. Le maréchal Jourdan était atteint d'une fièvre violente, résultat de l'âge, des fatigues et du chagrin. Joseph, qui n'avait d'autres yeux que ceux du maréchal, remit au lendemain 21 la reconnaissance des lieux. Il se flattait, et le maréchal Jourdan aussi, que les Anglais, avec leur circonspection ordinaire, chercheraient à percer à travers les montagnes pour nous déborder, mais ne se hâteraient pas de nous attaquer de front. La seule chose que la maladie du maréchal Jourdan n'empêchât pas, c'était de se délivrer du convoi, dont on était embarrassé au point de ne savoir où se mettre, et on décida qu'il partirait dans la journée du 20. Afin de ne garder avec soi que l'artillerie de campagne, on ordonna aux armées de Portugal et d'Andalousie de fournir tous les attelages qui ne leur seraient pas indispensables pour traîner le gros canon au delà des Pyrénées. De plus, bien qu'on sût que la division Foy était sur le revers de la chaîne, entre Salinas et Tolosa, comme les bandes se glissaient à travers les moindres espaces, on donna à ce convoi la division Maucune pour l'escorter. Par suite de cette disposition, l'armée de Portugal se trouvait de nouveau réduite à deux divisions, et l'armée entière à 53 ou 54 mille hommes.

Ainsi toutes les mesures ordonnées le 20 consistèrent à faire partir pour Tolosa le convoi qui aurait dû partir le 19, à ranger le général Gazan avec l'armée d'Andalousie en face du défilé de la Puebla, le comte d'Erlon avec l'armée du centre derrière le général Gazan, et puis à droite en arrière, le long de la Zadorra, le général Reille avec les deux divisions restantes de l'armée de Portugal, afin de tenir tête au corps tournant des Anglais qui venait par la route de Murguia. Aux négligences commises on ajouta celle de ne pas couper un seul des ponts de la Zadorra. Entre nos divers corps d'infanterie on plaça notre belle cavalerie, qui malheureusement, dans le terrain que nous occupions, ne pouvait pas rendre de grands services, car le bassin de Vittoria est semé de canaux nombreux qui arrêtent partout l'élan des troupes à cheval. Nous comptions environ 9 à 10 mille chevaux, ce qui réduisait notre infanterie à 43 ou 44 mille combattants, moitié à peu près de celle de l'ennemi.

Ainsi fut employée, c'est-à-dire perdue, la journée du 20. A chaque instant on se flattait de voir arriver le général Clausel, que tout devait faire espérer, mais que rien n'annonçait aux diverses issues par lesquelles il pouvait apparaître. L'infortuné Joseph était dans une anxiété extrême, sans en devenir plus actif, car chez les hommes qui n'ont pas l'esprit tourné à la prévoyance, l'attente produit l'agitation, mais non l'activité.

Le lendemain 21, le général Clausel n'avait point paru, et l'ennemi ne pouvant pas être supposé longtemps oisif, Joseph et Jourdan voulurent re-

Juin 1813.

Toute la journée du 20 se trouve fatalement perdue.

Le matin du 21, Jourdan, quoique malade, exécute

Juin 1813.

Avec Joseph une reconnaissance du bassin de Vittoria.

Description des positions occupées par l'armée française.

connaître le terrain pour s'y préparer à la lutte qu'ils sentaient bien devoir être prochaine. Le maréchal Jourdan, un peu débarrassé de sa fièvre, quoique souffrant encore, fit effort pour monter à cheval, et vint avec Joseph reconnaître la plaine de Vittoria. À droite de notre position et en arrière, au pied du mont Arrato, le général Reille, avec les divisions françaises Lamartinière et Sarrut, avec le reste d'une division espagnole, gardait les ponts de la Zadorra. Le pont de Durana placé dans les montagnes du côté des Pyrénées, était gardé par la division espagnole. Le pont de Gamarra-Mayor, situé à la naissance de la plaine, était occupé par la division Lamartinière. Celui d'Arriaga, tout à fait au milieu de la plaine et à la hauteur de Vittoria, était défendu par la division Sarrut. Derrière ces divisions se trouvaient, outre la cavalerie légère, plusieurs divisions de dragons, prêtes à fondre sur toute troupe qui aurait franchi la Zadorra. Mieux eût valu détruire les ponts de cette petite rivière, et en défendre les gués avec de l'artillerie. Quoi qu'il en soit, la présence sur ce point d'un aussi bon officier que le général Reille avait de quoi rassurer.

Remarque juste, mais tardive, du maréchal Jourdan, et ordre au général Gazan.

En se reportant droit devant eux, vers l'entrée de la plaine, au débouché du défilé de la Puebla, Jourdan et Joseph gravirent l'éminence dont nous avons parlé, celle de Zuazo, coupant transversalement le bassin et dominant la sortie du défilé. Sur-le-champ avec son coup d'œil exercé, le maréchal Jourdan reconnut que c'était là qu'il fallait établir le général Gazan à la tête de toute l'armée d'Andalousie, qu'il fallait en outre hérisser la hauteur de canons, ranger ensuite le comte d'Erlon à droite sur la Zadorra, pour se lier au général Reille et garder le pont de Trespuentes qui débouchait sur le flanc de la hauteur de Zuazo. Cette remarque si juste, faite la veille, eût sauvé l'armée française, et probablement notre situation en Espagne. On envoya donc des officiers d'état-major pour transmettre ces ordres au général Gazan, et les lui faire exécuter en toute hâte.

Mais il était trop tard, et la bataille commençait à l'instant même. Lord Wellington, comme il était facile de le prévoir, ne voulut pas, après nous avoir accompagnés, pour ainsi dire, jusqu'aux Pyrénées, nous laisser repasser les montagnes sans nous livrer bataille, afin de les franchir, s'il le pouvait, à la suite d'une armée battue. Il avait porté le général Graham avec deux divisions anglaises, avec les Portugais et les Espagnols formant sa gauche, sur la route de Murguia, à travers les passages du mont Arrato, pour essayer de forcer le général Reille sur la Zadorra. Il avait dirigé son centre composé de trois divisions, sous le maréchal Béresford, à travers les autres passages du mont Arrato, pour déboucher aussi sur la Zadorra, mais vers le milieu de la plaine, ce qui devait les faire aboutir au pont de Trespuentes, en face du général d'Erlon et sur le flanc de la position de Zuazo. Enfin sa droite, composée de deux divisions anglaises sous le général Hill, et de la division espagnole Morillo, nous ayant suivis sur la route de Miranda, devait percer le défilé de la Puebla, et venir déboucher au pied même de Zuazo. Tous ces corps étaient déjà en marche lorsque le maréchal Jourdan et Joseph envoyèrent au général Gazan l'or-

Juin 1813.

d'occuper la position de Zuazo, au centre du bassin de Vittoria.

Au moment même où était donné cet ordre, la bataille commençait.

Résolution de lord Wellington de livrer bataille, et dispositions d'attaque.

dre de rétrograder vers la hauteur de Zuazo, d'où l'on pouvait, avons-nous dit, cribler à la fois les troupes qui auraient forcé le défilé de la Puebla, et celles qui auraient franchi la Zadorra à Trespuentes.

Lorsque l'aide de camp de Joseph porteur de ses ordres arriva auprès du général Gazan, celui-ci, déjà aux prises avec l'ennemi, déclara ne pouvoir exécuter les mouvements qu'on lui prescrivait. Joseph et Jourdan accoururent auprès de lui et bientôt découvrirent ce qui se passait. A droite on apercevait les troupes de Béresford, qui, ayant franchi les cols les plus rapprochés du mont Arrato, essayaient de traverser la Zadorra à Trespuentes. Devant soi on voyait le général Hill engagé dans le défilé de la Puebla, mais avec précaution, et ayant jeté à sa droite, sur les hauteurs de la Sierra de Andia, la division espagnole Morillo, pour seconder les troupes anglaises qui voulaient forcer le passage.

Jourdan et Joseph ordonnèrent au général Gazan d'envoyer à gauche la brigade d'avant-garde Maransin sur les hauteurs de la Sierra de Andia, pour en débusquer le plus tôt possible la division espagnole Morillo, de faire appuyer cette brigade par une division entière s'il le fallait, puis, la hauteur reprise, de culbuter les Espagnols dans le défilé de la Puebla, et de se jeter à leur suite dans le flanc du général Hill. Avec les divisions Darricau et Conroux, le général Gazan devait barrer le défilé, tenir à gauche la division Villatte en réserve, et enfin disposer sur sa droite la division Leval pour observer les troupes de Béresford, qui menaçaient la Zadorra à Trespuentes. Le comte d'Erlon, rangé en bataille derrière le général Gazan, devait faire observer la Zadorra, et être prêt à tomber sur les troupes qui voudraient la passer entre lui et le général Reille.

A peine ces ordres étaient-ils expédiés, que le feu, sur notre gauche, notre front et notre droite, s'étendit en un vaste cercle. Tout à fait en arrière, vers le général Reille, on n'entendait rien encore. Le général Gazan, qui avait reçu l'ordre de débarrasser d'abord les hauteurs à notre gauche, lesquelles formaient l'extrémité de la Sierra de Andia, ne fit pas attaquer avec assez d'ensemble les Espagnols qui les avaient gravies. Il envoya un régiment après l'autre, et n'obtint ainsi aucun résultat. Les Espagnols, bien abrités derrière des rochers et des bois, et très-habiles à défendre les terrains de cette nature, opposèrent une résistance assez vive à nos régiments mal engagés. Le général Gazan pressé par le maréchal Jourdan d'agir avec plus de vigueur, détacha d'abord de son front une brigade de la division Conroux, puis une brigade de la division Darricau, pour soutenir l'avant-garde du général Maransin. Ces deux brigades, plus que suffisantes si elles avaient été portées en masse et simultanément sur la hauteur qui était à notre gauche, restèrent à mi-côte, tiraillant avec désavantage contre les Espagnols bien postés, et n'étant d'aucun secours pour l'avant-garde Maransin qui perdait beaucoup de monde. Deux heures s'écoulèrent ainsi sans avantage marqué, et ce retard était d'autant plus regrettable, que si on les eût bien employées, et qu'après avoir culbuté les Espagnols de la hauteur de la Sierra de Andia dans le défilé de la Puebla, on

Juin 1813.

Exécution lente et décousue des ordres donnés au général Gazan.

Juin 1813.

Lorsque, après des ordres réitérés, le général Gazan se décide à attaquer vigoureusement les Espagnols, les Anglais profitent de son mouvement pour déboucher dans la plaine, et enlever le village de Subijana de Alava.

eût refoulé dans ce défilé les Anglais qui essayaient de le franchir, on aurait pu ensuite se reporter au secours du général Reille, qui allait être vigoureusement attaqué.

Le roi et le maréchal réitérant leurs ordres, le général Gazan se décida enfin à porter la division Villatte, rangée un peu en arrière à gauche, sur les hauteurs si mal et si longuement attaquées. La division Villatte gravit rapidement les pentes de la Sierra de Andia sous un feu plongeant des plus meurtriers, refoula néanmoins les Espagnols de bas en haut, et les ramena dans les bois qui couronnaient le sommet des hauteurs. Mais pendant ce temps les divisions anglaises du général Hill, voyant notre front affaibli par l'envoi des deux premières brigades du général Conroux et du général Darricau, voyant de plus un village important, placé à notre gauche, celui de Subijana de Alava, tout à fait découvert par le départ de la division Villatte, se jetèrent sur ce village en débouchant vivement du défilé, et parvinrent à l'emporter. Dès cet instant les Anglais avaient fait irruption dans la plaine, et les repousser devenait fort difficile. Le maréchal Jourdan imagina de lancer sur eux l'une des divisions du comte d'Erlon, qui avait été placé en réserve sur la droite en arrière. Mais le comte d'Erlon s'apercevant que les troupes de Béresford menaçaient de passer la Zadorra à Trespuentes, y avait successivement envoyé ses deux divisions. Il ne restait donc pas de réserve, et par surcroît d'embarras le feu, qui du côté du général Reille n'avait commencé qu'assez tard, se faisait entendre violemment vers le fond de la plaine.

Décidés par cet ensemble de circonstances, le roi et le maréchal ordonnèrent un mouvement rétrograde sur l'éminence de Zuazo, d'où l'on pouvait, avec un grand feu d'artillerie, arrêter les ennemis qui avaient envahi la plaine par toutes les issues, les uns à notre droite en passant la Zadorra à Trespuentes, les autres sur notre front en débouchant du défilé de la Puebla, les autres enfin à notre gauche en descendant des hauteurs de la Sierra de Andia. En même temps le maréchal Jourdan prescrivit au général Tirlet, chef de notre artillerie, de placer force bouches à feu sur la hauteur de Zuazo.

Juin 1813.

Le maréchal Jourdan et Joseph voyant la plaine envahie, ordonnent qu'on se replie sur la hauteur de Zuazo.

Ces ordres mieux exécutés que ceux qui avaient été donnés au général Gazan amenèrent un résultat qui aurait pu être décisif. On rétrograda sur la hauteur de Zuazo, et le général Tirlet en un clin d'œil y réunit quarante-cinq bouches à feu. Attendant les Anglais qui sortaient du défilé de la Puebla, et l'une des colonnes de Béresford qui avait forcé le passage de la Zadorra à Trespuentes, il les couvrit de mitraille, et joncha en peu d'instants la terre de leurs morts. D'abord mises en désordre, les troupes anglaises se reformèrent, s'avancèrent au pas, et furent de nouveau rejetées en arrière par la mitraille. Si dans ce moment on avait eu quatre ou cinq mille hommes sous la main, et qu'on les eût lancés sur les masses ébranlées des Anglais, on aurait pu en les refoulant dans le défilé leur faire essuyer un sanglant échec. Malheureusement le général Gazan, au lieu de se replier sur la hauteur transversale de Zuazo, était allé vers la gauche se ranger à mi-côte sur le flanc de la Sierra de Andia, près de la division

Le général Tirlet place sur la hauteur de Zuazo 45 bouches à feu, et arrête les Anglais en les couvrant de mitraille.

Faute d'une réserve d'infanterie, on ne peut tirer parti de ce succès.

Villatte, ce qui laissait un espace ouvert entre ses troupes et celles du comte d'Erlon. Celui-ci avec ses deux divisions disputait de son mieux les passages de la Zadorra, au-dessus et au-dessous de Trespuentes. On n'avait donc sur la hauteur décisive de Zuazo que de l'artillerie sans appui. Au fond de la plaine, le général Reille attaqué à Durana, à Gamarra-Mayor, à Arriagua, se défendait vaillamment, et chaque fois qu'on lui enlevait l'un de ses trois ponts, le reprenait avec la plus rare vigueur; mais en même temps il annonçait qu'il serait bientôt forcé, si on ne venait promptement à son secours. Le maréchal Jourdan appréciant cette situation, conseilla à Joseph d'ordonner la retraite, seul parti qu'il y eût à prendre en ce moment. L'intention fut de la diriger sur la grande route de Bayonne, par Salinas et Tolosa, afin de sauver l'artillerie, car si par Salvatierra et Pampelune on avait chance de rejoindre le général Clausel, on avait la certitude de perdre tous ses canons, à cause de l'état des routes.

A peine l'ordre de la retraite fut-il donné, qu'on l'exécuta, mais sans le concert et l'ensemble qui auraient pu prévenir les inconvénients d'un mouvement rétrograde. Le comte d'Erlon ne voyant pas le général Gazan à sa gauche, et apercevant la cavalerie anglaise prête à fondre dans la plaine, chercha à s'appuyer vers la Zadorra en se retirant, et découvrit ainsi Vittoria. La cavalerie ennemie s'y précipita, et y fit naître une indicible confusion. Le convoi au salut duquel on avait consacré une division n'était pas parti tout entier. Il restait un parc d'artillerie de cent cinquante bouches à feu, beaucoup de familles fugitives, de bagages, et de soldats de corvée envoyés pour chercher des vivres. La vue des dragons anglais produisit sur ces gens une terreur panique des plus vives, et ils se mirent à fuir dans tous les sens en poussant des cris. Leur premier mouvement fut de se porter sur la grande route de Bayonne, et le col de Salinas; mais le général Reille disputant à outrance la haute Zadorra, tantôt perdant, tantôt reprenant sa position, se battait sur cette même route qu'il couvrait de feu et de sang. Les fuyards se rejetèrent alors sur celle de Pampelune par Salvatierra. Le général Tirlet accouru à Vittoria pour ordonner la retraite, connaissant le mauvais état de la route de Salvatierra, prévoyant que l'artillerie, surtout avec l'encombrement qui allait s'y former, ne pourrait pas y passer, sachant de plus que dans nos arsenaux de la frontière le matériel ne manquait pas, et que les attelages importaient seuls, prescrivit de couper les traits, et de sauver les hommes et les chevaux en abandonnant les canons.

Juin 1813.
Panique à Vittoria.

Les fuyards se précipitent sur la route de Salvatierra et de Pampelune.

La retraite qui d'abord avait dû se diriger sur Salinas et Bayonne, se trouva donc par le mouvement du général Gazan, par une sorte d'instinct de conservation qui avait poussé les fuyards vers la route de Salvatierra où le canon ne s'entendait point, se trouva, disons-nous, dirigée sur Pampelune, c'est-à-dire sur la Navarre. On s'y rua avec une sorte de furie, laissant à Vittoria même un matériel immense. Dès cet instant la situation du général Reille devenait des plus périlleuses. Ce général avait tenu tant qu'il avait pu sur la Zadorra, rejetant les Anglais et les Espagnols au delà de cette petite rivière, chaque

Belle retraite du général Reille avec son corps d'armée.

fois qu'ils avaient forcé un des trois ponts dont il avait la garde. Mais ayant vu le mouvement de retraite sur Salvatierra, il se décida lui-même à se retirer dans cette direction. Pour sortir sain et sauf de sa position périlleuse, il fallait qu'il contînt d'une part les troupes ennemies qui commençaient à franchir la Zadorra devant lui, de l'autre celles qui déjà débouchaient de Vittoria sur ses derrières. Il avait fort à propos tenu en réserve, à quelque distance des trois ponts, la brigade Fririon composée des 2º léger et 36º de ligne, et en outre plusieurs régiments de cavalerie. Il ordonna sur-le-champ au général Sarrut qui défendait le pont d'Arriagua, au général Lamartinière qui défendait celui de Gamarra-Mayor, au général Casalpaccia qui gardait avec les Espagnols et quelques centaines d'hommes du 3º de ligne le pont de Durana, de se replier en bon ordre vers Salvatierra, pendant que lui tiendrait tête aux Anglais venant de Vittoria. Le général Sarrut, en défendant le pont d'Arriagua, fut tué. Le général Menne le remplaça, et fut plusieurs fois assailli, mais ne se laissa point entamer. Le général Lamartinière opposa un calme, une vigueur rares à l'impulsion de l'ennemi victorieux. Pendant ce temps, le général Reille qui s'attachait à les couvrir tous du côté de Vittoria, reçut en plein le choc de la cavalerie anglaise. Mais avec les dragons de Digeon, de Tilly, de Mermet, il la contint, et parvint à protéger la retraite de son corps d'armée jusqu'à Betono. En cet endroit se trouvait un bois; on s'y enfonça, ce qui permit de parcourir en sûreté une partie du chemin qui menait à la route de Pampelone en tournant derrière Vittoria. Mais au sortir du bois on aperçut un gros corps de cavalerie qui nous attendait. Le général Reille le fit charger par le 3ᵉ de hussards et le 15ᵉ de dragons, puis marcha en hâte vers le village d'Arbulo. La cavalerie ennemie nous y poursuivit à outrance. Le général Reille avec les 2ᵉ léger et 36ᵉ de ligne de la brigade Fririon, se forma en avant de ce village, pour donner au reste de son corps d'armée le temps de défiler. Assailli par les nombreux escadrons des Anglais, il les reçut en carré et couvrit le terrain de leurs morts. Toutes ses troupes ayant défilé, il traversa lui-même le village, et gagna ainsi sain et sauf la route de Salvatierra, où se précipitaient confusément les divers corps de notre armée et toute la queue du vaste convoi que nous avions conduit avec tant de peine de Madrid à Vittoria.

Juin 1813.

Nous avions eu dans cette fatale journée environ 5 mille morts ou blessés, et les Anglais à peu près autant. Mais en soldats de corvée, en fuyards, en valets d'armée, on nous avait pris 15 ou 1800 hommes. Nous laissions en outre à l'ennemi 200 bouches à feu, non pas perdues en ligne, mais abandonnées faute d'une route convenable pour les faire passer, plus 400 caissons et un nombre infini de voitures de bagages. Joseph n'avait pas même sauvé sa propre voiture qui contenait tous ses papiers.

Résultats de la malheureuse bataille de Vittoria.

On se demandera naturellement où était en ce moment le général Clausel avec les 15 mille hommes qu'il aurait pu amener, ce que faisait sur le revers des monts le général Foy, qui renforcé de plusieurs petites garnisons et du général Maucune, avait lui aussi 15 mille hommes dont la présence aurait été si

Ce qu'avaient fait pendant cette bataille le général Foy et le général Clausel.

9.

utile dans la fatale plaine de Vittoria. Ces 30 mille hommes, joints aux 32 ou 34 mille de Joseph, formant l'énorme masse de plus de 80 mille combattants, auraient pu accabler les Anglais, et les rejeter en Portugal; et alors quelle différence, non-seulement pour les affaires de la Péninsule, mais de l'Europe entière, car les Anglais, qui exerçaient en Allemagne une si grande influence sur les résolutions des coalisés, s'ils avaient conçu quelques craintes pour leur armée de la Péninsule, auraient certainement facilité les négociations, jusqu'à rencontrer peut-être sur la limite des concessions possibles l'orgueil même de Napoléon! Mais cette fois comme tant d'autres, ce n'était ni le nombre, ni la vaillance, ni le dévouement qui avaient manqué aux soldats de l'armée d'Espagne, c'était la direction. Le général Foy qui n'était séparé de Joseph que par la montagne de Salinas, n'avait reçu aucun des avis qu'on lui avait adressés, et n'avait connu la présence de l'armée à Vittoria que par l'apparition de la division Maucune à la suite du convoi qu'elle escortait. Si ce mouvement de la division Maucune eût été ordonné deux jours plus tôt, on aurait pu mettre le convoi en sûreté, et ramener un renfort de dix à douze mille hommes à Vittoria. Quant au général Clausel, dès qu'il avait su la marche des Anglais et la retraite de notre armée, il avait réuni ses divisions en toute hâte, était arrivé le 20 à Logroño, y avait cherché de tous côtés des nouvelles de Joseph, n'avait trouvé que des habitants ou fugitifs ou silencieux, et personne qui pût ou voulût lui donner un renseignement. Seulement il avait rencontré des agents anglais faisant préparer des vivres, et d'après plusieurs vestiges recueillis sur la route, il avait été conduit à penser que l'armée française s'était portée de Miranda sur Vittoria. Le 21 il s'était décidé à s'avancer par Penacurada jusque sur le revers de la Sierra de Andia, pour voir s'il pourrait à travers cette sierra tendre la main à Joseph. Mais se doutant avec raison qu'il avait entre Joseph et lui l'armée anglaise, sans savoir ni où, ni en quel nombre, il s'était approché avec précaution, n'avait été joint par aucun des paysans qu'on lui avait dépêchés, et vers la chute du jour avait fini par apprendre qu'on s'était battu toute la journée, hélas, sans résultat heureux! Le 22 au matin, voulant connaître la vérité entière, et à tout prix tâcher de rejoindre l'armée française pour lui porter secours, il avait eu la hardiesse de gravir la Sierra de Andia et de jeter un regard sur la plaine de Vittoria. Des sommets de cette sierra il avait vu notre immense désastre, et séparé de Joseph par les Anglais victorieux, il n'avait dû songer qu'à son propre salut. Sans se troubler, il avait regagné les bords de l'Èbre, l'avait descendu jusqu'à Logroño, et ayant toujours entre Joseph et lui les Anglais qui nous poursuivaient en Navarre, il avait pris la résolution, l'une des plus sages et des plus hardies qu'on ait jamais prises à la guerre, de s'enfoncer vers Saragosse, où il était amené par la raison de sauver son corps d'armée, et par la raison non moins puissante de couvrir les derrières du maréchal Suchet, et d'assurer la retraite de ce maréchal.

De leur côté Jourdan et Joseph, ayant regagné Pampelune avec une armée horriblement mécontente

Juin 1813.

Ce général, séparé de l'armée française par le désastre de Vittoria, prend l'habile résolution de se transporter à Saragosse.

Retraite de Joseph dans

de ses chefs, non démoralisée toutefois, diminuée seulement de cinq à six mille hommes, privée de ses canons mais non de ses attelages, étaient encore en mesure d'opposer une forte résistance aux Anglais, indépendamment de la résistance naturelle qu'allaient leur présenter les Pyrénées elles-mêmes. Joseph sur le conseil de Jourdan, après avoir laissé une garnison dans Pampelune, envoya l'armée d'Andalousie dans la vallée de Saint-Jean-Pied-de-Port, celle du centre dans la vallée de Bastan, celle de Portugal dans la vallée de la Bidassoa, de manière à fermer ainsi toutes les issues, et à prendre le temps de reformer l'artillerie, et de faire cesser la distribution en trois armées différentes, laquelle venait d'occasionner de nouveau de si fâcheux embarras. Tandis qu'il ordonnait cette disposition, le général Foy, aidé du général Maucune, avait habilement et bravement tenu tête aux Anglais qui avaient voulu descendre de Salinas sur Tolosa, et les avait rejetés assez loin. On avait perdu l'Espagne, mais pas encore la frontière, et l'Empire, si longtemps envahisseur, n'était pas encore envahi, quoiqu'il fût bien près de l'être!

Telle fut la campagne de 1813 en Espagne, si tristement célèbre par le désastre de Vittoria, qui signalait nos derniers pas dans cette contrée, où nous avions pendant six années inutilement versé notre sang et celui des Espagnols. Si on veut prononcer sans passion sur les événements de cette campagne, il est facile de découvrir les vraies causes du revers définitif qu'on venait d'essuyer. La première cause, cette fois comme tant d'autres, il faut la chercher dans les ordres mêmes de Napoléon qui, ne considérant l'Espagne que comme un accessoire de ses immenses entreprises, ou ne lui consacrait pas les forces nécessaires, ou en subordonnait l'emploi à des calculs étrangers à l'Espagne elle-même, et inconciliables avec le succès des opérations dans ce pays. Cette année les forces qu'il y laissait, quoique réduites par le rappel d'un grand nombre de cadres, étaient depuis la concentration des trois armées d'Andalousie, du centre et de Portugal, suffisantes pour se maintenir en Castille, puisqu'on aurait pu réunir quatre-vingt mille hommes contre les Anglais. Mais dans la double pensée de conserver les provinces du nord, qu'il entendait se réserver à la paix, et d'alarmer les Anglais pour le Portugal, afin de les détourner de toute entreprise contre le midi de la France, Napoléon avait amené de nouveau sans le vouloir la dispersion des trois armées depuis Salamanque jusqu'à Pampelune, de manière qu'après avoir recouvré l'ascendant sur les Anglais par notre concentration, nous venions de le perdre encore par une dissémination imprudente de nos forces. Cette cause essentielle de la journée de Vittoria ne saurait être cherchée ailleurs que dans les ordres de Paris, donnés par Napoléon loin des lieux, avant la connaissance des faits, et réitérés par le ministre de la guerre avec une obstination sans excuse, lorsque les événements et les objections du maréchal Jourdan en avaient démontré le danger. Après cette cause, il y en a une autre, fort ancienne, et toujours féconde en malheurs dans la Péninsule, c'est le défaut d'unité dans le commandement, qui fit qu'aucune administration ne voulant obéir, il n'y eut rien de préparé sur la route de l'armée, et qu'il fallut, en rétrogradant pour rallier le général Clausel, se replier avec une précipitation qui rendait le ralliement plus douteux et plus difficile, les pertes sur la route plus considérables. Ce défaut d'unité était le tort de Napoléon, toujours refusant à son frère l'autorité nécessaire, de Joseph, ne sachant pas la prendre, des généraux, ne sachant pas y suppléer par leur soumission. Après ces causes, le défaut d'activité chez Joseph et le maréchal Jourdan, l'un indolent, l'autre fatigué par l'âge et le chagrin, contribua beaucoup au malheur de la campagne. Plus actifs, plus prompts à se résoudre, Joseph et Jourdan auraient pu évacuer Madrid plus tôt, et se rallier plus tôt ou en avant de Valladolid, ou en avant de Burgos. A Vittoria même, il y eut deux jours perdus, deux jours précieux pour le départ du convoi et le déblayement du champ de bataille, pour le choix du terrain où l'on pouvait disputer à l'ennemi l'entrée de la plaine, pour la réunion au général Clausel. Dans cette occasion décisive, comme on l'a vu, le maréchal Jourdan était malade, et Joseph n'avait pas songé à le suppléer. Enfin des ordres de détail mal exécutés par les généraux avaient complété la série de fautes et de malheurs qui amenèrent la catastrophe finale de Vittoria. Après tout, Napoléon qui aurait dû dans ces funestes résultats s'attribuer la part la plus grande, car avec son génie si profond, sa connaissance si parfaite des choses, il était plus que personne capable de tout prévoir, et avec sa puissance si obéie capable de tout prévenir, Napoléon s'en prit à tout le monde

DRESDE ET VITTORIA.

au lieu de s'en prendre à lui-même, et à Joseph et à Jourdan plus volontiers qu'à qui que ce fût.

Juillet 1813.

N'ayant pu suivre dans aucun de leurs détails les évènements d'Espagne, absorbé qu'il était par la guerre de Saxe qu'il dirigeait en personne, croyant sur cet objet ce que lui écrivait le ministre Clarke, qui, tandis qu'il adressait à Joseph les lettres les plus affectueuses, faisait parvenir à Dresde les rapports les plus défavorables, il avait un double motif d'irritation, dans les résultats d'abord qui ne pouvaient manquer d'être déplorables, et dans les fautes qui révoltaient par leur évidence son grand sens militaire. Les résultats c'étaient l'Espagne perdue, la frontière du midi menacée, le moyen le plus puissant de négociation auprès de l'Angleterre annulé, puisque dans l'état des choses ce n'était plus rien que de lui céder l'Espagne, c'étaient en outre des sacrifices nouveaux à ajouter à ceux que demandait l'Autriche, dès lors la paix plus difficile que jamais, enfin une confiance, une exaltation nouvelles inspirées à tous ceux qui croyaient le moment venu d'accabler la France. Les fautes, c'étaient non-seulement celles que nous venons d'énumérer, et qui n'étaient que trop réelles, mais toutes celles que le ministre Clarke prêtait gratuitement au malheureux Joseph et au plus malheureux Jourdan, son chef d'état-major. Le ministre de la guerre n'avait pas dit en effet que les ordres de Napoléon, qui prescrivaient de détruire les bandes, et de menacer le Portugal, ordres déplorablement réitérés par les bureaux de Paris, avaient été signalés par Jourdan comme une cause inévitable de désastre, que la ré-

du désastre de Vittoria.

sistance des administrations de chaque armée à l'ordonnateur en chef avait encore été dénoncée comme un autre inconvénient grave qui empêcherait que rien ne fût préparé à la reprise des opérations. Ce même ministre n'avait pas dit que les Anglais étaient près de 100 mille, et les Français tout au plus 50 mille. Il présentait au contraire des calculs qu'auraient à peine accueillis les gazettes les moins informées. Il ne comptait dans l'armée de lord Wellington que les Anglais, les évaluait à 40 ou 45 mille, négligeait les Portugais devenus presque les égaux des Anglais, les Espagnols, excellents dans les montagnes, et attribuait à l'armée française non pas ce qu'elle avait eu sur le champ de bataille, mais ce qu'elle aurait pu avoir si les ordres de Paris ne l'avaient dispersée, et lui supposait de 80 à 90 mille hommes contre 45 mille. Il avait en effet le courage, après le désastre de Vittoria, d'écrire à Joseph qu'il aurait dû avoir 90 mille hommes contre 45 mille, et que c'était chose bien étonnante qu'il se fût laissé battre avec une telle supériorité de force numérique. Ce fait seul donne une idée de ce qui pouvait se passer à côté même de Napoléon, lorsqu'il n'y regardait point de ses propres yeux, et qu'il se laissait informer par des ministres courtisans, ne lui disant que ce qu'il avait plaisir à entendre.

On comprend que Napoléon, en considérant d'une part les résultats, de l'autre les fautes vraies et les fautes imaginaires imputées à Joseph et au maréchal Jourdan, qui déjà lui déplaisaient fort, et avaient auprès de lui un redoutable accusateur dans le maréchal Soult présent à Dresde, on comprend que

Napoléon dut être fort irrité. Il avait appris d'une manière sommaire les événements d'Espagne au moment de partir de Dresde pour exécuter les courses militaires dont nous avons parlé. Il apprit successivement à Torgau, à Wittenberg, à Magdebourg le détail de ces événements, toujours par les rapports du ministre Clarke. Aussi son emportement fut-il extrême. Ce fut pour lui une occasion de se déchaîner contre Joseph et contre tous ses frères. L'abdication du roi Louis, la défection imminente de Murat qui s'annonçait déjà clairement, l'éclat que Jérôme avait fait l'année précédente en quittant l'armée, lui revinrent à l'esprit, et lui arrachèrent les paroles les plus amères. Le moment était venu en effet d'apercevoir quelle faute il avait commise en voulant renverser toutes les dynasties, afin de leur substituer la sienne! Mais, pour être juste, il faut reconnaître que son ambition avait, bien plus que celle de ses frères, contribué à cette politique désordonnée, et qu'après leur avoir donné des trônes ou des armées à commander, il n'avait rien omis pour rendre leur tâche encore plus difficile qu'elle ne l'était naturellement. Il avait effectivement exigé d'eux une abnégation des intérêts de leurs sujets, un talent de tout faire avec rien, ou presque rien, qu'il était inhumain d'exiger de leur part, et qui devait amener plus d'un scandale de famille, comme l'abdication du roi de Hollande. À l'égard de Joseph notamment, après l'avoir tiré de Naples où ce prince avait une tâche appropriée à son caractère et à ses talents, où il rendait un petit peuple heureux en étant heureux lui-même, Napoléon l'avait transporté en

Juillet 1813.

C'est dans son voyage à Magdebourg, que Napoléon avait appris les événements d'Espagne.

L'irritation de Napoléon s'étend sur tous ses frères en général.

Espagne presque sans le consulter, l'avait lancé dans une guerre effroyable, l'y avait aidé un moment de toutes ses forces, puis, au milieu des préoccupations de la guerre d'Autriche en 1809, de celle de Russie en 1812, l'avait laissé sans secours, sans argent, exposé à la haine de ses sujets, à la désobéissance, quelquefois même à l'arrogance des généraux, n'avait voulu écouter aucun de ses avis, presque tous justifiés par l'événement, et pour toute réponse n'avait cessé de se moquer de ses prétentions militaires et de ses mœurs, moqueries qui de la cour de France avaient retenti jusqu'au milieu de la cour d'Espagne, et avaient encore contribué à la déconsidération de la royauté nouvelle. Et pourtant Napoléon aimait sa famille, mais gâté par un pouvoir sans bornes, il ne tenait pas plus compte des droits de ses frères que de ceux des peuples, et disposait d'eux comme d'instruments inanimés, jusqu'au jour où il devait trouver les peuples révoltés, et ses frères eux-mêmes presque en état de défection.

Ses traitements envers Joseph furent extrêmement rigoureux. — J'ai trop longtemps compromis mes affaires pour des imbéciles, écrivit-il à l'archichancelier Cambacérès, au ministre de la guerre, au ministre de la police; et, après ce préambule, il donna les ordres les plus sévères et les plus humiliants pour Joseph. Il fit d'abord pour le remplacer en Espagne le choix qui pouvait lui être le plus désagréable, celui du maréchal Soult, qui était en ce moment à Dresde. Napoléon conféra au maréchal Soult le titre de son lieutenant en Espagne, avec des pouvoirs extraordinaires, lui ordonna de partir immédiatement, de ne rester à Paris que douze heures, de n'y voir que l'archichancelier Cambacérès et le ministre de la guerre, et de se rendre ensuite à Bayonne pour y rallier l'armée et tenir tête aux Anglais. Jusque-là rien de plus naturel. Mais il enjoignit à Joseph de quitter l'Espagne sur-le-champ, lui interdit en même temps de venir à Paris, lui prescrivit de se retirer à Morfontaine, de s'y enfermer, de n'y recevoir personne, chargea le prince Cambacérès de défendre à tous les hauts fonctionnaires de l'aller visiter, comme si on avait eu de leur part de généreux mouvements à craindre, et à toutes ces injonctions il ajouta celle de le faire arrêter si ces ordres étaient enfreints! Devenu méfiant à l'égard des hommes, depuis qu'il avait été obligé de le devenir à l'égard de la fortune, il voyait partout des trames prêtes à se nouer contre la régence de sa femme, contre l'autorité de son fils. C'est pour ces motifs qu'il n'avait pas voulu laisser le duc d'Otrante, le maréchal Soult à Paris, et que sous divers prétextes il les tenait sans emploi à Dresde. Joseph mécontent à Paris, s'y entourant de mécontents, et peut-être un jour disputant la régence à Marie-Louise, telles étaient les images sinistres qui avaient traversé son esprit irrité, et qui lui dictèrent l'ordre inutile de faire arrêter son propre frère. Certes, si Joseph eût été capable de ces noirs projets, il aurait commencé par lui désobéir en Espagne, et probablement il lui serait ainsi devenu plus utile qu'en exécutant servilement des ordres donnés de trop loin, et sous l'empire de fatales distractions! Le simple bon sens présent sur les lieux et exclusive-

Juillet 1813.

ment appliqué à son objet, vaut souvent mieux que le génie absent ou distrait par des entreprises exorbitantes.

Si les événements d'Espagne, qui allaient rendre les ennemis de Napoléon plus exigeants, l'avaient en même temps rendu plus raisonnable et plus conciliant, on peut dire qu'un grand malheur fût devenu un grand bien : mais il n'en fut point ainsi. Après avoir visité Torgau, Wittenberg, Magdebourg, après avoir passé en revue les corps qu'il voulait inspecter, ordonné les travaux qu'il avait projetés sur l'Elbe, Napoléon revint à Dresde, pour y continuer le redoutable jeu de perdre du temps, d'arriver au terme de l'armistice sans s'être expliqué sur les conditions de la paix, et d'obtenir de la sorte une nouvelle suspension d'armes en feignant au dernier moment de négocier sérieusement. La Prusse et la Russie avaient choisi leurs plénipotentiaires, et les avaient envoyés à Prague, où ils étaient arrivés le 11 juillet, par conséquent un jour avant le terme assigné pour la réunion du congrès. Ni l'une ni l'autre de ces puissances n'avait fait les choix éclatants auxquels on s'était d'abord attendu. On avait cru que la Prusse désignerait le chancelier de Hardenberg, et la Russie M. de Nesselrode. Mais, à cause de l'Angleterre, ces puissances avaient évité de donner à ce congrès trop d'éclat; elles avaient voulu y paraître amenées et menées par l'Autriche, en n'y faisant figurer aucun personnage qui fût l'égal de M. de Metternich. La Prusse avait choisi M. de Humboldt, nom illustre déjà dans la science, mais peu connu encore dans la politique (le plénipotentiaire prussien était le frère

du savant qui est l'une des gloires de ce siècle). La
Russie avait choisi le baron d'Anstett, Alsacien (par
conséquent Français), appartenant à une famille
d'émigrés, homme de quelque esprit, de peu de considération, et de sentiments fort hostiles à la France.
Quoique ce dernier choix fût assez déplaisant, comme
au fond l'intention était de tout laisser faire à M. de
Metternich, il fallait ne tenir compte que de lui seul,
et ne pas prendre garde aux collaborateurs qu'on lui
adjoignait. Ces deux négociateurs à peine rendus à
Prague, avaient communiqué leurs pouvoirs au médiateur, et ils se plaignaient du peu d'égards qu'on
leur témoignait en les faisant attendre, sans même
annoncer le jour de l'arrivée des plénipotentiaires
français. Le 15 juillet on n'avait encore rien dit, et
M. de Narbonne, étant retourné à Prague comme
ambassadeur, désigné en outre comme devant être
l'un de nos plénipotentiaires, mais n'ayant reçu ni
pouvoirs ni instructions, ne savait quel langage tenir
ni quelle attitude prendre. A toutes les remontrances
de M. de Metternich, transmises à Dresde, M. de
Bassano avait répondu que la faute était au cabinet
autrichien, qui avait laissé partir l'empereur Napoléon pour Magdebourg sans communiquer officiellement la ratification de la nouvelle convention prolongeant l'armistice jusqu'au 16 août. A ce reproche
M. de Metternich avait répliqué qu'ayant fait connaître officieusement cette ratification, on aurait
bien pu, en attendant la communication officielle,
nommer les plénipotentiaires, et les faire partir, ce
qui eût été au moins l'accomplissement des devoirs
de politesse auxquels les grands États sont astreints

Juillet 1813.

choisis parmi les personnages les moins éclatants.

Le 15 juillet, les plénipotentiaires français ne sont pas encore nommés.

M. de Bassano affecte de rejeter ces retards sur M. de Metternich.

les uns envers les autres aussi bien que les individus eux-mêmes. Sans s'arrêter à cette réponse, M. de Bassano avait de nouveau tout rejeté sur M. de Metternich.

Napoléon étant revenu à Dresde le 15, après un voyage de cinq jours, et ayant enfin reçu la ratification de la nouvelle convention par l'Autriche, la Prusse et la Russie, ne pouvait plus différer la nomination de ses plénipotentiaires. En conséquence il chargea MM. de Narbonne et de Caulaincourt de le représenter au congrès de Prague. Il était impossible de choisir des hommes plus sages, plus éclairés, animés de plus nobles sentiments. En nommant M. de Caulaincourt, Napoléon nourrissait toujours la secrète espérance d'un rapprochement direct avec la Russie, et d'un traité de paix qui, sacrifiant l'Allemagne au profit des deux grands empires d'Orient et d'Occident, satisferait à la fois la Russie et la France, triste paix, qui conviendrait peut-être à l'amour-propre de Napoléon, mais nullement aux intérêts vrais de son empire! Bien que ce fût peu probable, à en juger seulement par le choix de M. d'Anstett, Napoléon n'en désespérait pas tout à fait, et c'était même le seul cas où il voulût négocier sérieusement. M. de Caulaincourt, objet de ces illusions, ne les partageait point. Cet excellent citoyen, esprit profondément sensé, avait la vertu peu commune, en aimant fort à plaire, de s'exposer à déplaire pour dire la vérité, et était ainsi le modèle rare du courtisan honnête homme, qui compte pour rien les faveurs de cour, même les plus désirées, quand il s'agit d'épargner une faute au prince, et un malheur au pays. Il avait dit à Napoléon qu'une espèce de paix astucieuse, obtenue de la défection des uns envers les autres, n'était plus à espérer dans l'état de forte cohésion auquel les divers cabinets étaient parvenus, que la Russie ne se laisserait plus détacher de l'Autriche, que la faveur dont il avait personnellement joui auprès de l'empereur Alexandre n'y servirait de rien, que les concessions demandées par l'Autriche étaient le seul moyen d'arriver à une paix honorable, que cette paix était indispensable, qu'il suppliait qu'on ne l'envoyât pas à Prague avec les mains liées, pour y éprouver la douleur de voir passer inutilement devant lui l'occasion de servir et de sauver sa patrie. Il était même allé jusqu'à déclarer que sans une latitude suffisante il n'accepterait pas la mission qui lui était destinée. Napoléon, qui avait besoin du nom de M. de Caulaincourt pour couvrir du respect que ce nom inspirait une négociation simulée, lui avait promis des pouvoirs étendus, et l'illustre négociateur comptant sur cette promesse s'était soumis à la volonté de son maître.

Ces deux choix universellement approuvés produisirent à Prague une impression qui corrigeait quelque peu le mauvais effet de nos éternels retards. Bien qu'on fût au 16 juillet, et qu'il ne restât plus que trente jours pour négocier, tout pouvait être sauvé néanmoins même à cette heure, lorsqu'un fâcheux incident vint fournir à Napoléon le prétexte spécieux qu'il cherchait pour perdre encore du temps. Il y avait à Neumarckt des commissaires des diverses parties belligérantes, réunis en commission permanente pour le règlement quotidien de ce qui concer-

Juillet 1813.

Conditions auxquelles il accepte la mission qui lui est confiée.

Le choix de MM. de Narbonne et de Caulaincourt est approuvé à Prague.

Nouvel incident dont Napoléon profite pour perdre encore du temps.

Les commissaires

Juillet 1813.

réunis à Neumarckt pour l'exécution quotidienne de l'armistice, paraissent supposer qu'il expirera le 10 août et non pas le 16.

naît l'exécution de l'armistice. Lorsque le commissaire français leur avait communiqué la dernière convention qui prolongeait l'armistice au 10 août, avec un délai de six jours entre la dénonciation de l'armistice et le renouvellement des hostilités, ce qui fixait au 17 la malheureuse reprise de cette guerre, les commissaires prussien et russe avaient paru en être informés pour la première fois, et être fort étonnés de ce qu'elle statuait. Après en avoir référé au quartier général des alliés, ils avaient reçu du commandant en chef Barclay de Tolly la confirmation de la convention, et en même temps la déclaration que ce ne serait pas le 17 août mais le 10 que recommenceraient les hostilités. Cette déclaration était aussi étrange qu'imprévue. Selon le sens vrai de la convention, on ne pouvait pas dénoncer l'armistice avant le 10 août, et si effectivement on le dénonçait le 10, il devait s'écouler encore, d'après la première convention et d'après toutes les règles, un délai quelconque entre l'avis donné de la reprise des hostilités et leur reprise effective. Ce délai, fixé à six jours dans la première convention, devait subsister de droit dans la seconde. L'usage, l'intention des parties contractantes, le texte, tout était d'accord pour rendre cette interprétation incontestable. Mais voici ce qui avait amené la méprise qui allait fournir à Napoléon de si funestes prétextes. Les deux souverains de Prusse et de Russie étaient entourés d'esprits tellement ardents qu'il leur en avait coûté beaucoup d'efforts pour faire agréer le premier armistice, quelque besoin qu'ils en éprouvassent. Ils n'avaient pu refuser le second aux instances de M. de Metternich; toute-

Motif de cette méprise.

fois en y consentant ils avaient à peine osé l'avouer, et l'empereur Alexandre, partant pour Trachenberg où devait avoir lieu une conférence générale des chefs de la coalition, avait dit sans détails au général Barclay de Tolly, qu'il avait consenti à une prolongation d'armistice jusqu'au 10 août, mais qu'il n'accorderait pas un jour de plus. En s'exprimant ainsi et d'une manière générale, l'empereur Alexandre n'avait parlé que du délai principal, et n'avait pas entendu exclure celui de six jours, placé de droit entre l'annonce et le fait même des hostilités. Mais Barclay de Tolly, poussant jusqu'à l'excès l'exactitude et l'observation des formes, n'avait cédé à aucune représentation, et avait déclaré ne pas vouloir prendre sur lui la solution d'une pareille difficulté sans en référer à l'empereur Alexandre lui-même.

Juillet 1813.

Napoléon en apprenant cette singulière contestation, en éprouva un premier déplaisir, car il s'était demandé si en effet elle ne serait pas sérieuse, et si on ne voudrait pas lui faire perdre les sept jours auxquels il tenait infiniment, car avec l'activité qu'il déployait en ce moment, chaque heure écoulée lui procurait d'importants résultats. Mais à la réflexion, en se rappelant ses discussions avec M. de Metternich, les calculs de temps qu'ils avaient faits ensemble, il n'avait pu conserver aucun doute sur l'interprétation de la seconde convention, et loin de s'inquiéter de l'incident, il avait résolu de s'en servir, et d'en tirer un prétexte nouveau et tout à fait plausible de perdre encore quelques jours. Il fit sur-le-champ déclarer par M. de Narbonne à Prague, qu'un étrange

Napoléon mécontent d'abord de cet incident, songe bientôt à en profiter.

Il fait dire à Prague que M. de

incident s'étant élevé à Neumarckt, le sens de la convention en vertu de laquelle on allait se réunir et négocier étant contesté, il n'était ni de sa dignité ni de sa sûreté de traiter avec des gens qui entendaient ainsi leurs engagements, et qu'avant de faire partir M. de Caulaincourt il voulait une explication catégorique au sujet de ce qui venait d'être dit par le général Barclay de Tolly. M. de Narbonne, l'un des deux plénipotentiaires français, étant déjà rendu à Prague, les devoirs de politesse se trouvaient remplis selon lui, et le second plénipotentiaire français pouvait bien ne partir qu'après avoir obtenu l'explication demandée, et l'avoir obtenue pleinement satisfaisante.

Lorsque cette nouvelle difficulté fut connue à Prague, et elle le fut le 18 juillet par une dépêche partie de Dresde le 17, on en ressentit une impression fort vive et fort naturelle. Les deux plénipotentiaires prussien et russe affectèrent d'en être irrités, offensés même, beaucoup plus qu'ils ne l'étaient véritablement. Mais M. de Metternich en fut consterné, et l'empereur François blessé profondément. L'un et l'autre désiraient la paix, telle que nous l'avons définie, bien que l'empereur y crût moins que le ministre, et chaque chance de la conclure évanouie leur causait de sincères regrets. De plus, ils étaient humiliés du rôle qu'on leur faisait jouer. Les ennemis de leur politique de médiation se riaient d'eux, et aimaient à dire que, pour prix de leurs efforts pacifiques, Napoléon ne leur enverrait pas même un négociateur, et que ces inventeurs du congrès de Prague, loin de le conduire à bien, ne pourraient pas même le réunir. Ce fâcheux pronostic des partisans de la guerre semblait près de se réaliser, car déjà sous le plus futile prétexte, parce que la ratification de la seconde convention communiquée officieusement ne l'avait pas été officiellement, Napoléon avait perdu cinq ou six jours; maintenant, sous un prétexte aussi frivole, parce que les commissaires de Neumarckt, simples agents d'exécution, n'ayant aucune autorité morale, élevaient une difficulté d'interprétation sur un texte qui leur était inconnu, on allait perdre quelques jours encore. Et quand on avait vingt jours devant soi, vingt-sept avec le délai contesté, en sacrifier cinq ou six à chaque occasion, était un jeu visible et offensant. Le plus grave d'ailleurs ce n'était pas la perte de temps, car si on voulait bien s'entendre, deux jours, n'en restât-il que deux, pouvaient suffire : le plus grave, c'était la disposition que cette manière d'agir révélait chez Napoléon. Puisqu'il se jouait ainsi de ses adversaires et du médiateur, évidemment il ne souhaitait point la paix, et après avoir obtenu le temps qu'il avait si ardemment désiré, et qu'il employait si bien, il ne prenait pas même la peine de dissimuler à quel point il se moquait de ceux dont il avait fait ses dupes! — Tel était le langage, malheureusement très-fondé, que les partisans de la guerre tenaient partout, en ayant soin de le rendre blessant et amer pour l'empereur François et son ministre.

M. de Metternich vit M. de Narbonne et se montra à lui profondément affligé. — La nouvelle difficulté que vous venez de soulever, lui dit-il, n'est pas plus sérieuse que la précédente. Nous vous avions an-

Juillet 1813.

Langage plein de noblesse et de fermeté de M. de Metternich.

noncé amicalement la ratification expresse de la convention en vertu de laquelle l'armistice est prolongé jusqu'au 16 août; vous ne pouviez donc pas douter de l'exactitude du fait, et ce n'était pas une raison de différer la nomination et l'envoi de vos plénipotentiaires, lorsque ceux des autres parties belligérantes devaient être ici le 12, qu'ils y arrivaient même le 11. Aujourd'hui les commissaires de Neumarckt, qui ne sont rien, qui ont toutes les passions des états-majors, prétendent interpréter un texte qui leur est inconnu, et vous affectez de prendre la chose au sérieux, jusqu'à vous montrer alarmés! Ce ne peut être une alarme bien sincère. Croyez-vous qu'on voudrait malgré nous, et par conséquent sans nous, recommencer les hostilités? le croyez-vous en vérité? Certainement non; dès lors de quoi s'agit-il? D'une difficulté insignifiante, dont vous auriez pu faire le sujet de notre entretien à la première réunion des plénipotentiaires, et sur laquelle vous auriez eu l'avis favorable des deux plénipotentiaires prussien et russe, et en tout cas l'avis décisif du médiateur, dont l'opinion vous était connue d'avance. Ce n'était donc pas la peine de perdre encore quelques jours, quand il nous en reste à peine une vingtaine d'ici au 10 août. Nous ne pouvons voir qu'une chose dans cette conduite, c'est le désir de l'empereur Napoléon de nous mener ainsi, sans avoir rien fait, jusqu'au terme de l'armistice. Mais qu'il ne s'y trompe pas, il ne parviendra pas à faire prolonger d'un jour la suspension d'armes. Aux difficultés que vous rencontrez à Neumarckt, vous devez juger de celles que nous avons eu à vaincre nous-mêmes pour obtenir une première prolongation. Vous n'en obtiendrez pas une seconde, soyez-en sûr. Que l'empereur Napoléon ne se fasse pas illusion sur un point plus important encore. Le terme du 10 août arrivé, il n'y aura plus un mot de paix à dire, et la guerre sera déclarée. Nous ne serons pas neutres, qu'il ne s'en flatte pas. Après avoir employé tous les moyens imaginables pour l'amener à des conditions raisonnables, qu'il connaît bien, que dès le premier jour nous lui avons fait connaître, sur lesquelles nous n'avons pas pu varier, car elles constituent le seul état tolérable pour l'Europe, il ne nous reste plus, s'il les refuse, qu'à devenir belligérants nous-mêmes. Si nous demeurions neutres (comme au fond il le désire), les alliés seraient battus, nous n'en doutons pas; mais après leur tour le nôtre viendrait, et nous l'aurions bien mérité. Nous ne commettrons donc pas cette faute. Aujourd'hui, quoi qu'on puisse vous dire, nous sommes libres. Je vous donne ma parole et celle de mon souverain, que nous n'avons d'engagements avec personne. Mais je vous donne ma parole aussi que le 10 août à minuit nous en aurons avec tout le monde, excepté avec vous, et que le 17 au matin vous aurez trois cent mille Autrichiens de plus sur les bras. Ce n'est pas légèrement, ce n'est pas sans douleur, car il est père et il aime sa fille, que l'empereur mon maître a pris cette résolution; mais il doit à son peuple, à lui-même, à l'Europe, de rendre à tous un état stable, puisqu'il en a le moyen, et que d'ailleurs l'alternative ne serait autre que de tomber quelques jours plus tard sous vos coups, dans une

Juillet 1813.

Déclaration formelle que l'armistice ne sera pas prolongé d'un jour, et qu'au terme expiré, l'Autriche fera partie de la coalition.

Juillet 1813.

dépendance pire que celle où vous aviez mis la Prusse. Certes nous savons quelle chance on court en voulant combattre, même quand on est fort nombreux, l'empereur Napoléon à la tête des armées françaises; mais après y avoir bien réfléchi, nous préférons cette chance au déshonneur et à l'esclavage. Qu'on ne vienne donc point après l'événement nous dire que nous vous avons trompés! Jusqu'au 10 août à minuit tout est possible, même à la dernière heure; le 10 août passé, pas un jour, pas un instant de répit, la guerre, la guerre avec tout le monde, même avec nous! — M. de Narbonne, saisi de ce langage, calme, triste et grand, dit à M. de Metternich : Quoi, pas un instant de répit, même si la négociation était commencée! — A une condition seulement, répondit M. de Metternich, c'est que les bases de la paix seraient admises en entier, et qu'il n'y aurait plus à régler que les détails. —

M. de Narbonne, comprenant parfaitement cette situation, mande à Dresde que si on n'est pas décidé à la guerre générale avec l'Europe entière, il faut ouvrir tout de suite la négociation.

M. de Narbonne, qui avait parfaitement apprécié cette situation, et qui voyait bien qu'il n'y avait plus à jouer avec le temps et avec les hommes, qu'en agissant ainsi on n'abuserait plus personne, et qu'on ne tromperait que soi, écrivit à M. de Bassano qu'il fallait ou se décider à la guerre, à la guerre certaine, universelle avec l'Europe, ou que si on n'avait pas pris ce parti, si on souhaitait la paix, sauf à en modifier les conditions, il fallait négocier sérieusement, et même, ne voulût-on qu'une nouvelle prolongation d'armistice, ne pas paraître se moquer de ceux avec lesquels on traitait. Il demandait donc qu'on fît partir M. de Caulaincourt, car les négociateurs prussien et russe menaçaient tous les jours de se retirer (ce dont ils avaient le droit, puisqu'on était au 20 juillet, et qu'ils attendaient depuis le 11), et s'ils quittaient Prague tout serait fini. A peine obtiendrait-on de la bonne foi des coalisés que l'armistice fût respecté jusqu'au 17 août, et si même on l'obtenait, on ne le devrait qu'à la prudence et à la modération de l'Autriche.

Juillet 1813.

Ces conseils si sages, dictés par la plus parfaite connaissance des choses, n'affectèrent pas beaucoup M. de Bassano, et encore moins Napoléon. Ce dernier toutefois, bien que décidé à la guerre plutôt qu'aux conditions apportées par M. de Bubna, bien que se flattant avec ses nouveaux préparatifs de battre tous les coalisés, l'Autriche fût-elle du nombre, n'était pas indifférent à l'espérance d'une nouvelle prolongation d'armistice, et à force de la désirer se faisait l'illusion étrange que peut-être il l'obtiendrait. Il doutait à la vérité d'amener la Prusse et la Russie à cette prolongation, animées comme elles paraissaient l'être; mais il y avait une combinaison meilleure pour lui que celle de retarder les hostilités avec toutes les puissances, c'était en les laissant commencer avec la Prusse et la Russie, de les différer encore quelques jours avec l'Autriche seule, ce qui lui aurait donné le temps d'accabler les deux premières, puis de se rejeter sur l'Autriche elle-même, *qui aurait son tour*, comme avait très-bien dit M. de Metternich. Pour y réussir il y avait un moyen, c'était en ouvrant la négociation vers la fin de l'armistice, de manière à inspirer quelques espérances à M. de Metternich et à l'empereur François, d'obtenir qu'on négociât en se battant, ce qui

Nouvelle espérance et nouveau calcul de Napoléon.

Il n'espère pas obtenir une prolongation d'armistice, mais retarder l'entrée en action de l'Autriche, ce qui suffit à ses plans militaires.

Juillet 1813.

Pour disposer l'Autriche à ce qu'il désire, Napoléon envoie à M. de Narbonne le pouvoir de commencer la négociation sans M. de Caulaincourt.

était possible, ce qui s'était vu en plus d'une occasion, et ce qui retarderait probablement l'entrée en action de l'Autriche, car tant que ces conditions auraient chance d'être acceptées, il était vraisemblable qu'elle ne voudrait pas se mettre en guerre avec la France. Ainsi arriver non pas à une nouvelle suspension d'armes qui arrêterait le bras de tout le monde, mais à une négociation continuée durant les hostilités, qui retiendrait quelques jours encore le bras de l'Autriche, était sa pensée actuelle. Mais pour cela il fallait faire quelque chose, et Napoléon, malgré le doute subsistant à Neumarckt, doute qui n'en était pas un pour lui, fit expédier à M. de Narbonne ses pouvoirs et ses instructions qui avaient été retenues jusque-là, avec la faculté accordée aux deux plénipotentiaires français de traiter l'un en l'absence de l'autre. Dès lors on n'était plus fondé à dire que la négociation était suspendue, puisque M. de Narbonne, à lui tout seul, pouvait la commencer, et la conduire même à son terme. Mais bien qu'on appréciât le mérite de M. de Narbonne en Autriche et en Europe, le duc de Vicence (M. de Caulaincourt) passait pour être seul initié à la pensée de Napoléon, et tant qu'il n'arrivait pas à Prague, on était généralement disposé à considérer la négociation comme n'étant pas sérieuse. Sur ce point Napoléon fit répéter que dès que l'énigme de Neumarckt serait éclaircie, il expédierait le duc de Vicence; et pour se donner un motif spécieux d'attacher tant d'importance à ce que disaient les commissaires de Neumarckt, il fit écrire à M. de Metternich que communiquant par ces commissaires avec les places bloquées de Custrin, de

Stettin, de Dantzig, tant pour les correspondances que pour les vivres, il avait besoin d'une explication claire et positive, et ne différait le départ de M. de Vicence que pour être assuré de l'obtenir.

M. de Bassano cherchant sans cesse à se modeler sur son maître, et à imiter sa coupable mais héroïque indifférence au milieu des dangers, écrivait à M. de Narbonne ce qui suit : — Je vous envoie, lui disait-il, plus de *pouvoirs* que de *puissance*, vous aurez *les mains liées, mais les jambes et la bouche libres, pour vous promener et dîner*. — C'est de ce ton que parlait le ministre de l'Empire français, au moment suprême où se décidait à jamais le sort de son maître et de sa patrie !

Après s'être livré à ces jeux de mots, M. de Bassano permettait à M. de Narbonne de procéder à l'échange des pouvoirs, mais en tenant au mode de négocier sur lequel on avait déjà insisté. En conséquence il devait offrir l'échange des pouvoirs dans une conférence commune, puis cette formalité remplie, proposer la discussion des matières dans des conférences auxquelles assisteraient tous les plénipotentiaires, sous les yeux du médiateur, qui serait ainsi témoin et partie des négociations mais non pas leur intermédiaire exclusif. Il devait enfin proposer la rédaction de protocoles, qui assureraient l'authenticité des conférences. Si toutes ces questions de forme étaient vidées, ce qui ne pouvait manquer d'être long, M. de Narbonne avait ordre de présenter pour première base de négociation l'*uti possidetis*, c'est-à-dire la conservation de ce que chacun possédait dans l'état présent de la guerre, comme si

Juillet 1813.

Langage trop peu sérieux de M. de Bassano.

M. de Narbonne est autorisé à l'échange des pouvoirs, opéré en commun, et sans passer par les mains du médiateur.

Juillet 1813.

Nouveau chagrin de M. de Metternich en apprenant à quelle condition est soumis l'échange des pouvoirs.

Depuis qu'on avait laissé percer l'intention d'un arrangement direct entre la Russie et la France, les Russes et les Prussiens affectaient de vouloir faire de l'Autriche leur unique intermédiaire.

Cette disposition poussée au delà des désirs de l'Autriche, devait rendre insoluble la question de forme.

aucun des événements de 1812 et de 1813 ne s'était accompli.

La seule question de forme devait exiger beaucoup de temps, car sur cette question les coalisés avaient leur parti pris, et insister à ce sujet c'était s'exposer à dépenser inutilement plusieurs mois, quand on n'avait plus que dix-huit jours. M. de Metternich, en effet, en apprenant que M. de Narbonne avait reçu ses pouvoirs, ne fut que médiocrement consolé de l'absence de M. le duc de Vicence, surtout lorsqu'il sut que M. de Narbonne voulait présenter et échanger ses pouvoirs dans une réunion générale des plénipotentiaires, s'abouchant entre eux sous la présidence du médiateur, mais ne s'astreignant pas à l'accepter pour unique intermédiaire de leurs communications. Ce dernier point, comme on l'a vu, avait acquis beaucoup d'importance, depuis que Napoléon avait clairement indiqué, en faisant choix de M. de Caulaincourt, la pensée de s'entendre directement avec la Russie aux dépens de l'Autriche. A dater de ce moment, la Prusse et la Russie, pour ne pas être soupçonnées d'entrer dans l'intention de Napoléon, surtout pour n'en pas être accusées, affectaient de tenir plus que l'Autriche elle-même, à une forme de négociation qui faisait tout passer par l'entremise du médiateur. Aussi MM. de Humboldt et d'Anstett, particulièrement ce dernier, s'étaient-ils hâtés de remettre leurs pouvoirs à M. de Metternich, et ne voulaient-ils les remettre qu'à lui seul. M. de Metternich, tranquille désormais sur la négociation directe entre la Russie et la France, dont il avait voulu se garantir en venant à Prague, aurait acquiescé au désir de la France sur cette question de forme, uniquement pour faire commencer la négociation; mais cela ne dépendait plus de lui, la Russie et la Prusse tenant à ce qu'il fût rassuré plus même qu'il n'avait besoin de l'être. Aussi ne manqua-t-il pas de dire à M. de Narbonne que quant à lui il consentirait bien à cet échange de pouvoirs opéré en commun, mais que déjà les plénipotentiaires prussien et russe lui avaient remis directement leurs pouvoirs, s'étaient ainsi légitimés, et que certainement, ne fût-ce que par amour-propre, ils ne voudraient pas revenir sur ce qu'ils avaient fait. Il leur proposa en effet de céder sur ce point, mais il fut refusé, et malgré les autorisations envoyées à M. de Narbonne, la négociation ne fit pas un pas. M. de Metternich en montra de nouveau son chagrin à M. de Narbonne, lui répéta que jusqu'au 10 août le mal ne serait pas irréparable, mais que le 10 à minuit il serait sans remède.

Pendant ces inutiles allées et venues, Napoléon ne conservant plus aucune illusion sur la possibilité d'une négociation séparée avec la Russie, songeait tout au plus à retenir l'Autriche inactive quelques jours après le 17 août, afin d'avoir le temps d'accabler d'abord les Prussiens et les Russes, sauf à battre ensuite, et à leur tour, les Autrichiens eux-mêmes, s'ils étaient assez peu clairvoyants pour se prêter à ce calcul. Quant à la paix il n'y songeait guère, ne voulant à aucun prix abandonner les villes anséatiques réunies constitutionnellement à l'Empire, renoncer au titre de protecteur de la Confédération du Rhin porté jusqu'ici avec une sorte

Juillet 1813.

Napoléon ne se faisant plus aucune illusion sur la possibilité de prolonger l'armistice, et espérant tout au plus retarder l'entrée en action de l'Autriche, avait le parti pris de continuer la guerre.

Juillet 1813.

Examen des conditions de paix proposées à la France.

d'ostentation, enfin reconstituer la Prusse au lendemain même de sa défection. Chacun de ces sacrifices lui coûtait cruellement; pourtant il n'était pas possible, même après les triomphes de Lutzen et de Bautzen, que la terrible catastrophe de 1812 n'eût pas quelques conséquences, sinon pour la France, au moins pour lui, et il fallait savoir se résigner à payer sa faute par un déplaisir quel qu'il fût. Il aurait dû se trouver heureux après de si grands malheurs de n'être puni que dans son orgueil, et de n'avoir rien à sacrifier que la France pût regretter véritablement, car, ainsi que nous l'avons déjà dit, et qu'on nous permettra de le redire encore, lorsqu'on lui laissait outre les Alpes et le Rhin, la Hollande, le Piémont, la Toscane, Rome, à titre de départements français, la Westphalie, la Lombardie, Naples, à titre de principautés de famille, on lui concédait plus que la France ne devait désirer, et qu'elle ne pouvait posséder. Ici se présentent quelques réflexions que nous avons déjà indiquées, mais qu'il faut reproduire plus complétement au moment décisif, pour apprécier sainement les déterminations de Napoléon. Si on examine l'une après l'autre ses prétentions territoriales, on reconnaîtra combien il était peu raisonnable d'y tenir. La Hollande elle-même qui était la moins déraisonnable de toutes, ne pouvait être qu'avec beaucoup de peine rattachée matériellement et moralement à l'Empire. Quand on en avait détaché ce que Napoléon avait pris au roi Louis en 1810, pour le punir de ses résistances, c'est-à-dire ce qui est situé à la gauche du Wahal, lequel est le Rhin véritable et constitue la plus puissante des barrières, on avait acquis tout ce qui était désirable sous le rapport des frontières, restant toujours la grave difficulté morale de morceler un pays aussi homogène que la Hollande, et dont toutes les parties sont faites pour vivre ensemble! Quant à la portion au delà du Wahal, qui s'étend jusqu'au Texel, et comprend Gorcum, Nimègue, Utrecht, Rotterdam, la Haye, Amsterdam, le Texel, c'est-à-dire la grande Hollande, il était impossible de la rattacher à la géographie militaire de la France, et Napoléon dans ses plus habiles combinaisons pour la défense du territoire, n'avait jamais pu trouver une manière de couvrir le Zuiderzée, et d'établir une frontière solide de Wesel à Groningue. N'ayant pour protéger cette partie de la Hollande que la faible ligne de l'Yssel, il n'avait vu d'autre ressource que les inondations, et les avait ordonnées; or, un pays qu'on ne peut garder qu'en le noyant, il n'est pas seulement inhumain, il est impolitique de songer à le posséder. En ayant dans l'Océan la Rochelle, Brest, Cherbourg, Anvers et Flessingue, Napoléon avait contre l'Angleterre tout ce qu'il pouvait désirer, et ces terrains, moitié îles, moitié continent, qui s'étendent de Nimègue à Groningue, de Berg-op-Zoom au Texel, entre terre et mer, portant une race indépendante, fière, sage, riche, pleine de souvenirs assez glorieux pour ne pas vouloir les confondre avec ceux d'une autre nation, méritaient d'être laissés indépendants entre toutes les puissances de l'Europe, pour continuer à être la voie la plus large et la plus libre du commerce maritime! Quant au Piémont lui-même, était-

Juillet 1813.

A quel point ces conditions dépassaient même ce que la France aurait dû désirer, et combien il était évident que l'orgueil froissé était en ce moment le seul mobile de Napoléon.

Juillet 1813.

il bien prudent de chercher à posséder un territoire au delà des Alpes, c'est-à-dire au delà de nos frontières naturelles, devant nous aliéner à jamais les Italiens, comme la possession de la Lombardie n'a cessé de les aliéner à l'Autriche, nous valant des haines au lieu d'influence, et destiné au premier règne faible à nous échapper inévitablement? Toutefois dans un système de grandeur à la façon de Charlemagne, grandeur qui n'est dans les temps modernes qu'un pur anachronisme, car lorsque Charlemagne régnait sur le continent de l'Elbe à l'Èbre, il embrassait dans ses vastes États des pays à moitié sauvages, n'ayant encore aucune existence historique, dans un tel système, on peut concevoir l'addition de la Hollande, qui est une sorte d'appendice maritime de notre territoire, comme le Piémont en est une sorte d'appendice continental, utile à qui veut descendre souvent des Alpes; mais même dans ce système déjà faux, que faire de la Toscane et de Rome? Que faire de l'Illyrie, de Hambourg, de Lubeck? Ce n'était plus qu'un entraînement de conquêtes insensées, sans plan et sans limites, pouvant durer la vie d'un conquérant tel qu'Attila ou Alexandre, mais devant à sa mort donner lieu à un partage de territoires entre ses lieutenants ou ses voisins! Avec un tel système qui, ne reposant sur aucun principe politique, ne pouvait avoir aucune limite territoriale, dans lequel on pouvait tout faire entrer sauf à ne rien garder, il n'était pas possible de dire que l'empire de Napoléon fût véritablement moins grand parce que Hambourg ou Lubeck n'y seraient pas compris. Napoléon était tout autant

Napoléon compromet en ce moment non-seulement la grandeur sérieuse de la France, mais même la grandeur chimérique qu'il avait

Charlemagne sans ces villes qu'avec elles, car celui qui, outre Bruxelles, Anvers, Flessingue, Cologne, Mayence, Strasbourg, avait encore Utrecht, Amsterdam, le Texel, Turin, Florence, Rome, sans compter Cassel, Milan, Naples, était aussi grand, plus grand même que Charlemagne, de cette grandeur fabuleuse qui avait au neuvième siècle sa raison d'être, qui ne l'avait plus au dix-neuvième, et qui après son Charlemagne aurait eu inévitablement son Louis le Débonnaire. On ne comprend pas que le principal de cette grandeur chimérique étant accordé à Napoléon, il la compromît pour Hambourg, pour Lubeck, ou pour un vain titre comme celui de protecteur de la Confédération du Rhin! Sans doute si l'honneur des armes eût été compromis, on conçoit qu'il ne voulût pas céder, car il vaut mieux perdre des provinces que l'honneur des armes! Cela vaut mieux pour la dignité et la sûreté d'un vaste empire; mais après Lutzen, mais après Bautzen, où des enfants avaient vengé le malheur de nos vieux soldats, l'honneur des armes était sauf; la vraie grandeur, et même la grandeur exagérée et inutile l'était aussi; il ne restait en souffrance que l'orgueil! Et à ce sentiment si personnel, il est triste de le dire, Napoléon était prêt à sacrifier non-seulement la solide grandeur de la France, celle qu'elle avait conquise sans lui pendant la révolution, mais cette grandeur factice, fabuleuse, qu'il y avait ajoutée par ses prodigieux exploits! Il allait sacrifier à ce sentiment sa femme, son fils et lui-même!

Juillet 1813.

rêvée, et dont on ne lui contestait que quelques portions insignifiantes.

Toutefois ces questions agitaient profondément Napoléon, et si avec la faculté de se distraire par

Agitation intérieure de Napoléon,

mille travaux de tout genre, faculté dont il était doué au plus haut degré, il arrivait à se donner un visage serein, si même, tout plein de ses vastes et profondes conceptions militaires, il parvenait à se donner confiance, il était parfois troublé et pensait sans cesse au grave sujet que nous venons d'exposer. Toujours en course autour de Dresde, faisant avec son embonpoint qui commençait à être importun, des excursions de trente et quarante lieues par jour, dont la moitié à cheval, allant étudier le long des frontières de la Bohême les champs de bataille qui devaient bientôt se couvrir de sang, y amenant ses généraux avec lui, quelquefois les y envoyant sans lui pour les obliger à étudier le terrain, il emportait dans sa tête les mêmes pensées, et, soit en route, soit de retour à Dresde, il en conférait avec les personnages de toute profession qui le suivaient dans ses campagnes. Absolu par son pouvoir, il était par sa clairvoyance dépendant des esprits qui l'entouraient, car il lui était impossible de voir la désapprobation sur les visages sans éprouver le besoin de la combattre, de la dissiper, de la vaincre, et il avait souvent fort à faire. Si on était en effet bien soumis, bien appliqué à lui plaire, le sentiment du danger déliait les langues chez les plus courageux, attristait au moins les visages chez les plus timides!

Chacun suivant son état, militaire ou civil, apercevant de la situation ce qui le concernait, révélait les dangers qui le frappaient plus particulièrement. Les militaires qui avaient jugé excellente la position de l'Elbe, quand on n'avait affaire qu'aux Prussiens et aux Russes, étaient effrayés depuis qu'il s'agissait

Juillet 1813.

qui se cachait sous son activité incessante, mais qui le rendait très-sensible aux objections élevées autour de lui.

Discussions fréquentes de Napoléon, soit avec ses généraux sur le futur plan de campagne, soit avec les personna-

des Autrichiens eux-mêmes, de se trouver sur l'Elbe avec la possibilité d'être tournés par ces derniers du côté de la Bohême, et d'avoir ainsi l'ennemi sur nos derrières, entre nous et la Thuringe. Les politiques voyaient clairement l'Autriche entraînée par l'esprit public de l'Allemagne, et sollicitée par son propre intérêt, prête à imiter la Prusse, et à compléter dès lors l'union de tous les États contre nous; et ils nous voyaient réduits à lutter contre l'Europe exaltée par la haine avec la France abattue par la fatigue; aussi les uns et les autres étaient-ils d'avis d'admettre la médiation et ses conditions, quelles qu'elles fussent, en les supposant même beaucoup moins avantageuses qu'elles ne l'étaient réellement. Sans doute ils n'eussent voulu à aucun prix qu'on acceptât la France privée de ses frontières naturelles, mais si on leur avait dit qu'elle aurait directement ou indirectement, Mayence, Cologne, Anvers, Flessingue, Amsterdam, le Texel, Cassel, Turin, Milan, Florence, Rome, Naples, ils auraient à genoux supplié Napoléon d'accepter. Mais on leur laissait ignorer le véritable état des choses; on parlait vaguement devant eux de sacrifices contraires à l'honneur, et sans savoir précisément ce qui en était, ils supposaient néanmoins que la France était encore assez redoutée pour qu'on n'osât pas lui offrir moins que ses frontières naturelles, et dans cette supposition, bien inférieure pourtant à la réalité, ils préféraient des sacrifices d'amour-propre au danger d'une lutte effroyable contre une coalition formée de toute l'Europe.

Politiques et militaires parlaient entre eux de ce

sujet, ou dans leurs bivouacs, ou dans les antichambres de Napoléon, se taisaient quand il survenait, et quelquefois même ne s'interrompaient qu'à demi, pour lui fournir l'occasion de reprendre l'entretien s'il daignait le continuer avec eux, ce que rarement il négligeait de faire. Avec les militaires les réponses ne lui manquaient pas, car s'ils avaient raison en signalant la hardiesse de notre situation sur l'Elbe, où l'on pouvait être tourné par la Bohême en cas de guerre avec l'Autriche, ils avaient tort, ainsi que le faisaient plusieurs d'entre eux, de lui proposer la ligne de la Saale, ligne très-courte, n'embrassant que l'espace compris de Hof à Magdebourg, facile à forcer sur tous les points, et exposée à être tournée par la Bavière comme celle de l'Elbe par la Bohême. On eût été, en adoptant cette ligne, rejeté en huit jours sur le Rhin, et il eût été étrangement inconséquent d'abandonner dans les combats ce qu'on s'obstinait à défendre témérairement dans les négociations. Il n'y avait pas de milieu, ou il fallait renoncer tout de suite à l'Allemagne, et accepter les conditions de M. de Metternich, ou si on la disputait diplomatiquement, il fallait aussi la disputer militairement, et on ne le pouvait que sur l'Elbe. Or placé à Dresde, ayant à sa droite Kœnigsberg, à sa gauche Torgau, Wittenberg, Magdebourg, Hambourg, pouvant, comme il le fit bientôt à Dresde, accabler ceux qui essayeraient de le tourner, Napoléon avait encore d'immenses chances pour lui. Restait, il est vrai, le danger de se battre si loin du Rhin contre l'Europe entière, et, si un de ses lieutenants était faible ou maladroit sur la vaste ligne de Kœnigstein à Hambourg, de se trouver en l'air au milieu de l'Allemagne soulevée : mais alors il fallait avoir le bon sens de reconnaître, et le courage de dire que la faute de Napoléon était politique, et lui conseiller d'abandonner l'Allemagne, ce qui était la certitude d'une paix immédiate et glorieuse. Faute de poser ainsi la question, on se donnait tort contre Napoléon, car à vouloir garder l'Allemagne, il est bien vrai qu'on ne pouvait la défendre que sur l'Elbe. Aussi, dans leurs nombreux entretiens, le prince Berthier, les maréchaux Soult, Ney, Mortier, n'osant pas soutenir résolûment qu'il fallait rentrer sur le Rhin, s'exposaient à être réfutés victorieusement en proposant des lignes intermédiaires entre l'Elbe et le Rhin, étaient battus par la logique pressante de Napoléon, et se taisaient, en conservant cependant le sentiment d'un grand péril, car c'était un grand péril en effet que de se battre avec l'Europe, non sur le Rhin pour la défense légitime de notre sol, mais sur l'Elbe pour la pensée usurpatrice de la domination universelle. Les choses se passaient autrement lorsqu'il s'agissait de la question, toute politique, de la paix et de la guerre. Là Napoléon sentait bien qu'il avait tort, car il n'avait pas une bonne raison à faire valoir. Il ne disait pas la vérité, parlait vaguement de sacrifices, qui, d'abord modérés en apparence, deviendraient bientôt, s'il cédait, immodérés et inadmissibles, et laissait entendre, sans l'exprimer cependant, que l'Autriche osait lui redemander jusqu'à l'Italie. Alors il s'échauffait, parlait de l'honneur de l'Empire, et s'écriait qu'il valait mieux périr que de supporter de semblables

Juillet 1813.

d'opération, mais entre la paix et la guerre qu'il fallait la placer.

Si Napoléon avait raison contre les militaires, il avait tort contre les diplomates, et s'en tirait avec eux en dissimulant la vérité, et en ne disant pas à quoi tenaient la paix ou la guerre.

conditions, surtout de la part de l'Autriche, qui, après lui avoir donné une archiduchesse en mariage, après avoir accepté son alliance en 1812, profitait du premier revers pour se tourner contre lui, comme si une pareille conduite, en supposant qu'elle fût telle que la dépeignait Napoléon, eût été bien criminelle de la part d'une puissance qui longtemps battue, et dépouillée d'une grande partie de ses États, saisissait l'occasion d'en recouvrer ce qu'elle pouvait, surtout contre un conquérant sans modération et sans mesure! — Ses contradicteurs ignorant le secret des négociations, supposant toujours qu'il s'agissait de sacrifices bien plus considérables que ceux qu'on nous demandait véritablement, accordant qu'il était désagréable de céder, surtout à gens qui nous dressaient en quelque sorte un guet-apens, se rejetaient sur le besoin urgent de la paix, et avaient là des avantages incontestables. Napoléon avait rencontré pour apôtre constant de la paix M. de Caulaincourt, qui le suppliait sans relâche de ne pas s'obstiner contre l'orage, et de passer par-dessus un déplaisir momentané pour sauver la France, l'armée, lui et son fils. Dans cette courageuse et civique tâche, M. de Caulaincourt était infatigable, et recommençait sans cesse avec une admirable persévérance. M. de Caulaincourt avait trouvé un singulier auxiliaire dans le duc d'Otrante, M. Fouché, qui, bien que cherchant à reconquérir la faveur impériale perdue, n'hésitait pas, inspiré par son bon sens et peut-être aussi par le danger que la chute de l'Empire devait faire courir à tous les hommes de la révolution, n'hésitait pas à soutenir hardiment

Juillet 1813.

Vives instances de M. de Caulaincourt pour décider Napoléon à la paix.

qu'il fallait conclure la paix. Il ne s'agissait point, selon M. Fouché, de savoir laquelle; c'était le secret des plénipotentiaires que Napoléon avait chargés de cette tâche; mais après Lutzen et Bautzen, en s'en rapportant à une sorte de notoriété publique, en songeant à la crainte que la France n'avait pas cessé d'inspirer, on ne pouvait pas douter, disait-il, que les conditions ne fussent encore très-belles; et si, comme tout le faisait présumer, on concédait à la France au delà du Rhin et des Alpes, on lui concédait plus qu'il ne lui fallait, plus qu'elle ne désirait. On devait donc, sauf les détails, signer la paix qui nous était offerte; car l'Europe était exaspérée, et la France épuisée commençait à partager l'exaspération de l'Europe contre un système qui ne laissait pas plus de bien-être au vainqueur qu'au vaincu. — Dans l'une de ces conversations, à laquelle avaient été présents M. Daru, M. de Caulaincourt, M. de Bassano, même le roi de Saxe, M. Fouché se permit de dire à Napoléon que s'il ne donnait pas tout de suite la paix, il deviendrait bientôt odieux à la France, et qu'il y aurait danger non-seulement pour lui, mais pour son fils, pour sa dynastie; que s'il ne saisissait pas cette dernière occasion de déposer les armes, il serait perdu; que la France venait par honneur de faire un dernier effort, parce qu'elle ne voulait pas se retirer battue de son grand duel avec l'Europe, mais qu'après les victoires de Lutzen et de Bautzen elle considérait son honneur comme dégagé, et qu'à la seule condition de conserver le Rhin et les Alpes que personne ne lui contestait plus, pas même l'Angleterre, elle se tiendrait pour satisfaite; mais

Juillet 1813.

Violente sortie du duc d'Otrante en faveur de la paix.

Juillet 1813.

que si, malgré la possibilité évidente de signer une telle paix, on persistait à continuer la guerre, elle se regarderait comme sacrifiée à un système personnel à Napoléon, système insensé, qu'elle détestait autant que l'Europe elle-même, car elle en souffrait tout autant. —

Mécontentement et réponses sophistiques de Napoléon.

Ces hardies propositions causèrent à Napoléon une irritation extrême, et il ne sut répondre qu'en disant qu'on ignorait le secret des négociations, que les puissances belligérantes lui demandaient des choses inadmissibles, que s'il les concédait, l'Europe le regarderait comme tellement affaibli que bientôt elle exigerait tout ce qu'il ne pouvait pas accorder, et ce que personne parmi ses contradicteurs, ne voudrait accorder; qu'il fallait, pour garder le nécessaire, défendre même le superflu, se montrer indomptable, se résigner à livrer une ou deux batailles de plus, pour conserver une grandeur acquise par vingt années de sang versé, et savoir braver la guerre quelques jours encore pour avoir une vraie, une solide paix. En un mot dans cette conversation, comme dans toutes celles qu'il eut sur ce sujet, son art consistait, en cachant toujours les faits véritables, en laissant toujours ignorer qu'il ne s'agissait en réalité que de Hambourg et du protectorat de la Confédération du Rhin, son art consistait à soutenir que c'était tout ou rien, qu'il fallait tout défendre ou tout céder, et comme personne ne voulait tout céder, la conclusion était selon lui qu'il fallait tout défendre. Sa force d'esprit et de langage parvenait bien à embarrasser ses interlocuteurs, qui d'ailleurs ignorant l'état des négociations, ne pouvaient pas lui répondre, mais elle ne parvenait pas à les convaincre, et les laissait terrifiés de la fatale résolution qui perçait dans son attitude et ses discours. Ils admiraient quelquefois son indomptable caractère en détestant son orgueil funeste, et s'en allaient silencieux, mécontents, la plupart du temps désolés. Un seul d'entre eux ne paraissant pas se douter du péril, affirmait que le génie de l'Empereur était inépuisable en ressources, qu'il triompherait de tous ses ennemis, et retrouverait plus grande, ou aussi grande que jamais, sa puissance de 1810 et de 1811. Cet interlocuteur, on le devine, était M. de Bassano, et il était le moins excusable, car seul il savait le secret des choses, seul il savait que c'était pour Hambourg et le titre de protecteur de la Confédération du Rhin qu'on s'exposait à tout perdre. Il faut dire néanmoins pour réduire à ce qu'elle doit être sa responsabilité, qui autrement serait si lourde, qu'il influait peu sur les résolutions de Napoléon, lequel ne semblait même pas touché de ses magnifiques pronostics, et qu'il parvenait uniquement à exciter chez M. de Caulaincourt des signes d'impatience peu flatteurs et peu dissimulés.

Ce n'est pas seulement à Dresde que Napoléon avait rencontré ces contradictions, atténuées du reste par la soumission du temps, c'était à Paris même. Le ministre de la police, duc de Rovigo, entendant plus que tout autre le retentissement de l'opinion publique, et ne craignant pas les accès d'humeur de Napoléon, auxquels il s'était habitué en n'y prenant pas garde, avait plusieurs fois osé lui écrire ce qu'aucun de ses ministres n'osait lui

Juillet 1813.

Hardie correspondance du duc de Rovigo en faveur de la paix.

dire, c'est que la paix était urgente, indispensable, qu'il ne fallait pas attendre de la France fatiguée un nouvel effort, semblable à celui qu'elle venait de faire; c'est que tous les ennemis du gouvernement jusque-là découragés, dispersés, reprenaient le courage avec l'espérance; c'est que les révolutionnaires, longtemps accablés sous les souvenirs de quatre-vingt-treize, les Bourbons, longtemps et complétement oubliés, essayaient de se produire de nouveau, que ces derniers même répandaient des manifestes qu'on lisait sans colère et avec une certaine curiosité. Toutes ces assertions étaient vraies, et il était constant que l'idée d'un autre gouvernement que celui de Napoléon, idée qui depuis quatorze ans ne s'était présentée à l'esprit de personne, pas même au retour de Moscou, commençait, la situation se prolongeant, à pénétrer dans l'esprit de beaucoup de gens, et allait devenir générale si la guerre continuait; que de même qu'on avait en 1799 cherché auprès du général Bonaparte un refuge contre l'anarchie, on irait bientôt chercher auprès des Bourbons un refuge contre la guerre perpétuelle. C'est tout cela que plus ou moins clairement, plus ou moins adroitement, le ministre de la police, duc de Rovigo, avait essayé de faire entendre à Napoléon avec une hardiesse honorable, mais qui eût été plus méritoire et plus utile, si Napoléon avait attaché plus d'importance à ce qui venait de lui. Le prince Cambacérès ne se serait pas hasardé à en dire autant, bien qu'il en pensât davantage, parce que de sa part Napoléon eût pris la chose plus sérieusement, dès lors moins patiemment. Fatigué pourtant des lettres du duc de Rovigo, Napoléon chargea le prince Cambacérès de lui dire qu'elles l'importunaient, qu'en montrant tant d'amour pour la paix, on lui nuisait plus qu'on ne le servait; que l'on contribuait à rendre les ennemis plus exigeants, en accréditant l'idée que la France ne pouvait plus faire la guerre; que lui, Napoléon, savait seul comment il fallait s'y prendre pour donner la paix à la France avec sûreté et avec honneur; que le duc de Rovigo, en se mêlant de cette affaire, se mêlait de ce qu'il ignorait, bref qu'il eût à se taire, car de pareilles indiscrétions ne seraient pas souffertes plus longtemps. —

Cette dure réprimande n'était pas de nature à effrayer ni à décourager le duc de Rovigo, car il ne prenait pas plus au sérieux les colères de Napoléon que Napoléon ne prenait au sérieux sa politique, et il devait bientôt se permettre une autre tentative, pas plus heureuse il est vrai, mais qui prouve à quel point le besoin de la paix était universellement senti, puisqu'il perçait à travers ce despotisme qui enveloppait alors la France entière, et pesait si lourdement sur elle.

Napoléon, après avoir fermé la bouche au duc de Rovigo, donna un emploi au duc d'Otrante. Il en avait déjà trouvé un en Espagne pour le maréchal Soult, et il en trouva un pour le duc d'Otrante par suite d'un accident aussi triste que singulier. L'infortuné Junot, depuis la blessure qu'il avait en Portugal reçue à la tête, n'avait jamais recouvré ses facultés physiques et morales. Dans la campagne de Russie on ne lui avait pas vu son ardeur accoutumée, bien qu'il eût été moins blâmable qu'on ne l'avait pré-

Juillet 1813.

de se taire expédié au duc de Rovigo.

Le duc d'Otrante envoyé en Illyrie.

Juillet 1813.

Napoléon persistant à perdre le temps consacré aux négociations, se décide à faire un voyage à Mayence pour y voir l'Impératrice.

tendu, et il avait essuyé de Napoléon des reproches qui avaient achevé d'altérer sa raison. Envoyé à Laybach comme gouverneur de l'Illyrie, il y avait donné tout à coup des signes de folie, au point qu'il avait fallu le saisir de force et le transporter en Bourgogne, son pays natal, où il était mort. Napoléon nomma M. Fouché gouverneur de l'Illyrie, poste peu assorti à la grande situation de cet ancien ministre, mais que celui-ci accepta, parce qu'il regardait comme bonne toute manière de rentrer en fonctions. Il devait voir en passant à Prague M. de Metternich, et profiter d'anciennes relations pour soutenir auprès de ce diplomate les prétentions de la France. Le moyen était petit par rapport à l'objet, et ne pouvait compenser le mauvais effet qu'allait produire en Autriche une nomination qui prouvait de notre part peu de disposition à renoncer à l'Illyrie.

Napoléon, inébranlable quoique parfois agité, persista dans sa manière de négocier, laquelle, comme on l'a vu, consistait à gagner du temps, soit pour obtenir s'il était possible une nouvelle prolongation d'armistice, soit au moins pour différer de quelques semaines l'entrée en action de l'Autriche, soit aussi pour rompre le congrès sur une question de forme, et n'avoir pas à dire à l'Europe, surtout à la France, que c'était pour Hambourg et le protectorat du Rhin qu'on refusait la paix. Afin de réussir dans cette tactique, il fit concourir avec l'ouverture des négociations un second voyage, qu'il avait résolu d'exécuter à la fin de juillet pour aller voir l'Impératrice à Mayence, et qui ne pouvait qu'apporter de nouvelles entraves à la marche des négociations. Il avait en effet assigné à Marie-Louise un rendez-vous à Mayence vers le 26 juillet, afin d'y demeurer quelques jours avec elle, et surtout afin d'y passer en revue les divisions destinées à former les corps des maréchaux Saint-Cyr et Augereau. Il laissa en partant des pouvoirs pour M. de Caulaincourt, qui devait se rendre à Prague dès qu'on aurait reçu des commissaires réunis à Neumarckt une réponse satisfaisante relativement au terme précis de l'armistice ; à ces pouvoirs il ajouta des instructions, concertées avec M. de Bassano, pour que M. de Caulaincourt, une fois à Prague, pût y employer d'une manière spécieuse les six à huit jours qui allaient s'écouler pendant le voyage projeté sur le Rhin.

On était au 24 juillet, et on ne supposait pas que la réponse de Neumarckt pût arriver avant le 25 ou le 26. M. de Caulaincourt devait se mettre en route le lendemain, perdre un jour ou deux à lier connaissance avec les plénipotentiaires, puis consacrer cinq ou six jours à discuter sur la remise des pouvoirs, et sur la forme des conférences. Si, dans son zèle pacifique, M. de Caulaincourt devenait pressant, et demandait à M. de Bassano l'autorisation de passer outre, M. de Bassano devait lui permettre de faire quelques concessions relativement à l'échange des pouvoirs et à la forme des négociations, mais en lui défendant expressément d'aborder le fond des choses. Il serait aisé de gagner ainsi jusqu'au 3 ou 4 août, jour probable du retour de Napoléon à Dresde, et alors il tracerait lui-même la conduite qu'on devrait tenir ultérieurement.

Juillet 1813.

Instructions et latitudes laissées à M. de Caulaincourt, pour qu'il puisse employer à Prague le temps que Napoléon doit passer à Mayence.

Juillet 1813.

Ordres militaires de Napoléon en quittant Dresde.

Progrès merveilleux de ses armements.

Après avoir arrêté d'après ces données les instructions de M. de Caulaincourt, Napoléon fit ses dispositions pour partir le 24 juillet au soir. Il expédia en même temps quelques ordres relatifs à l'armée. Les deux mois perdus pour les négociations ne l'avaient pas été, comme on le pense bien, pour les préparatifs militaires. L'infanterie bien campée, bien nourrie, bien exercée, avait singulièrement gagné sous tous les rapports, et particulièrement sous celui de la force numérique. La cavalerie avait complétement changé d'aspect; elle était nombreuse et assez bien montée. Les jeunes chevaux, presque tous blessés à l'entrée en campagne, étaient en meilleur état. Nos cavaliers, si prompts à se former, savaient déjà se servir de leurs montures et les soigner. Napoléon avait, outre la cavalerie légère attachée à chaque armée, quatre beaux corps de cavalerie de réserve sous les généraux Latour-Maubourg, Sébastiani, de Padoue, de Valmy. La garde formée à cinq divisions d'infanterie, comprenait en outre douze mille cavaliers avec deux cents bouches à feu bien servies. Quinze cents gardes d'honneur sous le général Dejean étaient arrivés à Dresde. Cette brave jeunesse qui n'était pas d'abord partie dans de très-bonnes dispositions, parvenue maintenant en ligne, n'aspirait qu'à s'illustrer sous les yeux de la grande armée. Le corps du général Vandamme, que Napoléon avait vu à Magdebourg, composé d'hommes jeunes, mais de vieux cadres revenus de Moscou, était fort beau. Les quatre divisions organisées à Mayence, et destinées à venir par Wurzbourg, Hof, Freyberg, Dresde, s'établir à Kœnigstein, s'acheminaient vers ce point, et présentaient un aspect satisfaisant, quoique remplies de jeunes soldats comme tout le reste de l'armée. Les approvisionnements, commandés de toutes parts, arrivaient par l'Elbe à Dresde, où plus de cinquante mille quintaux de grains et farines étaient actuellement réunis. Grâce à l'activité du maréchal Davout les défenses de Hambourg étaient pour ainsi dire sorties de dessous terre. Elles portaient déjà deux cents bouches à feu en batterie, et allaient bientôt en recevoir trois cents. Tout s'achevait donc suivant les vues de Napoléon, et le progrès de ses desseins ne le disposait guère à la paix, ce qui autorisait M. de Bassano à répéter partout que les forces de l'Empereur étaient immenses et son génie toujours plus grand, que l'Europe en devait trembler, et que ce n'était pas au plus fort à faire des sacrifices au plus faible.

Juillet 1813.

Napoléon cherchant à répandre un peu d'animation dans ses camps, où ses jeunes troupes, sauf les heures consacrées aux manœuvres, avaient été oisives pendant deux mois, imagina pour les occuper un genre d'exercice à la fois attrayant et utile. Il avait ordonné de les faire tirer à la cible, et pour les intéresser davantage à cet exercice si important, il voulut qu'on leur distribuât des prix proportionnés à leur adresse. Les meilleurs tireurs de chaque compagnie, au nombre de six, devaient recevoir un prix de quatre francs, puis se réunir à tous ceux du même bataillon, se mesurer ensemble, et concourir pour un nouveau prix triple du précédent. Ceux des bataillons devaient se réunir par régiments, ceux des régiments par divisions, ceux des divisions par corps

Manière d'occuper et d'égayer nos jeunes troupes dans leurs camps.

476 LIVRE XLIX.

Juillet 1813.

d'armée, et concourir de nouveau pour des prix successivement plus élevés, de telle façon que les meilleurs tireurs d'un corps d'armée pouvaient remporter des prix qui allaient jusqu'à cent francs. Tous ces prix représentaient une dépense d'une centaine de mille francs, ce qui était peu de chose, et avait, outre l'avantage inappréciable d'améliorer le tir, celui d'occuper, d'amuser les hommes, de leur fournir l'occasion et le moyen de régaler leurs camarades. Napoléon fit aussi payer la solde aux officiers, pour qu'ils pussent jouir des quelques jours de repos qui leur restaient, et qui, pour le plus grand nombre, étaient, hélas! les derniers de leur vie! La fête de

Napoléon fixe au 10 août la célébration de sa fête, qui aurait dû avoir lieu le 15, afin de mettre quelque intervalle entre les réjouissances et les nouvelles scènes de carnage qui se préparent.

Napoléon approchait, puisqu'elle se célébrait le 15 août. Il voulut que la célébration en fût fixée au 10, afin que les hostilités étant reprises le 17, les réjouissances ne fussent pas trop voisines des nouvelles scènes de carnage qu'il prévoyait. Ce jour du 10 il devait y avoir dans tous les camps des repas à ses frais, et en son honneur. Les officiers devaient dîner chez les maréchaux, les soldats entre eux sur des tables servies en plein air. Le vin devait être prodigué, et bu soit à la santé de Napoléon, soit au triomphe des armes de la France. Ainsi Napoléon cherchait en quelque sorte à égayer la guerre, et à mêler les jeux à la mort! Le 24 juillet il partit pour Mayence, laissant derrière lui toutes choses invariablement prévues et arrêtées.

Réponse de Neumarckt, qui place définitivement au 16 août.

Le 26, les commissaires de Neumarckt répondirent enfin d'une manière satisfaisante, relativement au jour précis des futures hostilités, et il fut reconnu, après en avoir conféré avec l'empereur Alexandre, surtout après de vives observations de M. de Metternich, que le général en chef Barclay de Tolly avait mal compris les paroles de son maître, et que si l'armistice pouvait être dénoncé le 10 août, il n'expirerait cependant que le 16, ce qui remettait au 17 la reprise des hostilités. Ce malentendu, comme on l'a vu, venait du peu de clarté que l'empereur Alexandre avait mis à faire connaître une concession dont il était embarrassé devant les partisans impatients de la guerre, et du peu de penchant de ces derniers à interpréter les stipulations douteuses dans le sens de la paix. L'empereur Alexandre se trouvait alors à Trachenberg, petite ville de Silésie, où il s'était rendu de Reichenbach avec le roi de Prusse et la plupart des généraux de la coalition, pour conférer avec le prince de Suède sur le plan des opérations futures. Cette réunion, fort désirée des deux souverains qui voulaient enchaîner définitivement l'ancien maréchal Bernadotte à leur cause, et terminer ses longues hésitations, était loin de plaire aux officiers russes et allemands, notamment à ces derniers. On parlait de conférer au prince royal un commandement important; on lui préparait sur sa route des honneurs extraordinaires, afin de le toucher par l'endroit si sensible chez lui de la vanité. Ces empressements pour un homme qui n'avait aux yeux des Allemands et des Russes d'autre mérite que d'être général français, et qui était loin de compter parmi les premiers, excitaient au plus haut degré la jalousie nationale des états-majors alliés. Leurs monarques, disaient-ils, voulaient donc déclarer qu'un général français, même médiocre,

Juillet 1813.

l'expiration de l'armistice, et au 17 la reprise des hostilités.

Réunion en ce moment des souverains coalisés à Trachenberg, pour arrêter le plan de campagne.

La présence de Bernadotte à cette réunion déplaît à tous les généraux de la coalition.

valait mieux que tous les généraux de la coalition, et que c'était un titre d'honneur de porter les armes contre son pays. La perspective d'être placés sous ses ordres leur était souverainement désagréable.

Malheureusement on s'entretenait aussi d'un autre général français, celui-là grand homme de guerre, doué de véritables vertus civiques et guerrières, et non pas, comme Bernadotte, gratifié d'une couronne royale pour prix de médiocres services, mais de l'exil pour prix de services immenses, et qui vaincu par l'ennui, le désœuvrement, l'irritation que lui inspirait un rival heureux, l'horreur que lui avait fait éprouver la campagne de Moscou, s'était laissé persuader de quitter l'Amérique pour l'Europe. Ce général était l'illustre Moreau. Il était venu à Stockholm, attiré dans cette capitale par Bernadotte qui semblait pressé de se procurer des imitateurs. Entouré là des plus funestes conseils, agité, combattu, malheureux, se demandant s'il faisait bien ou mal, il marchait sans s'en apercevoir à un abîme, dominé par des sentiments confus qu'il croyait honnêtes, parce que sous l'indignation sincère qu'il éprouvait, il ne voyait pas la part que la haine et l'oisiveté avaient à sa conduite. On se préoccupait beaucoup de cette arrivée, et on disait le général Moreau destiné à devenir le conseiller de l'empereur Alexandre. C'était une nouvelle cause de déplaisir pour les militaires russes et allemands, qui avec un redoublement de jalousie demandaient si leurs souverains croyaient donc que pour vaincre les généraux français il n'y avait de suffisants que les généraux français eux-mêmes?

Quoi qu'il en soit, l'ancien maréchal Bernadotte était venu à Trachenberg, voyageant, non pas comme les souverains de Russie et de Prusse, avec une extrême simplicité, mais avec un faste éblouissant, comme un monarque parcourant ses États dans une occasion solennelle. Ayant passé en revue quelques-unes de ses troupes qui déjà profitaient de l'armistice pour se rendre en Prusse, il avait paru près de Stettin, où se trouvait une garnison française. Sa tête inflammable commençait à se persuader que Napoléon, odieux à l'Europe, à charge à la France, ne pourrait bientôt plus régner, que les Bourbons, longtemps oubliés, ne pourraient pas être remis sous les yeux de la génération présente, que dès lors ce serait à lui à remplacer Napoléon sur le trône de France. L'insensé, dans son orgueil, ne voyait pas qu'après la gloire la tradition antique aurait seule de l'empire sur les esprits, et que la médiocrité souillée du sang français n'était pas appelée à succéder au génie malheureux. Tandis qu'il se montrait à cheval sous les murs de Stettin, à la vue de la garnison française, des coups de feu partirent sans qu'on pût savoir qui les avait tirés. Des officiers de Bernadotte vinrent se plaindre au brave général Dufresse, commandant de la place, de cette violation de l'armistice. — Ce n'est rien, répondit ironiquement le général; la grand'garde a aperçu un déserteur et a tiré dessus! —

Juillet 1843.

Faste de Bernadotte, et manifestation qu'il s'attire de la part de la garnison française de Stettin.

Conduit à Trachenberg de relais en relais, au milieu d'escortes nombreuses et d'un cortége magnifique, le prince de Suède y reçut de l'empereur Alexandre et du roi de Prusse un accueil extraor-

Accueil brillant fait à Bernadotte par les souverains coalisés.

dinaire, comme s'il leur eût apporté le génie de Napoléon ou du grand Frédéric. C'était moins à ses talents du reste qu'aux craintes qu'on avait conçues sur sa fidélité, et au désir de montrer un lieutenant de Napoléon, fatigué de sa domination jusqu'à tourner ses armes contre lui, qu'il devait ces empressements affectés. Si à la qualité de Français et de lieutenant de Napoléon il avait joint celle de son propre frère, les hommages eussent été plus excessifs encore, car on aurait trouvé sa défection plus significative. Jusqu'au jour où l'on avait rompu avec le Danemark, et où l'on avait définitivement adjugé la Norvége à la Suède, le nouveau Suédois avait tour à tour promis, hésité, menacé même; mais enfin il venait de prendre son parti, et de mettre en mouvement vingt-cinq mille Suédois. Pour prix de ce contingent, d'ailleurs excellent, car il n'y avait pas de plus braves soldats, animés de meilleurs sentiments que les Suédois, il affichait d'étranges prétentions. Il aurait voulu être généralissime, ou du moins commander toutes les armées que ne commandaient point en personne les deux souverains eux-mêmes. On lui avait résisté doucement, et peu à peu on l'avait ramené à de moindres exigences, par la raison toute simple des emplacements qui ne permettaient pas aux diverses armées d'opérer très-près les unes des autres, et d'être réunies dès lors sous l'autorité d'un seul chef. Après des débats qui avaient duré du 9 au 13 juillet, on avait arrêté le plan de campagne suivant, fondé sur la coopération des Autrichiens, car bien qu'on eût chargé ceux-ci de négocier pour tout le monde, la conviction généralement répandue que Napoléon n'accepterait pas leur système de pacification, faisait considérer leurs troupes rassemblées en Bohême, en Bavière, en Styrie, comme inévitablement destinées à coopérer avec les armées russe et prussienne.

Juillet 1813.

Appréciant le danger de se mesurer avec Napoléon, on s'était proposé de l'accabler par la masse des forces, et on ne désespérait pas en effet de réunir huit cent mille soldats, dont cinq cent mille en première ligne, agissant concentriquement sur Dresde. Trois grandes armées actives étaient chargées d'expulser Napoléon de cette position de Dresde, où l'on avait discerné qu'il voulait établir le centre de ses opérations. Une première armée de 250 mille hommes, formée en Bohême avec 130 mille Autrichiens et avec 120 mille Prussiens et Russes, placée pour flatter l'Autriche sous le commandement d'un général autrichien, devait opérer par la Bohême sur le flanc de Napoléon. Une seconde de 120 mille hommes, placée sous le général Blucher en Silésie, et composée en nombre égal de Prussiens et de Russes, devait par Liegnitz et Bautzen marcher droit sur Dresde, tandis qu'une troisième de 130 mille, confiée au prince de Suède, composée de Suédois, de Prussiens, de Russes, d'Allemands, d'Anglais, se dirigerait de Berlin sur Magdebourg. Il était convenu que ces trois armées marcheraient prudemment, éviteraient les rencontres directes avec Napoléon, rétrograderaient quand il avancerait, pour tomber sur celui de ses lieutenants qu'il aurait laissé sur ses flancs ou ses derrières, reculeraient de nouveau quand il viendrait au secours du lieutenant menacé,

Plan de campagne fondé sur l'idée d'éviter Napoléon, pour se jeter toujours sur ses lieutenants, jusqu'à ce qu'après l'avoir épuisé, on trouve l'occasion de l'accabler sous la réunion de toutes les forces de la coalition.

se jetteraient aussitôt sur un autre, s'attacheraient ainsi à l'épuiser, et quand elles le jugeraient assez affaibli, profiteraient d'un moment favorable pour l'aborder lui-même, et l'étouffer dans les cent bras de la coalition. Si malgré la recommandation adressée à tous les chefs de ne commettre aucune témérité, d'être prudent avec Napoléon et hardi avec ses lieutenants, on se faisait battre, on devait ne pas se décourager, car il restait en réserve trois cent mille hommes prêts à recruter l'armée active, et à la rendre indestructible en la renouvelant sans cesse. On était résolu en un mot à vaincre ou à mourir jusqu'au dernier. La Prusse avait des réserves dans la Silésie, le Brandebourg, la Poméranie; la Russie en avait en Pologne, l'Autriche en Bohême. L'Autriche devait réunir de plus une armée d'observation en Bavière, une armée active en Italie, et dans l'hypothèse, malheureusement trop vraisemblable, d'une rupture avec nous, elle avait permis qu'on raisonnât sur ses forces comme déjà jointes à la coalition, ce qui donnait lieu de dire faussement qu'elle était définitivement engagée avec nos ennemis, et que la négociation de Prague n'était qu'un leurre tant de sa part que de la nôtre.

Ce plan basé sur les manœuvres probables de Napoléon, et prouvant que celui-ci avait donné à ses adversaires des leçons dont ils avaient profité, était sorti de la tête, non du prince suédois, mais des généraux russes et prussiens, habitués à notre manière de faire la guerre. Bernadotte, quoique appelé à commander à 130 mille hommes, dont 100 mille pouvaient se trouver ensemble sur un même champ de bataille, ce qui dépassait fort ses talents, car il n'en avait jamais conduit plus de 20 mille, et toujours sous un supérieur, n'était pas content de la part qu'on lui avait faite. Il aurait voulu commander, outre cette armée, celle de Silésie, et avoir sous ses ordres Blucher lui-même, ce qu'il croyait dû à son rang royal et à ses talents militaires. Mais une telle prétention devait rencontrer des obstacles insurmontables. C'était autour de Blucher que se réunissaient les officiers allemands les plus distingués, les plus patriotes, les plus engagés dans les sociétés secrètes allemandes, gens à qui Bernadotte déplaisait à tous les titres, comme Français, comme défectionnaire à son pays, comme spéculateur ayant depuis une année mis à une sorte d'enchère ses services fort douteux, comme général enfin rempli de présomption, quoique d'un mérite très-contestable. L'idée d'obéir à un tel chef les révoltait tous, et ils tenaient à Trachenberg le langage le plus injurieux pour le prince de Suède. On s'était donc appliqué à lui faire entendre qu'il fallait renoncer à cette singulière prétention, car les trois armées devaient agir trop loin les unes des autres pour qu'on pût les soumettre au même général, et seulement, pour le satisfaire, on avait accordé que dans le cas où l'armée de Silésie serait appelée à coopérer avec celle du Nord (c'est ainsi qu'on appelait la sienne), il pourrait donner des ordres à toutes les deux. On avait amené Blucher et ses officiers à admettre cette éventualité, quelque désagréable qu'elle fût pour eux, en leur disant que les deux armées destinées à se rencontrer et à opérer ensemble étaient celles de Silésie et de Bohême,

Juillet 1813.

parce qu'elles avaient Dresde pour but commun, que celle du Nord au contraire, menaçant à la fois Hambourg et Magdebourg, aurait bien peu de chances de se trouver à côté de celle de Silésie, qui visait aussi sur l'Elbe mais bien plus haut.

Après ces arrangements, on avait renvoyé Bernadotte enivré d'un encens brûlé par de royales mains, et Alexandre et Frédéric-Guillaume étaient revenus à Reichenbach, pour attendre l'issue des négociations, au résultat desquelles ils ne croyaient guère, dont Alexandre toujours irrité contre Napoléon et prodigieusement flatté de mener l'Europe, désirait peu le succès, dont Frédéric-Guillaume, dans sa constante et sage défiance de la fortune, aurait accepté volontiers l'heureuse conclusion s'il avait pu y ajouter quelque foi. C'était à leur retour qu'avait été faite par les commissaires de Neumarckt la réponse que nous venons de rapporter, et qui ôtait tout prétexte pour retenir plus longtemps M. de Caulaincourt à Dresde.

Le 26 ce digne et courageux personnage reçut de M. de Bassano les instructions que Napoléon avant de se rendre à Mayence avait laissées pour lui. Bien que le fond des choses n'y fût point traité, les difficultés de forme y étaient si complaisamment détaillées, et données si ouvertement comme un moyen de perdre le temps, que M. de Caulaincourt en fut consterné. C'était uniquement dans l'intention de ménager une paix suivant lui indispensable, qu'il avait accepté le rôle de plénipotentiaire à Prague, rôle plus pénible pour lui que pour tout autre, car après avoir joui de la faveur particulière de l'empereur Alexandre, n'obtenir s'il le rencontrait qu'une froideur blessante, et, s'il ne le rencontrait pas, essuyer cette même froideur de la part de ses agents les plus vulgaires, devait lui être bien pénible. Aller s'exposer à de pareils traitements pour ne rendre aucun service, et pour jouer une fade comédie, coûtait à sa dignité autant qu'à son patriotisme. Il se mit toutefois en route sur la simple espérance de conjurer, en partie du moins, les effets de la mauvaise volonté de son maître, et en quittant Dresde il adressa à Napoléon la lettre suivante, que l'histoire doit conserver.

Noble lettre de M. de Caulaincourt à Napoléon pour lui demander quelque latitude, et le supplier de songer sérieusement à la paix.

« Dresde, 26 juillet 1813.

» Sire,

» J'ai besoin de soulager mon cœur avant de
» quitter Dresde, afin de ne porter à Prague que le
» sentiment des devoirs que Votre Majesté m'a im-
» posés. Il est deux heures. M. le duc de Bassano me
» remet seulement les instructions que les réponses de
» Neumarckt et les ordres de Votre Majesté ne lui ont
» pas permis de me donner plus tôt; elles sont si
» différentes des arrangements auxquels elle avait
» paru consentir en me déterminant à accepter cette
» mission, que je n'hésiterais pas à refuser encore
» l'honneur d'être son plénipotentiaire, si, après
» tant de temps perdu, les heures n'étaient comptées
» à Prague, pendant que Votre Majesté est à Mayence
» et moi encore à Dresde. Quelle que soit donc ma
» répugnance pour des négociations si illusoires, je
» me pénètre avant tout de mes devoirs, et j'obéis.
» Demain je serai en route et après demain à Prague,
» comme on me le prescrit; mais permettez, Sire,

Juillet 1813.

» que les réflexions de votre fidèle serviteur trou-
» vent encore ici leur place. L'horizon politique est
» toujours si rembruni, tout a un aspect si grave,
» que je ne puis résister au désir de supplier encore
» Votre Majesté de prendre, comme son ministre me
» le fait espérer, une salutaire résolution avant le
» terme fatal. Puisse-t-elle se convaincre que le
» temps presse, que l'irritation des Allemands est
» extrême, et que cette exaspération des esprits im-
» prime, encore plus que la peur des cabinets, un
» mouvement accéléré et irrésistible aux événe-
» ments. L'Autriche est déjà trop compromise pour
» reculer, si la paix du continent ne la rassure pas.
» Votre Majesté sait bien que ce n'est pas la cause
» de cette puissance que j'ai plaidée près d'elle;
» certes! ce n'est pas son abandon dans nos revers
» que je la prie de récompenser, ce ne sont même
» pas ses 150 mille baïonnettes que je veux écarter
» du champ de bataille, quoique cette considération
» mérite bien quelque attention, mais c'est le sou-
» lèvement de l'Allemagne, que le vieil ascendant
» de cette puissance peut amener, que je supplie
» Votre Majesté d'éviter à tout prix. Tous les sacri-
» fices faits dans ce but et par conséquent dans ce
» moment à une prompte paix, vous rendront,
» Sire, plus puissant que ne l'ont fait vos victoires,
» et vous serez l'idole des peuples, etc... »

Ce langage d'un honnête homme, qui en voyant déjà une grande partie du mal ne le voyait pourtant pas tout entier, car ce n'étaient pas 150 mille Autrichiens mais 300 mille qu'il s'agissait de se mettre encore sur les bras, car ce n'était pas le soulèvement de l'Allemagne mais celui de toute l'Europe, qu'il s'agissait de braver, ce langage ne devait malheureusement pas avoir beaucoup d'utilité. Toutefois ne renonçant pas à essayer le bien, quelque faible que fût l'espérance de l'accomplir, M. le duc de Vicence était parti pour Prague, où on l'attendait impatiemment. L'accueil qu'il y reçut fut digne de lui et de la considération qu'il s'était acquise en Europe. En apprenant son départ, on avait suspendu tous les pourparlers jusqu'à son arrivée. Après être entré en communication avec les plénipotentiaires russe, prussien et autrichien, il reprit avec M. de Metternich le vieux thème que M. de Narbonne avait déjà usé en quelques jours, c'est qu'il n'était possible de remettre les pouvoirs et de traiter les matières à discuter qu'en assemblée commune, sous les yeux et la présidence du médiateur, mais en conférence de tous avec tous. Cette difficulté sérieuse sans doute, si on avait eu encore l'espoir d'un rapprochement direct avec la Russie, n'en devait plus être une qui méritât tant d'insistance de notre part, lorsqu'on ne pouvait désormais faire la paix que par l'Autriche, et à son gré. Il nous était même plus commode d'avoir le médiateur pour organe principal, que de nous aboucher avec deux plénipotentiaires mal disposés, et cherchant peu à faciliter une paix que l'Autriche souhaitait seule. La preuve qu'il en était ainsi, c'était le désir évident de M. de Metternich d'amener M. de Humboldt et M. d'Anstett à une concession sur cette question de forme, afin de rendre au moins l'ouverture du congrès possible. Puisque lui-même voulait un abouchement direct des plénipoten-

Juillet 1813.

Départ de M. de Caulaincourt, et son arrivée à Prague.

Digne accueil fait à cet illustre personnage.

La question de forme immédiatement soulevée à l'occasion de l'échange des pouvoirs.

Nouvelles réflexions de M. de

Juillet 1813.

Metternich à l'égard de ces difficultés de forme, et nouvelle déclaration que si avant le 10 août on n'a pas traité sérieusement, l'Autriche, le 10 août à minuit, signera son adhésion à la coalition.

tiaires français avec les plénipotentiaires prussien et russe, c'est qu'il n'avait plus à le craindre. Du reste parlant franchement avec M. de Caulaincourt comme avec M. de Narbonne, il lui montra l'inutilité de disputer longuement sur les formes suivies à Munster, à Tetschen, à Sistow, car les deux plénipotentiaires étaient engagés d'amour-propre et d'intérêt dans la voie où ils étaient entrés : d'amour-propre, parce qu'ils avaient déjà remis leurs pouvoirs au médiateur, d'intérêt, parce qu'ils ne voulaient pas qu'on les accusât de pactiser secrètement avec la diplomatie française, et que traiter par notes remises au médiateur était le seul moyen qui ne prêtât à aucune fausse interprétation. Il dit que par ces motifs ils ne consentiraient pas à céder, que d'ailleurs ils ne désiraient pas beaucoup la paix, et que ce désir ne pouvait faire taire chez eux ni l'amour-propre ni l'intérêt; que par conséquent toutes les discussions qu'on aurait avec eux seraient inutiles; qu'au surplus, il le voyait bien, Napoléon n'avait pas la moindre envie d'arriver à un résultat; que tant qu'il s'attacherait à batailler sur un tel terrain, il fallait en conclure qu'il ne voulait pas faire un pas vers la paix, qu'il était dès lors inutile de s'agiter pour obtenir sur des questions de forme des concessions qui ne mèneraient à rien pour le fond des choses, qu'il fallait attendre, et attendre jusqu'au dernier moment, car avec un caractère aussi extraordinaire que celui de Napoléon tout était possible; qu'au dernier jour, à la dernière heure, il se pourrait qu'il envoyât à l'improviste des ordres de traiter sur des bases acceptables, et que la paix sortit tout à coup d'une situation actuellement désespérée; que dans cette supposition peu vraisemblable sans doute, mais admissible, il attendrait jusqu'au 10 août à minuit, que jusque-là, il en renouvelait l'assurance formelle, il ne serait engagé avec personne, mais que le 10 août à minuit il le serait irrévocablement avec nos ennemis, qu'il signerait au nom de son souverain un traité d'alliance avec les puissances coalisées, et serait au nombre de nos adversaires les plus résolus à vaincre ou à périr. —

M. de Metternich répéta ces choses qu'il avait déjà dites à M. de Narbonne d'un ton si calme, mais si ferme, avec des témoignages si affectueux pour M. de Caulaincourt, et une sincérité si manifeste (car il ne faut pas comme le vulgaire s'imaginer qu'un diplomate mente nécessairement), que M. de Caulaincourt ne pouvait pas résister à tant d'évidence. Aussi avec sa véracité ordinaire écrivit-il sur-le-champ à M. de Bassano qu'il craignait peu, à Napoléon qu'il craignait beaucoup, pour leur faire savoir encore une fois quelle était la situation véritable, combien était grand, certain même le danger d'une prochaine adhésion de l'Autriche à la coalition, ce qui rendrait complète et définitive l'union de l'Europe contre nous; situation périlleuse mais soutenable en 1792, lorsque nous débutions dans la carrière des révolutions, lorsque nous étions pleins encore de passion et d'espérance, injustement attaqués et non pas durement oppresseurs, situation au contraire désastreuse lorsque nous étions épuisés, lorsque nous avions tort contre tout le monde, et

Juillet 1813.

Vives instances de M. de Caulaincourt pour qu'on l'autorise à traiter sérieusement.

que tout le monde éprouvait contre nous l'indignation qui avait fait notre force en 1792. La conviction de M. de Caulaincourt à cet égard était si vive et si sincère, que connaissant l'ambition de M. de Bassano, voulant appeler cette ambition au secours de l'honnêteté très-réelle de ce ministre, et supposant qu'il serait peut-être sensible à l'honneur de signer lui-même la paix du monde, il l'engageait instamment à venir à Prague, lui revêtu de toute la confiance de l'Empereur, ayant tous ses pouvoirs, n'ayant pas besoin pour en référer à sa volonté de perdre les dernières heures qui restaient, et à se rendre l'objet d'un transport universel de reconnaissance en venant conclure une paix qui allait sauver tant de victimes, et probablement au nombre de ces victimes la France elle-même.

M. de Bassano, qui était aussi bon citoyen que le lui permettait sa parfaite soumission à son maître, aurait cédé sans doute à tant de raison et de patriotisme, s'il avait eu une volonté propre ; mais n'en admettant qu'une au monde, celle de Napoléon, avec laquelle il ne contestait pas plus qu'avec celle de Dieu même, il se contenta de satisfaire aux vives instances de M. de Caulaincourt en lui accordant quelques facilités pour traiter la question de forme, sans sortir toutefois des latitudes qui lui avaient été laissées à lui-même. Ainsi par exemple il permit aux deux négociateurs français de donner une copie certifiée de leurs pouvoirs au médiateur, qui la transmettrait aux plénipotentiaires prussien et russe, de façon que cette première communication aurait lieu suivant le mode désiré par nos ad-

versaires, mais en retour il continua d'exiger que
l'échange définitif des pouvoirs eût lieu dans une
conférence commune. Quant à la forme même de
la négociation, il consentit à ce que les plénipotentiaires russe et prussien procédassent par notes officielles, comme ils le voulaient pour mettre leur
responsabilité à couvert, mais à condition que les
plénipotentiaires français pourraient discuter ces notes dans des conférences où les parties adverses se
trouveraient réunies.

Juillet 1813.

Ces subtilités étaient misérables et bien indignes
d'une situation aussi grave. M. de Bassano écrivit à
l'Empereur à Mayence qu'il accordait ces latitudes à
nos plénipotentiaires, afin que toutes les questions
de forme fussent vidées à son retour à Dresde, et
que, s'il lui convenait alors de donner dans les six
derniers jours une tournure sérieuse à la négociation[1], il trouvât les discussions préliminaires terminées.

M. de Bassano
informe
Napoléon
de ce qu'il
a fait.

[1] Pour quiconque aurait de la peine à croire qu'on ait cherché à rendre aussi illusoires que nous le disons les négociations de Prague, nous donnerons l'extrait suivant d'une lettre de M. de Bassano à l'Empereur, datée de Dresde, 1ᵉʳ août 1813, à quatre heures du matin.

« Je transmets à Votre Majesté les dépêches de ses plénipotentiaires.

« J'ai cru devoir leur répondre sans attendre les ordres de Votre Majesté. Nous sommes au 1ᵉʳ août; ma lettre ne partira que ce matin, les plénipotentiaires ne la recevront que demain, et il se sera écoulé assez de temps pour que conformément aux instructions que Votre Majesté m'a laissées, on arrive au 10 août sans s'être trop engagé. Il m'a d'autant moins paru dans l'intention de Votre Majesté de porter trop loin les discussions de forme *qui mettraient à découvert le projet de gagner du temps*, que nous parviendrons tout naturellement au moment du retour de Votre Majesté à Dresde sans que la négociation ait fait des progrès réels, et qu'aucune question ait été compromise. A peine celle de l'approvisionnement des places aura-t-elle été entamée.

Juillet 1813.

Napoléon à Mayence.

Son entrevue avec l'Impératrice.

Douleur de cette princesse.

Napoléon était en ce moment à Mayence où il s'était rendu, comme nous l'avons dit, afin d'y passer quelques jours avec l'Impératrice, et de voir chemin faisant les troupes en marche, les travaux en cours d'exécution, tout ce qui avait besoin en un mot de sa présence pour se perfectionner ou s'achever. Parti dans la nuit du 24 au 25 juillet, il était arrivé le 26 au soir à Mayence, où l'attendaient une cour brillante venue de Paris à la suite de l'Impératrice, et un grand nombre de ses agents accourus pour recevoir ses ordres directs. Il avait trouvé l'Impératrice désolée, cachant ses larmes au public, mais n'hésitant pas à les répandre devant lui, car elle était sincèrement attachée à son glorieux époux, elle tremblait pour sa vie et sa fortune, elle craignait pour elle-même que la nouvelle déclaration de guerre de l'Autriche ne réveillât en France toutes les haines populaires sous lesquelles avait succombé la malheureuse reine Marie-Antoinette; elle aurait voulu rete-

» Des trois difficultés qui se sont élevées, celles relatives à l'échange
» des pouvoirs et au lieu des conférences se résoudront d'elles-mêmes.
» Quant au mode à adopter (à partir de ce mot la minute est écrite
» de la main du duc de Bassano) pour négocier, j'ai cru que nous ne
» pouvions différer pendant plusieurs jours de répondre, sans prendre
» sur nous ces retards, tandis que de fait, et si M. de Metternich insiste
» sur une proposition qui attente à tous les droits et à tous les usages,
» les entraves apportées à la négociation ne pourront être imputées
» qu'à lui.
» Quoique les déclarations qu'il a faites à MM. de Vicence et de Nar-
» bonne et à M. d'André n'aient peut-être pour objet que de rendre plus
» imposante son attitude de médiateur, il pourrait entrer dans les vues
» de Votre Majesté de donner dès le moment de son arrivée ici une
» tournure assez grave aux négociations pour qu'on n'osât pas les
» rompre. Dans cette supposition, j'ai pensé qu'il conviendrait à Votre
» Majesté de trouver les discussions préliminaires à peu près ter-
» minées. »

nir dans l'alliance française son père qu'elle aimait, dont elle était aimée, mais elle ne pouvait pas plus vaincre la tranquille inflexibilité de l'empereur François, que la fougueuse humeur de Napoléon, et elle faisait ce que font les femmes dans leur impuissance, elle pleurait. Le secret de l'entrevue de Napoléon avec Marie-Louise est resté inconnu [1], et probablement il est resté inconnu parce qu'il était nul, car Napoléon ne voulait charger l'Impératrice de rien, les affaires se traitant à Prague de telle sorte, qu'elle n'y pouvait rendre aucun service. Il désirait la voir, la consoler, lui donner des témoignages publics de tendresse, ce qui, pour l'Autriche, pour l'Europe, devait être d'un bon effet; il désirait aussi, avec sa défiance ordinaire, chercher à pénétrer si elle n'aurait pas reçu de Vienne quelque communication clandestine qui pût l'éclairer sur les desseins de l'Autriche. Mais en tout cas de tels efforts étaient parfaitement inutiles, car l'Autriche avait dit tout son secret par la bouche de M. de Metternich, et ce secret n'était autre que celui-ci, c'est qu'à certaines conditions cent fois énoncées elle arrêterait l'Europe, l'obligerait à poser les armes, ménagerait la paix, non-seulement continentale mais maritime, et qu'en dehors de ces conditions se déclarant sur-le-champ notre ennemie, elle prendrait part à la coalition universelle qui se préparait contre nous. Napoléon n'avait donc rien à apprendre de Marie-Louise, mais il procura à cette princesse le plaisir de passer quelques jours avec lui, et en attendant il ex-

Juillet 1813.

Tendres égards de Napoléon pour elle.

---

[1] L'archichancelier Cambacérès, confident et directeur de l'Impératrice régente, déclare dans ses Mémoires aussi simples que véridiques, qu'il ne put parvenir à en rien savoir.

194 LIVRE XLIX.

Juillet 1813.

Occupations de Napoléon à Mayence.

Le duc de Rovigo empêché d'y venir.

pédia sur les lieux une quantité d'affaires civiles et militaires. De cette main puissante de laquelle pouvait s'échapper tant de bien et de mal, il laissa effectivement échapper du bien et du mal avec l'ordinaire prodigalité de son génie. Le duc de Rovigo avait voulu venir à Mayence pour y faire une nouvelle tentative en faveur de la paix, en éclairant Napoléon sur l'état de l'opinion publique, et sur le danger qu'il courait de s'aliéner définitivement l'affection de la France. L'opinion publique était en effet dans une anxiété extrême depuis qu'elle commençait à craindre que le congrès réuni si tard ne restât sans résultat. Les ennemis de Napoléon étaient pleins d'espérance, la majorité du pays pleine de chagrins et de sinistres appréhensions. Déjà l'affection était évanouie, la haine naissait, et faisait taire l'admiration. Dans la basse Allemagne et la Hollande on criait *Vive Orange!* dans toute l'Allemagne *Vive Alexandre!* En France on n'osait pas crier *Vivent les Bourbons!* mais leur souvenir se réveillait peu à peu, et on se transmettait de main en main un manifeste de Louis XVIII publié à Hartwell, qui aurait certainement produit un effet général, s'il n'avait porté encore les traces nombreuses des préjugés de l'émigration. Ce sont tous ces détails que le duc de Rovigo se proposait de communiquer au maître qu'il servait fidèlement, mais Napoléon ne voulant pas être importuné de ce qu'il appelait les criailleries de l'intérieur, avait refusé de le recevoir, et lui avait ordonné de rester à Paris, sous prétexte que sa présence y était nécessaire.

Nouvelles rigueurs.

Usant du procédé trop ordinaire à un gouvernement qui s'entête dans ses erreurs, et qui voit dans les manifestations de l'opinion publique des actes à réprimer au lieu de leçons à méditer, il déploya contre le clergé certaines rigueurs tout à fait étranges par l'audace apportée dans l'arbitraire. Le clergé naturellement ne négligeait aucune occasion de multiplier ses manifestations hostiles, surtout en Belgique, et par ses fautes il provoquait ainsi celles du pouvoir. Le concordat de Fontainebleau contesté avec une remarquable mauvaise foi par la correspondance secrète des cardinaux, était considéré dans tout le clergé comme un acte non avenu. On s'obstinait à ne pas reconnaître les nouveaux prélats que Napoléon avait nommés et que Pie VII, après l'avoir promis, refusait toujours d'instituer. Les plus prudents se tenaient éloignés de leurs nouveaux siéges pour éviter des scandales. M. de Pradt, devenu ennemi de l'Empire depuis sa fâcheuse ambassade à Varsovie, et peu jaloux de s'attirer des désagréments pour plaire au gouvernement, s'était abstenu de se présenter à Malines, dont il avait été nommé archevêque. Mais les nouveaux évêques de Tournay et de Gand, ayant voulu se rendre dans leurs diocèses et officier publiquement dans leurs métropoles, avaient provoqué une sorte de soulèvement de la part du clergé et des fidèles. En les voyant paraître à l'autel, prêtres et assistants avaient fui, et laissé les prélats presque seuls devant le tabernacle. Les séminaristes de Tournay et de Gand avaient, sous la direction de leurs professeurs, participé à ce désordre. On signalait aussi parmi les coupables une association de dames qui, sous le nom de *Béguines*, vivaient à Gand dans une espèce de

Juillet 1813.

envers le clergé.

Juillet 1843.

Les séminaristes de Tournay et de Gand envoyés dans un régiment.

communauté sans être astreintes à la rigueur du cloître, et on les accusait d'avoir exercé en cette occasion une grande influence sur la conduite du clergé.

Napoléon ordonna de disperser les *Béguines*, d'enfermer dans les prisons d'État quelques membres des chapitres de Tournay et de Gand, de déporter les autres dans des séminaires éloignés, d'en agir de même à l'égard des professeurs, et quant aux jeunes séminaristes, de prendre tous ceux qui avaient plus de dix-huit ans, de les envoyer à Magdebourg dans un régiment, sur le motif qu'ils étaient passibles de la loi de la conscription, qu'ils en avaient été dispensés exceptionnellement pour devenir des ministres des autels, non des fauteurs de troubles, et qu'une semblable faveur pouvait cesser au gré du souverain lorsqu'il jugeait qu'on n'en était plus digne. Ceux qui avaient moins de dix-huit ans durent être renvoyés dans leurs familles. Des personnes pieuses s'étant réunies pour fournir des remplaçants aux autres, Napoléon pour ce cas-là défendit le remplacement. Recommandation expresse fut faite d'exécuter sur-le-champ ces diverses prescriptions, et on n'y manqua point.

Procès d'Anvers.

N'admettant plus de limite à sa volonté, ni au dedans ni au dehors, Napoléon osa quelque chose de plus extraordinaire encore. L'octroi d'Anvers avait été livré depuis plusieurs années à des dilapidations dans lesquelles étaient compromis divers fonctionnaires municipaux. Les dilapidations étaient incontestables, et elles avaient fait perdre à la ville d'Anvers deux à trois millions. Les accusés mis en jugement étaient, à tort ou à raison, considérés par l'administration comme les véritables auteurs de ces concussions; mais l'opinion du pays était si hostile au gouvernement, qu'elle n'hésitait pas à se prononcer favorablement pour des individus qu'en tout autre temps elle eût hautement condamnés, et à les couvrir d'une sorte d'indulgence, comme s'il n'avait pu y avoir que d'intéressantes victimes parmi des hommes poursuivis par l'autorité impériale. Entraînés par ce sentiment, ou atteints par la corruption, ainsi que le prétendit le grand juge, les jurés acquittèrent hardiment les fonctionnaires accusés, aux applaudissements de la province, et la ville d'Anvers, frustrée déjà de trois millions, fut encore exposée à payer les frais considérables du procès. On comprend l'indignation d'un gouvernement régulier très-attaché à maintenir l'ordre le plus rigoureux dans toutes les parties de l'administration. Mais quelque légitime que fût l'indignation ressentie par Napoléon en voyant des hommes qu'il croyait coupables jouir de l'impunité, et la ville d'Anvers victime de graves dilapidations subir seule une condamnation, il aurait dû admettre toutefois que le délit poursuivi étant réel, les individus accusés pouvaient bien n'en pas être les auteurs, et, en supposant qu'ils le fussent, que la déclaration du jury devait rester sacrée, comme chose jugée, jugée bien ou mal mais irrévocablement. Napoléon en apprenant cette décision éprouva une colère extrême, et comme pour contrarier son gouvernement on avait mis de côté toute justice, il n'hésita pas, lui, afin de rendre guerre pour guerre, à mettre de côté toute légalité, et à casser la décision du jury. Cet acte ex-

Juillet 1813.

Cassation du jugement rendu par le jury d'Anvers.

traordinaire et sans exemple était de nature à soulever l'opinion universelle, mais Napoléon ne s'en inquiéta point, et persista, s'imaginant que la sincérité de son indignation justifierait l'étrange audace de son acte, tant les idées se pervertissent vite lorsqu'on prend l'habitude de mettre sa volonté au-dessus de celle des lois.

Malgré l'avis du département de la justice, et notamment de l'archichancelier Cambacérès qui pensait que la seule chose possible c'était de changer la loi si elle était mauvaise, et de soustraire au jury la connaissance de ce genre de délits si on le croyait incapable d'en bien connaître, Napoléon s'appuyant sur un article des constitutions de l'Empire qui permettait au Sénat d'annuler les jugements attentatoires à la sûreté de l'État, voulut qu'un sénatus-consulte fût rendu, pour casser la décision du jury d'Anvers, et renvoyer devant une autre cour non-seulement les prévenus acquittés mais certains jurés eux-mêmes accusés de s'être laissé corrompre. On ne pouvait pas accumuler plus d'irrégularités à la fois, car en admettant que l'article 55 de la Constitution du 16 thermidor an x (4 août 1802) fût encore en vigueur, il était évident que le jugement dont il s'agissait n'était pas un de ceux qu'on avait eus en vue en les qualifiant d'attentatoires à la sûreté de l'État, et surtout qu'en s'arrogeant le droit de casser la décision d'un tribunal, on avait voulu abroger cette décision, mais nullement poursuivre ceux qui l'avaient rendue. Ces objections furent soumises à Napoléon, mais il n'en tint aucun compte, et exigea que le sénatus-consulte fût rédigé tel qu'il l'avait conçu, et porté immédiatement au Sénat. Il alla plus loin : convaincu, dans l'aveuglement de son despotisme, qu'un pouvoir poursuivant un but honnête ne devait se laisser gêner par aucune règle, il signa, et fit publier une lettre close, dans laquelle, saisissant lui-même le conseil privé de la question, et lui indiquant la décision, il prenait la responsabilité entière sur sa tête. Le rapport du conseiller d'État, chargé de présenter le sénatus-consulte, contenait cette phrase qui exprime toute l'opinion de Napoléon en matière de souveraineté, et qui certainement n'eût jamais été admise, même avant 1789, dans des termes aussi absolus : « Notre législation ordinaire n'offre » aucun moyen d'anéantir une pareille décision. Il » faut donc que la main du souverain intervienne. » Le souverain est la loi suprême et toujours vivante : » c'est le propre de la souveraineté de renfermer en » soi tous les pouvoirs nécessaires pour assurer le » bien, pour prévenir ou réparer le mal. »

S'arrogeant ainsi le droit illimité de pourvoir à tout, de distribuer la justice, de la changer au besoin quand elle ne lui convenait pas, il prodiguait de cette même main souveraine le bien qu'il trouvait à faire sur son chemin. Le premier président de la cour de cassation, M. Muraire, magistrat distingué, ayant mal administré sa fortune, était tombé dans une situation fâcheuse pour un fonctionnaire de son rang. Son gendre, destiné à devenir bientôt un sage et courageux ministre du roi Louis XVIII, M. Decazes, s'étant rendu à Mayence pour faire appel à la bienfaisance impériale, Napoléon qui avait en ce moment de fortes

Juillet 1813.

Hardiesse de Napoléon à prendre sur lui toute la responsabilité de l'acte extraordinaire qu'il s'était permis à l'égard du jury d'Anvers.

Actes de bienfaisance mêlés à ces actes arbitraires.

raisons d'être avare de son argent, lui dit : Comment donc M. Muraire s'est-il exposé à de tels embarras ?... Mais peu importe, combien vous faut-il ? — Puis cela dit, il examina ce qu'il fallait pour tirer M. Muraire de sa position, et il accorda quelques centaines de mille francs sur son trésor particulier, qui était, comme on l'a vu, la dernière ressource de l'armée.

Napoléon profita de son séjour à Mayence pour donner quelque attention à ses finances. La mesure de l'aliénation des biens communaux, adoptée et convertie en loi, n'avait pas encore produit de grands résultats, parce qu'il fallait ménager un emploi aux nouveaux bons de la caisse d'amortissement avant d'en émettre des sommes considérables. Sans cette précaution en effet ils se seraient accumulés sur la place et eussent été bientôt dépréciés. Il était donc indispensable d'accélérer l'aliénation des biens communaux, qui pouvait seule fournir l'emploi désiré. Avant que les biens communaux fussent vendus, il fallait les choisir, les faire admettre dans la catégorie des biens aliénables, les estimer, en fournir la valeur aux communes en rentes sur l'État, en prendre possession, et enfin les mettre publiquement en adjudication. Quelque accélérée que fût cette suite d'opérations administratives, elle exigeait du temps, et jusqu'à son achèvement pour chaque partie de biens, on ne pouvait opérer la mise en vente. Les bons émis avant qu'ils fussent recherchés pour ce genre d'emploi, auraient bientôt flotté sur la place, perdu 20 ou 30 pour cent, entraîné la chute des actions de la Banque et des rentes sur l'État, seules valeurs ayant cours à cette époque, et ruiné l'espèce de crédit fort restreint dont on jouissait, et dont on avait besoin, tout restreint qu'il était. Napoléon avait pris pour le compte de son trésor environ 72 millions de ces nouveaux bons, la Banque 10, la Caisse de service 63, ce qui composait une ressource de 145 millions réalisée d'avance, et qui n'entraînait aucune émission de ces bons, parce que les trois caisses qui s'en étaient chargées les avaient gardés en portefeuille. Mais ce n'était pas assez avec les immenses dépenses qu'on avait eu à solder, car les payements du Trésor dans les six premiers mois écoulés avaient déjà excédé les recettes ordinaires de plus de 200 millions. M. Mollien n'osait pas dans ses payements employer les nouveaux bons de la Caisse d'amortissement, parce qu'il craignait de les avilir. On en avait d'abord émis quelques-uns sur la place afin de les populariser, et ils n'avaient pas perdu plus de 5 à 6 pour cent, ce qui était un agio fort modéré, mais les répandre davantage était difficile et dangereux. On ne pouvait les donner ni aux rentiers ni aux fonctionnaires, parce que les sommes à payer aux uns comme aux autres étaient peu considérables et que les coupures de ces bons ne s'y prêtaient pas, parce qu'on aurait fait d'ailleurs crier aux assignats. Encore moins pouvait-on les consacrer à payer la solde de l'armée, qui s'acquittait à l'étranger et en sommes très-divisées. Toutefois, pour ce genre de payement, Napoléon avait fait employer dans une certaine proportion les billets de la Caisse de service, acquittables à Paris ou dans les départements, lesquels fournissaient aux officiers ayant des familles la faculté de faire passer sûre-

Juillet 1813.

Le trésor particulier de Napoléon, la Banque, la caisse de service, avaient pris pour 145 millions des nouveaux bons représentatifs des biens communaux, et les gardaient en portefeuille.

On n'osait pas en émettre dans le public de peur de les déprécier.

ment et sans frais de l'argent en France, et procuraient en outre au Trésor la facilité de remplir ses engagements avec un papier à échéance assez longue. C'est même par des combinaisons de ce genre que la Caisse de service avait pu se charger à elle seule de 63 millions des nouveaux bons, qu'elle devait garder en portefeuille. L'unique payement qui pût s'effectuer avec cette nouvelle valeur, c'était celui des grandes fournitures exécutées par les riches entrepreneurs travaillant pour la guerre et pour la marine. Ceux-là tenant à continuer les affaires importantes qu'ils faisaient avec l'État, ne devaient pas regarder de si près au mode de payement, et d'ailleurs ils avaient tellement besoin d'argent, qu'ils aimaient encore mieux recevoir une valeur exposée à perdre 10 ou 15 pour cent, que ne rien recevoir du tout. Il y avait de plus une espèce de fournisseurs obligés, devenus fournisseurs malgré eux, c'étaient les propriétaires, fermiers ou négociants, auxquels on avait pris par voie de réquisition ou des denrées, ou des étoffes, ou des chevaux, à condition de les solder comptant. Aux uns comme aux autres on pouvait donner les nouveaux bons de la Caisse, que les uns feraient escompter à de gros capitalistes, que les autres garderaient pour en acheter des biens communaux. Mais M. Mollien, toujours attaché aux moyens réguliers, préférait faire attendre les fournisseurs et les individus frappés de réquisition, ce qui pouvait se couvrir du prétexte des liquidations inachevées, que d'émettre un papier exposé à être qualifié d'assignat dès que l'introduction dans le public en paraîtrait plus ou moins forcée. Aussi les fournisseurs, habitués à crier à la porte des administrations, commençaient-ils à murmurer, à se plaindre du défaut de payement, et à l'alléguer comme excuse du ralentissement de tous les services. C'est là ce qui motiva l'intervention personnelle de Napoléon, dont l'oreille ne devenait sensible en ce moment que lorsqu'il s'agissait des besoins de l'armée.

Juillet 1813.

S'adressant à M. Mollien, il soutint que la perte de 9 à 10 pour cent sur une pareille valeur, surtout lorsqu'un gros intérêt, exactement payé, devait en maintenir le cours, n'était rien en soi, et n'égalait pas l'inconvénient de faire attendre des gens qu'il y avait urgence à satisfaire. Ceux à qui l'argent comptant n'était pas indispensable auraient dans la main un placement avantageux, ceux qui ne pouvaient pas s'en passer, réaliseraient le capital par l'escompte, et ce serait toujours le même résultat, ramené à un seul inconvénient, de faire baisser de 9 à 10 pour cent l'une des trois valeurs circulantes. Les rentes sur l'État, par exemple, qu'on avait vues à 12 francs la veille du 18 brumaire, à 30 le lendemain, puis à 90 après 1806, qu'on revoyait actuellement à 70, n'entraînaient pas après tout, par ces variations, la ruine de l'État et des particuliers. La fixité et l'exact payement de l'intérêt consolaient les porteurs de rente, qui finissaient par ne plus prendre garde à ces fluctuations, et il n'y avait d'atteints par elles que ceux qui étaient forcés de vendre. C'était un inconvénient très-partiel, auquel devaient se résigner ceux qui avaient besoin d'argent.

Napoléon exige que M. Mollien donne des nouveaux bons à certains fournisseurs, et à certains créanciers de l'État.

Telle était l'argumentation fort spécieuse de Napoléon contre le ministre des finances, argumenta-

Napoléon, pour fournir un emploi

204   LIVRE XLIX.

Juillet 1813.

à ces bons, prend des mesures afin d'accélérer la mise en vente des biens communaux.

tion qui eût été à peu près vraie, si la baisse de ces bons avait pu être limitée à 10, à 12, même à 15 pour cent. Mais qui pouvait dire où elle s'arrêterait, si on se laissait entraîner à une émission considérable? C'est ce que craignait M. Mollien, et ce dont Napoléon ne tint aucun compte, car il ordonna qu'on répandît à Paris environ une trentaine de millions des bons de la caisse d'amortissement par le payement des fournitures, et dans les départements environ dix-huit ou vingt par le payement des réquisitions. C'étaient cinquante millions introduits un peu forcément dans la circulation. Afin de leur ouvrir plus tôt le débouché des acquisitions de biens communaux, Napoléon prescrivit à l'archichancelier Cambacérès de faire acte d'autorité sur le Conseil d'État, d'enlever au Comité du contentieux, dont les formes sont celles de la justice elle-même, les contestations relatives aux biens communaux, de les transporter au Comité chargé de l'administration communale, de diriger lui-même ce comité, et d'expédier rapidement ce genre d'affaires au moyen d'un examen sommaire et non interrompu.

Napoléon imagine des conscriptions locales, qui se justifient par le danger de certaines frontières.

Après ce secours un peu violent apporté à ses finances, Napoléon, toujours en travail d'esprit pour la levée des hommes, inventa des conscriptions d'un nouveau genre, qu'il espérait rendre supportables en leur donnant un caractère d'urgence et d'utilité locales. Par exemple la frontière des Pyrénées se trouvant menacée par suite des derniers événements d'Espagne, Napoléon imagina de lever 30 mille hommes sur les quatre dernières classes, dans tous les départements situés depuis Bordeaux jusqu'à

Levée de 30 mille hommes dans les départe-

Montpellier, afin de garantir de l'invasion cette partie du territoire. Comme le sol que les nouveaux appelés allaient défendre était le leur, Napoléon pensa que c'était demander en quelque sorte à des paysans de défendre leurs chaumières, à des citadins de défendre leurs propres villes, et que l'urgence du besoin ferait taire la plainte, car on ne pouvait pas dire, comme de toutes les autres levées de cette époque, que Napoléon prenait les hommes pour les faire mourir sur l'Elbe et l'Oder au service de son ambition. L'idée lui ayant paru ingénieuse, il voulut l'appliquer aux départements du nord et de l'est, toujours en s'adressant aux départements de l'ancienne France, lesquels, depuis plus de vingt années, supportaient tout le poids de la guerre, et de leur demander une soixantaine de mille hommes, sous le même prétexte de danger local et pressant. Mais comme ces conscriptions devaient bientôt finir par ressembler à une conscription générale, et en produire l'effet, Napoléon résolut d'ajourner la seconde de deux ou trois mois. Seulement il appela sans aucun retard les trente mille hommes demandés aux départements voisins des Pyrénées.

Ces mesures, les unes civiles, les autres militaires, pour la plupart conçues avant le voyage de Mayence, furent à Mayence même, soit résolues immédiatement, soit spécialement examinées avec des agents venus de Paris, pour être définitivement décrétées à Dresde. Napoléon ajoutant à ce travail des revues incessantes de troupes, de continuelles inspections de matériel, n'eut pas grand temps à

Juillet 1813.

ments voisins des Pyrénées.

Ces diverses mesures résolues en principe à Mayence.

Au milieu de ses nombreuses occupations,

LIVRE XLIX.

Juillet 1813.

Napoléon comble Marie-Louise des témoignages les plus affectueux.

donner à l'Impératrice, mais il la combla des témoignages les plus affectueux, témoignages à la fois sincères et calculés, afin que la nouvelle guerre avec l'Autriche ne portât dans l'opinion publique aucun tort à un mariage qu'il regardait toujours comme utile à sa politique, et afin de laisser l'empereur François sous le poids des mêmes obligations envers sa fille, car il le dispensait moins d'être bon père, en restant lui-même bon époux. Il cédait, il faut le dire aussi, au penchant de son propre cœur, car il était touché de l'attachement qu'il semblait inspirer à cette noble fille des Césars, et le lui rendait autant que le permettaient les vastes et fortes distractions de son âme. Voulant même la ménager,

Il lui laisse ignorer à quel point il est résolu à la guerre.

il ne lui dit pas à quel point la guerre était certaine et serait sérieuse; il la laissa partir avec des doutes à ce sujet, tandis qu'écrivant au prince Eugène à Milan, au général Rapp à Dantzig, au maréchal Davout à Hambourg, il leur avoua ce qui en était, et leur enjoignit de se tenir prêts pour le 17 août. Dési-

Il lui prépare plusieurs voyages pour la distraire, pendant qu'il se battra à outrance.

rant en outre préparer à l'Impératrice une distraction agréable, et lui procurer autant que possible l'oubli des cruelles inquiétudes du moment, il lui prescrivit un voyage sur le Rhin, de Mayence à Cologne, qu'elle devait faire au milieu des hommages des populations des deux rives, et puis il décida qu'après avoir passé quelques jours à Paris, elle entreprendrait un voyage en Normandie, afin d'aller à Cherbourg présider une imposante cérémonie, l'introduction des eaux de l'Océan dans le célèbre bassin commencé sous le règne de Louis XVI, et terminé sous le sien. Il poussa l'attention jusqu'à recommander au prince Cambacérès de la faire partir avant la rupture de l'armistice, afin qu'elle n'apprît les nouvelles hostilités que bien des jours après leur reprise, et peut-être après quelque grand événement capable de la rassurer. Il voulait ainsi distraire, consoler et faire aimer de la France cette jeune femme, mère et tutrice de son fils, régente de l'Empire, destinée à le remplacer s'il venait à succomber sous un boulet ennemi. Pourquoi, hélas! les sinistres pressentiments dont ces soins délicats étaient la preuve, ne contribuaient-ils pas à vaincre l'obstination fatale à laquelle il allait sacrifier son fils, son épouse, son trône et sa personne!

Après avoir passé du 26 juillet au 1er août avec Marie-Louise, il l'embrassa en présence de toute sa cour, et la laissant en larmes, partit pour la Franconie. Déjà il avait inspecté à Mayence les divisions du maréchal Augereau, qui achevaient de se former sur les bords du Rhin. A Wurzbourg se trouvaient deux des divisions du maréchal Saint-Cyr, actuellement en marche vers l'Elbe, où elles devaient venir prendre la position de Kœnigstein. Elles lui parurent belles, assez bien instruites, et animées des sentiments qu'il pouvait leur désirer. Il visita la place de Wurzbourg, la citadelle, les magasins, en un mot l'établissement militaire tout entier, dont il voulait faire un des points importants de sa ligne de communication; ensuite il se dirigea sur Bamberg et Bayreuth, où il vit successivement les autres divisions du maréchal Saint-Cyr, et les divisions bavaroises destinées à faire partie du corps d'Augereau. Après avoir porté sur toutes choses son œil inves-

Août 1813.

Napoléon quitte Mayence le 1er août.

Il passe en route la revue des troupes du maréchal Saint-Cyr.

Il arrive

tigateur, donné les ordres et les encouragements nécessaires, il repartit pour Erfurt, et arriva le 4 au soir à Dresde. Le 5 de grand matin il était debout et à l'œuvre, pressé qu'il était d'employer utilement les derniers jours de l'armistice.

La vue des troupes qu'il avait inspectées sur sa route, ses méditations incessantes sur le plan de la prochaine campagne, avaient redoublé sa confiance dans son armée et dans son génie. En voyant venir le moment de cette terrible lutte, en méditant sur ses chances, en se souvenant combien ses soldats bravaient facilement la mort, combien lui-même une fois au milieu du danger trouvait de combinaisons heureuses, là où ses adversaires ne trouvaient que des fautes à commettre, ne sachant pas se rendre compte des passions généreuses qu'il avait soulevées contre lui, et dont l'ardeur pouvait compenser chez ses ennemis une direction malhabile, il sentait en lui-même comme une sorte de chaleur d'âme qui animait toute sa personne, qui éclatait dans ses yeux, et lui donnait l'aspect du contentement, de l'espérance et de l'audace. Ceux qui l'entouraient en étaient frappés, et les plus sages en étaient plutôt inquiets que réjouis [1].

[1] Voici de singulières paroles écrites par M. de Bassano à M. de Vicence, et qui prouvent ce que nous avançons ici. « L'Empereur part demain et ira coucher à Bautzen... Nous sommes ici dans l'attente et dans la meilleure espérance des événements. Toute l'armée est en mouvement. La confiance est partout. Le roi de Saxe et la famille royale ne quittent pas Dresde..... Sa Majesté ne veut pas de prolongation d'armistice, elle est prête à la guerre. Elle l'est plus que l'Autriche. Elle n'a pas de motifs d'attendre pour ses subsistances, et elle ne veut pas perdre un temps précieux et se laisser engager dans l'hiver... (Dans ce moment en effet Napoléon avait renoncé à une

DRESDE ET VITTORIA.

Le jour même où il arrivait à Dresde, les instances de M. de Caulaincourt et de M. de Narbonne pour obtenir le pouvoir de traiter sérieusement, étaient devenues plus vives que jamais. Il en parut importuné, et adressa des reproches à ces deux négociateurs, pour s'être laissé, disait-il, serrer de trop près par M. de Metternich. Il trouvait qu'ils avaient manqué de fierté, en permettant au ministre autrichien de leur dire que dans tel ou tel cas, l'Autriche s'unirait aux ennemis de la France pour lui déclarer la guerre, comme si c'eût été une offense que d'annoncer franchement ce qu'on ferait, si certaines conditions n'étaient point accordées. L'enivrement de la puissance était tel chez Napoléon, qu'il ne voulait pas qu'on osât parler de lui déclarer la guerre, comme d'une chose naturelle, inévitable même dans certains cas. Il voulait qu'on n'y pensât qu'en tremblant (ce qu'on faisait du reste), qu'on n'en parlât qu'avec une sorte de crainte respectueuse, comme d'un malheur dont on admettait à peine la possibilité. Mais après ces réprimandes peu méritées, et peu séantes actuellement, il s'occupa de quelque chose de plus sérieux. Il ne croyait plus, après la difficulté qu'on avait eue pour faire

Août 1813.

Reproches adressés à MM. de Caulaincourt et de Narbonne, pour avoir permis à M. de Metternich de les menacer de la guerre.

---

prolongation d'armistice, et ne voulait que différer l'entrée en action de l'Autriche.)... M. de Bubna, qui sera arrivé longtemps avant le « courrier porteur de cette dépêche, connaît notre position. *La secrète « joie qu'éprouve Sa Majesté de se trouver dans une circonstance « difficile, mais digne de son génie, n'a point échappé à M. de « Bubna...* Sa Majesté, qui se fie à la Providence, entrevoit les grands « desseins qu'elle a fondés sur elle. Ses plans sont arrêtés, et elle ne « voit partout que des motifs de confiance. » (Dépêche de M. de Bassano à M. le duc de Vicence en lui envoyant ses pleins pouvoirs, à la date du 13 août 1813.)

Août 1843.

Napoléon, soit pour retarder l'entrée en action de l'Autriche, soit pour aboutir à la paix sans subir les conditions qui lui déplaisent, essaie au dernier moment d'une négociation secrète avec l'Autriche.

prolonger l'armistice une première fois, obtenir une nouvelle prolongation; d'ailleurs il se sentait prêt. Le temps désormais devait profiter à ses adversaires plus qu'à lui, et il tenait à les frapper avant l'hiver. Un seul désir lui restait en fait d'ajournement, c'était de différer l'entrée en action de l'Autriche, ce qui lui eût fort convenu, car il aurait eu ainsi la possibilité d'écraser séparément les Russes et les Prussiens, et de revenir ensuite sur les Autrichiens, pour les intimider, les empêcher de prendre parti, ou les accabler à leur tour. Mais il n'y avait qu'une manière de disposer l'Autriche à une conduite pareille, c'était l'apparence d'une négociation sincère, et même de fortes espérances d'une conclusion pacifique. Napoléon prit donc la résolution de réaliser le pronostic de M. de Metternich, qui avait dit qu'avec un caractère extraordinaire comme le sien, il ne fallait jamais désespérer de rien, et que peut-être le dernier jour, à la dernière heure, une heureuse conclusion sortirait de cette négociation, illusoire dans le moment jusqu'à en être offensante. Il se décida, tandis que les plénipotentiaires continueraient à perdre leur temps en discussions puériles sur la forme des négociations, à charger secrètement et exclusivement M. de Caulaincourt d'une communication sérieuse à l'Autriche, la seule des puissances avec laquelle une négociation directe fût alors possible. Si la paix résultait d'une semblable démarche, Napoléon n'en était pas fâché, pourvu toutefois que les conditions dont il ne voulait pas fussent écartées, et il se flattait qu'il obtiendrait peut-être de l'Autriche qu'elles le fussent, mais à l'instant suprême, quand cette puissance se verrait définitivement placée entre la paix et la guerre. En conséquence, il arrêta de la manière suivante les conditions à présenter confidentiellement à M. de Metternich. Le sacrifice du grand-duché de Varsovie, comme celui de l'Espagne, comme celui de l'Illyrie, étaient faits dans son esprit et dans l'opinion générale, et n'avaient plus aucune nouveauté poignante pour son orgueil; d'ailleurs il n'en devait rien coûter au territoire de l'Empire, car l'Illyrie elle-même n'était demeurée qu'à titre d'en cas dans nos mains, et elle n'avait jamais été jointe au territoire constitutionnel de la France. Ce qui coûtait à Napoléon, c'était, ainsi que nous l'avons dit, de refaire la Prusse plus grande après sa défection, de sacrifier le titre de protecteur de la Confédération du Rhin porté avec ostentation depuis plusieurs années, et enfin d'abandonner Lubeck, Hambourg, Brème, qui avaient été ajoutées par sénatus-consultes au territoire français. Selon lui chacun de ces sacrifices le montrait vaincu aux yeux du monde, car il fallait qu'il le fût pour récompenser une défection, pour permettre qu'on reconstituât une Allemagne en dehors de son influence, pour se laisser arracher une partie de ce qu'il appelait le territoire constitutionnel de l'Empire. D'après certaines paroles de M. de Bubna, qui dans son désir d'amener la paix amoindrissait toujours la difficulté, Napoléon avait pensé que peut-être au dernier moment il déciderait l'Autriche à lui concéder ces points importants, ou qu'au moins en lui faisant entrevoir une négociation sincère, on pourrait négocier en se battant, ce qui entraînerait

Août 1813.

Il concède le sacrifice du grand-duché de Varsovie, et la restitution de l'Illyrie, mais refuse l'abandon des villes anséatiques et du protectorat de la Confédération du Rhin.

Août 1813.

Cette négociation secrète tentée in extremis doit rester ignorée de M. de Narbonne.

une reprise d'hostilités avec les Prussiens et les Russes, et une nouvelle remise avec les Autrichiens.

C'est d'après ces données qu'il enjoignit à M. de Caulaincourt (le secret devant être gardé envers M. de Narbonne, pour que la négociation eût un caractère encore plus intime) de se rendre auprès de M. de Metternich, de l'aborder brusquement, à brûle-pourpoint, de lui dire qu'on voulait profiter des cinq jours qui restaient pour s'assurer du fond des choses, particulièrement en ce qui concernait l'Autriche, qu'on demandait franchement à celle-ci les conditions auxquelles elle entrerait avec la France en négociation ou en guerre, qu'on la pressait instamment de déclarer ces conditions sans surfaire inutilement, que le temps qu'on avait encore était trop court pour le perdre en vulgaires finesses, qu'il fallait donc énoncer avec la dernière précision ce qu'on voulait, pour qu'on pût répondre avec une précision égale et sur-le-champ, c'est-à-dire par *oui* ou par *non*. Le duc de Vicence devait faire remarquer à M. de Metternich à quel point cette communication était secrète, puisqu'on la laissait ignorer à M. de Narbonne; il devait insister pour qu'elle demeurât inconnue des négociateurs prussien et russe, dans le cas même où l'on tomberait d'accord. Il suffirait en effet de reproduire dans la négociation officielle les propositions secrètement convenues avec l'Autriche dans la négociation occulte, pour les faire adopter, et comme après tout il restait pour négocier non-seulement jusqu'au 10 août, mais jusqu'au 17, il était possible, si on répondait tout de suite à la proposition actuelle partant de Dresde le 5, arrivant le 6 à Prague, et pouvant recevoir réponse le 7, de faire parvenir le 9 à M. de Metternich l'adhésion définitive de la France aux idées de l'Autriche, et de donner ainsi brusquement au congrès, la veille même de sa dissolution, un caractère inattendu de sérieux et d'efficacité.

Par malheur, en adressant enfin à l'Autriche cette ouverture, tardive mais non pas sans espoir de succès, Napoléon y ajouta pour la négociation officielle une note tout à fait offensante, car on y disait très-clairement que les difficultés de forme soulevées par les représentants des puissances belligérantes, révélaient leur intention véritable, et que cette intention n'était autre que d'entraîner l'Autriche dans la guerre, en se servant pour y réussir ou de sa mauvaise foi, ou de sa duperie, toutes suppositions aussi peu flatteuses pour les uns que pour les autres. MM. de Narbonne et de Caulaincourt devaient remettre en commun cette étrange note à M. de Metternich, puis après l'avoir remise, M. de Caulaincourt prenant à part M. de Metternich, et s'abouchant secrètement avec lui, devait faire la proposition que nous venons de rapporter.

Les dépêches contenant ces ordres si contradictoires, parties le 5 août de Dresde, arrivèrent le 6 à Prague, surprirent fort M. de Caulaincourt, et le remplirent d'une joie mêlée malheureusement de beaucoup de tristesse, car avec le peu de jours qui restaient il désespérait de mener à bien cette négociation *in extremis*, et la note officielle d'ailleurs lui faisait craindre un esclandre qui nuirait beaucoup au succès de ses efforts. Cette note destinée à être publi-

Août 1813.

A ces ouvertures confidentielles et pacifiques, Napoléon ajoute une note officielle des plus offensantes.

Étonnement de M. de Metternich en recevant les communications secrètes de M. de Caulaincourt, et ses appréhensions quant à l'effet probable de la note officielle.

que offensa M. de Metternich, qui témoigna combien il en redoutait l'effet, tant sur son maître que sur les cours de Prusse et de Russie; mais son étonnement fut extrême lorsque, les deux négociateurs français l'ayant quitté, il revit peu d'instants après M. de Caulaincourt chez lui, apportant en grand secret une communication aussi importante que celle dont il s'agissait. Elle était si tardive, et il s'était tant habitué à désespérer des dispositions de Napoléon à l'égard de la paix, qu'il eut de la peine à croire qu'elle fût sincère, et ce motif seul l'empêcha de se livrer à une joie qu'autrement il n'aurait pas manqué de ressentir et de manifester. Il exprima ses regrets de ce qu'on n'avait pas tenté cette démarche quelques jours plus tôt, car il eût été possible alors sans violer le secret qui était recommandé, de sonder la Prusse et la Russie sur certains points délicats, et d'arriver à une conciliation des difficultés qui vraisemblablement diviseraient les cours belligérantes. Toutefois, puisqu'on demandait à l'Autriche ses conditions à elle-même, celles qu'elle appuierait de toute son influence, et dont elle était résolue à exiger l'adoption de la part de la Prusse et de la Russie, il allait consulter son maître, et répondre, il l'espérait, sous vingt-quatre heures.

M. de Metternich se rendit en effet à Brandeiss, résidence actuelle de l'empereur François, le trouva fort courroucé comme tout le monde l'avait été à Prague de la note officielle du 6 août, et lui causa un étonnement égal à son courroux, en lui faisant part de la démarche inattendue du principal négociateur français. Tout ce qui était extraordinaire concordait bien avec le caractère brusque et imprévu de Napoléon, mais une démarche qui avait des apparences aussi pacifiques, tentée ainsi à la dernière extrémité, avait de quoi exciter la méfiance. L'empereur François et son ministre se demandèrent si c'était de la part de Napoléon un acte de force ou de ruse, si, dans des vues élevées, il savait enfin imposer silence à son orgueil pour arriver à un accord entre les puissances européennes, ou bien s'il voulait provoquer quelque exigence excessive de la part des coalisés, afin de s'en faire auprès du public français un argument qui le justifierait d'avoir préféré la guerre à une paix humiliante. Ils reconnurent que dans les deux cas il fallait répondre sans hésiter, car s'il souhaitait la paix, on lui devait de s'expliquer franchement avec lui; s'il cherchait à provoquer une proposition inadmissible, il importait de le confondre en lui adressant les conditions auxquelles depuis longtemps on s'était arrêté, et que certainement la France ne trouverait pas déshonorantes. Ces conditions étaient au fond tellement indiquées lorsqu'on voulait reconstituer l'Allemagne, et pour reconstituer l'Allemagne rendre quelque force à la Prusse, que toute variante était impossible. C'étaient, comme nous l'avons déjà répété tant de fois, le partage du duché de Varsovie, sur le sort duquel la fortune avait prononcé à Moscou, et dont la plus grande partie devait revenir à la Prusse; l'abolition de la Confédération du Rhin, que toute l'Allemagne réclamait pour n'être plus placée sous une autorité étrangère, et le rétablissement des villes anséatiques, qu'elle réclamait

Août 1813.

Doutes de l'empereur et de M. de Metternich sur le caractère de la démarche de Napoléon.

Résolution d'y répondre franchement dans tous les cas.

Conditions invariables de l'Autriche.

Août 1813.

également pour recouvrer son commerce; enfin la restitution de l'Illyrie, consentie depuis longtemps par Napoléon, et vivement désirée par l'Autriche afin de se procurer quelques aboutissants vers la mer. Tout cela était si nécessaire pour que l'Allemagne retrouvât quelque indépendance, en restant d'ailleurs fort exposée encore à l'influence de Napoléon, qui conservait Mayence, Cologne, Wesel, Gorcum, le Texel et la Westphalie, qu'il n'y avait pas autre chose à imaginer et à proposer. On avait assez communiqué avec la Prusse et la Russie pour s'être assuré de leur adhésion à ces bases, et quant à l'Angleterre, les villes anséatiques étant rétablies, Napoléon paraissant décidé au sacrifice de l'Espagne, on était certain de l'amener à la paix, car elle ne voudrait pas rester seule en guerre avec la France. On résolut donc de faire connaître à Napoléon les conditions dont il s'agit, et qui au surplus n'étaient pas nouvelles pour lui, en exigeant le secret qu'il avait exigé lui-même, et en demandant une réponse sous quarante-huit heures, car après le 10 août au soir il ne serait plus temps.

Retour de M. de Metternich à Prague, et son entrevue avec M. de Caulaincourt.

M. de Metternich revenu le 7 à Prague, fut tout à coup rappelé à Brandeiss par son maître, qui, avant de se prêter à ces communications particulières, avait été saisi d'une subite hésitation. Mais tout examiné, l'empereur et son ministre persistèrent, et après une journée malheureusement perdue, la réponse fut apportée à M. de Caulaincourt, toujours à l'insu de M. de Narbonne. M. de Metternich lui dit que son maître s'était demandé si cette communication si imprévue et si tardive de Napoléon était une *démarche de force ou de ruse;* que si elle était une démarche de force comme il aimait à le penser de la part de son gendre, on lui devait une franche réponse; que si elle était une démarche de ruse, il croyait devoir y répondre encore, car les conditions qu'il apportait pouvaient s'avouer au monde entier, et surtout à la France. Il lui fit donc verbalement la déclaration suivante, qu'il l'autorisa à transcrire sur-le-champ, sous sa dictée, et qui a une telle importance que nous allons la reproduire textuellement.

Août 1813.

INSTRUCTIONS POUR LE COMTE DE METTERNICH SIGNÉES PAR L'EMPEREUR D'AUTRICHE.

« M. de Metternich demandera au duc de Vicence, » sous sa parole d'honneur, l'engagement que son » gouvernement gardera le secret le plus absolu sur » l'objet dont il est question.

» Connaissant par des explications confidentielles » préalables les conditions que les cours de Russie et » de Prusse paraissent mettre à des arrangements » pacifiques, et me réunissant à leurs points de vue, » parce que je regarde ces conditions comme néces- » saires au bien-être de mes États et des autres puis- » sances, et comme les seules qui puissent réelle- » ment mener à la paix générale, je ne balance » point à énoncer les articles qui renferment mon » *ultimatum*.

» J'attends un *oui* ou *non* dans la journée du 10.

» Je suis décidé à déclarer dans la journée du 11, » ainsi que cela se fera de la part de la Russie et de » la Prusse, que le congrès est dissous, et que je » joins mes forces à celles des alliés pour conquérir » une paix compatible avec les intérêts de toutes les

Déclaration importante dans laquelle l'Autriche énonce ses conditions, avec engagement de les faire accepter par les puissances coalisées.

» puissances, et que je ferai dès lors abstraction des
» conditions actuelles, dont le sort des armes déci-
» dera pour l'avenir.

» Toutes propositions faites après le 11 ne pour-
» ront plus se lier avec la présente négociation. »

Conditions auxquelles l'Autriche regarde la paix comme faisable.

« Dissolution du duché de Varsovie et sa répar-
» tition entre l'Autriche, la Russie et la Prusse; par
» conséquent Dantzig à la Prusse.

» Rétablissement de Hambourg et de Lubeck
» comme villes libres anséatiques, et arrangement
» éventuel et lié à la paix générale sur les autres
» parties de la 32e division militaire, et sur la renon-
» ciation au protectorat de la Confédération du Rhin,
» afin que l'indépendance de tous les souverains ac-
» tuels de l'Allemagne se trouve placée sous la ga-
» rantie de toutes les grandes puissances.

» Reconstruction de la Prusse avec une frontière
» tenable sur l'Elbe.

» Cession des provinces illyriennes à l'Autriche.

» Garantie réciproque que l'état de possession des
» puissances grandes et petites, tel qu'il se trouvera
» fixé par la paix, ne pourra être changé ni lésé par
» aucune d'elles. »

Après cette communication si importante, et qui confond tous les mensonges que certains narrateurs ont avancés sur ce sujet, M. de Metternich ajouta quelques explications d'une extrême gravité. Il dit que jusqu'au 10 août au soir l'Autriche serait sans engagement avec les puissances belligérantes, que

DRESDE ET VITTORIA.   219

jusque-là elle pourrait, comme elle le faisait actuellement, traiter confidentiellement avec Napoléon, et adopter certaines de ses propositions, les imposer même aux puissances coalisées, auxquelles nul traité ne la liait, mais qu'à partir du 11 elle serait liée avec elles, ne pourrait rien écouter sans leur en donner communication, et serait obligée de n'admettre aucune condition de paix que d'accord avec elles.

Ces observations méritaient la plus sérieuse attention, car la différence qu'il y avait à traiter le 10 et non pas le 11 ou le 12, consistait à dépendre de l'Autriche seule, qui souhaitait la paix parce qu'elle craignait la guerre, au lieu de dépendre des puissances coalisées qui ne voulaient pas la paix parce qu'elles attendaient davantage de la guerre, et qu'elles étaient en proie à toutes les passions du moment. Le duc de Vicence en rapportant exactement les communications qu'il avait reçues, les accompagna de nouvelles instances exprimées dans le langage le plus beau et le plus touchant.

« — Sire, disait-il à Napoléon, cette paix *coûtera* » *peut-être quelque chose à votre amour-propre, mais* » *rien à votre gloire*, car elle ne coûtera rien à la vraie » grandeur de la France. Accordez, je vous en con- » jure, cette paix à la France, à ses souffrances, à » son noble dévouement pour vous, aux circonstan- » ces impérieuses où vous vous trouvez. Laissez » passer cette fièvre d'irritation contre nous qui s'est » emparée de l'Europe entière, et que les victoires » même les plus décisives exciteraient encore au » lieu de la calmer. Je vous la demande, ajoutait-il, » non pour le vain honneur de la signer, mais parce

Août 1813.

le 10 août l'Autriche fera partie de la coalition.

Nobles paroles de M. de Caulaincourt à Napoléon.

» que je suis certain que vous ne pouvez rien faire
» de plus utile à notre patrie, de plus digne de vous
» et de votre grand caractère. » — Quel devait être
l'effet de ces nobles prières d'un noble cœur, on va
le voir!

La réponse apportée le 8 août par M. de Metternich, transcrite pendant la journée, ne pouvait être que le 9 sous les yeux de Napoléon, et n'y fut en effet que le 9 à trois heures de l'après-midi. Il aurait fallu que souscrivant aux sacrifices qu'on lui demandait, et qui n'étaient que des sacrifices d'amour-propre, comme l'avait si bien dit M. de Caulaincourt, il s'y décidât sur l'heure, et expédiât la réponse dans la soirée même du 9, afin que cette réponse arrivant le 10 au matin à Prague, avec accompagnement de pouvoirs pour M. de Caulaincourt, on pût signer les bases de la paix le 10 avant minuit. Napoléon n'en fit malheureusement rien. D'abord il ne voulut pas croire à cette situation de l'Autriche, libre jusqu'au 10 août à minuit, mais engagée après le 10, et au lieu de dépendre d'elle seule dépendant de la volonté de ses nouveaux alliés. Il imagina que ce n'était là qu'un vain langage diplomatique, qu'on lui tenait pour l'intimider, ou pour hâter ses déterminations. N'attachant pas d'ailleurs beaucoup d'importance à éviter la guerre au prix de sacrifices qui lui étaient souverainement désagréables, aveuglé par une déplorable confiance en ses forces, il ne se pressa pas de prendre et de faire connaître ses résolutions. Il employa la journée à se décider, pensant que ce serait assez tôt de se résoudre le 10, que les hostilités ne recommençant que le 17 on aurait le temps de s'entendre, que l'Autriche ferait de ses alliés ce qu'elle voudrait, aussi bien le 11 ou le 12 que le 10, pourvu que ce fût avant le 17, et que par conséquent il pouvait sans inconvénient s'accorder à lui-même vingt-quatre heures de réflexion. Il employa donc vingt-quatre heures, non pas à se combattre mais à se flatter, à laisser ainsi s'évanouir le moment décisif de cette négociation, et lui, qui tant de fois avait saisi l'instant propice sur les champs de bataille, qui avait dû à cette promptitude de détermination ses plus grands triomphes, allait laisser échapper sans en profiter le moment politique le plus important de son règne ! Et M. de Bassano, que faisait-il lui-même pendant ces heures fatales ? Que ne passait-il cette nuit aux pieds de son maître, à lui répéter de vive voix les ardentes, les patriotiques prières de M. de Caulaincourt ! et fallût-il pour le vaincre caresser follement son orgueil indomptable, fallût-il lui persuader que même après cette paix, il restait plus puissant que jamais, plus puissant qu'avant Moscou, M. de Bassano en proférant ces flatteries aurait été un utile, un patriotique flatteur, et il eût été plus près du vrai qu'en laissant croire à Napoléon que la gloire consistait à ne jamais céder !

Mais Napoléon n'entendit rien de pareil, et pendant ces quelques heures, heures qui emportèrent sa grandeur, et malheureusement la nôtre, il n'entendit que l'écho de sa propre pensée. Après avoir manié et remanié durant toute la nuit ses états de troupes avec M. de Bassano, et s'être persuadé qu'il pouvait faire face à tout, il crut qu'il devait persister dans ses vues, et ne pas accorder à la paix

Août 1813.

une journée pour répondre.

Nuit fatale passée par Napoléon à conquiser ses états de troupes, et à se remplir

un sacrifice de plus. Voici donc les conditions auxquelles il s'arrêta. Il consentait bien à sacrifier le grand-duché de Varsovie, comme un essai de Pologne condamné par l'événement, mais il ne voulait pas, en rendant quelque grandeur à la Prusse, la récompenser de ce qu'il appelait une trahison. Il admettait qu'on lui accordât la plus grande partie du duché de Varsovie, la totalité même, si la Russie et l'Autriche consentaient à faire ce sacrifice pour elle; mais il voulait la rejeter au delà de l'Oder, lui ôter, pour les attribuer à la Saxe, le Brandebourg, Berlin, Potsdam, c'est-à-dire son sol natal et sa gloire, la transporter entre l'Oder et la Vistule, la faire ainsi une puissance polonaise plutôt qu'allemande, lui laisser le choix comme capitale entre Varsovie et Kœnigsberg, sans lui donner Dantzig, qui redeviendrait ville libre. Il voulait à sa place, entre l'Oder et l'Elbe, mettre la Saxe, et attribuer à celle-ci tout l'espace qui s'étend de Dresde à Berlin. Quant à Lubeck, Hambourg, Brême, c'étaient des parties du territoire constitutionnel de l'Empire, et il ne souffrait pas même qu'on en parlât. Quant au titre de protecteur de la Confédération du Rhin, c'était à l'entendre vouloir lui infliger une humiliation que de le lui enlever, puisqu'on reconnaissait que ce n'était qu'un titre absolument vain. Quant à l'Illyrie, il était prêt à la rendre à l'Autriche, mais en gardant l'Istrie, c'est-à-dire Trieste, seule chose que l'Autriche désirât ardemment. Il prétendait en outre conserver plusieurs positions au delà des Alpes Juliennes, telles que Villach, Goritz, en un mot tous les débouchés qui permettaient de descendre en Illyrie, disant qu'il n'était pas sûr de Venise s'il n'avait pas ces positions, c'est-à-dire qu'il n'était pas en sûreté dans sa maison s'il n'avait pas les clefs de la maison d'autrui. A ces conditions il admettait la paix sans se tenir pour froissé, et consentait à rentrer sur le Rhin avec ses armées. A d'autres conditions il aimait mieux lutter pendant des années contre l'Europe entière. Telles furent les propositions qui sortirent des méditations de cette nuit funeste.

Toutefois, comme il n'y avait aucune chance que l'Autriche pût obtenir de ses futurs alliés l'abandon de Berlin par la Prusse, afin de composer avec la Saxe une fausse Prusse, sans passé, sans consistance, sans réalité, il autorisa M. de Caulaincourt à renoncer à ce premier projet s'il n'était pas accueilli, et il consentit à laisser à la Prusse, outre ce qu'on lui accorderait du duché de Varsovie, tout ce qu'elle possédait entre l'Oder et l'Elbe, mais en maintenant Dantzig comme ville libre, mais en ne souffrant pas davantage qu'on parlât de Lubeck, de Hambourg, de Brême, de la Confédération du Rhin, et enfin en ne restituant l'Illyrie qu'à condition de retenir l'Istrie, Trieste surtout, parce que, répétait-il toujours, vouloir Trieste c'était vouloir Venise.

Le matin du 10 Napoléon manda auprès de lui M. de Bubna, qui formait des vœux sincères pour la paix, et qui malheureusement se prêtait un peu trop aux vues de son puissant interlocuteur dans l'espérance de l'adoucir. Il lui fit connaître la négociation secrète entamée avec M. de Metternich, lui communiqua ses états de troupes, lui manifesta ouverte-

Août 1813.

ment son penchant à faire cette campagne de Saxe, du résultat de laquelle il se promettait autant de puissance que de gloire, se montra ce qu'il était, confiant, gai même, inclinant autant à la guerre qu'à la paix, disposé par conséquent à donner peu de chose pour que ce fût l'une ou l'autre qui sortît des négociations de Prague; puis après avoir, sans vain étalage, sans forfanterie, révélé cette funeste énergie de son âme, il exposa ses conditions, demandant presque à chacune un assentiment, que M. de Bubna ne pouvait pas accorder sans doute, mais qu'il ne refusait pas assez péremptoirement pour dissiper toute espèce d'illusion. Sur deux points notamment, les villes anséatiques et la Confédération du Rhin, M. de Bubna n'ayant jamais trouvé sa cour aussi absolue que sur le reste, il parut faiblir, et Napoléon se figura que, sans subir ces deux conditions qui lui étaient particulièrement insupportables, il pourrait avoir la paix, sauf peut-être à abandonner Trieste. Il ne désespéra donc pas d'une paix conclue sur ces bases, mais en tout cas il en avait pris son parti, et n'avait nul chagrin de se battre encore; il se disait même qu'il retrouverait dans une continuation de la guerre, non pas toute sa gloire, qui était restée entière, mais toute sa puissance, toute celle qu'il avait ensevelie sous les ruines de Moscou.

Le courrier parti le 10 de Dresde ne pouvait arriver que le 11 à Prague.

Après cet entretien il renvoya M. de Bubna, le chargeant d'écrire à son cabinet dans ce sens, et manda ses dernières résolutions à M. de Caulaincourt. Le courrier qui les portait ne pouvait arriver que le 11. Napoléon ne se préoccupa guère de ce retard, et attendit la réponse quelle qu'elle fût, en prenant toutes ses dispositions pour le renouvellement des hostilités le 17.

La journée du 10 s'écoula donc à Prague sans rien apporter de Dresde, à la grande satisfaction des négociateurs de la Prusse et de la Russie, à la grande douleur de M. de Caulaincourt, au grand regret de M. de Metternich, qui, bien qu'il eût pris son parti, ne voyait pas sans effroi pour l'Autriche la terrible épreuve d'une nouvelle guerre avec la France. Plusieurs fois dans cette journée il se rendit chez M. de Caulaincourt, afin de savoir si aucune réponse n'était venue de Dresde, et chaque fois trouvant M. de Caulaincourt triste et silencieux parce qu'il n'avait rien à dire, il répéta que passé minuit il serait non plus arbitre, mais belligérant, réduit par conséquent à solliciter pour la paix auprès de ses nouveaux alliés, au lieu de pouvoir la leur imposer modérée et acceptable pour tout le monde.

Après avoir vainement attendu pendant toute la journée du 10, M. de Metternich signa enfin l'adhésion de l'Autriche à la coalition, et annonça le lendemain 11 au matin à M. de Caulaincourt et à M. de Narbonne (celui-ci ignorant toujours la négociation secrète), annonça, disons-nous, avec un chagrin qui frappa tous les yeux, que le congrès de Prague était dissous, que dès lors l'Autriche, forcée par ses devoirs envers l'Allemagne et envers elle-même, se voyait contrainte à déclarer la guerre à la France. Les négociateurs prussien et russe annoncèrent de leur côté qu'ils se retiraient, en rejetant sur la France la responsabilité de l'insuccès des négociations, et quittèrent Prague avec une joie non

Août 1813.

Anxiété à Prague pendant la journée du 10.

Rien n'étant arrivé dans le délai fixé, M. de Metternich annonce le 11 que l'Autriche déclare la guerre à la France.

dissimulée. Du reste cette joie fut universelle, et excepté M. de Metternich, qui, tout en les bravant, apercevait les conséquences possibles d'une rupture avec Napoléon, excepté l'empereur qui avait le cœur serré en songeant à sa fille, les Autrichiens de toutes les classes manifestèrent des transports d'enthousiasme. Les passions germaniques qu'ils partageaient, et qu'on les avait forcés de contenir, éclatèrent sans mesure, comme elles avaient éclaté à Breslau et à Berlin quelques mois auparavant.

Août 1813.

Le courrier attendu le 10 étant arrivé le 11, M. de Caulaincourt se rend chez M. de Metternich pour lui transmettre les dernières conditions de Napoléon.

Dans le courant de cette journée du 11 M. de Caulaincourt reçut enfin le courrier tant souhaité la veille, et en voyant ce qu'il apportait regretta moins sa tardive arrivée. Bien qu'il ne désespérât pas d'obtenir quelque concession de la part de M. de Metternich, toutefois il ne se flattait pas d'en obtenir la translation de la Prusse au delà de l'Oder, et même cette condition chimérique mise de côté, il ne croyait pas pouvoir conserver à Napoléon Hambourg, le protectorat de la Confédération du Rhin, et surtout Trieste. Pourtant en laissant Trieste à l'Autriche, en convenant pour les villes anséatiques d'un arrangement suspensif qui ferait dépendre leur restitution de la paix avec l'Angleterre, il ne regardait pas comme impossible d'amener M. de Metternich aux propositions de la France. Il courut donc chez lui, le trouva triste, ému, désolé de ce qu'on venait si tard, étonné et mécontent de ce qu'on eût livré à M. de Bubna le secret d'une négociation qu'on s'était promis de tenir absolument cachée, ne jugeant pas acceptables les conditions de Napoléon, mais sur l'indication assez claire qu'elles n'étaient pas irrévocables, donnant à enten-

M. de Metternich, même en admettant que ces conditions puissent être convenablement modifiées, déclare

dre qu'en étant absolu sur la restitution de Trieste à l'Autriche, sur le rétablissement de la Prusse jusqu'à l'Elbe, sur l'abolition du protectorat du Rhin, il serait possible d'ajourner la question des villes anséatiques à la paix avec l'Angleterre, ce qui réduisait beaucoup le désagrément de ce sacrifice pour Napoléon, en le couvrant de l'immense éclat de la paix maritime. Mais, ajoutait M. de Metternich, ces conditions ainsi modifiées que nous aurions pu imposer aux parties belligérantes il y a vingt-quatre heures, ne dépendent plus de nous, et nous sommes réduits à les proposer sans savoir si nous réussirons à les faire accueillir. M. de Metternich au surplus était chagrin et agité, car si avec sa rare portée d'esprit il voyait dans l'occasion présente de fortes chances de relever sa patrie, il voyait aussi de nombreuses chances de la perdre en la jetant dans une guerre effroyable. Napoléon, quoique bien imprudent aux yeux des hommes de sens, restait si grand dans l'imagination du monde, qu'on le craignait encore profondément, tout en le jugeant égaré par la passion, et exposé à toutes les fautes que la passion fait commettre.

Cependant la négociation officielle ne pouvait pas durer, puisque le congrès était rompu, et que la guerre était officiellement déclarée par l'Autriche à la France. Les plénipotentiaires russe et prussien venaient de s'éloigner, et il n'était pas séant que les plénipotentiaires français demeurassent à Prague. Il fut convenu, si Napoléon y consentait, qu'on ferait partir M. de Narbonne seul, en expliquant le mieux possible à celui-ci son départ isolé, que M. de Caulain-

Août 1813.

qu'au lieu de les imposer, il ne peut plus désormais que les proposer aux souverains alliés.

Chagrin visible de M. de Metternich.

M. de Narbonne quitte Prague, mais M. de Caulaincourt y reste pour attendre la réponse des souverains coalisés.

court au contraire resterait pour attendre le résultat des ouvertures dont M. de Metternich était chargé auprès des souverains de Prusse et de Russie, lesquels devaient être rendus à Prague sous deux ou trois jours. Cette prolongation de séjour était fort désagréable à M. de Caulaincourt, car sa position allait devenir tout à fait fausse lorsque l'empereur Alexandre étant à Prague, il se trouverait dans la même ville sans le voir. Mais tout ce qui laissait une chance à la paix lui paraissait supportable, même désirable, et il consentit volontiers à rester. En racontant ce qui avait eu lieu entre lui et le ministre autrichien, il adressa de nouvelles instances à Napoléon en faveur de la paix, le supplia de continuer cette négociation, si difficile qu'elle fût devenue depuis qu'elle se passait non plus avec l'Autriche seule, mais avec toutes les puissances belligérantes, le pressa de lui donner quelque latitude pour traiter, et de lui envoyer surtout des pouvoirs authentiques pour signer, car dans cet instant suprême, le moindre défaut de forme pouvait être pris pour un nouveau faux-fuyant, et lui valoir un congé définitif. Tout ce qu'un honnête homme, un bon citoyen peuvent dire à un souverain afin de lui épargner une faute mortelle, M. de Caulaincourt le répéta encore à Napoléon, dans un langage aussi ferme que soumis et dévoué.

Ces communications envoyées à Dresde, trouvèrent Napoléon tout préparé à la guerre, et aussi peu affligé que peu surpris de la rupture du congrès. Le jour même où l'Autriche avait déclaré le congrès dissous avant d'avoir été réuni, et annoncé son adhésion à la coalition, l'armistice avait été dénoncé par les commissaires des puissances belligérantes, ce qui fixait au 17 août la reprise des hostilités. La possibilité de renouer par des voies secrètes des négociations rompues d'une manière si éclatante, était presque nulle, et Napoléon se conduisait comme s'il n'y comptait pas du tout. Il prescrivit à M. de Narbonne de revenir à l'instant même de Prague, car ce diplomate étant à la fois plénipotentiaire au congrès et ambassadeur auprès de la cour d'Autriche, ne pouvait pas figurer plus longtemps auprès d'une cour qui venait de déclarer la guerre à la France. Il autorisa M. de Caulaincourt à demeurer à Prague, non pas dans la ville même, mais dans les environs, afin que cet ancien ambassadeur de France en Russie ne se trouvât pas dans le même lieu que l'empereur Alexandre, dont il ne fallait pas, disait-il, *orner le triomphe*, triomphe, hélas! que nous lui avions ménagé nous-mêmes par une obstination aveugle; il consentit à ce que ses dernières propositions fussent transmises à la Prusse et à la Russie, non pas en son nom, mais au nom de l'Autriche, qui les présenterait comme siennes, car pour lui, il ne jugeait pas, ajoutait-il, de sa dignité de rien proposer aux puissances belligérantes. Il envoya à M. de Caulaincourt des pouvoirs en forme, mais aucune latitude pour traiter, ses conditions étant invariables à l'égard des villes anséatiques, du protectorat du Rhin, et même de Trieste qu'il voulait retenir en restituant l'Illyrie à l'Autriche. C'étaient là de bien faibles chances d'aboutir à la paix, l'Autriche ne pouvant admettre de pareilles conditions,

Août 1813.

à Prague, sans lui envoyer aucune facilité pour traiter.

Août 1813.

Napoléon dispose tout pour recommencer vivement la guerre.

Progrès de ses armements.

et le voulût-elle, ne pouvant plus jeter dans la balance le poids décisif de son épée, depuis qu'on lui avait laissé, malgré ses avis répétés, le temps de s'engager à la coalition.

Mais toutes ces raisons ne touchaient guère Napoléon. Les instances de M. de Caulaincourt n'avaient produit sur lui aucune impression. Il respectait le caractère, la franchise de ce personnage, le traitait avec plus de considération que M. de Bassano, mais l'écoutait peu, parce qu'il le savait dans de tout autres idées que les siennes. Il venait de faire célébrer le 10 août sa fête ordinairement fixée au 15, avait donné des festins à toute l'armée, distribué des prix nombreux pour le tir, et écarté autant que possible les sinistres images de mort de l'esprit de ses soldats si faciles à distraire et à égayer. Ses corps d'armée étaient tout préparés, et dès le 11 ils avaient commencé à sortir de leurs cantonnements pour se concentrer sous leurs chefs, et se porter sur la ligne où ils étaient appelés à combattre. Les anciens corps étaient reposés, recrutés et complétés. Les nouveaux venaient d'achever leur organisation. La cavalerie quoique jeune était redevenue belle, et même nombreuse. Les travaux de Kœnigstein et de Lilienstein, de Dresde, de Torgau, de Wittenberg, de Magdebourg, de Werben, de Hambourg, étaient terminés ou bien près de l'être. Les vastes approvisionnements qui avaient dû remonter par l'Elbe de Hambourg sur Magdebourg, de Magdebourg sur Dresde, étaient déjà réunis sur les points où l'on en avait besoin. Dresde regorgeait de grains, de farines, de spiritueux, de viande fraîche et salée. Tous les convois avaient été accélérés, et les ordres étaient donnés pour que le 15 il n'y eût ni une voiture de roulage sur les routes d'Allemagne, ni un bateau sur l'Elbe, afin que les Cosaques ne trouvassent rien à enlever, et ne pussent *piller que le pays*, ainsi que Napoléon l'écrivait au maréchal Davout. Lui-même se disposait à partir le 15 ou le 16 août pour se rendre en Silésie et sur la frontière de Bohême, où il s'attendait à voir commencer les hostilités. Du reste il ne laissa de doute à personne sur le renouvellement de la guerre. Il écrivit à Dantzig au général Rapp pour l'encourager, le rassurer sur l'issue de cette nouvelle lutte, lui conférer des pouvoirs extraordinaires, lui recommander de ne jamais rendre la place, et lui promettre de le débloquer prochainement. Il en fit autant à l'égard des commandants de Glogau, de Custrin et de Stettin. Il écrivit au maréchal Davout à Hambourg, au général Lemarois à Magdebourg, qu'ils eussent à se tenir sur leurs gardes, que la guerre allait recommencer, qu'elle serait terrible, mais qu'il était en mesure de faire face à tous ses ennemis, l'Autriche comprise, et qu'il espérait avant trois mois les punir de leurs indignes propositions. À personne il ne dit, parce qu'il ne l'aurait pas osé, à quoi avait tenu la paix; il n'en informa pas même le chef véritable du gouvernement de la régence, l'archichancelier Cambacérès, et se contenta de lui mander que bientôt on lui ferait connaître les exigences de l'Autriche, que pour le moment on était obligé d'en garder le secret, mais qu'elles avaient été excessives jusqu'à en devenir offensantes. Respectant un peu moins le duc de

Août 1813.

Ordres pour qu'on soit partout en mesure à la reprise des hostilités.

Rovigo, Napoléon hasarda un véritable mensonge avec lui, et osa lui écrire qu'on avait voulu nous ôter Venise, se fondant apparemment sur son thème ordinaire, que demander Trieste c'était demander Venise, comme si on prétendait que demander Magdebourg, c'est demander Mayence, parce que l'une est sur le chemin de l'autre. Ne voulant pas qu'on inquiétât l'Impératrice, il prescrivit à l'archichancelier de la faire partir pour Cherbourg, afin qu'elle n'apprît la rupture et la reprise des hostilités qu'après quelque grande bataille gagnée, et les plus gros dangers passés.

En ce moment parut à Dresde l'un des lieutenants de Napoléon les plus utiles un jour de bataille, et doublement désirable dans les circonstances présentes, sous le rapport de la guerre et de la politique; c'était le roi de Naples. Outre que la cavalerie de réserve, pouvant présenter trente mille cavaliers en ligne, avait besoin d'être commandée par un chef d'un mérite supérieur, c'était un vrai soulagement pour Napoléon, un grand motif de sécurité, que d'avoir tiré Murat d'Italie. On a vu que, fatigué du joug de Napoléon, blessé de ses traitements offensants, alarmé sur le sort de la dynastie impériale, Murat avait songé à se rattacher à l'Autriche et à la politique médiatrice de cette puissance, afin de sauver son trône d'un désastre général, et que se défiant même de sa femme, il avait fini par se cacher d'elle, et par tomber dans des agitations maladives. On a vu encore que Napoléon pour compléter l'armée d'Italie, et pour mettre la cour de Naples à l'épreuve, lui avait demandé une division de ses troupes, et que Murat, en intrigue avec l'Autriche, voulant garder d'ailleurs son armée tout entière sous sa main, s'était refusé aux désirs de son beau-frère. Mais avec ses manières accoutumées, Napoléon avait fait sommer Murat par le ministre de France M. Durand de Mareuil, d'obtempérer à ses réquisitions sous peine de la guerre. Murat alors ne sachant plus à quel parti s'arrêter, tantôt voyant Napoléon battu, détruit, tous les trônes des Bonaparte renversés, excepté peut-être les trônes de ceux qui auraient opéré leur défection à temps, tantôt le voyant vainqueur à Lutzen, à Bautzen et ailleurs, désarmant l'Europe par la victoire et par les concessions, sacrifiant à la paix l'Espagne et Naples au besoin, était tombé dans un véritable état de folie, lorsque les conseils de sa femme, et les lettres du duc d'Otrante, avec lequel il avait été plus d'une fois en intrigue secrète, l'avaient déterminé à obéir. Mais ne voulant pas que la réconciliation une fois qu'il s'y décidait eût lieu à moitié, il était venu se mettre à la tête de la cavalerie de la grande armée, et était arrivé à Dresde la veille de l'entrée en campagne. Napoléon l'accueillit avec bonne grâce, feignant de ne pas s'apercevoir de ce qui s'était passé, paraissant n'attacher aucune importance aux variations d'un beau-frère aussi brave qu'inconséquent, pardonnant en un mot, mais avec une certaine marque de dédain que Murat discernait bien, et sentait sans le dire.

Août 1813.

Il l'emmena donc avec lui, et partit dans la nuit du 15 au 16 août pour Bautzen, afin d'être aux avant-postes vingt-quatre heures avant la reprise des hostilités, et ne conservant évidemment aucune es-

Napoléon part le 15 août pour Bautzen.

pérance de voir la paix résulter des efforts réunis de MM. de Caulaincourt et de Metternich. L'espérance était bien faible en effet, tant à cause des conditions elles-mêmes que du temps si tristement perdu. M. de Caulaincourt immédiatement après avoir reçu les dernières communications de Dresde, et avoir donné quelques prétextes à M. de Narbonne afin d'expliquer la prolongation de son séjour à Prague, s'était rendu auprès de M. de Metternich pour lui montrer ses pouvoirs, pour lui fournir ainsi la preuve qu'il était autorisé à négocier sérieusement, à la condition toutefois de présenter au nom de l'Autriche et non pas au nom de la France les propositions qu'il s'agissait de faire adopter. Quant au fond des choses, il ne pouvait pas offrir grande satisfaction, puisque Napoléon avait à peu près persisté dans toutes ses prétentions. Néanmoins si l'Autriche eût encore été libre, elle eût peut-être admis les conditions françaises, car recouvrant l'Illyrie, recouvrant en outre la part de la Gallicie qu'on lui avait prise pour constituer le grand-duché de Varsovie, obtenant une espèce de reconstitution de la Prusse au moyen de la dissolution de ce grand-duché, étant débarrassée elle et ses alliés du fantôme de Pologne que depuis quelques années Napoléon avait toujours tenu sous les yeux des anciens copartageants, elle aurait probablement pensé que c'était assez tirer des circonstances, et elle n'eût pas bravé les chances de la guerre pour Trieste, et surtout pour Hambourg qui intéressait la Prusse et l'Angleterre beaucoup plus qu'elle-même. Malheureusement elle n'était plus libre, et ne voulant pas manquer de parole à ses nouveaux alliés, elle ne pouvait que leur adresser des conseils, sans avoir pour les décider le moyen de leur refuser son alliance, accordée depuis le 10 août à minuit. M. de Metternich, en disant plus qu'il n'en avait jamais dit, depuis que ses confidences étaient sans inconvénients, avoua au duc de Vicence que ces conditions un peu modifiées auraient vraisemblablement amené la paix, huit jours auparavant, mais que maintenant dépendant d'autrui, ne pouvant rien sans ses alliés, il désespérait de les leur faire accepter. Il parla des passions qui les animaient, des espérances qu'ils avaient conçues, de l'effet produit sur eux par la bataille de Vittoria, et à l'émotion qu'il éprouvait, il était aisé de voir qu'il était sincère dans ses regrets. En effet, pour l'Angleterre protégée par la mer, pour la Russie protégée par la distance, la lutte après tout ne pouvait pas avoir de conséquences mortelles, mais pour la Prusse et l'Autriche que rien ne garantissait des coups de Napoléon, et qui avaient passé avec lui de l'alliance à la guerre, la lutte pouvait amener des résultats désastreux, et M. de Metternich sentait bien que, quelque raison qu'il eût d'essayer en cette occasion de refaire la situation de son pays, on l'accablerait de sanglants reproches si Napoléon était vainqueur. Il est donc très-présumable, que libre encore il eût, sauf quelques différences, accepté les conditions proposées, et il était visible qu'en perdant le temps avec une déplorable obstination, on s'était plus nui peut-être qu'en persistant dans des prétentions excessives.

Quoi qu'il en soit, on convint que dès l'arrivée de

Août 1813.

M. de Caulaincourt

l'empereur Alexandre et du roi de Prusse à Prague, M. de Metternich leur ferait pour le compte de son maître les ouvertures dont il vient d'être question, et qu'il donnerait la réponse avant le 17 août. Pour rendre convenable la position de M. le duc de Vicence, auquel on ne manqua jamais de témoigner les égards dont il était digne, il fut décidé qu'il irait attendre la réponse de M. de Metternich au château de Kœnigsal, situé près de Prague, et appartenant à l'empereur François. Il serait ainsi dispensé de se trouver dans le même lieu que l'empereur Alexandre, et dispensé aussi d'assister à toute la joie des coalisés, qui accueillaient avec transport la nouvelle des prochaines hostilités et de l'adhésion de l'Autriche à la coalition européenne.

Déjà depuis le 11 août une partie des états-majors prussien et russe était accourue à Prague pour concerter les opérations militaires avec l'état-major autrichien; une armée de plus de cent mille hommes, Prussiens et Russes, entrait en Bohême pour se réunir à l'armée autrichienne; les officiers des trois armées s'embrassaient, se félicitaient de combattre ensemble pour contribuer à ce qu'ils appelaient la commune délivrance, et partout éclatait une joie pour ainsi dire convulsive, car elle était un mélange d'espérance, de crainte et de résolution désespérée.

Le 15 l'empereur Alexandre fit son entrée dans Prague et y fut reçu avec les honneurs dus à son rang et au rôle de libérateur de l'Europe que tout le monde lui attribuait alors, excepté toutefois le gouvernement autrichien, assez offusqué de ces témoignages enthousiastes, et peu disposé à échanger la domination de la France contre celle de la Russie. Dès que ce monarque fut rendu à Prague, et avant que le roi de Prusse y fût arrivé, M. de Metternich et l'empereur François lui firent connaître le secret de la négociation clandestine, qui avait pris naissance à côté de la négociation officielle dans les derniers jours du congrès de Prague, et lui demandèrent son avis. Parler paix dans ce moment n'était guère de saison. Alexandre était enivré d'espérance depuis la bataille de Vittoria, et surtout depuis l'adhésion de l'Autriche. Peut-être même sans cette puissance il se serait flatté de pouvoir soutenir la lutte, ayant reçu dans les deux derniers mois de nombreux renforts, et la Prusse, elle aussi, ayant fort augmenté ses armements. Mais, avec l'Autriche de plus, avec les nouvelles que les Anglais mandaient de leurs progrès en Espagne, de leur prochaine entrée en France, il ne doutait pas d'être bientôt vainqueur de Napoléon, et de le remplacer en Europe! La tête de ce jeune monarque était dans un état d'incandescence extraordinaire, et pour atteindre au terme de cette ambition, il n'était ni dangers qu'il ne fût résolu à braver, ni caresses qu'il ne fût disposé à prodiguer à ses associés anciens et nouveaux. Il était en effet plein de soins, de déférence apparente pour tous, et, loin de se grandir, il affectait au contraire de se montrer moins grand, moins puissant qu'il n'était, de peur d'offusquer et de déplaire. Avec beaucoup de respect et de condescendance pour l'empereur François, et sans afficher l'intention de détrôner Napoléon, c'est-à-dire Marie-Louise, il manifesta l'espérance de conquérir

Août 1813.

Exaltation d'esprit de ce monarque.

Il ne veut plus de la paix.

bientôt par la guerre des conditions meilleures, et une indépendance de l'Allemagne infiniment mieux garantie. Il avait d'ailleurs une raison toute puissante à faire valoir auprès de l'Autriche, c'est que, sans l'abandon des villes anséatiques, il serait impossible d'obtenir l'adhésion de l'Angleterre à laquelle on était étroitement lié, et il avait de plus un appât bien séduisant à faire briller à ses yeux, c'était la possibilité si on était victorieux, de lui restituer une partie de l'Italie. En conséquence, sans attendre l'arrivée du roi de Prusse, Alexandre fit répondre par écrit, et par l'intermédiaire de M. de Metternich à M. de Caulaincourt, que Leurs Majestés les souverains alliés, après en avoir conféré entre eux, pensant *que toute idée de paix véritable était inséparable de la pacification générale que Leurs Majestés s'étaient flattées de préparer par les négociations de Prague, elles n'avaient pas trouvé dans les articles que proposait maintenant Sa Majesté l'Empereur Napoléon des conditions qui pussent faire atteindre au grand but qu'elles avaient en vue, et que par conséquent Leurs Majestés jugeaient les conditions inadmissibles.* C'était dire assez clairement qu'on regardait ces conditions comme tout à fait inacceptables par l'Angleterre.

M. de Bender, employé de la légation autrichienne, fut chargé de porter lui-même cette réponse à M. de Caulaincourt au château de Kœnigsal, et de la lui remettre par écrit. Quoique s'y attendant, M. de Caulaincourt en fut cependant consterné, car dans son bon sens, dans son noble patriotisme, il n'augurait que de grands malheurs de la continuation de cette guerre. Il fit ses préparatifs de départ, vit une dernière fois M. de Metternich, avec lequel il échangea de nouveaux et inutiles regrets, convint avec lui qu'on pourrait ouvrir un congrès afin de négocier en se battant, faible espérance qui laissait la chance pour les uns ou pour les autres de signer après un affreux duel sa propre destruction, puis il alla rejoindre Napoléon en Lusace. Le cœur plein d'une sorte de désespoir, il écrivit à M. de Bassano pour lui exprimer en un langage haut et amer le déplaisir d'avoir été employé à une négociation illusoire, et, arrivé auprès de Napoléon, il lui témoigna, avec un respect grave, mais avec une conviction ferme, la douleur qu'il éprouvait d'avoir vu négliger cette occasion unique de conclure la paix. Napoléon d'une façon assez légère essaya de le consoler de cette occasion manquée, promettant de lui en fournir bientôt une plus belle, et lui rendit ses fonctions qui nominalement étaient celles de grand écuyer, mais qui devenaient, depuis la mort du maréchal Duroc, tantôt celles de grand maréchal, tantôt même celles de ministre des affaires étrangères et d'ambassadeur extraordinaire. Les honneurs pouvaient toucher ce grand cœur, sensible assurément aux faveurs de cour, mais ne pouvaient à aucun degré lui faire oublier les infortunes de son pays.

Août 1813.

Ses regrets et son chagrin.

Telle fut cette célèbre et malheureuse négociation avec l'Autriche, commencée, conduite sous l'empire des plus funestes illusions, et avec une maladresse que les passions seules peuvent expliquer chez un esprit aussi pénétrant que celui de Napoléon. Comme nous l'avons dit, comme l'avaient soutenu MM. de

Caractère général, et suite inévitable de la conduite tenue envers l'Autriche.

Caulaincourt, de Talleyrand, de Cambacérès, lors du conseil tenu aux Tuileries, il fallait ou annuler l'Autriche dans cette occasion, l'essayer au moins en la comblant d'égards, en affectant de ne pas vouloir l'engager dans une guerre qui lui était étrangère, et surtout en ne lui demandant aucune portion de ses forces pour ne pas lui fournir soi-même un prétexte d'armer; ou bien, si on la pressait d'entrer plus avant dans les événements, si on lui fournissait par là un motif spécieux d'augmenter ses forces, si on la conduisait pour ainsi dire par la main au rôle de médiatrice, il fallait prévoir ses désirs qui naissaient de sa situation même, et se résigner à les satisfaire, ce qui après tout n'aurait pas été très-coûteux. Mais la pousser à prendre son épée, et se figurer qu'elle l'emploierait pour nous et non pour elle, à notre gré et non au sien, était le comble des illusions, de ces illusions que les grands esprits se font aussi bien que les plus petits, lorsqu'ils ont besoin de se tromper eux-mêmes. Si à cette faute on joint celle d'avoir signé l'armistice de Pleiswitz avant d'avoir rejeté les coalisés sur la Vistule et loin des Autrichiens, seconde faute qui tenait, comme on l'a vu, à ce même désir obstiné d'échapper aux conditions de la cour de Vienne, on a les vraies causes qui firent aboutir à un si fatal dénoûment les événements d'abord si heureux du printemps de 1813.

Du reste le canon retentissait déjà sur une ligne de cent cinquante lieues, depuis Kœnigstein jusqu'à Hambourg, et Napoléon, excité par le bruit des armes, avait bientôt oublié les allées et venues, les dits et redits des diplomates, pour ne songer qu'aux vastes desseins militaires desquels il attendait les plus grands résultats. Le moment est venu de faire connaître son plan et ses forces pour cette seconde partie de la campagne de Saxe. Mais afin de les mieux comprendre, il faut d'abord se rendre compte du plan et des forces de nos ennemis.

Août 1813.

Jusqu'à Hambourg.

On se souvient qu'à Trachenberg il avait été convenu par les coalisés, que trois armées principales marcheraient contre Napoléon, qu'elles agiraient offensivement toutes les trois, mais avec précaution, afin d'éviter les échauffourées; que dans cette vue, celle des trois sur laquelle se dirigerait Napoléon ralentirait le pas, tandis que les deux autres tâcheraient de se jeter sur ses flancs et ses derrières, et d'accabler ainsi les lieutenants qu'il aurait chargés de les garder. Ces trois armées devaient être celles de Bohême, de Silésie, du nord, qu'on espérait avec les corps d'Italie et de Bavière porter à 575 mille hommes de troupes actives, traînant 1,500 bouches à feu, sans compter 250 mille hommes en réserve, répandus dans la Bohême, la Pologne, la Vieille-Prusse. On était en effet à peu près arrivé à ces chiffres énormes pendant la durée de l'armistice qui n'avait pas moins profité à la coalition qu'à Napoléon, car les Russes avaient reçu leurs renforts et leur matériel que dans la précipitation de leur marche d'hiver ils n'avaient pas eu le temps d'amener; les Prussiens avaient également eu le loisir d'armer et d'instruire leurs innombrables volontaires, et l'Autriche enfin avait organisé son armée qui existait à peine sur le papier au mois de janvier, de sorte qu'indépendamment de l'avantage politique de

Plan et forces des coalisés.

Les trois grandes armées actives de Bohême, de Silésie et du nord.

Août 1813.

Armée de Bohême, et sa force.

Cette armée est commandée par le prince de Schwarzenberg.

décider l'Autriche, l'armistice de Pleiswitz avait eu encore pour les coalisés celui de doubler en nombre les troupes qu'ils allaient nous opposer.

Les forces de la coalition avaient été ainsi réparties. Cent vingt mille Autrichiens environ, dont moitié d'anciens soldats, se trouvaient en Bohême, rangés au pied des montagnes qui séparent cette province de la Saxe, et tout prêts à en franchir les défilés. Soixante-dix mille Russes sous Barclay de Tolly, 60 mille Prussiens sous le général Kleist, avaient attendu la déclaration de l'Autriche pour passer de Silésie en Bohême, et venir former avec les Autrichiens la grande armée destinée à tourner la position de Dresde, par une marche en Saxe. (Voir la carte n° 58.) Le point de mire de cette armée, dite de Bohême, était Leipzig, et les coalisés ne comprenaient pas que Napoléon, abordé de front sur l'Elbe par deux autres armées, pût tenir à une attaque aussi formidable que celle qu'on lui préparait sur ses derrières avec 250 mille hommes. Par déférence pour l'Autriche, et pour la décider par tous les moyens imaginables, ceux de la flatterie compris, on avait décerné le commandement supérieur de l'armée de Bohême au prince de Schwarzenberg, qui avait négocié en qualité d'ambassadeur le mariage de Marie-Louise, qui avait commandé le corps autrichien auxiliaire en 1812, et venait tout récemment d'être envoyé à Paris. Ces rôles si contradictoires causaient quelque embarras à ce personnage, qui devait à Napoléon le bâton de maréchal sans l'avoir mérité, et était appelé à le mériter contre celui même qui le lui avait fait obtenir. Il éprouvait aussi une singulière crainte de se trouver en présence d'un adversaire tel que Napoléon, bien qu'il eût beaucoup parlé dans le conseil aulique de l'affaiblissement de l'armée française, et comme d'usage il se consolait d'une situation fausse par les vives jouissances de l'orgueil satisfait. C'était effectivement un honneur insigne pour lui que d'exercer un si vaste commandement sous les yeux des souverains coalisés, et il n'en était pas indigne à certains égards, car il était sage, avait quelque entente de la grande guerre, et possédait un savoir-vivre qui le rendait propre à manier les caractères si divers dont se composait la coalition. A cette flatterie envers l'Autriche on avait ajouté un genre de soins non moins capable de la toucher. Par un article secret du traité de subsides conclu avec le gouvernement britannique à Reichenbach, on était convenu qu'il lui serait alloué un secours pécuniaire, dans le cas où elle prendrait part à la guerre, et lord Cathcart, arrivé à Prague, avait déjà émis des lettres de change sur Londres, pour lui procurer le plus tôt possible les ressources financières dont elle avait besoin.

Août 1813.

Après cette armée principale venait celle de Silésie. Elle se composait des corps russes des généraux Langeron et Saint-Priest, forts ensemble de plus de 40 mille hommes, du corps prussien du général d'York qui en comptait 38 mille à peu près, enfin d'un autre corps russe, celui du général Sacken, comprenant de 17 à 18 mille hommes. Le tout présentait une masse totale de près de cent mille combattants. L'impétueux Blucher était à la tête de cette armée. Elle devait franchir la limite qui en Silésie avait sé-

Armée de Silésie commandée par Blucher.

paré les troupes belligérantes pendant l'armistice, passer la Katzbach, le Bober, et nous ramener même sur Bautzen, si Napoléon n'était pas de ce côté. On avait fort recommandé à Blucher la prudence, mais entouré des officiers prussiens les plus ardents, ayant pour chef d'état-major, au lieu du général Scharnhorst mort de ses blessures, le général Gneisenau, officier spirituel, agissant toujours de premier mouvement, il n'avait à ses côtés personne qui pût lui rappeler ces sages instructions.

L'armée du nord réunie autour de Berlin était la troisième des armées actives, et celle que devait commander le prince royal de Suède. Forte d'environ 150 mille hommes de toutes nations, elle comprenait 25 mille Suédois et Allemands, sous le général Steding, 18 mille Russes sous le prince Woronzow, 10 mille coureurs Cosaques ou autres sous Wintzingerode, 40 mille Prussiens sous le général Bulow, 30 mille autres Prussiens sous le général Tauenzien, ceux-ci particulièrement destinés au blocus des places, enfin un mélange d'Anglais, de Hanovriens, d'Allemands, d'Anséates, d'insurgés de toutes les provinces soumises à notre domination, lesquels formaient 25 mille hommes sous le général Walmoden. Une partie de cette nombreuse armée devait rester devant les places de Dantzig, de Custrin, de Stettin, une autre partie observer Hambourg, une troisième, la plus considérable, forte de 80 mille hommes, se diriger sur Magdebourg, y passer l'Elbe si elle pouvait, et menacer Napoléon par son flanc gauche, tandis que la grande armée de Bohême le menacerait par son flanc droit. On espérait qu'en marchant concentriquement sur lui, s'arrêtant quand il se jetterait sur l'une des trois armées, mais s'avançant vers le point qu'il aurait abandonné de sa personne, et chaque fois essayant de gagner un peu de terrain, on finirait par le serrer toujours de plus près, et par trouver peut-être une occasion de l'aborder tous ensemble afin de l'accabler sous une masse de forces écrasante.

Août 1813.

A ces trois armées actives comprenant 300 mille hommes, et traînant 1,500 bouches à feu, on avait ajouté un rassemblement de 25 mille hommes, destiné à observer la Bavière, et un de 50 mille chargé de tenir tête au prince Eugène du côté de l'Italie. Du reste l'Autriche s'attendant à tout, mais n'attachant aucune importance à ce qui se passerait dans cette région, avait fait sortir de Vienne ce qu'il y avait de précieux en archives, armes, objets d'art. Elle croyait avec raison que le sort du monde se déciderait sur l'Elbe, entre Dresde, Bautzen, Magdebourg, Leipzig, et se résignait à voir ce qui était peu probable, le prince Eugène à Vienne, plutôt que de détourner ses forces du véritable théâtre de la guerre.

Armées secondaires en Bavière et en Italie.

Ces deux armées de Bavière et d'Italie portaient donc à 375 mille hommes les forces actives de la coalition. A cette masse il faut ajouter les réserves. L'Autriche avait 60 mille hommes entre Presbourg, Vienne et Lintz. La Russie avait en Pologne 50 mille hommes sous le général Benningsen, 50 mille sous le prince de Labanoff, prêts les uns et les autres à entrer en ligne lorsque leur intervention serait nécessaire. La Prusse comptait encore sur environ 90 mille re-

Armées de réserve.

crues qui achevaient de s'instruire, ce qui présentait un dernier fond de 250 mille hommes, destiné à réparer les pertes que la guerre ferait éprouver aux troupes engagées les premières. Bien que les marches dussent bientôt éclaircir les rangs de ces nombreuses armées, il faut dire cependant que ces 800 et quelques mille hommes étaient tous présents au drapeau, et que c'était à cette force immense, non pas nominale mais réelle, que Napoléon aurait bientôt affaire. Jamais encore dans l'histoire on n'avait vu de pareilles quantités de soldats mises en mouvement, et jamais du reste le motif, pour la coalition du moins, ne l'avait autant mérité.

C'est maintenant qu'on peut juger à quel point Napoléon s'était trompé en acceptant l'armistice de Pleiswitz. Il l'avait signé par deux raisons, avons-nous dit, pour se soustraire aux pressantes instances de l'Autriche, relativement à la paix, et parce qu'habitué à ne trouver d'actif que lui-même, ne comprenant pas les miracles que la passion pouvait produire chez ses adversaires, il croyait que pendant ces deux mois il arriverait deux cent mille hommes peut-être dans ses rangs, et pas la moitié dans les rangs de ses adversaires. Le contraire avait eu lieu, car, ainsi qu'on va le voir, il n'avait guère ajouté plus de 150 mille hommes à ses troupes (sans compter il est vrai le surcroît de valeur morale qu'elles devaient à deux mois d'instruction et de repos), et la coalition en avait ajouté bien près de quatre cent mille, en y comprenant les forces de l'Autriche. Le calcul n'avait donc pas été juste. Toutefois Napoléon n'en avait pas moins employé ces deux mois avec une admirable activité, et ses plans étaient d'une habileté à déjouer tous ceux de ses adversaires.

La position de l'Elbe, comme nous l'avons dit, quoique facile à tourner en débouchant de la Bohême sur Leipzig, avait néanmoins été adoptée par Napoléon comme la meilleure, et même comme la seule admissible. (Voir les cartes n°ˢ 28 et 58.) Dresde, aussi bien fortifié qu'il pouvait l'être depuis qu'on en avait fait sauter les murailles, devait être son centre d'opération et son principal établissement. Il y avait ses arsenaux, ses magasins, ses dépôts et trois ponts. A sept ou huit lieues sur sa droite, au point où l'Elbe perce les montagnes de la Bohême pour pénétrer en Saxe, il possédait les postes fortifiés de Kœnigstein et de Lilienstein, avec un pont solide et des magasins, afin de pouvoir manœuvrer à volonté sur les deux rives du fleuve. Sur sa gauche, à Torgau, quinze lieues au-dessous de Dresde, il avait des ouvrages, des vivres et des ponts, de même à Wittenberg et à Magdebourg. Ce dernier point était de plus une vaste place, régulièrement fortifiée, dans laquelle il avait déposé, outre de grands amas de munitions et de vivres, tous les malades et blessés de la campagne du printemps. Le poste improvisé de Werben comblait la lacune comprise entre Magdebourg et Hambourg, et Hambourg enfin couvrait le bas Elbe. Il était possible sans doute de passer l'Elbe entre Magdebourg et Hambourg, à cause de la distance qui sépare ces deux villes, distance que le poste de Werben remplissait imparfaitement, mais l'ennemi qui voudrait tenter cette entreprise, laissant sur ses flancs les

Août 1813.

de campagne de Napoléon.

Précautions prises sur tout le cours de l'Elbe, de Kœnigstein à Hambourg.

Kœnigstein, Dresde, Torgau, Wittenberg, Magdebourg, Werben et Hambourg.

deux importantes places de Hambourg et de Magdebourg, et ayant en tête d'ailleurs un corps considérable dont on va voir tout à l'heure la position et le rôle, ne pouvait pas l'essayer, tant que la grande armée placée sous la main de Napoléon n'aurait pas perdu son point d'appui de Dresde, ce qui ramenait à Dresde même, où Napoléon commandait en personne, tout le nœud de l'immense action militaire qui allait s'engager.

La ligne de défense étant ainsi établie sur l'Elbe, reste à savoir comment Napoléon y avait distribué ses forces. Devinant les projets de l'ennemi comme s'il avait été présent aux conférences de Trachenberg, il avait parfaitement discerné qu'il aurait trois puissantes armées sur les bras, une à droite en Bohême, une de front en Silésie, une à gauche du côté de Berlin, menaçant l'Elbe entre Magdebourg et Hambourg. Il avait pourvu à ces diverses attaques avec une prévoyance qui ne laissait rien à désirer. Le nouveau corps du maréchal Saint-Cyr, fort de 30 mille hommes partagés en quatre divisions, et récemment amené de Mayence à Dresde, avait été placé à Kœnigstein, en deçà de l'Elbe, c'est-à-dire sur la rive gauche, de manière à fermer les débouchés par lesquels la grande armée ennemie pouvait descendre de Bohême en Saxe sur nos derrières. Le corps du général Vandamme fort aussi de 30 mille hommes, détaché de l'armée du maréchal Davout, et amené de Hambourg à Dresde, avait été placé à la hauteur du corps de Saint-Cyr, mais au delà de l'Elbe, pour garder sur la droite du fleuve les défilés des montagnes de Bohême aboutissant en Lusace. Un peu plus loin en Lusace, toujours au pied des montagnes de Bohême, au défilé de Zittau, avaient été postés le corps de Poniatowski, et celui du maréchal Victor, dont la formation s'était achevée pendant la suspension d'armes. Enfin plus loin encore, c'est-à-dire en Silésie, sur la ligne frontière de l'armistice, sur la Katzbach et le Bober, se trouvaient les quatre corps, de Macdonald (le 11e), de Lauriston (le 5e), de Ney (le 3e), de Marmont (le 6e), présentant cent mille hommes à eux quatre. En arrière, près de Bautzen, se trouvaient la garde impériale, portée pendant l'armistice de 12 mille hommes à 48, et les trois corps de cavalerie de réserve des généraux Latour-Maubourg, Sébastiani, Kellermann, comprenant 24 mille cavaliers parfaitement montés. A gauche trois corps, ceux d'Oudinot (le 12e), de Bertrand (le 4e), de Reynier (le 7e), avaient reçu la mission de s'opposer à l'armée du Nord, commandée par Bernadotte.

Ses troupes étant ainsi distribuées, Napoléon avait résolu de parer de la manière suivante à toutes les éventualités de cette campagne formidable. L'armée du prince de Schwarzenberg, de beaucoup la plus nombreuse, celle qui menaçait notre flanc droit par les débouchés de la Bohême, pouvait descendre par deux issues, une en deçà de l'Elbe, c'est-à-dire derrière nous par la grande route de Péterswalde, l'autre au delà, c'est-à-dire devant nous, par la grande route de Bohême en Lusace passant à Zittau. C'était nécessairement par l'une de ces deux issues qu'elle devait faire son apparition. Napoléon était également prêt dans chacune de ces hypothèses.

Août 1813.

Position de Poniatowski et de Victor.

Position de Macdonald, Lauriston, Ney et Marmont.

Direction sur Berlin assignée à Oudinot, Bertrand et Reynier.

Usage que Napoléon se proposait de faire de ces divers corps, dans toutes les suppositions imaginables.

Août 1813.

Concentration en arrière de Dresde si l'ennemi débouchait de la Bohême par la route de Péterswalde.

Le maréchal Saint-Cyr avec ses quatre divisions occupait en deçà de l'Elbe la chaussée de Péterswalde. (Voir la carte n° 58.) L'une de ces divisions était de garde au pont jeté entre les rochers de Kœnigstein et de Lilienstein, deux autres occupaient le camp de Pirna, sous le feu duquel passe la grande route de Péterswalde. La quatrième avec la cavalerie légère du général Pajol, veillait à tous les chemins secondaires, qui plus en arrière encore, pouvaient prendre Dresde à revers. Si donc l'ennemi voulait descendre sur les derrières de Dresde, soit pour attaquer cette ville, soit pour se diriger sur Leipzig, le maréchal Saint-Cyr après avoir profité de l'avantage des lieux afin de ralentir la marche des coalisés, devait jeter une garnison dans les forts de Kœnigstein et de Lilienstein, puis se replier sur Dresde avec ses quatre divisions. Adossé à cette ville avec environ 30 mille hommes, y trouvant une garnison de 8 à 10 mille, que Napoléon avait composée avec des convalescents, des bataillons de marche, et les gardes d'honneur, il devait s'y défendre dans un camp retranché laborieusement préparé à l'avance, et y tenir plusieurs jours sans avoir des prodiges à faire. En tout cas les choses étaient disposées de manière à lui procurer des secours prompts et décisifs. Le général Vandamme ayant ses trois divisions au delà de l'Elbe, une à Stolpen sur le chemin de Zittau, l'autre à Rumbourg près de Zittau même, la troisième à Bautzen, pouvait en vingt-quatre heures renvoyer à Dresde celle de ses divisions qui serait à Stolpen, et en quarante-huit heures amener les deux autres. Ainsi le second jour le maréchal Saint-Cyr devait être renforcé de 10 mille hommes, et le troisième de 20 mille, ce qui porterait sa force totale à près de 70 mille combattants, et à 60 mille au moins établis dans un bon camp retranché. C'était de quoi le mettre à l'abri de toutes les attaques. Après deux autres jours, c'est-à-dire après quatre depuis l'apparition de l'ennemi, Napoléon devait accourir de Gorlitz avec 48 mille hommes de la garde, 24 mille de la réserve de cavalerie, 24 mille du corps du maréchal Victor, en ayant laissé à Zittau le corps de Poniatowski. Ainsi le quatrième jour 170 mille hommes devaient être sous Dresde, ce qui était bien suffisant, les lieux donnés, pour faire repentir de leur audace les coalisés qui auraient voulu tourner notre position, et pour les exposer à ne pas revoir la Bohême.

Dans le cas contraire, celui où l'ennemi songerait à descendre de Bohême en Lusace, non pas en deçà de l'Elbe mais au delà, non pas derrière Napoléon mais devant lui, et à déboucher par Zittau sur Gorlitz ou Bautzen, la même distribution devait amener une aussi prompte concentration de forces. Napoléon avait résolu de placer au défilé de Zittau le corps de Poniatowski fort d'une douzaine de mille hommes, et tout près pour le soutenir le corps du maréchal Victor, ce qui faisait au moins 36 mille hommes, appuyés sur une forte position, située au sortir même des montagnes et soigneusement étudiée à l'avance. En une journée la garde et la cavalerie qui étaient à Gorlitz, la division de Vandamme qui était à Rumbourg, étaient prêtes à apporter un secours de 80 mille hommes aux 36 mille postés à Zittau. Un jour de plus devait par l'arrivée de Van-

Août 1813.

Concentration en avant de Dresde, à Gorlitz et à Lowenberg, si l'ennemi voulait déboucher de la Bohême en Lusace.

damme avec ses deux autres divisions, par le reploiement de l'un des quatre corps établis sur le Bober, amener un nouveau secours de 50 mille hommes. C'étaient encore 170 mille combattants opposés en deux jours à ce second débouché, et disposés de manière qu'ils pussent se défendre en attendant leur concentration.

Telles étaient les précautions prises dans les deux hypothèses les plus vraisemblables. Si toutefois aucune d'elles ne se réalisait, si l'armée de Bohême, au lieu de vouloir déboucher si près de Napoléon, soit en avant de lui, soit en arrière, allait, en laissant un corps en Bohême, réunir sa masse principale à celle de Silésie, et nous aborder de front avec 250 mille hommes sur le Bober, pour nous livrer une immense bataille, les quatre corps de Ney, de Lauriston, de Marmont, de Macdonald, formant un total de 100 mille hommes, pouvaient ou se défendre sur le Bober, ou se replier sur la Neisse et la Sprée, et s'y renforcer de 150 mille hommes par leur réunion avec la garde, avec la réserve de cavalerie, avec Victor, avec Poniatowski, avec Vandamme. On devait ainsi, sans même toucher à Saint-Cyr, se retrouver en force égale à celle de l'ennemi dans la troisième supposition, la seule imaginable après les deux autres. Ajoutez l'avantage dans tous les cas de la présence de Napoléon, son art de profiter des occurrences, la presque certitude sous sa direction de gagner une grande bataille à la première rencontre, et on conçoit qu'il se flattât d'avoir toutes les chances en sa faveur. Quel capitaine, dans aucun temps, avait calculé avec cette précision, avec cette universalité de prévoyance, les mouvements de si vastes masses, opposées à d'autres masses plus vastes encore !

Août 1813.

Restait une seule hypothèse pour laquelle, très-volontairement, nulle précaution n'avait été prise, c'était celle où les coalisés voulant tourner Napoléon d'une manière encore plus audacieuse, et au lieu de descendre immédiatement sur ses derrières par Péterswalde, y descendant plus loin, c'est-à-dire par la route de Leipzig, essayeraient hardiment de se placer entre la grande armée et le Rhin. Ceci inquiétait peu Napoléon, et il souriait à cette supposition. — *Ce n'est pas du Rhin, c'est de l'Elbe*, avait-il dit avec une rare profondeur, *qu'il m'importe de n'être pas coupé*. L'ennemi qui oserait s'avancer entre moi et le Rhin n'en reviendrait plus, tandis que celui qui réussirait à s'établir entre moi et l'Elbe, me couperait de ma vraie base d'opération ! — Qui aurait eu l'audace en effet de marcher sur le Rhin, laissant derrière lui Napoléon avec 400 mille hommes, Napoléon non vaincu ! On pouvait loin du champ de bataille former de pareils rêves, et on les forma effectivement, mais à la première marche on devait reculer d'épouvante, comme les faits le prouvèrent bientôt.

Hypothèse d'une marche de l'ennemi sur Leipzig.

Invraisemblance de cette hypothèse tant que Napoléon n'était pas affaibli par plusieurs défaites.

Tous les coups étant prévus et parés sur ses derrières, sur sa droite, sur son front, contre les deux armées de Bohême et de Silésie, Napoléon avait préparé sur sa gauche une opération importante, en vue de tenir tête à l'armée du Nord, et d'amener un résultat éclatant auquel il attachait un grand prix, celui d'occuper la capitale de la Prusse, d'y entrer

Envoi projeté d'un corps français sur Berlin.

triomphalement par l'un de ses lieutenants, de tirer ainsi une vengeance non pas cruelle, mais humiliante des passions germaniques. Il avait chargé le maréchal Oudinot avec son corps, avec ceux des généraux Bertrand et Reynier, avec la cavalerie de réserve du duc de Padoue, de marcher de Luckau sur Berlin. (Voir les cartes n°" 28 et 38.) Ces trois corps d'infanterie, en y joignant une portion de la cavalerie de réserve, auraient dû s'élever à 70 mille hommes, mais n'en comprenaient en réalité que de 65 à 66 mille. Ils comptaient à la vérité sur des renforts considérables. Ils étaient liés à notre principale armée agissant en avant de Dresde, par le général Corbineau à la tête de 3 mille chevaux et de 2 mille hommes d'infanterie légère. C'était là un lien et non un appui; mais plus loin, sur la gauche, c'est-à-dire à la hauteur de Magdebourg, devait se trouver le général Girard (le même qui à Lutzen avait si noblement réparé une faute commise en Espagne) avec un corps de 12 à 13 mille hommes, formé de la division Dombrowski, et de la partie disponible de la garnison de Magdebourg, dont nous avons déjà fait connaître l'ingénieuse composition. Ce général posté en avant de Magdebourg avec 5 mille hommes de la division Dombrowski, recrutée et reposée en Hesse, avec 8 ou 10 mille de la garnison de Magdebourg, devait établir la communication entre le maréchal Oudinot et le maréchal Davout, et suivre le maréchal Oudinot dans son mouvement offensif, de manière à porter l'armée de celui-ci à près de 80 mille hommes. Une masse pareille semblait n'avoir rien à craindre, ni des talents, ni des forces du prince royal de Suède, qui avait dans ses troupes beaucoup de ramassis, qui ne pouvait pas réunir actuellement plus de 70 mille hommes sur un même champ de bataille, qui d'ailleurs aurait bientôt à faire face à un redoutable ennemi de plus, et cet ennemi c'était le maréchal Davout prêt à sortir de Hambourg avec 25 mille Français, avec 10 mille Danois, et à menacer Berlin par le Mecklembourg, tandis que le maréchal Oudinot le menacerait par la Lusace. Il y avait donc les plus grandes chances pour que le maréchal Oudinot entrât sous peu de jours dans Berlin, y fût rejoint par le maréchal Davout avec 35 mille hommes, ce qui placerait sous ce dernier, destiné à commander le tout, une masse de 110 à 115 mille hommes, et suffirait pour déjouer les projets du prince royal de Suède. Ainsi Napoléon, tandis qu'il tenait tête à droite et de front aux forces gigantesques de la coalition, devait par sa gauche pénétrer dans Berlin, y frapper le foyer des passions germaniques, y punir la Prusse de son abandon, le prince de Suède de sa trahison, et tendre la main à ses garnisons de l'Oder et de la Vistule! C'était là sans doute un début éclatant, et qui avait dû séduire Napoléon : toutefois le mouvement qu'il ordonnait à sa gauche était bien allongé, les corps qui devaient y concourir étaient bien distants les uns des autres, et leur coopération dépendait de beaucoup de circonstances qui pouvaient n'être pas toutes heureuses. Ses généraux, sans être moins braves, n'avaient plus cette confiance qui soutient dans les situations hasardeuses; ses troupes étaient jeunes et mélangées, et le rassemblement de Bernadotte au-

Août 1813.

Seule défectuosité du plan de Napoléon.

Août 1813.

quel elles avaient affaire, quoiqu'un ramassis lui-même composé de gens de toute origine, était réuni par le plus puissant des liens, la passion. Enfin si l'un de ses lieutenants venait à se faire battre, il faudrait aller très-loin pour lui porter secours. Il est donc vrai qu'en cette partie seulement l'habile réseau tendu par Napoléon était un peu relâché. Mais le désir ardent de rentrer dans Berlin, d'avoir sa main toujours dirigée vers Dantzig, de pouvoir en une bataille gagnée se retrouver sur la Vistule, avait ici altéré quelque peu la parfaite rectitude de son jugement militaire, comme la préoccupation de refaire toute sa grandeur d'un seul coup avait complétement égaré son jugement politique.

Le désir de frapper Berlin et d'empêcher les coalisés de secourir cette capitale avait porté Napoléon à trop étendre le rayon de ses manœuvres concentriques.

Cette défectuosité en avait entraîné une autre dans la partie de son plan que nous avons déjà retracée, et qui était la plus fortement conçue. Il avait en effet trop éloigné de Dresde les quatre corps qui gardaient son front en avant de l'Elbe. Des bords du Bober, où étaient postés les corps de Ney, de Marmont, de Macdonald, de Lauriston, aux bords de l'Elbe, c'est-à-dire de Lowenberg à Dresde, il y avait six jours de marche. (Voir la carte n° 36.) C'était beaucoup trop pour que Napoléon, avec sa réserve, eût le temps de secourir les corps qui étaient à Lowenberg, ou ceux qui étaient à Dresde. Tant qu'il pouvait se tenir entre deux, soit à Gorlitz, soit à Bautzen, il n'y avait pas de danger, car en moins de trois jours il lui était facile de se porter à Lowenberg, ou de rétrograder sur Dresde, et d'être présent ainsi partout où il serait nécessaire qu'il fût pour prévenir, ou pour réparer un échec. Mais s'il était attiré à l'une des extrémités, s'il était appelé à Dresde par exemple, il se pouvait que sur le Bober il arrivât un grand malheur à l'un de ses lieutenants, et qu'il vînt trop tard pour y remédier, puisqu'il faudrait six jours au moins pour y amener du renfort, ou bien que s'il était à l'extrémité opposée, c'est-à-dire à Lowenberg, Dresde à son tour se trouvât en péril d'être secouru trop tard. En un mot, pour manœuvrer concentriquement autour de Dresde, comme il l'avait fait jadis autour de Vérone, avec une réserve placée au centre et portée alternativement sur tous les points de la circonférence, le cercle était trop grand, le rayon trop allongé.

Août 1813.

Était-ce inadvertance chez un esprit parvenu à une si prodigieuse expérience, à une si rigoureuse précision dans ses calculs? Assurément non; mais c'était le dangereux désir de faciliter le mouvement sur Berlin et la Vistule. Il avait en effet discuté longuement avec lui-même s'il devait établir sur le Bober ou sur la Neisse, c'est-à-dire à Lowenberg ou à Gorlitz, son corps le plus avancé, et, bien qu'il eût préféré le mettre à Gorlitz, ce qui lui eût permis de placer sa réserve à Bautzen, et eût réduit de moitié le chemin qu'il avait à faire pour aider les uns ou les autres, il y avait renoncé par ce motif, qui révèle tout le secret de ses résolutions[1], c'est qu'en

Causes morales de cette faute, la seule à reprocher à Napoléon dans la conception de son plan.

---

[1] Cette grave délibération de Napoléon avec lui-même se trouve constatée par de longues notes qu'il a écrites sur son plan de campagne, et dans lesquelles il a donné tous les motifs de ses diverses résolutions, bien avant le résultat qui justifia les unes et condamna les autres. Il n'y a donc pas ici une idée qui lui soit faussement, ou même conjecturalement prêtée, puisque les intentions que nous lui attribuons sont toutes formellement constatées par écrit.

portant à Gorlitz son corps le plus avancé, il n'opposait pas assez d'obstacles à un mouvement que les armées coalisées pouvaient être tentées d'exécuter par leur droite, pour arrêter le maréchal Oudinot dans sa marche. A Lowenberg, au contraire, les cent mille hommes de Ney, de Marmont, de Macdonald, de Lauriston, empêchaient absolument les armées ennemies de Bohême et de Silésie de se transporter par la Lusace dans le Brandebourg, et de secourir Berlin. Ainsi, toujours ce désir d'un résultat merveilleux, ce désir de tendre un bras vers Berlin et sur la Vistule, gâtait ses combinaisons militaires, comme déjà il avait perverti ses résolutions politiques, et le poussait à affaiblir en l'étendant trop un cercle de défense qui, plus resserré, aurait été invincible! Bientôt la guerre, qui amène une rémunération immédiate des bons et des mauvais calculs, devait récompenser les uns par d'éclatants succès, punir les autres par d'éclatants revers! Mais n'anticipons pas sur des événements dont le triste récit n'arrivera que trop tôt!

Comparaison entre les forces de Napoléon et celles des coalisés.

Les forces de Napoléon étaient loin d'égaler celles de la coalition. Les corps de Saint-Cyr, Vandamme, Victor, Poniatowski, groupés sur sa droite, ceux de Ney, Marmont, Macdonald, Lauriston, rangés sur son front, la garde, la réserve de cavalerie placées au centre, pouvaient former sous sa main une masse mobile de 272 mille hommes présents sous les armes. Les troupes d'Oudinot, de Girard et de Davout, dirigées sur Berlin, en formaient une autre de 110 à 115 mille, ce qui portait à 387 mille hommes, ou 380 mille au moins, le total de forces actives qu'il avait à opposer à la coalition. Si on y ajoute 20 mille hommes en Bavière, 60 mille en Italie, si on y ajoute encore les garnisons des places de l'Elbe, de l'Oder, de la Vistule, telles que Kœnigstein, Dresde, Torgau, Wittenberg, Magdebourg, Werben, Hambourg, Glogau, Custrin, Stettin, Dantzig, comprenant 90 mille hommes environ, on atteint le chiffre de 550 mille combattants, fort inférieur à celui de 800 mille que la coalition était parvenue à réunir. Il est vrai que les réserves des coalisés étaient comprises dans ce chiffre de 800 mille hommes; mais Napoléon ne pouvait pas, en pressant bien ses cadres du Rhin, en tirer plus de 50 mille soldats de réserve, et dès lors ses ressources, plutôt exagérées que réduites, ne présentaient pas un total de six cent mille hommes, contre huit cent mille. Ces forces toutefois auraient suffi dans ses mains, et au delà, si les causes morales avaient été pour lui au lieu d'être contre lui; mais ses adversaires exaspérés étaient résolus à vaincre ou à mourir, et ses soldats, héroïques sans doute, mais se battant par honneur, étaient conduits par des généraux dont la confiance était ébranlée, et qui commençaient à sentir qu'on avait tort contre l'Europe, contre la France, contre le bon sens! Infériorité morale funeste, et bien plus redoutable que l'infériorité matérielle du nombre!

Août 1813.

Napoléon après avoir lui-même inspecté ses postes de Kœnigstein et de Lilienstein, et s'être assuré par ses propres yeux si la position prise par Saint-Cyr et Vandamme, sur ses derrières et sa droite, était conforme à ses vues, s'était porté le 15 à Gorlitz, où il avait trouvé la garde et la réserve de ca-

Napoléon se porte le 15 à Gorlitz.

17.

Août 1813.

Il pénètre de sa personne en Bohême, par le défilé de Zittau, afin de se procurer des renseignements sur la marche des coalisés.

valerie. De là il avait tenu à voir la gorge de Zittau, que Poniatowski et Victor étaient chargés de défendre. Après avoir établi Poniatowski sur une montagne dite d'Eckartsberg, qui fait face à la sortie du défilé, et permet de barrer le passage, Napoléon s'était avancé de sa personne à quelques lieues plus loin, escorté par la cavalerie légère de sa garde, afin de reconnaître un pays où il était possible qu'il pénétrât plus tard. Il voulait recueillir sur la direction suivie par l'ennemi des renseignements qui lui manquaient. Aucun symptôme en effet ne révélait si les coalisés déboucheraient ou en arrière par Péterswalde sur Dresde, ou sur notre droite par Zittau, ou sur notre front par Liegnitz et Lowenberg. Bien que Napoléon fût entouré d'une nuée d'ennemis en mouvement, il ne savait rien de leur marche, parce que l'épaisse muraille des montagnes de Bohême, qui sur sa droite le séparait d'eux, était un rideau difficile à percer. Il écoutait donc avec une singulière attention, cherchant à saisir les moindres bruits, et suivant l'usage ne recueillant que des versions contradictoires. Pourtant on était d'accord sur ce point, qu'un corps d'armée prussien et russe avait passé de Silésie en Bohême pour venir coopérer avec l'armée autrichienne. C'était le corps qui devait, ainsi qu'on l'a vu plus haut, composer en se joignant aux troupes autrichiennes la grande armée du prince de Schwarzenberg. Cette nouvelle très-répandue inspira un moment à Napoléon la pensée d'entrer précipitamment en Bohême à la tête de cent mille hommes par la route de Zittau, et de se jeter sur les Russes et les Prussiens avant leur réunion aux Autrichiens. Il est bien certain qu'il avait cent mille hommes sous la main avec Poniatowski, Victor, la garde et la réserve de cavalerie, et que se portant rapidement à droite vers Leitmeritz, il aurait pu couper en deux la longue ligne que les coalisés devaient former avant de s'être réunis autour de Commotau. (Voir la carte n° 58.) Il lui eût donc été possible de frapper dès le début de la campagne quelque coup terrible, et le maréchal Saint-Cyr, qui s'était épris de cette idée plus brillante que juste, l'y poussait vivement par sa correspondance. Mais il se pouvait qu'entré en Bohême Napoléon trouvât les coalisés déjà concentrés sur sa droite entre Tœplitz et Commotau, dès lors à l'abri de ses coups, et en mesure de le prévenir à Dresde en y descendant par Péterswalde, de sorte que tandis qu'il aurait pénétré en Bohême pour les surprendre, ils en seraient sortis pour le tourner; ou bien il se pouvait encore qu'il les trouvât en masse sur son chemin, qu'il eût à les combattre en force considérable, dans une position désavantageuse pour lui, car vainqueur il lui était impossible de les poursuivre dans l'intérieur de la Bohême, et vaincu il lui fallait repasser devant eux le défilé de Zittau. A leur livrer bataille, il valait bien mieux les attendre à leur sortie des montagnes de la Bohême, et les rencontrer sur la rive droite ou sur la rive gauche de l'Elbe, au moment même où ils déboucheraient, car en les battant on les acculait aux montagnes, et on pouvait profiter de leur engorgement dans les défilés pour les enlever par milliers, hommes et canons. Franchir soi-même les montagnes pour aller guerroyer en Bohême, c'était se donner

Août 1813.

Possibilité d'une invasion subite en Bohême.

Danger de cette opération, fort conseillée par le maréchal Saint-Cyr.

volontairement la fausse position qu'il fallait leur laisser prendre en les attendant à la sortie de ces montagnes sur l'une ou l'autre rive de l'Elbe. Aussi Napoléon n'avait-il que peu de penchant pour cette singulière idée que le maréchal Saint-Cyr soutenait avec chaleur. Il n'y eût cédé que si des renseignements certains lui avaient montré tout à fait à sa portée soixante ou quatre-vingt mille Prussiens et Russes, encore séparés des cent vingt mille Autrichiens qu'ils allaient rejoindre.

Livré à une véritable effervescence d'esprit en présence de tant de chances diverses, Napoléon monta à cheval le 19 août au matin, et suivi de la cavalerie légère de la garde, il pénétra en Bohême, à la tête de quelques mille cavaliers, faisant la guerre comme un jeune homme, comme il la faisait jadis en Italie ou en Égypte. Il s'enfonça dans les gorges jusqu'au delà de Gabel (voir la carte n° 58), se montra même à l'entrée du beau bassin de la Bohême aux Bohémiens surpris de le voir. Il fit arrêter des curés, des baillis pour les questionner, et apprit de la bouche de tous que les troupes russes et prussiennes venant de Silésie longeaient le pied des montagnes en dedans de la Bohême, pour aller rejoindre les Autrichiens, et probablement descendre en Saxe sur les derrières de Dresde. Les coalisés devaient dans ce mouvement traverser l'Elbe entre Leitmeritz et Aussig, et tout annonçait qu'ils étaient déjà ou sur le bord du fleuve, ou au delà, aux environs de Tœplitz. Se jeter sur eux était une opération dont le temps, fût-elle bonne, était passé, et il fallait se hâter de revenir en Saxe, pour combattre autour de

Dresde, sur le champ de bataille préparé avec une si haute prévoyance. Toutefois Napoléon affecta de se montrer, de se nommer aux habitants, afin que le bruit de sa présence en Bohême retentît jusqu'au quartier général des coalisés. Voici l'intention qu'il avait en agissant de la sorte.

Août 1813.

Il devenait évident que le plan des coalisés, après avoir traversé l'Elbe en Bohême, était d'entrer en Saxe, et de descendre sur Dresde afin d'enlever cette ville, ou de se porter sur Leipzig afin de se placer entre le Rhin et l'armée française. Nous ne pouvions rien désirer de mieux, car pour s'engager ainsi sur les derrières de Napoléon, les coalisés s'exposaient à l'avoir eux-mêmes sur leurs communications, et à se trouver dans un gouffre s'ils perdaient une bataille dans cette position. Cela étant, il importait à Napoléon de se jeter brusquement sur l'armée de Silésie, qu'il avait devant lui, afin de la mettre hors de jeu pour quelque temps, et de revenir ensuite se donner tout entier aux affaires qui se préparaient en arrière de Dresde. Pour le succès d'un tel projet il lui était utile de ralentir un moment la marche des alliés, de les faire hésiter, de leur causer ainsi une perte d'un ou deux jours, ce qui était tout gain pour lui, qui avait à courir sur le Bober avant de revenir sur l'Elbe. Il n'avait pas un meilleur moyen d'y réussir que de se montrer en Bohême, car sa présence en ces lieux devait provoquer mille conjectures, ou inquiétantes ou pour le moins embarrassantes.

Napoléon s'étant fait une idée exacte des plans des coalisés, forme le projet de mettre hors de jeu l'armée de Silésie, pour revenir ensuite sur la grande armée de Bohême.

Motifs du soin qu'il met à se faire voir en Bohême.

Après avoir employé la journée du 19 à courir à cheval, tantôt en plaine, tantôt dans les gorges, se

Napoléon après être rentré

Août 1813.

en Lusace, dispose les corps de Poniatowski, de Victor et de Vandamme, de manière à fermer les débouchés de la Bohême, et attend tout un jour pour voir se développer les desseins de l'ennemi.

présentant partout sous son nom, il repassa les défilés du *Riesen-Gebirge*, et revint à Zittau. Il consacra la journée du lendemain 20 à disposer lui-même le corps de Poniatowski et celui de Victor à l'entrée du défilé de Zittau, de façon que ces deux corps pussent résister trois jours au moins aux plus fortes attaques. Napoléon assura en outre leurs communications avec le général Vandamme, qui avait été placé entre Zittau et Dresde vers Stolpen, afin qu'il pût courir en une journée, ou à Zittau ou à Dresde. Toutes ces mesures arrêtées, il avait l'intention d'attendre encore tout un jour la complète manifestation des desseins de l'ennemi, sans éprouver du reste la moindre crainte, car partout les précautions étaient prises de manière à ne laisser aucune inquiétude. En effet, du côté de Berlin 80 mille hommes en marche sous le maréchal Oudinot, et appuyés par les 35 mille du maréchal Davout, à Dresde Saint-Cyr et Vandamme aux aguets sur les deux rives de l'Elbe, à Zittau deux corps gardant les gorges de Bohême, sur le Bober 100 mille hommes sous le maréchal Ney attendant l'ennemi qui voudrait franchir ce fleuve, enfin à Gorlitz, centre de toutes ces positions, Napoléon avec la garde et la réserve de cavalerie, placé à mi-chemin des divers points menacés, présentaient une toile admirablement tissue, du milieu de laquelle celui qui l'avait si habilement disposée était prêt à s'élancer sur l'imprudent qui en agiterait les extrémités.

Napoléon revenu à Gorlitz apprend

Napoléon, revenu le 20 à Gorlitz, y apprit tout à coup que l'armée de Silésie avait envahi dès le 15 le pays neutre qu'elle aurait dû respecter jusqu'au 17, ce qui constituait une violation du droit des gens, que l'ardent patriotisme du général Blucher n'excusait nullement. Cette armée se dirigeait vers le Bober. Sur-le-champ Napoléon mit en mouvement la cavalerie et trois divisions de sa garde, laissant les autres à Gorlitz, et fit ses dispositions pour être sur le Bober le lendemain 21. Avec le secours qu'il apportait au maréchal Ney, il allait avoir 130 mille hommes, et c'était plus qu'il ne fallait pour faire repentir Blucher de sa témérité et de l'infraction qu'il s'était permise contre le droit des gens. Après avoir une dernière fois renouvelé ses instructions à Poniatowski, à Victor, à Vandamme, à Saint-Cyr, il partit plein de confiance et d'espoir.

Les hostilités ayant commencé en Silésie avant l'époque assignée par l'armistice, les quatre corps confiés à Ney sortaient à peine de leurs cantonnements lorsque l'ennemi s'était présenté. Deux de ces corps étaient sur le Bober, ceux de Macdonald et de Marmont, le premier à droite vers Lowenberg, le second à gauche vers Buntzlau. Deux étaient plus compromis encore, car ils se trouvaient au delà sur la Katzbach, celui de Lauriston aux environs de Goldberg, celui de Ney entre Liegnitz et Haynau. Ces deux derniers presque tournés par la subite apparition du corps de Langeron sur leur flanc droit, étaient dans un fort grand péril. Le corps de Lauriston eut de la peine à se replier de la Katzbach sur le Bober, mais il le fit avec sang-froid et vigueur, et rejoignit Macdonald à Lowenberg sans accident. Ney, qui était le plus avancé vers notre gauche, au lieu de se replier simplement sur Buntzlau pour y

Août 1813.

que l'armée de Silésie, violant le droit des gens, a rompu l'armistice deux jours avant le 17 août, et il court à elle avec un renfort de 30 mille hommes.

Les quatre corps de Ney sortaient à peine de leurs cantonnements lorsqu'ils avaient été surpris par l'ennemi.

Leur retraite en bon ordre sur le Bober.

repasser le Bober, vint se déployer hardiment entre la Katzbach et le Bober, et braver Blucher qui s'acharnait contre Lowenberg. A sa vue Blucher s'étant porté sur lui, et Lowenberg se trouvant ainsi dégagé, Ney descendit sur Buntzlau, y passa le Bober, et se réunit à Marmont.

Le 20 nos quatre corps étaient derrière le Bober, ceux de Lauriston et de Macdonald à Lowenberg, ceux de Marmont et de Ney à Buntzlau, ayant beaucoup plus causé de mal à l'ennemi qu'ils n'en avaient essuyé. Napoléon arrivé le 21 au matin sur les lieux voulut prendre l'offensive immédiatement. Blucher avait montré environ 80 mille hommes, le général russe Sacken, avec lequel il en aurait eu 100 mille, étant resté un peu en arrière sur sa droite. Napoléon qui en avait plus de 130 mille, employa la matinée à faire jeter des ponts de chevalets sur le Bober, et à donner tous ses ordres pour une marche prompte et vigoureuse, car il n'avait pas de temps à perdre, s'attendant à être bientôt rappelé sur ses derrières par la grande armée de Bohême. En conséquence il résolut de déboucher de Lowenberg avec Macdonald et Lauriston, en traversant le Bober sur ce point, et d'attirer sur sa gauche Ney et Marmont, après leur avoir fait passer le Bober à Buntzlau.

Vers le milieu du jour on franchit le Bober à Lowenberg, et on marcha vivement. La division Maison, qui formait notre tête de colonne, refoula devant elle les troupes du général d'York, et ne leur laissa de répit nulle part. Tout le corps de Lauriston suivait appuyé par celui de Macdonald. A notre gauche, les maréchaux Ney et Marmont débouchèrent de Buntzlau, et vinrent se serrer sur notre centre. Blucher se voyant aussi vigoureusement abordé, se douta bien qu'il avait Napoléon devant lui, et se hâta de rentrer dans ses instructions, qui lui prescrivaient de ne rien hasarder quand il aurait en tête ce redoutable adversaire. Il se couvrit d'un petit cours d'eau, le Haynau, qui coule entre le Bober et la Katzbach. Cette journée lui avait déjà coûté deux à trois mille hommes.

Août 1813.

Blucher se replie derrière la Katzbach.

Le 22 Napoléon continua sa marche offensive. Les corps de Lauriston et de Macdonald se portèrent directement sur Goldberg pour jeter Blucher au delà de la Katzbach, tandis que Ney et Marmont, s'avançant toujours sur notre gauche, le pousseraient dans le même sens. La division Maison assaillit de nouveau l'ennemi avec la plus grande vigueur. Les troupes, animées par la présence de Napoléon, montraient partout une ardeur extrême. L'ennemi voulut se défendre, mais Lauriston le débordant avec le reste de son corps, pendant que Macdonald le menaçait au centre, on le força d'abandonner le petit cours d'eau derrière lequel il s'était réfugié, et de repasser la Katzbach pour aller prendre position à Goldberg. Ses pertes dans cette journée furent assez considérables.

On continue le 22 cette marche offensive.

Ardeur des troupes.

Blucher définitivement repoussé.

Il était évident, malgré la résistance que Blucher cherchait à nous opposer, et malgré ses cent mille hommes, qu'on ne l'avait pas mis en mesure de tenir tête à Napoléon, et que ce n'était pas de son côté qu'aurait lieu l'action principale. En effet le soir même, Napoléon reçut du maréchal Saint-Cyr un

Napoléon dans ces entrefaites apprend l'apparition de la grande armée de Bohême

268   LIVRE XLIX.

Août 1813.

sur
les derrières
de Dresde.

Le
soir du 22,
il arrête
le mouvement
de ses troupes
pour
se reporter
sur l'Elbe.

Il renvoie
à Dresde
la garde,
la réserve
de cavalerie
et Marmont.

courrier qui ayant fait quarante lieues pour le joindre, lui apprenait qu'on était attaqué par des masses nombreuses, et qu'évidemment la grande armée coalisée débouchait par Péterswalde sur les derrières de Dresde, soit qu'elle songeât à enlever cette ville, soit qu'elle eût l'idée de se porter sur Leipzig, pour exécuter l'audacieuse tentative de se placer entre les Français et le Rhin. Ainsi s'accomplissait l'une des deux hypothèses prévues par Napoléon, et la plus désirable des deux, celle pour laquelle tout avait été préparé avec le plus de soin. Napoléon n'en fut ni surpris ni affligé, tout au contraire, mais il y vit une raison pressante d'accélérer ses mouvements. Le soir même du 22, il arrêta sa garde qui était encore en marche, et qui heureusement n'avait pas dépassé Lowenberg, afin qu'elle se mît en route après un peu de repos, et qu'elle pût être de retour à Dresde en quatre jours, c'est-à-dire le 26. Le corps du maréchal Marmont ayant été le moins engagé, était le moins fatigué aussi, et sans perdre un instant il rebroussa chemin pour voyager avec la garde. Napoléon expédia également une grande partie de la réserve de cavalerie, enfin il écrivit au général Vandamme et au maréchal Victor de se replier l'un et l'autre sur l'Elbe, en laissant le prince Poniatowski aux gorges de Zittau. De la sorte 180 mille hommes devaient se trouver réunis sous Dresde en quatre jours, et 80 mille au moins dans les deux premières journées. Il n'y avait par conséquent aucune inquiétude à concevoir.

Après avoir donné ces ordres dans la soirée même du 22, Napoléon voulut que le 23 au matin les corps de Lauriston, Macdonald et Ney, qui avec la cavalerie du général Sébastiani composaient une masse de 80 mille hommes au moins, poussassent encore une fois l'ennemi devant eux, et le rejetassent fort au delà de la Katzbach. Au point du jour le corps de Lauriston à droite, celui de Macdonald au centre, la cavalerie de Latour-Maubourg à gauche, se déployèrent le long de la Katzbach, pendant que Ney à trois lieues au-dessous, se portait avec son corps et la cavalerie de Sébastiani devant Liegnitz. Blucher avait rangé les troupes russes de Langeron et les troupes prussiennes d'York, derrière la Katzbach et sur les hauteurs du Wolfsberg. La division Girard attaqua les bords de la rivière vers Niederau, et eut un engagement très-vif avec la division prussienne du prince de Mecklembourg. Le général Girard, après avoir démonté l'artillerie de l'ennemi et ébranlé son infanterie à coups de canon, l'aborda brusquement à la baïonnette. Les Prussiens culbutés et acculés sur la Katzbach se couvrirent de leur cavalerie, qui fut bientôt repoussée par celle du général Latour-Maubourg, et repassèrent enfin la Katzbach, que le général Girard franchit à leur suite. A droite, le général Lauriston ayant opéré son passage vers Seyfnau, assaillit les hauteurs du Wolfsberg, les enleva trois fois aux Russes, et trois fois les reperdit. Mais le 135º, de la division Rochambeau, s'en rendit maître par un dernier effort, et l'action se trouva dès lors décidée en notre faveur. Blucher se voyant en même temps débordé à deux ou trois lieues sur sa droite, par le mouvement du maréchal Ney sur Liegnitz, se replia en toute hâte vers Jauer.

Août 1813.

Blucher est forcé de se replier sur Jauer après une perte de 8 mille hommes en quelques jours.

Cette inutile violation du droit des gens avait coûté environ 8 mille hommes au général prussien, et à nous la moitié tout au plus. Malheureusement elle n'avait pas ébranlé le moral d'un ennemi combattant avec l'acharnement du désespoir. Napoléon, qui avait éprouvé l'inconvénient de laisser plusieurs maréchaux ensemble quand sa présence ne les dominait point, et qui prévoyait de rudes batailles pour lesquelles il lui convenait d'avoir le maréchal Ney sous sa main, résolut de l'emmener avec lui, et de confier le 3ᵉ corps au général Souham. De la sorte il n'allait rester sur ce point qu'un maréchal et deux lieutenants généraux. Le maréchal était Macdonald, chef du 11ᵉ corps, et les lieutenants généraux étaient Lauriston et Souham, chefs des 5ᵉ et 3ᵉ corps. Napoléon en remettant le commandement supérieur à Macdonald, lui donna pour instruction de tenir ses troupes légères en observation entre le Bober et la Katzbach, mais de camper avec le gros de ses forces derrière le Bober même, entre Lowenberg et Buntzlau, et d'avoir des postes de correspondance à droite dans les montagnes de Bohême, à gauche dans les plaines de la Lusace, afin d'être constamment averti des moindres mouvements de l'ennemi. Sa mission principale était d'abord de défendre le Bober contre Blucher, et ensuite d'intercepter les routes qui vont de la Bohême en Prusse, afin d'empêcher les détachements que l'ennemi pourrait diriger vers Berlin, contre le corps du maréchal Oudinot. Toujours occupé, comme on le voit, de la marche de ce maréchal sur la capitale de la Prusse, pour laquelle il avait déjà trop étendu le cercle de ses opérations, Napoléon continuait à faire à cet objet des sacrifices regrettables, car Macdonald laissé à quarante lieues de Dresde, pouvait, quoique débarrassé de l'ennemi en ce moment, être assailli de nouveau avec plus de vigueur, et courir de grands dangers en attendant qu'on vînt à son secours.

Août 1813.

Ces dispositions prises, Napoléon ayant vu Blucher en retraite sur Jauer, partit pour Gorlitz, vers le milieu du jour, tandis que la garde, le corps de Marmont et la cavalerie de Latour-Maubourg y marchaient au pas des troupes. Les nouvelles se multipliaient à mesure qu'il approchait, et lui peignaient la ville de Dresde comme fort émue. Le roi de Saxe, la population, les généraux mêmes préposés à la défense de ce poste important, étaient frappés de la masse immense d'ennemis qui venant de la Bohême, descendaient des montagnes sur les derrières de cette capitale. Les rapports s'accordaient unanimement à dire que les hauteurs qui entourent Dresde sur la rive gauche de l'Elbe, étaient couvertes de soldats de toutes nations. On y voyait poindre au sommet des coteaux la lance des Cosaques tant redoutée des habitants paisibles.

Napoléon, arrivé à Gorlitz, y trouve une multitude de nouvelles venues de Dresde.

Effroi causé à Dresde par l'apparition de la grande armée des coalisés.

La grande armée de la coalition, celle qui, composée de Prussiens, de Russes, d'Autrichiens, au nombre de 250 mille hommes, devait profiter de la Bohême pour tourner la position de l'Elbe, avait en effet exécuté le plan arrêté à Trachenberg, et après avoir opéré sa concentration, entre Tetschen et Commotau (voir la carte n° 58), venait de déboucher en Saxe par tous les défilés de l'*Erz-Gebirge*. Elle avait marché sur quatre colonnes, formées

Route qu'avait suivie cette armée.

d'après l'emplacement des troupes. Les Russes venant du fond de la Bohême, puisqu'ils partaient de la Silésie, n'avaient guère pu dépasser l'Elbe, et avaient pris la chaussée de Péterswalde, qui longe le camp de Pirna, et descend sur Dresde en ayant toujours l'Elbe en vue. Le corps prussien de Kleist marchant en avant des Russes, avait suivi la route qui se trouvait un peu plus à gauche (gauche des coalisés débouchant en Saxe), laquelle était moins bien frayée, mais encore fort praticable, et passait par Tœplitz, Zinnwald, Altenberg, Dippoldiswalde. Les Autrichiens, les plus avancés parce qu'ils partaient de chez eux, avaient pris la chaussée de Commotau à Marienberg et Chemnitz, qui est à la gauche des précédentes, et forme la grande route de Prague à Leipzig. Les nouvelles levées autrichiennes composant sous le général Klenau une quatrième colonne, devaient par Carlsbad et Zwickau s'abattre sur Leipzig.

Mais à peine était-on en marche que le plan arrêté par les coalisés à Trachenberg avait été modifié, grâce à l'instabilité des conseils militaires de la coalition, où personne ne commandait, parce que personne n'en était tout à fait capable. Le commandement nominal avait bien été déféré au prince de Schwarzenberg pour flatter l'Autriche, mais au fond l'empereur Alexandre regrettait de ne pas l'avoir pris lui-même, aurait bien voulu le ressaisir, surtout depuis l'arrivée à son camp du général Moreau et du général Jomini, avec le secours desquels il croyait pouvoir conduire glorieusement les affaires de la coalition.

Le général Moreau, comme nous l'avons déjà dit, revenu d'Amérique au bruit du désastre de Napoléon en Russie, sans autre but qu'une espérance vague de rentrer dans son pays par des voies honnêtes, avait formé un projet qui n'était pas dépourvu de chances de succès. Ayant appris que l'empereur Alexandre avait plus de cent mille prisonniers français, tous exaspérés contre l'auteur de l'expédition de Moscou, il avait imaginé qu'on pourrait bien armer quarante ou cinquante mille d'entre eux, les transporter au moyen de la marine anglaise en Picardie, et il répondait en marchant avec eux sur Paris de renverser le trône impérial, pourvu que les souverains alliés le munissent d'un traité de paix dans lequel la France, laissée libre de se choisir un gouvernement, conserverait ses limites naturelles, les Alpes et le Rhin. Moreau, aimant la liberté, ayant en haine le gouvernement despotique qui pesait alors sur la France, se croyant supérieur aux lieutenants de Napoléon, prétendait qu'il leur passerait sur le corps à tous, moyennant qu'il se présentât à la tête de soldats français, qu'il annonçât une paix honorable, une liberté sage, et la fin de l'épouvantable carnage auquel Napoléon obligeait l'Europe par son ambition démesurée. Sans liaisons avec les Bourbons, n'étant aucunement porté vers eux, il admettait cependant que l'on cherchât à concilier cette antique famille avec la Révolution française, et qu'on la rappelât pour établir un gouvernement à la fois stable et libéral, qui mit fin aux longs troubles de la France[1]. C'est avec ces idées qu'il

Août 1813.

Avec quelles idées il y était venu, et comment on l'avait peu à peu entraîné à donner des conseils aux ennemis de son pays.

[1] Ce n'est point sur des conjectures ni sur les interprétations des

était venu à Stockholm, et là son ancien camarade Bernadotte, feignant d'écouter ses scrupules, mais réchauffant ses haines, lui promettant qu'il trouverait auprès de l'empereur Alexandre satisfaction pour tous ses désirs, l'avait envoyé au quartier général russe. Alexandre avait accueilli ce proscrit avec des honneurs infinis, l'avait traité en ami, et avait calmé ses scrupules en lui affirmant qu'on n'en voulait ni à la France ni à sa grandeur, qu'on était prêt à lui laisser les belles conditions du traité de Lunéville, qu'on n'entendait lui imposer aucune forme de gouvernement, et qu'on s'empresserait au contraire de reconnaître celui qu'elle aurait elle-même choisi, ce gouvernement fût-il celui de la république. Repoussant comme impraticable le projet d'armer les prisonniers français, il avait par une pente insensible, d'où toutes les apparences coupables étaient soigneusement écartées, amené l'infortuné Moreau à la déplorable résolution, non pas de servir contre la France, mais de rester auprès des souverains qui la combattaient, différence qui pouvait lui faire illusion, mais qui n'en était pas une, car il était impossible qu'il résidât auprès d'eux pendant cette cruelle guerre sans les éclairer au moins de ses conseils. Pour achever cette séduction, Alexandre avait employé sa sœur, la grande-duchesse Cathe-

amis du général Moreau, mais d'après les lettres de ce général, trouvées depuis sa mort, que j'écris ces pages. La faute du général Moreau fut assez grave pour qu'on ne l'exagère point, et on doit à ses grands services d'autrefois, à son ancien désintéressement, à sa gloire, de réduire à ce qu'il fut véritablement, l'acte coupable qui a terni une des plus belles vies des temps modernes. Les lettres que j'ai dans les mains, écrites avec la plus parfaite simplicité, établissent ce que j'avance d'une manière incontestable.

rine, veuve du duc d'Oldenbourg, princesse remarquable par l'esprit, le caractère, les agréments extérieurs, et tous deux, traitant Moreau comme un ami, l'avaient ainsi aveuglé, étourdi par les plus adroites flatteries, et l'avaient entraîné définitivement sur la voie où il allait rencontrer la plus cruelle des morts, celle qui avec sa vie devait emporter sinon sa gloire, du moins son innocence. C'est depuis qu'il avait Moreau à ses côtés qu'Alexandre regrettait le commandement général. Il aurait voulu le prendre pour chef d'état-major, et avec lui diriger la guerre. Mais il n'était pas possible d'imposer Moreau au prince de Schwarzenberg, ni comme supérieur ni comme subordonné, et de lui ménager un rôle même séant, soit pour lui, soit pour les généraux de la coalition. Moreau se trouvait ainsi dans le camp des coalisés à titre d'ami privé de l'empereur Alexandre, vivant tantôt près de lui, tantôt près de la grande-duchesse Catherine qui était établie à Tœplitz, n'aimant point à figurer dans ces conseils militaires où l'on parlait si longuement, où l'on était à la fois bouillant d'un patriotisme qui était pour lui un reproche, et plein d'idées théoriques qui n'allaient pas à son génie simple et pratique, se bornant à donner directement ses avis à Alexandre, réussissant rarement à les faire prévaloir à travers le chaos des avis contraires, et déjà cruellement puni de sa faute par la position fausse, gênée, presque humiliante, qu'il avait au milieu des ennemis de sa patrie.

Le général Jomini, Suisse de naissance, écrivain militaire supérieur, et dans la pratique de la guerre officier d'état-major d'un jugement aussi sûr qu'élevé, avait rendu à l'armée française, soit à Ulm, soit à la Bérézina, soit à Bautzen, des services dont il avait été mal récompensé. A Bautzen notamment, après avoir signalé au maréchal Ney le vrai point où il aurait fallu marcher, il avait reçu une punition au lieu d'une récompense, ce qu'il devait aux mauvais offices du prince major général, dont il avait souvent blessé la susceptibilité. Vif, irritable, ayant voulu plusieurs fois donner sa démission et entrer au service de la Russie qui s'était empressée de répondre favorablement à ses désirs, il n'avait pas su se contenir en éprouvant le dernier désagrément qu'on venait de lui infliger, et pendant l'armistice il avait passé aux Russes, sans emporter, comme on l'a dit, des plans qu'il ignorait, sans manquer à sa patrie puisqu'il était originaire de la Suisse, mais ayant le tort de ne pas sacrifier des griefs même fondés à une vieille confraternité d'armes, et se préparant ainsi des regrets qui devaient attrister sa vie. Il était arrivé auprès d'Alexandre, qui, connaissant son mérite, lui avait fait le plus brillant accueil. Là il parlait haut, avec la chaleur d'un esprit ardent et convaincu, déplaisait aux généraux alliés en vantant Napoléon et les Français qu'il était presque fâché d'avoir quittés, et censurait sans ménagement tous les projets militaires formés à Trachenberg. Il n'avait pas eu de peine à prouver à l'empereur Alexandre que marcher sur Leipzig était une insigne folie, que se porter sur les communications de l'ennemi lorsqu'on était sûr de ne pas compromettre les siennes, et qu'on ne craignait pas une rencontre décisive, pouvait être une bonne manière d'opérer, mais que ce n'était pas le cas ici, car, une fois à Leipzig, on serait exposé à être coupé de la Bohême, on aurait Napoléon derrière soi à la tête de trois cent mille hommes toujours victorieux jusqu'alors, et si dans cette position on perdait une bataille, on n'en reviendrait pas, les montagnes de la Bohême étant occupées par lui, et l'Elbe étant jusqu'à Hambourg dans ses terribles mains. Le général Moreau, consulté, avait trouvé cet avis parfaitement juste, et on avait renoncé à se diriger sur Leipzig. On avait résolu, au lieu d'appuyer à gauche, d'appuyer à droite, et de se rapprocher des bords de l'Elbe. Les deux premières colonnes, celle qui avait passé par Péterswalde, et celle qui avait passé par Zinnwald et Altenberg, avaient cheminé tout près de Dresde; mais il avait fallu ramener la troisième par Marienberg et Sayda sur Dippoldiswalde, la quatrième par Zwickau et Chemnitz sur Tharandt. (Voir la carte n° 58.) On s'était ainsi reporté sur Dresde sans savoir précisément ce qu'on y ferait; mais on avait l'avantage, en restant adossé aux montagnes de Bohême, de conserver toujours ses communications, d'être comme une épée de Damoclès suspendue sur la tête de Napoléon, et de pouvoir au besoin, si l'occasion était favorable, se jeter sur Dresde pour enlever cette ville, ce qui était le plus grand dommage qu'on pût causer aux Français. Tandis qu'on exécutait ce mouvement transversal de gauche à droite, en suivant le pied de l'*Erz-Gebirge*, on avait appris l'apparition de Napoléon en Bohême, circonstance qui avait fait craindre de sa part une marche

Août 1813.

D'après ce conseil on se replie en se rapprochant de Dresde.

sur Prague, et rendu plus évidente la convenance de rebrousser chemin vers l'Elbe. Puis à Dippoldiswalde même on avait connu la marche de Napoléon sur le Bober, et la situation périlleuse de Blucher. C'était le cas de tenter quelque chose, et de profiter de l'absence de Napoléon pour frapper un grand coup, pour enlever Dresde par exemple, ce que conseillaient les esprits hardis, ce que craignaient les esprits timides, ce que les esprits sages comme Moreau faisaient dépendre de l'état dans lequel on trouverait les défenses de cette ville.

Apparition de la grande armée de Bohême sur les derrières de Dresde.

C'est ainsi que la grande armée des coalisés était arrivée à déployer ses masses imposantes autour de la belle capitale de la Saxe. La colonne qu'on avait aperçue la première était la colonne russe de Wittgenstein, qui descendant le plus près de l'Elbe par la route de Péterswalde, avait rencontré le maréchal Saint-Cyr devant le camp de Pirna. Ce qu'on appelle le camp de Pirna consiste dans un plateau très-élevé, adossé à l'Elbe, taillé à pic presque de tous les côtés, appuyé à gauche au fort de Kœnigstein, à droite au château de Sonnenstein et à la ville de Pirna. La grande route de Bohême par Péterswalde, après avoir franchi les montagnes, s'enfonce vers Hollendorf dans des terrains creux, puis remonte à Berg-Gieshübel sur un autre plateau situé au-dessous de celui de Pirna, passe presque sous son feu, mais à une distance qui rend le passage possible, de manière que la position de Pirna, quoique invincible en elle-même, ne donne cependant pas le moyen de barrer absolument la route de Péterswalde. Seulement une armée établie dans cette posi-

DRESDE ET VITTORIA.

tion, outre qu'elle a dans le camp de Pirna un asile assuré, y trouve aussi un poste d'où elle peut gêner, arrêter même en opérant bien l'ennemi qui veut suivre la route de Péterswalde, soit pour descendre en Saxe, soit pour remonter en Bohême.

Le maréchal Saint-Cyr, après avoir occupé par sa première division les forts de Kœnigstein et de Lilienstein, entre lesquels était jeté un pont sur l'Elbe, avait placé la seconde sur la route de Péterswalde, de manière à ralentir la marche de l'ennemi, et à pouvoir se replier sur Dresde comme il en avait l'ordre. Celle-ci avait défendu pied à pied le plateau de Berg-Gieshübel, avec un aplomb remarquable chez des soldats à peine formés. Pendant ce temps la troisième des divisions du maréchal Saint-Cyr observait le second débouché, celui qui de Tœplitz vient aboutir sur Zinnwald, Altenberg, Dippoldiswalde, et la quatrième enfin placée à la droite de Dippoldiswalde, et veillant sur la grande route de Freyberg, servait de soutien au général Pajol, qui faisait le coup de sabre avec les avant-gardes de la cavalerie autrichienne arrivant par les débouchés les plus éloignés.

Le 23 août le maréchal Saint-Cyr ayant confié, comme nous venons de le dire, à sa première division (42e de l'armée) la garde des deux forts de Kœnigstein et de Lilienstein, et tous les postes des bords de l'Elbe afin d'empêcher l'ennemi de passer d'une rive à l'autre, s'était replié en ordre sur Dresde, où il avait ainsi, outre la garnison, trois divisions d'infanterie avec les cavaleries Lhéritier et Pajol. Ces forces appuyées sur des ouvrages de cam-

Août 1813.

Retraite du maréchal Saint-Cyr sur Dresde.

Distribution des divisions du maréchal Saint-Cyr autour de Dresde.

pagne, et sur les défenses de la ville, étaient capables d'opposer une résistance sérieuse à l'ennemi, quoiqu'il comptât dès les premiers jours 150 mille hommes, et 200 mille les jours suivants. Les trois divisions d'infanterie du maréchal Saint-Cyr[1] ne devaient pas comprendre moins de 21 ou 22 mille hommes. On pouvait tirer de la garnison 5 à 6 mille hommes, quelques-uns Allemands il est vrai, pour les porter sur la rive gauche, et les généraux Lhéritier et Pajol avaient bien 4 mille chevaux. Le maréchal Saint-Cyr disposait ainsi de 31 à 32 mille hommes avec beaucoup d'artillerie attelée pour aider l'artillerie de position. Il avait donc les moyens de disputer la place à l'ennemi, et de donner à Napoléon le temps de manœuvrer autour d'elle, comme il le jugerait utile au plus grand bien des opérations.

---

[1] Le maréchal Saint-Cyr, avec son esprit ordinairement peu indulgent, et le désir de justifier son rôle pendant la campagne de 1813, a inexactement représenté les événements de cette année dans ses Mémoires d'ailleurs si remarquables. Il a voulu prouver partout que Napoléon n'avait aucun plan, qu'il n'avait pourvu à rien, et qu'il n'existait nulle part des forces suffisantes. Ainsi il suppose que sa seconde division était au plus de 5 mille hommes, ce qui aurait fait 15 mille hommes pour les trois divisions chargées de la défense de Dresde. Ces assertions sont inexactes, car les divisions du maréchal étaient de douze bataillons, et en supposant que les bataillons qui ne s'étaient pas encore battus comptassent 500 hommes seulement, les douze bataillons auraient présenté 6 mille hommes. Or, la 42e (première du corps de Saint-Cyr), sous le général Mouton-Duvernet, se trouva le 29 au matin à Kulm avec plus de 8 mille hommes en bataille, ce qui résulte d'un appel fait le jour même, et fourni par le général Haxo dans son rapport circonstancié sur l'affaire de Kulm. Il n'est donc pas admissible que les autres ne comptassent que 5 mille hommes. Leur en attribuer 7 mille, surtout au début des opérations, ce qui suppose à peu près 600 hommes par bataillon, n'est certainement pas une exagération. Le maréchal Saint-Cyr aurait donc possédé, seulement en infanterie de son corps, 21 ou 22 mille hommes à Dresde, sans compter la division laissée à Kœnigstein.

DRESDE ET VITTORIA.

C'est sur cet état de choses que Napoléon fonda ses calculs en recevant à Gorlitz le détail de ce qui s'était passé du côté de Dresde. Il ne pouvait pas savoir tout ce que nous venons de rapporter des mouvements de l'ennemi; mais il savait par la présence de masses considérables sur les derrières de Dresde, qu'entre les divers plans possibles les coalisés avaient adopté celui qui consistait à le tourner, en se portant sur la rive gauche de l'Elbe, et en descendant en Saxe par Péterswalde. Ayant prévu ce mouvement comme l'un des plus vraisemblables, il avait placé à Dresde, ainsi qu'on vient de le voir, de quoi repousser une première attaque, et de quoi retenir la grande armée du prince de Schwarzenberg plusieurs jours au moins. Ces données bien certaines lui suffisaient, et il imagina sur-le-champ l'une des combinaisons les plus belles, les plus redoutables qui soient sorties de son génie, et dont l'exécution, si elle s'accomplissait suivant ses vues, pouvait terminer la guerre en un jour, par l'un des plus terribles coups qu'il eût jamais frappés.

Napoléon revenait de Silésie, précédé ou suivi des masses les plus mobiles de son armée qu'il faisait refluer vers l'Elbe. L'ennemi, pour le tourner, avait franchi l'Elbe dans l'intérieur de la Bohême, à l'abri des montagnes qui séparent la Bohême de la Saxe. Il fallait le punir de ce mouvement téméraire en repassant l'Elbe soi-même, pour fondre sur lui avec des masses écrasantes. Maître des ponts de Dresde, Napoléon pouvait y traverser l'Elbe tranquillement, et, amenant cent mille hommes avec lui, aborder de front les coalisés, et les refouler violemment sur les

Août 1813.

Napoléon, calculant sur les forces laissées à Saint-Cyr pour la défense de Dresde, forme l'une des plus grandes et des plus redoutables combinaisons de sa vie militaire.

Au lieu de déboucher directement de Dresde, il forme le projet de remonter jusqu'à Kœnigstein,

282 LIVRE XLIX.

Août 1813.

de passer l'Elbe en cet endroit, et de prendre par derrière la grande armée de la coalition.

montagnes d'où ils étaient venus. Mais avec ce coup d'œil qui n'appartenait qu'à lui, Napoléon jugea qu'il y avait bien mieux à faire. Au lieu de déboucher de front par Dresde, ce qui n'aurait donné lieu qu'à un choc direct, il résolut de remonter à Kœnigstein, qu'il avait occupé d'avance, approvisionné, rattaché au rocher de Lilienstein par un pont de bateaux, puis après avoir passé l'Elbe en cet endroit, de s'établir à Pirna, d'intercepter la chaussée de Péterswalde, de descendre ensuite sur les derrières de l'ennemi avec 140 mille hommes, de le pousser sur Dresde, et de le prendre ainsi entre l'Elbe et l'armée française. Si ce plan à la fois extraordinaire et simple, qu'une admirable prévoyance avait rendu praticable, en s'assurant d'avance tous les passages de l'Elbe, si ce plan réussissait, et on ne conçoit pas ce qui aurait pu l'empêcher de réussir, il était possible que sous trois ou quatre jours il ne restât plus de coalition. On pouvait avoir fait prisonniers les souverains et leurs armées.

Napoléon écrit au maréchal Saint-Cyr pour lui bien recommander la défense de Dresde.

Napoléon, l'esprit enflammé par la méditation de ce plan, se hâta d'écrire en chiffres à M. de Bassano, pour lui exposer la formidable combinaison qu'il venait d'imaginer, pour lui recommander de la tenir profondément secrète, mais de disposer tout le monde à la seconder, en faisant prendre patience jusqu'à ce que les secours arrivassent, car il allait employer deux jours au moins à se concentrer à Kœnigstein, à y multiplier les moyens de passage pour faciliter le mouvement des 140 mille hommes qu'il amenait, et enfin à se poster convenablement sur la chaussée de Péterswalde. Il écrivit aussi au maréchal Saint-Cyr, afin de lui retracer encore une fois tous les moyens de défense que présentait la ville de Dresde, et il vint le 25 s'établir à Stolpen sur la droite du fleuve, à égale distance de Kœnigstein et de Dresde. Il y fit refluer tout ce qui avait quitté Zittau pour revenir sur l'Elbe, et tout ce qui arrivait des bords du Bober avec la même destination.

Établi à Stolpen, il arrêta toutes ses dispositions conformément à son nouveau plan. Le corps de Vandamme fort de trois divisions, s'était déjà replié sur Kœnigstein à la première apparition de la grande armée des coalisés. La moitié de l'une de ses divisions, celle du général Teste, s'était répandue le long de l'Elbe, de Kœnigstein à Dresde, pour empêcher l'ennemi de repasser le fleuve, et le tenir enfermé sur la rive gauche. Napoléon laissa là cette demi-division, et la renforça d'une nombreuse cavalerie avec ordre de s'opposer à l'établissement de toute espèce de ponts. Il prescrivit à Vandamme de passer avec ses deux autres divisions par le pont jeté entre Lilienstein et Kœnigstein, d'assaillir le camp de Pirna sous lequel l'ennemi avait défilé sans l'occuper en forces, de s'en emparer, d'y rallier la première division de Saint-Cyr, celle de Mouton-Duvernet, laissée à Pirna, et d'aller s'établir à cheval sur la chaussée de Péterswalde. Il devait avoir ainsi outre ses deux premières divisions une moitié de la 3ᵉ (celle de Teste) et la première de Saint-Cyr. Napoléon pour lui procurer quatre divisions entières, emprunta au maréchal Victor la brigade du prince de Reuss, y ajouta la cavalerie de Corbineau, ce qui composait un corps de plus de 40 mille hommes,

Août 1813.

Napoléon après avoir tout disposé pour obtenir un immense résultat.

dont 36 mille d'infanterie et près de 5 mille de cavalerie. Il disposa ensuite toute sa garde et le maréchal Victor revenu de Zittau autour de Stolpen, de manière à suivre le général Vandamme dès que celui-ci serait maître du camp de Pirna, pressa la marche du maréchal Marmont, et fit réunir tous les bateaux qu'on put ramasser pour jeter deux ponts supplémentaires entre Lilienstein et Kœnigstein. Ces ponts jetés, il devait avec Vandamme, Victor, la garde impériale et Marmont, avoir sous la main cent vingt mille hommes à lancer sur les derrières de l'ennemi. Son projet était, tandis qu'il repasserait l'Elbe à Kœnigstein, d'envoyer la cavalerie Latour-Maubourg le repasser à Dresde, afin de tromper le prince de Schwarzenberg, et de lui persuader que toute l'armée française allait déboucher par cette ville. Il aurait eu ainsi 40 et quelques mille hommes dans Dresde, et 120 mille au camp de Pirna pour former l'étau dans lequel il voulait prendre l'armée coalisée. Afin d'être plus sûr de la garde de l'Elbe, dont il fallait faire un obstacle insurmontable, il ne se contenta pas de la moitié de la division Teste et de la cavalerie Latour-Maubourg distribuées entre Kœnigstein et Dresde, mais il ordonna au maréchal Saint-Cyr d'expédier la cavalerie Lhéritier et deux bataillons d'infanterie pour aller garder Meissen, à huit lieues de Dresde, afin que l'ennemi lorsqu'il serait acculé sur cette ville, ne pût pas trouver passage au-dessous. Enfin la pluie ayant détrempé les routes, les bateaux étant difficiles à réunir entre Lilienstein et Kœnigstein, et les troupes étant fatiguées, il crut pouvoir leur donner un jour de repos sans rien compromettre, car tout paraissait calme autour de Dresde. En conséquence il décida que Vandamme ne passerait le pont de l'Elbe entre Lilienstein et Kœnigstein pour assaillir le camp de Pirna que vers la fin de la journée du 26.

Août 1813.

donne un jour de repos à ses troupes.

Malheureusement pendant ce temps les esprits commençaient à se troubler à Dresde en voyant se déployer les masses de l'armée coalisée. Du 23 au 25 on n'avait aperçu que la première colonne, celle qui avait suivi la route de Péterswalde. Les jours suivants, les autres colonnes s'étaient montrées à leur tour, et les hauteurs de Dresde avaient paru en être couvertes. Il ne manquait à cette réunion que la dernière colonne autrichienne, celle de Klenau, qui ayant passé par Carlsbad et Zwickau, avait le plus de chemin à faire pour revenir sur Dresde. Les conseillers d'Alexandre accourus sur le terrain, s'étaient partagés, comme de coutume, et les plus hardis, le général Jomini en tête, en voyant les trois divisions de Saint-Cyr dans la plaine, avaient conseillé de se ruer sur elles, pour rentrer dans Dresde à leur suite, et détruire ainsi d'un seul coup tout notre établissement sur l'Elbe. La proposition avait de quoi séduire, et Moreau consulté avait répondu avec son ordinaire sûreté de jugement, qu'on aurait raison de faire cette tentative, si Saint-Cyr était capable d'attendre à découvert le choc de masses écrasantes, et s'il n'y avait rien derrière lui, soit en ouvrages de défense, soit en réserves de troupes, mais que ce n'était pas supposable, et qu'il serait grave de s'exposer à un échec au début des hostilités. Au milieu de ce conflit, le prince de Schwarzenberg

Mouvements des coalisés autour de Dresde.

avait dit qu'en tout cas il fallait différer d'un jour, car sa quatrième colonne n'était point arrivée. On avait donc remis au lendemain 26 le parti à prendre.

Cette accumulation successive des troupes coalisées autour de Dresde s'apercevait de l'intérieur de la ville, et y causait une sorte de terreur. On avait adressé à Napoléon messages sur messages pour le presser d'accourir en personne avec toutes ses réserves, afin de repousser l'attaque formidable dont on était menacé. En réponse à ces instances il avait envoyé Murat qui après une reconnaissance de cavalerie dans laquelle il avait failli être pris, avait constaté la présence d'une armée fort nombreuse, manifestant l'intention d'attaquer Dresde, et n'avait rien pu voir de plus, car il ne connaissait pas les défenses de la ville, et n'était pas capable d'ailleurs d'avoir un avis bien éclairé sur leur valeur. Napoléon toujours plus sollicité d'accourir, et s'y refusant pour ne pas abandonner un plan duquel il attendait des résultats immenses, avait écrit au maréchal Saint-Cyr afin de lui détailler de nouveau ses moyens défensifs, qui consistaient dans un camp retranché composé de cinq redoutes et de vastes abatis, dans la vieille enceinte de la ville refaite au moyen d'un fossé plein d'eau et de fortes palissades, et enfin dans des barricades établies à la tête de toutes les rues, et il lui avait dit que le camp retranché pris il restait l'enceinte, après l'enceinte les têtes de rues barricadées, que trente mille soldats bien commandés devaient se défendre là six à huit jours, et même quinze s'ils étaient bien résolus. — Un homme moins habile mais plus dévoué que le maréchal Saint-Cyr, aurait promis de faire tuer jusqu'au dernier de ses soldats en défendant la place, et aurait tenu parole, car le salut de la France et sa grandeur dépendaient en cette occasion d'une résistance opiniâtre de quarante-huit heures. Malheureusement le maréchal craignant de prendre des engagements téméraires, se contenta d'écrire qu'il ferait de son mieux, mais qu'il ne pouvait répondre de rien, en présence des masses ennemies dont il était environné[1]. Certes on pouvait compter, lorsqu'il promettait de faire de son mieux, qu'il tiendrait sa promesse, et que ce mieux serait une résistance aussi ferme qu'intelligente. Mais l'intérêt de la conservation de Dresde était si grand, que Napoléon, mécontent de l'extrême réserve du maréchal, fit partir son officier d'ordonnance Gourgaud pour cette ville, avec mission de tout voir, d'entendre tout le monde, et de revenir ensuite au galop, afin qu'il pût prendre sa résolution en parfaite connaissance de cause.

Le chef d'escadron Gourgaud, officier brave et spirituel, n'avait pas un jugement assez froid pour bien remplir une semblable mission. Quand il arriva dans la journée du 23 à Dresde, la population, la cour, étaient dans les alarmes. Les généraux eux-mêmes commençaient à perdre leur sang-froid, et il

[1] Ces événements ont été jusqu'ici ou incomplétement, ou inexactement rapportés, et avec une flatterie ou un dénigrement posthumes pour Napoléon, qui ont défiguré la vérité. Sa grande conception, celle de déboucher par Kœnigstein, n'a jamais été bien précisée, faute de connaître sa correspondance. C'est sur cette correspondance, sur la lecture attentive des ordres et des réponses, qu'est établi le récit qu'on va lire, et on peut compter sur sa parfaite exactitude.

Août 1813.

Ennu
par ce qu'il
a vu,
l'officier d'ordonnance
Gourgaud fait
à Napoléon
un rapport
alarmant.

régnait partout l'anxiété la plus vive. On abandonnait en foule la ville principale, dite la ville vieille, laquelle étant située sur la rive gauche de l'Elbe se trouvait exposée aux attaques de l'ennemi, pour se rendre dans le faubourg de la rive droite, appelé ville neuve. On y avait préparé le logement du roi et celui de M. de Bassano; les magistrats eux-mêmes s'y étaient transportés, et la population entière suivait leur exemple, sans savoir où elle logerait. On comprend que devant une attaque exécutée par 200 mille hommes et 600 bouches à feu, cette malheureuse population fût épouvantée, et que, tout allemande qu'elle était, désirant par conséquent le succès des coalisés, elle ne le désirât plus cette fois, et demandât à grands cris le secours de Napoléon. Le roi surtout, facile à troubler, entouré d'une nombreuse famille aussi timide que lui, était saisi de terreur. Le maréchal Saint-Cyr, le général Durosnel, chargés de la défense, l'un comme commandant du 14ᵉ corps, l'autre comme gouverneur de Dresde, pressés de questions par l'officier d'ordonnance Gourgaud, ne lui parurent pas convaincus de la force de la position, et lui firent un rapport peu rassurant. Ce dernier, dont l'esprit s'échauffait aisément, repartit au galop dans la soirée du 25, arriva vers onze heures du soir à Stolpen, fit la peinture la plus vive des dangers qui menaçaient Dresde, au point d'ébranler le jugement ordinairement si ferme de Napoléon, et de lui faire oublier les considérations puissantes qu'il avait présentées lui-même au maréchal Saint-Cyr. Napoléon n'avait besoin en effet que de deux jours pour descendre par

Kœnigstein sur les derrières de l'ennemi, et il n'était pas possible après tout que Dresde ne résistât pas deux jours, car on avait à opposer aux assaillants le camp retranché, l'enceinte de la ville, et enfin les têtes de rues fortement barricadées. En supposant même que la vieille ville succombât, une chose était certaine, c'est que la ville neuve située sur la rive droite de l'Elbe, moyennant qu'on brûlât le pont dont une partie était en bois, ne succomberait point, que dès lors l'ennemi se trouverait toujours dans un vrai cul-de-sac, et qu'en débouchant sur ses derrières on serait assuré de le pousser dans un abîme. Toutefois le sacrifice de la vieille ville était cruel sous le rapport de l'humanité, fâcheux sous le rapport de la politique, car c'était rendre notre alliance bien funeste à la Saxe, et Napoléon ne regardait pas cette ressource extrême de se défendre dans la ville neuve comme acceptable. D'ailleurs, bien que son plan lui tînt fort au cœur, et qu'aucune combinaison ne pût en égaler la grandeur et les résultats probables, il lui restait une autre combinaison féconde aussi en conséquences, c'était, au lieu de jeter par Kœnigstein toute la masse de ses forces sur les derrières de l'ennemi, de ne jeter par cette issue que les quarante mille hommes de Vandamme et de déboucher directement par Dresde avec cent mille. Certainement Vandamme maître du camp de Pirna, à cheval sur la grande chaussée de Péterswalde, devait en tombant sur les coalisés vaincus devant Dresde leur faire essuyer d'énormes dommages, car il prendrait tous ceux qui essayeraient de repasser par Péterswalde, et refoulerait les autres sur des routes mal

Août 1813.

Malgré toutes les raisons qu'il avait de persister dans son premier plan, Napoléon en adopte un nouveau, moins fécond en grands résultats, mais plus sûr.

Il se décide à déboucher directement de Dresde avec cent mille hommes, en confiant au général Vandamme le

frayées où la retraite serait excessivement difficile. Ce nouveau plan présentait moins d'avantages sans doute, mais il en promettait de bien grands encore, et il était moins hasardeux, puisqu'en réunissant près de cent mille hommes à Dresde, Napoléon sauvait la ville, avait le moyen de battre l'ennemi sous ses murs, et avait en outre pour compléter la victoire et en tirer les dernières conséquences, Vandamme embusqué à Kœnigstein. Il se décida donc pour ce plan, moins vaste mais plus sûr; et ainsi plus audacieux que jamais en politique, il le fut moins que de coutume en fait de guerre, à l'inverse de ce qui aurait dû être, car moins il avait montré de sagesse dans sa politique, plus il aurait dû montrer d'audace dans ses opérations militaires, s'étant mis dans la nécessité d'avoir des triomphes inouïs ou de périr. Mais lui-même, contraste étrange! devenait défiant à l'égard de la fortune, dans un moment où par le refus de la paix il lui avait livré son existence tout entière!

Son parti pris à minuit, avec une promptitude qui ne l'abandonnait jamais, il dicta ses ordres à l'instant même. Il dirigea sur Dresde sa vieille garde arrivée déjà dans les environs de Stolpen, la cavalerie de Latour-Maubourg arrivée également en ce lieu, la moitié de la division Teste restée sur le bord de l'Elbe, et leur recommanda de marcher toute la nuit pour être rendues à Dresde à la pointe du jour, traverser les ponts, et venir se placer derrière le corps du maréchal Saint-Cyr. Il donna les mêmes instructions à la jeune garde et au maréchal Marmont, qui étaient encore sur la route de Lowenberg, et au maréchal Victor qui avait quitté Zittau afin de se transporter à Kœnigstein. En même temps il traça au général Vandamme ce qu'il aurait à faire pendant la journée du lendemain 26. Ce dernier devait avec ses 40 mille hommes traverser le pont jeté antérieurement entre Lilienstein et Kœnigstein, déboucher sur la rive gauche de l'Elbe, assaillir le camp de Pirna, l'enlever, et s'établir en travers de la chaussée de Péterswalde. A ces instructions il ajouta le secours d'un conseiller éclairé, celui du général Haxo, qu'il chargea d'être le guide et le mentor du bouillant Vandamme. Ces ordres expédiés, Napoléon prit un repos de quelques heures, et à la pointe du jour partit au galop pour Dresde. Il y arriva vers 9 heures du matin le 26 août, la première de deux journées justement célèbres.

Chemin faisant il avait aperçu une batterie qui de la rive droite de l'Elbe devait tirer sur la rive gauche moins élevée que la droite, afin d'appuyer l'extrémité de la ligne du maréchal Saint-Cyr. Il la fit renforcer et placer le plus avantageusement possible, puis il entra dans Dresde, suivi des braves cuirassiers de Latour-Maubourg. L'enthousiasme à son aspect fut extrême parmi les troupes et les habitants. Il y avait près du grand pont de pierre un hôpital de blessés français, dont les convalescents se tenaient ordinairement près des abords de ce pont, regardant travailler leurs camarades aux ouvrages de défense. A la vue de l'Empereur, ces jeunes gens se traînant comme ils pouvaient sur leurs membres mutilés, agitant les uns leurs bonnets, les autres leurs béquilles, se mirent à crier *Vive l'Empereur!* avec

Août 1813.

Instructions laissées au général Vandamme.

Retour de Napoléon à Dresde.

Enthousiasme excité par sa présence.

un véritable fanatisme militaire. Les habitants, contraints à saluer en lui leur sauveur, l'accueillirent en poussant les mêmes cris, et en lui demandant de garantir des horreurs de la guerre leurs femmes et leurs enfants. D'ailleurs le dernier séjour qu'avaient fait chez eux les coalisés, les Russes surtout, les avait presque réconciliés avec les Français, qui les traitaient beaucoup moins durement. Déjà quelques boulets tombant sur le pont et sur la grande place, les avertissaient du péril, et Napoléon leur apparaissait en ce moment comme un vrai libérateur. Il se rendit chez le roi de Saxe pour le rassurer, l'engagea vivement à ne pas être inquiet pour le sort de cette journée, puis se transporta sur le front du camp retranché, afin de rejoindre le maréchal Saint-Cyr qui était à la tête de ses troupes, et faisait ses dispositions tactiques avec son habileté accoutumée.

Nous avons déjà donné une première idée du site et de la configuration de Dresde. La ville principale se trouve sur la gauche de l'Elbe, et se montre par conséquent la première quand on vient des bords du Rhin. (Voir la carte n° 58, et le plan de Dresde ajouté à cette carte.) Une suite de hauteurs, détachées des montagnes de la Bohême, enveloppent la ville, et forment autour d'elle une sorte d'amphithéâtre. C'est sur cet amphithéâtre que s'étaient rangés les coalisés, descendus de la Bohême pour nous prendre à revers. Ils avaient ainsi le dos tourné à la France, comme s'ils en étaient venus, et nous à l'Allemagne, comme si nous avions été chargés de combattre pour elle. Notre ligne de défense, adossée à la vieille ville, présentait un demi-cercle dont les deux extrémités s'appuyaient à l'Elbe, l'extrémité gauche au faubourg de Pirna, l'extrémité droite au faubourg de Friedrichstadt. Cette ligne consistait d'abord, ainsi que nous l'avons dit, dans cinq redoutes élevées au saillant des faubourgs, et jointes entre elles par des clôtures et des abatis (c'est ce qu'on appelait le camp retranché), puis dans la vieille enceinte composée d'un fossé et de palissades, et enfin dans les têtes de rues que l'on avait barricadées. C'est à la ligne extérieure des redoutes que le maréchal Saint-Cyr avait placé ses troupes. Sa première division étant restée avec Vandamme, il avait rangé la seconde (43ᵉ de l'armée) sur la première moitié du pourtour de la ville, en partant de la barrière de Pirna jusqu'à la barrière de Dippoldiswalde. Il avait rangé sa quatrième division (45ᵉ) sur l'autre moitié du pourtour se terminant au faubourg de Friedrichstadt. En avant du faubourg de Pirna se trouvait un vaste jardin public, dit le *Gross-Garten*, large de quatre ou cinq cents toises, long de mille ou douze cents, et qui présentait, par rapport aux dispositions de cette journée, une forte saillie en avant de notre gauche. Le maréchal Saint-Cyr y avait établi sa troisième division (la 44ᵉ), mais avec la précaution de ne laisser que de simples postes dans la partie avancée du jardin, et de mettre le gros de la division en arrière, pour qu'elle ne fût pas coupée de l'enceinte de la ville, à laquelle le *Gross-Garten* n'était pas immédiatement lié. Le maréchal Saint-Cyr avait distribué ses postes avec un art infini, de manière qu'ils se soutinssent les uns les autres, et entre les redoutes, dont quelques-unes ne se flan-

Août 1813.

Distribution des divisions du maréchal Saint-Cyr.

Août 1813.

Emplacement des forces russes, prussiennes et autrichiennes autour de Dresde.

Reconnaissance exécutée par Napoléon autour de la ville.

quaient pas assez, il avait disposé de l'artillerie attelée pour remplir par des feux mobiles les lacunes entre les feux fixes. Les Russes de Wittgenstein et de Miloradovitch, sous Barclay de Tolly, descendus de Péterswalde, et faisant face à notre gauche, devaient attaquer entre l'Elbe et le *Gross-Garten*, par les barrières de Pirna et de Pilnitz. Les Prussiens, sous le général Kleist, devaient attaquer le *Gross-Garten*. Les Autrichiens, venus par les débouchés les plus éloignés, et ramenés ensuite sur Dresde par la route de Freyberg, formaient la gauche des alliés, faisaient par conséquent face à notre droite, et devaient attaquer entre les barrières de Dippoldiswalde et de Freyberg. C'était du moins ce qu'on pouvait supposer d'après la distribution apparente des forces ennemies sur le demi-cercle des hauteurs.

Napoléon après avoir parcouru cette ligne sous un feu de tirailleurs assez vif, approuva toutes les dispositions du maréchal Saint-Cyr, et lui fit connaître ses intentions. Les cuirassiers venaient d'arriver, et la vieille garde les suivait; mais la jeune garde, forte de quatre belles divisions, ne pouvait être rendue à Dresde que fort tard dans la journée. Les maréchaux Marmont et Victor se trouvaient encore plus loin. Le projet de Napoléon était de placer une partie de la vieille garde aux diverses barrières, pour les garantir contre tout succès imprévu de l'ennemi, et de ne faire donner cette troupe de prédilection qu'à la dernière extrémité. Avec le reste de la vieille garde, tenue en arrière sur la principale place de la ville, il devait attendre l'événement.

Dès qu'il aurait la jeune garde sous la main, Napoléon se réservait de l'employer lui-même selon les besoins. Il rangea Murat avec toute la cavalerie de Latour-Maubourg dans la plaine de Friedrichstadt, qui s'étend en avant du faubourg de ce nom, et qui formait l'extrême droite de notre ligne de défense, pour occuper l'espace que la quatrième division du maréchal Saint-Cyr ne pouvait pas remplir à elle seule. Entre cette division et la deuxième, c'est-à-dire vers le centre, les forces paraissant insuffisantes, Napoléon y envoya une partie de la garnison de Dresde composée de Westphaliens. Il ordonna au général Teste de rentrer en ville avec sa brigade laissée sur l'Elbe, pour venir soutenir la cavalerie de Latour-Maubourg dans la plaine de Friedrichstadt.

On attendit ainsi résolument l'attaque des deux cent mille ennemis qu'on avait devant soi, et dont on devait supposer que l'effort serait violent, car ils ne pouvaient se flatter d'emporter Dresde que par un coup d'extrême vigueur. Pourtant on était à la moitié du jour, et on n'entendait qu'un feu de tirailleurs sur notre gauche, du côté du *Gross-Garten*. Ce feu s'était engagé entre les Prussiens et la 44ᵉ division habilement commandée par le général Berthezène.

Il est aisé de deviner pourquoi les coalisés étaient si lents ce jour-là, c'est qu'il s'était élevé un nouveau conflit d'opinions au sein de leur état-major. Ils étaient convenus la veille d'ajourner toute résolution jusqu'au lendemain 26, soit pour laisser arriver la quatrième colonne, celle de Klenau, soit pour lire plus clairement dans les desseins des Français. Le 26 au matin tout leur avait paru changé, car Saint-

Cyr au lieu d'être déployé dans la plaine, s'était sagement replié sur les ouvrages de la ville, et ne semblait pas facile à forcer dans sa position. De plus on devait supposer que Napoléon n'était pas homme à l'y abandonner sans secours, et que dès lors les cinq ou six mille hommes, les dix mille peut-être, qu'on serait obligé de sacrifier pour enlever Dresde, seraient probablement sacrifiés inutilement, ce qui était un triste début pour la grande armée coalisée, sans compter les dangers qu'on pourrait courir du côté de Pirna, et dont personne au reste n'avait une idée claire parmi les coalisés! Dans ce nouvel état de choses, le général Jomini, qui avait l'esprit ardent mais juste, se rangea au sentiment du général Moreau, l'empereur Alexandre à celui de tous les deux, et on parut décidé à se replier sur les hauteurs de Dippoldiswalde, pour s'y établir, le dos contre les montagnes, dans une position tout à la fois sûre et menaçante. Mais le roi de Prusse, dominé par les passions de son armée, dit avec un ton d'opiniâtreté froide, qu'après avoir fait une tentative si ambitieuse sur les derrières de Napoléon, se retirer sans même essayer une démonstration contre Dresde, était une conduite qui dénoterait autant de légèreté que de faiblesse, et qui d'ailleurs froisserait singulièrement le patriotisme de ses soldats. Le général Jomini répliqua que la guerre n'était pas une affaire de sentiment, mais de calcul, qu'il aurait fallu attaquer la veille, c'est-à-dire le 25, qu'alors on aurait eu des chances, mais qu'aujourd'hui il n'y en avait pas assez pour sacrifier six mille hommes. Moreau appuya cet avis; Alexandre, suivant son usage, paraissait flottant, le roi de Prusse se montrait mécontent et roide, lorsqu'un habitant de Dresde, arrêté aux avant-postes, et sommé de dire ce qu'il savait, déclara que Napoléon venait d'entrer dans Dresde, qu'il n'y était pas entré seul, et donna des détails tels qu'il était impossible de conserver aucun doute à cet égard. De son côté la colonne russe descendue par Péterswalde avait aperçu au delà de l'Elbe les masses de l'armée française accourant sur Dresde, de façon que tout annonçait une résistance des plus sérieuses. Dès lors il ne pouvait plus y avoir qu'un avis, celui d'aller prendre tout de suite la position de Dippoldiswalde. Le prince de Schwarzenberg, tout en reconnaissant qu'on avait raison, répondit qu'il n'était pas aussi facile de se retirer qu'on l'imaginait, que sa quatrième colonne, arrivée la dernière, et fort avancée vers la gauche, se trouverait en péril si on rétrogradait trop vite, car dans le mouvement de conversion en arrière qu'on allait opérer pour s'éloigner de Dresde et s'adosser aux montagnes, elle aurait l'arc de cercle le plus long à décrire, plusieurs vallées à traverser, et qu'il fallait à cause d'elle mettre beaucoup de lenteur à se replier. Il promit au surplus de contremander tout projet d'attaque. Le généralissime autrichien, qui avait pour principal rédacteur de ses dispositions le général Radetzki, avait adressé la veille pour le lendemain l'ordre convenu de faire une forte démonstration sur Dresde, ce qui, dans tous les cas, était très-mal imaginé, car il aurait fallu ou une attaque furieuse, ou rien. Soit la difficulté de changer assez vite les ordres destinés à une masse de

Août 1813.

des généraux Moreau et Jomini, le projet d'attaque est abandonné.

Cependant le contre-ordre n'ayant pas été donné à temps, toutes les colonnes des coalisés en entendant sonner trois heures aux cloches de Dresde, s'ébranlent

deux cent mille hommes, soit la répugnance à s'en aller sans combattre, l'ordre d'attaquer ne fut pas contremandé à temps, et les cloches de Dresde ayant à toutes les églises sonné trois heures, les nombreuses colonnes des coalisés s'ébranlèrent à la fois, et bientôt une violente canonnade se fit entendre, au grand étonnement des souverains qui ne songeaient qu'à se retirer. Le mouvement étant ainsi donné, de la droite à la gauche, il n'était plus possible de l'arrêter, et l'attaque se trouva engagée sur tout le pourtour de la ville de Dresde.

Le corps de Wittgenstein formant la droite des coalisés, opposé par conséquent à notre gauche, s'avança entre l'Elbe et le *Gross-Garten* en face du faubourg de Pirna. Il fallait franchir un gros ruisseau canalisé, appelé le *Land-Graben*, et menant dans l'Elbe les eaux des hauteurs environnantes. Les soldats de la 43ᵉ division (seconde de Saint-Cyr) disputèrent vivement le terrain. Les Russes, indépendamment d'une batterie française placée sur l'autre rive de l'Elbe, avaient à leur droite notre première redoute construite en avant de la barrière de Ziegel, à leur gauche notre seconde redoute, construite en avant de la barrière de Pirna, et en face des batteries attelées, dont les feux mobiles les attendaient à chaque partie découverte du terrain. Ils eurent donc une grande peine à s'avancer; ils franchirent néanmoins le *Land-Graben*, puis cheminèrent entre l'Elbe et le *Gross-Garten*, aidés par les progrès des Prussiens dans le *Gross-Garten*. Ceux-ci en effet, après de violents efforts, avaient fini par s'emparer de ce jardin, grâce à leur nombre. Ils étaient plus de 25 mille contre une simple division (la 43ᵉ), qui était de 6 à 7 mille hommes, et qui ne voulait pas s'obstiner à cette défense jusqu'à courir la chance d'être coupée de la ville. Elle rétrograda peu à peu, de manière à couvrir le plus longtemps possible les parties de notre ligne qui s'étendaient à gauche et à droite, et se replia entre les barrières de Pirna et de Dohna, disputant opiniâtrément le jardin du prince Antoine, qui était situé en arrière du *Gross-Garten*, et formait le saillant du faubourg de Pirna. Elle vint s'y lier à la 45ᵉ division (quatrième de Saint-Cyr), chargée de défendre le reste de l'enceinte.

Tel était vers cinq heures du soir l'état des choses dans cette partie de notre ligne. L'ennemi sur ce point avait fort approché des redoutes, mais n'en avait enlevé aucune. Au centre, l'attaque avait fait plus de progrès. Les Autrichiens, apercevant une masse immense de cavalerie qui couvrait déjà la plaine de Friedrichstadt sur leur gauche, avaient porté tous leurs efforts sur notre centre, et avaient abordé deux des redoutes, la troisième et la quatrième, construites dans cette partie, l'une située en avant du jardin Moczinski près de la porte de Dohna, l'autre en avant de la porte de Freyberg. Attaquant avec cinquante pièces de canon chacune de ces redoutes, ils avaient fini par en éteindre le feu, et profitant ensuite de quelques plis de terrain ils avaient ouvert une fusillade tellement meurtrière, notamment sur celle du jardin Moczinski, qu'ils avaient forcé nos soldats à l'évacuer. Ils l'avaient alors occupée. C'était la seule de nos redoutes qu'ils

Août 1813.

Les Autrichiens s'emparent de la redoute du jardin Moczinski.

eussent prise, mais un effort énergique sur la quatrième, et sur la cinquième qui venait après, pouvait les en rendre maîtres, et à leur droite les Russes se trouvaient déjà au pied de la première et de la seconde, tout prêts à donner l'assaut.

<small>Quelques compagnies de la vieille garde arrêtent l'ennemi aux barrières de Pirna et de Freyberg.</small>

Quoiqu'il fût tard et qu'il restât peu de jour à l'ennemi pour agir, le péril était grave. Malgré l'ordre de ménager la vieille garde, Friant qui commandait les grenadiers de ce corps, et qui était placé en réserve au faubourg de Pirna, n'avait pas craint d'engager quelques compagnies de ces braves gens. Ces vieux soldats ouvrant hardiment les barrières de Pilnitz et de Pirna, avaient tiré à bout portant sur les têtes de colonnes russes, puis repoussé à la baïonnette les détachements qui s'étaient trop approchés. A l'extrémité opposée, c'est-à-dire à la porte de Freyberg, les fusiliers avaient agi de même, et culbuté les Autrichiens. Ces actes d'énergie n'avaient heureusement pas coûté beaucoup de monde à la vieille garde que Napoléon tenait à ménager, réservant à la jeune l'honneur et l'éducation des grands dangers.

<small>Arrivée de la jeune garde vers la fin du jour.</small>

Mais les colonnes de cette jeune garde arrivaient en ce moment, impatientes de se mesurer avec l'ennemi, et remplissant Dresde des cris de *Vive l'Empereur!* Elles présentaient quatre belles divisions de huit à neuf mille hommes chacune, deux sous le maréchal Mortier, et deux sous le maréchal Ney.

<small>Napoléon dispose lui-même aux barrières de Pilnitz et de Pirna.</small>

En les voyant, Napoléon accourt et les dispose lui-même. Il envoie les divisions Decouz et Roguet à la barrière de Pilnitz pour refouler les Russes, qui ne cessaient de gagner du terrain, les divisions Barrois et Parmentier à la barrière de Pirna pour refouler les Prussiens, qui après avoir enlevé le *Gross-Garten*, donnaient déjà la main aux Autrichiens près de la redoute du jardin Moczinski. En même temps Napoléon fait ordonner à Murat, que l'infanterie du général Teste venait de rejoindre, de charger avec toute sa cavalerie dans la plaine de Friedrichstadt.

Août 1813

les quatre divisions de la jeune garde.

En un instant la scène change. Les barrières de Ziegel et de Pilnitz s'ouvrent, et deux divisions de la jeune garde sortent comme des torrents pour se jeter sur les Russes et les Prussiens. Elles se déploient d'abord pour faire feu, puis se forment en colonnes, et chargent à la baïonnette les masses ennemies. Les Russes surpris sont arrêtés, et bientôt culbutés sur le *Land-Graben*, qu'ils sont forcés de repasser en désordre. L'une de ces deux divisions se rabat à droite sur le jardin du prince Antoine qu'attaquaient les Prussiens, et les en chasse à la baïonnette. Elle vient ensuite se joindre aux troupes de la 44ᵉ division, pour reprendre la redoute située à l'extrémité du jardin Moczinski. Les soldats de la jeune garde, ceux des 43ᵉ et 44ᵉ divisions débouchent de ce jardin en plusieurs colonnes, se jettent sur la redoute, les uns par la gorge, les autres par les épaulements, s'en emparent, et y font prisonniers six cents Autrichiens. Au même moment le général Teste, avec la brigade qui lui restait, sort par la porte de Freyberg, s'empare du village de Klein-Hambourg, tandis que Murat, se déployant avec douze mille cavaliers à notre extrême droite, expulse les Autrichiens de la plaine de Friedrichstadt, et les oblige à regagner les hauteurs. De toutes

Ces quatre divisions débouchent brusquement des barrières de Pilnitz et de Pirna, et refoulent l'ennemi sur tous les points.

Beaux résultats de la journée du 26.

Août 1813.

L'ennemi a perdu 6 mille hommes, et les Français tout au plus 2 mille.

Satisfaction de Napoléon; il espère plus encore pour le lendemain.

Du haut de l'un des clochers de Dresde, il avait discerné une gorge profonde, celle de Planen, qui divisait le champ de bataille en deux.

Il fonde sur cette circonstance une manœuvre décisive, et destine à Murat la mission

parts les alliés vivement repoussés reconnaissent dans ces actes vigoureux la main de Napoléon, et prennent le parti de la retraite en nous abandonnant trois ou quatre mille morts ou blessés et deux mille prisonniers. Combattant à couvert, nous n'avions pas perdu plus de deux mille hommes.

Napoléon était enchanté de cette première journée, car bien qu'il n'eût pas éprouvé d'inquiétude pour la conservation de Dresde, il était fort content d'être quitte de cette attaque à si peu de frais, d'avoir en même temps arraché les habitants de Dresde ainsi que la cour de Saxe à leur terreur, et il prévoyait avec joie une brillante journée pour le lendemain. En effet, cette tentative du 26 ne pouvait pas être le dernier effort de l'ennemi, et comme on attendait encore 40 mille hommes au moins dans la soirée, outre tout ce qu'on venait de recevoir dans l'après-midi, Napoléon se croyait en mesure de livrer le lendemain une bataille décisive. Étant monté plusieurs fois dans cette journée à un clocher de la ville, d'où l'on apercevait très-distinctement le demi-cercle de hauteurs qui entourent Dresde, il avait tout à coup imaginé l'une des plus belles manœuvres qu'il eût jamais exécutées. A notre gauche les Russes formant l'extrême droite des coalisés, étaient rangés entre l'Elbe et le *Gross-Garten*. Un peu moins à gauche, en s'approchant du centre, étaient les Prussiens sous le général Kleist, repoussés du *Gross-Garten* et repliés sur les hauteurs de Strehlen. (Voir le plan des environs de Dresde, carte n° 58.) Tout à fait au centre se trouvait une partie des Autrichiens, vis-à-vis des barrières de Dippoldiswalde et de Freyberg, sur les hauteurs de Racknitz et de Plauen. Là, entre le centre et notre droite, on découvrait une gorge étroite et profonde, servant de lit à la petite rivière de la Weisseritz, laquelle vient se jeter dans l'Elbe, entre la ville vieille et le faubourg de Friedrichstadt. C'est au delà de cette gorge, appelée vallée de Plauen, à l'extrême gauche des alliés, et à notre extrême droite, qu'était rangée la plus grande partie des Autrichiens, séparés ainsi du reste de l'armée coalisée par une sorte de gouffre, à travers lequel il était impossible de les secourir. En outre, ce côté du champ de bataille était plus propre que les autres aux manœuvres de la cavalerie. Napoléon saisissant d'un coup d'œil les avantages qu'offrait cette circonstance locale, avait résolu de renforcer le roi de Naples de tout le corps du maréchal Victor, de le lancer par un détour à droite et d'une manière foudroyante sur les Autrichiens, qui ne pouvant être secourus seraient inévitablement précipités dans la gorge de Plauen, et après avoir ainsi détruit la gauche des coalisés, de pousser Ney avec toute la jeune garde sur leur droite, pour les refouler en masse sur les hauteurs d'où ils avaient essayé de descendre. Il devait résulter de ce double mouvement un double avantage, c'était de leur enlever à droite la grande route de Freyberg, la plus large et la meilleure pour opérer leur retraite, de les acculer à gauche sur cette route de Péterswalde, où Vandamme les attendait à la tête de 40 mille hommes, et de les réduire ainsi pour retourner en Bohême à des chemins mal frayés, où ils ne repasseraient qu'en essuyant des pertes énormes.

Août 1813.

de précipiter les Autrichiens dans la vallée de Plauen.

Ces combinaisons formées en un instant avec une merveilleuse promptitude d'esprit, avaient rempli Napoléon d'une satisfaction qui éclatait sur son visage, et qui n'était que la joie anticipée d'un grand triomphe presque assuré pour le lendemain. Avant de prendre ni repos ni nourriture, il donna ses ordres sans désemparer[1]. A droite il plaça le général Teste sous le maréchal Victor, l'un et l'autre sous Murat qui allait avoir ainsi 20 mille hommes d'infanterie et environ 12 mille hommes de cavalerie, avec ordre de tourner les Autrichiens par leur gauche, et de les pousser à outrance vers la vallée de Plauen. Il prescrivit au maréchal Marmont, qui arrivait dans le moment, de s'établir au centre, à la barrière de Dippoldiswalde, près du jardin Moczinski, ayant derrière lui la vieille garde et la réserve d'artillerie. Le maréchal Saint-Cyr devait réunir ses trois divisions, les ranger en colonne serrée entre la barrière de Dippoldiswalde et la barrière de Dohna, la droite au maréchal Marmont, la gauche au *Gross-Garten*. Ces deux corps, placés près de Napoléon qui avait le projet de se tenir au centre (ce qu'il fit savoir à tous ses lieutenants pour qu'ils vinssent y chercher

---

[1] Le maréchal Saint-Cyr, avec sa sévérité accoutumée, a, dans ses Mémoires, représenté Napoléon comme n'ayant aucun plan pour le lendemain, tandis qu'il existe une suite de lettres (ignorées évidemment du maréchal), datées du 26 août à 7 heures du soir, au moment où finissait la première bataille, et dans lesquelles tous les ordres pour le lendemain sont donnés avec la plus rare précision et la plus parfaite prévoyance du résultat. Il ne faut donc jamais prononcer sur ces grands événements qu'après avoir vu les documents eux-mêmes, et non pas quelques-uns, mais tous s'il est possible. Sans cela on ne porte que des jugements erronés, si bon juge qu'on soit, et si près des événements qu'on ait pu être.

ses ordres), ne devaient recevoir d'instructions que sur le terrain même et de sa propre bouche. Enfin à l'extrême gauche, Ney, avec toute la jeune garde et une portion de la cavalerie sous Nansouty, avait pour instructions de défiler derrière le *Gross-Garten* avec près de quarante mille hommes, de tourner autour de ce jardin, d'expulser les Russes de la plaine qui s'étend de Striesen à Döbritz, et de les refouler sur les hauteurs quand le désastre de la gauche des coalisés les aurait suffisamment ébranlés. Sauf le conseil des événements, Napoléon voulait en agissant par ses deux ailes, dont chacune allait enlever aux coalisés l'une de leurs routes principales, demeurer immobile au centre avec 50 mille hommes, se réservant d'en disposer au besoin, sans crainte d'affaiblir le milieu de sa ligne, appuyé qu'il était à la ville et à de fortes redoutes. Il avait en effet donné des ordres pour que toutes les redoutes et notamment celles du centre fussent réarmées, renforcées en hommes et en artillerie. Prévoyant de plus un violent combat d'artillerie au centre, il y avait amené plus de cent bouches à feu de la garde, indépendamment de toutes les batteries de Marmont et de Saint-Cyr.

Napoléon avec à peu près 120 mille hommes allait en combattre 200 mille, car les coalisés, une fois tous les Autrichiens de Klenau arrivés, n'en devaient pas avoir moins. De ces 200 mille, il y en avait 180 mille devant Dresde, et 20 mille devant Pirna sous le prince Eugène de Wurtemberg. Les coalisés auraient même pu en réunir davantage, s'ils n'avaient pas laissé environ 30 mille hommes

Août 1813.

Ney chargé avec la jeune garde et une partie de la cavalerie de défiler devant le *Gross-Garten*, et de venir enlever aux Russes la plaine entre Gruna et Prohlis.

entre Prague et Zittau à la garde de ce débouché, où était resté le prince Poniatowski. Mais Napoléon avait pour contre-balancer l'inégalité du nombre l'avantage de ses combinaisons, et les 40 mille hommes du général Vandamme, placés à Pirna bien plus utilement qu'à Dresde.

Après avoir dicté ces dispositions de la manière la plus précise, Napoléon alla souper chez le roi de Saxe avec ses maréchaux, et recevoir les félicitations de toute la cour, bien heureuse maintenant qu'elle était irrévocablement liée à notre sort, de voir l'ennemi éloigné de la capitale et menacé d'une prochaine et grande défaite. Napoléon ne révéla ses projets à personne, mais il annonça une bataille décisive pour le lendemain, n'hésita point à dire qu'il la rendrait funeste pour la coalition, et laissa éclater pendant toute la soirée une gaieté singulière. Il ne se retira que fort tard, afin de goûter un peu de repos entre deux batailles.

La journée ne se termina pas aussi gaiement dans le camp des souverains alliés. On s'y reprochait l'échec éprouvé devant Dresde, on l'attribuait au contre-ordre décidé et point donné, et on n'était pas d'avis de renouveler l'imprudente tentative qui venait de coûter inutilement cinq à six mille hommes à l'armée combinée. Aller prendre à Dippoldiswalde sur le penchant des montagnes de Bohême la position menaçante conseillée par Moreau, n'était pas immédiatement praticable, car c'eût été proclamer une véritable défaite, et la déclarer même plus grave qu'elle n'était. Mais on résolut de rester en place sur les coteaux qui entourent Dresde, et où l'on occupait une excellente position. Les Français avaient eu l'avantage des lieux en s'adossant à Dresde pour résister; on l'aurait à son tour en se tenant sur le demi-cercle des hauteurs, et s'ils attaquaient on les rejetterait en désordre vers ces faubourgs où l'on n'avait pas pu pénétrer. Personne ne s'avisa de penser à ce gouffre de Plauen, au delà duquel se trouvait une partie de l'armée autrichienne, et où il serait impossible de lui porter secours s'il lui advenait malheur. Seulement le prince de Schwarzenberg craignant de n'être pas assez fort au centre, retira une partie des troupes qu'il avait au delà du vallon de Plauen, affaiblit ainsi son aile gauche qu'il aurait dû renforcer, comptant il est vrai sur l'arrivée de la seconde moitié du corps de Klenau, pour rendre à cette aile la force dont il la privait. C'est dans ces dispositions si différentes que chacun attendit la journée du lendemain.

Août 1813.

qu'elle occupe.

Ce lendemain, 27 août, il pleuvait abondamment, et dans les intervalles de pluie un brouillard épais enveloppait le champ de bataille, circonstance pénible pour les soldats des deux armées, mais avantageuse pour les combinaisons de Napoléon. Les premières heures de la matinée se passèrent en manœuvres. De notre côté, en commençant par la droite, le général Teste, mis sous les ordres du maréchal Victor, vint s'établir avec les huit bataillons dont il disposait en face du village de Löbda et de l'entrée du vallon de Plauen, pour empêcher les grenadiers autrichiens de Bianchi d'en déboucher ainsi qu'ils l'avaient fait la veille. (Voir le plan des environs de Dresde.) Le maréchal Victor avec ses

Grande journée du 27 août.

Épais brouillard suivi de pluie.

La matinée employée en manœuvres.

20.

trois divisions (dont une réduite à une seule brigade) se forma en colonnes au pied des hauteurs, attendant que Murat eût exécuté son mouvement tournant sur la gauche des Autrichiens, et Murat lui-même, à cheval dès le matin, prenant avec la grosse cavalerie de Latour-Maubourg le chemin allongé de Priesnitz, se hâta de gravir sans être aperçu le plateau sur lequel il devait manœuvrer. Au centre Marmont ayant la vieille garde derrière lui, et sur son front une formidable artillerie, vint se ranger au pied des hauteurs de Racknitz, pour recevoir les instructions que Napoléon, placé à ses côtés, lui donnerait de vive voix. Un peu à gauche, mais toujours au centre, Saint-Cyr ayant réuni ses trois divisions répandues la veille tout autour de la ville, prit position en avant du *Gross-Garten*, prêt à attaquer les hauteurs de Strehlen. Enfin à l'extrême gauche, Ney avec la jeune garde et la cavalerie de Nansouty, défila en colonnes derrière le *Gross-Garten*, pour le tourner et venir ensuite entre Gruna et Döbritz se mesurer avec les Russes.

Du côté des alliés la distribution était la même que la veille, sauf quelques rectifications de position, et ils attendaient presque immobiles l'attaque des Français, dont ils apercevaient les préparatifs à travers le brouillard. Le comte de Wittgenstein (en commençant par leur droite) était avec le gros des Russes opposé au maréchal Ney entre Prohlis et Leubnitz : il avait ses masses sur les hauteurs, ses avant-gardes dans la plaine. En arrière à droite, autour de Prohlis, se trouvait la cavalerie de la garde sous le grand-duc Constantin, en arrière à gauche, entre Torna et Leubnitz, le corps des grenadiers sous Miloradovitch. Barclay de Tolly commandait ces réserves. Un peu à gauche et vers le centre, se trouvaient les Prussiens de Kleist, entre Leubnitz et Racknitz, ayant la garde prussienne en arrière et leurs avant-gardes dans la plaine, aux environs de Strehlen, en face du maréchal Saint-Cyr. Tout à fait au centre, les corps autrichiens de Colloredo et de Chasteler étaient déployés de Racknitz à Plauen, faisant face au maréchal Marmont et à la vieille garde. Là était établi, à Racknitz même, l'empereur Alexandre avec le général Moreau, devenu son fidèle compagnon, et pouvant presque apercevoir Napoléon placé à la barrière de Dohna. A gauche, contre le vallon de Plauen, étaient rangés en colonnes les grenadiers de Bianchi, détachés du corps de Giulay pour renforcer le centre, et ayant derrière eux vers Coschitz les réserves autrichiennes, sous le prince de Hesse-Hombourg. Enfin plus à gauche, au delà de ce vallon de Plauen, si profond, si difficile à traverser, se trouvaient à Töltschen les restes du corps de Giulay, un peu plus loin à Rosthal et Corbitz la division d'infanterie d'Aloys Lichtenstein, et tout à fait à gauche, entre Comptitz et Altfranken, la division Meszko, faisant partie du corps de Klenau qui était encore en marche en ce moment. Ce sont ces troupes qui allaient avoir sur les bras Victor et le roi de Naples.

Dès que les positions furent prises, et qu'on put discerner les objets à travers le brouillard, la canonnade commença, et bientôt elle devint violente, car entre les deux armées il n'y avait pas moins de

Août 1813.

Moreau placé à Racknitz avec l'empereur Alexandre.

douze cents pièces de canon en batterie. Napoléon fit surtout entretenir le feu d'artillerie au centre, où il n'avait que ce moyen d'action. A la droite le général Teste s'empara de Löbda, dont il chassa les tirailleurs autrichiens, et pénétra jusqu'à l'entrée du vallon de Plauen. Le maréchal Victor qui avait marché une partie de la nuit, après un peu de repos donné à ses troupes, se forma en plusieurs colonnes, et entreprit de gravir les hauteurs, pour s'approcher des villages de Töltschen, Rosthal, Corbitz, qu'il devait enlever, et Murat ayant franchi par le petit chemin de Priesnitz l'escarpement du coteau, déploya ses soixante escadrons sur la droite de la chaussée de Freyberg, menaçant la gauche des Autrichiens. (Voir le plan des environs de Dresde.) A dix heures et demie du matin ce mouvement était presque terminé.

Au centre, Saint-Cyr, rangé un peu à gauche de Marmont et de la vieille garde, quitta les murs du *Gross-Garten*, auxquels il était adossé, enleva Strehlen aux Prussiens, et essaya de les suivre sur les hauteurs de Leubnitz. Les Prussiens se jetèrent sur lui, et un combat des plus vifs s'engagea entre Strehlen et Leubnitz. Au delà du *Gross-Garten*, Ney après avoir défilé derrière ce jardin, et pivotant alors sur sa droite, la gauche en avant, vint se déployer entre Gruna et Döbritz, puis s'avança vers Reick, refoulant devant lui les avant-gardes de Wittgenstein. Marchant à la tête de trente-six mille hommes d'une superbe infanterie, et de cinq à six mille chevaux, il se présentait avec l'attitude résolue qui lui était naturelle.

Sauf l'engagement sérieux entre Saint-Cyr et les Prussiens vers Strehlen, on se contenta jusqu'à onze heures du matin d'échanger une forte canonnade sur la plus grande partie de la ligne, et le temps fut surtout employé à manœuvrer sur les deux ailes. Les coalisés cependant, qui ne pouvaient pas apercevoir ce qui se passait à leur gauche, au delà du vallon de Plauen, et qui voyaient à leur droite la marche soutenue et imposante de Ney, se demandaient ce qu'il fallait faire. D'après une idée du général Jomini, il fut proposé à l'empereur Alexandre dès que le maréchal Ney serait parvenu jusqu'à Prohlis, de jeter dans son flanc la masse des Prussiens, tandis que Barclay de Tolly avec les réserves russes l'aborderait de front. On pensait qu'en portant ainsi sur ce maréchal cinquante à soixante mille hommes à la fois, on parviendrait à l'accabler. Mais le maréchal Saint-Cyr se rabattant lui-même avec 20 mille hommes sur les Prussiens, et les prenant à dos, aurait pu à son tour faire naître des chances bien diverses, et peut-être bien funestes pour les alliés. Alexandre jugea bonne l'idée qu'on lui proposait ; le prince de Schwarzenberg l'accueillit ; elle convenait à l'ardeur des Prussiens, et on dépêcha des émissaires au froid et méthodique Barclay de Tolly pour lui persuader de concourir avec toutes ses forces à une manœuvre qu'on croyait décisive.

Mais tandis que ce danger, plus ou moins réel, menaçait le maréchal Ney, un danger certain, ne dépendant pas du concours d'une foule de volontés, menaçait la gauche des coalisés. Vers onze heures et demie, au delà du vallon de Plauen, Victor et

312 LIVRE XLIX.

Août 1813.

et Murat exécutent la grande manœuvre qui leur est prescrite.

Murat arrivés en ligne, et ayant bien concerté leur attaque, commencèrent à l'exécuter avec autant de promptitude que de vigueur. Le maréchal Victor porta sur sa gauche la division Dubreton, dont une brigade devait enlever Töltschen aux grenadiers de Weissenwolf, dont l'autre brigade devait enlever Rosthal à la division Aloys Lichtenstein. Il porta sur sa droite la division Dufour, réduite à une brigade, et la dirigea contre le village de Corbitz, où passait la grande route de Freyberg, et où se trouvait le reste de la division Aloys Litchtenstein. Il tint en réserve la division Vial. Au delà de Corbitz et de l'autre côté de la chaussée de Freyberg, Murat continuant à manœuvrer, tâchait en s'avançant jusqu'à Comptitz de déborder la gauche des Autrichiens formée par la division Meszko. Quand Murat parut avoir gagné assez de terrain sur la gauche des Autrichiens, le maréchal Victor donna enfin le signal, et on marcha d'un pas rapide sur les trois villages désignés. Les Autrichiens firent d'abord avec cinquante pièces de canon un feu meurtrier, et lorsque nos colonnes d'attaque furent plus rapprochées, les accueillirent avec la mousqueterie. Nos jeunes soldats, conduits par des officiers vigoureux, ne furent ébranlés ni par les boulets ni par les balles. Se portant avec vivacité sur les trois villages, ils enlevèrent les clôtures des jardins qui les précédaient, puis se jetèrent sur les villages eux-mêmes. Les deux brigades de la division Dubreton entrèrent, l'une dans Töltschen, où elle combattit corps à corps avec les grenadiers de Weissenwolf, l'autre dans Rosthal, où elle se trouva aux prises avec une partie de la division Aloys Lichtenstein.

Victor enlève Töltschen, Rosthal et Corbitz.

Après un combat assez court ces deux villages tombèrent dans nos mains. A droite la division Dufour assaillit Corbitz, l'emporta, et y fit deux mille prisonniers. Les Autrichiens se replièrent alors sur le terrain en arrière, lequel s'élève en forme de glacis. On les y suivit. Tout à coup la division Aloys Lichtenstein, apercevant un vide entre la division Dubreton qui s'était portée un peu à gauche vers Töltschen, et la division Dufour qui était restée à Corbitz, sur la grande route de Freyberg, tâcha de pénétrer dans ce vide. Mais la division Vial, qui était en réserve au centre, s'avança pour lui tenir tête, tandis que Murat saisissant l'à-propos avec le coup d'œil d'un général de cavalerie supérieur, lança la division Bordessoulle sur l'infanterie d'Aloys Lichtenstein. Les cuirassiers de Bordessoulle fondirent au galop sur les Autrichiens formés en carré, et privés par la pluie de l'usage de leurs feux. Deux carrés furent en un instant enfoncés et sabrés. La division Dufour dégagée reprit alors sa marche le long de la chaussée de Freyberg, tandis qu'à gauche les deux brigades Dubreton s'appliquaient à pousser les Autrichiens vers le gouffre de Plauen. Les grenadiers de Weissenwolf voulurent en vain tenir, ils furent précipités dans la Weisseritz : on en prit plus de deux mille. En même temps la cavalerie de Bordessoulle renouvelant ses charges sur la division Aloys Lichtenstein, la mena jusqu'au sommet des hauteurs entre Altfranken et Pesterwitz, puis la précipita sur Potschappel, dans le plus profond de la vallée de Plauen. On ramassait en quantité les hommes et les canons. A droite Murat, qui avait toujours suivi de l'œil la division

Août 1813.

Murat lance la cavalerie Bordessoulle sur la division Aloys Lichtenstein, et enfonce deux carrés.

Victor et Murat précipitent l'infanterie autrichienne dans la vallée de Plauen.

Meszko pour l'empêcher de se réunir à Aloys Lichtenstein, la poussa sur Comptitz pour la jeter par delà les hauteurs. Trois mille cavaliers autrichiens placés sur les flancs de cette division se ruèrent alors sur lui. Il leur opposa les dragons de la division Doumerc, et les culbuta. Puis il aborda l'infanterie de Meszko avec ses cuirassiers, et la mena battant pendant plus d'une lieue sur la grande route de Freyberg. Tantôt cette malheureuse division s'arrêtait pour recevoir les charges de nos cavaliers, et les soutenir à la baïonnette, car la pluie continuant à tomber par torrents rendait les feux impossibles, tantôt elle se retirait le plus vite qu'elle pouvait. Enfin débordée, entourée par nos escadrons, elle fut réduite à mettre bas les armes au nombre de six à huit mille hommes. Il était deux heures, et déjà Murat avait tué ou blessé quatre à cinq mille hommes, fait douze mille prisonniers, et ramassé plus de trente bouches à feu. Le désastre de l'aile gauche ennemie était donc complet, et on peut dire sans exagération que cette aile n'existait plus.

Tandis que ces événements s'accomplissaient à la gauche des coalisés, un étrange accident se passait au centre. Napoléon ayant engagé là un violent feu d'artillerie contre les Autrichiens qui avaient beaucoup de canons et une position dominante, et ne trouvant pas ce feu suffisant, avait fait amener trente-deux pièces de 12 de la garde commandées par le colonel Griois. Lui-même sous les boulets ennemis dirigeant ces batteries, les porta le plus près possible du but sur lequel elles devaient tirer. En ce moment, l'empereur Alexandre était vis-à-vis, à

Racknitz même, ayant le général Moreau à ses côtés. Ce dernier faisant remarquer le danger de cette position à l'empereur Alexandre, lui conseilla de se placer un peu plus loin. A peine avait-il donné ce conseil et fait exécuter ce mouvement, qu'un boulet parti des batteries dont Napoléon excitait le feu, le frappa aux deux jambes et le précipita à terre, lui et son cheval. Étrange coup de la fortune! Il venait d'être atteint d'un boulet français, tiré pour ainsi dire par Napoléon! Que de punitions, les unes méritées, les autres imméritées, tombaient à la fois sur la tête de cet infortuné, qui aurait dû mourir d'une meilleure mort! L'empereur Alexandre courut à Moreau, le serra dans ses bras, le fit emporter, et resta profondément troublé de cet incident, dont l'annonce se propageant de bouche en bouche causa chez les coalisés une impression générale. A cette nouvelle s'ajoutèrent bientôt celle du désastre survenu à la gauche qu'il était impossible de secourir à travers le vallon de Plauen, et celle du refus de Barclay qui n'avait pas voulu exécuter la manœuvre qu'on lui proposait contre Ney, disant que sur ce sol détrempé par la pluie, coupé de canaux, il ne pouvait faire descendre son artillerie sans la perdre. En même temps un officier arrivant de Pirna venait d'annoncer que Vandamme débouchant de Kœnigstein, avait enlevé ce poste au prince Eugène de Wurtemberg.

Frappés d'un éclatant désastre à gauche, violemment canonnés au centre, menacés d'être débordés à leur droite par le mouvement du maréchal Ney qui s'avançait sans obstacle de Reick sur Prohlis, et craignant de voir bientôt la route de Péters-

Août 1813.

Moreau atteint mortellement par une batterie que Napoléon avait dirigée sur le groupe des souverains.

Barclay de Tolly refuse d'exécuter le mouvement projeté contre Ney.

walde aux mains de Vandamme, les généraux coalisés réunis autour de l'empereur Alexandre et du roi de Prusse, se mirent à discuter le parti à prendre. Les plus ardents voulaient s'obstiner, mais le prince de Schwarzenberg, atterré par la perte de plus de vingt mille hommes à sa gauche, privé de munitions par le retard de ses convois, ne sachant quel traitement Murat, lancé au galop sur ses derrières, pourrait faire essuyer au reste du corps de Klenau, se refusa péremptoirement à continuer la bataille. La retraite fut donc ordonnée vers les montagnes de la Bohême par lesquelles on avait pénétré en Saxe, sans qu'on fût bien fixé sur la direction que suivrait chaque colonne. On céda le terrain peu à peu, en repassant par-dessus la crête des coteaux qui entourent la ville de Dresde.

A cet aspect la joie la plus vive éclata dans nos rangs. Murat à droite, galopant toujours sur la chaussée de Freyberg, ramassait à chaque instant des prisonniers et des voitures de bagages et d'artillerie. Au centre on canonnait plus vivement l'ennemi, et Saint-Cyr et Ney s'ébranlant à gauche gravissaient les hauteurs à la suite des Russes. A six heures du soir nous avions enlevé aux coalisés 15 à 16 mille prisonniers, au moins quarante bouches à feu, et il restait sur le terrain 10 à 11 mille ennemis morts ou blessés, la plupart par le canon, excepté ceux qui avaient succombé sous les baïonnettes de Victor et les sabres de Murat. Les coalisés avaient donc perdu 26 ou 27 mille hommes, sans compter les traînards et les égarés que nous allions recueillir par milliers. Cette belle journée, dernière faveur de la fortune dans cette affreuse campagne, nous avait coûté environ 8 à 9 mille hommes, presque tous atteints par les boulets. Elle était principalement due à Napoléon, qui d'un coup d'œil avait vu dans la vallée profonde de Plauen un moyen d'isoler et de détruire une aile de l'armée ennemie, et après Napoléon à Murat, qui avait exécuté cette belle manœuvre avec un succès merveilleux. Sans cet accident de terrain le champ de bataille de Dresde, partout dominé, n'eût pas été tenable pour nous; mais Napoléon en saisissant avec le regard du génie une particularité toute locale, en avait fait soudainement un théâtre de victoire pour lui, un théâtre de confusion pour ses adversaires! Heureuse inspiration de laquelle il attendait de plus grands résultats encore que ceux qu'il venait d'obtenir. Ayant à quatre lieues sur sa gauche quarante mille hommes embusqués, il ne pouvait penser sans une involontaire joie à l'effet que produiraient ces quarante mille hommes tombant à l'improviste sur les derrières des ennemis battus, et tout en s'applaudissant de la victoire du jour, il se promettait, il promettait à tout le monde de bien autres trophées pour le lendemain. Hélas! il ne se doutait pas qu'une combinaison destinée à produire les plus brillants résultats ne serait bientôt qu'une source de malheurs! La fortune dans ces derniers temps ne devait plus lui accorder que des triomphes empoisonnés, ordinaire traitement qu'elle réserve à ceux qui ont abusé d'elle!

Napoléon rentra dans Dresde à la chute du jour, au milieu des cris enthousiastes de la population, enchantée d'être débarrassée des deux cent mille

Août 1813.

Napoléon se promet de plus grands résultats encore de la position assignée à Vandamme.

Napoléon rentre le soir dans Dresde, et reçoit

Août 1813.

de
la population
un accueil
enthousiaste.

coalisés, qui avant de la délivrer des Français, lui auraient fait subir les horreurs d'une prise d'assaut. Ayant supporté pendant douze heures une pluie continuelle, il avait les bords de son chapeau rabattus sur les épaules, était couvert de boue et rayonnant de satisfaction. Il alla chez le roi de Saxe, qui lui témoigna la joie la plus vive, et au milieu de ce contentement sincère chez les uns, affecté chez les autres, démonstratif chez tous, il y avait une question qu'il ne cessait d'adresser à chacun. Au moment où le boulet qui avait frappé Moreau était tombé dans le groupe de l'empereur Alexandre, Napoléon avait clairement discerné à l'éclat des uniformes que ce groupe était celui des souverains, et il ne se lassait pas de demander : Qui donc avons-nous tué dans ce brillant escadron?... — Il le sut peu d'instants après par le plus étrange des incidents. L'illustre blessé avait un chien qui était resté dans la chaumière où on lui avait donné les premiers soins. Ce chien amené à Napoléon, portait sur son collier : *J'appartiens au général Moreau!* C'est ainsi que Napoléon apprit la présence et la mort de Moreau dans les rangs des coalisés! En attendant il donna ses ordres pour que ses corps d'armée, après s'être réchauffés à de grands feux et reposés une nuit entière, se missent en mouvement dès la pointe du jour du 28, afin de poursuivre l'ennemi à outrance, et de recueillir toutes les conséquences de la belle victoire du 27.

Retraite
des coalisés.

Les coalisés ayant rétrogradé jusqu'au sommet des hauteurs qui entourent Dresde, se mirent à discuter la direction qu'ils donneraient à la retraite.

Les uns voulaient s'arrêter aux débouchés des montagnes de la Bohême, comme l'avait conseillé le général Moreau avant la bataille, les autres voulaient se retirer tout de suite en Bohême, au delà même de l'Eger, et de cet avis était surtout le généralissime prince de Schwarzenberg, qui désirait réorganiser son armée, et la remettre du rude coup qu'elle venait d'essuyer. Demeurer sur le versant des montagnes en présence d'un ennemi victorieux, et habitué comme Napoléon à tirer un si grand parti de la victoire, n'était plus proposable. Repasser les montagnes, sauf à décider ensuite jusqu'où l'on pousserait le mouvement rétrograde, était donc la première et la plus inévitable des résolutions à prendre. Elle fut prise. Restait à savoir quels chemins on suivrait pour repasser les montagnes. La grande route de Péterswalde était sinon perdue, au moins fort compromise. En effet, le général Vandamme exécutant les ordres de l'Empereur avait la veille, c'est-à-dire le 26, franchi l'Elbe à Kœnigstein, assailli le plateau de Pirna faiblement gardé, et s'était établi dans ce camp, d'où il dominait la route de Péterswalde sans toutefois l'intercepter entièrement. On avait bien envoyé dans la journée le comte Ostermann pour secourir le prince Eugène de Wurtemberg, mais on ne connaissait pas au juste la force du corps de Vandamme, on ne savait pas s'il avait vingt, trente ou quarante mille hommes, et si dans l'intervalle il n'aurait pas réussi à descendre du camp de Pirna pour fermer les défilés de la route de Péterswalde. Renoncer à y passer avait le double inconvénient d'y laisser sans appui le prince de Wurtemberg et le

Août 1813.

Routes par eux adoptées pour se retirer.

comte Ostermann, et de se reporter en masse sur les chemins secondaires, qui étaient mal frayés, et où les Russes allaient former avec les Prussiens et les Autrichiens un fâcheux encombrement. On décida donc que le gros des Russes sous Barclay de Tolly marcherait à la suite du comte Ostermann par la route de Péterswalde, et la rouvrirait de vive force si elle était fermée; que les Prussiens et une partie des Autrichiens prendraient la route à côté, celle d'Altenberg, Zinnwald, Tœplitz, par laquelle était venue la seconde colonne des coalisés; qu'enfin le reste de l'armée autrichienne irait par la chaussée de Freyberg gagner le grand chemin de Leipzig à Prague par Commotau. On allait donc rentrer en Bohême sur trois colonnes, au lieu de quatre qu'on formait en arrivant. Il fut convenu qu'après s'être reposé toute la nuit on partirait le lendemain 28 de très-grand matin, afin d'aboutir aux défilés des montagnes avant d'être serré de trop près par l'ennemi.

Ces dispositions furent exécutées au moins dans les premières heures comme elles avaient été arrêtées. Le lendemain matin on se mit en route sur trois colonnes, dans les directions indiquées, tandis que les corps français, s'ébranlant de leur côté, marchaient sur les traces de ces mêmes colonnes, mais à une assez grande distance, à cause du triste état des chemins. A chaque pas on laissait des blessés, des traînards, des voitures, destinés à devenir la proie des Français. La tristesse était dans tous les cœurs. Le roi de Prusse voyait dans les événements de ces derniers jours la suite de sa mauvaise fortune ordinaire; Alexandre se demandait si le commencement de bonheur sur lequel il avait compté n'était pas une triste illusion, et si on n'avait pas trop espéré en se flattant de vaincre Napoléon. On s'avançait ainsi, très-inquiet des rencontres auxquelles on était exposé avant d'avoir franchi ce rideau de hautes montagnes qu'on avait devant soi, tandis qu'on avait sur ses derrières un ennemi victorieux, et personne, ni chez les poursuivis, ni chez les poursuivants, ne se doutant de ce qui allait survenir sous quarante-huit heures!

Chemin faisant, Barclay de Tolly apercevant beaucoup d'encombrement sur la route de Péterswalde, et sentant qu'il serait bientôt serré de près, commença de craindre, s'il trouvait des difficultés du côté de Péterswalde, d'y perdre un temps précieux, et de ne pouvoir plus se rabattre assez tôt sur la route d'Altenberg; il imagina donc de changer tout à coup de direction avec le gros de l'armée russe, et de prendre à droite, pour regagner cette même route d'Altenberg que devaient parcourir les Prussiens et une partie de l'armée autrichienne, au risque d'y produire un affreux engorgement. Il fit dire au comte Ostermann de se replier sur lui, et de laisser le prince Eugène retourner seul par la route de Péterswalde en Bohême.

Ces ordres amenèrent entre le comte Ostermann et le prince Eugène de Wurtemberg un conflit des plus vifs. Le prince Eugène, qui était aux prises avec le général Vandamme pour la possession de la route de Péterswalde, ne voulait pas avec raison y rester seul, exposé à trouver Vandamme tantôt sur son flanc, tantôt sur ses derrières, peut-être même

Août 1813.

Barclay de Tolly craignant de trouver des obstacles sur la route de Péterswalde, se rejette sur celle d'Altenberg.

Le prince Eugène de Wurtemberg et le comte Ostermann se retirent par la route de Péterswalde.

Août 1813.

Ils côtoient les troupes du général Vandamme, et parviennent à passer.

devant lui, car les Français descendus du plateau de Pirna se montraient partout. Il disait de plus que si on laissait au corps de Vandamme, qu'on avait lieu de croire très-fort, la libre entrée de la Bohême, ce corps irait probablement se placer à Tœplitz, au débouché des chemins que suivaient les diverses colonnes en retraite, et pourrait leur causer de graves embarras. Le comte Ostermann, de son côté, craignait de compromettre les troupes de la garde qu'on lui avait confiées, et résistait par ce motif aux pressantes instances du prince Eugène de Wurtemberg. Vaincu par les bonnes raisons du prince, par son offre de prendre pour lui-même la plus forte part du péril, il se décida enfin à suivre la route de Péterswalde, et à la forcer, s'il le fallait, pour devancer Vandamme au débouché de Tœplitz. En même temps il fit avertir Barclay de Tolly de la résolution qu'il adoptait, ne s'en dissimulant pas les inconvénients, mais croyant épargner ainsi de grands dangers au reste de l'armée coalisée.

En conséquence le 28 au matin, le prince Eugène et le comte Ostermann essayèrent de cheminer sur le plateau de Gieshübel, situé au-dessous de celui de Pirna, et séparé seulement de ce dernier par le ruisseau de Gotleube. Il fallait franchir divers passages très-difficiles où l'on pouvait rencontrer les Français, notamment à Zehist, petit bourg situé à l'entrée du plateau de Gieshübel, sous une hauteur qu'on appelle le Kohlberg, et qui était occupée en ce moment par un bataillon français. Le prince Eugène de Wurtemberg fit assaillir et enlever le Kohlberg, puis il profita de cet avantage pour défiler

DRESDE ET VITTORIA.   323

avec tout son corps. Vandamme fit réoccuper la position, mais à ce moment les deux corps russes n'avaient plus intérêt à la reprendre. En continuant à parcourir le plateau de Gieshübel, ils côtoyèrent à Gross-Cotta et à Klein-Cotta les Français descendus de Pirna en trop faibles détachements, et parvinrent à franchir tous les obstacles, quoiqu'en perdant du monde. Parvenus enfin à l'extrémité de ce plateau, ils s'échappèrent par la rampe de Gieshübel, et purent gagner la route de Péterswalde sans de graves accidents, en étant quittes d'un grand danger au prix de quelques pertes peu considérables.

Ce qui leur avait valu ce bonheur c'est que Vandamme, ayant eu de la peine à traîner son artillerie à cause du mauvais temps, n'avait pu faire autre chose dans la journée du 26 que de gravir le plateau de Pirna, avait employé à l'occuper solidement toute la journée du 27, et le 28 au matin avait été surpris par l'apparition des Russes, avant de connaître les événements de Dresde. Mais, averti bientôt de la victoire du 27, et ayant réuni ses divisions, il s'était mis à poursuivre les Russes, leur avait livré un violent combat d'arrière-garde à Gieshübel, leur avait tué un millier d'hommes, et les avait menés battant jusqu'à Hollendorf, à quelque distance de Péterswalde. Arrivé là il attendit impatiemment les ordres de Napoléon pour la direction à donner à ses mouvements ultérieurs.

Telles avaient été les opérations de l'ennemi le matin du 28, et durant une partie de la même journée. Pendant ce temps Napoléon, debout de très-bonne heure, avait expédié ses premiers ordres par

Août 1813.

Causes qui avaient retardé Vandamme, et l'avaient empêché d'arrêter à temps les Russes sur la route de Péterswalde.

N'ayant pu les arrêter, il les poursuit à outrance.

Arrivée de Napoléon sur le terrain

21.

écrit, et avait enjoint au maréchal Mortier avec la jeune garde, au maréchal Saint-Cyr avec le 14ᵉ corps, de se porter à Gieshübel, l'un des défilés de la route de Péterswalde, pour s'y réunir à Vandamme, au maréchal Marmont de suivre les coalisés par la route d'Altenberg, et à Murat, qui avait avec lui le corps de Victor, de les poursuivre à outrance sur la grande route de Freyberg. Napoléon avait par les mêmes dépêches annoncé sa présence, et promis d'ordonner sur les lieux mêmes ce que comporteraient les circonstances. En effet, dès la pointe du jour il s'était rendu à cheval auprès du maréchal Marmont, pour observer de ses propres yeux la retraite de l'ennemi.

Parvenu sur les hauteurs de Dresde auprès du maréchal Marmont, il avait vu les diverses colonnes des coalisés se dirigeant vers les montagnes boisées de l'*Erz-Gebirge*. Il avait été frappé du mouvement transversal de gauche à droite qu'exécutaient les troupes russes de Barclay de Tolly, pour se reporter de la route de Péterswalde sur celle d'Altenberg, mouvement à la suite duquel une grande partie des colonnes russes, prussiennes et autrichiennes allaient se trouver réunies dans la même direction. En face de pareilles masses le corps du maréchal Marmont était évidemment insuffisant, et Napoléon avait ordonné lui-même au maréchal Saint-Cyr de se rabattre de Dohna sur Maxen, pour se rapprocher du maréchal Marmont, et poursuivre l'ennemi de concert. Cet ordre donné de vive voix, Napoléon s'était transporté à Pirna, pour voir ce qui s'y passait, et prescrire ce qu'on aurait à faire sur la route de Péterswalde.

Août 1813.

le 28 au matin.

Napoléon voyant le mouvement de Barclay de Tolly, qui se replie de la route de Péterswalde sur celle d'Altenberg, ordonne un mouvement semblable au maréchal Saint-Cyr.

Napoléon se transporte ensuite à Pirna.

DRESDE ET VITTORIA.   325

Arrivé à Pirna vers le milieu du jour, Napoléon y prit un léger repas, et soudain fut saisi de douleurs d'entrailles auxquelles il était sujet dès qu'il avait enduré l'humidité, et la veille en effet il avait supporté pendant toute la journée des torrents de pluie. Toutefois ces douleurs n'étaient pas de nature à l'empêcher de donner des ordres, et de faire ce qui était impérieusement exigé par les circonstances [1]. Mais en ce moment il reçut des dépêches qu'il attendait avec impatience des environs de Berlin, et des bords du Bober. Le maréchal Oudinot, qui aurait dû être entré à Berlin depuis plusieurs jours, s'était arrêté devant les inondations, puis n'avait pas abordé l'ennemi en masse, et avait eu l'un de ses corps assez maltraité. Le maréchal Macdonald,

Août 1813.

Légère indisposition qui ne l'empêche pas de donner des ordres.

Nouvelles graves que Napoléon reçoit des maréchaux Oudinot et Macdonald.

---

[1] Les flatteurs de la mémoire de Napoléon, ignorant, parce que sa correspondance leur est restée inconnue, les vrais motifs de son subit retour à Dresde, et ne voulant pas nous plus admettre qu'il pût commettre une faute, ont attribué ce retour à une indisposition subite. Les ordres nombreux donnés dans cette même journée du 28, et dans celle du 29, prouvent que cette indisposition n'empêcha pas Napoléon de vaquer à ses affaires, et des témoins oculaires, le maréchal Marmont notamment, affirment qu'il n'était point malade. Nous en rapportant plus volontiers aux documents authentiques qu'aux récits presque toujours contradictoires des témoins oculaires, nous croyons avoir acquis la preuve par les lettres mêmes de Napoléon, que cette prétendue indisposition ne l'empêcha nullement de faire ce qu'il devait, et nous nous sommes convaincu que le vrai motif de son retour à Dresde, lequel devint si fatal deux jours après, ne fut autre que les dépêches reçues des environs de Berlin et de Lowenberg. Les ordres du 29 et du 30 ne laissent à cet égard aucun doute. Plus loin nous démontrerons encore par l'exposé simple des faits que sur cette importante époque on n'a publié que des erreurs, ce qui a rendu jusqu'ici la catastrophe du général Vandamme tout à fait inexplicable. Nous espérons qu'après le récit qui va suivre elle sera parfaitement claire, et que ce grand malheur sera rapporté à sa vraie cause, laquelle fut moins accidentelle et plus générale qu'on ne le suppose communément.

sur le Bober, venait d'être surpris par Blucher, et d'éprouver des pertes considérables. Ainsi la fortune laissait à peine à Napoléon le temps de jouir de sa belle victoire de Dresde, et tout à coup l'horizon s'assombrissait autour de lui, après s'être montré parfaitement serein. La marche sur Berlin avait toujours eu à ses yeux une grande importance sous le rapport moral, sous le rapport politique, sous le rapport militaire. Elle devait éblouir les esprits, frapper la Prusse au cœur, punir Bernadotte, et nous mettre en communication avec les places de l'Oder, peut-être avec celles de la Vistule, qui avaient toutes besoin d'être ravitaillées. L'échec de Macdonald s'ajoutant à celui d'Oudinot, pouvait contribuer à rendre plus difficile et plus douteuse cette marche sur Berlin, à laquelle Napoléon tenait si fort, et il crut devoir rentrer à Dresde immédiatement pour prescrire les mesures que comportait la situation. Tandis que Berlin le rappelait, le mouvement sur Péterswalde exigeait moins sa présence d'après ce qu'on venait de lui annoncer. En effet il avait pu croire en sortant de Dresde le matin, que Vandamme, occupant Pirna et Gieshübel, y opposerait une barrière de fer à la colonne russe, et que Saint-Cyr et Mortier arrivant sur les derrières de cette colonne, la prendraient tout entière. Mais il venait d'apprendre que la colonne russe avait eu le temps de regagner la route de Péterswalde, que dès lors tout ce que Vandamme pourrait faire ce serait de la poursuivre vigoureusement, et il crut que ce serait assez de ses lieutenants pour tirer de la victoire de Dresde les conséquences qu'il était permis d'en espérer encore. Il pensa qu'il suffirait de laisser à Vandamme toutes les divisions qu'il lui avait déjà confiées, de le faire descendre en Bohême par la route de Péterswalde, de le porter à Tœplitz, où il se trouverait sur la ligne de retraite des coalisés prêts à déboucher des défilés des montagnes, et vivement poursuivis par Saint-Cyr, Marmont, Victor, Murat. Il était vraisemblable que Vandamme, embusqué à Kulm ou à Tœplitz, ferait plus d'une bonne prise, et que se reportant ensuite entre Tetschen et Aussig, il enlèverait une grande partie du matériel des coalisés lorsque ceux-ci voudraient repasser l'Elbe. Vandamme devait dans cette position rendre un autre service, c'était d'occuper la route directe de Prague à laquelle Napoléon attachait le plus haut prix, car depuis les dépêches d'Oudinot et de Macdonald il songeait à une marche foudroyante sur Berlin ou sur Prague, afin de tomber à l'improviste sur l'armée du Nord, ou d'achever la défaite de celle de Bohême; même s'il rentrait à Dresde en ce moment, c'était pour employer une journée à balancer les avantages et les inconvénients d'une marche sur l'une ou l'autre de ces capitales. Considérant donc la situation sous ce nouvel aspect, il laissa au général Vandamme non-seulement ses deux premières divisions, Philippon et Dumonceau, avec la brigade Quyot formant la moitié de la division Teste, mais la première division du maréchal Saint-Cyr (la 42ᵉ), qui depuis quelques jours lui avait été prêtée, et y ajouta la brigade de Reuss du corps de Victor, pour le dédommager de ce qu'on lui avait ôté la moitié de la division Teste. Il lui adjoignit de plus

Août 1813.

de vivacité, il lui laisse le soin de les incommoder dans leur retraite.

Instructions données à Vandamme.

Forces qui sont confiées à ce général.

Août 1813.

Position assignée à Mortier.

la cavalerie du général Corbineau. Vandamme devait avoir ainsi la valeur de quatre divisions d'infanterie, et de trois brigades de cavalerie, le tout formant quarante mille hommes au moins. Napoléon lui ordonna de poursuivre vivement les Russes en Bohême, de descendre sur Kulm, d'occuper d'un côté Tœplitz, afin de gêner les coalisés à leur sortie des montagnes, et de l'autre Aussig et Tetschen, afin de garder les passages de l'Elbe et la route de Prague[1]. Il lui ordonna même, ce qui démontre bien ses vraies intentions, de faire remonter à Tetschen le second pont de bateaux jeté à Pirna. Il lui annonça, quant au reste, des ordres ultérieurs. Toutefois il plaça Mortier à Pirna avec quatre divisions de la jeune garde, pour que ce dernier pût au besoin secourir le général Vandamme, duquel il ne

---

[1] Nous citons l'ordre lui-même qui éclaircit complétement l'intention de l'Empereur.

« A une lieue de Pirna, le 28 août 1813, à quatre heures après midi.

« M. le général Vandamme, l'Empereur ordonne que vous vous dirigiez sur Peterswalde avec tout votre corps d'armée, la division Corbineau, la 42e division, enfin avec la brigade du 2e corps que commande le général prince de Reuss : ce qui vous fera 18 bataillons d'augmentation. Pirna sera gardée par les troupes du duc de Trévise, qui arrive ce soir à Pirna. Le maréchal a aussi l'ordre de relever vos postes du camp de Lilienstein. Le général Baltus avec votre batterie de 12 et votre parc, arrive ce soir à Pirna, envoyez-le chercher. L'Empereur désire que vous réunissiez toutes les forces qu'il met à votre disposition, et qu'avec elles vous pénétriez en Bohême et culbutiez le prince de Wurtemberg s'il voulait s'y opposer. L'ennemi que nous avons battu paraît se diriger sur Annaberg. S. M. *pense que vous pourriez arriver avant lui sur la communication de Tetschen, Aussig et Tœplitz, et par là prendre ses équipages, ses ambulances, ses bagages, et enfin tout ce qui marche derrière une armée.* L'Empereur ordonne qu'on lève le pont de bateaux devant Pirna, afin de pouvoir en jeter un à Tetschen. »

serait qu'à sept ou huit lieues. En même temps il fit recommander à Saint-Cyr, Marmont, Victor, Murat, de toujours suivre les coalisés l'épée dans les reins, et de les pousser violemment contre les montagnes, pour qu'ils ne pussent les passer qu'en désordre. Ces instructions données, il partit pour Dresde en voiture, et prescrivit à la vieille garde de l'y joindre.

Août 1813.

Ordres à Saint-Cyr, à Marmont, à Victor et à Murat.

Pendant cette même journée du 28, Saint-Cyr, Marmont, Victor et Murat, talonnèrent l'ennemi sans relâche. Saint-Cyr ramassa des blessés et des traînards. A Possendorf Marmont enleva deux mille prisonniers et trois ou quatre cents voitures. A Dippoldiswalde il livra un combat heureux, et prit ou tua encore quelques centaines d'hommes. Murat et Victor recueillirent de leur côté des blessés, des traînards, des prisonniers, des canons, des voitures, et au moins cinq à six mille hommes en tout. Les pertes que les coalisés avaient essuyées la veille, et qu'on pouvait évaluer à plus de 25 mille hommes, s'élevaient au moins à 32 ou 33, par les conséquences de la journée du 28. Les signes du découragement étaient visibles chez l'ennemi, et faisaient espérer d'importants résultats s'il était fortement poursuivi.

Nombreux prisonniers recueillis dans la journée du 28 par Saint-Cyr, Marmont, Victor et Murat.

Le lendemain 29 Vandamme, excité par les ordres qu'il avait reçus dans la soirée précédente, résolut de ne laisser aucun repos aux Russes, et de leur faire expier le bonheur qu'ils avaient eu de passer impunément devant lui, sous le plateau de Pirna. Ce général doué d'infiniment de coup d'œil, de vigueur, d'expérience de la guerre, et même

Le lendemain 29, Vandamme poursuit vivement les Russes.

Dispositions morales de ce général

d'esprit, malheureusement décrié par ses mœurs un peu trop soldatesques et par la violence de son caractère, avait été traité sans aucune faveur, et se plaignait de n'être pas encore maréchal, grade qu'il méritait beaucoup plus que quelques-uns de ses contemporains à qui Napoléon ne l'avait pas fait attendre. La difficulté des circonstances, le besoin de remplacer les hommes de guerre, dont on faisait une consommation, hélas! trop grande, ayant ramené sur lui l'attention de l'Empereur, il se flattait d'obtenir enfin les récompenses qu'il croyait avoir méritées depuis longtemps, et il éprouvait un redoublement de zèle qui, fort utile en toute autre circonstance, pouvait dans celle-ci l'entraîner au delà des bornes de la prudence. Il s'avança donc résolument dès le matin du 29 sur l'arrière-garde des Russes. La brigade de Reuss, commandée par un jeune prince allemand, militaire de la plus haute distinction, marchait en tête. Vandamme, accompagné du général Haxo, la dirigeait. Entre Hollendorf et Péterswalde, Vandamme et le prince de Reuss assaillirent une colonne russe qui voulait résister, la débordèrent, et, après l'avoir culbutée, lui enlevèrent 2 mille hommes. Par malheur le jeune prince de Reuss fut tué d'un coup de canon. Il emporta les regrets de toute l'armée, car au mérite d'être un officier très-brillant il joignait celui d'être très-attaché aux Français.

Après cet exploit, Vandamme continua de poursuivre les Russes à outrance. Il franchit les montagnes sur leurs traces, descendit en plaine, et à midi atteignit Kulm, d'où il dominait le vaste bassin dans lequel les colonnes ennemies vivement pourchassées commençaient à déboucher. A son aspect les soldats du prince Eugène de Wurtemberg et les gardes d'Ostermann, qu'il n'avait cessé de poursuivre, et sur lesquels il avait fait plusieurs milliers de prisonniers, s'arrêtèrent, et vinrent prendre position devant lui, pour couvrir le débouché de Tœplitz, dont ils sentaient toute l'importance. Des hauteurs de Kulm, Vandamme apercevait ce débouché de Tœplitz où il avait ordre de toucher au besoin, et où l'attirait le désir de barrer le chemin aux colonnes ennemies qui avaient pris les routes latérales à celle de Péterswalde. Malheureusement il n'avait sous la main que son avant-garde; le reste suivait en formant une longue queue dans les gorges, et les troupes russes qu'il avait en face, plus nombreuses que le matin, renforcées même de corps nouveaux, paraissaient résolues à tenir où elles étaient. Il suspendit donc quelques instants sa marche pour attendre son corps d'armée. Voici dans l'intervalle ce qui s'était passé du côté des coalisés.

L'empereur Alexandre avait séjourné pendant la nuit du 28 au 29 à Altenberg, au pied des montagnes de l'*Erz-Gebirge*, de celle notamment qu'on appelle le Geyersberg, l'avait franchie le 29 au matin, et était parvenu sur le revers de très-bonne heure. De là découvrant à gauche la position de Kulm, sur laquelle Vandamme s'était arrêté en face des Russes, à droite Tœplitz et le bassin de l'Eger qui va se jeter dans l'Elbe, il avait pu apprécier le danger d'une retraite précipitée, exécutée sans ordre, menacée en flanc par le corps de Vandamme

Août 1813.

Ce qui s'était passé du côté des coalisés.

L'empereur Alexandre ayant franchi les montagnes le 29 au matin, reconnaît avec tous les généraux la nécessité de s'arrêter, et de résister à Vandamme pour assurer la retraite de l'armée alliée.

qu'on savait être considérable, et qui d'heure en heure pouvait le devenir davantage. Il avait perdu le conseiller dans lequel il avait pris tant de confiance, le général Moreau, que les soldats portaient mourant sur leurs épaules, et il lui restait le général Jomini, que Moreau lui avait recommandé comme capable, quoique très-bouillant, de donner un bon avis. Le général Jomini et plusieurs autres, fort disposés à décrier les Autrichiens, et en particulier le prince de Schwarzenberg, se plaignaient amèrement de ce qu'on songeait à se retirer au delà de l'Eger, déclaraient excessif, dangereux même un pareil mouvement rétrograde, surtout le corps de Vandamme apparaissant au débouché de la chaussée de Péterswalde sur le flanc des colonnes en retraite. L'empereur Alexandre qui commençait à entendre un peu mieux la guerre, et qui n'avait que le tort de se laisser atteindre par les avis contraires au point de tomber dans des irrésolutions interminables, avait apprécié l'objection, et était tout disposé à en tenir compte. Jadis, quand on était moins exaspéré contre les Français, quand on était sous le coup du génie transcendant de Napoléon, on se sentait peu enclin à en appeler d'une défaite, on la regardait comme un arrêt qu'il fallait subir, et on se rendait facilement au premier corps qu'on rencontrait sur son chemin après une bataille perdue. On était fort changé aujourd'hui. La passion de la résistance devenue extrême, le prestige de Napoléon diminué, on se laissait moins décourager, et à la moindre lueur d'espérance on reprenait volontiers la résolution de combattre. Aussi tous les généraux qui se trouvaient autour d'Alexandre furent-ils d'avis que s'il y avait une occasion quelconque de recommencer la lutte, on devait la saisir, et qu'un corps français se montrant sur leur gauche, il fallait s'arrêter pour lui tenir tête au lieu de se porter au delà de l'Eger. Jusqu'ici d'ailleurs c'était un corps isolé, qui serait soutenu probablement, mais qui peut-être aussi ne le serait pas, et offrirait dans ce cas une proie facile à enlever. Barclay de Tolly, le général Diébitch devenu chef d'état-major, ayant partagé cette opinion, on donna l'ordre aux colonnes du prince Eugène de Wurtemberg et d'Ostermann de tenir bon devant Kulm, quelque fatiguées qu'elles pussent être. On leur annonça qu'elles allaient être renforcées, et en effet plusieurs colonnes d'infanterie russe et prussienne arrivant par la route d'Altenberg avec la cavalerie de la garde, on les leur envoya. Ce ne fut pas tout. Les troupes autrichiennes débouchaient actuellement en plus grand nombre que les Russes, parce qu'elles s'étaient acheminées les premières et sans tergiverser sur la route d'Altenberg. Ce fut le corps de Colloredo qui se présenta le premier. Mais ce général, auquel on demanda de venir se ranger en face de Kulm, derrière les lignes russes, ayant allégué les instructions du prince de Schwarzenberg qui lui prescrivaient de se retirer au delà de l'Eger, on eut recours à M. de Metternich, qui était à Duchs, château du célèbre Wallenstein, où les souverains étaient actuellement réunis, et on fit donner l'ordre à toutes les troupes autrichiennes de converger à gauche, pour venir se mettre en bataille avec les troupes russes descendues de Péterswalde.

Août 1813.

Ordres au comte Ostermann et au prince Eugène de Wurtemberg de s'arrêter en face de Kulm.

Les troupes autrichiennes reçoivent les mêmes ordres, grâce à l'intervention de M. de Metternich.

Août 1813.

Vandamme expulse les Russes de Kulm, leur enlève Straden, et veut en vain leur enlever la position de Priesten.

Toutefois ce n'était pas avant quelques heures que ces ordres pouvaient amener en ligne des forces considérables, et Vandamme après un instant de réflexion, quoiqu'il vît les troupes fugitives s'arrêter, et même s'augmenter sensiblement, résolut de les déloger du poste où elles semblaient vouloir s'établir pour protéger contre nous les débouchés du Geyersberg. En agissant ainsi il obéissait à la fois à des ordres précis, et à l'indication des circonstances, car ses ordres lui disaient d'aller jusqu'à Tœplitz, et les circonstances devaient l'engager à fermer le débouché des montagnes aux colonnes battues, puisqu'il n'avait été envoyé en ces lieux que pour opposer des obstacles à leur retraite. Ayant toujours sous la main la brigade de Reuss avec laquelle il avait marché depuis le matin et n'ayant qu'elle, il chassa néanmoins les Russes de Kulm où ils avaient essayé de tenir, et du village de Straden où ils s'étaient ensuite repliés. Ce village de Straden emporté, il se trouva devant une seconde position située derrière un ravin et d'apparence assez forte. D'un côté, c'est-à-dire vers notre droite, elle s'appuyait aux montagnes, vers le centre au village de Priesten construit sur la route de Tœplitz, à gauche enfin à des prairies coupées de canaux, et au village de Karbitz. Vandamme voulut attaquer sur-le-champ le village de Priesten, pour ne pas permettre aux Russes de s'y établir; mais pour la première fois il rencontra une résistance opiniâtre, et fut repoussé par une charge du régiment des gardes d'Ismaïlow. Il n'avait ni sa grosse artillerie ni ses masses d'infanterie; il fut donc obligé d'attendre la division Mouton-Duvernet (la 42ᵉ), et il eût mieux fait évidemment de différer jusqu'à l'arrivée de son corps tout entier, pour n'engager le combat qu'avec des forces suffisantes. Cependant ses autres divisions ne pouvant être rendues sur les lieux que fort tard, et sa préoccupation de couper la retraite à l'ennemi étant toujours la même, il attaqua l'ennemi avec neuf bataillons du général Mouton-Duvernet, seuls réunis en ce moment sur les quatorze dont se composait la division. Avec ces neuf bataillons portés à droite vers les bois il rétablit le combat, et rejeta les Russes sur Priesten. Mais tout à coup il fut assailli par quarante escadrons de la garde russe, qui venaient d'entrer en ligne, et qui se déployèrent, les uns à notre droite vers le pied des monts, les autres à gauche dans la plaine de Karbitz. Les bataillons de Mouton-Duvernet continrent la cavalerie russe le long des montagnes, les escadrons de Corbineau la chargèrent du côté des prairies, et néanmoins cette fois encore, au lieu d'avancer nous pûmes tout au plus conserver le terrain que nous avions acquis. A deux heures de l'après-midi parut la première brigade de la division Philippon (première de Vandamme). Cette brigade commandée par le général Pouchelon, envoya sur la droite le 12ᵉ de ligne pour soutenir Mouton-Duvernet, et au centre le 7ᵉ léger pour attaquer Priesten. Ces régiments accueillis par un feu épouvantable ne purent emporter la position. La seconde brigade de Philippon étant survenue sous le général de Fezensac, fut engagée de même, et sans plus de succès quoique avec beaucoup de vi-

Août 1813.

Août 1813.

Vers la fin de la journée, Vandamme conserve Kulm, tandis que les Russes conservent Priesten.

Vandamme remet au jour suivant la suite de ses opérations, et comptant être soutenu, se promet de grands résultats pour le lendemain.

gueur. Le 7ᵉ léger de la première brigade ayant voulu attaquer Priesten fut criblé de mitraille, puis chargé par la cavalerie russe, et sauvé par la seconde brigade que le général de Fezensac avait ralliée sous le feu de l'ennemi. Vandamme reconnaissant trop tard que ces attaques décousues ne donneraient aucun résultat, prit le parti d'asseoir sa ligne un peu en arrière, sur la hauteur de Kulm, laquelle, placée au débouché de la chaussée de Péterswalde, dominait la plaine. Les Russes ayant voulu s'avancer furent mitraillés à leur tour par vingt-quatre bouches à feu que le général Baltus, arrivé avec la réserve d'artillerie, avait mises en batterie. Ils reculèrent sous cette mitraille et devant les charges de notre cavalerie, et allèrent reprendre la position de Priesten, appuyés comme le matin, la gauche aux montagnes, le centre à Priesten sur la route de Tœplitz, la droite dans les prairies de Karbitz. Nous étions vis-à-vis, ayant comme eux d'un côté les montagnes, de l'autre les prairies, et au centre la position dominante de Kulm, où il était facile de se défendre.

Ce n'était pas un tort à Vandamme d'avoir cherché à emporter la position des Russes, puisqu'il avait ordre de les pousser jusqu'à Tœplitz, et que d'ailleurs il devait sentir le besoin de fermer le débouché de la route d'Altenberg sur Tœplitz; mais c'en était un d'avoir attaqué avant d'avoir toutes ses forces sous la main, et ce tort lui-même s'expliquait par l'allongement de sa colonne dans les montagnes, et par le désir naturel de déloger l'ennemi avant qu'il se fût consolidé dans sa position. Au surplus le général Vandamme s'arrêta, et il résolut de bien garder Kulm, où il ne pouvait pas être forcé, ayant 52 bataillons à sa disposition, et environ 80 bouches à feu en batterie. Son intention était d'y attendre que Mortier, demeuré sur ses derrières à Pirna, vînt à son aide, et que Saint-Cyr, Marmont, placés sur sa droite, de l'autre côté des montagnes, les franchissent à la suite des coalisés. Ces mouvements n'exigeaient pas plus de douze ou quinze heures pour s'accomplir, et avec le concours de toutes ces forces il se flattait d'avoir le lendemain 30 de beaux résultats à offrir à l'Empereur : triste et déplorable illusion, pourtant bien fondée, aussi fondée qu'aucune espérance raisonnable le fut jamais! Le soir même il écrivit à Napoléon pour faire connaître sa situation, demander des secours, et annoncer que jusqu'à leur arrivée il resterait immobile à Kulm.

Les lettres écrites le 29 au soir de Kulm ne pouvaient parvenir à Dresde que le 30 au matin, et les ordres émis en réponse à ces lettres ne pouvaient être exécutés d'assez bonne heure pour que Vandamme fût secouru à temps dans la journée du 30. Dans la soirée du 29, Napoléon avait reçu les nouvelles parties le matin de Péterswalde; il avait su que les Russes se retiraient en toute hâte, que Vandamme les suivait l'épée dans les reins, et leur avait déjà enlevé quelques mille hommes. Supposant d'après ces premières informations les coalisés en complète déroute, comptant que la vive poursuite de Saint-Cyr, de Marmont, de Murat, les obligerait à traverser les montagnes en désordre, et que Vandamme placé au revers, les recueillerait par mil-

Août 1813.

Il écrit à Napoléon pour lui faire connaître sa situation.

Temps qu'il fallait pour écrire à Dresde et avoir une réponse.

Napoléon n'ayant reçu que les nouvelles du matin, se borne à réitérer à Saint-Cyr, à Marmont, à Victor, l'ordre de suivre vivement l'ennemi, et à Mortier de se tenir prêt à secourir

Août 1813.

Vandamme lorsqu'il en recevra l'avis.

liers, peut-être même leur fermerait entièrement le principal débouché d'Altenberg, il avait réitéré à Saint-Cyr, à Marmont, à Murat, l'ordre de pousser vivement l'ennemi dans toutes les directions, et à Mortier d'être aux écoutes, prêt à courir à Kulm si Vandamme en avait besoin. Ayant la tête pleine des souvenirs du passé, se rappelant avec quelle facilité il ramassait jadis les Prussiens ou les Autrichiens vaincus, ne voulant pas tenir compte de la passion qui les animait aujourd'hui et les rendait si difficiles à décourager, il estimait que c'était assez de précautions pour obtenir encore de très-grands résultats de la victoire de Dresde. D'ailleurs il était absorbé en ce moment par une vaste combinaison [1], au moyen de laquelle il espérait, profitant du coup si rude frappé sur l'armée de Bohême, s'avancer sur la route de Berlin à cinq marches de Dresde, écraser l'armée du Nord, accabler d'un même coup la Prusse et Bernadotte, ravitailler les places de l'Oder, envoyer des encouragements à celles de la Vistule,

[1] Quand il voulait se rendre bien compte de ses idées, Napoléon les mettait sur le papier, sachant, comme tous les hommes qui ont beaucoup pensé, que rédiger ses idées c'est les approfondir davantage. Il avait donc dicté son projet dans une note admirable, intitulée : *Note sur la situation générale de mes affaires le 30 août*, assez semblable à celles qu'il écrivit à Moscou en octobre 1812, et révélant sa pensée toute entière au moment où Vandamme était à Kulm. On voit dans cette note la vraie cause de la négligence qui amena le malheur de Vandamme, surtout en la rapprochant des ordres donnés le même jour à Murat et à Mortier, et on sent combien est ridicule la fable de cette indisposition que certains narrateurs ont inventée, et qu'ont accueillie avec empressement ceux qui ont le goût de croire qu'en histoire les plus grands événements viennent des plus petites causes, goût singulier et qui atteste une médiocre portée d'esprit. Tant pis, en effet, pour ceux qui croient plus volontiers aux petites causes qu'aux grandes !

et imprimer de la sorte une face nouvelle à la guerre, dont le théâtre serait pour un instant reporté au nord de l'Allemagne. Ainsi Berlin, les places de l'Oder et de la Vistule, qui déjà l'avaient disposé à trop étendre le cercle de ses opérations, le préoccupaient de nouveau, et allaient le détourner de ce qui aurait dû être pour quelques heures son objet essentiel et unique. Sans doute, comme on en jugera bientôt, sa conception était singulièrement grande, mais elle était malheureusement intempestive, et prématurée au moins de deux jours! Tout entier à ses calculs et dans le feu d'une première conception, il expédia les ordres suivants pendant la matinée du 30. Il enjoignit au maréchal Mortier à Pirna de lui renvoyer à Dresde deux divisions de la jeune garde, et avec les deux autres d'aller au secours de Vandamme; à Murat de lui rendre une moitié de la grosse cavalerie, et avec le reste de continuer à poursuivre l'ennemi sur la chaussée de Freyberg. Il ordonna au maréchal Marmont de pousser vivement l'ennemi sur le débouché d'Altenberg et Zinnwald, où d'après tous les rapports les colonnes des Russes, des Prussiens et des Autrichiens se pressaient pêle-mêle; au maréchal Saint-Cyr de seconder Marmont dans cette opération, ou, ce qui valait mieux, de chercher par un chemin latéral à gagner la chaussée de Péterswalde, afin de se joindre à Vandamme, et il espéra ainsi que pressés en queue, menacés en flanc, retenus en tête, les coalisés essuieraient quelque désastre. Il prescrivit de faire immédiatement passer l'Elbe aux troupes qu'il redemandait, et ne cacha point à

Août 1813.

Pendant ce temps, Napoléon s'occupe de réparer les échecs essuyés par Macdonald et Oudinot.

Grande combinaison imaginée en cette circonstance.

22.

340 LIVRE XLIX.

Août 1813.

Calculs des coalisés rangés en avant de Tœplitz.

Ils n'ont d'autre prétention que de contenir Vandamme et de se ménager une retraite assurée.

Danger du corps prussien de Kleist, resté en deçà des montagnes.

Murat que c'était dans l'intention de marcher sur Berlin.

Tandis qu'il concevait ces projets, et expédiait ces ordres, les coalisés à Tœplitz ne formaient pas d'aussi vastes combinaisons, et ne songeaient qu'à se tirer du péril auquel ils s'étaient imprudemment exposés en descendant sur les derrières de Dresde. La résistance heureusement opposée à Vandamme dans la journée du 29 leur avait rendu quelque confiance. Tout ce qui leur était arrivé de troupes russes et autrichiennes par le chemin d'Altenberg sur Tœplitz, avait été rabattu sur leur gauche, et placé derrière Priesten et Karbitz, afin de présenter à Vandamme une barrière de fer. Ils se flattaient donc de l'empêcher de déboucher de Kulm, et de lui faire peut-être éprouver un échec, ce qui les dédommagerait tant soit peu des journées du 26 et du 27 août, et procurerait à toutes leurs colonnes le temps de repasser les montagnes en sûreté. Pourtant il leur restait une grave inquiétude, c'était pour le corps prussien de Kleist, qui avait dû suivre le corps autrichien de Colloredo dans le premier projet de retraite, et passer avec lui par Dippoldiswalde, Altenberg, Zinnwald, Tœplitz, mais qui en avait été empêché par le mouvement transversal de Barclay de Tolly, lequel, ainsi qu'on l'a vu, s'était reporté brusquement de la chaussée de Péterswalde sur le chemin d'Altenberg, afin d'éviter Vandamme. Retardé dans sa marche, et obligé d'attendre que le chemin fût libre, le corps de Kleist était encore le 29 au soir sur le revers du Geyersberg, et on craignait pour lui les plus grands malheurs, car le corps de Saint-Cyr était tout à fait sur ses talons. Le roi de Prusse, après en avoir conféré avec l'empereur Alexandre, envoya le colonel Schœler, l'un de ses aides de camp, au général Kleist, pour le prévenir de la présence du corps de Vandamme à Kulm, lui laisser le choix de la route qu'il aurait à prendre pour se sauver, et lui promettre de bien tenir le lendemain devant Kulm, afin qu'il eût le loisir de traverser la montagne et de déboucher dans le bassin de l'Eger[1]. En même temps on regardait ce corps comme tellement compromis, qu'on enjoignait à M. de Schœler de ramener à travers les bois le jeune prince d'Orange, qui faisait cette campagne avec l'armée prussienne, et avait été placé auprès du général Kleist. On ne voulait pas en effet livrer aux mains de Napoléon un tel trophée, si le corps de Kleist était fait prisonnier. M. de Schœler partit donc immédiatement pour repasser les montagnes, et aller à tout risque remplir la difficile mission dont il était chargé. Telles étaient les espérances des uns, les craintes des autres le 29 à minuit!

Août 1813.

Ordre envoyé à ce corps de se sauver comme il pourrait.

Le lendemain 30 août au matin, les deux armées se trouvaient dans la même position que la veille. Les coalisés étaient en face de Vandamme, leur gau-

Situation des deux armées le 30 au matin.

[1] L'historien russe Danilewski a voulu attribuer à l'empereur Alexandre l'honneur d'une combinaison profonde, consistant à faire descendre Kleist sur les derrières de Vandamme; mais M. de Wolzogen, dans ses Mémoires aussi instructifs que spirituels, a complétement démenti cette assertion, et il était mieux que personne autorisé à le faire, puisqu'il était présent lorsque l'ordre que nous mentionnons fut donné à M. de Schœler. Cet ordre se trouve donc réduit aux proportions et au sens que nous lui prêtons ici.

che, composée des Russes, tout près des montagnes, leur centre, composé aussi des Russes, en avant de Priesten et vis-à-vis de Kulm, leur droite formée par les Autrichiens et par la cavalerie des alliés dans les prairies de Karbitz. Ils étaient disposés à prendre l'offensive, pour favoriser en occupant fortement les Français le passage du général Kleist à travers les montagnes, mais ils ignoraient par quelle route celui-ci chercherait à sortir du gouffre où il était enfermé. Ils supposaient à Vandamme tout au plus 30 mille hommes, tandis qu'il en avait 40 mille sous la main. Ils ne pouvaient donc pas hésiter à commencer l'attaque, et ils résolurent de le faire immédiatement.

Vandamme au contraire, ayant au lever du jour discerné plus clairement encore la disproportion de ses forces avec celles de l'ennemi, et attendant à chaque instant l'apparition du maréchal Mortier sur ses derrières, celle du maréchal Saint-Cyr sur sa droite, voulait se borner à la défensive jusqu'à l'arrivée de ses renforts. C'est ce qu'il manda dès six heures du matin à Napoléon. Avec l'ordre de pousser jusqu'à Tœplitz et avec son caractère audacieux, s'arrêter à Kulm était tout ce qu'on pouvait espérer de mieux de sa part. Quant à remonter sur Péterswalde même, il ne devait pas y songer, car la position de Kulm était assez forte pour qu'avec quarante mille hommes on pût s'y défendre contre quelque ennemi que ce fût; et en arrière, entre Kulm et Péterswalde, on n'avait aucun danger à prévoir, Mortier s'y trouvant, et devant en déboucher à chaque instant. Ne pas se hasarder en plaine pour aller à

Tœplitz, et se maintenir à Kulm, était donc la seule résolution indiquée.

Août 1813.

Voici comment le général Vandamme avait distribué ses troupes. A sa droite, en face des Russes, au pied même du Geyersberg, il avait neuf bataillons de la division Mouton-Duvernet, et un peu en arrière, mais tirant vers le centre, la division Philippon avec quatorze bataillons. Il était donc bien en force de ce côté des montagnes, d'où à tout moment descendaient de nombreuses colonnes ennemies. Au centre en avant de Kulm, vis-à-vis de Priesten, il avait la brigade Quyot, de la division Teste, un peu en arrière la brigade de Reuss. Derrière Kulm, il avait la brigade Doucet de la division Dumonceau, et à gauche, vers les prairies, la brigade Dunesme, appartenant également à la division Dumonceau, pour servir d'appui à la cavalerie. Enfin le général Kreutzer, avec ce qui restait de la division Mouton-Duvernet, avait été envoyé à Aussig, assez loin en arrière, pour garder le passage de l'Elbe, conformément aux ordres de Napoléon. Ainsi, avec vingt-trois bataillons à sa droite et le long des montagnes, avec dix-huit au centre, avec sept ou huit bataillons à gauche soutenant vingt-cinq escadrons rangés dans la plaine, enfin avec une formidable artillerie, il devait se croire en sûreté, surtout étant adossé à la chaussée de Péterswalde, d'où il se flattait incessamment de voir déboucher Mortier. Il attendit donc l'esprit libre d'inquiétude, et pourtant, sans qu'on sût pourquoi, il y avait dans bien des cœurs de sinistres pressentiments. A huit heures les tirailleurs ennemis commencèrent le feu, les nôtres répondi-

Distribution des troupes de Vandamme.

LIVRE XLIX.

Août 1843.

Premier engagement sur notre gauche.

rent, mais rien ne faisait encore prévoir un engagement sérieux. Bientôt sur notre gauche on vit les cavaliers russes du général Knorring franchir une éminence qui dominait les prairies, et puis fondre sur une batterie attelée qui était un peu en avant de notre ligne de cavalerie. Trois pièces furent enlevées, et un bataillon du 13ᵉ léger, qui essaya de les défendre, fut fort maltraité. Alors la brigade de cavalerie légère du général Heinrodt, conduite par l'intrépide Corbineau, chargea les cuirassiers russes et les repoussa. Mais l'infanterie autrichienne de Colloredo ayant déployé ses bataillons à l'appui de la cavalerie russe, les chasseurs du général Heinrodt furent obligés de se replier. Le général Corbineau, blessé à la tête, dut quitter le champ de bataille.

Les efforts des coalisés ne révèlent d'abord que l'intention de contenir Vandamme.

Vandamme alors tira du centre la brigade Quyot, et la porta vers sa gauche pour servir de soutien à la brigade Dunesme et à notre cavalerie. A peine arrivait-elle dans la plaine à gauche qu'elle fut assaillie par toute la cavalerie de Knorring. Le général Quyot forma cette brave brigade, qui était de six bataillons, en trois carrés, et pendant plus d'une heure essuya sans s'ébranler tous les assauts de la cavalerie ennemie. Celle-ci ayant voulu tourner nos carrés et s'approcher de Kulm, la brigade de chasseurs à cheval du général Gobrecht la chargea à son tour, et la rejeta sur l'infanterie autrichienne. Les efforts à notre gauche indiquaient le projet de nous ramener sur la chaussée de Péterswalde en nous débordant, mais jusqu'ici aucun de ces efforts n'avait réussi, et maîtres de la plaine à gauche, toujours fermes au centre et à droite, où l'ennemi semblait même ne pas oser nous attaquer, nous paraissions n'avoir rien à craindre.

Tout à coup cependant vers dix heures du matin, un certain tumulte se produisit sur nos derrières. On entendit des coups de fusil de tirailleurs et le bruit de nombreuses voitures d'artillerie; on aperçut enfin des colonnes épaisses, et Vandamme plein de joie crut naturellement que c'était Mortier qui arrivait de Pirna! Vaine illusion, terrible réveil! Il accourt, et reconnaît l'uniforme des Prussiens! C'était le général Kleist qui descendait par la chaussée de Péterswalde! Qui donc avait pu le tirer d'un affreux péril pour le jeter ainsi sur nos derrières? Un hasard, un heureux mouvement de désespoir! Voici en effet ce qui s'était passé.

En recevant la mission du colonel Schœler, le général Kleist avait fait part à ses officiers de la présence des Français à Kulm, et comme il était entre la route de Péterswalde à gauche, laquelle était occupée par Vandamme, et la route d'Altenberg à droite, qui avait été encombrée toute la journée par les Russes et les Autrichiens, et qui en ce moment était interceptée par le corps de Marmont, il ne lui restait qu'à suivre droit devant lui les sentiers menant sur le revers de la montagne, au risque de trouver Vandamme sur son chemin. D'ailleurs ayant immédiatement sur ses derrières le corps de Saint-Cyr, s'il s'arrêtait un instant il pouvait être assailli et accablé. En présence de ce triple danger, les Prussiens, saisis d'un transport d'enthousiasme, avaient pris le parti de gravir la montagne qui s'élevait devant eux, et si ce chemin les conduisait au

Août 1813.

Coups de fusil entendus subitement sur les derrières de Vandamme.

Soudaine apparition du corps prussien de Kleist, qui en cherchant à se faire jour se trouve sur les derrières de Vandamme.

milieu du corps de Vandamme, de se faire jour ou de mourir. Ils avaient marché toute la nuit sans être suivis par Saint-Cyr, et avaient découvert sur leur gauche un chemin de traverse qui par Furstenwalde et Streckenwalde rejoignant la chaussée de Péterswalde les avait menés sains et saufs sur les derrières mêmes de Vandamme. Le voyant assailli de front par cent mille hommes, se trouvant trente mille au moins sur ses derrières, ils venaient de commencer l'attaque à l'instant même, se flattant et ne doutant plus d'un prodigieux résultat.

A cet aspect Vandamme, conservant une rare présence d'esprit et après s'être consulté avec le général Haxo, comprend qu'il n'a qu'une chose à faire, c'est de remonter la chaussée de Péterswalde, et de passer sur le corps des colonnes prussiennes en abandonnant son artillerie. Un pareil sacrifice n'est rien s'il peut à ce prix sauver son armée. Sur-le-champ il donne les ordres qui sont la conséquence de cette résolution. Il prescrit à la brigade Quyot qu'il avait portée dans la plaine à sa gauche, de se replier, ainsi qu'à la brigade de Reuss laissée en avant de Kulm; il leur ordonne à toutes deux de se former en colonnes serrées pour enfoncer les Prussiens, tandis que la brigade Dunesme avec la cavalerie persistera dans la plaine à contenir les Autrichiens de Colloredo et les nombreux escadrons de Knorring, et qu'à droite Mouton-Duvernet et Philippon, rebroussant chemin le long des montagnes, viendront à leur tour assaillir les Prussiens. Au centre sur l'éminence de Kulm, Vandamme décidé à sacrifier son artillerie, la place en batterie avec ordre d'en faire contre les Russes un usage désespéré. La brigade Doucet doit soutenir cette artillerie le plus longtemps possible, et puis quand on se sera fait jour, on doit se retirer tous ensemble en abandonnant les canons, mais en sauvant les chevaux et les hommes.

Ces ordres sont aussitôt exécutés. Les brigades Quyot et de Reuss quittent la plaine à gauche pour regagner la chaussée de Péterswade, tandis que Philippon et Mouton-Duvernet se replient lentement. A cette vue, les soixante bataillons russes que nous avions devant nous à notre droite et à notre centre, poussent des cris de joie, et nous suivent. Mouton-Duvernet et Philippon les contiennent, Baltus au centre les mitraille des hauteurs de Kulm; mais à gauche dans la plaine, où ne reste plus que la brigade Dunesme, une masse formidable d'ennemis fond sur cette brave brigade qui se défend vaillamment. En arrière, les brigades Quyot et de Reuss essayant de regagner la chaussée de Péterswalde en colonne serrée, chargent les Prussiens avec violence. Ce mouvement produit un affreux refoulement dans les troupes du général Kleist, et il en résulte un conflit impossible à décrire, dans lequel les hommes se prennent corps à corps, s'étouffent, s'égorgent à coups de sabres et de baïonnettes. Au même moment une brigade de cavalerie, celle de Montmarie, suivie de beaucoup de soldats du train, se jette sur l'artillerie des Prussiens et l'enlève. Le général de Fezensac amené sur ce point par Vandamme avec les débris de sa brigade, contribue à l'effort commun. On parvient ainsi à rouvrir la route en renversant la première ligne de Kleist, et il y a chance

Août 1813.

Un moment Vandamme

encore de se sauver si Mouton-Duvernet et Philippon, se repliant à temps et en bon ordre, peuvent aider à forcer la seconde ligne des Prussiens. Mais un étrange accident survient et déjoue tous les calculs de l'infortuné Vandamme. Notre cavalerie chargée à outrance sur la gauche de la route, et rejetée sur la droite, s'y précipite suivie d'une multitude de soldats du train qui étaient séparés de leurs pièces. Dans leur course désordonnée, cavaliers et canonniers se ruent sur Mouton-Duvernet et Philippon, mettent le trouble dans leurs rangs, et y décident par leur exemple un mouvement général de retraite vers les bois. Alors tout prend cette direction! Le général Baltus, après avoir criblé les Russes de mitraille, se retire du même côté avec ses attelages et la brigade Doucet. Dans la plaine il ne reste que la brigade Dunesme, assaillie de toutes parts, se défendant héroïquement, mais finissant par succomber. Une partie des soldats de cette brigade sont tués ou pris, les autres tâchent de gagner l'asile des montagnes. Vandamme, Haxo, blessés, et demeurés les derniers au milieu du péril, sont faits prisonniers. Le général Kreutzer, placé à Aussig, et apercevant de loin cette échauffourée, prend le parti de se retirer, et se sauve par miracle avec quelques bataillons. A l'exception d'un petit nombre de colonnes se repliant avec ordre, on ne voit bientôt de tous côtés qu'une nuée d'hommes s'échappant comme ils peuvent, et réussissant en effet à se dérober à l'ennemi, grâce à ces montagnes boisées où il est impossible de les poursuivre.

Telle fut cette malheureuse journée de Kulm, qui

nous coûta 5 à 6 mille morts ou blessés, 7 mille prisonniers, 48 bouches à feu, deux généraux bien diversement illustres, et qui, bien qu'elle coûtât 6 mille hommes aux coalisés, les releva de leur défaite, leur rendit l'espérance de la victoire, et effaça en un moment de leur souvenir les éclatantes journées du 26 et du 27 août.

Quelle raison donner de cette singulière catastrophe? Comment expliquer que tant de corps français entourant l'armée coalisée, à ce point que l'un de ces corps, celui de Vandamme, se trouvait déjà sur sa ligne de retraite, qu'elle-même étant embarrassée dans les gorges du Geyersberg, et y ayant un de ses détachements tellement enfermé qu'on ne pouvait imaginer de quelle manière il s'échapperait, comment expliquer que la face des choses change tout à coup, que le corps français destiné à assurer la perte de l'ennemi soit perdu lui-même, et que l'auteur du désastre soit précisément le détachement prussien supposé sans ressource, que la victoire passe ainsi des uns aux autres en un instant, avec toutes ses conséquences militaires, politiques et morales? Est-ce la faute de Vandamme, qui se serait trop engagé, de Mortier, de Saint-Cyr qui ne l'auraient pas secouru à temps, de Napoléon, qui aurait trop abandonné les événements à eux-mêmes? Ou bien serait-ce le génie militaire qu'auraient déployé les généraux ennemis en cette circonstance?... Les faits, exposés dans toute leur vérité, ont presque déjà répondu à ces questions, et expliquent à eux seuls ce changement de fortune, l'un des plus prodigieux dont l'histoire fasse mention.

Août 1813.

Vandamme ne pouvait pas faire autre chose que ce qu'il fit.

Vandamme avec beaucoup de vices contre-balancés par de grandes qualités, n'eut dans ces journées presque aucun tort. Il était placé dès l'origine au camp de Pirna, avec mission essentielle de se porter sur les derrières de l'ennemi, et devait avoir sans cesse l'esprit tourné vers cette seule pensée. Le 28 août, voyant plusieurs colonnes russes défiler devant lui, il reçut l'ordre formel de les suivre l'épée dans les reins, de marcher après elles en Bohême, et d'aller jusqu'à Tœplitz pour fermer aux coalisés leur principal débouché. Il savait qu'il était entouré de corps français sur ses flancs et ses derrières, prêts à survenir à tout moment. Il courut donc, il suivit les Russes, et ce fut miracle si dans son ardeur il n'alla pas jusqu'à Tœplitz, car il en avait l'ordre, et il était certain de n'obtenir qu'à Tœplitz les grands résultats que Napoléon se promettait de sa présence en Bohême. Pourtant après avoir essayé de pousser l'ennemi au delà de Priesten, et avoir eu le tort, fort excusable d'ailleurs, et qui n'eut aucune gravité pour la suite des événements, d'attaquer sans ensemble, il sut s'arrêter à Kulm, bien qu'il eût Tœplitz devant lui, Tœplitz que ses instructions et son légitime désir lui assignaient comme but. Après s'être arrêté il s'établit dans une position très-forte, garantie de tous côtés, un seul excepté, celui par lequel devait venir Mortier, et il attendit, demandant du secours et des ordres. Quel autre parti aurait-il pu prendre? Rétrograder sur Peterswalde et Pirna? mais c'eût été abandonner et son poste et sa mission, et contrevenir non-seulement au texte, mais à la pensée de ses

DRESDE ET VITTORIA. 351

instructions, car il était chargé de barrer le chemin à l'ennemi, et il le lui eût ouvert. Tout ce qu'on pouvait donner à la prudence il l'avait donné en s'abstenant d'aller à Tœplitz, et en s'arrêtant à Kulm. Si dans cette position de Kulm, de laquelle il eut le bon esprit de ne pas sortir, ce fut le général Kleist au lieu du maréchal Mortier qui parut sur ses derrières, ce fut là un accident extraordinaire, dont il y aurait une criante injustice à le rendre responsable. Quant à ce qui suivit, Vandamme au moment de la catastrophe conserva toute sa présence d'esprit, et prit la seule résolution possible, celle de rebrousser chemin en passant sur le corps des Prussiens, résolution qui devint inexécutable par l'inévitable confusion d'une situation pareille. Il n'y avait donc rien à lui reprocher à lui, et la supposition qu'il se perdit en courant trop vite après le bâton de maréchal, qu'il avait mieux mérité que d'autres par ses services militaires, et pas plus démérité par ses violences, est une calomnie à l'égard d'un infortuné plus à plaindre ici qu'à blâmer.

Si Vandamme ne fut pas coupable, si tout son malheur vint de ce qu'au lieu d'un corps français il apparut sur ses derrières un corps prussien, faut-il s'en prendre aux divers commandants de troupes françaises qui auraient pu survenir, et notamment au maréchal Mortier, au maréchal Saint-Cyr, les seuls placés à portée de Kulm? Le maréchal Mortier établi à Pirna comme en cas, avec l'alternative d'être ramené à Dresde ou envoyé à Tœplitz, aurait dû se tenir entre deux, et avec plus de spontanéité et de vigilance il aurait pu accourir de lui-même au se-

Août 1813.

Le maréchal Mortier se renferma également dans les ordres qu'il avait reçus.

cours de Vandamme. Mais dans la stricte observation de ses devoirs, destiné à être dirigé sur un point ou sur un autre, il était naturel qu'il attendît dans une complète immobilité l'expression des volontés de Napoléon, et, quant à l'ordre précis de secourir Vandamme avec deux divisions, cet ordre ne lui arriva que dans le courant de la journée du 30, c'est-à-dire à une heure où la catastrophe était déjà accomplie. Il est donc absolument impossible de s'en prendre à ce maréchal.

Le maréchal Saint-Cyr seul aurait pu secourir Vandamme, et ne le fit pas.

On voudrait pouvoir en dire autant du maréchal Saint-Cyr; mais ce maréchal est certainement le plus sujet à reproches, et il y a peu d'excuses à faire valoir en sa faveur. Placé directement à la suite du corps de Kleist, il aurait dû être toujours sur ses traces, ne pas le perdre de vue un instant, et s'il eût rempli ce devoir positif, le corps de Kleist suivi à la piste, au moment où il tombait sur Vandamme, aurait vu à son tour un corps français tomber sur ses derrières, et aurait probablement été pris et détruit, au lieu de contribuer à prendre et à détruire Vandamme. Malheureusement le maréchal Saint-Cyr, esprit éminent mais frondeur, n'ayant de zèle que pour les opérations dont il était directement chargé, ne sachant hors du feu que critiquer ses voisins et son maître, ayant en toute circonstance plaisir à chercher des difficultés au lieu de chercher à les vaincre, employa la journée du 28 à se porter à Maxen, le lendemain 29 ne s'avança que jusqu'à Reinhards-Grimme, ne fit ainsi qu'une lieue et demie dans cette journée décisive pour la poursuite, employa ce temps si précieux à faire demander à l'état-major s'il devait suivre Marmont sur la route d'Altenberg, et tandis qu'il avait l'ordre positif de suivre l'ennemi à outrance dans toutes les directions, laissait Kleist disparaître, et s'acheminer sur les derrières de Vandamme. Puis le lendemain 30, lorsque l'ordre de chercher à rejoindre Vandamme par une route latérale lui parvenait, ordre tellement indiqué que Berthier sur la carte seule le lui envoyait de Dresde, il s'ébranlait enfin, et par le chemin qui avait mené Kleist sur les derrières de Vandamme, et qui l'aurait mené lui-même sur les derrières de Kleist, il arrivait pour entendre le canon qui annonçait notre désastre. Ainsi avait été perdue la journée du 29, à fronder, à se plaindre de n'avoir pas d'ordre, tandis qu'existait l'ordre constant et bien suffisant de poursuivre l'ennemi sans relâche [1]!

[1] Quoique je n'aie pas le goût d'adopter les jugements malveillants que les contemporains portent les uns sur les autres, et que je me défie en particulier de ceux du duc de Raguse, ordinairement légers et rigoureux, il est impossible, quand on a bien étudié les faits, lu les ordres et les correspondances, de ne pas reconnaître que le jugement qu'il exprime en cette occasion sur la conduite du maréchal Saint-Cyr est à peu près juste. C'est avec grand chagrin qu'on trouve en faute un homme aussi distingué que le maréchal Saint-Cyr, mais on doit la vérité à tout le monde, et il faut savoir se résigner à la dire sur ce maréchal, lorsque dans cette histoire, il faut la dire sur des hommes tels que Moreau, Masséna et Napoléon.
Le maréchal Marmont n'est pas le seul à juger comme il l'a fait la conduite du maréchal Saint-Cyr en cette circonstance. Dans une relation encore manuscrite, digne de celle qu'il a écrite sur 1812, M. le général de Fezensac a porté en termes très-modérés, mais très-positifs, le même jugement que le maréchal Marmont sur le rôle qu'ont joué les divers acteurs de l'événement de Kulm. Effectivement les faits sont tellement frappants, qu'il est impossible de les interpréter de deux manières. Le général Vandamme ne périt pas pour être allé trop loin, car, ainsi que nous l'avons dit, il avait ordre d'aller à Toeplitz, et il s'arrêta à Kulm. A Kulm, avec 52 bataillons, il était

Quant au maréchal Marmont, il poussa l'ennemi aussi vivement qu'il le put, et eut même plusieurs combats heureux, mais il était trop loin de Vandamme pour lui venir en aide. Placé tout à fait sur la droite, il ne pouvait avoir la prétention de franchir les montagnes avant Saint-Cyr, sans s'exposer à tomber seul au milieu des ennemis comme dans un gouffre. Il n'y a donc rien à lui reprocher. Quant à Murat, il était dans l'impossibilité d'exercer aucune influence sur l'événement déplorable qui s'accomplit à Kulm, puisqu'il courait avec ses escadrons sur la grande route de Freyberg.

invincible, et il le serait resté si trente mille Prussiens n'étaient tombés sur ses derrières. Qui était chargé de suivre ces Prussiens? Non pas Mortier, qui était à gauche à Pirna, et avait ordre d'y rester; non pas Marmont, qui était à droite sur la route d'Altenberg, et avait ordre de s'y tenir; mais le maréchal Saint-Cyr, qui était entre deux, avec mission de poursuivre l'ennemi sans relâche et dans toutes les directions, comme le lui prescrivaient les instructions réitérées de Napoléon. Or, le 28 il s'arrêta à Maxen, ce qui à la rigueur pouvait se concevoir. Mais le 29 il employa la journée à faire une lieue et demie, et envoya chercher l'ordre de savoir s'il suivrait Marmont qu'il venait de rencontrer sur sa droite. En admettant qu'il eût besoin de cet éclaircissement, le premier devoir était en attendant de ne pas perdre la piste de l'ennemi, et de ne pas lui laisser la liberté dont il usa si fatalement pour accabler Vandamme. Le lendemain, quand l'ordre, dicté par le plus simple bon sens, de tâcher de se lier à Vandamme plutôt que de suivre Marmont, quand cet ordre arrivait il n'était plus temps, et Vandamme était détruit. Le maréchal Saint-Cyr, sans la mauvaise volonté dont on l'a accusé à d'autres époques envers ses voisins, fut par la seule suspension de sa marche le 29, l'auteur involontaire assurément, mais bien visible, du désastre de Vandamme. Même en faisant demander un éclaircissement à l'état-major général, il aurait dû ne pas s'arrêter, et il devait bien, avec son rare esprit et sa grande expérience, se dire que pendant qu'il envoyait chercher un ordre l'ennemi se sauverait; et encore si l'ennemi n'avait fait que se sauver, ce n'eût été qu'un faible mal, mais en se sauvant il détruisit Vandamme et le destin de la campagne. C'est avec un grand regret qu'on trouve en faute un aussi noble person-

DRESDE ET VITTORIA.

Août 1813.

Reste enfin au nombre des acteurs responsables de cette catastrophe Napoléon lui-même, qui présent sur les lieux, suivant sans relâche ses lieutenants, aurait pu les faire converger au point commun, et par sa présence eût certainement obtenu ce qu'il prévoyait, et ce qu'il était fondé à espérer. Mais il fut détourné le 28 de ce grand devoir par les nouvelles qui lui parvinrent des environs de Lowenberg et de Berlin, et aussi, il faut le dire, par la confiance qu'après les ordres donnés, les résultats attendus étaient suffisamment préparés et garantis. En effet, quatre-vingt mille hommes sous Saint-Cyr,

---

nage historique que le maréchal Saint-Cyr, mais l'histoire ne doit être une flatterie ni pour les vivants ni pour les morts. Elle n'est tenue que d'être vraie, de l'être sans malveillance comme sans faiblesse.

Nous plaçons ici quelques lettres extraites de la correspondance de Napoléon et du major général Berthier.

L'Empereur au major général.

« Dresde, le 27 août 1813 à sept heures et demie du soir.

« ..... Envoyez reconnaître positivement la situation du maréchal Saint-Cyr. Témoignez-lui mon mécontentement de ce que je n'ai pas eu de ses nouvelles pendant toute la matinée ; il aurait dû m'envoyer un officier toutes les heures pour me rendre compte de ce qui se passait. »

« *Au major général.*

» Devant Dresde, le 28 août 1813.

« Donnez ordre au maréchal Saint-Cyr de marcher sur Dohna. Il se mettra sur la hauteur, et suivra la retraite sur les hauteurs en passant entre Dohna et la plaine. Le duc de Trévise suivra sur la grande route. Aussitôt que la jonction sera faite avec le général Vandamme, le maréchal Saint-Cyr continuera sa route pour se porter avec son corps et celui du général Vandamme sur Gieshübel, le duc de Trévise prendra position sur Pirna. Du reste, je m'y rendrai moi-même aussitôt que je saurai que le mouvement est commencé. »

356 LIVRE XLIX.

Août 1813.

Marmont, Murat, poussant les coalisés contre les montagnes, et quarante mille hommes sous Vandamme chargés de les recevoir sur le revers, composaient un ensemble de précautions aussi complètes que toutes celles qu'il avait jamais prises pour s'assurer les conséquences de ses victoires! Si les coalisés eussent été aussi faciles à déconcerter que l'étaient jadis nos ennemis, s'ils eussent été moins obstinés à combattre, moins prompts à reprendre confiance, Vandamme, au lieu de leur inspirer l'idée de s'arrêter, les aurait recueillis comme des troupeaux qui fuient devant un animal prêt à les dévorer. Napoléon s'en rapportant au passé, crut, et dut croire qu'il avait assez fait pour se procurer les plus beaux triomphes. Malheureusement les temps étaient changés, et pour achever la ruine de la grande armée de Bohême, ce n'eût pas été trop de Napoléon lui-même veillant jusqu'au dernier

Quelle part peut-on assigner à Napoléon dans la catastrophe de Vandamme.

« *Au major général.*

» *Dresde, le 29 août 1813 à 5 heures et demie du matin.*

» *Donnez ordre au roi de Naples de se porter sur Frauenstein et de tomber sur les flancs et les derrières de l'ennemi, et de réunir à cet effet sa cavalerie, son infanterie et son artillerie. — Donnez ordre au duc de Raguse de suivre l'ennemi sur Dippoldiswalde et dans toutes les directions qu'il aurait prises. — Donnez ordre au maréchal Saint-Cyr de suivre l'ennemi sur Maxen et dans toutes les directions qu'il aurait prises. — Instruisez ces trois généraux de la position des deux autres, afin qu'ils sachent qu'ils se soutiennent réciproquement.* »

« *Au roi de Naples.*

» *Dresde, le 29 août 1813 à 5 heures après midi.*

» *Aujourd'hui 29 à six heures du matin, le général Vandamme a attaqué le prince de Wurtemberg près de Hollendorf; il lui a fait*

instant à l'accomplissement de ses desseins. Et en toute autre circonstance il n'aurait pas manqué d'être auprès de Vandamme avec sa garde entière, de conduire par la main Saint-Cyr et Marmont, et de poursuivre la victoire jusqu'à ce qu'il en eût tiré tout ce qu'elle pouvait donner. Mais il était distrait, reporté violemment ailleurs, non pas comme tant d'autres héros par le goût de la mollesse ou des plaisirs, mais par la passion ordinaire de sa vie, passion d'obtenir tous les résultats à la fois, souvent même les plus contradictoires et les plus opposés. Berlin, Dantzig, comme Moscou un an auparavant, étaient les prismes trompeurs qui égaraient en ce moment son génie. Pour frapper à Berlin la Prusse et l'Allemagne, pour être toujours fondé à dire que sa puissance s'étendait du golfe de Tarente à la Vistule, il avait eu dès le commencement de cette campagne la pensée d'envoyer un de ses corps

1500 prisonniers, pris quatre pièces de canon, et l'a mené battant; c'étaient *tous Russes*. Le général Vandamme marchait sur Tœplitz avec tout son corps. Le général prince de Reuss, qui commandait une de nos brigades, a été tué. — Je vous écris cela pour votre gouverne. — Le général Vandamme me mande que l'épouvante est dans toute l'armée russe. »

Le major général au maréchal Gouvion Saint-Cyr.

« Dresde, le 30 août 1813.

» MONSIEUR LE MARÉCHAL,

» Je reçois votre lettre datée de Reinhards-Grimme, par laquelle vous me faites connaître que vous vous trouvez derrière le 6ᵉ corps. L'intention de Sa Majesté est que, dans cet état de choses, vous appuyiez le 6ᵉ corps; mais il serait préférable que vous pussiez trouver un chemin sur la gauche, entre le duc de Raguse et le corps du général Vandamme, qui a obtenu de grands succès sur l'ennemi et lui a fait 2 mille prisonniers. »

à Berlin, de conserver une garnison à Dantzig, et pour cette pensée il avait, comme on l'a vu, laissé s'introduire dans la profonde combinaison de son plan de campagne un vice caché, celui d'élargir singulièrement le cercle de ses opérations dont le centre était à Dresde, de placer Macdonald à Lowenberg au lieu de le placer à Bautzen, de diriger Oudinot sur Berlin au lieu de l'établir à Wittenberg, grande faute qui l'empêchait d'accourir à temps partout où il aurait fallu qu'il fût pour achever ses propres victoires, et réparer les échecs de ses lieutenants! Cette même cause continuant à produire les mêmes effets, il voulut, en apprenant un malheur arrivé à Macdonald, le secourir le plus tôt possible; il voulut aussi conduire lui-même l'armée d'Oudinot à Berlin, et pour ce double motif se détournant de Pirna et de Kulm, où il aurait dû être de sa personne et avec sa garde, il laissa ses victoires les plus importantes inachevées, pour courir à d'autres, et s'exposa de la sorte à manquer tous les buts pour les vouloir atteindre tous à la fois. Ainsi toujours la même cause dans les malheurs de Napoléon, toujours la même source d'erreur!

Et c'est dans le désastre de Kulm la seule part de reproches qu'on puisse lui adresser, car dans les détails il ne commit pas une faute. Quant à ses ennemis, leur mérite contribua pour peu de chose au résultat. Leur plan de retraite fut fort peu médité; ils se retirèrent en hâte avec l'idée d'aller jusqu'au delà de l'Eger, et s'ils s'arrêtèrent devant Kulm, ce fut à l'improviste, ce fut à la vue d'un corps dont la position à la fois hasardée et inquiétante pour eux, leur inspira l'idée de ne point passer sans le contenir. Et cependant ils n'en seraient pas même venus à bout, si le plus grand des hasards, celui d'un corps prussien compromis, faisant acte de désespoir pour se sauver, ne leur eût fourni une combinaison involontaire, inattendue, et d'immense conséquence, combinaison dont on a voulu attribuer le mérite à l'empereur Alexandre, mais qui ne fut due qu'au sentiment énergique des Prussiens résolus à se faire jour ou à mourir. Ce n'est donc pas au génie des coalisés, qui toutefois étaient loin de manquer d'habileté militaire, c'est à la passion patriotique qui les animait, et qui les portait à se roidir contre la défaite, qu'il faut attribuer leur promptitude à saisir l'occasion de Kulm! Autre leçon profondément morale à tirer de ces prodigieux événements, c'est qu'on doit se garder de pousser les hommes au désespoir, car en provoquant ce sentiment chez eux on leur donne des forces surnaturelles, qui déjouent tous les calculs, et surmontent parfois la puissance même de l'art le plus consommé!

Ces coalisés qui en abandonnant le champ de bataille de Dresde, se tenaient pour complétement battus, et se demandaient tristement si en cherchant à vaincre Napoléon, ils n'avaient pas entrepris de lutter contre le destin lui-même, tout à coup à l'aspect de Vandamme vaincu et pris, se regardèrent comme revenus à une situation excellente, et crurent voir au moins en équilibre la balance de la fortune. Pourtant en comptant ce que leur avaient coûté les deux journées de Dresde, la poursuite du 28 et du 29, la journée même du 30, ils avaient perdu en morts, blessés

Août 1813.

C'est au hasard qu'est dû leur triomphe inespéré.

L'événement de Kulm leur rendit toute la confiance qu'ils avaient perdue.

Août 1813.

ou prisonniers, plus de 40 mille hommes, et la défaite de Vandamme, après tout, ne nous faisait pas perdre plus de 12 à 13 mille hommes, en prisonniers, morts ou blessés. Mais la confiance était rentrée dans leur âme, ils se livraient à la joie, et loin de vouloir abandonner la partie, et de laisser à Napoléon le temps d'aller frapper les armées de Silésie et du Nord, ils étaient résolus à ne lui accorder aucun repos, et à le combattre sans relâche. Dans ces hécatombes immenses, quarante mille hommes ne comptaient pour rien; le sentiment des adversaires aux prises était tout, et le sentiment des coalisés, loin d'être celui de la défaite, était presque déjà celui de la victoire. Pour eux n'être pas vaincus, c'était presque vaincre, et pour Napoléon au contraire ne pas anéantir ses adversaires, c'était n'avoir rien fait. C'est à ces conditions extrêmes et à peu près impossibles qu'il avait attaché son salut!

Derniers moments de Moreau.

Ajoutons en terminant ce douloureux récit que le seul homme qu'on eût un moment opposé jadis à Napoléon, Moreau, expirait tout près de lui, à Tann. On lui avait coupé les deux jambes, et il avait supporté cette opération avec le courage tranquille qui était sa qualité distinctive. Pourtant il avait horriblement souffert. Transporté sur les épaules des soldats ennemis de sa patrie, il avait fait un trajet d'une vingtaine de lieues au milieu de douleurs cruelles. De l'autre côté des monts, tous les souverains, le roi de Prusse, l'empereur d'Autriche, l'empereur Alexandre, s'étaient rendus auprès de son lit de mort, et lui avaient prodigué les marques d'estime et de regret. Les plus grands personnages, M. de Metternich, le prince de Schwarzenberg, les généraux de la coalition, étaient venus le visiter à leur tour; Alexandre l'avait tenu longtemps serré dans ses bras, car il avait conçu pour lui une amitié véritable. Plutôt embarrassé que fier de ces témoignages, Moreau, dont l'âme un instant égarée avait toujours été honnête, Moreau s'interrogeant lui-même sur le mérite de sa conduite, disait sans cesse : Et pourtant je ne suis pas coupable, je ne voulais que le bien de ma patrie!... Je voulais l'arracher à un joug humiliant!... — Ainsi, tandis qu'on entourait son agonie de respects, lui, tout occupé d'autre chose, s'examinait, se jugeait au tribunal de sa propre conscience, et n'avait de repos que lorsqu'il s'était trouvé des excuses pour une conduite qui lui valait de si hauts témoignages. Un autre cri lui échappa plusieurs fois, ce fut celui-ci : Ce Bonaparte est toujours heureux! — Il avait proféré ces mots au moment où le boulet l'avait frappé, et il les répéta souvent avant d'expirer!... Bonaparte heureux!... Il l'avait été, il pouvait le paraître encore aux yeux d'un rival expirant, mais la Providence allait bientôt prononcer sur son propre sort, et lui infliger une fin plus triste peut-être que celle de Moreau, s'il y a une fin plus triste que de mourir dans les rangs des ennemis de sa patrie! Funestes illusions de la haine! On s'envie, on se hait, on se poursuit en croyant heureux l'adversaire qu'on déteste, tandis que tous, la tête courbée sous le fardeau de la vie, on marche au milieu des mêmes douleurs à des malheurs presque pareils! Les hommes s'envie-

Sa fermeté devant la douleur, son trouble devant sa conscience.

raient moins, s'ils savaient combien avec des apparences différentes leur fortune est souvent égale, et au lieu de se diviser sous la main du destin, s'uniraient au contraire pour en soutenir en commun le poids accablant !

FIN DU LIVRE QUARANTE-NEUVIÈME.

LIVRE CINQUANTIÈME.

LEIPZIG ET HANAU.

Événements accomplis en Silésie et dans les environs de Berlin pendant les opérations des armées belligérantes autour de Dresde. — Forces et instructions laissées au maréchal Macdonald lorsque Napoléon était revenu du Bober sur l'Elbe. — Pressé d'exécuter ses instructions et craignant de perdre les avantages de l'offensive, ce maréchal avait mis ses trois corps en mouvement le 26 août. — Le général Blucher s'était jeté sur la division Charpentier et la cavalerie Sébastiani, et les avait culbutées du plateau de Janowitz. — Cet accident avait entraîné la retraite de toute l'armée, qu'une pluie torrentielle de plusieurs jours avait rendue presque désastreuse. — Prise et destruction de la division Puthod. — Le maréchal Macdonald réduit de 70 mille hommes à 50 mille. — Son mouvement rétrograde sur le Bober. — Événements du côté de Berlin. — Marche du maréchal Oudinot à la tête des 4e, 12e et 7e corps. — Composition et force de ces corps. — Armée du prince royal de Suède. — Arrivée devant Trebbin. — Premières positions de l'ennemi enlevées dans les journées des 21 et 22 août. — Isolement des trois corps français dans la journée du 23, et combat malheureux du 7e corps à Gross-Beeren. — Retraite du maréchal Oudinot sur Wittenberg. — Beaucoup de soldats se débandent, surtout parmi les alliés. — C'est la connaissance de ces graves échecs qui le 28 août avait ramené Napoléon de Pirna sur Dresde, et avait détourné son attention de Kulm. — Ne sachant pas encore ce qui était arrivé à Vandamme, il avait formé le projet de déplacer le théâtre de la guerre, et de le transporter dans le nord de l'Allemagne. — Vastes conséquences qu'aurait pu avoir ce projet. — A la nouvelle du désastre de Kulm, Napoléon, obligé de restreindre ses vues, réorganise le corps de Vandamme, en confie le commandement au comte de Lobau, envoie le maréchal Ney pour remplacer le maréchal Oudinot dans le commandement des trois corps retirés sur Wittenberg, et se propose de s'établir avec ses réserves à Hoyerswerda, afin de pousser d'un côté le maréchal Ney sur Berlin, et de prendre de l'autre une position menaçante sur le flanc du général Blucher. — Départ de la garde pour Hoyerswerda. — Nouvelles inquiétantes de Macdonald, qui détournent encore Napoléon de l'exécution de son dernier projet, et l'obligent à se porter tout de suite sur Bautzen. — Arrivée de Napoléon à Bautzen le 4 septembre. — Prompte retraite de Blucher dans les journées des 4 et 5 septembre. — A peine Napoléon a-t-il rétabli le maréchal Macdonald sur la Neisse, qu'une seconde apparition de l'armée de Bohême sur la chaussée de Péterswalde le ramène à Dresde. — Son entrevue aux avant-postes avec le maréchal Saint-Cyr dans la journée du 7. — Projet pour le lendemain 8 septembre. — Dans cet intervalle, Napoléon apprend un nouveau malheur arrivé sur la route de Berlin. — Le maréchal Ney ayant reçu l'ordre de se porter sur Baruth, avait fait dans la journée du 5 septembre un mouvement de flanc devant l'ennemi, avec les 4e, 12e et 7e corps. — Ce mouvement, qui avait réussi le 5, ne réussit pas le 6, et amène la malheureuse bataille de Dennewitz. — Retraite le 7 septembre sur Torgau. — Débandade d'une partie des Saxons. — Napoléon reçoit cette nouvelle avec calme, mais commence à concevoir des inquiétudes sur sa situation. — Avis indirect, donné par l'intermédiaire de M. de Bassano, au ministre de la guerre pour l'armement et l'approvisionnement des places du Rhin. — Conformément au plan convenu le 7 avec le maréchal Saint-Cyr, Napoléon, dans la journée du 8, pousse vivement les Prussiens et les Russes, afin de les rejeter en Bohême. — Sur l'avis du maréchal Saint-Cyr, on suit le 9 et le 10 la vieille route de Bohême, celle de Furstenwalde, par laquelle on a l'espérance de tourner l'ennemi. — L'impossibilité de faire passer l'artillerie par le Geyersberg empêche d'achever le mouvement projeté. — Ignorant qu'en ce moment les Autrichiens sont séparés des Prussiens et des Russes, et pressé de réparer les échecs de ses lieutenants, Napoléon s'arrête et revient à Dresde. — Évidence du plan des coalisés, consistant à courir sur les armées françaises dès que Napoléon s'en éloigne, et à se retirer dès qu'il arrive, à fatiguer ainsi ses troupes, pour l'envelopper ensuite, et l'accabler lorsqu'on le jugera suffisamment affaibli. — Déplorable réalisation de ces vues. — Les forces de Napoléon réduites de 360 mille hommes de troupes actives sur l'Elbe à 250 mille. — En considération de cet état de choses, Napoléon resserre le cercle de ses opérations, ramène Macdonald avec les 8e, 5e, 11e, 2e corps près de Dresde, établit le comte de Loban et le maréchal Saint-Cyr au camp de Pirna, derrière de bons ouvrages de campagne, afin que l'ennemi ne puisse plus se faire un jeu de ses apparitions sur la route de Péterswalde, envoie un fort détachement de cavalerie sur ses derrières pour disperser les troupes de partisans, réorganise le corps de Ney sur l'Elbe, place le maréchal Marmont et Murat à Grossenhayn pour protéger l'arrivée de ses approvisionnements, et se concentre à Dresde avec toute la garde, de manière à ne plus être mis en mouvement par de vaines démonstrations de l'ennemi. — Troisième apparition des Prussiens et des Russes sur Péterswalde. — Les ouvrages ordonnés entre Pirna, Gieshübel et Dohna, n'étant pas achevés, Napoléon est obligé d'accourir encore une fois sur la route de Péterswalde pour rejeter l'ennemi en Bohême. — Prompte retraite des coalisés. — Retour de Napoléon à Pirna, et ses soins pour bien asseoir sa position, afin de ne plus s'épuiser en courses inutiles. — Sa résolution de s'établir sur l'Elbe, de Dresde à Ham-

LEIPZIG ET HANAU.

bourg, pour la durée de l'hiver. — Projets de l'ennemi. — Napoléon étant partout resserré sur l'Elbe, et la saison avançant, les souverains coalisés songent à mener la guerre à fin par une tentative décisive sur les derrières de notre position. — Blucher fait prévaloir l'idée d'employer en Bohême la réserve du général Benningsen, et, après avoir ainsi renforcé la grande armée des alliés, de la faire descendre sur Leipzig, tandis qu'il ira lui-même joindre Bernadotte, passer l'Elbe avec lui aux environs de Wittenberg, et remonter sur Leipzig avec les armées du Nord et de Silésie. — Premiers mouvements en exécution de ce dessein. — Napoléon découvre sur-le-champ l'intention de ses adversaires, et fait repasser toutes ses troupes sur la gauche de l'Elbe. — Il ne laisse sur la droite de ce fleuve que Macdonald avec le 11ᵉ corps; il achemine Marmont et Souham, l'un par Leipzig, l'autre par Meissen, sur le bas Elbe, afin d'appuyer Ney; il envoie Lauriston et Poniatowski sur la route de Prague à Leipzig pour soutenir Victor contre l'armée de Bohême. — Attente de quelques jours pour laisser dessiner plus clairement les projets de l'ennemi. — Blucher s'étant dérobé pour se joindre à Bernadotte et passer l'Elbe à Wartenbourg, Napoléon quitte Dresde le 7 octobre avec la garde et Macdonald, et descend sur Wittenberg dans le dessein de battre Blucher et Bernadotte d'abord, et puis de se reporter sur la grande armée de Bohême. — Belle et profonde conception de Napoléon tendant à refouler Blucher et Bernadotte sur Berlin, et à surprendre ensuite Schwarzenberg en remontant la rive droite de l'Elbe pour repasser ce fleuve à Torgau ou à Dresde. — Mouvement prononcé de Blucher et de Bernadotte sur Leipzig, qui change tous les projets de Napoléon. — Celui-ci voyant les coalisés près de se réunir tous sur Leipzig, se hâte d'y arriver le premier pour s'interposer entre eux, et empêcher leur jonction. — Retour de la grande armée française sur Leipzig. — Terrible bataille, la plus grande du siècle et probablement des siècles, livrée pendant trois jours sous les murs de Leipzig. — Retraite de Napoléon sur Lutzen. — Explosion du pont de Leipzig, qui amène la destruction ou la captivité d'une partie de l'armée française. — Mort de Poniatowski. — Marche sur Erfurt. — Défection de la Bavière et arrivée de l'armée austro-bavaroise dans les environs de Hanau. — Mouvement accéléré de l'armée française et bataille de Hanau. — Humiliation de l'armée austro-bavaroise. — Rentrée des Français sur le Rhin. — Leur état déplorable en arrivant à Mayence. — Opérations du maréchal Saint-Cyr sur l'Elbe. — Triste capitulation de Dresde. — Situation, forces, conduite héroïque, et malheurs des garnisons françaises, inutilement laissées sur la Vistule, l'Oder et l'Elbe. — Caractère de la campagne de 1813. — Effrayants présages qu'on en peut tirer.

Août 1813.

Les événements graves et peu prévus qui attiraient tout à coup l'attention de Napoléon l'avaient détournée de Kulm, s'étaient passés sur la Katzbach

Événements qui s'étaient passés sur le Bober et

en Silésie, et à Gross-Beeren dans le Brandebourg. Le maréchal Macdonald que Napoléon avait laissé à la poursuite de Blucher, venait d'éprouver subitement une sorte de désastre, et le maréchal Oudinot, que Napoléon considérait comme près d'entrer à Berlin, avait été, à la suite d'un combat malheureux, ramené sous le canon de Wittenberg. Il faut savoir comment s'étaient produits ces événements, pour se faire une idée exacte de la situation, et comprendre les combinaisons qui avaient absorbé Napoléon pendant les journées des 28, 29, 30 août, et l'avaient empêché d'accourir avec toutes ses réserves auprès de l'infortuné Vandamme.

Napoléon après avoir rejeté l'armée de Silésie du Bober sur la Katzbach, avait laissé au maréchal Macdonald pour continuer à la poursuivre le 3ᵉ corps, fort de 25 mille hommes et commandé par le général Souham depuis le départ du maréchal Ney, le 5ᵉ corps, fort de 20 mille hommes et toujours placé sous les ordres du général Lauriston, enfin le 11ᵉ, fort de 18 mille et confié au général Gérard depuis que le maréchal Macdonald avait pris le commandement supérieur des trois corps réunis. A cette masse d'infanterie il fallait ajouter la cavalerie du général Sébastiani, qui pouvait présenter une réserve de 5 à 6 mille chevaux, et qui était indépendante des détachements de cavalerie légère attachés à chaque corps d'armée. Le total s'élevait ainsi à environ 70 mille hommes, sans compter les 10 ou 11 mille Polonais du prince Poniatowski, postés sur la frontière de Bohême en arrière et à droite du maréchal Macdonald, pour garder le débouché de Zittau. Napoléon avait donné pour instruction au maréchal Macdonald de rejeter Blucher sur Jauer et au delà, puis de s'établir fortement sur le Bober, entre Lowenberg et Buntzlau, de manière à tenir l'armée de Silésie éloignée de Dresde, et à empêcher l'armée de Bohême de faire des détachements sur Berlin. Napoléon ne doutait pas qu'avec 80 mille hommes victorieux, Macdonald ne remplît parfaitement sa mission. Le maréchal n'en doutait pas lui-même, et il continua de s'avancer hardiment contre le général Blucher.

Un incident, peu important au premier aspect, apporta dès le début un fâcheux changement à cette situation en apparence si avantageuse. Napoléon en partant avait adressé au maréchal Ney l'ordre de le suivre à Dresde; mais cet ordre ne spécifiant pas assez clairement qu'il s'agissait de la personne du maréchal Ney et non de ses troupes, on avait dirigé le 3° corps lui-même sur la route de Dresde, et l'armée française vers son aile gauche avait semblé se mettre en retraite. Blucher impatient par caractère et par position de reprendre l'offensive, avait conclu du mouvement rétrograde d'une portion de notre ligne que Napoléon n'était plus là, et qu'il fallait revenir sur l'armée française privée de sa présence, et probablement aussi d'une partie des forces qu'elle avait un moment déployées. De son côté Macdonald avait voulu rendre à ses troupes l'attitude qu'elles venaient de perdre, et s'était hâté, sans tenir assez compte des circonstances, de se reporter en avant. Il devait de cette double disposition résulter un choc violent et prochain.

Août 1813.

pour instruction de garder le Bober, mais en rejetant l'ennemi sur Jauer au delà de la Katzbach.

Ordre mal donné, qui ramène l'ennemi deux jours plus tôt qu'on ne s'y attendait.

Le 3ᵉ corps (général Souham) ayant fait d'abord une marche en arrière, puis une nouvelle marche en avant, afin de revenir à Liegnitz, avait laissé dans cet inutile déplacement un certain nombre d'hommes sur les chemins. Le 25 août au soir il était de retour à sa première position. Le 14ᵉ corps (général Gérard) formant le centre, n'avait pas quitté Goldberg, et le 5ᵉ (général Lauriston) formant la droite, était également demeuré immobile. Le maréchal Macdonald ayant tout son monde en ligne, résolut de se porter dès le lendemain 26 sur Jauer, point qu'il devait occuper pour obéir à ses instructions. Bien que Napoléon ne voulût pas établir son armée de Silésie plus loin que le Bober, il désirait cependant qu'elle eût ses avant-postes sur la Katzbach, de Jauer à Liegnitz, afin de mieux vivre, et d'intercepter plus sûrement tout détachement envoyé de la Bohême sur Berlin.

Voici comment le maréchal Macdonald s'y prit pour l'exécution de son mouvement. Quoiqu'à Goldberg il fût sur l'un des bras de la Katzbach, par conséquent fort au delà du Bober, il y avait sur sa droite un point du Bober resté au pouvoir de l'ennemi, c'était celui de Hirschberg, dans les montagnes. Il détacha une division du 14ᵉ corps, celle du général Ledru, et lui ordonna de remonter le Bober de notre côté, c'est-à-dire par la rive gauche, tandis que la division Puthod du corps de Lauriston, le remonterait par la rive droite, de manière à surprendre Hirschberg par les deux rives. Pendant que ce mouvement s'opérait sur notre extrême droite, et tout à fait dans les montagnes, le maréchal Macdonald prit le parti de marcher lui-même sur Jauer, avec les corps de Lauriston et de Gérard, diminués chacun d'une division. Il n'y avait pour arriver à Jauer aucun cours d'eau important à franchir, mais seulement quelques ravins plus ou moins profonds à traverser, sur lesquels on pouvait trouver l'ennemi en force. Le maréchal Macdonald se flattait de le débusquer, soit par une attaque directe des généraux Gérard et Lauriston sur Jauer même, soit par un mouvement latéral des généraux Souham et Sébastiani sur Liegnitz.

Août 1813.

Il prescrivit en effet au général Souham de partir de Liegnitz avec le 3ᵉ corps, et de prendre la route de cette ville à Jauer, laquelle vient donner dans le flanc même de Jauer en traversant le plateau de Janowitz. Il espérait que vingt-cinq mille hommes menaçant l'ennemi en flanc, lui ôteraient jusqu'à l'idée de résister à l'attaque de front qu'exécuteraient contre lui les généraux Lauriston et Gérard. Malheureusement il y avait une assez grande distance entre le chemin qu'allait suivre le général Souham sur le plateau de Janowitz, et la route qu'avaient à parcourir les généraux Gérard et Lauriston pour marcher en droite ligne sur Jauer. Le général Gérard, le moins éloigné des deux, devait remonter le ravin profond de la Wutten-Neiss, petite rivière torrentueuse qui de Jauer va tomber dans la Katzbach, en contournant le plateau de Janowitz. Pour établir quelque liaison entre les deux principales masses de ses forces, le maréchal Macdonald assigna au général Sébastiani une route intermédiaire, celle de Buntzlau à Jauer, qui suivant d'abord

Le 3ᵉ corps, partant de Liegnitz, doit prendre Jauer en flanc, tandis que les 5ᵉ et 11ᵉ y marcheront directement.

le ravin de la Wutten-Neiss, puis franchissant cette rivière, aboutit sur le plateau de Janowitz. Tous les ordres furent expédiés pour être exécutés le 26 au matin sans remise.

Août 1813.

Pluie torrentielle le 26 août au matin, laquelle n'empêche pas Macdonald de persister dans ses projets.

Le 26, une pluie d'orage qui avait duré la nuit entière, avait fait déborder toutes les rivières, et rendu les chemins presque impraticables. Le maréchal Macdonald, pressé de reprendre l'offensive, ne tint pas compte du mauvais temps, et exigea qu'il fût donné suite à ses ordres. Tandis que les divisions Puthod et Ledru remontaient les deux rives du Bober jusqu'à Hirschberg, les corps de Lauriston et de Gérard marchaient sur Jauer, descendant, gravissant tour à tour les bords des ravins qu'il fallait franchir pour arriver à cette petite ville. Malgré les difficultés que la pluie leur opposait, nos agiles tirailleurs, dépostant ceux de l'ennemi, les obligèrent partout à se replier. A gauche, les choses furent moins faciles.

Souham et Sébastiani n'ayant pu prendre la route de Liegnitz à Jauer, s'engouffrent avec les troupes de Gérard dans le ravin de la Wutten-Neiss.

Le général Sébastiani après s'être mis en route un peu tard n'était pas encore à l'entrée du ravin de la Wutten-Neiss, tandis que le général Gérard y avait déjà pénétré, et que Lauriston marchant parallèlement à celui-ci était fort en avant. Le général Souham, de son côté, ayant trouvé à Liegnitz la Katzbach débordée, avait cherché un passage au-dessus, et était ainsi venu prendre la même route que le général Sébastiani. Il y eut là pendant quelque temps 23 à 24 mille hommes d'infanterie, 5 à 6 mille chevaux, et plus de cent bouches à feu engouffrés dans un ravin profond, jusqu'à ce que s'élevant sur le bord de ce ravin ils pussent déboucher sur le plateau de Janowitz. Dans ce moment la cavalerie prussienne en reconnaissance avait descendu ce plateau, et n'apercevant pas nos troupes, s'était fort avancée dans le ravin de la Wutten-Neiss. Le général Gérard cheminant sur la rive opposée de cette rivière, découvrit les escadrons prussiens qui avaient déjà dépassé sa gauche, et il fit tirer sur eux par derrière. La pluie qui n'avait pas cessé fut cause qu'il partit à peine une quarantaine de coups de fusil. Mais ils suffirent pour avertir les escadrons prussiens du mauvais pas où ils s'étaient engagés, et ils rebroussèrent chemin au galop. Le général Gérard ayant fait amener son artillerie, et tirant d'une rive à l'autre, joncha le défilé d'un bon nombre de ces imprudents cavaliers.

Cet incident suggéra au maréchal Macdonald l'idée de lancer tout de suite quelques bataillons de la division Charpentier, l'une des deux du général Gérard, sur le plateau de Janowitz, afin de s'en emparer, et d'aider ainsi les généraux Sébastiani et Souham à s'y déployer. L'ordre donné fut exécuté sur-le-champ. Le général Charpentier, avec l'une de ses brigades et une batterie de réserve de 12, passa la Wutten-Neiss à Nieder-Krayn, gravit le plateau, et s'y déploya malgré les avant-postes prussiens. Il fut immédiatement rejoint par la cavalerie du général Sébastiani, qui vint successivement prendre position sur sa gauche. Le général Souham s'apprêtait à la suivre, mais lentement, ainsi que le comportaient le temps, la nature des lieux, et le nombre de troupes accumulées dans cet étroit défilé.

Sur ce même point Blucher arrivait à l'instant

Août 1813.

prévenu à temps, porte quarante mille hommes à la fois sur la division Charpentier.

avec la plus grande partie de ses forces. Comptant sur la position de Jauer, il n'y avait laissé que le corps de Langeron, et avait porté à la fois York et Sacken sur le plateau de Janowitz pour parer au mouvement de flanc qui le menaçait. A la vue de nos troupes gravissant le bord du ravin de la Wutten-Neiss pour s'établir sur le plateau, il avait pensé que nous ne pourrions pas lui opposer beaucoup de monde à la fois, et qu'en nous abordant avec quarante mille hommes, il nous culbuterait facilement dans le ravin dont nous tâchions de sortir. Il se fit d'abord précéder par une puissante artillerie, dont la brigade du général Charpentier supporta le feu avec sang-froid, et auquel elle répondit avec sa batterie de douze. Il fit mieux encore, et lança sur elle dix mille chevaux. Notre infanterie, formée en carré, voulut en vain leur opposer ses feux éteints par la pluie; réduite à ses baïonnettes, elle s'en servit bravement, et arrêta tout court l'élan de la cavalerie ennemie. Le général Sébastiani, rachetant sa lenteur par sa vigueur, chargea cette cavalerie et la ramena, mais il fut ramené à son tour, et ne put résister longtemps à

Cette division, après une résistance héroïque, est rejetée dans le ravin de la Wutten-Neiss.

des forces triples des siennes. Il fut contraint d'opérer un mouvement rétrograde, et découvrit ainsi la gauche de la brigade Charpentier. Alors Blucher, qui n'avait pu ébranler cette brave brigade avec ses cavaliers, jeta sur elle plus de vingt mille hommes d'infanterie. Elle reçut et soutint plusieurs charges à la baïonnette; mais bientôt accablée par le nombre, elle perdit du terrain, et finit par être poussée jusqu'au bord du ravin de la Wutten-Neiss.

Malgré une ferme contenance, elle fut obligée d'y redescendre, et elle s'y trouva pêle-mêle avec la cavalerie Sébastiani qui se repliait aussi, et avec la tête du corps de Souham qui arrivait. On conçoit quel encombrement, quel désordre dut s'y produire, et que de pertes on dut y faire, surtout en canons, car notre artillerie embourbée dans les terres avait été privée de ses chevaux presque tous tués par le feu ennemi.

On se retira donc, refoulés vivement dans cet étroit passage jusqu'au village de Kroitsch où la Wutten-Neiss se joint à la Katzbach, et où Blucher n'osa pas nous poursuivre.

Cette échauffourée sur un seul point, laquelle nous avait coûté tout au plus un millier d'hommes, suffit pour convertir en une espèce de déroute générale une opération qui avait réussi sur le reste de notre ligne. En effet, les généraux Gérard et Lauriston, attaquant avec une extrême énergie les positions que Langeron avait successivement occupées et abandonnées, étaient déjà parvenus en vue de Jauer, malgré le mauvais temps, et allaient s'en emparer, lorsqu'ils furent arrêtés par la nouvelle de ce qui s'était passé à leur gauche. Ils furent donc sous peine d'imprudence contraints de rétrograder, et ils revinrent jusqu'à Goldberg où ils entrèrent vers minuit, dans un état fort triste, ayant rencontré en route les débris des troupes battues sur le plateau de Janowitz, et ayant eu à traverser un immense encombrement de voitures embourbées, de blessés qu'on emportait avec la plus grande peine par un temps devenu affreux. Il fallut bi-

Août 1813.

Cet accident amène un mouvement rétrograde général.

Retraite de nuit par un temps affreux.

vouaquer comme on put, sous une pluie continuelle, les uns dans Goldberg, les autres en dehors, la plupart sans vivres, sans abri, en un mot dans un état misérable.

C'est pour les traverses de ce genre que sont bons les vieux soldats. Au feu, de jeunes soldats menés par des officiers vigoureux sont plus impétueux sans doute, parce qu'ils connaissent moins le danger; mais au premier revers ils s'étonnent, à la première souffrance ils se rebutent, et surtout s'ils sont depuis peu au drapeau, il suffit d'un échec pour troubler toutes leurs idées, et convertir leur téméraire bravoure en abattement profond. Cependant avec des vivres on aurait pu retenir nos conscrits dans les cadres, et, au retour du soleil, avec une nouvelle impulsion donnée par des chefs énergiques, on serait parvenu à leur rendre la confiance. Mais il fallut, sans vivres, sans abri, passer une nuit horrible, avec certitude d'avoir le lendemain sur les bras quatre-vingt mille hommes, victorieux ou croyant l'être. Le lendemain matin, le ciel, qui était encore chargé d'eau, continua de verser sur nos soldats des torrents de pluie. Heureusement la Katzbach qu'on avait repassée la veille, leur servit de protection contre la poursuite impétueuse de Blucher. Elle était tellement débordée, qu'à peine il put faire passer sa cavalerie. On réussit donc à se retirer sans avoir l'infanterie des alliés sur les bras; mais on fut poursuivi par une nuée de cavaliers que nos fusils n'arrêtaient guère faute de pouvoir faire feu. Nos jeunes soldats, plus fermes devant l'ennemi que devant le mauvais temps, opposèrent avec leurs baïonnettes une barrière de fer aux cavaliers russes et prussiens, et parvinrent ainsi à les contenir. Obligés néanmoins de s'éloigner à la hâte, ils laissèrent en arrière une grande partie de leur artillerie embourbée, et il arriva que beaucoup d'entre eux, rebutés ou mourants de faim, s'étant éparpillés dans les villages pour vivre, furent pris, ou initiés de bonne heure au dangereux et corrupteur métier de maraudeurs. Le corps du général Souham, couvert par la cavalerie du général Sébastiani, put se retirer sain et sauf à travers la plaine, et gagner Buntzlau. Les corps des généraux Gérard et Lauriston, plus vivement poursuivis, et n'ayant pas de grosse cavalerie pour se couvrir, trouvèrent un abri dans les bois qui séparent la Katzbach du Bober, entre Goldberg et Lowenberg. Ils y passèrent la nuit un peu mieux abrités, mais pas mieux nourris que la veille. Ces deux corps, rendus dans la journée du 28 en face de Lowenberg, voulurent en vain y passer le Bober. Le pont n'était pas détruit, mais il fallait pour arriver jusqu'à ses abords traverser une inondation de trois quarts de lieue d'étendue, et il n'y eut d'autre ressource que de redescendre la rive droite du Bober pour le franchir à Buntzlau, où étaient déjà Souham et Sébastiani. Pour la première fois depuis trois jours, on trouva des toits et des subsistances, bien disputés du reste, car on était cinquante mille au moins accumulés sur un seul point.

Août 1813.

Difficulté pour nos corps d'armée de regagner le Bober, et de franchir le fleuve presque partout débordé.

Le maréchal Macdonald, ferme, sage, expérimenté, loyal, mais presque toujours malheureux depuis la funeste journée de la Trebbia, n'avait pas le tort de s'abuser sur sa mauvaise fortune. Aussi,

Inquiétudes du maréchal Macdonald pour la division Puthod, envoyée sur

376   LIVRE L.

Août 1813.

Hirschberg par la rive droite du Bober.

rentré à Buntzlau, ne regardait-il pas comme apaisée la cruelle fatalité qui le poursuivait, et il tremblait pour la division Puthod, hasardée seule au delà du Bober, jusqu'à la hauteur de Hirschberg. On ne pouvait avoir d'inquiétude pour la division Ledru, laquelle avait cheminé par la rive gauche qui nous appartenait, mais si la division Puthod n'avait pas profité du pont de Hirschberg pour revenir en deçà du Bober, son sort était évidemment compromis. C'était en effet ce qui devait arriver. Cette division ayant remonté le Bober par une rive tandis que la division Ledru le remontait par l'autre, n'avait point usé du pont de Hirschberg lorsqu'il en était temps encore, et s'était vue séparée par d'immenses masses d'eau de ses compagnons d'armes, qui lui tendaient vainement les mains du haut de la rive gauche. Le 29 elle imagina de descendre par la rive droite, vis-à-vis de Lowenberg, près de Zopten. Là, réduite de 6 mille hommes à 3 mille par la fatigue, la faim, le froid des nuits, l'abattement, elle fut assaillie par les troupes de Blucher, refusa de se rendre, se défendit vaillamment, et finit par être prise ou détruite. L'infortuné Macdonald, plus infortuné qu'elle encore, entendant de Buntzlau le feu de l'artillerie, devinant l'affreux sacrifice qui se consommait, voulait avec quelques troupes remonter par la rive droite à la hauteur de Zopten, mais on lui fit sentir le danger, l'inutilité peut-être de ce secours, et il fut obligé de laisser immoler sous ses yeux de malheureux soldats perdus à la suite de sa mauvaise étoile.

Désastre de cette division qui n'avait pas repassé le Bober à temps.

Retour le 30

Le 30 on se trouva tous réunis sur la gauche du

Bober, mais au nombre de 50 mille hommes au plus, au lieu de 70 mille qu'on était quelques jours auparavant, et après avoir laissé cent pièces de canon dans les fanges. Le feu n'avait pas détruit plus de 3 mille hommes sur les 20 mille qui manquaient; mais l'ennemi en avait ramassé 7 à 8 mille, et il y en avait 9 à 10 mille débandés, qui avaient jeté ou perdu leurs fusils, et qui n'avaient guère envie d'en prendre d'autres. Une trop subite épreuve des souffrances de la guerre, succédant à une confiance aveugle, avait tout à coup réveillé en eux le sentiment qu'ils éprouvaient en quittant leurs chaumières six mois auparavant, celui de la haine contre l'homme qui les sacrifiait, à peine sortis de l'adolescence, à une ambition désordonnée. Braves, ils l'étaient toujours, et on pouvait tout attendre d'eux si on parvenait à les faire rentrer dans les rangs, mais c'était difficile. Irrités et dégoûtés, ils aimaient mieux vivre en pillant le pays ennemi que reprendre des armes pour un dieu cruel qui dévorait, disaient-ils, leur jeunesse sans pitié et sans motif. Macdonald se vit donc sur le Bober avec cinquante mille soldats découragés, et neuf ou dix mille traînards suivant l'armée, et alléguant le défaut de fusils pour ne pas revenir au drapeau. Poniatowski était resté sain et sauf à Zittau avec ses dix mille Polonais.

Août 1813.
sur le Bober, après une perte de 20 mille hommes, dont plus de la moitié en soldats débandés.

Les causes de ce malheur étaient de diverses natures : il y en avait d'accidentelles, il y en avait de générales. Les causes accidentelles, c'étaient le mauvais temps, l'ordre équivoque au maréchal Ney qui avait entraîné un mouvement rétrograde inutilement

Causes du revers essuyé par le maréchal Macdonald.

Août 1813.

fatigant pour les troupes, ramené l'ennemi prématurément, et poussé le maréchal Macdonald à prendre une offensive précipitée; c'étaient peut-être aussi quelques fautes du général en chef, qui avait envoyé deux divisions sur Hirschberg pour en expulser l'ennemi que notre présence à Jauer aurait suffi pour en éloigner; qui pendant la bataille avait laissé trop isolées les deux fractions de son armée, et en prenant pour les relier le parti d'occuper le plateau de Janowitz, ne l'avait fait qu'avec des forces insuffisantes, qui avait trop méprisé enfin les difficultés naissant du temps et des routes. Les causes générales, et celles-là beaucoup plus redoutables encore, c'étaient le patriotisme des coalisés, leur ardeur à revenir sans cesse à la charge dès qu'ils voyaient la moindre chance de recommencer la lutte avec avantage, c'était surtout la jeunesse de nos troupes, impétueuses au feu, mais trop nouvelles aux traverses de la guerre, parties avec le sentiment qu'on les sacrifiait à une folle ambition, oubliant ce sentiment devant l'ennemi, mais l'éprouvant plus vivement que jamais au premier revers, et après s'être conduites vaillamment dans le combat, jetant leurs armes dans la retraite, par dépit, découragement, épuisement moral et physique.

Événements sur la route de Berlin.

Ces mêmes causes avaient produit sur la route de Berlin un revers moins éclatant, quoique tout aussi fâcheux par ses conséquences.

Le maréchal Oudinot chargé de marcher sur Berlin avec les 4e,

On a vu quelle importance Napoléon attachait à diriger un corps sur Berlin, afin de rejeter l'armée du Nord loin du théâtre de la guerre, d'infliger une humiliation à Bernadotte, de saisir l'imagination des

Allemands en entrant dans la principale de leurs capitales, de frapper au cœur le Tugend-Bund, de dissoudre le ramassis dont il croyait l'armée de Bernadotte composée, et de tendre enfin la main à nos garnisons de l'Oder et de la Vistule. Pour atteindre ces buts divers, il avait donné au maréchal Oudinot outre le 12ᵉ corps que ce maréchal commandait directement, le 7ᵉ confié au général Reynier, et le 4ᵉ confié au général Bertrand. Le 12ᵉ, comprenant deux bonnes divisions françaises et une bavaroise, comptait environ 18 mille hommes; le 7ᵉ, formé de la division française Durutte et de deux saxonnes, en comptait 20 mille; le 4ᵉ ayant une seule division française, excellente il est vrai, celle du général Morand, et deux étrangères, l'italienne Fontanelli et la wurtembergeoise Franquemont, était, comme le précédent, fort d'une vingtaine de mille hommes. Le duc de Padoue avec 6 mille chevaux formait la réserve de cavalerie. C'étaient donc à peu près 64 mille hommes, au lieu de 70 mille qu'on avait d'abord espérés, parmi lesquels beaucoup de *ramassis*, comme disait Napoléon, car dans l'effectif total il entrait pour un tiers au moins de soldats de toutes nations, quelques-uns très-médiocres, et la plupart très-mal disposés. La composition sous le rapport des chefs ne laissait pas moins à désirer. Le maréchal Oudinot, aussi brave, aussi résolu sur le champ de bataille qu'on pouvait l'être, n'avait jamais exercé un commandement de cette importance, avait la noble modestie de se défier de lui-même, et osait à peine faire sentir son autorité à ses lieutenants, les généraux Reynier et Bertrand.

Août 1813.

7ᵉ et 12ᵉ corps.

Ces corps comprennent tout au plus 64 mille hommes, au lieu de 70 mille qu'on s'était flatté de réunir.

Le général Reynier, officier savant et solide, comme nous avons déjà eu l'occasion de le dire ailleurs, mais malheureux, était plein de prétentions, se croyait supérieur à la plupart des maréchaux, se plaignait amèrement de n'être que lieutenant-général, et, comme Vandamme, était trop impatient peut-être de gagner une dignité qu'on lui avait tant fait attendre. Le général Bertrand, honoré de la faveur de Napoléon et y tenant, la justifiant par une grande application à ses devoirs, par la bravoure la plus sûre de toutes, celle du dévouement, mais plus propre aux travaux du génie qu'à la direction des troupes, ayant de l'esprit, mais ne l'ayant pas toujours juste, était un subordonné déférent en apparence, et plus obséquieux que soumis. Le maréchal Oudinot fort embarrassé d'avoir à dominer ces prétentions diverses, ne l'osait faire qu'avec des ménagements infinis, peu compatibles avec la vigueur et la promptitude du commandement. Placé plus près des lieux que Napoléon, recueillant tous les bruits du pays, il ne s'abusait pas sur la force de l'ennemi et sur la difficulté du terrain. Il savait que Bernadotte avec une certaine quantité de gens de toutes sortes, levés à la hâte, avait cependant un excellent corps suédois, un corps russe très-solide, et surtout un corps prussien, celui du général Bulow, très-nombreux, très-animé, très-disposé à se battre. Outre ce corps de Bulow, il y avait un second corps prussien sous le général Tauenzien, destiné d'abord au blocus des places, et duquel on avait tiré ce qu'il y avait de meilleur pour l'employer à la guerre offensive. Ces troupes réunies compo-

Août 1813.

Caractère des généraux Reynier et Bertrand, subordonnés au maréchal Oudinot.

Forces de Bernadotte, s'élevant à environ 90 mille hommes de bonnes troupes.

saient un total de 90 mille hommes environ, campés en avant de Berlin. Le prince de Suède avait détaché sous le général Walmoden une vingtaine de mille hommes, comprenant ce qui méritait le nom de *ramassis*, pour tenir tête, derrière les nombreux canaux du Mecklembourg, au corps d'armée qui était sorti de Hambourg sous le maréchal Davout. Le reste des 150 mille hommes commandés par le prince de Suède avait été consacré au blocus ou au siége des places de l'Oder et de la Vistule.

Le maréchal Oudinot était parfaitement informé de cet état de choses, et en était justement préoccupé. Les lieux ajoutaient à la difficulté de sa tâche. En s'avançant sur Berlin, entre l'Elbe et la Sprée, on devait cheminer entre une double ligne d'eaux tour à tour stagnantes ou courantes, lesquelles peuvent se désigner, l'une par la rivière de la Dahme qui se jette dans la Sprée au-dessus de Berlin, l'autre par la rivière de la Nuthe qui se jette dans le Havel à Potsdam. Au sein de l'angle formé par cette double ligne d'eaux, se trouvait l'armée du Nord, établie dans une bonne position, celle de Ruhlsdorf, couverte par une puissante artillerie, et gardée au loin par une cavalerie innombrable. On ne pouvait s'aventurer à travers ce labyrinthe de bois, de sables, d'étangs, de rivières, qu'en courant toujours un double danger, celui d'être débordé ou tourné si on marchait sur une seule route, et, si on voulait en tenir plusieurs, celui d'être séparé en deux ou trois corps, que la privation de communications transversales rendait incapables de se secourir l'un l'autre.

Août 1813.

Difficulté des lieux que le maréchal Oudinot avait à traverser pour se rendre à Berlin.

Août 1813.

Répugnance du maréchal Oudinot à se charger du grand commandement qui lui était destiné.

Au moment de partir pour cette expédition, le maréchal Oudinot se défiant à la fois de l'ennemi, des lieux, de ses lieutenants, de lui-même, aurait volontiers cédé à d'autres le périlleux honneur qu'on lui avait destiné. Napoléon lui avait bien écrit qu'il y aurait dans peu de jours plus de cent mille Français à Berlin, car dans ses calculs, malheureusement faits de loin, il avait compris les 30 mille hommes du maréchal Davout, et les 40 mille hommes qui devaient sortir de Magdebourg sous le général Girard. Mais avant que cette réunion pût s'effectuer, il fallait que la première difficulté eût été vaincue, celle de percer sur Berlin, et celle-là on devait la surmonter avec une armée de beaucoup inférieure à l'armée ennemie, et à travers un pays presque impénétrable. Le maréchal Oudinot n'avait donc pas pris ces promesses fort au sérieux, et il se voyait toujours, au milieu d'un pays des plus difficiles, obligé avec 64 mille hommes de marcher contre Berlin protégé par 90 mille. Le 18 août il était réuni à Baruth, à trois journées de Berlin, avec ses trois corps. Mais ayant à rallier la division de grosse cavalerie du général Defrance, qui devait faire partie de la réserve du duc de Padoue, et qui venait rejoindre l'armée par Wittenberg, il opéra un mouvement transversal de droite à gauche, et se porta de Baruth à Luckenwalde. (Voir la carte nº 58.) Après avoir rallié sa grosse cavalerie, il reprit sa route au nord, s'avançant entre Zossen et Trebbin, au centre de cette double ligne d'eaux qui viennent, comme nous l'avons dit, converger sur Berlin.

Premier mouvement de Baruth à Luckenwalde.

Arrivée

Le 21 il était en face de Trebbin, à quelques

heues de l'armée ennemie, qui commençait à se concentrer à mesure que le terrain se resserrait et que nous approchions. Entre les deux lignes d'eau s'élevait une suite de coteaux boisés, et sur le flanc de ces coteaux se développaient les deux routes par lesquelles on pouvait s'acheminer sur Berlin. L'une des deux routes, celle de gauche, passant à Trebbin, avait un ruisseau à franchir, puis à gravir un coteau couvert de bois, pour déboucher sur Gross-Beeren. Celle de droite, entièrement séparée de la précédente, après avoir gravi aussi des coteaux, allait déboucher par Blankenfelde sur la droite et à quelque distance de Gross-Beeren. Le maréchal Oudinot résolut de suivre ces deux routes à la fois, par précaution d'abord, car il ne voulait pas être tourné en négligeant l'une des deux, par condescendance ensuite, car ses lieutenants aimaient assez à marcher séparément, et il se flattait que ces obstacles surmontés on se réunirait pour aborder l'ennemi en masse.

Le 21 il attaqua Trebbin avec le 12ᵉ corps, dirigea le 4ᵉ, celui du général Bertrand, sur Schultzendorf, et achemina le 7ᵉ, celui du général Reynier, entre deux, vers un village appelé Nunsdorf. La petite ville de Trebbin assez bien retranchée, était occupée par un détachement des troupes de Bulow. Le corps de Tauenzien gardait la route de droite, celle de Blankenfelde. Le maréchal Oudinot commença par accabler Trebbin de ses projectiles, puis il y envoya une brigade de la division Pacthod, pendant que le 7ᵉ corps menaçait par Wittstock de tourner la position. Ces mouvements combinés produisirent leur effet. La brigade de la division Pacthod entra baïonnette baissée dans un faubourg de Trebbin, et les Prussiens se voyant déjà débordés par le 7ᵉ corps, nous abandonnèrent cette petite ville, repassèrent le ruisseau qu'ils avaient mission de défendre, et se replièrent sur les coteaux en arrière. Vers la route de droite, le général Bertrand avait occupé Schultzendorf avec le 4ᵉ corps.

Le lendemain 22, il fallut franchir le ruisseau disputé la veille, gravir ensuite les coteaux sur lesquels s'élevait la route de Berlin, et sur la route de droite gravir également les hauteurs le long desquelles passait le chemin de Blankenfelde. Le maréchal Oudinot aborda le ruisseau sur deux points, par Wilmersdorf et Wittstock. La division Guilleminot du 12ᵉ corps, la division Durutte du 7ᵉ, ayant rétabli le passage avec des chevalets, assaillirent hardiment les redoutes de l'ennemi, et les occupèrent sans perdre beaucoup de monde. Les troupes du corps de Bulow les évacuèrent en se retirant définitivement vers la position centrale choisie par le prince de Suède. Sur le côté opposé, le général Bertrand après une vive canonnade atteignit la position de Juhnsdorf, conduisant à Blankenfelde. On avait donc fait un nouveau pas dans ce fourré, où l'on était condamné soit à marcher divisés en cheminant sur deux routes latérales presque sans communication entre elles, soit à marcher sans précaution contre un mouvement de flanc, si on prenait une seule route. Sans doute il eût été possible de parer à cet inconvénient, en s'avançant avec la masse de ses forces par une route seulement, et en ne dirigeant sur l'autre que quelques détachements de troupes légères, mais il eût fallu disloquer les divers corps, et pour cela exercer à l'égard de leurs chefs une autorité que le maréchal Oudinot, commandant direct du 12°, et plutôt conseiller que chef des 7° et 4°, n'osait pas s'attribuer.

Tout annonçait qu'on approchait définitivement de l'ennemi, et qu'on allait se trouver face à face avec lui. Le ruisseau sur le bord duquel on avait combattu la veille une fois franchi, on allait longer le flanc de coteaux boisés, et aboutir à un village nommé Gross-Beeren, vis-à-vis de la position centrale de Ruhlsdorf occupée par l'armée du Nord. On devait par la route de droite opérer un mouvement semblable sur le flanc des coteaux de Juhnsdorf et de Blankenfelde, et si on parvenait à y vaincre la résistance de l'ennemi, on était assuré de déborder de ce côté la position de Gross-Beeren.

Le maréchal Oudinot espérant ne rencontrer l'ennemi qu'après avoir dépassé Gross-Beeren, et lorsqu'on aurait eu le temps de se réunir, laissa par excès de condescendance une tâche distincte à chacun de ses lieutenants. Il décida que sur la route de droite le général Bertrand enlèverait Blankenfelde, pour se porter ensuite sur Gross-Beeren; que sur la route de gauche le général Reynier qui avait forcé la veille le ruisseau de Trebbin et gravi les coteaux au delà, cheminerait sur le flanc de ces coteaux en suivant la lisière des bois jusqu'à Gross-Beeren, et là s'arrêterait pour prendre position. Quant à lui, au lieu de marcher avec le 12° corps derrière le général Reynier pour lui servir d'appui, il imagina

Août 1813.

Mouvement le 23 août des 12° et 7° corps sur Gross-Beeren, et du 4° sur Blankenfelde.

Août 1813.

Combat
de Gross-
Beeren, livré
par le 7ᵉ corps
contre
la masse
de l'armée
prussienne et
suédoise.

de passer par Arensdorf sur l'autre versant des hauteurs que ce général devait parcourir, comme s'il eût craint d'importuner ses lieutenants par sa présence. Il devait ensuite déboucher sur Gross-Beeren, mais à deux lieues sur la gauche, distance à peu près égale à celle qui en devait séparer le général Bertrand sur la droite.

Le 23 août au matin chacun se mit en mouvement selon la direction qui lui était assignée. Sur la route de droite, le général Bertrand s'étant présenté devant la hauteur de Blankenfelde, y trouva le général Tauenzien fortement établi, et fut obligé d'engager avec lui une violente canonnade. Sur la route de gauche, le général Reynier, avec le 7ᵉ, longea pendant près de trois lieues le flanc des coteaux dont le maréchal Oudinot parcourait le revers, chemina sans grande difficulté, et déboucha devant Gross-Beeren. Sur-le-champ il attaqua ce village, et en débusqua la division du général de Borstell. Avec une impatience de succès très-mauvaise conseillère, il s'avança fort au delà de ce village au lieu de s'y établir, et aperçut en position, à Ruhlsdorf, l'armée du prince de Suède tout entière. A droite devant lui il avait la division de Borstell, repliée sur le gros du corps prussien de Bulow, au centre mais tirant un peu sur la gauche l'armée suédoise, tout à fait à gauche enfin les Russes, c'est-à-dire, sans compter le corps de Tauenzien, un rassemblement d'environ 50 mille hommes, couverts par une nombreuse artillerie. Il n'avait pour faire face à cette ligne formidable que 18 mille hommes, dont 6 mille Français, soldats excellents, et 12 mille

Saxons qui ne valaient plus ceux qui avaient fait sous ses ordres la campagne de Russie. Il n'éprouvait certes pas l'envie de se mesurer avec une pareille masse d'ennemis; mais s'étant assez avancé pour donner prise, il ne pouvait manquer de les avoir bientôt sur les bras.

En effet les Prussiens du général Bulow brûlaient d'impatience de nous combattre, et de couvrir de leurs corps la route par laquelle nous prétendions arriver à Berlin. Bernadotte hésitait. C'était la première fois qu'il allait rencontrer les Français, et il les craignait encore plus que sa conscience. Il tremblait de voir disparaître en un jour le prestige dont il avait cherché à s'entourer au milieu des étrangers, en se donnant pour le principal auteur des succès de Napoléon. Il craignait aussi de compromettre l'armée suédoise, qu'il savait ne pouvoir pas remplacer si elle était détruite. Il s'agissait donc pour lui de jouer sa fortune, sa couronne en un instant, et il était saisi d'une hésitation qui faisait douter de son courage de soldat. Le général Bulow, comme tous les Prussiens, se défiant encore plus de la loyauté de Bernadotte que de sa valeur, n'attendit pas son commandement, et avec les 30 mille hommes qu'il avait sous ses ordres, marcha sur le général Reynier. Il se fit précéder de beaucoup de bouches à feu, et, pour l'ébranler plus sûrement, il porta sur le flanc de son adversaire la division de Borstell. Bernadotte ne pouvant plus reculer, mais ne voulant pas engager toutes ses forces, se contenta de détacher sa cavalerie avec une nombreuse artillerie contre la gauche de Reynier, dont la di-

Août 1813.

Hésitation de Bernadotte, et ardeur des Prussiens.

Le gros de l'armée prussienne se jette sur le 7ᵉ corps.

Août 1813.

La division
Durutte
se défend
vaillamment,
mais
les Saxons
se débandent.

vision Borstell menaçait la droite. Le général Reynier, qui une fois au danger s'y comportait avec la valeur d'un vieil officier de l'armée du Rhin, tint bon, espérant être bientôt secouru. Il exécuta un mouvement rétrograde pour prendre une meilleure position, et appuyant sa droite aux maisons de Gross-Beeren, sa gauche à une hauteur d'où son artillerie plongeait sur l'ennemi, il fit très-bonne contenance. Les Prussiens, malgré une épaisse mitraille, s'avancèrent résolûment, animés par le double désir de sauver Berlin et de saisir une proie qu'ils croyaient assurée. La division Durutte résista héroïquement; mais les Saxons, pour la plupart conscrits de l'année, joignant à la faiblesse de leur âge un très-mauvais esprit, travaillés par des officiers qui leur rappelaient que Bernadotte les avait commandés en 1809 et traités comme un père, ne résistèrent pas longtemps, et laissèrent sans appui la division Durutte. Celle-ci fut obligée de se retirer, mais elle le fit en bon ordre, et en ôtant à l'ennemi le goût de la poursuivre. De son côté la division Guilleminot, du 12ᵉ corps, s'avançant sous la conduite du maréchal Oudinot sur le revers de la position, se trouvait à Arensdorf au moment de la plus violente canonnade. Elle se hâta de courir au feu, et se rabattit par sa droite à travers les bois, afin de secourir Reynier par le plus court chemin. Arrivant trop tard pour faire changer la face du combat, elle servit toutefois à contenir l'ennemi, et se replia ensuite, assaillie plusieurs fois par la cavalerie russe sans en être ébranlée. Chacun se reporta sur le point de départ du matin,

le 12e corps sur Thyrow, le 7e sur Wittstock. Le 12e
était en bon état, le 7e se trouvait désorganisé par
la complète déroute des Saxons. Plus de 2 mille de
ces alliés avaient été pris, avec quinze bouches à
feu; quelques mille s'étaient débandés, les uns pour
aller joindre les Suédois, les autres pour s'enfuir sur
les derrières. Quant au général Bertrand qui dirigeait le 4e corps, il avait fait d'assez grands efforts
pour surmonter la résistance de Tauenzien à Blankenfelde, et n'y avait point réussi. Il ne l'aurait pu
qu'en poussant ces efforts à l'extrême, mais il le
croyait inutile, pensant que le succès du corps principal à Gross-Beeren obligerait Tauenzien à décamper. De la sorte, chacun avait combattu sans accord,
sans concert, comptant mal à propos sur son voisin,
les uns sans dommage comme Bertrand et Oudinot,
les autres au contraire avec un dommage notable
comme le général Reynier.

Cependant cet échec, si on n'avait eu que des
troupes exclusivement françaises, et d'un esprit
sûr, n'aurait pas pu être suivi de grandes conséquences, car, après tout, on n'avait perdu que 2 mille
hommes en ligne. Mais avec une moitié de l'effectif
total en troupes italiennes et allemandes toujours
prêtes à nous quitter, et une autre moitié de jeunes
soldats français, trop confiants d'abord, et maintenant tout étonnés d'un revers, il était difficile de continuer à s'avancer sur Berlin en présence de 90 mille
hommes, sur le corps desquels il aurait fallu passer.
Déjà plus de 10 mille alliés, les uns Saxons, les autres Bavarois, avaient quitté nos rangs et couraient
vers l'Elbe en poussant le cri de *Sauve qui peut!* Dans

Août 1813.

Retraite de l'armée française à la suite du malheureux combat de Gross-Beeren.

Pertes considérables par la disposition des troupes

Août 1813.

alliées à se débander.

Motifs du maréchal Oudinot pour se retirer jusqu'à Wittenberg.

Mésaventure de la division Girard sortie de Magdebourg.

Position

un pareil état de choses le maréchal Oudinot pensa qu'il fallait battre en retraite, et se rapprocher de l'Elbe. Le lendemain 24 août, il commença son mouvement rétrograde, l'exécuta en bon ordre, mais toujours pressé vivement par les Prussiens, ivres de joie et d'orgueil, accusant Bernadotte de trahison ou de lâcheté parce qu'il n'était pas aussi ardent qu'eux, et courant sans le consulter à la poursuite de l'ennemi, plus vaincu à leurs yeux qu'il ne l'était véritablement. Le maréchal Oudinot aurait pu s'arrêter et réprimer peut-être leur ardeur; toutefois, dès qu'il n'était plus en marche sur Berlin, et qu'il devait renoncer à l'espérance d'entrer dans cette capitale, risquer une action douteuse avec des soldats ébranlés lui parut peu sage, le résultat d'ailleurs ne pouvant consister qu'à se maintenir entre Berlin et Wittenberg, dans un pays qui ne lui présentait ni appui ni ressources. Il prit donc le parti le plus sûr, celui de venir se placer sous le canon de Wittenberg, où il était assuré de ne courir aucun danger, où il couvrait l'Elbe, où il avait abondamment de quoi subsister, et pouvait enfin remettre le moral de ses soldats. Il y arriva les 29 et 30 août, toujours disputant fortement le terrain à mesure qu'il rétrogradait. Pendant ce temps, la division active de Magdebourg était sortie de cette place sous la conduite du général Girard, avait été assaillie par le général Hirschfeld et les coureurs russes de Czernicheff, et bientôt accablée par le nombre, était rentrée dans Magdebourg après avoir perdu un millier d'hommes et quelques pièces de canon. Aux environs de Hambourg, le maréchal

Davout, sorti de la place avec 30 mille hommes, dont 10 mille Danois, s'était avancé dans la direction de Schwerin, forçant le corps anglo-allemand qu'il avait devant lui à se replier, et prêt à lui passer sur le corps s'il apprenait un succès du maréchal Oudinot dans les environs de Berlin. Mais, dans le doute, il était obligé à beaucoup de circonspection, et se conduisait de manière à n'avoir pas d'échec, surtout pas de désastre.

Dès que le corps principal, celui du maréchal Oudinot, n'avait pu pénétrer jusqu'à Berlin, la réunion de plus de cent mille hommes dans cette capitale, que Napoléon avait espérée, n'était plus qu'un rêve. Sans doute il y avait eu quelques fautes commises : le maréchal Oudinot n'avait pas tenu ses corps assez réunis; ses lieutenants n'avaient pas eu le goût de marcher ensemble, et il avait eu le tort de trop se prêter à ce goût. Certainement il y avait ces fautes à relever dans l'exécution du mouvement sur Berlin; mais le tort essentiel (il est à peine nécessaire de le dire) était à Napoléon, qui avait trop méprisé ce qu'il appelait le *ramassis* de Bernadotte, qui lui avait opposé à son tour un vrai *ramassis*, où pour une moitié de Français prêts à bien combattre, il y avait une moitié d'Allemands et d'Italiens prêts à se débander, qui avait trop compté enfin sur la jonction à Berlin de corps partant de points aussi éloignés que Wittenberg, Magdebourg et Hambourg. Évidemment le mieux eût été de ne pas hasarder Oudinot sur Berlin, ce qui eût permis de ne pas tenir Macdonald sur le Bober, et ici comme toujours l'exagération des desseins politiques chez

Août 1813.

embarrassée du maréchal Davout, engagé seul avec 30 mille hommes au milieu du Mecklembourg.

Fautes diverses qui avaient empêché le succès du mouvement sur Berlin.

Napoléon, avait rendu caducs les plans du général, réflexion qui devient oiseuse à force d'être répétée, mais que nous répétons malgré nous, parce que ce triste sujet la fait naître sans cesse, et que seule d'ailleurs elle explique les erreurs d'un aussi grand capitaine.

C'étaient ces graves mécomptes, et non point une maladie inventée par des flatteurs, qui avaient surpris Napoléon au lendemain de ses victoires du 26 et du 27 août, et qui, arrivant coup sur coup à sa connaissance, l'avaient ramené de Pirna à Dresde, et l'y avaient retenu les 29 et 30 août, tandis que Vandamme restait sans appui à Kulm. Ces mécomptes étaient d'une haute importance, car au lieu de Macdonald laissé victorieux en Silésie et poursuivant Blucher, avoir sur les bras Blucher victorieux et Macdonald en déroute; au lieu de cent mille hommes entrés dans Berlin, avoir Oudinot replié sur Wittenberg et privé de plus de dix mille hommes, Girard repoussé dans Magdebourg avec perte d'un millier de soldats, Davout enfin condamné à tâtonner avec trente mille au milieu des marécages du Mecklembourg, était une situation bien différente de celle que Napoléon avait espérée, en voulant de l'Elbe étendre son bras jusqu'à la Vistule. Le 30, ignorant encore le désastre de Vandamme, qu'il ne sut que le lendemain matin, il avait conçu après de profondes méditations un plan nouveau des plus vastes, des plus fortement combinés, car les revers de ses lieutenants étaient bien loin jusqu'ici d'avoir déconcerté son génie et ébranlé sa confiance dans la fortune. Plus d'une fois il avait songé à courir sur

Prague, à frapper l'Autriche dans une de ses capitales, et à briser en quelque sorte la coalition sur la tête de l'armée principale où résidaient les trois souverains alliés. Si en effet après la bataille de Dresde il eût suivi à outrance l'armée de Bohême, déjà si profondément atteinte, il est probable qu'il eût dissous la coalition, et sans les nouvelles venues de Silésie et de Berlin, il est certain qu'il l'eût fait. Le plus spirituel de ses lieutenants, dont il n'aimait pas l'esprit frondeur, dont il suspectait quelquefois la justesse de vues, mais dont il appréciait les rares talents, le maréchal Saint-Cyr, l'y conviait sans relâche. Mais il y avait des objections graves à ce plan. D'abord il fallait passer les montagnes de Bohême, livrer bataille au delà, avec le danger auquel venait d'échapper par miracle la grande armée des coalisés, celui de n'avoir, si on était battu, que d'affreux défilés pour retraite. Il fallait ensuite aller prendre Prague, dont les défenses relevées à la hâte pouvaient opposer une résistance imprévue. Enfin, si même on triomphait de cet obstacle, on aurait allongé sa ligne, déjà trop longue, de toute la distance qu'il y a de Dresde à Prague, distance fort aggravée par les lieux et par les montagnes. Napoléon se serait trouvé ainsi plus loin de son armée de Silésie, plus loin de celle du bas Elbe, et hors d'état de les secourir si elles éprouvaient des revers. Ces objections l'avaient toujours fort détourné du projet de se porter en Bohême, et il n'y avait songé qu'un instant, lorsque étant à Zittau, il avait espéré tomber à l'improviste au milieu des corps qui allaient former l'armée

Août 1813.

du prince de Schwarzenberg. Mais Macdonald étant vaincu, Oudinot étant ramené de Berlin sur Wittenberg, s'éloigner d'eux en ce moment était chose inadmissible; aussi Napoléon en apprenant leurs revers ne songea-t-il qu'à s'en rapprocher, et tout à coup, avec cette inépuisable fécondité qui était un des attributs de son riche génie, il imagina de faire non plus de Dresde mais de Berlin, le nouveau centre de ses opérations.

Il fallait battre Blucher, qui n'avait reçu les 22 et 23 août qu'un premier choc sans suite; il fallait battre Bernadotte, qui loin d'essuyer des échecs avait eu des avantages, dont il serait aussi utile que satisfaisant de rabaisser l'orgueil, de punir la trahison, de détruire la fausse renommée. C'étaient là de graves motifs de tourner nos coups de ce côté. En se dirigeant sur Berlin avec sa garde, avec une moitié de la réserve de cavalerie, c'est-à-dire avec quarante mille hommes, Napoléon recueillait en route Oudinot, accablait Bernadotte, entrait dans Berlin, y appelait la division Girard, le corps de Davout, y reformait cette concentration de cent mille hommes sur laquelle il avait tant compté, la dirigeait sur Stettin, Custrin, où nos garnisons avaient besoin d'être ravitaillées, donnait courage à celles de la Vistule, pouvait ensuite retourner de sa personne à Luckau, entre Berlin et Dresde, prêt à tomber dans le flanc de Blucher, si ce dernier avait osé se porter sur l'Elbe.

Six à sept marches séparaient Napoléon de Berlin: il fallait donc dix-huit ou vingt jours au plus entre aller et revenir, et il avait fait les dispositions suivantes pour couvrir Dresde en son absence. Il voulait y laisser Vandamme avec le 1ᵉʳ corps (car le 30 au matin, moment de ces projets, Napoléon ignorait le désastre de Kulm), outre Vandamme, Saint-Cyr, Victor, Marmont avec une portion de la réserve de cavalerie. Il se proposait de mettre ces forces, constituant une armée de cent mille hommes, sous Murat, et il comptait que celui-ci, appuyé sur Dresde, adossé à Macdonald, qui devait dans ce plan être ramené jusqu'à Bautzen, serait en mesure de résister à un retour de l'armée de Bohême, retour que le désastre récemment essuyé par celle-ci rendait peu probable avant quinze jours. Napoléon espérait avoir ainsi le temps de revenir après avoir frappé à Berlin un coup décisif, et à son approche tout nouveau projet contre Dresde devait s'évanouir. Blucher certainement en apprenant la bataille de Dresde, et sachant Napoléon sur son flanc (car il y serait sur la route de Berlin), n'oserait pas dépasser Bautzen. En tout cas, Macdonald se rapprochant de l'Elbe, et venant se mettre dos à dos avec Murat, aucun d'eux n'aurait de danger sérieux à craindre.

L'expédition de Berlin terminée, le projet de Napoléon était de s'établir à Luckau, entre Berlin et Dresde, d'y attirer le corps de Marmont et toute la réserve de cavalerie, de laisser à Dresde et dans le camp de Pirna 60 mille hommes, d'en laisser 60 mille à Bautzen, tandis qu'avec 60 mille autres il serait prêt à courir ou à Berlin, ou à Bautzen, ou à Dresde, suivant le besoin, ce qu'il pouvait faire en trois jours d'une marche rapide. Dans cette position il était certain de suffire à tout, car placé à trois

Août 1813.

Dans la supposition du plan qui précède, Napoléon se serait établi de sa personne et avec sa réserve à Luckau, entre Berlin et Dresde, et aurait ainsi transporté la guerre

marches de Berlin, il serait de plus dans le flanc de Blucher, et assez près de Dresde pour y arriver à temps si l'armée de Bohême s'y présentait. Il est même probable qu'en suivant ce plan il aurait réussi à transporter la guerre au nord de l'Allemagne, car le rassemblement du nord étant dissous et Bernadotte puni, les Prussiens voudraient regagner leur pays pour le défendre, les Prussiens y attireraient les Russes, on ferait ainsi supporter aux plus hostiles des Allemands les horreurs de la guerre, et en découvrant un peu le haut Elbe, on couvrirait tout à fait le bas Elbe, c'est-à-dire Hambourg, où existait la plus belle des lignes de communication, celle de Hambourg à Wesel. Restait, il est vrai, dans ce cas, la chance de voir les Autrichiens se porter sur le haut Rhin, chance peu vraisemblable, car ils n'oseraient s'avancer si loin, Napoléon pouvant fondre sur leurs derrières. De plus Napoléon serait autorisé à se prévaloir auprès d'eux des soins qu'il mettrait à éloigner la guerre de leur territoire, et il pourrait en tirer une nouvelle occasion de négociations, ce qui n'était pas impossible, les Autrichiens étant de tous ses ennemis les moins engagés, les moins implacables, les seuls disposés à traiter raisonnablement.

Tel était son plan le 30 au matin, plan déjà écrit et accompagné d'ordres tout rédigés[1], lorsque la nouvelle de l'événement de Kulm vint bouleverser ses vastes conceptions. Il fut cruellement affligé en

---

[1] La note où ce plan est exposé et discuté, les ordres en conséquence de la note, existent à la secrétairerie d'État, et c'est d'après ces documents irréfragables que nous écrivons ce récit.

apprenant le désastre de Vandamme ; c'étaient avec la Katzbach et Gross-Beeren trois échecs graves, qui égalaient en importance les succès obtenus autour de Dresde, et les surpassaient même, car le prestige de la victoire avait passé du côté des coalisés, et il ne restait du côté de Napoléon que le prestige toujours éclatant de son ancienne gloire. Pour la première fois il pensa qu'il avait peut-être trop présumé de ses forces, en refusant les conditions qu'on lui avait offertes à Prague, et il apprécia mieux l'inconvénient de la jeunesse chez ses soldats, de la contagion des sentiments germaniques chez ses alliés, du découragement chez ses lieutenants ; peut-être alla-t-il jusqu'à regretter d'avoir ou disgracié, ou décrié lui-même, ou prodigué au feu des généraux en chef tels que Masséna, Davout et Lannes! Sans doute il avait encore de braves gens, des héros tels que Ney, Oudinot, Macdonald, Victor, Murat, mais ils étaient peu habitués au commandement en chef ; il ne les y essayait que dans un moment peu propre à les encourager, dans un moment où les passions de l'Europe, la fortune, le vent du succès, tout enfin était tourné contre nous.

Août 1813.

Il fut pendant plus d'un jour atterré pour ainsi dire sous ces coups redoublés ; mais son esprit toujours inépuisable n'en fut point frappé de stérilité ; son énergie, son imagination, ses illusions même, tout se ranima le lendemain, et il forma un nouveau projet, qui moins vaste que le précédent, était cependant tout aussi fortement conçu. D'abord il voulut donner un autre chef aux trois corps destinés à marcher sur Berlin, et il choisit le maréchal Ney, qui

Napoléon conçoit un nouveau plan fondé sur le dernier état des choses.

398 LIVRE L.

Août 1813.

Il place sous le commandement du maréchal Ney les trois corps confiés d'abord au maréchal Oudinot.

n'avait pas de supérieur en bravoure sur le champ de bataille, mais qui n'avait jamais dirigé de grandes armées. Napoléon fit ce choix, parce que l'âme intrépide et confiante de Ney n'avait pas reçu encore l'atteinte du découragement, déjà si visible chez nos autres généraux. Il l'envoya à Wittenberg en lui adressant les paroles les plus encourageantes, et les instructions les plus précises. Voici à quel plan général correspondaient ces instructions.

Il porte Ney à Baruth, à deux journées de Berlin, et songe à se placer lui-même avec sa réserve à Hoyerswerda, entre Baruth et Dresde, avec l'intention ou de pousser Ney sur Berlin, ou de se jeter dans le flanc de Blucher, si celui-ci est devenu trop pressant.

Napoléon lui prescrivit après avoir réuni et ranimé les 7e, 4e et 12e corps (le maréchal Oudinot devait garder le commandement direct de ce dernier), de se rendre à Baruth, à deux journées de Berlin, et d'y attendre les ordres du quartier général. Quant à lui personnellement, il résolut de se rendre à Hoyerswerda, distant de trois journées de Baruth, et de deux journées de Dresde, avec la garde, la plus grande partie de la réserve de cavalerie, et le corps de Marmont. Posté là en Lusace, entre Berlin et Gorlitz, il pouvait à volonté, ou se porter à gauche sur Berlin, et aider Ney à pénétrer dans cette ville, ce qui revenait à son vaste plan du 30 au matin, ou se jeter à droite dans le flanc de Blucher et l'accabler, si ce dernier, continuant à presser Macdonald, devenait inquiétant pour Dresde. Il était impossible assurément d'imaginer une combinaison plus savante et plus appropriée aux circonstances, car Napoléon était certain en joignant l'un de ses deux lieutenants, celui qui faisait face à Bernadotte, ou celui qui faisait face à Blucher, de rendre l'un ou l'autre victorieux. Seulement il ne se plaçait cette fois qu'à deux petites journées de Dresde, dans le doute où il était sur les dispositions de l'armée de Bohême. Si elle avançait de nouveau, remise de la défaite de Dresde par le succès de Kulm, il revenait tout de suite lui porter un second coup comme celui du 27 août. Si c'était Blucher qui se montrait audacieux, il tombait d'Hoyerswerda dans son flanc, et le renvoyait pour longtemps sur l'Oder. Et enfin si aucune des armées de Silésie et de Bohême ne se montrait entreprenante, il pouvait d'Hoyerswerda pousser Ney sur Berlin, sans même l'y suivre. Il suffisait en effet qu'il l'appuyât jusqu'à Baruth, car l'impétueux Ney, se sentant une pareille arrière-garde, était bien capable de se ruer sur Bernadotte, de lui passer sur le corps, et d'entrer à Berlin. Une fois ce grand acte accompli, Napoléon était libre de retourner à Hoyerswerda, d'où il menacerait Blucher ou Schwarzenberg, celui des deux en un mot qui essayerait quelque chose. Tout était non-seulement profond, mais vrai, juste, dans ces combinaisons, et il n'y en avait pas une qui dix ans auparavant n'eût réussi d'une manière éclatante, quand nos soldats étaient à l'épreuve des dures alternatives de la guerre, quand nos généraux étaient pleins de confiance, quand Napoléon ne doutait pas plus des autres que de lui, quand ses ennemis, moins résolus à vaincre ou à mourir, n'étaient pas décidés à persévérer même au milieu des plus grandes défaites! Mais aujourd'hui, dans l'état moral de nos ennemis et de nous-mêmes, tout était incertain, même avec des soldats et des généraux restés héroïques[1].

Août 1813.

[1] On a prêté sur cette époque à Napoléon, faute de connaître sa cor-

Août 1813.

Précautions prises pour couvrir Dresde pendant que Napoléon en sera éloigné.

Réorganisation du corps de Vandamme.

Après avoir donné les ordres convenables, Napoléon fit les plus habiles dispositions pour qu'en son absence Dresde ne demeurât pas découvert. D'abord il réorganisa le corps de Vandamme, dont il était déjà rentré de nombreux débris. Outre la 42ᵉ division, restituée au maréchal Saint-Cyr, laquelle avait assez peu souffert, quinze mille hommes environ de toutes armes, et appartenant au 1ᵉʳ corps, étaient revenus, ou isolément ou en troupe. Tout ce qui était Français avait rejoint le drapeau, sauf les hommes hors de combat ou pris par l'ennemi. On avait perdu le matériel d'artillerie et malheureusement quelques-uns des officiers les plus distingués. On ne savait pas ce qu'étaient devenus Haxo et Vandamme : on allait jusqu'à les croire morts l'un et l'autre. Le secrétaire du général Vandamme ayant reparu, Napoléon fit saisir les papiers du général pour en extraire sa correspondance militaire, et enlever la preuve des ordres envoyés à cet infortuné. Napoléon eut même la faiblesse de nier l'ordre donné de s'avancer sur Tœplitz, et sans toutefois accabler Vandamme, en le plaignant au contraire, il écrivit à tous les chefs de corps que ce général avait reçu pour instruction de s'arrêter sur les hauteurs de Kulm, mais qu'entraîné par trop d'ardeur, il s'était engagé en plaine, et s'était perdu par excès de zèle. Le récit authentique que nous avons présenté prouve la fausseté de ces assertions, imagi-

respondance et celle de ses lieutenants, les projets les plus chimériques et les moins raisonnables. Mais grâce à la possession et à l'étude approfondie de cette correspondance, nous ne lui attribuons aucun projet, aucun calcul, qui ne soient certains et constatés par preuves authentiques.

nées pour conserver à Napoléon une autorité sur les esprits, dont il avait en ce moment besoin plus que jamais.

Son premier soin fut de chercher pour ce corps si maltraité un chef aussi brave que Vandamme, mais plus circonspect. Il choisit l'illustre comte de Lobau, qui à une rare énergie joignait un remarquable discernement militaire et un grand savoir-faire, cachés sous des formes rudes et martiales. Le comte de Lobau possédait en effet et méritait l'entière confiance de Napoléon, qui l'avait toujours auprès de lui, soit pour les coups de vigueur, soit pour les missions qui exigeaient du jugement, de l'exactitude, de la franchise. Ce soldat intrépide et spirituel si connu des hommes de notre génération, joignant à une taille de grenadier, à une figure de dogue, la plus profonde finesse, se tirait de toutes les missions que lui confiait Napoléon sans le tromper et sans lui déplaire, s'arrangeant pour dire la vérité sans compromettre ni lui ni les autres. A son extrême adresse, à sa rare bravoure, il réunissait le talent et le goût de l'organisation des troupes, dans laquelle il excellait. On ne pouvait pas mieux choisir pour rendre au 1ᵉʳ corps l'esprit militaire qu'il avait dû perdre dans le désastre de Kulm. Napoléon distribua ce corps en trois divisions de dix bataillons chacune, lui restitua la moitié de la division Teste qu'on en avait momentanément détournée, lui ôta la brigade de Reuss qu'on lui avait aussi momentanément prêtée, et soit avec les soldats rentrés, soit avec quelques bataillons de marche venus de Mayence, lui procura encore un effectif d'environ

Août 1813.

Distribution des forces laissées à Dresde, et nouveaux travaux de défense ordonnés autour de cette capitale, de manière à en rendre la possession tout à fait certaine.

18 mille hommes. Il puisa dans les arsenaux de Dresde, où un immense matériel avait été amené par ses soins, de quoi remplacer les fusils perdus et les soixante-douze bouches à feu abandonnées sur le champ de bataille de Kulm. Il fournit des souliers, des vêtements à ceux qui en manquaient, et n'oublia rien pour remettre le moral des hommes, soit par des encouragements, soit par des revues, soit par ces petites satisfactions matérielles qui composent le bonheur du soldat. Le comte de Lobau fut chargé d'opérer cette résurrection en quelques jours, Napoléon entendant se servir du 1er corps pour la défense de Dresde pendant sa prochaine absence.

Quant à la conservation de Dresde, il y pourvut de la manière suivante. Au lieu d'y laisser le 14e corps seul, comme lorsqu'il avait marché sur la Silésie, il laissa le 14e (maréchal Saint-Cyr) au camp de Pirna, le 2e (maréchal Victor) à Freyberg, et le 1er enfin (comte de Lobau) dans l'intérieur même de Dresde, où celui-ci aurait plus de facilité pour se réorganiser. Le 14e corps, qui en recouvrant la 42e division en avait dès lors quatre, dut garder Kœnigstein et Lilienstein, le pont de l'Elbe jeté entre ces deux forts, le camp de Pirna, le défilé de Péterswalde, et les débouchés secondaires de la Bohême qui venaient tomber sur la droite de la chaussée de Péterswalde. Le maréchal Victor à Freyberg veillait à la fois sur la grande chaussée de Freyberg, et sur le chemin de Tœplitz par Altenberg. La cavalerie de Pajol galopait entre deux pour exercer une active surveillance. En cas de nouvelle apparition de l'armée de Bohême, ces deux corps avaient ordre d'op-

poser une résistance modérée, suffisante seulement
pour retarder sans se compromettre la marche de
l'ennemi, et de se replier sur Dresde en y donnant
l'éveil. Ils devaient venir se placer, Saint-Cyr sur la
gauche du camp retranché où il avait déjà combattu
vaillamment le 26 août, Victor sur la droite où il
avait décidé le gain de la bataille du 27. Attaqués
sérieusement, ils avaient ordre de rentrer derrière
les redoutes, qui avaient été portées de cinq à huit,
et beaucoup mieux armées. Napoléon pendant l'attaque de Dresde ayant remarqué plusieurs défectuosités dans leur établissement, avait nommé un commandant spécial pour chacune d'elles, augmenté leur artillerie, préparé des artilleurs de rechange pour les servir, défendu de laisser dans aucune des caissons de munitions, et fait construire avec des sacs à terre des espèces de réduits pour tenir lieu de magasins à poudre pendant le combat. Il avait distribué leur armement en artillerie de position nécessairement immobile, et en artillerie attelée qu'on porterait de la rive droite à la rive gauche de l'Elbe, selon qu'on serait attaqué par l'une ou par l'autre. Il avait soigneusement recommandé qu'on tînt des troupes en réserve derrière chaque redoute, pour reprendre à l'instant celle qui serait enlevée, et enfin il avait décidé que le 1ᵉʳ corps, sous le comte de Lobau, serait placé tout entier en réserve derrière les corps de Saint-Cyr et de Victor, pour déboucher au dernier moment, ainsi qu'avait fait la garde le 26 août, sur l'ennemi qui se croirait victorieux. C'était, comme on le voit, une répétition fort améliorée de la journée du 26, et qui promettait le même

Août 1813.

Précautions de détail admirablement conçues.

Sept. 1813.

succès, car les trois corps de Saint-Cyr, Victor et Lobau réunissaient près de 60 mille hommes, c'est-à-dire plus que Napoléon n'en avait eu pour résister le 26 aux 200 mille de l'armée de Bohême. Ajoutant cette circonstance qu'au lieu d'être à quatre ou cinq journées, comme il était lors de la première apparition de l'ennemi, il ne serait plus qu'à deux en se plaçant à Hoyerswerda, Napoléon s'éloignait sans inquiétude pour la conservation de Dresde, si l'armée de Bohême renouvelait sa récente manœuvre, en opérant par la rive gauche de l'Elbe. Si au contraire, changeant de marche, elle attaquait par la rive droite, Poniatowski, Macdonald, Napoléon lui-même se rabattant sur elle, seraient en mesure de

Toutes ses mesures arrêtées, Napoléon dirige sur Kœnigsbruck une partie de l'infanterie et de la cavalerie de la garde.

l'accabler. Ces dispositions si savantes une fois ordonnées, il expédia le 2 septembre la cavalerie de la garde sous Nansouty, avec deux divisions d'infanterie de la jeune garde sous Curial, et les porta sur Kœnigsbruck, à gauche de la route de Bautzen, dans la direction de Hoyerswerda. (Voir la carte n° 58.) Il comptait le 3 faire partir la vieille garde de Dresde, et le reste de la jeune garde de Pirna, toujours dans la même direction. Le 4 il avait le projet de partir lui-même pour se rendre de sa personne à Hoyerswerda. M. de Bassano devait rester à Dresde, informé de tout, même des mouvements militaires qu'il comprenait suffisamment bien, afin qu'avec cette activité dévouée qui rachetait chez lui une soumission trop aveugle, il pût transmettre à chacun et toujours à temps l'avis de ce qui l'intéressait.

Le 3 septembre.

Le 3 septembre au matin, Napoléon était occupé

à donner ses ordres, lorsqu'il reçut de Bautzen des dépêches pressées du maréchal Macdonald. Ce maréchal était, suivant l'expression de Napoléon, tout à fait *décontenancé* par la marche véhémente de Blucher sur lui. Blucher, qui n'était pas homme à s'arrêter dans un succès, s'était hâté, dès que les eaux avaient un peu baissé, de se porter en avant, pour tirer les plus grandes conséquences possibles de l'événement si heureux pour lui de la Katzbach. Plaçant son infanterie partie vers les montagnes, partie sur la grande route de Breslau à Dresde, lançant son immense cavalerie dans les plaines humides qu'arrosent successivement le Bober, la Preiss, la Neisse, la Sprée, il avait en débordant constamment le flanc gauche du maréchal Macdonald, obligé celui-ci à rétrograder de Lowenberg sur Löbau, de Löbau sur Gorlitz. Il disposait de 80 mille hommes contre Macdonald, qui n'en avait pas conservé 50 mille armés, et qui n'avait pu s'en procurer 60 mille en état de combattre, qu'en retirant Poniatowski du débouché de Zittau. Le maréchal Macdonald, malgré son intrépidité connue, craignait que le découragement chez ses soldats, l'aigreur de la défaite chez ses généraux, l'impulsion rétrograde chez tous, n'entraînât de nouveaux malheurs. Il demandait des secours à grands cris. Il se pouvait, à l'entendre, que sous vingt-quatre heures il fût ramené de Gorlitz sur Bautzen, peut-être sur Dresde.

Napoléon, qui ne mettait pas beaucoup de temps à prendre son parti, jugea que ce n'était pas le moment de se porter sur Hoyerswerda, c'est-à-dire à gauche de la grande route de Silésie et dans le flanc

Sept. 1813.

au matin, Napoléon reçoit la nouvelle que le maréchal Macdonald, vivement pressé par Blucher, est à Bautzen dans un véritable danger.

Napoléon renonce momentanément à sa dernière combinaison

de Blucher, car Macdonald était trop vivement pressé pour perdre une heure à manœuvrer. Secourir ce dernier directement, par la voie la plus courte, était la seule manœuvre adaptée aux circonstances. Napoléon comptait le joindre à Bautzen, le ranimer, le reporter en avant, et culbuter Blucher au delà de la Neisse, de la Queiss et des rivières qu'il avait dépassées. Napoléon cherchant surtout une bataille contre ceux de ses ennemis qui oseraient rester à portée de son bras, espérait la trouver dans cette nouvelle rencontre avec Blucher, et il se figurait que celui-ci, lancé comme il l'était, ne pourrait pas s'arrêter assez vite pour nous échapper encore une fois.

Sa résolution étant ainsi prise, il fit redresser le mouvement imprimé la veille aux deux divisions de la jeune garde et à la cavalerie qui les suivait. Il les avait dirigées sur Kœnigsbruck, il les ramena de Kœnigsbruck sur Bautzen par Camenz. (Voir la carte n° 58.) Il fit partir tout de suite la vieille garde de Dresde pour Bischofswerda, et pour Stolpen le reste de la jeune garde qui sous Mortier attendait ses ordres à Pirna. Le même mouvement direct sur Bautzen fut prescrit à la cavalerie de réserve de Latour-Maubourg, et à l'infanterie du maréchal Marmont. Mises en route le matin du 3, les troupes devaient être le soir à Bischofswerda, le lendemain 4 à Bautzen. Napoléon se disposa lui-même à quitter Dresde dans la nuit du 3 au 4, employant selon son usage la journée entière à expédier ses ordres, et se réservant pour dormir le temps qu'il passerait en voiture. Il fit prévenir Macdonald du mouvement considérable qui s'opérait vers Bautzen, lui recommanda le secret, afin que Blucher non prévenu donnât en plein dans le gros de l'armée française. Il défendit à Dresde qu'on laissât passer par les ponts même un seul paysan, espérant empêcher ainsi que la nouvelle du départ de la garde ne parvînt à Blucher, et enfin il manda au maréchal Ney que se détournant un moment d'Hoyerswerda, il serait de retour dans cette direction sous trois ou quatre jours, et qu'il lui assignait toujours Baruth comme point de réunion, d'où l'on partirait ultérieurement pour Berlin.

Sept. 1813.

Le 3 septembre au soir Napoléon quitta Dresde, s'arrêta quelques heures à Harta, et arriva le lendemain matin à Bautzen. Il s'était fait précéder par 70 fourgons, portant des munitions, des fusils, des souliers, afin de rendre aux soldats du maréchal Macdonald une partie de ce qu'ils avaient perdu. Il traita bien le maréchal Macdonald, sans s'appesantir sur les fautes qui avaient pu être commises à la Katzbach, tenant grand compte à tout le monde des circonstances difficiles où l'on se trouvait, et sachant qu'en pareille situation il fallait remonter les cœurs en les encourageant, au lieu de les abattre en les chagrinant par des reproches. D'ailleurs le maréchal Macdonald inspirait tant d'estime, que le reproche eût expiré sur la bouche, si par hasard on eût été tenté de lui en adresser. Loin de se montrer Napoléon se cacha, voulant attendre pour se laisser voir que la cavalerie de la garde et de Latour-Maubourg fût arrivée, et qu'on pût fondre sur Blucher avec des forces suffisantes.

Départ de Dresde le 3 au soir.

Arrivée à Bautzen le 4 au matin.

Bon accueil au maréchal Macdonald.

Malheureusement au milieu de ces populations

Blucher.

Sept. 1813.

informé par de secrets avis de l'approche de Napoléon, s'arrête tout à coup.

germaniques où nous ne comptions plus que des ennemis, même parmi celles que notre présence forçait à rester alliées, il n'y avait de secret possible qu'au profit de nos adversaires. Plusieurs avis envoyés de Dresde, soit pour l'armée de Silésie, soit pour l'armée de Bohême, avaient déjà fait savoir, non pas les desseins de Napoléon, que lui seul et ses principaux lieutenants connaissaient, mais les mouvements de la garde commencés dès le 2 au matin. Cette indication suffisait pour qu'on devinât que Blucher allait devenir le but des coups de Napoléon. Aussi le général prussien, tout fougueux qu'il était, fidèle au plan de se dérober aussitôt que Napoléon apparaîtrait, se préparait à rétrograder, et, s'il n'avait pas déjà battu en retraite, s'avançait cependant d'une manière moins vive. Parvenu à Gorlitz, il avait poussé ses avant-gardes sur Bautzen, mais avait arrêté son corps de bataille à Gorlitz même, et de sa personne était venu se placer sur une hauteur qu'on appelle le Lands-Krone, et d'où l'on aperçoit toute la contrée de Gorlitz à Bautzen.

Murat lancé avec toute la cavalerie à la poursuite de Blucher.

Le 4 septembre, vers le milieu du jour, Latour-Maubourg et Nansouty étant arrivés, Murat s'était mis à la tête de leurs escadrons, et avait fondu au galop sur les avant-gardes de Blucher rencontrées vers la chute du jour aux environs de Weissenberg. D'immenses tourbillons de poussière avaient annoncé son approche, et sur-le-champ à cette vive impulsion Blucher avait reconnu la présence du maître, sous les yeux duquel on ne rétrogradait jamais. Ses avant-gardes vigoureusement assaillies furent ramenées en arrière, en perdant quelques centaines d'hommes. La nuit suspendit la poursuite. Blucher prit immédiatement la résolution de repasser la Neisse le lendemain, et de ne laisser à Gorlitz qu'une arrière-garde, laquelle occuperait la ville située de notre côté, pendant qu'on préparerait tout pour détruire les ponts.

Sept. 1813.

Le lendemain matin 5 Napoléon à la tête de ses avant-gardes se porta en avant de Reichenbach, pour voir s'il pourrait enfin saisir les Prussiens de manière à leur ôter le goût de revenir si vite après son départ. Mais au premier coup d'œil il eut le déplaisir de reconnaître que Blucher allait encore, comme les 22 et 23 août, se soustraire à notre approche. Il fit en effet marcher en avant, et sa seule satisfaction en pénétrant à Gorlitz fut de prendre ou tuer un millier d'ennemis. Après avoir traversé la ville au pas de course, on trouva les ponts de la Neisse coupés, et l'arrière-garde prussienne achevant de détruire celui dont elle s'était servie pour se dérober à nos coups.

Le lendemain 5, on poursuit Blucher, et on le rejette au delà de la Neisse.

Entrée des Français dans Gorlitz.

Dès ce moment il fut évident pour Napoléon que tout ce qu'il gagnerait à poursuivre plus longtemps les alliés, ce serait de fatiguer inutilement ses troupes, et de mettre une plus grande distance entre lui et Dresde. Il résolut donc de s'arrêter à Gorlitz, d'y passer deux ou trois jours pour y rétablir les ponts, y faire reposer ses soldats, et y ranimer par sa présence le corps de Macdonald dont le moral était fort ébranlé.

Napoléon renonce à poursuivre Blucher, dans l'impossibilité où il se trouve de le serrer d'assez près.

Mais le soir même du 5, des dépêches arrivées de Dresde dans la journée, vinrent encore changer sa détermination, et l'obliger à ne pas même pas-

Le 5 septembre au soir Napoléon

ser à Gorlitz les deux ou trois jours qu'il aurait voulu y demeurer. On lui annonçait en effet une nouvelle apparition de l'armée de Bohême sur la route de Péterswalde, c'est-à-dire sur les derrières de Dresde, exactement comme à l'époque récente des batailles des 26 et 27 août. C'était encore l'officier d'ordonnance Gourgaud qui était l'organe des craintes du maréchal Saint-Cyr, et le narrateur trop animé de ce qui avait eu lieu à Dresde. Était-ce une descente véritable de l'armée de Bohême, voulant essayer une seconde attaque sur Dresde, malgré le rude accueil qu'avait reçu la première? ou bien n'était-ce pas plutôt une vaine démonstration de sa part, et n'était-il pas vraisemblable qu'instruite à temps du mouvement de Napoléon sur Bautzen, elle voulait le rappeler à Dresde, se jouer ainsi de la promptitude de ses déterminations, de l'agilité de ses soldats, fatiguer lui et eux, les épuiser en mouvements infructueux tantôt contre une armée, tantôt contre l'autre, en ne leur accordant jamais l'avantage d'approcher assez près d'aucune d'elles pour l'atteindre et la battre? Cette dernière supposition était la plus vraisemblable, et si Napoléon avait eu la chance de joindre Blucher, il ne se serait pas détourné de cet ennemi pour courir au prince de Schwarzenberg, avec certitude de ne pas le rejoindre. Malheureusement Napoléon ne faisait aucun sacrifice en s'arrêtant, puisque Blucher, aussi prompt à marcher en arrière qu'en avant, était déjà hors de portée, et il était naturel que, n'ayant rien de bien utile à faire à Gorlitz, il revînt là où un symptôme de danger, quelque léger que fût ce symptôme, ou une espérance de

LEIPZIG ET HANAU.   111

bataille, quelque douteuse que fût cette espérance, se présentait en ce moment. Il ordonna donc à sa garde de ne pas aller plus loin et de se reposer, pour être prête à exécuter ses ordres le lendemain, et il retourna lui-même de Gorlitz à Bautzen pour se rapprocher des nouvelles, et apprécier plus sûrement la valeur des renseignements qu'on lui envoyait du camp de Pirna. Ne perdant pas un instant, il voyagea toute la soirée et la nuit, et fut rendu à Bautzen le 6 à deux heures du matin. Certes, on ne pouvait pas déployer plus d'activité et moins regarder à la fatigue, car, sorti de Dresde le 3 septembre au soir, arrivé le 4 au matin à Bautzen, ayant couru le 4 même jusqu'à Weissenberg, le 5 jusqu'à Gorlitz, il revenait dans la nuit du 5 au 6 à Bautzen. Par malheur ses troupes allant à pied ne pouvaient suivre que de très-loin la rapidité de ses mouvements.

Napoléon trouva en effet à Bautzen les détails mandés par M. de Bassano au nom du maréchal Saint-Cyr, et d'après lesquels il paraissait que la grande armée de Bohême avait débouché brusquement de Péterswalde, la droite sur Pirna, le centre sur Gieshübel, la gauche sur Borna, avec toute l'apparence d'une résolution sérieuse, et une telle vigueur d'attaque, que le maréchal Saint-Cyr avait cru devoir, en se retirant avec ordre, replier néanmoins ses quatre divisions. En présence de tels avis, surtout rien d'utile ne le retenant à Bautzen, Napoléon répondit qu'il allait partir immédiatement, de manière à être le soir même du 6 à Dresde, et qu'il se ferait suivre par toute sa garde. Cependant

Sept. 1813.

N'ayant rien d'utile à faire à Gorlitz depuis la retraite de Blucher, Napoléon revient à Dresde pour parer au nouveau danger qui menace cette capitale.

Malgré la vivacité des démonstrations de l'armée de Bohême, Napoléon ne se laissant

Sept. 1813.

pas abuser, ne ramène à Dresde qu'une partie de sa réserve, afin de pouvoir revenir à son projet sur Hoyerswerda.

n'étant pas facile à tromper, et ne prenant pas encore comme très-sérieuse cette nouvelle démonstration, il donna ses ordres en conséquence de ce qu'il pensait. Ayant toujours en vue son mouvement sur Hoyerswerda, d'où il pourrait à la fois soutenir Ney vers Berlin, et contenir Blucher vers Gorlitz, il ne ramena décidément vers Dresde que la garde seule, jeune et vieille, comptant près de 40 mille hommes de toutes armes. Il dirigea Marmont, qui était en marche pour le rejoindre, vers Camenz et Kœnigsbruck, d'où il serait aisé de le rappeler à Dresde ou de le pousser sur Hoyerswerda. Il lui adjoignit un fort détachement de cavalerie, pour donner la chasse aux Cosaques, et le lier avec Ney et Macdonald. Il recommanda au maréchal Macdonald, après avoir replacé Poniatowski au débouché de Zittau, de se bien établir lui-même à Bautzen, de réarmer ses soldats débandés, et de tâcher enfin avec un effectif qu'il pouvait reporter à 70 mille hommes s'il parvenait à ressaisir ses maraudeurs, de garder au moins la ligne de la Sprée. Il était permis d'espérer que n'étant plus à cinq journées de Dresde, mais à deux, Macdonald serait moins prompt à rétrograder, et Blucher à s'avancer. Le maréchal Macdonald avec une modestie qui l'honorait, supplia fort Napoléon de l'exonérer du commandement en chef, offrant de rester comme divisionnaire à la tête du 11ᵉ corps, et de s'y faire tuer, mais ne voulant plus d'une responsabilité trop lourde, et se plaignant peut-être avec l'injustice du malheur du peu de concours de ses lieutenants. Napoléon n'avait plus le choix, car les généraux disparaissaient comme les soldats, par suite de l'affreuse consommation qu'il faisait des uns et des autres. Il écouta Macdonald, le consola, le traita comme il aurait traité un général victorieux, et après l'avoir encouragé de son mieux, partit pour Dresde, où il arriva le 7 au matin. M. de Bassano était venu à sa rencontre pour employer le loisir de la route à l'entretenir des affaires de l'Empire et des informations venues du quartier général du maréchal Saint-Cyr sous Pirna.

Sept. 1813.

Napoléon revenu à Dresde le 7 au matin.

Après avoir séjourné une heure ou deux à Dresde, il partit pour Pirna, et s'arrêta près de Mugeln, où se trouvaient les arrière-gardes du maréchal Saint-Cyr. Voici ce qui s'était passé de ce côté. Les Prussiens et les Russes, sans les Autrichiens, avaient débouché de Bohême par la grande route de Péterswalde, dont nous avons déjà fait connaître la configuration, avaient essayé d'enlever d'un côté le plateau de Pirna, de l'autre le plateau de Gieshübel, et avaient poussé devant eux les quatre divisions de Saint-Cyr qui occupaient ces diverses positions. Un autre corps, sous le comte Pahlen, débouchant par la route de Furstenwald qu'avait suivie Kleist lors des événements de Kulm, était venu vers Borna, là où les montagnes moins abruptes commencent à se changer en plaine. Une immense cavalerie lancée dans cette direction avait fort inquiété celle de Pajol, et sans la vigueur de ce dernier, sans son savoir-faire, lui aurait causé de grands dommages.

Mouvement des Russes et des Prussiens sur Dresde, et motifs de ce mouvement.

Saint-Cyr se voyant ainsi pressé avait replié du camp de Pirna sur Pirna même sa 42ᵉ division, laissant comme de coutume quelques bataillons dans la forteresse de Kœnigstein, avait ramené la 43ᵉ et la

Nouvelle retraite du maréchal Saint-Cyr sur Dresde.

44ᵉ de Gieshübel sur Zehist, et la 45ᵉ, qui soutenait Pajol, de Borna sur Dohna.

C'est dans cette position que Napoléon le trouva, point déconcerté, beaucoup moins alarmé surtout qu'il n'avait affecté de l'être, et tout prêt à reprendre l'offensive. Que signifiait cette nouvelle apparition de l'ennemi? Était-ce une continuation de la tactique au moyen de laquelle on semblait vouloir épuiser l'armée française, ou bien une attaque véritable? Il valait la peine de s'entretenir de cette question obscure avec un officier aussi intelligent que le maréchal Saint-Cyr. Napoléon le questionna sur ce sujet avec beaucoup de confiance et de cordialité. Quoiqu'il eût peu de goût pour son caractère, il appréciait fort ses lumières, et d'ailleurs dans la situation présente il avait besoin de ménager tout le monde, surtout les gens de guerre déjà bien fatigués. Par toutes ces raisons il s'entretint longuement avec le maréchal Saint-Cyr, et ne parut pas convaincu que cette dernière attaque fût sérieuse, ni qu'elle fût autre chose qu'une des alternatives de ce va-et-vient perpétuel qui semblait constituer en ce moment toute la tactique des coalisés. Au surplus Napoléon ne demandait pas mieux, d'après ce qu'il dit, que de réparer au moyen d'une action décisive tout le tort que lui avaient causé les journées de Kulm, de la Katzbach et de Gross-Beeren, mais il doutait avec raison que les coalisés, après la leçon reçue à Dresde, songeassent à s'en attirer une seconde du même genre. Évidemment ils ne voudraient point se présenter encore une fois la tête à Dresde, la queue aux défilés de l'Erz-Gebirge, et quant à les aller chercher au delà, c'est-à-dire en Bohême, c'était un jeu trop hasardeux, et qui consistait à prendre pour soi la mauvaise position dont ils ne voulaient plus après l'avoir essayée. Il était plus vraisemblable que s'ils recommençaient une entreprise sur nos derrières, ce serait plus en arrière encore, c'est-à-dire par la grande route de Commotau sur Leipzig, et l'apparition de quelques coureurs dans cette direction, signalée depuis deux ou trois jours, portait déjà Napoléon à le penser, ce qui prouvait, comme on le verra bientôt, sa profonde sagacité. Du reste il répéta qu'il se réjouirait fort d'avoir encore une fois l'armée de Bohême sur les bras, entre Dresde et Péterswalde, mais qu'il n'osait s'en flatter, qu'il était venu pour cela, que ses réserves étaient en marche, qu'elles seraient le lendemain matin à Dresde, le lendemain soir à Mugeln, et qu'on agirait suivant les circonstances.

Le maréchal Saint-Cyr parut être d'un autre avis. Il croyait, lui, à une attaque déterminée du prince de Schwarzenberg, à en juger par la vigueur avec laquelle les divisions du 14ᵉ corps avaient été poussées depuis deux jours, et il était étonné surtout de voir ce prince s'avancer si près de Dresde, si c'était pour une simple démonstration. Il soutenait comme il l'avait déjà fait, que c'était vers la Bohême que Napoléon devait chercher à gagner une grande bataille, qu'elle serait là plus décisive à cause de la présence des souverains, dont il importait d'ébranler le courage; à quoi Napoléon répondait avec raison qu'il la trouverait bonne partout, meilleure sans doute contre les souverains réunis, mais qu'il ne

Sept. 1813.

Sa prodigieuse sagacité.

Avis du maréchal Saint-Cyr.

dépendait pas de lui de l'avoir où il la désirait, et qu'il la livrerait là où la fortune voudrait bien la lui offrir.

Séparation des Autrichiens d'avec les Prussiens et les Russes.

Le maréchal Saint-Cyr était encore fort préoccupé d'une idée, celle-ci très-juste quoique bien peu vraisemblable, c'est qu'en ce moment les Autrichiens s'étaient séparés des Prussiens et des Russes, car on ne voyait devant soi que de ces derniers, sans un seul détachement autrichien. Dans ce cas, au lieu de 140 ou 150 mille hommes, c'étaient tout au plus 80 ou 90 mille auxquels on aurait à faire, et l'occasion était belle pour se jeter sur les coalisés et les accabler. Il y avait là cependant une contradiction singulière, car la séparation des coalisés excluait l'idée d'une tentative sérieuse sur Dresde, et Napoléon croyait plutôt que si les Autrichiens s'étaient éloignés, c'était pour préparer une marche ultérieure sur Leipzig, en se portant vers les directions qui pouvaient y conduire. Ces raisonnements entre deux militaires si compétents, révélant si bien au milieu de quelles obscurités un général en chef est obligé de se diriger, n'importaient nullement quant à la conduite à tenir, puisqu'on était d'accord si l'armée de Bohême voulait s'y prêter, d'avoir tout de suite une grosse affaire avec elle, et qu'on n'était même empêché de l'entreprendre sur l'heure que par l'absence des réserves occupées à franchir l'espace entre Bautzen et Dresde. Napoléon quitta le maréchal Saint-Cyr pour retourner encore le jour même à Dresde, où il avait des ordres de tout genre à donner à ses divers corps d'armée. Il fut convenu qu'au premier mouvement

Accord de Napoléon et du maréchal Saint-Cyr sur la conduite à tenir.

Napoléon retourne à Dresde pour donner des ordres pendant que

LEIPZIG ET HANAU.   417

de l'ennemi le maréchal lui enverrait un officier
pour le prévenir¹.

Pour mieux apprécier la difficulté du commandement, il faut savoir qu'en ce moment Napoléon et
le maréchal avaient raison l'un et l'autre, et l'un
contre l'autre. Voici ce qui s'était passé en effet du
côté des coalisés. A la première nouvelle venue de
Dresde d'une marche de Napoléon en Lusace, les
Autrichiens avaient exécuté un mouvement rétrograde, correspondant en Bohême à celui que Napoléon exécutait en Lusace, et avaient repassé l'Elbe
derrière le rideau des montagnes, entre Tetschen et

Sept. 1813.

ses troupes
marchent sur
Pirna.

Difficultés
du commande-
ment en chef,
révélées par
l'obscurité
qui enveloppe
ici les projets
de l'ennemi.

¹ Nous honorons fort dans le maréchal Saint-Cyr, outre beaucoup
d'esprit, une grande indépendance de caractère, nous regrettons seulement qu'elle ait été gâtée par un penchant excessif à la contradiction,
qui lui a fait commettre plus d'une faute dans sa carrière d'ailleurs si
glorieuse. Mais nous allons citer une étrange preuve de ce penchant,
à l'occasion même des journées dont on vient de lire le récit. Certes
il est difficile de voir des journées sinon plus heureusement employées, du moins plus activement, car Napoléon partit le 3 au
soir de Dresde, dormit trois ou quatre heures à Harta, arriva le 4 au
matin à Bautzen, y passa la journée du 4 pour assister à la poursuite
de l'ennemi, poussa pendant la journée du 5 jusqu'à Gorlitz pour
s'assurer de ses propres yeux si les Prussiens voulaient tenir, revint le
soir même à Bautzen sur le bruit d'une nouvelle apparition de l'armée
de Bohême, y arriva à deux heures du matin le 6, expédia le 6 tous
ses ordres, vint le même jour coucher à Dresde où il fut rendu dans
la nuit, et le 7 au matin se transporta auprès du maréchal Saint-Cyr
pour avoir la conférence que nous venons de rapporter. Marchant
pendant les nuits, passant les journées ou à cheval ou dans son cabinet
pour donner des directions à une multitude de corps dont il recevait à
chaque instant des nouvelles, Napoléon déployait dans ces circonstances l'activité d'un jeune homme. Voici pourtant les propres paroles du
maréchal Saint-Cyr dans ses Mémoires, tome IV, page 136... « Il lui
» restait (après la retraite de Blucher) la faculté de marcher sur
» Schwarzenberg, qui s'avançait par la rive droite sur Rumburg, et
» de la marche duquel je présume qu'il était instruit, comme il le fut
» par le 14ᵉ corps dans les journées du 3, du 4, de celle de l'armée

TOM. XVI.   27

Leitmeritz. Ce mouvement avait un double but, premièrement de pourvoir aux cas imprévus, à celui notamment d'une opération de Napoléon sur Prague, secondement de se remettre quelque peu de la rude secousse essuyée par l'armée autrichienne dans la bataille de Dresde. On avait laissé les Russes et les Prussiens sur la grande route de Péterswalde, afin d'y rappeler Napoléon par de fortes démonstrations, de dégager ainsi l'armée de Silésie contre laquelle il marchait, et de continuer le plan convenu à Trachenberg, de se montrer fort entreprenant là où il ne serait pas, très-prudent là où il

» russe. Néanmoins, après la retraite de Blucher, il resta le 5, le 6 et
» le 7 dans une indécision complète ; le 7, il fit écrire par le major général
» au maréchal Gouvion Saint-Cyr une espèce de lettre de reproches.... »
Sans chercher dans cette dernière phrase le secret du jugement porté par le maréchal Saint-Cyr, on peut voir par l'exposé que nous avons fait à quel point est fondée l'assertion de ce maréchal. Napoléon marcha le 5 sur Blucher, revint le 6 rappelé par le maréchal Saint-Cyr lui-même, n'employa que quelques heures à s'assurer si cet appel était fondé, heures qu'il ne perdit pas puisqu'il ne cessa de donner des ordres, et consacra le 7 à se transporter auprès du maréchal. Il ne perdit donc pas les 5, 6 et 7 en irrésolutions. La supposition que Napoléon devait être instruit du prétendu mouvement de l'armée autrichienne sur Rumburg, c'est-à-dire sur la rive droite de l'Elbe, est tout aussi fausse, car d'une part l'armée autrichienne n'exécuta point le mouvement dont il s'agit, et ne revint pas en arrière au delà de Tetschen, d'autre part Napoléon aurait pu ne pas connaître ce mouvement si en effet il avait eu lieu, car le rideau des montagnes et la mauvaise volonté des Allemands nous condamnaient à tout ignorer, à ce point que le 7 Napoléon et le maréchal Saint-Cyr étant réunis à Mugeln en arrière de Pirna, ne savaient pas s'ils avaient devant eux les Autrichiens, les Russes et les Prussiens, ou seulement les Russes et les Prussiens. Tout est donc inexact, jugements et assertions, dans le passage que nous venons de citer, et nous faisons cette remarque non point en flatteur de Napoléon, rôle que nous laissons à d'autres, ni en détracteur du maréchal Saint-Cyr, dont au contraire nous aimons fort l'esprit et l'indépendance, mais en historien préoccupé des difficultés de l'histoire. Certes, il

serait, jusqu'au moment où après l'avoir épuisé en courses inutiles, on trouverait moyen de l'accabler. Wittgenstein et Kleist, qui commandaient les Russes et les Prussiens sous Barclay de Tolly, et qui étaient pleins d'ardeur, n'avaient pas exécuté à demi les démonstrations dont ils étaient chargés, avaient attaqué à fond les quatre divisions du maréchal Saint-Cyr, au point qu'il avait fallu à celui-ci toute sa tenue, tout son talent dans la guerre défensive, pour s'en tirer sans échec. Pendant que les corps russes et prussiens bataillaient ainsi à Péterswalde, Klenau encore tout ébranlé des coups reçus

Sept. 1813.

---

semble qu'un témoin de ce mérite, placé si près des événements, ayant passé à côté de Napoléon une partie des journées pendant lesquelles il prétend que Napoléon ne fit rien, aurait dû savoir la vérité, et pourtant on voit comment, pour n'avoir pas lu ce que Napoléon écrivit pendant ces journées, il a été exposé à prononcer de faux jugements. C'est une nouvelle preuve qu'il ne faut pas se hasarder à juger les hommes qui ont figuré dans les grands événements sans avoir connu leurs ordres, leurs correspondances surtout qui contiennent leurs vrais motifs. Et quand on voit un personnage comme le maréchal Saint-Cyr, qui avait commandé des armées, qui savait par expérience quelles sottes déterminations les gens mal informés prêtent souvent à ceux qui commandent, quand un tel personnage commet de telles erreurs, on se dit qu'il ne faut prononcer que sur pièces authentiques, et après avoir vu et compulsé toutes celles qui existent, et qu'on peut se procurer. Quant à nous, c'est ce que nous avons fait avec une attention scrupuleuse, ne nous permettant d'affirmer que sur données certaines, contrôlées les unes par les autres, ne cherchant à exalter ou dénigrer ni ceux-ci ni ceux-là, n'étant ni le flatteur ni le détracteur de Napoléon, devenu pour nous un personnage purement idéal, ne cherchant que la vérité, la cherchant avec passion, et la disant au profit de Napoléon quand elle lui est favorable, à son détriment quand elle le condamne. Le vrai, voilà le but, le devoir, le bonheur même d'un historien véritable. Quand on sait apprécier la vérité, quand on sait combien elle est belle, commode même, car seule elle explique tout, quand on le sait, on ne veut, on ne cherche, on n'aime, on ne présente qu'elle, ou du moins ce qu'on prend pour elle.

à Dresde, était entre Commotau et Chemnitz occupé à se refaire, envoyait des partisans soit à Zwickau soit à Chemnitz, et préparait de la sorte l'opération décisive que les coalisés, sans l'oser tenter encore, méditaient toujours sur nos derrières, mais cette fois dans la direction de Leipzig, et non plus dans celle de Dresde.

Napoléon avait donc raison quand il croyait qu'on ne songeait pas à une seconde attaque sur Dresde, et qu'une nouvelle marche sur nos derrières, si elle avait lieu, s'essayerait plus loin, c'est-à-dire par Leipzig; et le maréchal Saint-Cyr se trompant sur ces points, avait raison de penser que les Russes et les Prussiens étaient actuellement séparés des Autrichiens, et que ce pouvait être une bonne occasion de les assaillir. Napoléon n'objectait rien à cette dernière opinion, et disait très-sensément que quelle que fût la vérité sur tout cela, il n'y avait qu'une chose à faire, c'était d'attendre la journée du 8, pour voir comment se comporterait l'ennemi, et pour donner à la garde et à la cavalerie de réserve le temps d'arriver. Il est rare, surtout lorsque la situation prête à des suppositions contraires, qu'il n'y ait qu'une conduite à tenir. C'était le cas ici, et Napoléon était retourné le 7 au soir à Dresde, prêt à revenir de sa personne au premier signal, mais dans l'intervalle voulant veiller aux mouvements de ses innombrables corps d'armée. En effet, tandis qu'il était aux aguets pour saisir en faute l'armée de Bohême, il se passait de nouveaux événements sur ses ailes.

On se souvient sans doute qu'en partant de Dresde,

d'abord pour se diriger sur Hoyerswerda, puis pour se rabattre sur Bautzen, Napoléon avait donné au maréchal Ney rendez-vous à Baruth, dans l'intention de se réunir à lui, soit pour appuyer son mouvement sur Berlin, soit pour y marcher lui-même. Ramené sur Dresde par l'apparition des têtes de colonnes de Kleist et de Wittgenstein, il ne croyait guère, comme on vient de le voir, à leur intention sérieuse de s'engager encore une fois sur les derrières de cette capitale; il songeait donc dès qu'il serait entièrement rassuré à cet égard, à reprendre ses projets sur Berlin, et il était impatient de savoir ce que le maréchal Ney aurait fait de ce côté.

Ce maréchal, envoyé pour prendre le commandement des mains du maréchal Oudinot, était arrivé le 3 septembre à Wittenberg, jour même où Napoléon s'acheminait sur Bautzen, et voulant se mettre en marche dès le 5 au plus tard, il avait passé la revue de ses trois corps d'armée, qui depuis l'échec de Gross-Beeren avaient beaucoup perdu en matériel, en force numérique, en dispositions morales.

Le matériel, on l'avait remplacé au moyen du vaste dépôt de Wittenberg; la force numérique, on n'avait pas pu la rétablir, car une douzaine de mille hommes étaient les uns morts ou blessés sur le champ de bataille de Gross-Beeren, les autres dispersés sur les routes dans un état de complète débandade. On avait ramassé ceux d'entre eux qui étaient Français, et on leur avait remis un fusil à l'épaule, mais c'était le moindre nombre, et c'est tout au plus si les trois corps d'armée, la cavalerie du duc de Padoue comprise, présentaient en ligne 52 mille hommes, au lieu des 64 mille qu'ils comptaient à la reprise des hostilités. Quant aux dispositions morales, ils n'avaient plus cette aveugle confiance en eux-mêmes que les journées de Lützen et de Bautzen leur avaient inspirée, et que le premier échec essuyé venait d'ébranler profondément. Les chefs n'étaient pas satisfaits. Le maréchal Oudinot, quoique ayant désiré d'être exonéré du commandement, ne pouvait pas voir avec plaisir l'envoi du maréchal Ney, qui semblait être une condamnation de sa conduite. Le général Reynier mécontent du maréchal Oudinot, tout prêt à l'être du maréchal Ney, joignant à sa propre humeur celle des Saxons qu'il commandait, ne pouvait pas être un lieutenant animé de bien bonne volonté, quoique toujours disposé à faire son devoir sur le champ de bataille. Le général Bertrand enfin, invariablement dévoué au service de l'Empereur, était celui duquel le maréchal Ney avait le moins à craindre, bien qu'il eût espéré une position plus indépendante que celle qui lui était échue. Du reste, le maréchal Ney, n'ayant presque jamais exercé le commandement en chef quoique ayant eu sous ses ordres directs de nombreux rassemblements de troupes, ne regardant guère à ses instruments et tout pressé de les employer, passa ses corps en revue le 4, et leur annonça qu'on partirait le lendemain 5. Ayant rendez-vous à Baruth, il devait se porter de Wittenberg à Juterbock, et pour cela se glisser en quelque sorte de gauche à droite, afin de se dérober à l'armée ennemie qui était tout entière devant Wittenberg, pourvue d'une immense cavalerie et ayant ainsi des yeux partout.

Sept. 1813.

L'armée française était rangée en demi-cercle devant Wittenberg, le 7ᵉ corps (celui du général Reynier) à gauche, le 12ᵉ (celui du maréchal Oudinot) au centre, le 4ᵉ (celui du général Bertrand) à droite. On était tellement serré par l'armée du Nord que les avant-postes étaient sans cesse aux prises. Le maréchal Ney agissant ici avec beaucoup d'adresse, laissa sa droite formée par le 4ᵉ corps, en présence de l'ennemi toute la matinée du 5, et commença le mouvement projeté par son centre composé du 12ᵉ corps. Il le porta dans la direction de Zahne en passant derrière sa droite, et vint enlever Zahne au corps prussien de Tauenzien. Il y avait une petite rivière à franchir au bourg même de Zahne; on la força malgré quelque résistance, et on déboucha au delà. Le 7ᵉ qui formait la gauche suivit le 12ᵉ, dont il appuya les efforts sur Zahne, et quand ils eurent défilé tous deux, le 4ᵉ, ayant suffisamment occupé l'ennemi, leva son camp à son tour, et se réunit au reste de l'armée, qui en un jour se trouva ainsi rendue à Seyda, à cinq lieues sur la droite de Wittenberg. Ce mouvement, lestement et bravement exécuté, nous avait coûté un millier d'hommes, mais en avait coûté le double aux Prussiens. Toutefois il s'agissait de savoir, si précédés, côtoyés, suivis par une innombrable cavalerie, observés dans tous nos mouvements, il nous serait possible de continuer cette marche de flanc sans être assaillis par l'ennemi, et frappés dans le flanc même que nous lui présentions inévitablement.

Adroite manœuvre de Ney, qui défile avec son centre et sa gauche derrière sa droite immobile, pour se porter de Wittenberg à Zahne.

Nécessité où était Ney pour se porter à Baruth d'exécuter un mouvement de flanc continuel avec 50 mille hommes contre 80 mille.

Sept. 1813.

Ney se décide sans faire d'objections à exécuter immédiatement les ordres de Napoléon.

Si Napoléon avait formé des généraux en chef au lieu de former d'admirables lieutenants, seule espèce d'élèves qui pussent sortir de son école puisqu'il ne leur permettait jamais d'être autre chose, il n'aurait pas été exposé à voir ses ordres interprétés comme ils le furent en cette occasion. Bien qu'il eût prescrit au maréchal Ney de se porter à Baruth, ce qui impliquait absolument la nécessité d'un mouvement de flanc en présence de l'ennemi, le maréchal, moins soumis, eût plutôt différé l'exécution de ces ordres que de s'exposer aux chances d'une bataille générale, livrée dans une position fausse et contre des forces infiniment supérieures. Mais le maréchal Ney, habitué à ne pas même examiner la valeur des ordres de Napoléon, ne songeant qu'à s'y conformer ponctuellement et habilement, rendu plus confiant encore par son heureuse opération du 5, continua son mouvement de gauche à droite sans aucune hésitation.

Marche sur Juterbock.

Circonstances fâcheuses qui viennent aggraver la situation dans la journée du 6.

Le 6 il fallait percer sur Juterbock, après quoi on n'avait plus qu'une marche à exécuter pour être à Baruth. Le maréchal Ney décida que le général Bertrand, qui continuait à former avec le 4ᵉ corps la droite de l'armée, et qui avait été le moins engagé la veille, partirait le premier vers huit heures du matin pour se diriger sur Juterbock, que le général Reynier suivrait avec le 7ᵉ, le maréchal Oudinot avec le 12ᵉ. L'ennemi étant si averti et si rapproché, il eût été à propos de marcher en masse, parfaitement serrés les uns aux autres, surtout en opérant un mouvement de flanc et de jour avec cinquante mille hommes contre quatre-vingt mille. Mais les trois corps étaient à une distance de deux heures les uns des autres, et par surcroît de malheur ils cheminaient dans une plaine sablonneuse, et par un vent qui soulevait des nuages d'une poussière épaisse, tout à fait impénétrable à la vue.

De huit heures à midi, on s'avança toujours harcelés en flanc par une nombreuse cavalerie que la nôtre avait la plus grande peine à contenir. Que Bernadotte fût instruit de notre projet, qu'il se fût ébranlé en masse pour nous barrer le chemin de Juterbock, il n'était pas possible d'en douter d'après la direction qu'il avait prise et d'après le nombre de ses cavaliers. Mais si on parvenait au défilé de Dennewitz qu'il fallait absolument franchir avant que l'ennemi y fût en masse, on pouvait très-bien forcer le passage et arriver les premiers à Juterbock. Alors toute l'armée française était hors de péril, et le prince de Suède était réduit à la suivre en queue, sans espérance de l'atteindre.

Vers midi on fut tout à coup assailli par la mitraille, partie du milieu d'un nuage de poussière. On était sans le savoir en présence du corps de Tauenzien, que la veille on avait poussé devant soi, qu'on avait devant soi encore, et on touchait au défilé de Dennewitz, seul obstacle un peu difficile à surmonter dans le parcours de cette vaste plaine. Voici en quoi ce défilé consistait.

Transversalement devant nous coulait un ruisseau peu profond, mais très-marécageux, allant de Niedergörsdorf à Juterbock, et qu'on ne pouvait franchir qu'à deux endroits, à Dennewitz et à Rohrbeck. Ce ruisseau, après avoir coulé de notre gauche à notre

Sept. 1813.

Possibilité d'échapper à l'ennemi, en arrivant à Dennewitz avant lui.

Description du champ de bataille de Dennewitz.

droite, parvenu à Rohrbeck se détournait pour percer droit devant nous jusqu'à Juterbock, petite ville devant laquelle il coulait en décrivant divers contours. La grande route dont nous avions indispensablement besoin pour nos parcs dans cet océan de sable, traversant Dennewitz, il fallait forcer le passage à Dennewitz même. Le général Bertrand attiré par la mitraille accourut, et le nuage de poussière s'étant un moment dissipé, il reconnut les Prussiens. Il sentit qu'il fallait les culbuter, et passer malgré eux ce défilé de Dennewitz. Le maréchal Ney accouru à son tour, vit bien qu'il n'y avait pas autre chose à faire, et il en donna l'ordre immédiatement.

La division italienne Fontanelli marchait en tête. Son général suivi de quelques bataillons entra dans Dennewitz en passant sur le corps d'un détachement prussien, et franchit ainsi le ruisseau. Mais ce n'était pas dans le village même de Dennewitz, c'était au delà, dans d'assez belles positions s'étendant en face de notre gauche, que l'ennemi avait résolu de résister, en nous opposant ce qu'il avait de forces actuellement réunies. Heureusement il n'y avait de présent sur les lieux que le corps de Tauenzien : celui de Bulow s'avançait en toute hâte, les Suédois et les Russes faisaient aussi grande diligence, mais ils étaient plus loin encore. Si de leur côté tous les corps français précipitaient leur marche, il se pouvait qu'ils arrivassent à temps pour traverser le défilé en écrasant Tauenzien, peut-être Bulow lui-même.

A peine la division italienne avait-elle dépassé

le village de Dennewitz, que des milliers de cavaliers avec beaucoup d'artillerie fondirent sur elle. Mais elle ne se laissa point ébranler. A la sortie de Dennewitz nous étions dans une plaine bordée à l'horizon par des bois, et terminée à gauche par quelques mamelons surmontés d'un moulin. A droite, dans le lointain, on apercevait Juterbock. Ney, toujours fort habile sur le terrain, dirigea lui-même toutes les dispositions. A gauche il plaça près du moulin de Dennewitz la belle division Morand, dont le général Morand doublait la valeur par sa présence, au centre la division italienne, à droite dans la direction de Juterbock la division wurtembergeoise. Notre artillerie bien postée sur les parties saillantes du terrain, contint celle de Tauenzien, et réussit même à la faire taire. Alors la cavalerie ennemie très-nombreuse se jeta sur la nôtre, qui rendit la charge, mais fut culbutée. Quelques-uns même de nos escadrons vivement poursuivis, se précipitèrent à travers les intervalles des bataillons italiens, qui n'osèrent tirer de peur de tirer sur les nôtres. Deux de ces bataillons se privant ainsi de leurs feux furent renversés par la cavalerie ennemie, ce qui amena quelque désordre dans notre ligne. A ce spectacle, le général Morand prit deux bataillons du 13°, se porta en avant à gauche, et couvrant notre ligne ébranlée lui donna le temps de se remettre. Toute la cavalerie prussienne et russe fondit sur lui, mais il la reçut en carrés, et rendit impuissants tous ses efforts. Cependant il aurait fallu que nos corps arrivassent, car ceux de l'ennemi approchaient, et déjà du village de Nieder-

Sept. 1813.

combat soutenu en avant de Dennewitz par les divisions Morand et Fontanelli.

Belle conduite du général Morand.

görsdorf, situé au-dessus de Dennewitz, on voyait déboucher le corps de Bulow, fort de vingt-cinq mille Prussiens très-animés. Le général Bulow, comme à Gross-Beeren, devançant les ordres de Bernadotte, avait marché en toute hâte, et ses têtes de colonnes apparaissaient vers notre gauche, tandis que sur nos derrières on n'apercevait encore ni Reynier ni Oudinot. Bientôt les colonnes de Bulow débouchant de Niedergörsdorf, rencontrèrent les deux bataillons du 13°, que Morand avait postés sur une éminence à gauche pour servir d'appui à notre ligne de bataille. Ces deux bataillons tinrent ferme, mais accablés par le nombre, ils furent forcés de céder le terrain sur lequel ils étaient établis. Notre artillerie de 12 placée un peu en arrière et au-dessus, les protégea en accablant les Prussiens de mitraille. Ney, de général en chef devenu général de division, prit deux bataillons du 8°, appartenant également à la division Morand, les porta en avant, et reconquit le terrain qu'avaient cédé malgré eux les deux bataillons du 13°. En même temps il dépêcha officiers sur officiers à Reynier et à Oudinot pour presser leur arrivée. Le corps entier de Bulow se déploya, mais la division Morand successivement engagée tint tête à toutes les forces de l'ennemi. Pressée par des flots de cavalerie, elle les reçut en carrés, et se fit autour d'elle un rempart de cavaliers ennemis, tués ou démontés. Le combat se soutint ainsi avec quinze mille hommes contre près de quarante.

Commencée à midi, il y avait trois heures que cette lutte inégale durait avec des chances variées,

sans qu'on pût nous faire abandonner le débouché
conquis au delà du ruisseau de Dennewitz. Cependant on apercevait distinctement l'armée russe et
suédoise s'avançant à marches forcées sur le village
de Gölsdorf situé à notre gauche, en deçà du ruisseau
que nous avions franchi, et faisant avec ce ruisseau
un angle droit. Bulow y avait déjà un détachement,
et si le progrès de l'ennemi continuait, la communication pouvait être coupée entre nos troupes engagées, et celles qui étaient encore en route. Reynier
et Oudinot que Ney avait eu le tort de laisser à une
trop grande distance de Bertrand, entendant le canon, mais l'ayant entendu de même la veille, et
enveloppés par un nuage de poussière qui leur dérobait la vue des objets, ne s'étaient pas crus obligés
de doubler le pas. Avertis enfin, ils s'étaient hâtés
davantage, et le 7ᵉ devançant le 12ᵉ, était venu diminuer l'inégalité de forces sous laquelle le 4ᵉ corps
avait failli succomber.

Sept. 1813.

Causes de la lente arrivée des 7ᵉ et 12ᵉ corps.

D'après l'ordre de Ney, qui lui avait enjoint de se
former en potence sur notre gauche pour contenir
Bulow, et faire face aux Suédois et aux Russes qui
s'approchaient, Reynier retardé un moment par les
bagages du 4ᵉ corps, poussa en avant la division
française sur laquelle il comptait le plus, celle de
Durutte, et l'établit en arrière de Dennewitz, en
deçà du ruisseau. Cette division placée là sur une
légère éminence pouvait faire un grand usage de son
artillerie, et elle n'y manqua point. Reynier dirigea
la division saxonne Lecoc sur Gölsdorf, et tint en
réserve sa seconde division saxonne, celle de Lestoc. A peine ces dispositions étaient-elles exécutées,

Le 7ᵉ, arrivé en ligne, se place en potence sur la gauche du 4ᵉ.

que le général Durutte, se portant au sommet de l'angle décrit par notre ligne, arrêta court les Prussiens qui débouchaient de Niedergörsdorf. De son côté la brigade Mellentin de la division saxonne Lestocq, pénétra dans Gölsdorf, en chassa les Prussiens, et empêcha ainsi l'ennemi de s'établir sur notre gauche. Le combat se soutint de la sorte avec acharnement au milieu de nuages de poussière qui ne laissaient voir autre chose que les troupes qu'on avait immédiatement devant soi.

Enfin Oudinot arriva, passa derrière les corps qui l'avaient précédé, et apercevant l'orage qui nous menaçait à gauche, car de ce côté quarante mille Suédois et Russes marchaient sur Gölsdorf, plaça deux de ses divisions derrière les Saxons de Lestocq, et garda la troisième en réserve. Grâce à ce renfort, et sauf accident, il était possible encore que les 50 mille soldats de Ney tinssent tête aux 80 mille ennemis qu'ils avaient sur les bras, et qu'ils parvinssent à gagner Juterbock sans échec.

Mais en ce moment un effort combiné de Tauenzien et d'une moitié de Bulow sur le corps de Bertrand affaibli par une longue lutte, obligea celui-ci à se replier, et vers quatre heures, ayant déjà perdu plus de trois mille hommes, il céda du terrain, non en repassant le ruisseau de Dennewitz, mais en appuyant un peu à droite vers Rohrbeck, et en restant toujours en avant de ce ruisseau. Ney, trop préoccupé de ce qu'il avait sous les yeux, et ne songeant pas assez à l'ensemble de la bataille, craignit que Dennewitz ne fût découvert par le mouvement de Bertrand, et enjoignit à Reynier de placer la division Durutte à Dennewitz même. Il ordonna en même temps à Oudinot de se reporter de Gölsdorf, où il servait d'appui aux Saxons, à Rohrbeck, pour former réserve derrière Bertrand. C'était une double faute, car notre droite depuis que Bertrand s'était rapproché de Rohrbeck, était moins en danger que notre gauche repliée en potence et menacée par l'irruption de quarante mille ennemis. Le général Durutte, sur l'ordre transmis par Reynier, quitta avec une de ses deux brigades la bonne position où il était en arrière de Dennewitz, passa le ruisseau, et s'empara du moulin de Dennewitz abandonné par Bertrand. Sa seconde brigade réduite à elle seule ne fut plus suffisante pour garder le sommet de notre angle. Au même instant Oudinot quitta le côté gauche de cet angle, dont il formait l'appui indispensable, pour se porter vers le côté droit. Alors la division prussienne Borstell, appuyée par une nuée de cavalerie et toute l'artillerie russe et suédoise, attaqua Gölsdorf et l'enleva à la brigade saxonne Mellentin. Oudinot essaya bien avant de se retirer d'aider les Saxons à reprendre Gölsdorf, mais obligé de continuer son mouvement il les livra bientôt à eux-mêmes. Les Saxons qui par honneur s'étaient jusque-là bien comportés, mais dans le cœur desquels la haine était toujours prête à faire taire l'honneur, se croyant abandonnés des Français pour lesquels ils se battaient, voyant devant eux s'avancer la masse des Suédois et des Russes, commencèrent à reculer. De perfides alarmistes apercevant les flots de poussière que les troupes d'Oudinot soulevaient dans leur mouvement de Gölsdorf vers Rohrbeck, dirent

Sept. 1813.

Ney, pour le remplacer à Dennewitz, ordonne un mouvement de gauche à droite, qui amène une sorte de confusion.

Les Saxons se débandent, et il s'ensuit une déroute générale.

que c'était la cavalerie ennemie qui avait tourné l'armée française. A ce bruit les Saxons se débandèrent malgré les efforts de Reynier, désertèrent Gölsdorf, laissèrent notre gauche entièrement à découvert, et se jetèrent confusément sur Oudinot à travers les rangs duquel ils passèrent. Par malheur tous les parcs et bagages s'étaient accumulés dans l'intérieur de l'angle formé par notre ligne de bataille. Une affreuse confusion se produisit alors, et une véritable déroute commença de toutes parts. Néanmoins la division Durutte, contrainte de quitter Dennewitz, se retira avec ordre; Oudinot, sur lequel la gauche s'était repliée confusément, ne s'ébranla point, et Bertrand put repasser sain et sauf au village de Rohrbeck le ruisseau tant disputé. Pourtant la bataille était perdue, car on avait cédé le terrain du combat, la route de Juterbock était fermée, et dès lors le but était manqué. Six à sept mille des nôtres jonchaient la plaine, et huit ou neuf du côté de l'ennemi la couvraient également. Mais dix à douze mille de nos soldats, surtout les Saxons et les Bavarois, s'enfuyant à toutes jambes, s'en allaient dire sur l'Elbe que l'armée française était en déroute, et même détruite. Le désordre fort accru par la fâcheuse circonstance d'une poussière épaisse, était tel, que plusieurs bataillons saxons entendant galoper autour d'eux, et croyant que c'était la cavalerie française, ne se mirent pas en défense, et ne s'aperçurent de leur méprise que lorsqu'il n'était plus temps de se former en carrés. Quelques-uns furent sabrés, le plus grand nombre pris. Pour ceux-ci c'était la délivrance plutôt que la captivité, et il faut se plaindre de leur fidélité plus que de leur courage, car ils se battirent bien, jusqu'au moment où ils purent nous quitter pour aller dans les rangs où les attiraient leurs affections. Dans la soirée et le lendemain, il partit la moitié du corps saxon, et au moins une portion égale de la division bavaroise. Les Saxons se cachant dans les villages n'eurent pas de peine à regagner leur pays, qui était près de là. Les Bavarois coururent vers l'Elbe pour retourner dans leur patrie en maraudeurs. Il n'y avait plus moyen de se replier sur Wittenberg qu'on avait laissé à sept ou huit lieues sur la gauche dans la marche de l'armée vers Juterbock, et il n'y avait de retraite possible que sur Torgau, qu'on devait rencontrer derrière soi en revenant sur l'Elbe. Le maréchal Ney s'y retira donc en assez bon ordre, mais après avoir perdu une vingtaine de bouches à feu dont les chevaux avaient été tués, et plus de quinze mille hommes, dont la moitié au moins se composait de déserteurs. Il était réduit à 32 mille combattants environ. Les Italiens nous étaient restés fidèles suivant leur coutume, et s'étaient bien battus. Les Wurtembergeois avaient conservé leur excellente tenue militaire. Parmi les débandés on comptait bien quelques jeunes soldats français, mais en petit nombre, et ne s'éloignant guère de l'armée qui dans ces pays lointains était pour eux une véritable patrie.

Sept. 1813.
de la bataille de Dennewitz

Le 8 septembre, le maréchal Ney se trouva réuni avec toutes ses troupes sous le canon de Torgau. Comme il fallait s'y attendre, une aigreur extrême régnait entre les divers états-majors. Ney se plai-

Amères récriminations entre les chefs de l'armée.

Sept. 1813.

gnait de la lenteur de Reynier et d'Oudinot, mais surtout du faible concours de Reynier, dont les divisions saxonnes avaient lâché pied. Reynier défendant les Saxons, accusait au contraire le maréchal Ney d'avoir lui-même tout compromis par une fausse manœuvre, celle qui avait porté les divisions d'Oudinot de gauche à droite. Oudinot, le moins aigre des trois, disait qu'il avait marché aussi vite qu'on le lui avait prescrit, et rejetait la faute de sa lenteur sur le général en chef, qui n'ayant pas su prévoir la bataille, n'avait pas dans cette journée tenu ses corps assez rapprochés.

Véritables causes de la perte de la bataille de Dennewitz.

Ce qu'il y avait de vrai dans ces tristes récriminations, tout le monde peut l'apercevoir par le seul récit des faits qui précèdent. Le rendez-vous de Baruth assigné par Napoléon d'une manière générale, pris trop à la lettre par le maréchal Ney qui s'était hâté d'exécuter un mouvement de flanc hasardeux et infiniment prolongé; ce mouvement bien exécuté le premier jour, moins bien le second, et sans les précautions suffisantes; la lente arrivée des corps, imputable au général en chef, mais un peu aussi aux lieutenants qui auraient dû de leur côté prévoir une bataille, et y croire en entendant la canonnade; la circonstance fâcheuse du vent et de la poussière qui plaçait entre tous les corps un nuage impénétrable à la vue; l'ardeur de Ney au feu, qui l'avait porté à s'absorber dans le commandement d'un seul corps au lieu de s'occuper de l'ensemble; l'ordre regrettable donné à Oudinot de quitter la gauche pour la droite, et enfin le penchant des alliés à la débandade, telles avaient été les causes de la perte de cette bataille, causes dont quelques-unes étaient sans doute accidentelles, mais dont la plupart se rattachaient aux causes générales que nous avons signalées tant de fois, et qui menaçaient nos affaires d'une ruine prochaine.

Sept. 1813.

Arrivé à Torgau, Ney y trouva ce qu'il appelait une *sorte d'enfer*. Outre le mécontentement des soldats et les récriminations des chefs qu'il lui fallait subir, outre la cohue des fuyards qu'il lui fallait faire rentrer dans l'ordre, outre la difficulté de pourvoir à tout ce qui manquait, surtout à l'approche de l'ennemi déjà presque aux portes de Torgau, Ney avait encore la crainte de voir les Saxons s'insurger. Peu contenus par Reynier qui dans sa mauvaise humeur se faisait trop leur avocat, ils menaçaient tout haut de défection. On avait ordonné de ramener du bétail sur la rive droite de l'Elbe pour former les approvisionnements de la place de Torgau, et ceux de l'armée elle-même. Les Saxons non-seulement s'y étaient refusés, mais s'étaient emparés d'un parc qu'on venait de réunir, et avaient distribué les têtes de bétail aux paysans saxons du voisinage. D'une pareille désobéissance à une révolte ouverte il n'y avait pas loin. Du reste il n'était pas surprenant que dans une armée composée d'éléments si divers, deux batailles perdues en douze jours eussent produit cet ébranlement moral : il aurait fallu s'étonner au contraire s'il en eût été autrement. Ney, comme Macdonald, comme Oudinot, écrivit à l'Empereur pour lui demander d'être exonéré du commandement. — J'aime mieux, disait-il noblement, être grenadier que général dans de telles conditions : je suis prêt à

Ney, retiré à Torgau, adresse de vives instances à Napoléon pour être exonéré du commandement.

verser tout mon sang, mais je désire que ce soit utilement[1]. — Appuyé sur Torgau et sur l'Elbe, Ney pouvait bien empêcher le passage du fleuve quelques jours, il ne pouvait pas le disputer longtemps, du moins sans de nouveaux secours, surtout contre la réunion de forces qu'il était facile de prévoir vers cette partie de notre ligne de défense.

Pendant que ces événements avaient lieu, Napoléon rentré à Dresde le 7 au soir, avait été rappelé dès le 8 au matin à Pirna, auprès du maréchal Saint-Cyr, pour y tenir tête aux Russes et aux Prussiens qui paraissaient insister dans leur attaque, au point de rendre vraisemblable une entreprise sérieuse.

---

[1] Voici cette lettre curieuse, qui peint la situation mieux que tout ce qu'on pourrait dire :

Le prince de la Moskowa au major général.

« Wurtzen, 10 septembre 1813.

« C'est un devoir pour moi de déclarer à V. A. S. qu'il est impossible de tirer un bon parti des 4e, 7e et 12e corps d'armée dans l'état actuel de leur organisation. Ces corps sont réunis par le droit, mais ils ne le sont pas par le fait : chacun des généraux en chef fait à peu près ce qu'il juge convenable pour sa propre sûreté ; les choses en sont au point qu'il m'est très-difficile d'obtenir une situation. Le moral des généraux et en général des officiers est singulièrement ébranlé : commander ainsi n'est commander qu'à demi, et j'aimerais mieux être grenadier. Je vous prie, monseigneur, d'obtenir de l'Empereur ou que je sois seul général en chef, ayant seulement sous mes ordres des généraux de division d'aile, ou que Sa Majesté veuille bien me retirer de cet enfer. Je n'ai pas besoin, je pense, de parler de mon dévouement, je suis prêt à verser tout mon sang, mais je désire que ce soit utilement. — Dans l'état actuel, la présence de l'Empereur pourrait seule rétablir l'ensemble, parce que toutes les volontés cèdent à son génie, et que les petites vanités disparaissent devant la majesté du trône.

« V. A. S. doit être aussi instruite que les troupes étrangères de toutes nations manifestent le plus mauvais esprit, et qu'il est douteux si la cavalerie que j'ai avec moi n'est pas plus nuisible qu'utile. »

Napoléon aurait bien voulu qu'il en fût ainsi, mais, hélas! il ne l'espérait guère. Son grand tact militaire ne lui permettait pas de croire que lorsqu'il y aurait une opération sérieuse elle pût être tentée sur Dresde, après ce qui s'était passé les 26 et 27 août. Il ne croyait donc qu'à une simple démonstration; toutefois il était parti pour Pirna avec sa garde et une portion de la cavalerie de réserve revenues de Bautzen le matin même, et s'était encore transporté auprès du maréchal Saint-Cyr, pour combiner avec lui ce qu'il y aurait à faire en cette nouvelle occurrence.

Sept. 1813.

Les Russes et les Prussiens n'ayant pas aperçu la garde et la réserve de cavalerie qui signalaient toujours la présence de l'Empereur, avaient persisté dans leur mouvement offensif, et Saint-Cyr, qui en rétrogradant était arrivé jusqu'au bord de la petite rivière de la Müglitz près de Mugeln, ne voulait pas la repasser. Cette rivière coulant des montagnes de Bohême, vient se perdre près de Mugeln dans l'Elbe. En la repassant on abandonnait définitivement les hauteurs, et on était tout à fait rejeté dans la plaine. Le maréchal Saint-Cyr dans la vue d'un prochain retour offensif, avait voulu se maintenir au delà de la Müglitz et en avait défendu le bord en restant à Dohna. Napoléon s'étant rendu sur les lieux le 8 au matin, bien avant les renforts qui le suivaient, avait pensé comme le maréchal Saint-Cyr, qu'avec la certitude d'être prochainement appuyé le 14e corps pouvait, sans laisser de réserve, marcher tout entier contre l'ennemi. Sur-le-champ en effet trois des divisions du 14e corps s'étaient formées en

Forces réunies par Napoléon en avant de Pirna et de Dohna.

Projet d'une offensive vigoureuse si l'ennemi tient bon.

On le pousse toute la journée

Sept. 1813.

du 8,
sans savoir
s'il résistera
sérieusement
le lendemain.

colonnes d'attaque et avaient vigoureusement poussé de bas en haut les troupes de Wittgenstein et de Kleist. On avait d'un côté sur la route de Péterswalde recouvré le plateau de Gieshübel, et de l'autre, sur la route de Furstenwalde, refoulé dans la direction de Liebstadt les masses qu'on avait devant soi. Toutefois les coalisés s'étaient repliés sans précipitation, et de manière à laisser du doute sur l'attitude qu'ils prendraient le lendemain. Se retireraient-ils, ou tiendraient-ils ferme? Telle était la question que Napoléon et le maréchal Saint-Cyr n'étaient point en mesure de résoudre encore. Bien décidés du reste à marcher vigoureusement sur l'ennemi s'il voulait tenir le lendemain, ils passèrent la soirée ensemble, et firent avec Murat et Berthier un repas, comme on les fait à la guerre et pour ainsi dire au bivouac.

Sang-froid
de Napoléon
en apprenant
la
malheureuse
bataille
de Dennewitz,
et son
indulgence
pour
le maréchal
Ney.

Dans ce moment, 8 au soir, un aide de camp apporta la nouvelle de la bataille perdue à Dennewitz le 6. C'était le quatrième événement malheureux depuis les deux grandes victoires de Dresde, car nous comptions déjà la Katzbach, Gross-Beeren, Kulm, Dennewitz, sans un seul succès pour compenser ces coups redoublés de la fortune. Ce dernier surtout avait une immense gravité, car outre l'effet moral croissant avec la série des malheurs, il mettait en péril la partie inférieure de l'Elbe, et nous exposait à voir ce fleuve franchi sur notre gauche, tandis que l'armée de Bohême descendant de l'Erz-Gebirge sur notre droite, menacerait de nous tourner définitivement, et de se joindre au corps qui aurait passé l'Elbe à Wittenberg. Napoléon sentit sur-le-champ la portée de cet événement. Néanmoins il demeura calme, et même, aux yeux malicieusement observateurs du maréchal Saint-Cyr, ne décela ni un trouble ni un sentiment d'humeur contre le maréchal Ney. Certes un instant d'emportement eût été excusable; pourtant dans cet épanchement familier de militaires parlant entre eux de leur profession, il sembla n'envisager dans ce qui venait d'arriver que le côté de l'art. — C'est un métier bien difficile que le nôtre! s'écria-t-il plusieurs fois, et comme pénétré des difficultés de ce grand art, le plus grand de tous après celui de gouverner, il releva avec une admirable précision de critique, et sans aucune sévérité, les fautes commises pendant cette courte campagne de trois jours, commencée à Wittenberg, et sitôt finie à Torgau. Il ne voulut jamais voir dans ces fautes que la preuve des difficultés inhérentes au métier, répéta souvent que la guerre était une chose singulièrement difficile, qu'il fallait beaucoup d'indulgence envers ceux qui la pratiquaient, et se montra lui-même de la plus rare équité, comme si un pressentiment surhumain l'avait averti dans le moment, que lui-même aurait bientôt besoin de cette justice indulgente qu'il réclamait pour les généraux malheureux. Entraîné par le feu de la conversation, dans laquelle il était éblouissant quand il s'y livrait, il dit que les généraux n'apportaient pas assez de réflexion dans leurs opérations; que, s'il en avait jamais le temps, il composerait un jour un livre, dans lequel il leur enseignerait les principes de la guerre, de manière à en rendre l'application claire et facile à tous, et parla de ce projet d'écrire un

Sept. 1813.

Curieux entretien avec le maréchal Saint-Cyr sur l'art de la guerre.

jour, comme s'il avait prévu qu'il passerait les six dernières années de sa vie dans un cruel exil, réduit à écrire sur un rocher de l'Océan! Le maréchal Saint-Cyr, que son penchant pour la contradiction rendait souvent paradoxal, nia la science, même l'expérience, soutint qu'on naissait général et qu'on ne le devenait pas, que les généraux gagnaient peu à vieillir dans l'exercice de leur profession, et que lui Napoléon avait fait sa plus belle campagne à vingt-six ans. Napoléon lui concéda en effet que lorsque les généraux n'étaient pas doués par la nature de certaines facultés, l'expérience leur profitait peu, et plongeant dans le passé, Il n'y en a eu qu'un, s'écria-t-il, qui méditant sans cesse sur son métier, ait gagné à vieillir, c'est Turenne!... —

{Prodigieuse faculté de se distraire dont Napoléon était doué.}

Ainsi après une nouvelle terrible, qui changeait considérablement sa position, Napoléon passa la soirée à disserter sur son art, et à charmer ses auditeurs, qui n'étaient pourtant pas tous bienveillants! Homme singulier et prodigieux, qui sans être né flegmatique, arrivait par la puissance de son esprit à s'arracher aux affaires présentes, à les oublier, à les dédaigner, à les juger de la hauteur de l'aigle, qui d'un vol vigoureux échappe à la terre pour planer dans les hauteurs du ciel!

{Premier sentiment de la gravité de la situation.}

Cependant il ne se faisait pas illusion, et songeant que dans son vaste empire tout avait été prévu pour la conquête, rien pour la défense, il voulut faire parvenir au ministre de la guerre l'ordre indirect de s'occuper des places du Rhin. Écrire lui-même au duc de Feltre qu'il commençait à douter de la possibilité de se maintenir en Allemagne, était un aveu pénible, et surtout dangereux à faire, car l'émotion de celui qui recevrait une telle confidence pourrait bien en amener la divulgation. Il imagina donc le soir même de faire adresser par M. de Bassano au ministre Clarke, une lettre écrite en chiffres, et conçue dans les termes suivants :

Sept. 1813.

8 septembre 1813.

« Les événements se pressent de telle manière qu'en laissant à S. M. des chances heureuses et brillantes, il est cependant de la prudence d'en prévoir de contraires. Je crois devoir, mon cher duc, m'en expliquer confidentiellement avec vous.

Ordre secret et indirect au ministre de la guerre, pour la mise en état de défense des places du Rhin.

» L'armée russe n'est pas notre ennemi le plus dangereux. Elle a éprouvé de grandes pertes, elle ne s'est pas renforcée, et, à sa cavalerie près, qui est assez nombreuse, elle ne joue qu'un rôle subordonné dans la lutte qui est engagée. Mais la Prusse a fait de grands efforts. Une exaltation portée à un très-haut degré a favorisé le parti qu'a pris le souverain. Ses armées sont considérables, ses généraux, ses officiers et ses soldats sont très-animés. Toutefois la Russie et la Prusse n'auraient offert que de faibles obstacles à nos armées, mais l'accession de l'Autriche a extrèmement compliqué la question.

» Notre armée, quelque prix que lui aient coûté les victoires remportées, est encore belle et nombreuse. Mais les généraux et les officiers fatigués de la guerre n'ont plus ce mouvement qui leur avait fait faire de grandes choses. Le théâtre est

» trop étendu. L'Empereur est vainqueur toutes les
» fois qu'il est présent ; mais il ne peut être partout,
» et les chefs qui commandent isolément répondent
» rarement à son attente. Vous savez ce qui est ar-
» rivé au général Vandamme. Le duc de Tarente a
» éprouvé des échecs en Silésie, et le prince de la
» Moskowa vient d'être battu en marchant sur Berlin.

» Dans de telles circonstances, mon cher duc, et
» avec le génie de l'Empereur on peut encore tout
» espérer. Mais il se peut aussi que des chances con-
» traires influent d'une manière fâcheuse sur les af-
» faires. On ne doit pas trop le craindre, mais on
» doit le regarder comme possible, et ne rien négli-
» ger de ce que commande la prudence.

» Je vous présente ce tableau afin que vous sa-
» chiez tout et que vous agissiez en conséquence.

» Vous feriez sagement de veiller à ce que les
» places fussent mises en bon état, et d'y réunir
» beaucoup d'artillerie, car nous faisons souvent
» dans ce genre des pertes assez sensibles. Vous de-
» vriez vous entendre secrètement avec le directeur
» général des vivres pour faire dans les places du
» Rhin des approvisionnements extraordinaires, enfin
» pour préparer d'avance tout ce qui convient, afin
» que dans une circonstance extraordinaire S. M. n'é-
» prouvât point de nouveaux embarras, et que vous
» ne fussiez pas pris au dépourvu. — Vous sentez
» que si je vous écris ainsi, c'est que j'ai bien ré-
» fléchi à ce qui se passe sous mes yeux, et que
» je suis assuré que je ne fais rien en cela que
» S. M. puisse désapprouver. Un grand succès peut
» tout changer et remettre les affaires dans la situa-

» tion prospère où l'immense avantage remporté par
» S. M. les avait placées.

» Accusez-moi, s'il vous plaît, réception de cette
» lettre. »

Le lendemain 9 Napoléon se rendit de très-bonne heure sur le terrain pour observer de ses yeux les mouvements de l'ennemi, et prescrire ses dispositions en conséquence. Il avait sous la main le 1ᵉʳ corps, récemment réorganisé par le comte de Lobau, et posté en avant de Zehist sur la route de Péterswalde, le 14ᵉ sous le maréchal Saint-Cyr rangé en avant de Dohna, sur la route de Furstenwalde. Il avait un peu en arrière à Mugeln, mais en position d'agir, trois divisions de la jeune garde sous le maréchal Mortier, et la cavalerie légère de la garde sous Lefebvre-Desnoëtte. Le reste de la jeune garde, la vieille garde, le corps de Marmont, la cavalerie de Latour-Maubourg, étaient à Dresde, pour parer aux accidents imprévus. Assez loin vers la droite, à quelques lieues sur la route de Freyberg, le maréchal Victor avec son corps d'armée surveillait les débouchés de la Bohême aboutissant à Leipzig. Le 1ᵉʳ et le 14ᵉ corps, les trois divisions de la jeune garde, pouvaient monter à environ 55 mille hommes, force suffisante pour accabler l'ennemi qu'on apercevait, surtout si on avait su que les Autrichiens venaient de commettre la faute de rétrograder en Bohême jusqu'à Tetschen et Leitmeritz, et qu'on n'avait devant soi que Wittgenstein et Kleist. Mais il était impossible de le savoir d'une manière sûre, et on en était réduit en ne voyant pas les Autrichiens, à se demander où ils pouvaient être. Au surplus Kleist

Sept. 1813.

Matinée du 9 septembre en face du Geyersberg.

Distribution des forces de Napoléon.

et Wittgenstein faisaient bonne contenance, et ne paraissaient pas encore disposés à battre en retraite.

On était donc à Zehist et à Dohna sur deux routes à la fois, d'un côté celle de Péterswalde qui passait par Zehist, Gieshübel, Péterswalde, chaussée neuve, large, partout facile pour l'artillerie, et de l'autre celle de Liebstadt, passant par Furstenwalde, chaussée vieille, praticable à l'artillerie jusqu'à Furstenwalde seulement, et à partir de ce point franchissant la haute montagne du Geyersberg par des sentiers inaccessibles aux gros charrois. C'est cette dernière route que Kleist dans la fatale journée de Kulm avait suivie jusqu'à Furstenwalde, puis avait quittée pour gagner par un détour à gauche la chaussée de Péterswalde, et tomber sur Kulm à l'improviste. Le maréchal Saint-Cyr qui entendait aussi bien que personne l'art de profiter du terrain, proposa de prendre la vieille route de Bohême, en se portant rapidement avec le 14ᵉ corps et la jeune garde sur Liebstadt et Furstenwalde, de se jeter ensuite dans le flanc de la colonne ennemie qui avait pris la route de Péterswalde, de couper ainsi une portion plus ou moins forte de cette colonne, et même parvenu à Furstenwalde, de franchir le Geyersberg, et d'intercepter la retraite de l'ennemi vers la Bohême. Avec des efforts, avec beaucoup de sapeurs, on finirait bien, selon lui, par frayer un chemin à l'artillerie, et par arriver sur le revers du Geyersberg, c'est-à-dire sur les derrières de l'ennemi, avec une quantité suffisante de canons.

Napoléon approuva sur-le-champ ce plan ingénieux, bien qu'il ne sût pas si on pourrait passer le

Geyersberg avec de l'artillerie ; mais en tous cas, on avait toujours plus de chances de causer du mal à l'ennemi en le côtoyant, qu'en l'abordant directement sur la grande route de Péterswalde. En conséquence, tandis que le comte de Lobau avec le 1er corps s'avançait de Zehist sur Gieshübel, de Gieshübel sur Péterswalde, poussant l'ennemi de front, Napoléon se tenant de sa personne auprès de la colonne de Saint-Cyr, s'avança latéralement, et d'un pas assez rapide, avec le 14e corps et la jeune garde. On marcha ainsi toute la journée du 9.

Kleist et Wittgenstein, sans avoir aperçu les renforts amenés par Napoléon, avaient reconnu sa présence à la seule allure des troupes, et s'étaient aussitôt mis en retraite. Toutefois ils se repliaient sans précipitation, et Napoléon cheminant parallèlement à eux, sur la vieille route de Bohême, les voyait toujours de flanc, et quoiqu'il n'eût pas assez d'avance pour les couper en se jetant d'une route sur l'autre, se flattait de les prendre à revers le lendemain, s'il pouvait, arrivé au pied des montagnes, les franchir avec son artillerie. On bivouaqua le 9 au soir à Furstenwalde.

Le lendemain matin 10 septembre on se porta par Ebersdorf vers un col d'où l'on découvrait le triste théâtre des événements de Kulm. A droite on avait les hauteurs du Geyersberg, à gauche celles du Nollenberg, le long desquelles se développait la grande route de Péterswalde pour descendre en Bohême. Napoléon franchit ce col accompagné du maréchal Saint-Cyr et de ses troupes légères, et vit à une certaine distance sur sa gauche les troupes en-

Sept. 1813.

Tentative le 10 au matin, pour passer le Geyersberg avec de l'artillerie, et couper la retraite à l'ennemi.

nemies se hâtant de repasser les montagnes, et menacées d'en être empêchées si on parvenait à traverser le col avec des moyens d'artillerie suffisants. Alors en prenant une bonne position sur l'une des hauteurs qui dominaient la route, on pouvait réduire l'ennemi à faire par des sentiers presque impraticables une retraite désastreuse, et se procurer une brillante revanche de Kulm.

L'artillerie pleine d'ardeur s'engagea bravement au milieu des rochers. Soldats et sapeurs se mirent à l'ouvrage, mais ne purent hisser leurs canons jusqu'à la hauteur du col, et l'artillerie se vit ainsi arrêtée par des obstacles insurmontables. Il lui aurait fallu vingt-quatre heures pour les vaincre, et dans cet intervalle l'ennemi devait avoir défilé tout entier. En ne franchissant le Geyersberg que le lendemain, ou en allant par un détour à gauche regagner la route de Péterswalde, on aurait pu, il est vrai, serrer les Prussiens et les Russes d'assez près pour les atteindre, et les assaillir hardiment si on avait su qu'ils étaient séparés des Autrichiens. Mais ce parti présentait bien des chances auxquelles la prudence ne permettait pas de s'exposer. En effet, l'absence des Autrichiens n'était qu'une conjecture; on ne les avait pas vus de ce côté-ci des montagnes, mais ils pouvaient être de l'autre, et ce n'était pas avec 55 mille hommes qu'il eût été sage d'en aborder 130 mille. Même sans les Autrichiens, Kleist et Wittgenstein devaient avoir près de 70 mille hommes, en comptant les gardes russe et prussienne restées au delà des montagnes, et quoique avec 55 mille hommes bien postés, on pût leur causer beaucoup de dommage, descendre dans la plaine à leur suite n'était pas très-prudent, surtout quand on était rappelé vers Dresde par plusieurs raisons graves, telles que la bataille perdue de Dennewitz, une nouvelle agression de Blucher contre Macdonald, et enfin l'apparition de nombreux partisans sur toutes les routes aboutissant de la Bohême à la Saxe. Dès qu'il était impossible de franchir le Geyersberg dans deux heures pour couper la grande route, il n'y avait plus rien d'utile à tenter, et Napoléon qui, saisissant d'un coup d'œil tous les aspects d'une situation, ne perdait pas de temps à se résoudre, prit sur-le-champ le parti de s'arrêter. Toutefois comme il était importuné de la nouvelle fréquemment répétée de l'irruption des partisans en Saxe, il voulut que ses troupes restassent en position, le maréchal Saint-Cyr au Geyersberg, le comte de Lobau au Nollenberg, l'un et l'autre au débouché des montagnes. Il avait l'intention, si ces partisans n'étaient que les avant-coureurs de corps plus considérables commençant sur Leipzig une opération qu'il avait toujours crue probable, de les retenir quelques jours en les intimidant par sa présence au-dessus de Kulm, ce qui lui donnait le temps de faire des dispositions proportionnées à ce nouveau danger.

En conséquence, sur ce terrain hérissé de rochers, où les sapeurs et les soldats s'épuisaient en inutiles efforts pour faire passer l'artillerie, Napoléon prit à part le maréchal Saint-Cyr, et lui déclara qu'il renonçait à cette tentative, sans lui exprimer tous ses motifs, trop nombreux pour être détaillés, et d'ailleurs pas tous bons à dire. Il lui ordonna de se tenir deux jours au moins dans une position menaçante au-dessus de Tœplitz, puis il quitta le maréchal qui fut fort étonné et fort mécontent de voir abandonner un projet dont il était épris, et dont il espérait de grands résultats[1]. Napoléon alla par Breitenau à Hollendorf, donner les mêmes instructions au comte de Lobau, lui prescrire par conséquent de garder une attitude menaçante au débouché des montagnes, puis revint coucher à Breitenau. Il consacra la journée du 11 à revoir toutes les positions de cette contrée, tant sur le plateau de Pirna que sur celui de Gieshübel, et rentra le 12 à Dresde.

Napoléon revenu à Dresde avait de quoi réfléchir à sa situation, qui était grave en effet, et commençait même à devenir inquiétante. Ce plan adopté à Trachenberg de marcher tous ensemble sur lui, en se dérobant dès qu'il était présent, et en avançant résolument dès qu'on ne trouvait que ses lieutenants, de l'épuiser ainsi en courses inutiles, et

[1] Ici encore, toujours appliqué que nous sommes à rechercher la vérité rigoureuse, nous relèverons un passage des Mémoires du maréchal Saint-Cyr, qui, retraçant à sa manière les faits que nous venons de rapporter (tome IV de ses Mémoires, page 157 et suivantes), raconte avec étonnement et humeur le brusque changement de détermination de Napoléon, déplore de n'avoir plus retrouvé en lui ce jour-là le grand homme que le Saint-Bernard n'avait pu jadis ni intimider ni arrêter. S'il était vrai, ce qui n'est pas, que dans ces dernières campagnes on eût à regretter le grand homme de Rivoli et de Marengo, ce ne serait pas cette fois. D'abord il y a des faits que le maréchal Saint-Cyr a exagérés, il y en a d'autres qu'il a ignorés. Il prétend que le passage du Geyersberg était facile à rendre praticable; or, une lettre de Napoléon à M. de Bassano, laquelle, par un hasard heureux pour l'histoire, rend compte de cette circonstance, dit positivement qu'il avait été impossible de frayer la route, et certes Napoléon y avait un tel intérêt, et il en avait de plus un tel désir, que si on l'avait pu (bien entendu dans le nombre d'heures nécessaire) il n'aurait pas manqué de le tenter.

puis quand on l'aurait suffisamment affaibli, d'essayer de l'envelopper pour l'étouffer, ce plan, qui exigeait une condition parfaitement remplie ici, l'ensemble et la persévérance des efforts, la résignation aux pertes quelles qu'elles fussent, ce plan n'était que trop évident, et suivi avec une constance funeste. Napoléon le discernait à merveille, et sans être découragé, il voyait clairement se former autour de lui le cercle de fer dans lequel on cherchait à l'enfermer. Quatre batailles avaient été perdues là où il n'était point, par les fautes que nous avons signalées, fautes remontant accidentellement à ses lieutenants, fondamentalement à lui. Ces batailles de la Katzbach, de Gross-Beeren, de Kulm, de Dennewitz, avaient dépassé en importance la victoire de Dresde; Napoléon quand il avait voulu y remédier, avait inutilement couru ces jours derniers sur Görlitz, aujourd'hui sur Péterswalde, et il avait vu s'échapper sans cesse l'occasion d'une

Sept. 1813.

Le maréchal appuie encore beaucoup sur la faute de n'avoir pas profité de l'absence des Autrichiens pour accabler Kleist et Wittgenstein : or, cette absence par lui soupçonnée, mais tout à fait inconnue alors, et peu présumable, n'est devenue une certitude que depuis beaucoup de publications historiques, et le jugement du maréchal n'est plus dès lors qu'un jugement porté après coup, et reposant sur des données qui sont inexactes en se référant aux circonstances du moment. Enfin le maréchal ignorait tout ce que Napoléon venait d'apprendre, et ne lui avait pas dit, de la situation de Macdonald, de celle de Ney, et de l'apparition des partisans en Saxe, apparition inquiétante et qui pouvait être interprétée de bien des manières. Le maréchal a donc porté un jugement erroné, faute de connaître tous les faits ou de vouloir les interpréter équitablement, et cette divergence d'opinion, entre deux hommes présents à la même heure sur les mêmes lieux, tous deux fort compétents, est une nouvelle preuve de la difficulté de bien juger les événements de cette nature, par conséquent d'écrire l'histoire en toute vérité.

Sept. 1813.

Succès
de ce plan,
dû surtout
à l'étendue
que Napoléon
avait donnée
au rayon
de ses opérations.

grande bataille par laquelle il espérait tout réparer. Cette situation révélait le seul défaut de son plan de guerre concentrique autour de Dresde, celui d'en avoir trop étendu le rayon, de l'avoir porté à gauche jusqu'à Berlin, en face jusqu'à Lowenberg, tandis qu'à droite il était forcé de le pousser jusqu'à Péterswalde, ce qui faisait qu'il était trop éloigné de ses lieutenants pour les diriger et les soutenir, et que les courses qu'il était alternativement obligé d'exécuter lui enlevaient à lui son temps, à ses soldats si jeunes la force et le courage. Ce défaut Napoléon le sentait maintenant, et contraint par l'évidence, surtout par le fâcheux état de ses troupes, il forma le projet de rapprocher de lui ses lieutenants. C'est dans ces intentions qu'il s'en revint à Dresde, et c'est d'après elles que ses nouveaux ordres furent calculés et donnés.

Réduction
déjà
considérable
de ses forces,
et augmentation de celles
de ses
ennemis.

Napoléon à la reprise des hostilités avait environ 360 mille hommes de troupes actives sur l'Elbe, de Dresde à Hambourg, sans compter ni les garnisons de l'Elbe, de l'Oder, de la Vistule, ni le corps d'Augereau destiné à la Bavière, ni le corps du prince Eugène consacré à l'Italie. Il ne lui en restait guère plus de 250 mille à la suite des événements que nous venons de raconter. Au lieu de 80 mille hommes, Macdonald avec les 11e, 3e et 5e corps, en avait tout au plus 50, et avec Poniatowski 60. Au lieu de 70 mille, le corps d'Oudinot transmis à Ney n'en conservait pas plus de 32 mille. La cavalerie avait déjà perdu beaucoup de cavaliers et de chevaux dans ses allées et venues continuelles. Les corps demeurés autour de Dresde avaient fait aussi des pertes, moins considérables, il est vrai, parce que la débandade, résultat le plus sérieux des défaites, ne les avait pas atteints; pourtant ils en avaient fait d'assez notables, et le total de nos troupes, comme on vient de le voir, le corps de Davout compris, ne dépassait pas 250 mille hommes, lesquels représentaient nos forces disponibles de Dresde à Hambourg. C'était donc une perte de plus de 100 mille hommes, due au feu, aux fatigues, à la désertion des rangs, désertion très-grande chez nos alliés, bien moindre chez les Français, et d'une autre nature, mais réelle cependant. Les alliés, ou passaient à l'ennemi, ou s'enfuyaient chez eux en habits de paysans, comme les Saxons et les Bavarois; les Français n'allaient jamais à l'ennemi bien entendu, ne cherchaient qu'en petit nombre à regagner le Rhin, quoiqu'on aperçût déjà quelques maraudeurs sur la route de Mayence, mais erraient sans armes autour de l'armée, épuisant les ressources des villages où ils trouvaient un abri. Cette triste disposition à se débander, que la fatigue, le froid et surtout la faim, avaient développée d'une manière désastreuse dans l'armée de Russie, commençait à reparaître dans notre armée d'Allemagne jusqu'à donner des inquiétudes, et toute marche nouvelle, tout événement incertain, toute défaite surtout l'aggravaient beaucoup. L'attention de Napoléon était à cet égard singulièrement éveillée, et il était fort préoccupé entre autres soins de celui des subsistances qui devenaient rares, tant il y avait de milliers d'hommes qui depuis le mois de mai vivaient autour de Dresde, dans un rayon de vingt-cinq lieues.

Sept. 1813.

Disposition à la désertion commençant à se manifester parmi ses troupes.

Telles furent les réflexions qui l'assaillirent à son retour à Dresde, réflexions dont les maux éprouvés par l'ennemi ne le consolaient guère. Si en effet les coalisés avaient essuyé des pertes, c'était par le feu, et nullement par la défection ou les privations. Une ardeur inouïe chez les Allemands leur amenait à chaque instant de nouveaux soldats par les levées de volontaires; de grands efforts administratifs de la part des Russes, leur avaient procuré les recrues longtemps attendues. On parlait même d'une armée de réserve arrivant de Pologne sous le général Benningsen, et les Autrichiens dont les rangs s'étaient fort éclaircis à Dresde, en avaient été dédommagés par l'achèvement de leurs préparatifs qui à la reprise des hostilités n'étaient pas terminés. Les vivres abondaient parmi eux, grâce au concours des populations, aux subsides britanniques, et à un papier-monnaie soutenu par la bonne volonté universelle. Aussi la coalition loin d'avoir moins de soldats qu'elle n'en espérait, en avait davantage. Ses effectifs au lieu d'être descendus au-dessous de 500 mille hommes, approchaient de 600 mille. C'est à cette masse formidable que Napoléon devait tenir tête avec 250 mille soldats (220 mille en retranchant le corps de Davout relégué à Hambourg), jeunes, assez fatigués, déjà moins bien nourris qu'au début de la campagne, étonnés bien que non découragés par plusieurs échecs consécutifs, et du reste quoique comptant un peu moins sur la fortune de leur chef, ayant toujours une foi entière en son génie.

Napoléon sans songer encore à évacuer l'Elbe

LEIPZIG ET HANAU.   453

pour le Rhin, sacrifice qu'on ne devait pas attendre
de lui, sans songer non plus à porter le centre de
ses opérations à Berlin, vaste projet que deux batailles perdues sur la route de cette capitale rendaient désormais impraticable, résolut seulement
de resserrer sa position autour de Dresde, et de s'y
concentrer pour avoir moins de chemin à parcourir
lorsqu'il se porterait sur l'un des points de la circonférence, et pour être en mesure, en restreignant le
cercle à garder, de réunir dans sa main une réserve
plus forte.

Sept. 1813.

prend
le sage parti
de resserrer
sa position
autour
de Dresde.

Admirables
combinaisons
imaginées
par suite
de cette réso-
lution.

Le maréchal Macdonald avait été obligé de quitter
la Sprée et Bautzen par un mouvement que Blücher
avait tenté contre Poniatowski, en rejetant ce dernier de Zittau sur Rumburg. Il était venu se ranger
en avant de Dresde le long d'une petite rivière, la
Wessnitz, qui coule transversalement vers cette capitale en décrivant de nombreux circuits, et vient
un peu à droite tomber dans l'Elbe à la hauteur de
Pirna. (Voir la carte n° 58.) Napoléon établit le maréchal Macdonald avec ses anciens corps et Poniatowski le long de cette rivière ou un peu en arrière,
Poniatowski (le 8ᵉ) à Stolpen, Lauriston (le 5ᵉ) à
Dröbnitz, Gérard (le 11ᵉ) à Schmiedefeld, Souham
(le 3ᵉ) à Radeberg. Il pouvait en une heure avoir de
leurs nouvelles, en deux heures être à leur tête, et
en six avoir envoyé les quarante mille hommes de
la garde au secours de celui qui serait attaqué.

Nouvelle
position
assignée à
Macdonald.

Napoléon s'appliqua en outre à lier la position de
Macdonald placé au delà de l'Elbe, avec celle du
maréchal Saint-Cyr posté en deçà, et rien n'égale
l'art, la profondeur de calcul avec lesquels il disposa

Retranche-
ments élevés
sur le plateau
de Pirna
et de Berg-
Gieshubel

Sept. 1813.

pour
consolider
la position
de Saint-Cyr
et de Lobau.

toutes choses conformément au but nouveau qu'il se proposait. D'abord il ne voulait pas à chaque alternative de ce jeu de va-et-vient auquel l'ennemi continuait de se livrer, être forcé d'accourir, ce qui était à la fois fatigant et dérisoire, et il prit des mesures telles que l'ennemi, s'il descendait encore par Péterswalde sur Pirna, fût obligé d'emporter des positions extrêmement fortes, dès lors contraint de s'engager sérieusement, auquel cas il vaudrait la peine de se déplacer pour avoir affaire à lui. En conséquence Napoléon fit retrancher tous les abords des deux plateaux de Pirna et de Gieshübel, sur lesquels l'ennemi devait nécessairement déboucher en venant de Péterswalde. Le plateau de Pirna supérieur à celui de Gieshübel était abordable vers Langen-Hennersdorf. Napoléon y ordonna la construction de plusieurs redoutes, et y plaça la 42e division (Monton-Duvernet) du corps de Saint-Cyr, laquelle gardait en même temps les deux forts de Lilienstein et de Kœnigstein sur l'Elbe. Le plateau de Gieshübel était traversé par la route de Péterswalde à Gieshübel même : Napoléon y fit construire également de nombreuses redoutes, et y envoya les trois divisions du 1er corps sous le comte de Lobau. Pour mettre de l'unité dans la défense, la 42e, séparée du 14e corps auquel elle appartenait, fut rangée sous les ordres du comte de Lobau, mais le comte de Lobau lui-même sous ceux du maréchal Saint-Cyr, ce qui replaçait tout dans la main de ce dernier. Pour le cas où les deux plateaux seraient forcés vers leur bord extérieur, Napoléon fit retrancher le château de Sonnenstein à l'extrémité du plateau de Pirna, et le Kohlberg à l'extrémité de celui de Gieshübel, de façon que l'ennemi eût une seconde ligne d'ouvrages défensifs à enlever. Enfin à droite de ces deux positions, en face de la vieille route de Tœplitz qui donnait par Liebstadt sur Borna, Napoléon posta le maréchal Saint-Cyr avec les trois autres divisions du 14ᵉ corps, et lui prescrivit d'élever des redoutes armées d'une puissante artillerie, en sorte qu'une nouvelle tentative contre ces positions bien retranchées, et défendues par sept divisions, ne pût être désormais une pure feinte.

Sept. 1813.

Napoléon prépara en outre une réserve à ces sept divisions, et la fit consister en deux divisions de la jeune garde établies dans la ville de Pirna. Le reste de la jeune garde et toute la vieille, demeurèrent comme d'usage à Dresde. Napoléon ne s'en tint pas à ces précautions. Par un calcul des plus savants, il voulut créer un lien secret et ignoré entre les deux positions, de Macdonald au delà de l'Elbe, de Saint-Cyr en deçà. Il y avait, comme on l'a vu, deux ponts entre les forts de Kœnigstein et de Lilienstein; il en fit jeter un troisième à Pirna même, de manière que la jeune garde et une portion du corps de Saint-Cyr pussent passer l'Elbe à l'improviste, et tomber sur la gauche de l'ennemi qui attaquerait Macdonald, et que de son côté Poniatowski avec une portion de Macdonald pût venir se ruer sur la droite de l'ennemi qui attaquerait Saint-Cyr. Grâce à ces combinaisons, Napoléon pouvait espérer de n'avoir plus tant à courir, ou du moins de ne plus le faire en pure perte, contre des corps qui s'amuseraient à le troubler sans vouloir se battre sérieusement.

La garde placée en réserve à Dresde.

Lien secret établi à Pirna entre la position de Macdonald et celle de Saint-Cyr.

Sept. 1813.

Position du maréchal Victor à Freyberg.

Le maréchal Victor dut rester à Freyberg, d'où il observait les autres débouchés qui, plus en arrière encore de Dresde, par la route de Commotau à Chemnitz, permettaient à l'ennemi de se diriger sur Leipzig. A Freyberg il n'interceptait pas précisément cette route, mais il lui était facile de s'y porter en une ou deux marches, et en même temps il n'était pas assez avancé pour ne pouvoir pas rétrograder jusqu'à la position du maréchal Saint-Cyr, si l'ennemi débouchait par Tœplitz sur Péterswalde ou sur Altenberg.

Le général Lefebvre-Desnoëtte avec quelques mille chevaux, chargé de poursuivre les partisans qui infestent déjà la Saxe.

Quant aux partisans dont on voyait déjà un bon nombre, non-seulement sur la grande route de Commotau à Leipzig, mais même sur celle de Carlsbad à Zwickau, Napoléon s'occupa de mettre à leur poursuite une certaine quantité de cavalerie, afin de les pourchasser s'ils n'étaient que des partisans lancés à l'aventure, et de découvrir leur destination s'ils étaient l'avant-garde d'une armée marchant sur Leipzig. Il détacha de Dresde Lefebvre-Desnoëtte, et le fit rétrograder sur Leipzig avec trois mille hommes de cavalerie légère. Ce brave général devait recevoir à titre de prêt momentané la cavalerie légère du maréchal Victor qui était à Freyberg, celle du maréchal Ney qui s'était fort rapproché depuis la bataille de Dennewitz, emprunter 2 mille hommes d'infanterie au général Margaron, qui avait à Leipzig beaucoup de bataillons de marche, et fondre avec ces forces réunies sur les partisans qui infestaient la Saxe, et avaient intercepté quelques-uns de nos convois. Ces partisans paraissaient dirigés par le général saxon Thielmann, le même qui avait passé à l'ennemi quelques mois auparavant, et qui avec de l'infanterie légère autrichienne, avec les Cosaques de Platow, venait à la fois couper nos communications, et tâcher d'insurger la Saxe sur nos derrières. Lefebvre-Desnoëtte avec 7 ou 8 mille cavaliers et 2 mille fantassins, avait mission de le poursuivre sans relâche. Voici enfin ce que Napoléon ordonna relativement au maréchal Ney actuellement replié sur Torgau. D'abord pour donner plus d'unité à son armée, il avait prononcé la dissolution du 12ᵉ corps spécialement commandé par le maréchal Oudinot, et rappelé ce maréchal auprès de lui. Il avait ensuite réparti les deux divisions françaises de ce corps entre les 4ᵉ et 7ᵉ, pour procurer à ceux-ci plus de consistance, et consacré à l'escorte des grands parcs ce qui restait de la division bavaroise, car on ne pouvait plus avec sûreté employer cette division devant l'ennemi. Il avait dédommagé le maréchal Ney des trois ou quatre mille hommes perdus par cette nouvelle distribution, en lui accordant l'excellente division polonaise Dombrowski, laquelle s'était conduite et allait encore se conduire héroïquement. Elle avait fait partie de la division active de Magdebourg sortie de cette place sous le général Girard, et condamnée maintenant à l'inaction pour un temps indéfini. Le maréchal Ney renforcé quelque peu en nombre, beaucoup en qualité de troupes, n'ayant plus que des lieutenants généraux sous ses ordres, fut établi entre Torgau et Wittenberg, afin d'arrêter ou du moins de contrarier beaucoup le premier corps ennemi qui essayerait de franchir l'Elbe. Comptant environ 36 mille hommes, dans lesquels

Sept. 1813.

Nouvelle organisation du corps de Ney.

Son établissement à Torgau et son rôle.

Sept. 1813.

Position du maréchal Marmont, dans la double intention de lier Macdonald avec Ney, et de couvrir les arrivages de l'Elbe.

il n'y avait plus en fait d'Allemands que quelques mille Saxons bien entourés, il ne pouvait pas sans doute tenir tête à une grande armée qui voudrait résolûment passer l'Elbe, mais il pouvait disputer le passage jusqu'à ce qu'on vînt à son secours, ce qui était devenu facile depuis que Napoléon avait concentré si habilement, quoique si tardivement, ses forces autour de Dresde. Napoléon adopta provisoirement une mesure pour assurer au maréchal Ney les secours dont il aurait besoin, mesure combinée, comme toutes celles qu'il prenait, de manière à pourvoir à plus d'un objet à la fois. Il plaça le maréchal Marmont avec 18 mille hommes d'infanterie, le général Latour-Maubourg avec 6 mille hommes de cavalerie à Grossenhayn, un peu au delà de l'Elbe, et à mi-chemin de Dresde à Torgau. Ces 24 mille hommes, outre qu'ils étaient prêts à tendre la main au maréchal Ney, devaient protéger la navigation de Hambourg à Dresde, laquelle ne laissait pas d'offrir des difficultés, depuis que l'ennemi victorieux sur notre gauche s'approchait des bords de l'Elbe. Or on doit se souvenir que notre principale source d'alimentation était à Hambourg. Cette ville s'était rachetée au moyen d'une contribution de 50 millions de francs, acquittés en grande partie en blés, en riz, en viandes salées, en spiritueux, en cuirs, en chevaux. Une portion de cet approvisionnement avait remonté jusqu'à Dresde, et avait été consommée. Il en restait à Torgau une partie dont on avait déjà besoin, car malgré les soins constants de M. Daru, malgré l'habileté qu'il déployait pour l'entretien de l'armée, il avait peine à y suffire, surtout depuis

que les partisans interceptaient les routes de Leipzig
à Dresde, et empêchaient l'exécution des marchés
passés avec les habitants. Le corps cantonné à Grossenhayn devait donc assurer les arrivages par l'Elbe,
ainsi que les évacuations de blessés et de malades
que Napoléon avait ordonnées sur Torgau, Wittenberg et Magdebourg.

Sept. 1813.

Telles furent les dispositions de Napoléon rentré
à Dresde vers le milieu de septembre. Avec quatre
corps réunis sous Macdonald en avant de l'Elbe,
avec les corps de Lobau, de Saint-Cyr, de Victor en
arrière de ce fleuve, appuyés les uns et les autres
sur de bons retranchements et communiquant par
plusieurs ponts, avec Ney gardant aux environs de
Torgau l'Elbe inférieur, avec Marmont et Latour-Maubourg placés entre Torgau et Dresde pour protéger les arrivages du fleuve et flanquer Macdonald,
ou descendre au secours de Ney, enfin avec toute la
garde concentrée à Dresde et prête à fournir un secours de 40 mille hommes à celui de nos généraux
qui serait en danger, sans compter 7 à 8 mille chevaux courant sur nos derrières après les partisans,
Napoléon croyait avoir suffisamment resserré sa position, et se flattait même, les vivres arrivant, de
pouvoir y passer l'hiver, sans être obligé de s'épuiser en courses vaines afin de parer à de trompeuses
démonstrations. Il espérait n'avoir dorénavant à se
déplacer que pour des tentatives sérieuses, qui vaudraient alors la peine qu'elles lui coûteraient. Il n'y
avait dans cette nouvelle manière de s'asseoir qu'un
grave inconvénient, c'était la perte probable des
places de l'Oder et de la Vistule, dont les nombreu-

Ensemble
admirable
des
dispositions
de Napoléon,
ayant toutes
pour but
de
passer l'hiver
à Dresde.

Sept. 1813. — ses garnisons bloquées depuis plus de huit mois, ne tiendraient certainement pas au delà de l'automne. Ces garnisons laissées au loin dans l'espérance de revenir sur la Vistule après une bataille gagnée, étaient un sacrifice fait au désir chimérique de rétablir sa grandeur en une journée. Napoléon n'y comptait plus guère aujourd'hui, et il voyait avec regret ces excellentes troupes sacrifiées; mais le mal était sans remède, et actuellement il ne songeait qu'à se maintenir sur l'Elbe, ce qui d'ailleurs était pour ces mêmes garnisons, tant qu'il y resterait, un sujet de confiance et une raison de persévérer dans leur résistance. Rien ne disait, après tout, qu'à la suite d'un événement heureux on ne pourrait pas obtenir encore un armistice, dont les conditions essentielles seraient de ravitailler les places de l'Oder et de la Vistule.

Nouvelle apparition de l'armée de Bohême sur la chaussée de Peterswalde.

Tandis qu'il était à Dresde livré à ces pensées, un nouvel acte de l'ennemi le rappela tout à coup vers Pirna. Les Autrichiens ne s'étaient éloignés un moment des Russes et des Prussiens que pour se réorganiser un peu en arrière du théâtre de la guerre, et pour parer à quelque tentative sur Prague, qu'on avait pu craindre en voyant Napoléon marcher vers Bautzen et Gorlitz, comme il avait fait les 4 et 5 septembre.

Motifs qui la ramènent.

Rassurés à cet égard par son retour à Dresde, remis de leur rude secousse des 26 et 27 août, ils étaient revenus à Tœplitz, sentant bien que c'était une faute grave que de laisser Kleist et Wittgenstein seuls devant la grande armée française. A peine Wittgenstein les avait-il sus de retour, que le 13 septembre au matin il résolut de repasser les montagnes, et de

LEIPZIG ET HANAU.   461

se montrer de nouveau devant les camps de Pirna et de Gieshübel. Il n'y avait pas grand effort à faire pour entraîner le Prussien Kleist, et ils revinrent tous deux à la charge contre Saint-Cyr et Lobau, surtout contre ce dernier. Malheureusement les ouvrages ordonnés par Napoléon le 11 à Langen-Hennersdorf, à Gieshübel, à Borna, ne pouvaient être exécutés le 13, et le comte de Lobau fut obligé de se replier sur Gieshübel, comme on l'avait déjà fait si souvent. Bien qu'il n'y eût aucun goût et qu'il ne s'en promît aucun résultat, Napoléon dut opérer un nouveau mouvement vers les montagnes de la Bohème, pour rejeter encore une fois au delà de ces montagnes les incommodes et fatigants visiteurs qui venaient sans cesse le troubler. Ayant d'ailleurs conservé une partie de la garde à Pirna même, il n'avait à déplacer que sa personne qu'il ne ménageait guère, et il revint avec la vague espérance à laquelle il se livra peu, mais qu'il ne put absolument chasser de son esprit, de punir une bonne fois l'ennemi si tracassier qu'il avait sur sa droite, et déjà un peu sur ses derrières. Aspirant avec passion à une grande bataille qui seule pouvait changer sa situation, il se laissait aller malgré lui à l'espoir de la rencontrer sur son chemin dès que l'ennemi approchait.

Le 15 donc, se mettant à la tête de ses troupes, il fit pousser l'ennemi de Gieshübel sur Péterswalde, où il le ramena en grand désordre. Mais quelques centaines d'hommes pris ou hors de combat furent encore le seul résultat de ce mouvement. Toutefois l'ennemi resta fièrement en avant des défilés de Hollendorf, au pied du faîte qui sépare la Saxe de la

Sept. 1813.

Napoléon revient avec sa réserve sur la chaussée de Péterswalde, et arrive le 15 au soir à Hollendorf.

Sept. 1843.

Le 16, Napoléon après avoir vivement poursuivi l'ennemi, se trouve en vue de Kulm et en présence de l'armée de Bohême, forte de 120 mille hommes.

Bohême. On priait le ciel qu'il fût aussi fier le lendemain, mais on ne s'en flattait guère. Le lendemain 16 septembre, Napoléon, malgré un temps horrible, se remit en marche vers le défilé de Hollendorf, tandis qu'à sa droite le maréchal Saint-Cyr s'était dirigé de Furstenwalde sur le col du Geyersberg, qu'on n'avait pas pu franchir le 10. On poursuivit chaudement les Russes et les Prussiens, et une fois les gorges franchies, les lanciers rouges de la garde fondant sur eux au galop en piquèrent et en prirent un bon nombre. Dans l'une de ces charges, le colonel Blucher, fils du général de ce nom, tomba dans nos mains atteint de plusieurs coups de lance. Il fut traité avec beaucoup d'égards, et à son langage on put voir que la nécessité, mais non l'affection et la confiance, tenait les coalisés unis. Peu importait au reste le sentiment qui les rapprochait, s'il suffisait pour les faire marcher ensemble encore une ou deux campagnes! Sur la fin du jour on arriva aux environs de Kulm, et on trouva toute l'armée de Bohême établie dans de fortes positions, où il était difficile de l'attaquer avec succès. Elle y était au nombre d'au moins 120 mille hommes depuis le retour des Autrichiens, et Napoléon n'en avait pas plus de 60 mille. Il aurait fallu qu'il dégarnît les bords de l'Elbe pour en amener davantage, et l'occasion n'était vraiment pas assez belle pour qu'il risquât de découvrir les points importants de sa ligne.

Le 17, un orage affreux et l'insuffisance de ses forces ramènent

Le lendemain 17 il employa la matinée à canonner les Russes, et à leur tuer ainsi quelque monde; mais un orage affreux, mêlé de pluie, de grêle, de neige, exposant le soldat à de graves souffrances, était une raison suffisante pour se retirer. Il repassa la chaîne des montagnes, dit adieu à ces plaines de Bohême qu'il ne devait plus revoir, et vint se poser à Pirna, près du pont qu'il avait fait établir en secret, afin que l'ennemi ne se doutât point de la masse de forces qui pouvait en quelques heures déboucher sur l'une ou l'autre rive. Il y réunit toute la garde, et se tint là aux aguets, prêt à saisir l'occasion et à conduire quarante mille hommes au secours de Macdonald ou de Saint-Cyr, si une tentative sérieuse était faite sur la rive droite ou sur la rive gauche du haut Elbe. En ce moment le maréchal Macdonald apercevait des mouvements singuliers chez l'ennemi. Il semblait que d'une part des troupes nouvelles remontaient de gauche à droite pour entrer en Bohême par le débouché de Zittau, et que de l'autre des troupes allant de droite à gauche quittaient Blucher pour rejoindre Bernadotte. Toutefois comme les événements les plus graves paraissaient devoir s'accomplir sur le front de Macdonald, Napoléon jugea convenable de rester à sa position de Pirna. S'il fallait en effet fondre sur les assaillants qui viendraient attaquer Macdonald, il aimait mieux au lieu d'aller passer l'Elbe à Dresde, le passer à Pirna ou à Kœnigstein, car outre le chemin épargné à ses troupes, il prendrait ainsi en flanc et à revers l'ennemi qui aurait abordé de front la position de Dresde. De plus en se tenant à Pirna avec toute sa garde, il conservait la facilité de se rabattre en arrière sur le flanc de la colonne qui reviendrait encore tracasser le comte de Lobau à Gieshübel. Enfin par sa présence il accélérait et dirigeait les

Sept. 1813.

Napoléon à Pirna.

Nouvelle position qu'il prend avec sa réserve à Pirna.

Sept. 1813.

Chagrin de Napoléon et commencement d'inquiétude en voyant la guerre se prolonger.

travaux ordonnés sur ces divers points. On ne pouvait donc mieux se placer, ni combiner ses opérations d'une manière plus habile. Mais ces manœuvres si savantes n'empêchaient pas la guerre de traîner tristement en longueur, d'épuiser nos jeunes soldats en fatigues au-dessus de leur âge, d'éloigner surtout ces événements décisifs auxquels Napoléon avait habitué la France et l'Europe, et dont il avait besoin pour soutenir le moral de son armée et déconcerter la haine toujours croissante de ses ennemis. Aussi était-il chagrin sans être découragé, et entendait de nombreuses critiques même parmi ses officiers qui, au lieu de condamner hardiment son imprudente ambition, blâmaient à tort sa tactique admirable, laquelle ne laissait rien à désirer, et quand elle péchait en quelque chose, ne péchait que par la faute de sa politique. L'idée la plus répandue dans son état-major, c'est qu'il aurait fallu se reporter sur la Saale, ligne, comme nous l'avons dit, impossible à défendre plus de huit jours, et vers laquelle on ne pouvait rétrograder que pour se replier tout de suite sur le Rhin, ce qui était l'abandon instantané de toutes les prétentions pour lesquelles on avait continué la guerre. Cet abandon, il était à jamais regrettable de ne l'avoir pas fait deux mois auparavant, mais aujourd'hui il était devenu presque impraticable. Évacuer l'Elbe militairement eût été difficile, eût entraîné la retraite immédiate sur le Rhin, avec le sacrifice de tout ce qu'on laissait sur la Vistule, sur l'Oder, et peut-être sur l'Elbe, c'est-à-dire avec le sacrifice de cent vingt mille hommes, et de trente mille malades, avec chance de démoraliser l'armée et de perdre quelque grande bataille en se retirant. A l'évacuer, il eût mieux valu l'évacuer politiquement, en offrant sur-le-champ de rouvrir les négociations sur la base de l'abandon de l'Allemagne, mais les coalisés enivrés d'espérance y auraient-ils consenti dans le moment? C'était peu probable. La faute donc d'être resté sur l'Elbe, non à cause de l'Elbe lui-même, mais de tout ce qu'on avait la prétention d'y défendre, condamnait presque à y demeurer jusqu'à périr. Au surplus Napoléon était loin de se croire réduit à une pareille extrémité. Il entrevoyait toujours ou une petite guerre de va-et-vient, dans laquelle il se proposait bien de ne plus user les jambes de ses soldats, et qui lui permettrait de gagner l'hiver sain et sauf, ou une entreprise considérable sur ses derrières, partant de la Bohême ou de l'Elbe inférieur, qui entraînerait une bataille décisive. C'est cette dernière chance dont il se flattait le plus, et qui effectivement était le plus près de se réaliser, mais dans des conditions qui n'étaient pas celles qu'il avait toujours espérées.

En effet, les coalisés étaient résolus à terminer la campagne par une rencontre directe avec Napoléon. Leur tactique consistant à l'éviter, pour tomber sur ses lieutenants, ne pouvait pas être éternelle, et elle avait déjà suffi pour le réduire à une telle infériorité de forces, qu'ils étaient dans la proportion de deux, et allaient être bientôt dans celle de trois contre un. Mais il fallait en venir enfin au moment, désiré et redouté tout à la fois, de se jeter en masse sur lui pour l'accabler. Le désirer était simple, surtout la saison commençant à s'avan-

Sept. 1813.

L'armée de Bohême revient à l'idée de descendre en Saxe, et de marcher sur Leipzig, mais elle voudrait être jointe par l'armée de Silésie.

cer; l'exécuter ne l'était pas autant. La grande armée de Bohême, de beaucoup la plus forte et la mieux composée, presque remise depuis Kulm de la secousse essuyée sous les murs de Dresde, influencée en outre par la présence de souverains impatients d'arriver à un résultat, était disposée à tenter une nouvelle descente de Bohême en Saxe sur les derrières de Napoléon, mais pas aussi près, et elle revenait à l'idée première de se porter par Commotau et Chemnitz sur Leipzig. Les nombreux partisans lancés sous Thielmann et sous Platow, entre l'Elster et la Saale, étaient comme les avant-coureurs destinés à lui frayer la route. Toutefois, avant d'essayer une si vaste entreprise, qui allait amener un duel à mort avec Napoléon, elle aurait souhaité que deux des trois armées actives marchassent réunies, celles de Silésie et de Bohême par exemple. Pour cela elle aurait voulu que l'armée russe de réserve, depuis longtemps préparée en Pologne sous le général Benningsen, et actuellement rendue à Breslau, vînt prendre la place de Blucher devant Dresde, que celui-ci, profitant de l'occasion pour se dérober, allât par Zittau opérer sa jonction en Bohême avec l'armée de Schwarzenberg, et que tous ensemble ils marchassent sur Leipzig. A cette condition seulement le grand état-major des trois souverains osait concevoir l'idée de risquer une seconde bataille de Dresde, non pas à Dresde mais à Leipzig.

L'armée de Silésie désire tout aussi vivement une opération

Ce n'était pas, on le pense bien, auprès de Blucher et de ses amis que devait fermenter avec moins de force la pensée de faire aboutir la campagne actuelle à un résultat prochain et décisif. Blucher et

LEIPZIG ET HANAU. 467

ses officiers, tout fiers d'avoir ramené les Français du Bober sur l'Elbe, brûlaient du désir d'arriver à un dénoûment, et ils étaient prêts à tout braver pour y parvenir. Dès les premiers jours de septembre Blucher avait envoyé en Bohême un personnage de confiance, pour sonder les officiers prussiens qui entouraient le roi, et susciter chez eux l'idée d'une grande opération sur les derrières de Napoléon. Cet émissaire les avait trouvés fort disposés à en finir, remplis toutefois de l'idée que nous avons exposée, et consistant à transporter Blucher lui-même en Bohême pour descendre sur Leipzig avec les deux armées de Bohême et de Silésie réunies. Mais Blucher et ses amis du *Tugend-Bund* dont il était entouré, avaient trop le goût de l'indépendance pour se placer volontiers sous l'autorité directe de l'état-major des souverains. Ils avaient toutefois pour résister à ce qu'on leur proposait des raisons meilleures que leur goût d'indépendance. Il était difficile en effet que l'armée de Silésie parvînt à dérober assez complétement sa marche à Napoléon, pour qu'elle pût remonter en Bohême, traverser les montagnes, et en longer le pied jusqu'à Tœplitz, sans attirer sur elle quelque coup redoutable. Cependant comme il fallait tôt ou tard que Blucher, s'il ne voulait pas se morfondre inutilement devant Dresde, exécutât une manœuvre hardie ou sur le bas Elbe, ou sur le haut, la raison alléguée n'était pas sans réplique. L'état-major de Silésie en donna une encore plus forte, et à laquelle il était difficile de répondre. Les nouvelles qu'on avait de l'armée du Nord étaient des moins satisfaisantes. Les généraux

Sept. 1813.

décisive, mais elle ne voudrait pas se joindre à l'armée de Bohême.

Officier envoyé par Blucher auprès des généraux prussiens opérant avec l'armée de Bohême.

Blucher et ses amis aiment mieux se réunir à l'armée du Nord, russes et prussiens, mais surtout les prussiens, placés sous le prince de Suède, se plaignaient de son inaction pendant les batailles de Gross-Beeren et de Dennewitz. Ils l'accusaient formellement ou d'une prudence approchant de la faiblesse, ou d'une infidélité approchant de la trahison. Ils soutenaient que dans ces deux circonstances il avait tout laissé faire aux généraux prussiens, que les sachant dans l'embarras il s'était peu hâté de les en tirer, qu'ayant pu détruire l'armée française, il ne l'avait pas voulu, ou pas osé. Cette dernière supposition était la vraie. Il n'avait risqué qu'en tremblant sa fausse renommée, et son excessive prudence avait ainsi fait mettre en doute son énergie militaire ou sa loyauté. En ce moment encore, n'ayant devant lui que Ney réduit à 36 mille hommes, il restait blotti sous le canon de Magdebourg, et feignait sur l'Elbe des préparatifs de passage sans aucune envie de les exécuter. En conséquence Blucher disait qu'à déplacer l'armée de Silésie pour la faire coopérer avec celle de Bohême ou celle du Nord, il valait mieux la réunir à cette dernière, qui certainement n'agirait que dominée et entraînée par une autre. Il proposait donc, au lieu de se rendre en Bohême, d'y envoyer l'armée de Benningsen, laquelle pénétrant par Zittau, couverte par lui pendant cette marche, n'aurait rien à craindre, et rejoindrait sans aucun péril le prince de Schwarzenberg à Tœplitz. Il offrait, ce mouvement terminé, d'exécuter une attaque simulée sur le camp retranché de Dresde, puis de laisser à sa place quelques troupes de cavalerie pour tromper les Français, de descendre avec 60 mille hommes sur l'Elbe inférieur, de forcer Bernadotte à passer ce fleuve vers Wittenberg, de remonter ensuite avec lui le cours de la Mulde jusqu'à Leipzig à la tête de 120 ou 130 mille hommes, tandis que le prince de Schwarzenberg accru de Benningsen y descendrait avec plus de 200 mille. On aurait ainsi 320 mille hommes au moins sur les derrières de Napoléon, et on l'obligerait à une bataille générale, désastreuse pour lui s'il la perdait, et peu douteuse pour les souverains en la livrant avec une telle supériorité de forces.

Sept. 1813.

Ce plan, qui sans une bien grande profondeur de conception, avait dans la puissance du nombre, dans la passion des coalisés, de véritables chances de succès, parut avec raison très-préférable à celui qu'on avait conçu en Bohême, et le désir ardent du triomphe commun faisant taire tous les amours-propres, on l'adopta. En conséquence il fut convenu que le général Benningsen avec son armée de réserve, qui était forte d'environ 50 mille hommes et avait déjà traversé la Silésie, s'acheminerait vers le défilé de Zittau que Poniatowski ne gardait plus, pénétrerait en Bohême, passerait le haut Elbe à l'abri des montagnes, entre Leitmeritz et Tetschen, et joindrait le prince de Schwarzenberg à Toeplitz; que ce dernier alors comptant environ 200 mille hommes se mettrait en marche, et se bornant à masquer le défilé de Péterswalde, déboucherait en Saxe par Commotau sur Chemnitz; qu'à cette même époque Blucher exécutant de vives démonstrations contre Dresde, se déroberait par un rapide mouvement sur sa droite, irait passer l'Elbe à Wittenberg, forcerait Berna-

Adoption du plan proposé par l'armée de Silésie.

Détail de ce plan.

dotte à le franchir à Roslau, que l'un et l'autre remonteraient entre la Mulde et la Saale sur Leipzig, tandis que le prince de Schwarzenberg y descendrait en suivant le cours de ces deux rivières, qu'on tendrait ainsi les uns et les autres à se réunir dans les environs de Leipzig pour y livrer une bataille de géants. Le danger évident de cette manœuvre, parfaitement compris de ces élèves et ennemis de Napoléon, c'était d'être assaillis par celui-ci avant la jonction générale de toutes les forces de la coalition. Mais l'état-major de Blucher soufflant à tous la passion dont il était animé, on résolut de braver ce danger quel qu'il fût, car il fallait bien finir par s'exposer à un grand péril, si on voulait aboutir à un grand résultat. Seulement on se promit une extrême prudence dans la marche périlleuse qu'on allait entreprendre, et, une fois la bataille engagée, une énergie désespérée.

Tels étaient le savoir militaire et la haine implacable auxquels Napoléon avait amené tout le monde, en foulant depuis quatorze années l'Europe à ses pieds.

Le plan une fois adopté, on procéda sur-le-champ à son exécution. Le général Benningsen pénétra le 17 septembre dans les gorges de Zittau, et vers les 22 et 23 septembre fut rendu à Tœplitz. Blucher avait secrètement informé les généraux Tauenzien et Bulow de ses projets, les avait pressés d'occuper fortement les Français devant Wittenberg, Torgau, Grossenhayn, et lui-même s'était continuellement agité autour de Dresde, pour cacher le grand mouvement qu'il préparait par sa droite vers le bas Elbe.

Cette agitation incessante sur notre front, les apparitions des coureurs de Thielmann et de Platow sur notre droite et nos derrières, des préparatifs de passage vers l'Elbe inférieur (nous désignons ainsi l'Elbe au-dessous de Torgau), enfin la saison avancée, étaient des signes plus que suffisants pour inspirer à Napoléon l'idée d'événements graves et prochains. Il avait toujours pensé que ne pouvant l'aborder de front dans sa position de Dresde, on essayerait de le tourner, ou par sa droite en débouchant de la Bohême, ou par sa gauche en passant l'Elbe inférieur, et peut-être par les deux côtés à la fois. Il avait lui-même un tel désir d'un événement décisif, qu'il en était arrivé à souhaiter de semblables manœuvres, n'imaginant pas qu'une bataille où il serait de sa personne et avec toutes ses réserves pût être autre chose qu'un désastre pour ses ennemis, et ne trouvant dangereuse que cette tactique de va-et-vient qui avait déjà tant épuisé ses troupes, porté même une certaine atteinte à son immense prestige. Seulement il tenait sans cesse l'œil ouvert, pour n'être pas surpris, et pour tomber à temps sur le téméraire qui oserait le premier se risquer sur ses derrières.

Le 22 septembre un concours de petits événements éveilla fortement son attention. Le maréchal Marmont accru de la cavalerie de réserve du général Latour-Maubourg avait été placé, comme on a vu, à Grossenhayn, pour protéger les convois de vivres qui remontaient vers Dresde, et les convois de blessés qui en descendaient. Cette précaution avait réussi; un chargement de farines était parvenu à

Sept. 1813.

Napoléon soupçonne les projets des coalisés.

Diverses circonstances de détail lui font supposer que Blucher va descendre l'Elbe, et pour s'en assurer il ordonne une forte reconnaissance

Dresde, et de nombreux blessés étaient arrivés sans accident à Torgau. Mais tout à coup la cavalerie légère du général Chastel fut assaillie par la grosse cavalerie du général Tauenzien, et vivement ramenée. En même temps le général Bulow qui bombardait Wittenberg, fit mine de jeter un pont aux environs de cette place, et plus haut le général russe Sacken qui formait la droite de Blucher en face du camp de Dresde, opéra divers mouvements très-apparents. Napoléon devinant aussitôt le plan des coalisés, se figura que toute cette agitation de Dresde à Wittenberg cachait une tentative de Blucher pour se porter sur le bas Elbe, et il se mit sur-le-champ en garde. Depuis ses dernières marches sur Kulm, pendant les journées des 15, 16, 17 septembre, il était resté à l'affût, prêt à se jeter par le pont de Pirna sur la rive droite ou sur la rive gauche de l'Elbe, suivant qu'il y aurait un téméraire d'un côté ou de l'autre. Il quitta immédiatement son poste, vint à Dresde, et enjoignit à Macdonald d'exécuter avec ses trois corps une reconnaissance à fond, de pousser à outrance l'ennemi sur Harta, même sur Bautzen, pour savoir au juste si Blucher était là, ou n'y était plus. Napoléon fit savoir à Macdonald qu'il serait lui-même à sa suite avec une portion de la garde, pour agir vigoureusement contre l'armée de Silésie, si toutefois elle était encore dans les mêmes positions.

Il s'y rendit donc de sa personne, et cette reconnaissance de tous les corps français composant l'armée de Macdonald, contre les divers corps formant l'armée de Blucher, commencée le 22 septembre, continuée le 23 jusqu'à Bischofswerda, révéla la présence de Blucher avec les mêmes forces, dans les mêmes lieux. On ramassa en effet des prisonniers appartenant aux trois corps de Langeron, d'York, de Sacken; Napoléon en conclut qu'il s'était trop hâté de prêter à ses ennemis des desseins audacieux, et en douta presque pour les avoir supposés trop tôt. Le général Blucher employa une feinte inutile pour le tromper, ce fut d'envoyer aux avant-postes par un parlementaire, et pour son fils prisonnier, une lettre signée de lui, et datée de Bichofswerda[1]. Il espéra ainsi persuader encore mieux à Napoléon que rien n'était changé dans les dispositions des coalisés, et que rien ne changerait. Ce ne fut pas cette lettre, à laquelle on n'attacha aucune importance, mais une circonstance plus sérieuse, la présence à Bischofswerda des trois corps composant l'armée de Silésie, qui sans abuser Napoléon, sans l'empêcher de croire au plan qu'il avait sitôt deviné, le disposa seulement à en regarder l'exécution comme moins

Sept. 1813.

Macdonald est chargé d'exécuter.

Les trois corps de Blucher trouvés en place trompent Napoléon, non sur le plan des coalisés, mais sur l'époque de son exécution.

[1] M. de Muffling, dans ses intéressants Mémoires, s'applaudit fort de cette feinte, et croit que c'est avec l'heureuse idée de cette lettre qu'on endormit la vigilance de Napoléon. Il est dans l'erreur, et la correspondance militaire prouve que si Napoléon fut trompé, dans la mesure d'ailleurs très-restreinte où il le fut, c'est par la présence des trois corps de l'armée de Silésie, qui le 22 et le 23 n'avaient pas quitté encore leur position. C'est une nouvelle preuve de ce qu'il y a de hasards à la guerre, puisqu'un acte de haute prévoyance de la part de Napoléon amena, comme on le verra bientôt, le résultat qu'aurait pu avoir l'imprévoyance elle-même. Ce n'est pas un motif d'estimer et de pratiquer moins la vigilance, mais c'en est un, tout en redoublant de soins et de zèle, de se dire qu'il y a toujours une Providence supérieure qui déjoue parfois les calculs les plus profonds, et de chercher même dans des raisons plus hautes, dans la justice ou l'injustice de la cause qu'on défend, le secret de l'insuccès du génie, à l'instant même où il déploie ses plus grandes facultés.

prochaine qu'elle ne l'était effectivement. Trouvant encore Blucher devant lui les 22 et 23 septembre, Napoléon n'en conclut pas qu'il y resterait toujours, mais qu'il en partirait moins prochainement, et il fit des dispositions moins promptes quoique tout aussi justes, qu'il ne les aurait faites autrement. Ainsi il résolut de resserrer encore davantage sa position, et de ne plus laisser devant Dresde que le seul 11ᵉ corps, celui que le maréchal Macdonald avait toujours commandé directement, et de satisfaire ce maréchal en le déchargeant du commandement des 3ᵉ, 5ᵉ et 8ᵉ. Il envoya le 3ᵉ (celui du général Souham) à Meissen, petite ville située sur l'Elbe, au-dessous de Dresde. Il ramena Marmont avec le 6ᵉ corps, Latour-Maubourg avec la grosse cavalerie, de Grossenhayn à ce même point de Meissen, pour qu'ils fussent plus à portée de secourir Ney, en cas d'une tentative de passage vers Torgau ou Wittenberg. Il amena le 5ᵉ (Lauriston) à Dresde même, et achemina le 8ᵉ (Poniatowski) sur la route de Waldheim et de Leipzig, afin d'aider Lefebvre-Desnoëtte contre les coureurs de Thielmann et de Platow, et de former la tête de colonne de l'armée s'il fallait se rabattre en arrière sur les masses ennemies venant de la Bohême. Napoléon prit donc ses précautions dans le vrai sens des desseins des coalisés, mais, nous le répétons, sans se hâter, car il ne croyait pas ces desseins si près de leur exécution qu'ils l'étaient réellement.

A ces mesures il en ajouta quelques autres qui prouvent qu'un vague pressentiment l'avertissait que bientôt la guerre pourrait se reporter sur le

Rhin, ou au moins sur la Saale. En effet il prescrivit au général Rogniat, qui dirigeait le génie de la grande armée depuis la captivité du général Haxo, de relever les défenses de Mersebourg sur la Saale, d'y préparer des ponts, afin d'avoir sur cette rivière une ligne de retraite assurée. Il ordonna d'évacuer de Dresde sur Leipzig, de Leipzig sur Erfurt, d'Erfurt sur Mayence, tous les blessés et malades qu'on aurait le moyen de transporter par terre, et voulut même qu'on fît aux officiers blessés ayant les moyens de se déplacer à leurs frais, certaines insinuations pour les décider à regagner le Rhin, en mettant du reste un grand soin à ne pas rendre ces insinuations alarmantes. Prévoyant que la guerre serait longue et acharnée, il rédigea un décret pour la levée de 120 mille hommes sur les classes antérieures de 1812, 1811, 1810, et un autre pour la levée de 160 mille sur la conscription de 1815, laquelle serait ainsi anticipée de deux ans. Celle de 1814 était déjà tout entière dans les dépôts. Il comptait, avec les réfractaires que des colonnes mobiles pourchassaient en ce moment, porter cette levée à plus de 300 mille hommes, et espérait en l'exécutant dans l'automne l'avoir toute disponible en hiver, et prête à combattre au printemps. Il rédigea lui-même le discours que l'Impératrice régente adresserait au Sénat en cette occasion; il lui enjoignit d'y aller en personne, et de tenir ainsi une espèce de lit de justice, inutile assurément pour soumettre un corps qui devait être soumis jusqu'au jour de la chute de l'Empire. Enfin il donna des ordres directs au ministre de la guerre pour la mise en état de défense

Sept. 1813.

les passages de la Saale en cas de retraite forcée.

Nouvelles levées d'hommes.

des places du Rhin, et surtout d'Italie. Cependant tout en prescrivant ces mesures de prudence sur ses frontières, il contremanda les vastes approvisionnements de vivres que le duc de Feltre avait ordonnés sur le Rhin, d'après la lettre de M. de Bassano, précédemment citée, et il les contremanda afin d'épargner aux populations des alarmes fâcheuses, et, suivant lui, prématurées.

Tandis que Napoléon prenait ces mesures, les coalisés exécutaient plus tôt qu'il ne l'avait supposé leur double mouvement sur Leipzig, par la Bohême et par l'Elbe inférieur. Le prince de Schwarzenberg se faisant précéder par une colonne autrichienne, marchait de Tœplitz sur Commotau, et Blucher, après être demeuré immobile en présence de Napoléon les 22, 23 et 24 septembre, se dérobait tout à coup pour descendre l'Elbe de Dresde à Wittenberg. Afin de mieux cacher son mouvement il avait porté en avant sa droite formée par le général Sacken, et lui avait ordonné de diriger une forte attaque contre Meissen, dans l'intention de défiler avec son centre et sa gauche derrière cette droite rendue si apparente, et de courir sur Wittenberg. Il se proposait ensuite de retirer sa droite elle-même, et de la réunir devant Wittenberg où il devait franchir l'Elbe.

Il entra en opération le 25 septembre, et, tandis que Sacken attaquait les avant-postes de Macdonald d'un côté, ceux de Marmont de l'autre, il se mit en marche vers l'Elbe inférieur. Il laissa pour le remplacer devant Dresde le corps russe de Sherbatow, fort de 8 mille hommes, ainsi que la division légère autrichienne de Bubna, forte de 10 mille, et chargée

LEIPZIG ET HANAU. 477

de la garde de Zittau lorsque le prince Poniatowski était sur ce point. Ce corps de 18 mille hommes environ était suffisant pour tromper les yeux même les plus exercés, surtout après une reconnaissance comme celle des 22 et 23 septembre, qui avait dû paraître tout à fait démonstrative à Napoléon. Le général Blucher réussit ainsi à se soustraire à nos regards, et dans les journées des 26, 27, 28 septembre s'achemina sur Wittenberg sans être aperçu. L'attaque si vive de Sacken parut d'abord inexplicable, et fut interprétée comme une manière de tâter la gauche de Macdonald, et peut-être comme l'indice d'une prochaine tentative contre le camp retranché que nous avions en avant de Dresde. Napoléon ordonna de renforcer cette gauche pour la mettre à l'abri de tous les efforts de l'ennemi.

Mais la marche du général Blucher, concourant avec d'autres mouvements des généraux Tauenzien et Bulow, et du prince de Suède lui-même, ne put échapper à la vigilance du maréchal Ney, contre lequel ces diverses opérations étaient dirigées. Il avait vu Bulow jeter un pont à Wartenbourg et l'y maintenir quelques jours, les autres corps du prince de Suède préparer leurs moyens de passage soit à Barby, soit à Roslau, et n'osant s'opposer à ces diverses tentatives avec 36 mille hommes, de peur de s'en attirer 80 mille sur les bras, il s'était contenté de résister plus particulièrement au passage tenté près de Wartenbourg, parce que c'était le plus rapproché de Dresde, et le plus important dès lors à empêcher. Il écrivit immédiatement à Napoléon pour lui signaler l'état des choses, et lui annoncer comme

Sept. 1813.

Ney voyant les mouvements

Sept. 1813.

de Blucher et de Bernadotte vers lui, en donne avis à Napoléon.

Excursions des troupes de partisans précédant la marche de l'armée de Bohême.

Apparition de cette armée aux divers débouchés des montagnes aboutissant en Saxe.

s'exécutant à l'instant, ou devant s'exécuter sous peu de jours, un passage de l'Elbe entre Wittenberg et Magdebourg par des forces considérables.

Du côté de la Bohême les événements n'étaient pas moins significatifs. Le général Lefebvre-Desnoëtte avec quelques milliers de chevaux s'était mis à la poursuite de Thielmann, qui entré en Saxe par le débouché de Carlsbad à Zwickau, s'était dirigé sur Weissenfels comme s'il eût voulu couper nos communications avec la Saale. Le général Lefebvre-Desnoëtte lui avait d'abord fait essuyer plusieurs échecs, et l'avait rejeté jusque sur Altenbourg. Mais en ce moment Platow débouchant avec ses Cosaques et cinq mille Autrichiens, dont trois mille de cavalerie, avait assailli de front Lefebvre-Desnoëtte avec plus de dix mille hommes, tandis que Thielmann par un mouvement rapide le prenait par derrière. Lefebvre-Desnoëtte n'avait pu s'en tirer qu'en se repliant sur Leipzig, et en sacrifiant quelques centaines d'hommes. Cet échec avait été bientôt réparé par le prince Poniatowski, lequel, ayant repassé l'Elbe et rétrogradé jusqu'à Frohbourg avec le 8e corps et le 4e de cavalerie, avait fondu à son tour sur Thielmann et Platow, leur avait tué quatre cents hommes, et leur en avait pris trois cents. Ces diverses rencontres, alternativement heureuses ou malheureuses, avaient eu l'avantage de nous éclairer parfaitement sur la marche de l'ennemi, et nous avions pu voir sur les débouchés de Commotau à Chemnitz, de Carlsbad à Zwickau, tout autre chose que des partisans, car nous avions reconnu sur ces deux routes les têtes de colonnes de la grande armée de Bohême, composées à la fois d'Autrichiens, de Russes et de Prussiens. L'annonce d'ailleurs de sa prochaine arrivée était répandue dans toute la Saxe. Si Napoléon avait pu concevoir quelques doutes, non pas sur le fond des projets de l'ennemi, mais sur l'époque de leur exécution, il n'en devait plus conserver aucun après ces nouvelles parties en même temps du bas Elbe et des frontières de la Bohême. Il devenait évident que sur sa gauche l'armée du Nord, renforcée peut-être de Blucher, traversait l'Elbe inférieur pour remonter vers Leipzig le long de la Mulde; que sur sa droite l'armée de Bohême franchissant les montagnes de Bohême, descendait vers Leipzig en suivant aussi le cours de la Mulde, et que toutes deux ou toutes trois après s'être transportées sur la gauche de l'Elbe, allaient essayer de le prendre à revers. Quant à l'armée de Silésie, que le général russe Sherbatow et le général autrichien Bubna représentaient en ce moment devant Dresde, on pouvait croire encore qu'elle n'avait pas quitté sa position, et qu'elle se maintenait devant Dresde pour nous y retenir.

Sept. 1813.

Mais Napoléon ne se laissa point abuser par ces fausses apparences, et sur-le-champ il commença un double mouvement pour diriger ses forces sur les deux points que l'ennemi menaçait en même temps, de manière à se placer avec ses réserves entre les deux armées coalisées, et à tomber sur l'une ou sur l'autre, suivant celle qui serait le plus à sa portée. Il avait déjà envoyé le prince Poniatowski en arrière de Dresde, sur la route de Leipzig par Waldheim et Frohbourg, d'où celui-ci avait pu arrêter Thiel-

Promptes dispositions de Napoléon pour repasser l'Elbe avec toutes ses forces.

Il réunit les corps de Poniatowski,

Sept. 1813.

Lauriston et Victor entre les montagnes et Leipzig, pour observer l'armée de Bohême.

mann et Platow. Il reporta également en arrière le 5ᵉ corps (celui de Lauriston), devenu disponible depuis qu'il ne restait plus que le 11ᵉ corps (celui de Macdonald) en avant de Dresde, et le dirigea sur Mittweyda, pour servir d'appui à Poniatowski. Le 2ᵉ corps (celui du maréchal Victor) était depuis longtemps à Freyberg, surveillant les débouchés de la Bohême en Saxe. Napoléon l'envoya plus loin encore, et le fit avancer jusqu'aux environs de Chemnitz. Ces trois corps auxquels était annexé le 4ᵉ de cavalerie, postés à une marche les uns des autres, pouvaient se réunir rapidement, et présenter à l'ennemi une première masse d'environ 40 mille hommes. Napoléon leur adjoignit le 5ᵉ de cavalerie qu'il venait de confier au général Pajol, afin qu'ils eussent le moyen de s'éclairer plus au loin, et les rangea tous sous les ordres de Murat. Ils devaient en rétrogradant vers la Thuringe, longer le pied des montagnes de la Bohême, et s'avancer avec précaution de manière à se trouver toujours entre la grande armée du prince de Schwarzenberg et Leipzig. Le maréchal Marmont établi à Meissen, au-dessous de Dresde, avec le 6ᵉ corps et le 1ᵉʳ de cavalerie, reçut ordre de repasser l'Elbe, et de se replier sur Leipzig, en laissant à Meissen le 3ᵉ corps (général Souham), qui avait été envoyé sur ce point depuis qu'on s'était concentré autour de Dresde. Le maréchal Marmont posté ainsi à Leipzig avec près de 30 mille hommes, infanterie et cavalerie, pouvait au besoin s'acheminer vers Murat, ou bien se réunir à Ney sur le bas Elbe, si le danger était plus pressant du côté de celui-ci. Il lui fallait une marche pour

Marmont envoyé au secours de Ney.

rejoindre Murat, deux pour rejoindre Ney. Si avec ses 30 mille hommes il se dirigeait sur Murat, il le porterait à 70 mille; s'il se dirigeait sur Ney, qui avec Dombrowski avait près de 40 mille hommes, il le porterait à environ 70 mille, et de la sorte, deux rassemblements considérables allaient être préparés contre les armées de Bohême et du Nord, Leipzig étant le centre où l'on devait s'interposer entre elles. Napoléon dès que les mouvements de l'ennemi, encore assez confus, seraient complétement éclaircis, voulait en laissant Saint-Cyr et le comte de Lobau à Dresde, rétrograder lui-même avec les 40 mille hommes de la garde, avec Macdonald, avec Souham qui de Meissen le joindrait en route, et venir ainsi avec un renfort de 75 mille hommes à l'appui de l'un ou de l'autre de ses deux principaux rassemblements. Si le danger le plus menaçant était vers Murat, il courrait de son côté, et formerait avec lui une masse de 145 mille hommes; si le danger était vers Ney, il irait à ce dernier, et en réunirait de même 145 mille. Dans ces deux cas c'était assez, selon lui, pour obtenir sur l'une ou l'autre armée, et peut-être sur l'une après l'autre, une victoire décisive. Si même évacuant Dresde, sauf à y revenir après la victoire, il ralliait à lui les 30 mille hommes de Saint-Cyr et de Lobau, il pouvait avoir contre l'armée de Bohême presque l'égalité de forces, et contre celles du Nord et de Silésie une supériorité accablante. Tels étaient ses calculs, et dans l'état présent des choses il était impossible d'en faire de plus habiles et de mieux entendus.

Les corps de Poniatowski, de Lauriston, de Victor,

Sept. 1813.

Napoléon se prépare à se porter lui-même avec 75 mille hommes dans la direction de Leipzig, pour renforcer Murat ou Ney, et battre l'une après l'autre les deux armées coalisées.

Sept. 1813.

les 4ᵉ et 5ᵉ de cavalerie, ayant été acheminés sous Murat dans la direction de Mittweida et de Frohbourg, les corps de Marmont et de Latour-Maubourg l'ayant été dans la direction de Leipzig, Napoléon se tint prêt au premier signal à rejoindre les uns ou les autres avec 75 mille hommes. Il fit payer quelques mois de solde aux officiers qui souffraient beaucoup, et fournit l'argent nécessaire de son propre trésor, celui de l'armée étant vide. Il fit donner des souliers aux soldats, préparer ses parcs de munitions, et tout disposer en un mot pour un mouvement général. Une colonne de 8 à 9 mille hommes de bataillons et escadrons de marche était arrivée à Leipzig. Il ordonna de l'y laisser pour garder cette ville conjointement avec les détachements que le général Margaron y avait déjà, et enfin il y appela en outre le corps d'Augereau qui avait été d'abord destiné à rassurer et à contenir la Bavière menacée par un corps autrichien. Ce corps d'Augereau qui devait être de près de 30 mille hommes, avait été successivement affaibli pour envoyer des renforts sur l'Elbe. Il n'était plus que de 12 mille hommes, dont 3 mille à peu près de vieux dragons d'Espagne. Tel quel la présence de ce corps à Wurzbourg avait été de quelque effet sur la Bavière que l'Autriche dans ce moment encore essayait d'attirer à la coalition, tantôt par des menaces, tantôt par des caresses. Mais Napoléon sentant que le sort de la guerre se déciderait dans les champs de Leipzig, et que toutes les fidélités y seraient définitivement ou consolidées ou ébranlées, n'hésita pas d'y appeler Augereau. Ces dispositions ayant été arrêtées dans les journées des

Le corps d'Augereau amené à Leipzig.

28, 29 et 30 septembre, il attendit, l'œil et l'oreille bien ouverts sur tout ce qui allait se passer autour de lui.

Octob. 1813.

Pendant ce temps, les coalisés poursuivaient l'exécution de leurs desseins. Blucher ayant, comme on l'a vu, laissé les généraux Sherbatow et Bubna pour figurer à sa place devant Dresde, et ayant fait défiler son centre et sa gauche derrière sa droite qui feignait une attaque sur Meissen, était arrivé le 30 septembre devant Wittenberg. Il y avait remplacé le corps de Bulow, parti pour rejoindre l'armée du Nord, et s'était ensuite hâté de faire ses préparatifs de passage. Il avait mandé en même temps à Bernadotte, posté à une ou deux marches au-dessous, qu'il devait s'apprêter à franchir l'Elbe, car lui-même espérait se trouver sur la rive gauche dans deux jours. Wittenberg n'ayant pas cessé d'appartenir aux Français, il ne pouvait y opérer un passage. Il se prépara donc à jeter un pont un peu au-dessus, c'est-à-dire à Elster, là même où le général Bulow l'avait essayé quelques jours auparavant. Le 1ᵉʳ octobre il fit amener des bateaux, et le 2, ayant établi un pont, il déboucha sur la rive gauche. Mais il fallait enlever la position de Wartenbourg, qui n'était pas facile à forcer, car déjà le général Bulow y avait rencontré une résistance telle qu'il avait été contraint de replier son pont, ne croyant pas pouvoir s'en servir, et ne voulant pas l'abandonner aux Français.

Marche des armées coalisées.

Arrivée de Blucher devant Wittenberg le 30 septembre.

Passage de l'Elbe.

Le maréchal Ney averti par ses reconnaissances de la présence de l'ennemi sur la gauche de l'Elbe, s'était empressé d'y envoyer le général Bertrand

Le 4ᵉ corps chargé d'arrêter Blucher à Wartenbourg.

avec le 4ᵉ corps, afin d'empêcher, comme on l'avait fait peu de temps auparavant, le succès de cette tentative de passage. Le 4ᵉ corps n'ayant pas encore reçu la division Guilleminot qui lui revenait dans le partage du 12ᵉ, se trouvait composé uniquement de la division française Morand, de la division italienne Fontanelli, et de la division wurtembergeoise Franquemont, ces trois ne faisant pas plus de 12 mille hommes. C'était bien peu contre les 60 mille hommes de Blucher; mais les lieux, l'habileté, le sang-froid, peuvent souvent compenser toutes les inégalités de nombre. La circonstance dont il s'agit en fournit bientôt un exemple mémorable.

Description de la position de Wartenbourg.

L'Elbe en approchant d'Elster forme un coude très-prononcé, et enveloppe ainsi un terrain bas et marécageux, situé sur la rive gauche. C'est sur ce terrain que se trouve le vieux château de Wartenbourg. Afin de le garantir des inondations on l'avait jadis protégé au moyen d'une digue, venant s'appuyer aux deux côtés de l'Elbe comme la corde d'un arc. Le château lui-même est à l'une des extrémités de cette digue, le village de Bleddin à l'autre. L'ennemi ayant franchi l'Elbe à Elster, s'il voulait passer outre, devait suivre une route qui venait aboutir perpendiculairement au milieu de la digue. Le général Morand placé au château de Wartenbourg, et au point de jonction de la route avec la digue, avait été naturellement chargé de la tâche la plus difficile. Un peu à droite étaient les Italiens; tout à fait à droite, au village de Bleddin, les Wurtembergeois.

Superbe combat de Warten-

Le général Morand, l'un des trois héros du corps de Davout, quand ce corps glorieux existait, avait fait ses dispositions avec une sagacité admirable. Il avait rangé ses quatre à cinq mille Français derrière la digue, où ils étaient couverts jusqu'à la tête comme derrière un parapet, et il avait disposé à gauche, sur l'éminence sablonneuse du château de Wartenbourg, toute son artillerie. Il attendait ainsi, tel qu'un chasseur à l'affût, l'apparition des Prussiens.

Octob. 1813.

bourg soutenu par la division Morand.

Ils débouchèrent en effet le 3 octobre au matin par le pont jeté à Elster le 2, et s'avancèrent bravement sur la route, sans prévoir le terrible accueil qui leur était réservé. On les laissa venir, et puis quand ils furent à très-petite portée de fusil, un feu partant de tous les points de la digue, et embrassant leur colonne entière, les assaillit à l'improviste, et les décima cruellement. Au même instant le feu d'une nombreuse artillerie vint s'ajouter à celui de la mousqueterie, et ils furent rejetés en désordre sur le pont.

Ce n'était pas avec les passions qui les animaient soldats et généraux, qu'ils pouvaient s'arrêter devant un tel obstacle. Ils revinrent à la charge, et chaque fois accueillis de même, ils furent abattus en aussi grand nombre, sans pouvoir seulement arriver jusqu'à la digue. Blucher s'obstina, et ne réussit ainsi qu'à faire tuer une quantité plus considérable de ses soldats. Incommodé par le feu de l'artillerie établie sur notre gauche, il imagina de la faire contre-battre par une batterie placée sur l'autre côté de l'Elbe. Notre artillerie ne se déconcerta point, tourna une partie de ses pièces contre la batterie prussienne, la réduisit au silence, et se remit à tirer sur la route devenue bientôt un vrai champ de carnage.

Ce combat avait duré environ quatre heures, et près de cinq mille ennemis jonchaient cette plaine marécageuse, lorsque le général Blucher eut enfin l'idée de diriger sur notre droite une attaque vigoureuse contre le village de Bleddin, défendu par les Wurtembergeois. La colonne d'attaque ayant remonté le bord du fleuve à la faveur de quelques bois, assaillit Bleddin avec fureur, car c'était la seule route qui pût s'ouvrir à l'armée de Silésie, et elle finit par l'enlever aux Wurtembergeois qui n'étaient guère plus de deux mille. A cette vue le général Bertrand lança la brigade Hullot de la division Morand, sur le flanc de la colonne ennemie. Cette brigade renversa trois bataillons, les écrasa, mais arriva trop tard pour sauver Bleddin, où déjà l'ennemi avait réussi à s'établir. Le général Hullot fut obligé de revenir derrière la digue, et de rejoindre la division Morand.

Sans cette dernière attaque à découvert, nos pertes n'auraient pas dépassé une centaine d'hommes; mais cette sortie nous en coûta deux ou trois cents. Les Wurtembergeois de leur côté, en défendant vaillamment Bleddin, en perdirent un certain nombre. Toutefois nous n'eûmes pas plus de 500 hommes hors de combat, tandis que l'ennemi en eut cinq ou six mille. Cette superbe affaire, l'une des plus remarquables de nos longues guerres, et qui faisait grand honneur aux généraux Bertrand, Morand, Hullot, ne pouvait cependant, Bleddin étant pris, empêcher l'armée de Silésie de déboucher. Le général Bertrand dut donc rétrograder sur Kemberg, pour se rapprocher du général Reynier et de la division Dombrowski, établis le long de la Mulde de Düben à Dessau. (Voir la carte n° 58.) Les prisonniers recueillis nous apprirent qu'on avait eu sur les bras toute l'armée de Silésie, qui avait ainsi passé l'Elbe, et se trouvait sur la droite de Ney. D'autres reconnaissances nous révélèrent que l'armée du Nord avait commencé à franchir l'Elbe au-dessous de Wittenberg, de Roslau à Barby, et que Ney l'avait par conséquent sur sa gauche. Voici quelle était la configuration des lieux sur lesquels ces deux armées tendaient à se réunir contre le corps du maréchal Ney.

L'Elbe qui de Dresde à Wittenberg coule obliquement du sud-est au nord-ouest, coule de Wartenbourg à Roslau, et presque jusqu'à Barby, de l'est à l'ouest, c'est-à-dire, par rapport à la position que nous venions de prendre, de notre droite à notre gauche. De Wittenberg à Barby l'Elbe recueille la Mulde d'abord, qui s'y jette vers Dessau, et puis la Saale, qui y tombe près de Barby. Ainsi le maréchal Ney avait sur sa droite l'Elbe, coulant latéralement à lui jusqu'à Wittenberg, puis sur son front l'Elbe encore se redressant à Wittenberg, passant devant lui, et puis à sa gauche la Mulde venant à Dessau se jeter dans l'Elbe. Ney se trouvait donc entre Blucher qui avait passé l'Elbe sur sa droite à Wartenbourg, et Bernadotte qui ayant passé l'Elbe au-dessous du confluent de la Mulde, remontait la Mulde sur sa gauche. Il avait, il est vrai, l'avantage de posséder tous les ponts de la Mulde, puisqu'il avait conservé Düben, Bitterfeld, Dessau, d'être dès lors

Octob. 1813.

de se replier sur Kemberg.

Bernadotte passe l'Elbe de son côté dans les environs de Dessau.

Position de Ney ayant Blucher à sa droite, Bernadotte à sa gauche.

Il rétrograde lentement en remontant

en mesure de manœuvrer sur les deux bords de cette rivière, et de pouvoir s'en couvrir tantôt contre Blucher, tantôt contre Bernadotte. Malheureusement il comptait à peine 40 mille hommes, tandis que Blucher en avait 60 mille, et que Bernadotte après avoir laissé Tauenzien à la garde de ses ponts, en réunissait encore soixante et quelques mille. Il se conduisit avec beaucoup de prudence entre ces deux masses, tâchant de manœuvrer de manière à les tenir séparées, mais de manière aussi à pouvoir rétrograder rapidement vers Leipzig en remontant la Mulde. Pendant ce temps Blucher et Bernadotte cherchèrent à se voir, se virent en effet pour concerter leur plan d'opération, et tombèrent d'accord que dès qu'ils pourraient quitter sans danger les bords de l'Elbe, pour se porter derrière la Mulde et la remonter jusqu'à Leipzig, ils devraient l'entreprendre. Mais tous deux après avoir osé franchir l'Elbe devant les Français voulaient se ménager une porte de sortie, c'est-à-dire construire l'un à Wartenbourg, l'autre à Roslau, des têtes de pont parfaitement solides, afin de repasser l'Elbe en sûreté si la fortune était contraire aux armes de la coalition. Il ne leur fallait pas moins de trois à quatre jours pour vaquer à ces soins de première nécessité.

Pendant que ces événements se passaient entre l'Elbe et la Mulde, le maréchal Marmont, que ses instructions autorisaient à se rendre là où le péril lui semblerait le plus grand, s'était hâté au premier appel du maréchal Ney de quitter Leipzig, et de descendre la Mulde avec son corps d'armée et la cavalerie du général Latour-Maubourg. Il s'était arrêté à Eilenbourg, derrière le maréchal Ney qui s'était replié sur Düben.

Octob. 1813.

De son côté Murat chargé d'observer les débouchés de la Bohême, s'était avancé avec Poniatowski, Lauriston, Victor et les 4ᵉ et 5ᵉ de cavalerie, de Mittweida jusqu'à Frohbourg, longeant le pied de l'Erz-Gebirge et couvrant Leipzig. (Voir la carte n° 58.) Les têtes de colonnes de l'armée de Bohême étaient maintenant très-visibles, et débouchaient en deux masses principales, de Commotau sur Chemnitz, de Carlsbad sur Zwickau. Ney, Marmont et Murat avaient exactement mandé à Napoléon tout ce qui s'était passé sous leurs yeux.

Napoléon reçut le 5 octobre au matin le rapport du beau combat de Wartenbourg, et le 5, dans la journée, le détail de tous les mouvements opérés par ses divers corps d'armée. Comme on lui disait que le rassemblement qui s'était présenté à Wartenbourg, et qui avait réussi à franchir l'Elbe sur ce point, était l'armée de Silésie, il fit sur-le-champ exécuter une nouvelle reconnaissance en avant de Dresde, c'est-à-dire au delà de l'Elbe, et il sut que la sécurité fondée sur les reconnaissances des 22 et 23 septembre avait été trompeuse, car Blucher venait de défiler du 25 au 30 pour se porter sur Wittenberg. Dès ce moment il était évident qu'on n'avait plus devant soi à Dresde qu'un rideau de troupes, et que les armées de Silésie et du Nord réunies sur l'Elbe inférieur, l'avaient traversé pour remonter en commun le long de la Mulde jusqu'à la hauteur de Leipzig, tandis que la grande armée de Bohême allait y descendre des montagnes, ce qui devait pro-

Des nouvelles venues de tous côtés, révèlent à Napoléon les mouvements des armées ennemies.

chainement amener la réunion tant prévue de toutes les forces de la coalition sur nos derrières.

Napoléon n'en fut ni ému ni troublé. C'était l'annonce de ce qu'il désirait ardemment, c'est-à-dire d'une bataille générale, et dans sa confiance il ne craignait même qu'une chose, c'est qu'après un mouvement si audacieux les coalisés n'eussent pas le courage de persister dans leur entreprise, et qu'ils ne cherchassent à se dérober. Qu'il fallût rétrograder de Dresde pour marcher sur eux, ce n'était pas à mettre en doute. Mais sur laquelle des deux masses se jetterait-il d'abord, afin de les battre l'une après l'autre? c'était la seule question à poser, et celle-là même ne le fit pas hésiter un instant. L'armée de Bohême n'était pas près d'arriver à Leipzig; d'ailleurs Murat avec 40 mille hommes, en trouvant une douzaine de mille à Leipzig, devant recevoir bientôt les douze mille d'Augereau, ce qui lui procurerait plus de 60 mille hommes, pouvait prendre des positions successives pour couvrir Leipzig, gagner ainsi quelques jours, tandis que Napoléon, à qui il ne fallait que trois marches pour se porter à Düben sur la Mulde, aurait le temps de se jeter entre Blucher et Bernadotte, de les accabler l'un et l'autre, puis de revenir sur l'armée de Bohême et de la battre à son tour. Si cette armée qui tant de fois ne s'était montrée que pour se dérober presque aussitôt, ne l'attendait pas, et se hâtait de rentrer en Bohême, au lieu de courir après elle il se mettrait à la poursuite de Bernadotte et de Blucher vaincus, les suivrait l'épée dans les reins jusqu'à Berlin, réaliserait ainsi son projet favori de tendre une main secoura-

Octob. 1813.

Ses promptes et admirables combinaisons pour combattre alternativement les deux armées qui lui sont opposées.

ble à ses garnisons de l'Oder et de la Vistule, et probablement dans ce cas transporterait le théâtre de la guerre sur le bas Elbe, où il avait les deux puissants points d'appui de Magdebourg et de Hambourg.

C'étaient là les chances les plus heureuses, et Napoléon, bien que très-confiant encore, n'était pas assez aveugle pour ne pas admettre aussi les chances malheureuses, surtout en voyant l'acharnement des coalisés. C'est dans cette prévision qu'il avait envoyé le général Rogniat à Mersebourg, pour s'y ménager des moyens certains de retraite sur la Saale. Si les événements étaient sinon fâcheux, du moins indécis, il se replierait sur la Saale, et en ferait sa nouvelle ligne d'opération pour plus ou moins longtemps, selon les moyens de résistance qu'il trouverait sur cette ligne.

Dans ces divers cas tout semblait devoir aboutir à l'évacuation de Dresde, et de la partie du cours de l'Elbe comprise de Kœnigstein à Torgau. Si en effet, après avoir vaincu l'armée de Silésie et du Nord Napoléon allait s'établir tout à fait sur le bas Elbe, ou bien si ayant eu des revers en Saxe il était obligé de repasser la Saale, il devait dans ces deux hypothèses renoncer à Dresde. Il est vrai aussi que si après avoir battu les armées de Silésie et du Nord il pouvait battre encore l'armée de Bohême, il était maître de la campagne au point de n'avoir besoin de rien évacuer. Mais c'était le cas le plus favorable, et la prudence ne permettait pas d'y compter assez pour en faire la base de ses calculs. Napoléon disposa les choses de manière à rendre

Octob. 1813.

Départ de Dresde les 6 et 7 octobre au matin.

Préparatifs pour l'évacuation de Dresde, où restent encore les corps de Saint-Cyr et de Lobau.

son mouvement complet, et à évacuer jusqu'à la ville de Dresde elle-même. En conséquence il fit partir le 6 au matin toute la garde, jeune et vieille, pour le bas Elbe, c'est-à-dire pour Meissen. Le 3ᵉ corps (celui de Souham) s'était acheminé sur Torgau au premier bruit du combat de Wartenbourg. Il ordonna également à Macdonald de partir du camp de Dresde pour Meissen, mais en longeant la rive droite, ce qui était sans danger, l'armée de Silésie n'étant plus dans les environs, et ce qui avait en outre l'avantage de ne pas encombrer la rive gauche. La garde, les corps de Souham et de Macdonald, comprenaient environ 75 mille hommes, lesquels en deux jours allaient être près de Ney, et en trois sur l'ennemi. Restaient à Dresde les corps du comte de Lobau (le 1ᵉʳ), du maréchal Saint-Cyr (le 14ᵉ), comptant sept divisions et environ 30 mille hommes. C'était une force considérable, qui, dans les diverses hypothèses que nous venons d'énumérer n'était pas nécessaire à Dresde, et qui sur l'un des deux champs de bataille où l'on s'attendait à combattre, pouvait et devait même décider la victoire. Napoléon fit appeler le maréchal Saint-Cyr qui commandait les deux corps, et lui causa une grande satisfaction en lui exposant ses vues, car ce maréchal, outre qu'il était cette fois de l'avis de Napoléon, appréhendait fort d'être laissé à Dresde. Napoléon lui traça ensuite tout ce qu'il aurait à faire pour l'évacuation de cette ville. D'abord il devait évacuer successivement Kœnigstein, Lilienstein, Pirna, lever en même temps les ponts établis sur ces divers points, réunir les bateaux qui en proviendraient, en conserver une partie à Dresde même pour le cas où l'on y retournerait, charger les autres de vivres, de munitions, de blessés, et les expédier sur Torgau. Tout en faisant ces choses qui ressemblaient si fort à une évacuation définitive, le maréchal Saint-Cyr devait dire hautement qu'on ne songeait pas à quitter Dresde, que loin de là on allait s'y établir, et se servir de ce langage pour ôter aux habitants la velléité de s'agiter. Puis ces dispositions terminées, ses trente mille hommes tenus sur pied, il devait décamper au premier signal, et rejoindre Napoléon par Meissen. Telles furent les instructions données à ce maréchal, et plût au ciel qu'elles eussent été maintenues! le sort de la France et du monde eût été probablement changé!

Octob. 1813.

Restait à s'expliquer avec la cour de Saxe. On ne pouvait sans inhumanité, et vraisemblablement aussi sans péril, laisser à Dresde, au milieu de tous les hasards, cette cour si timide, si peu habituée aux horreurs de la guerre. On l'exposerait ainsi à être témoin d'une attaque formidable repoussée par des moyens extrêmes, ou bien si on la menait avec soi, on la ferait peut-être assister à quelque horrible bataille, comme les hommes n'en avaient jamais vu. L'alternative était cruelle. Napoléon lui offrit le choix ou de rester à Dresde, ou d'accompagner le quartier général. Le bon roi Frédéric-Auguste, qui ne voyait plus d'autre ressource que de s'attacher à la fortune de Napoléon, aima mieux être avec lui qu'avec un de ses lieutenants, avec 200 mille hommes qu'avec 30 mille. Il exprima le désir de suivre Napoléon partout où il irait. Il fallait donc se

Pénible situation de la cour de Saxe, les Français devant quitter Dresde.

Cette cour veut suivre Napoléon.

Octob. 1813.

Dispositions
ordonnées
pour
lui rendre
le voyage supportable.

résoudre à traîner après soi cette cour nombreuse, remplie de vieillards, de femmes, d'enfants, car il y avait des frères, des sœurs, des neveux, dignes et respectables gens accoutumés à la vie la plus douce, la plus régulière, se levant, mangeant, se couchant, priant Dieu toujours aux mêmes heures, et rappelant, au scandale près, la simplicité, l'ignorance, la timidité des Bourbons d'Espagne. Napoléon voulut autant que possible les faire marcher en pleine sécurité, avec tous les honneurs qui leur étaient dus, et ce n'était pas chose aisée au milieu des six cent mille hommes, des trois mille bouches à feu, et des vingt mille voitures de guerre, qui allaient pendant quinze jours circuler à quelques lieues les uns des autres. Il décida que lui partant le 7 octobre avec ce qu'il appelait le petit quartier général, c'est-à-dire avec Berthier, avec ses aides de camp, avec un ou deux secrétaires et quelques domestiques, le grand quartier général, composé des administrations de l'armée, de la chancellerie de M. de Bassano, des parcs généraux, escorté par quatre mille hommes, partirait le lendemain 8. Le roi de Saxe, protégé par une division de la vieille garde, devait s'y joindre avec ses nombreuses voitures. M. de Bassano, façonné à la vie des camps, et ayant appris de son maître à ne rien craindre, avait mission de suivre le roi de Saxe pour lui tenir compagnie, pour le mettre au courant des nouvelles, et le rassurer en lui peignant tout en beau quoi qu'il pût arriver. Un officier de la vieille garde devait toujours être à sa portière pour écouter ses moindres désirs, et y satisfaire. C'est ainsi, et à travers les embarras des plus vastes armées qu'on eût jamais vues, embarras dont il n'était pas le moindre, que l'excellent roi de Saxe allait voyager, marchant à petites journées, entendant la messe chaque matin, vivant en un mot comme à Dresde, à la suite de son terrible allié qui marchait, lui, presque jour et nuit, dormait et mangeait à peine, travaillait presque sans interruption, bien qu'il eût acquis dès lors l'embonpoint de l'un de ces princes amollis des vieilles dynasties. Mais une âme de fer, un génie prodigieux, un orgueil de démon, animaient ce corps déjà souffrant et alourdi, et le remuaient comme celui d'un jeune homme!

Ayant acheminé une partie de ses troupes le 6 octobre, l'autre partie le 7, Napoléon se mit lui-même en route dans la journée du 7, et après une station de quelques heures à Meissen, il poussa jusqu'à Seerhausen, sur le chemin de Würtzen. Sa grande expérience de la guerre lui avait appris que c'était vers minuit ou une heure du matin que les nouvelles les plus importantes arrivaient, parce que les généraux placés à dix ou quinze lieues expédiaient à la chute du jour le récit de ce qu'ils avaient fait dans la journée, par des officiers qui en cinq ou six heures exécutaient le trajet à cheval, ce qui procurait la connaissance des événements quelquefois à minuit, quelquefois à une heure du matin. En dépêchant la réponse sur-le-champ, les ordres nécessaires parvenaient le lendemain matin, encore assez tôt pour être exécutés, et des corps placés à une grande distance agissaient ainsi sous l'inspiration de Napoléon comme s'ils avaient été auprès de lui. De cette manière la nuit, indispensable au repos des troupes, avait suffi pour demander des instructions et les obtenir. Mais cette prodigieuse machine ne pouvait recevoir l'impulsion qu'à condition que le génie, moteur principal, serait toujours debout et éveillé, du moins au moment le plus essentiel pour l'expédition des ordres. En conséquence, surtout depuis cette dernière campagne, Napoléon se couchait ordinairement à six ou sept heures du soir, se relevait à minuit, et dictait sa correspondance pendant toute la nuit. C'était en effet le cas de veiller sans cesse, ayant à mouvoir des masses immenses, au milieu d'autres masses immenses, et à les mouvoir avec une précision rigoureuse. Napoléon arrivé à Seerhausen lut quelques lettres, expédia quelques réponses, prit ensuite un peu de repos, et repartit dans la nuit pour Wurtzen, où il arriva le 8 d'assez bonne heure pour expédier ses ordres.

Napoléon s'était promis de prendre à Wurtzen une résolution définitive, et là de se diriger contre l'une ou l'autre armée ennemie.

A Wurtzen il était sur la Mulde, à peu près à la hauteur de Leipzig sur la Pleisse, et pouvant se rendre à Leipzig ou à Düben dans le même espace de temps. Son projet en quittant Dresde avait été d'ajourner jusqu'à Wurtzen même ses résolutions définitives. Là il devait ou se diriger tout de suite sur Leipzig, si Murat poussé vivement ne pouvait plus tenir tête à l'armée de Bohême, ou bien si Murat avait le moyen de se soutenir quelques jours encore, descendre la Mulde jusqu'à Düben, et se débarrasser des armées de Silésie et du Nord, en les rejetant au delà de l'Elbe. Il devait aussi donner au maréchal Saint-Cyr le signal attendu de l'évacuation de Dresde.

Pendant toute la route il avait reçu des nouvelles, soit des débouchés de la Bohême (c'est-à-dire de sa gauche depuis qu'il tournait le dos à Dresde et la face à Leipzig), soit de l'Elbe et de la Mulde inférieure, c'est-à-dire de sa droite. Toutes s'accordaient à montrer le danger comme plus pressant de ce dernier côté, car Blucher et Bernadotte réunis étaient prêts à se jeter sur Ney, tandis que Murat, bien qu'il vît distinctement déboucher de Commotau sur Chemnitz, de Zwickau sur Altenbourg, deux fortes colonnes, n'était cependant pas encore serré d'assez près pour que l'on eût à concevoir des craintes sur son compte. De plus un fâcheux désaccord survenu entre Ney et Marmont était une raison assez urgente d'aller à eux. Voici ce qui s'était passé. Ney, après le combat de Wartenbourg, ayant rétrogradé jusqu'à Düben, et ayant pressé Marmont de venir à son secours, ce que celui-ci venait de faire en se portant à Eilenbourg, avait tout à coup quitté sa position, et passé derrière Marmont pour se rapprocher de l'Elbe dans la direction de Torgau. De la sorte Marmont, au lieu d'être placé en appui, se trouvait en tête, et assez compromis, outre que Leipzig par le mouvement qu'on avait exigé de lui, restait exposé aux entreprises de Bernadotte et de Blucher. Le motif qui avait déterminé le maréchal Ney à ce mouvement inexplicable, n'était autre que le désir de rallier à lui le 3ᵉ corps (général Souham). Ne se croyant pas capable d'exécuter grand'chose avec les corps de Reynier et de Bertrand (7ᵉ et 4ᵉ corps), il avait voulu recueillir lui-même, et le plus tôt possible, ce 3ᵉ corps qu'il avait longtemps

Octob. 1813.

Jugeant le danger plus grand du côté de Ney, il marche avec 75 mille hommes sur Düben.

Singulier conflit entre Ney et Marmont.

commandé, et sur lequel il comptait beaucoup. Marmont ne sachant que penser de la conduite de Ney, et craignant pour Leipzig, avait à son tour rétrogradé jusqu'à Taucha.

Il y avait donc pour se jeter à droite sur la Mulde, le double motif de frapper d'abord Bernadotte et Blucher, puisqu'on en avait le temps, et de mettre d'accord des lieutenants désunis. Napoléon prit sur-le-champ son parti, et résolut de marcher de Wurtzen sur Eilenbourg, c'est-à-dire de descendre la Mulde avec les 75 mille hommes qu'il amenait, en reportant en avant Ney et Marmont. Il espérait ainsi en cheminant entre la Mulde et l'Elbe aussi loin qu'il le faudrait, gagner de vitesse Bernadotte et Blucher, et les rencontrer avant qu'ils eussent le temps de repasser l'Elbe. Les ayant toujours vus s'éloigner dès qu'il arrivait, son souci n'était pas de les éviter, quelque forts qu'ils pussent être, mais de les atteindre, car il craignait qu'ils n'eussent bientôt peur de ce qu'ils avaient tenté, et qu'ils ne cherchassent encore à s'enfuir à son approche. Ils n'en étaient plus là malheureusement, et plusieurs avantages successivement obtenus sur ses lieutenants, les avaient enhardis jusqu'à le redouter lui-même beaucoup moins qu'auparavant!

Blucher et Bernadotte battus, Napoléon se proposait de revenir sur le prince de Schwarzenberg, si celui-ci avait persisté à s'avancer avec l'armée de Bohême, ou s'il s'était replié à la nouvelle d'une bataille perdue, de continuer à poursuivre Blucher et Bernadotte jusqu'à Berlin peut-être.

En conséquence il prescrivit au maréchal Ney de

se reporter en avant avec Reynier, Bertrand, Dombrowski, Souham, et la cavalerie de Sébastiani (2ᵉ de réserve) qu'on avait attachée à son armée pour remplacer celle du duc de Padoue. Il lui ordonna de descendre entre la Mulde et l'Elbe, la gauche à la Mulde, la droite à l'Elbe, en se couvrant de sa cavalerie pour n'être pas surpris, et pour surprendre au contraire tous les mouvements de l'ennemi. Il ramena Marmont en avant, le fit marcher par la rive gauche de la Mulde presque à la hauteur de Ney, qui était sur la rive droite, et chemina lui-même avec toute la garde et Macdonald derrière ses deux lieutenants.

En même temps il fit part à Murat de ce qu'il avait projeté contre les armées réunies du Nord et de Silésie, lui recommanda de ne pas s'engager, de côtoyer sans le heurter l'ennemi qui débouchait de la Bohême, de se tenir toujours entre lui et Leipzig, où il trouverait de vingt à vingt-quatre mille hommes de renfort, ce qui lui procurerait soixante et quelques mille combattants. Napoléon en effet avait placé le duc de Padoue à Leipzig, avec une partie du 3ᵉ corps de cavalerie (distrait de l'armée de Ney pour courir après les partisans), lui avait donné en outre les bataillons de marche arrivés de Mayence, et l'ancienne division Margaron. Cette réunion pouvait former une douzaine de mille hommes de troupes actives, et 24 mille en y comprenant Augereau qui s'approchait. Napoléon ordonna à ceux-ci de se bien tenir sur leurs gardes, surtout du côté de la basse Mulde, de crainte que Bernadotte et Blucher ne fissent en se dérobant quelque

Octob. 1813.

se décide à suivre les deux rives de la Mulde.

Instructions à Murat pour lui tracer la conduite à tenir pendant que Napoléon sera aux prises avec les armées de Silésie et du Nord.

tentative sur Leipzig. Par malheur, à toutes ces instructions si bien calculées, Napoléon ajouta une résolution justifiable dans le moment, mais infiniment regrettable. Il suspendit l'évacuation de Dresde à laquelle le maréchal Saint-Cyr était tout préparé. Il ne la contremanda pas précisément, mais il prescrivit de la différer, par le motif que l'ennemi s'engageant à fond, soit du côté de la Bohême, soit du côté de la Mulde et de l'Elbe, la bataille tant désirée devenait certaine, la victoire aussi, et qu'alors il serait bien heureux d'avoir conservé Dresde, où le quartier général rentrerait presque aussitôt qu'il en serait sorti. C'était évidemment parce que la grande bataille approchait qu'il eût fallu concentrer ses forces; mais Napoléon raisonnait ici pour Dresde comme il avait raisonné pour Dantzig, pour Stettin, Custrin, Glogau, avec l'espoir téméraire de refaire d'un seul coup une fortune compromise par des causes supérieures et déjà presque insurmontables.

Ayant passé à Wurtzen la soirée du 8 et la journée du 9, afin de laisser à ses troupes le temps d'arriver en ligne, Napoléon en partit le 10 dans la nuit, et parvint à quatre heures du matin à Eilenbourg. Il se mit lui-même à la tête de la cavalerie légère de sa garde, et marcha entouré de tous ses corps sur Düben, point essentiel où l'on devait rencontrer l'ennemi, et peut-être la bataille qu'on souhaitait avec ardeur. Dans ces moments suprêmes, Napoléon se tenait de sa personne au milieu de ses troupes, le plus souvent à l'avant-garde. Il s'avançait avec 140 mille hommes environ dans l'ordre suivant. Ney en tête avec ce qui lui restait de la cavalerie du duc de Padoue (3ᵉ de réserve), avec le corps de Sébastiani (2ᵉ de réserve), descendait sur Düben, ayant à gauche Reynier au delà de la Mulde, au centre Dombrowski et Souham sur la Mulde même, à droite Bertrand marchant presque à égale distance de la Mulde et de l'Elbe. Napoléon suivait exactement dans le même ordre, ayant la cavalerie de la garde et de Latour-Maubourg en tête, Marmont formant la gauche sur un côté de la Mulde, toute la garde formant le centre sur la Mulde même, Macdonald formant la droite, entre la Mulde et l'Elbe. A deux journées en arrière venait le grand quartier général avec tous les parcs, et notamment avec les bons princes saxons cheminant du pas qui convenait à leurs habitudes. Napoléon leur expédiait à chaque instant des nouvelles. Jamais marche plus profondément calculée et plus vaste ne s'était exécutée dans aucune guerre. On s'avançait avec une précaution extrême, s'attendant à toute heure à voir apparaître l'ennemi, et le désirant vivement. On l'apercevait en effet dans toutes les directions, mais se repliant, et cette fois encore Napoléon put craindre de voir les coalisés, recommençant leur tactique d'offensive contre ses lieutenants, de retraite devant lui, se soustraire de nouveau à ses coups. Voici cependant ce qui s'était passé de leur côté.

Blucher dans une entrevue qu'il avait eue avec le prince de Suède le 7, en présence des principaux officiers des deux états-majors, était convenu avec lui de marcher en commun sur Leipzig, croyant n'avoir affaire qu'aux maréchaux Ney et Marmont. Le mouvement des armées du Nord et de Silésie devait com-

Octob. 1813.

Distribution des divers corps d'armée sur l'une et l'autre rive de la Mulde.

Marche de Blucher et de Bernadotte.

Octob. 1813.

Leur entrevue, et leur antipathie réciproque.

mencer dès qu'elles auraient assuré par de fortes têtes de pont leurs moyens de repasser l'Elbe, dans le cas où elles seraient contraintes de battre en retraite. Les deux chefs de ces armées étaient loin de se plaire. La fierté, l'impétuosité, la défiance offensante de Blucher avaient peu satisfait Bernadotte, et la timidité de Bernadotte, cachée sous une morgue singulière, n'avait excité ni l'estime ni la confiance de Blucher. De froids égards avaient à peine dissimulé leur antipathie réciproque, et du reste ils s'étaient quittés en se promettant un concert d'autant plus nécessaire, qu'ils étaient engagés dans des opérations plus périlleuses. Le 9, des avis secrets venus du pays même avaient averti Bernadotte et Blucher de l'approche de Napoléon avec toutes ses réserves. C'en était assez pour troubler le futur roi de Suède, et pour lui faire prendre la résolution de repasser l'Elbe. Blucher qui n'en était pas d'avis, avait envoyé un de ses officiers au camp suédois, pour s'entendre sur ce nouvel incident. Bernadotte s'était hâté de déclarer qu'il allait se reporter derrière l'Elbe pour s'épargner un désastre, à moins que l'armée de Silésie ne vînt le rejoindre au delà de la Mulde, afin de réunir en une seule masse les armées du Nord et de Silésie[1]. L'avis était sensé, et le moindre des gé-

En apprenant l'arrivée de Napoléon, ils prennent le parti de se réunir tous les deux derrière la Mulde, pour se mettre à couvert.

---

[1] Dans un atlas dressé pour l'intelligence de ses campagnes, et accompagné de légendes historiques détaillées, le prince de Suède a dit que le 7 octobre il avait provoqué une entrevue avec le général Blucher, et qu'au premier aspect de la distribution des corps sur la carte il avait aperçu le danger que courait le général Blucher, et qu'il lui avait donné le conseil de passer la Mulde pour se joindre à lui, conseil qui avait sauvé la coalition. Depuis cette publication M. de Muffling, dans

néraux l'eût conçu et adopté sans contestation. Aussi le général Blucher s'était-il empressé de s'y conformer, bien que ce mouvement eût l'inconvénient de lui faire perdre son pont de Wartenbourg. Il fut donc arrêté que dans la journée du 10 le général d'York, formant actuellement la droite de l'armée de Silésie, passerait la Mulde à Jesnitz, que le général Langeron en formant le centre, la passerait à Bitterfeld, et enfin que le général Sacken qui était devenu sa gauche, la passerait à Düben. Tous les corps de l'armée de Silésie étaient ainsi en mouvement, défilant devant nous de notre droite à notre gauche, le long du contour que la Mulde décrit de Düben à Bitterfeld. (Voir la carte n° 58.) Le corps d'York n'avait qu'un pas à faire pour passer à Jesnitz. Celui de Langeron n'avait à franchir que les quatre lieues de Düben à Bitterfeld.

Octob. 1813.

d'intéressants mémoires, empreints d'un caractère véridique quoique respirant les passions du temps, a fourni le moyen de compléter et de rectifier les assertions du prince de Suède. Dans l'entrevue du 7 on ignorait le départ de Napoléon qui ne quitta Dresde que le 7, et par conséquent le danger de Blucher. Ce jour-là, 7 octobre, il ne fut question que de se porter sur Leipzig. C'est seulement le 9 qu'on sut l'arrivée de Napoléon avec ses réserves, et le 9 Blucher envoya un officier de confiance pour se concerter avec le prince de Suède. Cet officier trouva le prince fort ému de l'approche de Napoléon, et voulant repasser l'Elbe immédiatement si l'armée de Silésie ne venait pas le rejoindre derrière la Mulde, pour aller ensuite s'abriter derrière la Saale. Blucher y consentit, car il ne pouvait pas y avoir deux avis à cet égard, même pour un sous-officier de quelque bon sens, et il se mit en marche sur-le-champ afin de franchir la Mulde. Il n'y eut donc lieu à aucune contestation, ni à aucun avis capable de sauver la coalition. Les jours suivants, à la vérité, il y eut des divergences, et il ressort du récit de M. de Muffling, que les avis décisifs pour le triomphe de la coalition ne furent point suggérés par le prince de Suède, et qu'il fallut au contraire pour les lui faire adopter de grands efforts de la part du général Blucher et du ministre d'Angleterre.

Mais Sacken, qui était à Mokrehna entre la Mulde et l'Elbe, avait au contraire beaucoup plus de chemin à parcourir pour venir à Düben, et surtout à manœuvrer très-près des Français, ce qui rendait pour lui le trajet singulièrement périlleux.

Tandis que dans la journée du 10 l'armée française à cheval sur la Mulde descendait cette rivière vers Düben, le maréchal Ney marchant en tête, heurta vivement le corps de Langeron, qui était resté en arrière pour attendre le corps de Sacken et lui livrer le pont de Düben. Il le repoussa brusquement, et lui enleva un parc de 300 voitures. Sacken fort pressé par les troupes du général Bertrand, qui avaient cheminé entre la Mulde et l'Elbe, se retira comme il put, et trouvant Düben occupé par notre avant-garde, opéra un grand circuit pour venir traverser la Mulde à Raguhn.

Napoléon entré à Düben vers deux heures de l'après-midi, se hâta d'interroger les prisonniers qu'on avait recueillis, sut qu'il avait en présence l'armée de Silésie tout entière, laquelle avait défilé, et défilait encore devant lui, pour aller gagner la Mulde sur notre gauche. Napoléon résolut de la poursuivre sur-le-champ dans toutes les directions. Il ordonna au maréchal Ney de se porter avec Souham à trois lieues sur la gauche, à Gräfenhaynchen, route de Dessau; aux généraux Dombrowski et Reynier de se porter à droite, sur Wittenberg, au bord de l'Elbe; au général Bertrand, avec son 4ᵉ corps et la cavalerie de Sébastiani, de se diriger sur Wartenbourg, également au bord de l'Elbe, afin d'y détruire les ponts de l'ennemi, à Macdonald enfin d'appuyer Bertrand. Tous devaient culbuter les corps de Blucher, qui surpris en marche ne pouvaient guère opposer de résistance, et leur enlever partout les moyens de passage de la Mulde et de l'Elbe, afin de nous les approprier exclusivement. Napoléon s'arrêta à Düben même avec la garde, la cavalerie de Latour-Maubourg et le corps du maréchal Marmont, pour y combiner ses mouvements ultérieurs.

A voir la manière dont les choses se présentaient, un souci le préoccupait fortement. Il savait que l'armée du Nord était sur sa gauche derrière la basse Mulde, occupant les ponts de cette rivière, et ceux de l'Elbe au-dessous de sa réunion avec la Mulde, ayant par conséquent toute facilité pour repasser l'Elbe, et se soustraire à nos poursuites. Il savait que l'armée de Silésie, après avoir franchi l'Elbe à Wartenbourg sur notre droite, venait de défiler le long de notre front, pour traverser la Mulde à notre gauche, et se joindre à l'armée du Nord. Il n'y avait pas grande invraisemblance à supposer qu'elles allaient recommencer cette tactique évasive qui nous avait tant épuisés, et à notre approche repasser l'Elbe vers Acken ou Roslau. Pour Napoléon qui avait besoin d'une bataille décisive, et qui à chaque pas jonchait la route de jeunes gens malades ou dépités, c'était là un vrai malheur. Il était à craindre également qu'après avoir inutilement opéré un long trajet pour atteindre les armées de Silésie et du Nord, et voulant se rabattre ensuite sur l'armée de Bohême, il ne pût pas davantage atteindre celle-ci. Leur marche sur nos derrières annonçait sans doute des

Octob. 1813.

Il pousse tous ses corps en avant pour culbuter partout les détachements ennemis, et leur enlever leurs ponts de l'Elbe et de la Mulde.

Sachant que les armées de Silésie et du Nord sont réunies sur sa gauche et derrière la Mulde, Napoléon forme le projet de marcher sur elles d'abord, de les poursuivre à outrance dans la direction de Berlin, de laisser l'armée de Bohême descendre jusqu'à Leipzig, puis de la surprendre en remontant l'Elbe par la rive droite,

Octob. 1813.

et en se jetant sur elle par Torgau ou Dresde.

projets plus hardis que de coutume, mais elle pouvait bien signifier aussi le désir de ne combattre que lorsque les trois armées alliées seraient confondues en une seule. Or pour leur donner le courage de nous attendre, Napoléon ne pouvait cependant pas leur laisser l'avantage de se réunir, ce qui les aurait placées à notre égard dans la proportion de deux contre un, supériorité numérique trop dangereuse pour s'y exposer; et néanmoins, tant qu'il persisterait à s'interposer entre les deux masses ennemies, l'une descendant la Mulde, l'autre la remontant, il était présumable que chacune des deux individuellement menacée, chercherait à se dérober. Dans cette perplexité, ne voulant pas leur permettre de se réunir, et obligé de choisir celle qu'il attaquerait la première, il prit le parti de se jeter à outrance sur la masse qui était formée des armées de Silésie et du Nord, et pour les joindre, sans perdre le moyen de revenir plus tard sur l'armée de Bohême, il imagina tout à coup l'un des projets les plus audacieux, les plus savants, que jamais capitaine eût conçus, et qui recevait de la proportion des forces avec lesquelles il allait être tenté une grandeur inouïe [1]. Napoléon résolut de poursuivre sans relâche les armées de Silésie et du Nord, de passer à leur suite la Mulde

Conséquences possibles de cette vaste et belle combinaison.

---

[1] On a beaucoup parlé de ce projet sans le connaître, et on l'a rendu presque ridicule par toutes les suppositions très-hasardées qu'on a faites, faute de savoir la vraie pensée de Napoléon. Nous pouvons, grâce à sa correspondance, mise en rapport avec la correspondance des généraux sous ses ordres, rétablir sa pensée véritable, jour par jour, heure par heure, et on verra qu'à la veille du plus grand des malheurs, nous ajouterons du plus motivé par ses fautes politiques, son génie militaire se déploya avec autant de force et de grandeur que jamais.

et l'Elbe, d'en détruire tous les ponts, excepté ceux qui nous appartenaient, de s'efforcer ainsi de mettre en complète déroute ces deux armées, puis comme dans cet intervalle de temps, le prince de Schwarzenberg continuant à descendre la Mulde aurait vivement poussé Murat sur Leipzig, et peut-être plus bas, de remonter lui-même l'Elbe, sans quitter la rive droite, de le remonter jusqu'à Torgau ou à Dresde, de repasser ce fleuve à l'un de ces points, et de fondre sur cette armée de Bohême, séparée des montagnes, et prise ainsi dans un vrai cul-de-sac, entre la Mulde et l'Elbe dont les ponts seraient à nous. Il fallait sans doute bien du bonheur, bien de la précision de mouvement, et de bien bons instruments pour que cette combinaison réussît, car elle était aussi vaste que compliquée; mais il se pouvait qu'après avoir fourni à Napoléon le moyen de battre les armées du Nord et de Silésie, elle lui ménageât encore le moyen de prendre dans un coupe-gorge et de détruire complétement l'armée de Bohême. C'étaient de prodigieux résultats, certains avec les soldats et les généraux de Friedland et d'Austerlitz, douteux aujourd'hui, mais possibles encore, même avec des soldats jeunes et des généraux déconcertés.

Sur-le-champ Napoléon donna ses ordres en conséquence, et les donna en chiffres, recommandant à tous ceux qui allaient être dépositaires de son secret, de le bien garder, car, disait-il, ce serait pendant trois jours le *secret de l'armée et le salut de l'Empire*. Il prescrivit à Murat de se conduire avec une extrême prudence, de contenir l'ennemi et de l'attirer tout à la fois, de se replier sur Leipzig où il

Octob. 1813.

Ordres donnés pour l'exécution du nouveau plan.

Secret fortement recommandé.

Instructions à Murat pour qu'il se replie

Octob. 1843.

lentement sur Leipzig, afin de donner à Napoléon le temps de revenir par la rive droite de l'Elbe.

rencontrerait le duc de Padoue et vraisemblablement Augereau, de s'y maintenir autant que possible, car il y avait un intérêt à la fois politique, moral et militaire à conserver cette ville, mais plutôt que de s'exposer à une lutte inégale, de rétrograder sur Torgau ou Wittenberg, où il trouverait asile derrière l'Elbe, en attendant que Napoléon repassant ce fleuve par Torgau ou Dresde, vînt comme la foudre retomber sur l'armée de Bohême, condamnée à périr dans le piége où elle se serait laissé entraîner. Napoléon ordonna au duc de Padoue de réunir tout ce qu'il y avait à Leipzig de vivres, de munitions, d'habillements, de souliers, de matériel précieux enfin, d'en composer un vaste convoi et de l'acheminer sur la route de Torgau, où le général Lefebvre-Desnoëtte viendrait le recueillir par un mouvement rétrograde, pour l'escorter jusqu'à Torgau même. De la sorte si on était obligé d'évacuer Leipzig on n'y perdrait rien. Napoléon prescrivit encore au duc de Padoue d'écrire à Erfurt, à Mayence, qu'on était en pleine manœuvre, que les mouvements allaient être très-compliqués, qu'il ne fallait donc pas prendre l'alarme si on apprenait que Leipzig fût occupé par l'ennemi, qu'un pareil événement pouvait bien avoir lieu, mais par le résultat de combinaisons qui se termineraient vraisemblablement *par un coup de foudre*.

Napoléon avait le projet, arrivé jusqu'à Dessau à la poursuite de Blucher et de Bernadotte, de ne pas lâcher prise avant d'avoir pu les joindre; cependant, si après les avoir bien battus il fallait pour les suivre encore perdre la chance d'atteindre l'armée de Bohême, il était résolu de les laisser traîner leurs débris jusqu'à Berlin, et quant à lui de remonter la rive droite de l'Elbe pour l'exécution de sa grande pensée, dont le succès serait ainsi devenu très-probable, car le fleuve qu'il aurait mis entre lui et l'armée de Bohême couvrirait son mouvement, maintiendrait cette armée dans l'ignorance de ce qu'on lui préparait, et ne lui permettrait de l'apprendre que lorsqu'il ne serait plus temps pour elle de rebrousser chemin vers la Bohême.

Octob. 1813.

Toutefois cette profonde combinaison avait un inconvénient, un seul, mais grave, c'était de résoudre définitivement la question de l'évacuation ou de la conservation de Dresde. Conserver cette ville devenait en effet nécessaire, puisque après avoir passé l'Elbe à la suite de Blucher et de Bernadotte, il fallait le repasser afin de surprendre l'armée de Bohême, et il était possible que pour y réussir il fallût le remonter non-seulement jusqu'à Torgau, mais jusqu'à Dresde. Par ce motif Napoléon enjoignit au maréchal Saint-Cyr, contrairement à ce qu'il lui avait d'abord annoncé, de rester définitivement à Dresde, de s'y bien établir, et de l'y attendre avec confiance, car bientôt probablement il le verrait reparaître sous les murs de cette ville, non par la rive gauche, mais par la rive droite, après de grands desseins accomplis, et à la poursuite de desseins plus grands encore. Malheureusement si ces desseins ne se réalisaient pas, et si on était amené à combattre où l'on se trouvait, c'est-à-dire entre Düben et Leipzig, c'étaient 30 mille hommes capables de décider la victoire qui manqueraient à l'effectif de nos forces, et s'il fallait après une bataille ou indécise ou perdue

L'inconvénient inévitable de la nouvelle combinaison imaginée par Napoléon, c'est d'empêcher l'évacuation de Dresde.

Ordre au maréchal Saint-Cyr de rester à Dresde.

repasser la Saale, c'étaient encore 30 mille hommes ajoutés à tous ceux qui, renfermés dans les places de l'Elbe, de l'Oder, de la Vistule, ne pourraient pas rentrer en France, et seraient réduits à capituler.

Après avoir enfanté ces vastes conceptions, Napoléon résolut de s'arrêter un jour à Düben, peut-être deux, pour y recueillir des nouvelles soit de Murat, soit des différents corps envoyés à la poursuite de Blucher et de Bernadotte, car il s'agissait de savoir s'il devait chercher les armées de Silésie et du Nord derrière la Mulde, en passant cette rivière entre Düben et Dessau, ou les chercher au delà de l'Elbe, en passant ce fleuve à Wittenberg. Il faisait un temps horrible, on marchait dans une fange épaisse, délayée par des pluies continuelles, ce qui augmentait beaucoup les peines du soldat, et Napoléon était contraint d'attendre le résultat des reconnaissances dans un petit château entouré d'eau, au milieu de bois déjà ravagés par l'automne et la mauvaise saison. Cette inaction forcée coûtait à son impatience, et quoique très-confiant encore, il ne laissait pas d'avoir de vagues pressentiments qui le jetaient parfois dans une sorte de tristesse. Il n'avait d'autre ressource que de s'entretenir avec le maréchal Marmont, dont l'esprit facile, ouvert, cultivé, lui plaisait, et avec lequel il avait eu jadis les rapports familiers d'un général avec son aide de camp. Il passa la nuit entière du 10 au 11 à discourir sur la situation si extraordinairement compliquée des armées belligérantes entre l'Elbe, la Mulde et les montagnes de Bohême, et bien qu'il eût été amené à cette situation non par la confusion de son esprit qui était le plus net du

monde, mais par celle des choses, et qu'il sût par-   Octob. 1813.
faitement s'y reconnaître, il n'était pas exempt de
toute inquiétude en se voyant engagé dans un pareil labyrinthe, et à plusieurs reprises il s'écria :
Quel fil embrouillé que tout ceci! Moi seul je puis le
débrouiller, et encore aurai-je bien de la peine! —
C'est ainsi qu'il passa cette nuit, parlant de toutes
choses, même de littérature et de sciences, laissant
le maréchal Marmont épuisé de fatigue, et ne paraissant en éprouver aucune.

Le 11 les rapports des lieutenants annoncèrent   Mouvement
les résultats qui suivent. Le général Bertrand avec   de Bertrand,
                                                        Reynier,
le 4ᵉ corps s'était porté sur Wartenbourg, où il avait Macdonald et
                                                       Ney pendant
trouvé la grande tête de pont commencée par Blu-   la journée
cher, et avait entrepris de la détruire, car il était   du 11.
convenu qu'on ne souffrirait aucun moyen de passage hors des places de Wittenberg ou de Torgau qui
nous appartenaient. Les généraux Dombrowski et   L'ennemi
Reynier avaient chassé des environs de Wittenberg   rencontré
                                                     partout sans
les troupes qui bloquaient cette place, s'y étaient qu'on puisse
introduits, et, débouchant sur la rive droite de   deviner
                                                     sa véritable
l'Elbe, avaient couru sur les détachements prus-   direction.
siens. Le maréchal Macdonald était venu se placer
à Kemberg, derrière Wittenberg, pour appuyer
Dombrowski et Reynier. Enfin à gauche Ney s'était
approché de Dessau, et avait refoulé tous les détachements ennemis sur la droite de la Mulde. Les   Incertitude
prisonniers faits, les mouvements aperçus, étaient   de Napoléon.
de nature à jeter Napoléon dans la plus grande incertitude. En effet, à Wartenbourg sur notre droite,
à Wittenberg sur notre front, à Dessau sur notre
gauche, on avait vu non-seulement des détache-

Octob. 1813.

Danger de voir Blucher et Bernadotte, au lieu de repasser l'Elbe pour s'enfuir vers Berlin, remonter la Mulde pour joindre le prince de Schwarzenberg à Leipzig.

Précautions de Napoléon contre ce danger.

Il envoie Marmont au delà de la Mulde, à Dölitzsch, pour rester toujours interposé entre les deux masses ennemies, celle du bas Elbe et celle de Bohême.

ments, mais des corps entiers et d'immenses convois, de manière qu'il était impossible de dire si l'ennemi repassait sur la rive droite de l'Elbe à notre approche, ou s'il s'arrêtait derrière la Mulde, attendant pour livrer bataille que nous osassions franchir cette rivière devant lui. Il se pouvait aussi que les deux armées du Nord et de Silésie réunies derrière la Mulde, remontassent cette rivière pour opérer leur jonction avec l'armée de Bohême aux environs de Leipzig. Ce dernier mouvement de leur part nous exposait au péril très-grave d'avoir toute la coalition à la fois sur les bras. Il fallait donc en tâchant d'accabler Bernadotte et Blucher d'abord, manœuvrer de façon à demeurer toujours interposés entre eux et le prince de Schwarzenberg, c'est-à-dire entre la masse qui remontait du bas Elbe et celle qui descendait de Bohême. Dans cette vue Napoléon fit passer le pont de Düben au maréchal Marmont, et lui donnant une forte division de cavalerie, le porta sur la gauche de la Mulde vers Dölitzsch. Marmont allait être derrière un bras détaché de la Mulde qui coule de Leipzig à Jesnitz, tantôt formant des flaques d'eau, tantôt s'échappant en un maigre filet pour rejoindre le bras principal à Bitterfeld. Dans cette position Marmont était suffisamment couvert; il pouvait par sa cavalerie légère lancée au loin, éclairer les mouvements de l'ennemi, et s'il apprenait que l'armée de Silésie ou celle du Nord remontant derrière la Mulde, se dirigeassent sur Leipzig, il lui était facile d'y marcher en quelques heures, et d'y être avant elles. Joignant Murat avec 25 mille hommes, il le portait à près de 90 mille, et c'était assez pour ménager à Napoléon le temps de revenir, et de se tenir toujours entre les deux masses qui voulaient se réunir pour l'accabler. Cette sage et utile précaution prise, Napoléon fit ce qui était nécessaire pour que son grand dessein n'en souffrît pas, si, comme il l'espérait, la crainte d'un mouvement de Blucher et de Bernadotte sur Leipzig n'était qu'une chimère. Il prescrivit à Dombrowski et à Reynier de déboucher de Wittenberg pour courir sur tous les corps ennemis qu'ils rencontreraient au delà de l'Elbe, de descendre même le long de la rive droite pour y détruire les ponts de Bernadotte de Roslau à Barby, ce qui dans tous les cas était pour les coalisés un grave dommage, car s'ils avaient repassé sur la rive droite de l'Elbe pour se réfugier vers Berlin, on leur ôtait tout moyen de revenir au secours de l'armée de Bohême, et s'ils étaient restés sur la rive gauche, on les enfermait dans un cul-de-sac où Napoléon allait les prendre et les écraser. Il enjoignit à Ney de se jeter sur les ponts de la Mulde à Dessau et de les enlever. Il laissa Macdonald à Kemberg pour soutenir Reynier et Dombrowski au besoin, Bertrand à Wartenbourg pour y achever la destruction de la tête de pont de Blucher; enfin il concentra Latour-Maubourg et la garde autour de Düben, prêt à suivre Ney à Dessau pour fondre au delà de la Mulde sur les armées du Nord et de Silésie, ou à remonter en arrière vers Marmont, s'il fallait rebrousser chemin du côté de Leipzig. Voilà dans quelles perplexités, dans quels calculs profonds et continuels il passa la journée du 14, que beaucoup de critiques, ignorant le secret de ses pen-

Octob. 1813.

Ordre réitéré à Bertrand, Reynier, Ney, de détruire tous les ponts qui ne sont pas à nous.

Octob. 1813.

Indices recueillis dans la journée du 12.

L'armée du Nord semble repasser sur la rive droite de l'Elbe, et celle de Silésie se tenir derrière la Mulde, avec tendance à remonter vers Leipzig.

Heureux combat de Murat contre l'armée Bohême.

sées, lui ont reprochée comme une journée perdue.

Le 12, levé selon sa coutume entre minuit et une heure du matin, il se pressa de recueillir ce qui lui arrivait de toutes les directions. Deux indications, déjà très-prononcées la veille, paraissaient se prononcer davantage. Il semblait que l'une des deux armées du bas Elbe, celle de Bernadotte, avait repassé sur la rive droite de l'Elbe, et que l'autre au contraire, celle de Blucher, était restée sur la rive gauche, avec tendance à remonter vers Leipzig par derrière la Mulde. Les mouvements ordonnés la veille, particulièrement celui de Marmont, répondaient parfaitement à cette indication. Enfin une nouvelle importante, celle d'un combat heureux livré le 10 par Murat à Wittgenstein, était de nature à confirmer Napoléon dans sa disposition à se jeter tout de suite sur les armées du Nord et de Silésie. Voici ce qui s'était passé du côté de Murat. S'étant porté avec Poniatowski, Lauriston, Victor et les 4e et 5e de cavalerie sur Frohbourg, il avait réussi à intercepter la route qui conduit par Commotau et Chemnitz à Leipzig, mais il n'avait pas eu le temps d'intercepter celle qui conduit à cette ville par Carlsbad et Zwickau. Profitant de la voie restée ouverte, Wittgenstein avait pu occuper Borna, et Murat s'était trouvé dans la journée du 10, avec les Autrichiens sur sa gauche à Penig, et les Russes sur sa droite à Borna. Ne voulant pas demeurer dans cette position, et surtout ne voulant pas permettre que la tête de l'une des deux colonnes ennemies le devançât sur Leipzig, il s'était résolûment rabattu sur sa droite, et avait attaqué Borna avec la dernière vigueur. Les

Russes s'étaient vaillamment défendus, mais Poniatowski, Lauriston, les avaient assaillis plus vaillamment encore, et avaient repris Borna à la baïonnette.
Ce combat, qui avait coûté 3 à 4 mille hommes à
Wittgenstein, nous avait rendus maîtres de la route
de Leipzig, et avait replacé Murat dans sa situation
naturelle, celle de couvrir Leipzig contre les deux colonnes de Schwarzenberg débouchant de la Bohême.
A en juger d'après les premières apparences, Wittgenstein repoussé de Borna paraissait en retraite, et
notre cavalerie disait l'avoir vu s'en retournant vers
la Bohême. Murat en écrivant à Napoléon lui mandait
donc qu'il croyait l'armée de Bohême en retraite, et
l'engageait à ne rien négliger pour venir à bout des
armées de Silésie et du Nord. Ces nouvelles étaient
datées du 11 à onze heures et demie du matin.

Napoléon en recevant ces détails dans la matinée
du 12, en revint à penser que l'armée de Bohême
n'était pas très-pressée de s'engager, que les coalisés
avaient toujours le même penchant à l'éviter, qu'il
fallait donc commencer par se jeter sur les armées de
Silésie et du Nord, les poursuivre au delà de l'Elbe,
remonter ensuite ce fleuve par la rive droite, et surprendre l'armée de Bohême en repassant à l'improviste sur la rive gauche. Napoléon jusqu'à dix heures
du matin confirma ses premiers ordres, et fit ses préparatifs pour passer la Mulde, afin de se ruer d'abord
sur Blucher qui se montrait à notre gauche, et puis
sur Bernadotte qui semblait se tenir à notre droite,
à cheval sur l'Elbe. Il rapprocha même la garde impériale de Düben, pour pouvoir se joindre à Marmont
et marcher droit à Blucher au delà de la Mulde.

Octob. 1813.

A dix heures
du matin,
le 12, les deux
armées
ennemies
de Blucher et
de Bernadotte
semblent plu-
tôt disposées
à se dérober
qu'à tenter
une grande
opération.

Octob. 1813.

Tout à coup la face des choses change, l'armée de Bohême paraît descendre vers Leipzig, et l'armée de Silésie y remonter, pour préparer une jonction générale.

Mais à dix heures du matin, la face des choses changea subitement. Une seconde lettre de Murat écrite de la veille encore, c'est-à-dire du 11, mais à trois heures de l'après-midi, donnait des nouvelles toutes différentes. Au lieu de trouver l'ennemi en retraite, on l'avait trouvé en pleine marche sur Leipzig. La colonne autrichienne poursuivant son mouvement par la route de Chemnitz, continuait de s'avancer sur Frohbourg et Borna, et la colonne de Wittgenstein après s'être repliée un moment sur la route de Zwickau jusqu'à Altenbourg, avait ensuite repris hardiment sa marche sur Leipzig. Murat annonçait qu'il rétrogradait sur Leipzig, d'abord pour ne pas livrer bataille avec des forces disproportionnées, secondement pour couvrir toujours cette ville. Il allait s'établir à quelques lieues de Leipzig, dans une bonne position, espérait s'y maintenir, renforcé qu'il serait par les troupes qui l'y attendaient, engageait Napoléon à ne pas lâcher prise s'il était assuré d'atteindre les armées de Silésie et du Nord, promettant quant à lui de se dévouer en attendant à la tâche la plus ingrate, la plus périlleuse, celle de lutter contre un ennemi trois ou quatre fois supérieur. Au même instant les reconnaissances de Marmont avaient aperçu l'armée de Blucher quittant les bords de la Mulde pour ceux de la Saale qui coule parallèlement à la Mulde mais plus loin, et la remontant vers Halle, avec une tendance évidente vers Leipzig.

Napoléon change soudainement ses détermi-

À ces nouvelles, Napoléon, avec la promptitude de l'homme de guerre supérieur, n'hésita plus, et changea tous ses plans. Il abandonna sa grande combinaison consistant à courir d'abord sur Blucher et Bernadotte pour revenir ensuite sur l'armée de Schwarzenberg par la rive droite de l'Elbe, et il résolut de se porter immédiatement par la voie la plus courte sur Leipzig. Tant qu'il avait pu espérer de se tenir entre les deux masses qui venaient l'une de Bohême, l'autre de l'Elbe inférieur, avec la faculté de se jeter à volonté sur l'une ou sur l'autre, son projet d'occuper celle de Bohême au moyen de Murat, tandis qu'il commencerait par assaillir celle de l'Elbe, avait été le plus habile et le plus sage. Mais à présent que la tendance de l'une vers l'autre était évidente, qu'il n'était pas sûr que Murat pût contenir plusieurs jours de suite l'armée de Bohême, comme il n'était pas sûr non plus qu'il pût lui-même joindre les armées de Silésie et du Nord en les tenant séparées de Leipzig, la plus urgente des manœuvres était de s'opposer à la jonction générale des trois armées coalisées, et pour cela de venir à Leipzig combattre le plus tôt possible celle de Bohême. Il n'y avait que ce moyen de sortir de la difficulté, car persister à se jeter par Dessau sur les armées de Silésie et du Nord, lorsqu'on n'était pas certain de les trouver réunies, puisque l'une semblait remonter vers Leipzig et l'autre repasser l'Elbe, s'exposer ainsi à n'atteindre que l'une des deux, tandis que l'autre irait rejoindre l'armée de Bohême à Leipzig, et que ces deux dernières accableraient Murat, n'était plus une conduite admissible de la part d'un capitaine tel que Napoléon, et il faut admirer la promptitude incroyable avec laquelle de l'un de ces projets il passa tout de suite

Octob. 1813.

sations, et renonçant à son premier plan, malgré les avantages qu'il s'en promettait, reporte toutes ses forces sur Leipzig pour empêcher la jonction des armées coalisées.

à l'autre. Mais de ce moment sa situation était déjà moins bonne, car ayant naguère l'espérance fondée de battre successivement les armées ennemies, peut-être même de leur faire essuyer une catastrophe, il était menacé à son tour d'une réunion de forces écrasantes, et son triomphe le plus grand allait être, non pas d'infliger un désastre à ses ennemis, mais de l'éviter. Il est vrai qu'il avait la chance d'accabler Schwarzenberg avant que Blucher survînt, et peut-être aussi Blucher lui-même avant que Bernadotte pût le rejoindre; mais il fallait pour obtenir ces deux résultats une précision et une rapidité de mouvements bien difficiles avec des soldats fatigués par des marches continuelles et par un temps épouvantable.

A l'instant même, c'est-à-dire le 12 entre dix heures et midi, il fit ses calculs et donna ses ordres en conséquence. Murat qui le 11 avait vu recommencer le mouvement offensif de l'armée de Bohême, pouvait bien mettre toute la journée du 12 à se replier sur Leipzig, et s'y défendre le 13, le 14, même le 15, avec les secours qui allaient successivement lui parvenir. En effet Marmont déjà porté à Dölitzsch n'était séparé de Leipzig que par une marche, et en lui expédiant immédiatement l'ordre de s'y rendre, devait y être le 12 au soir, ou le 13 au matin au plus tard. Ce renfort de près de 25 mille hommes, cavalerie comprise, joint à Augereau dont on annonçait l'arrivée, procurerait à Murat 90 mille hommes environ pour la journée du 13. La garde et Latour-Maubourg avaient été tenus autour de Düben, et pouvaient s'y replier dans

la journée pour franchir la Mulde et s'acheminer sur
Leipzig. S'il n'avait pas fallu passer par cet unique
pont de Düben avec d'immenses convois d'artillerie
et de bagages, la garde et Latour-Maubourg auraient
pu être le soir même de l'autre côté de la Mulde, et
avoir fait une première marche sur Leipzig, ce qui
leur aurait permis d'y être le lendemain 13 au soir.
En comptant la garde à 38 mille hommes de toutes
armes après les fatigues qu'on venait d'essuyer, Latour-Maubourg à six mille cavaliers (les effectifs sur
le papier étaient bien supérieurs), c'étaient encore
44 mille hommes qui, le 13 au soir ou le 14 au matin, allaient renforcer le rassemblement de Murat,
le porter à 134 mille hommes, et former entre l'armée de Bohême et celle de Silésie un mur impénétrable. Restaient Bertrand occupé près de Wartenbourg à ruiner les ouvrages de Blucher, Macdonald
envoyé dans les environs de Wittenberg pour appuyer Reynier et Dombrowski. Macdonald et Bertrand ramenés le 13 à Düben, pouvaient être le 14
au soir, ou le 15 au plus tard à Leipzig, et porter
ainsi à 160 mille hommes la grande armée qui s'y
formait. Enfin Dombrowski avec 5 mille hommes,
Reynier avec 15 mille, Sébastiani avec 4 mille chevaux, avaient été envoyés au delà de l'Elbe pour
détruire tous les ponts de ce fleuve jusqu'à Barby,
et Ney avec 15 mille hommes avait été chargé de
s'emparer de ceux de la Mulde, pour éloigner définitivement l'armée du Nord, qui semblait décidée
à se tenir au delà de l'Elbe. C'étaient encore 38 ou
39 mille hommes qui ramenés sur Leipzig devaient
porter la concentration générale de nos forces à un

Octob. 1813.

de Latour-
Maubourg.

Marche
de Bertrand,
Macdonald,
Reynier
et Ney.

Octob. 1813.

Espérance de réunir à temps 200 mille hommes à Leipzig, dans une position centrale, contre l'ennemi qui en aurait 300 mille, mais divisés.

total d'environ 200 mille combattants. Dans la position concentrique où ces 200 mille combattants allaient se trouver au milieu de toutes les armées des coalisés, on avait de quoi livrer une bataille qui serait formidable sans doute, mais qui pourrait être heureuse, les coalisés fussent-ils 300 mille et même davantage, ce qui n'était pas impossible.

Napoléon expédia ses ordres de dix heures à midi aux diverses masses destinées à se réunir sur Leipzig, et devant partir, Marmont de Dölitzsch, la garde et Latour-Maubourg de Düben, Bertrand et Macdonald des environs de Wittenberg. Quant à la dernière portion de 38 mille hommes, engagés les uns au delà de l'Elbe par Wittenberg, les autres au delà de la Mulde par Dessau, Napoléon calcula que même en les ramenant dès le lendemain sur Düben, ils ne pourraient pas y passer le pont de la Mulde à cause de l'encombrement des hommes et du matériel; il leur laissa donc terminer la tâche qu'il leur avait confiée. Ayant des raisons de supposer que l'armée du Nord avait repassé l'Elbe, il voulut la mettre tout à fait hors de cause, en achevant de détruire ses moyens de passage. En conséquence il prescrivit à Reynier, Dombrowski, Sébastiani, de terminer au plus vite l'opération dont ils étaient chargés contre les ponts de Roslau, d'Acken, de Barby, à Ney d'enlever ceux de Dessau, à tous enfin de ne rien négliger pour ôter à Bernadotte, qu'on supposait au delà de l'Elbe, la faculté de le repasser.

Ainsi, dans ces ordres si profondément calculés, il était pourvu à tout, autant qu'il est permis à la prévoyance humaine de le faire. Le lendemain 13 octobre Murat allait avoir près de 90 mille hommes à Leipzig, le 14, 134 mille, avec la personne de Napoléon, ce qui rendait impossible toute jonction des masses ennemies. Enfin les 15 et 16, la grande armée successivement portée à 200 mille hommes, devait être placée avec toutes ses forces entre les armées coalisées. Il ne restait plus qu'à se battre vaillamment et heureusement : vaillamment, Napoléon l'espérait avec raison de ses soldats, heureusement, il l'espérait encore de son génie et de la fortune !

Il résolut d'attendre à Düben même l'exécution des ordres qu'il avait donnés. Effectivement il importait peu qu'il fût à Leipzig tant que ses troupes n'y seraient pas réunies, et à Düben au contraire, il veillait au défilé de ses corps d'armée, et aux mesures prescrites pour se débarrasser de Bernadotte, qui paraissait toujours revenu sur la rive droite de l'Elbe. Pendant cette journée du 12, Dombrowski et Reynier, précédés par la cavalerie de Sébastiani, ayant traversé l'Elbe à Wittenberg, chassèrent devant eux les Prussiens, et enlevèrent même quelques prisonniers à la division Thumen, laquelle avait toujours fait partie du corps de Bernadotte. C'était une nouvelle raison de croire au retour de l'armée du Nord sur la rive droite de l'Elbe. Dombrowski et Reynier se rabattirent ensuite à gauche pour détruire le pont de Roslau, et s'y heurtèrent aux troupes du général Hirschfeld appartenant également à l'armée du Nord. Ils ne descendirent point au delà, des forces considérables semblant y être réunies. Dans le même temps Ney opérant sur la Mulde, emporta les ponts de Dessau, situés tout près du confluent de la Mulde dans l'Elbe. Un peu avant d'être à Dessau et à droite, c'est-à-dire à Worlitz, se trouvait un détachement ennemi. Ney dirigea sur Worlitz la cavalerie du général Fournier avec quelques troupes d'infanterie du 3e corps, et avec le reste de ce corps se précipita sur Dessau même. L'ennemi fut brusquement refoulé sur le pont de Dessau, où cavalerie et infanterie se réfugièrent dans une affreuse confusion. On y ramassa un millier de prisonniers et plusieurs pièces de canon. Sur ces entrefaites le détachement prussien qui occupait Worlitz, abordé aussi vivement, fut rejeté sur Dessau où nous étions déjà, pris entre deux feux, et enlevé ou sabré par la cavalerie du général Fournier. Ces affaires coûtèrent à l'ennemi près de trois mille hommes et bon nombre de bouches à feu. Les troupes qu'on avait rencontrées là étaient celles du corps de Tauenzien, lequel, sans appartenir à Bernadotte, avait habituellement servi avec lui. Il parut se replier sur l'Elbe. Le maréchal Ney ne s'engagea pas davantage, ayant pour instruction de se tenir prêt à rebrousser chemin.

Ces diverses rencontres confirmaient tout à fait la supposition que l'armée du Nord était restée sur la droite de l'Elbe, car la division Thumen, le corps du général Hirschfeld, celui de Tauenzien, n'avaient cessé de marcher avec elle. Ce qui était le plus vraisemblable, c'est qu'elle se tenait sur l'Elbe pour couvrir Berlin, tandis que l'armée de Silésie, s'étant reportée de la Mulde à la Saale pour accomplir son mouvement sous la protection de deux rivières, remontait vers Halle et Leipzig afin de se joindre à l'armée de Bohême. Il y avait certainement bien des contradictions à expliquer dans une pareille hypothèse, car on ne comprenait pas pourquoi les armées de Silésie et du Nord avaient, au prix des plus grands périls, opéré leur jonction et le passage de l'Elbe pour se séparer ensuite, et pourquoi Blucher n'était pas allé tout simplement se réunir au prince de Schwarzenberg à travers la Bohême, au lieu de parcourir l'immense circuit de Bautzen à Dessau, de Dessau à Leipzig. Mais ce n'était pas la première fois qu'on avait vu les généraux coalisés exécuter des manœuvres étranges, et toutes les reconnaissances constatant la séparation des deux armées du Nord et de Silésie, il fallait bien se rendre devant des témoignages unanimes. Il parut donc établi qu'on aurait affaire à Schwarzenberg renforcé de Blucher seul, si toutefois ce dernier parvenait à rejoindre le généralissime à travers les masses de l'armée française.

Octob. 1813.

Le 13 ces apparences furent de nouveau confirmées par les reconnaissances opérées dans toutes les directions, et en conséquence Napoléon persista dans l'opinion qu'il s'était faite, et qui du reste n'importait pas relativement aux mesures à prendre, car dans tous les cas il fallait se concentrer le plus tôt et le plus complétement possible autour de Leipzig. Marmont avec la cavalerie du général Deforge ayant remonté la Mulde, entre le bras principal et le petit bras qui passe à Dölitzsch, côtoya sans cesse les troupes de Blucher qui effectuaient le même

Confirmation réitérée de ces apparences.

mouvement le long de la Saale, et se dirigeaient sur Halle comme nous sur Leipzig. Le 13 au soir le maréchal Marmont vint s'établir en arrière de Leipzig, dans la position de Breitenfeld, laquelle fait face à la route de Halle. Il était ainsi en mesure d'empêcher Blucher d'entrer à Leipzig. Le même jour Murat se repliait en ordre sur le côté opposé de Leipzig, et y contenait la grande armée du prince de Schwarzenberg. Augereau après avoir rencontré au delà de Weissenfels, non loin des plaines de Lutzen, les troupes légères de Lichtenstein et de Thielmann, leur avait passé sur le corps, et leur avait enlevé 2 mille hommes. Les dragons d'Espagne, habitués à manier le sabre droit, avaient fait un grand carnage de la cavalerie ennemie. Augereau était à l'entrée même de Leipzig vers Lindenau, ce qui apportait un nouvel obstacle à la jonction de Blucher avec Schwarzenberg. Ainsi le 13 au soir 90 mille hommes étaient déjà réunis à Leipzig, de manière à s'interposer entre les masses ennemies.

Sur la route de Düben le mouvement de concentration fut le même pendant cette journée du 13. La garde et Latour-Maubourg ayant franchi la veille le pont de la Mulde, malgré un fâcheux encombrement, suivirent les traces du maréchal Marmont, et marchèrent dans le même ordre, ayant soin de se garder avec leur cavalerie légère du côté du général Blucher. Bertrand et Macdonald se rapprochèrent de Düben pour y traverser la Mulde le soir ou le lendemain. Ney rebroussa chemin de Dessau sur Düben pour passer après eux. Reynier, Dombrowski, Sébastiani revinrent sur Wittenberg. La pluie ne cessant pas, les chemins étaient dans l'état le plus affreux, et malheureusement beaucoup de soldats, trop jeunes pour de telles fatigues, restaient en arrière et encombraient les routes. Le grand quartier général, composé de la cour de Saxe, des parcs du génie et de l'artillerie, et des équipages de pont, ce qui comprenait au moins deux mille voitures, avait suivi Napoléon jusqu'à Eilenbourg sur la Mulde. Ce quartier général était gardé par quatre mille hommes, et formait un immense convoi. Il était à mi-chemin, sur la route de Leipzig à Torgau. Napoléon avait ordonné que tout ce qui appartenait à l'artillerie fût dirigé sur Leipzig, et que tout le reste fût renfermé dans Torgau. La cour de Saxe avait été laissée libre de choisir entre Torgau ou Leipzig. A Torgau elle avait un siége et d'affreuses maladies à craindre, à Leipzig une bataille. Mais guidée par une confiance instinctive en Napoléon, elle avait pensé qu'il y avait plus de sûreté auprès de lui, et elle avait opté pour Leipzig, au risque d'assister au plus horrible conflit qui se fût jamais vu entre les nations civilisées. C'était donc un nouvel embarras ajouté à tous les autres, sur ces routes encombrées et défoncées. Au pont d'Eilenbourg les soldats du parc d'artillerie et ceux de l'équipage de pont faillirent en venir aux mains.

Octob. 1813.

sur Lüben et Leipzig.

Le 14 au matin, après avoir veillé toute la nuit à l'exécution de ses ordres, Napoléon se prépara lui-même à partir pour Leipzig. Au moment de son départ un rapport du maréchal Ney, recueilli très-près de l'ennemi, le mit en doute relativement à la position prise par l'armée du Nord. Elle ne paraissait

Départ de Napoléon pour Leipzig le 14 au matin.

Les apparences changées

plus sur la droite de l'Elbe, mais sur la gauche et derrière la basse Saale, toujours extrêmement soigneuse d'éviter une rencontre avec nous. Elle était ainsi fort au-dessous de Blucher sur la Saale, et beaucoup plus loin que lui de Leipzig; mais tandis qu'il remonterait vers Halle, c'est-à-dire vers Leipzig, elle pouvait suivre son mouvement, ne fût-ce que de loin, et dans ce cas il était possible que nous l'eussions elle aussi sur les bras, ce qui ferait trois armées à combattre au lieu de deux. Il est vrai que Leipzig occupé par nous, restait toujours entre elles un obstacle fort difficile à surmonter. En recevant ce dernier renseignement Napoléon expédia de nouveaux ordres à Ney, Reynier, Dombrowski, Sébastiani, qui avaient le plus de chemin à faire, et leur recommanda de se hâter, car plus on prévoyait d'ennemis sur son chemin, plus il fallait être concentrés pour leur tenir tête. Il partit ensuite de Düben, afin d'être le soir même du 14 à Leipzig. En route il rencontra le roi de Saxe, déjà très-ému de tout ce qu'il voyait, le rassura et le charma comme il faisait toujours par son énergie et sa bonne grâce, et alla descendre dans le faubourg de Reudnitz, à une demi-lieue en dehors de Leipzig du côté de Murat. Il prit gîte dans une habitation particulière qu'on avait préparée pour lui.

Il s'y trouvait avec Berthier, Murat, Marmont et divers officiers de sa maison, et leur montra une extrême confiance à tous. Pourtant la situation n'était pas rassurante. C'est tout au plus si, en comptant bien, il pouvait réunir 190 mille soldats autour de Leipzig, tandis que huit jours auparavant il en avait environ 240 mille, et 360 mille deux mois auparavant. Les marches et diverses rencontres lui avaient déjà fait perdre 20 mille hommes en huit jours, et 30 mille étaient paralysés à Dresde. Il pouvait avoir, si Bernadotte se joignait à Blucher, de 320 à 350 mille hommes à combattre, et c'était une terrible lutte à soutenir contre des ennemis remplis d'exaltation. Il allait se voir entouré, cerné en quelque sorte au sud et à l'est de Leipzig par l'armée du prince de Schwarzenberg, au nord par les armées de Blucher et de Bernadotte, peut-être même enveloppé à l'ouest et coupé de Mayence, si Blucher au moyen des troupes légères de Thielmann, réussissait à donner la main à Schwarzenberg à travers la plaine de Lutzen. (Voir les cartes n°° 58 et 60.) Cette situation était donc infiniment grave, bien qu'il eût de grandes ressources dans l'indomptable bravoure de ses soldats, dans son génie, et dans la position concentrique qui lui permettrait de contenir les uns pendant qu'il combattrait les autres, et de les vaincre ainsi successivement. Du reste il n'avait pas cessé de l'espérer.

Les événements politiques qu'il apprenait étaient assez tristes, et de nature à mettre son caractère à une nouvelle épreuve. Le royaume de Westphalie venait de s'écrouler soudainement, à la seule apparition d'une troupe de Cosaques. C'était facile à prévoir, mais le coup n'en était pas moins sensible, et d'un sinistre augure. En effet après la bataille de Gross-Beeren et de Dennewitz, Bernadotte, parvenu jusqu'à l'Elbe, dont il avait occupé plusieurs points entre Wittenberg et Magdebourg, se char-

Octob. 1813.

ne pourra pas avoir plus de 190 mille hommes, contre l'ennemi qui peut en avoir de 320 à 350 mille.

Gravité de la situation.

Concours de nouvelles politiques fâcheuses.

Chute du trône de Westphalie.

geant toujours volontiers des œuvres les plus cruelles pour Napoléon, les moins honorables pour lui, avait pris plaisir à lancer sur la Hesse Czernicheff avec quelque infanterie légère et beaucoup de Cosaques, dans l'intention de renverser le trône de Jérôme. Ces coureurs, tandis que Thielmann et Lichtenstein envahissaient la Saxe et la Thuringe, s'étaient hâtés d'envahir la Hesse, et de se porter sur Cassel, où le renversement de l'une des royautés fondées par Napoléon ne pouvait manquer de produire une grande sensation. Partout favorisés par la population, bien accueillis, bien informés, bien nourris, ils étaient parvenus sans difficulté jusqu'aux portes de Cassel. Le roi Jérôme n'avait pour se défendre qu'un bataillon de grenadiers et deux régiments de cuirassiers westphaliens, plus quelques hussards français. Ces derniers avaient été récemment formés pour lui procurer une garde sûre, et devaient être portés à douze cents hommes. Mais ils étaient à peine sept à huit cents, arrivaient depuis quelques jours de France, et beaucoup d'entre eux étaient encore incapables de se tenir à cheval. A l'approche des partisans de Czernicheff tous les esprits avaient été vivement émus, et l'espérance de se débarrasser d'une royauté étrangère les avait presque soulevés. Les troupes peu nombreuses et la plupart westphaliennes, contenues par la discipline militaire, s'étaient abstenues de manifester leurs sentiments, mais en les laissant facilement deviner. Jérôme s'était donc trouvé dans une affreuse position; néanmoins il avait bravé l'orage, s'était adressé au duc de Valmy à Mayence pour obtenir le secours de trois à quatre mille Français, et en attendant avait essayé de faire une sortie à la tête de son bataillon de grenadiers, et de quatre cents hussards français pris parmi ceux qui savaient monter à cheval. Cette sortie avait été d'abord heureuse, et les hussards français avaient bravement chargé l'ennemi, qui s'était un moment replié. Mais bientôt l'agitation des esprits croissant à Cassel, la plupart des troupes westphaliennes désertant, et le duc de Valmy ne pouvant dans la grave situation des choses déplacer trois à quatre mille Français sans un ordre formel de Napoléon, Jérôme avait été obligé d'évacuer sa capitale, et de se retirer sur Coblentz. Le 30 septembre Czernicheff était entré dans Cassel, et le royaume de Westphalie avait été aboli.

Octob. 1813.

Ces nouvelles étaient suivies d'une autre non moins fâcheuse. La Bavière était sur le point de nous abandonner, et on allait jusqu'à répandre le bruit qu'elle avait déjà signé un traité d'adhésion à la coalition européenne. Elle nous avait du reste préparés à cet événement. Le roi ne cessant de se plaindre à nous d'être livré à ses propres forces, avait dit et répété que son armée placée au bord de l'Inn sous le général de Wrède, ne pourrait résister à l'armée autrichienne; que si on ne lui envoyait immédiatement un corps de 30 mille hommes, il serait obligé de céder aux injonctions des puissances coalisées, au mauvais esprit de ses troupes, et à l'opinion unanime de son peuple. Notre ministre, M. Mercy d'Argenteau, qui se conduisait à Munich avec beaucoup de zèle et de prudence, n'avait pu répondre à ces plaintes que par des promesses toujours démenties

Adhésion de la Bavière à la coalition.

Octob. 1813.

par les faits, et avait plusieurs fois averti M. de Bassano du péril qui nous menaçait de ce côté. Le départ du maréchal Augereau pour Leipzig avait été le signal de la défection, et la Bavière avait cédé, en signant un traité d'alliance avec nos ennemis. Nous devions en conséquence nous attendre, si nous étions forcés de nous retirer, à trouver sur nos derrières une armée de 30 mille Autrichiens et de 30 mille Bavarois prêts à nous fermer la retraite. Il fallait donc à tout prix être victorieux à Leipzig, sous peine d'un désastre non pas plus tragique, mais plus irrémédiable que celui de Moscou[1].

[1] Les tristes flatteurs qui pendant son règne ont contribué à perdre Napoléon, et qui depuis sa chute ont plus d'une fois compromis sa mémoire, ont attribué à la défection de la Bavière tous les désastres qui ont signalé la fin de la campagne de 1813. C'est parce que Napoléon est revenu sur Leipzig, disent-ils, au lieu de descendre sur Magdebourg et Hambourg, pour prendre position sur le bas Elbe, qu'il a succombé. Ils prouvent en disant cela qu'ils n'ont ni connu la partie la plus importante des documents de cette époque, ni même interprété selon leur vrai sens ceux de ces documents qu'ils avaient sous les yeux. Ce n'est pas à cause de la défection de la Bavière que Napoléon est revenu de Düben sur Leipzig, car c'eût été un bien faible motif pour un capitaine tel que lui. Il est revenu, comme nous l'avons raconté, pour rester toujours interposé entre l'armée de Bohême et les armées de Silésie et du Nord, et il ne le pouvait qu'en se portant sur Leipzig avant que Blücher eût le temps d'y arriver. Il y a, indépendamment de ces raisons qui sont de simple bon sens, des raisons de fait invincibles dans les lettres mêmes de Napoléon. C'est le 12 au matin qu'il changea de détermination et renonça au mouvement sur Berlin pour le mouvement sur Leipzig; or, le 13 il ne connaissait pas encore la défection de la Bavière, car racontant à M. de Bassano, qui était à Eilenbourg, l'arrestation du secrétaire de M. Pozzo di Borgo, et sa conversation avec ce secrétaire, il dit que les coalisés comptaient beaucoup sur la Bavière, sans être certains cependant d'avoir terminé avec elle. Le 13 Napoléon ne savait donc pas encore ce qui en était de la Bavière, et c'est le 12 que ses ordres de marcher sur Leipzig avaient été donnés. Enfin il est constaté par la correspondance diplomatique de M. de Mercy d'Argenteau que ce minis-

Cette situation, qui d'heure en heure semblait présenter un aspect plus sinistre, n'échappait pas à Napoléon, mais elle était loin de le troubler. L'idée d'être vaincu par les généraux et les soldats de la coalition ne pouvait entrer dans son esprit. Ses généraux avaient été battus quatre fois dans cette campagne, et lui jamais, ni dans celle-ci, ni dans aucune autre. Après avoir livré plus de cinquante batailles rangées, ce qui n'était arrivé encore à aucun capitaine, ni ancien ni moderne, il n'en avait pas perdu une seule. Il trouvait sans doute ses soldats jeunes pour les fatigues, mais il ne les avait

Octob. 1813.

La confiance de Napoléon est loin encore d'être ébranlée.

tre ne connut que le 9 octobre le traité signé à Munich le 8, que ses dépêches annonçant cette nouvelle furent interceptées et ne parvinrent point à Napoléon. Dans l'état des communications, ces dépêches obligées d'aller jusqu'à Francfort ou Mayence pour prendre la route de la grande armée, ne seraient certainement pas arrivées avant le 12 à Duben, quand même elles n'auraient pas été interceptées. Voilà des faits positifs et incontestables. Le 14 on n'avait à Leipzig que des bruits vagues, venant des coalisés qui savaient ce qui s'était passé entre eux et la Bavière, et qui l'ébruitaient par la joie qu'ils en éprouvaient. Napoléon n'avait donc pu se porter sur Leipzig à cause de la défection de la Bavière, puisqu'il l'ignorait. On s'est fondé pour répandre cette fausseté, sur une assertion du *Moniteur* de cette époque, qui prétend que la défection de la Bavière avait contraint Napoléon de revenir sur Leipzig. On vient de voir par les preuves matérielles que nous avons rapportées, que l'assertion est radicalement fausse. Mais voici le motif de Napoléon pour dissimuler la vérité en cette circonstance. Cherchant pour le public une explication palpable de la manœuvre qui l'avait ramené sur Leipzig, et dont le résultat avait été si désastreux, il imagina cette raison de la défection de la Bavière, qui était frappante pour les ignorants, et qui lui servait à masquer ce qu'on pouvait croire une faute, comme pour 1812 il avait imaginé de dire que le froid était cause de nos malheurs, et pour Kulm que Vandamme avait manqué à ses instructions. Mais Napoléon, en se justifiant ainsi devant les ignorants, se calomniait devant les gens instruits. Si en effet il eût été certain que la route de Mayence allait se fermer par la défection de la Bavière, c'eût été une raison de plus de descendre sur Magdebourg et Ham-

Octob. 1813.

jamais vus plus braves; il sentait sa prodigieuse clairvoyance qui lui donnait tant d'avantage sur ses ennemis, comme on sent l'excellence de sa vue en l'exerçant continuellement sur les objets; il ne doutait donc pas de gagner une, même deux et trois batailles. Son espérance était de vaincre d'abord Schwarzenberg le premier jour, puis Blucher le second, et de sortir ainsi de l'espèce de réseau dans lequel on cherchait à l'enfermer. Toutefois son infériorité numérique par rapport à l'ennemi lui semblait bien grande, car il ne pouvait pas se flatter de réunir 200 mille combattants, et ses adversaires devaient en avoir plus de 300 mille s'ils parvenaient à se joindre. Prévoyant cette difficulté, il avait prescrit une disposition à laquelle il avait pensé bien des fois, c'était de placer l'infanterie sur deux rangs au lieu de trois. Il prétendait que le troisième rang ne servait ni pour les feux ni pour les charges à la baïonnette, et il ne voulait pas s'avouer à lui-même que le troisième rang, s'il ne pouvait ni tirer ni charger à la baïonnette, soutenait cependant les deux autres, leur imprimait de la solidité, et les recrutait après une action meurtrière. Mais dans la

Résolution de mettre l'infanterie sur deux rangs.

bourg, au lieu de remonter sur Leipzig, puisqu'il se serait assuré ainsi la route bien meilleure et encore libre de Wesel. Mais Napoléon désespérant de faire comprendre à la masse du public comment il avait été forcé à la suite des plus savantes manœuvres de revenir sur Leipzig, adopta une assertion spécieuse, facile à saisir par tout le monde, et la donna dans les nouvelles officielles, aux dépens de la vérité et de sa propre gloire. Heureusement la vérité triomphe toujours avec le temps, car il y a tôt ou tard des gens qui l'aiment et savent la trouver, et tantôt elle condamne, tantôt même elle justifie ceux qui ont eu la maladresse de la cacher. Souvent en effet elle vaut mieux pour eux que les mensonges qu'ils ont inventés pour se justifier.

détresse où il se trouvait, la chose était bonne à essayer si elle n'était pas bonne à professer.

Octob. 1813.

Enfermé pendant cette soirée dans un appartement chauffé suivant la coutume allemande, et appuyé à un grand poêle, il eut avec Berthier, Murat, Marmont et plusieurs de ses généraux, un entretien long, familier et significatif. Il soutint la formation de l'infanterie sur deux rangs, et dit que pour le lendemain au moins elle aurait un grand effet, celui de donner à l'armée française l'apparence d'être d'un tiers plus forte, l'ennemi ignorant la nouvelle disposition qu'il venait de prescrire. On disserta sur ce sujet, puis on parla de la possibilité de juger à l'œil de la force d'une armée sur le terrain, et Napoléon affirma qu'avec sa vieille expérience il n'était pas sûr de ne pas se tromper d'un quart au moins. Tout à coup on annonça Augereau, qu'il n'avait pas encore vu, car ce maréchal venait à peine de rejoindre le quartier général. — Ah! vous voilà, s'écria-t-il, arrivez donc, mon vieil Augereau; vous vous êtes bien fait attendre. — Puis, sans aigreur ni blâme, même avec un ton amical mais triste : Vous n'êtes plus, lui dit-il, l'Augereau de Castiglione! — Si, répondit le maréchal, je serai encore l'Augereau de Castiglione quand vous me rendrez les soldats d'Italie. — Cette repartie n'irrita pas Napoléon, mais il insista, se plaignant d'une sorte de défaillance générale autour de lui. Par un penchant, fort ordinaire aux hommes, de s'en prendre de leurs malheurs plus volontiers aux autres qu'à eux-mêmes, il accusa tout le monde, d'ailleurs très-doucement. Il commença par ses frères,

Curieux entretien de Napoléon avec ses lieutenants pendant une partie de la nuit du 14 au 15.

comme s'ils avaient été exclusivement coupables de ce qui se passait dans leurs États, et qu'il n'eût été pour rien dans leurs mésaventures. Il se plaignit de Louis qui, de la Suisse où il s'était retiré, lui redemandait la Hollande, de Jérôme qui venait de perdre Cassel, de Joseph qui venait de perdre l'Espagne. Puis il ajouta que son malheur avait été de trop faire pour sa famille, que son beau-père l'empereur François le lui avait reproché plus d'une fois, qu'il le reconnaissait maintenant, mais trop tard. — Vous-même, dit alors Napoléon en s'adressant à Murat avec une franchise de langage singulière, mais que la complète absence d'aigreur rendait supportable, vous-même n'avez-vous pas été prêt à m'abandonner ? — Murat repoussa bien loin cette imputation, en disant qu'il avait toujours eu des ennemis cachés, appliqués à le desservir auprès de son beau-frère. — Oui, oui, répondit Napoléon avec un ton tellement affirmatif qu'on voyait bien qu'il avait tout su, ou tout deviné : vous avez été prêt à faire comme l'Autriche, mais je vous pardonne. Vous êtes bon, vous avez un fonds d'amitié pour moi, et vous êtes un vaillant homme; seulement j'ai eu tort de vous faire roi. Si je m'étais contenté de vous faire vice-roi comme Eugène, vous auriez agi comme lui; mais roi, vous songez à votre couronne plus qu'à la mienne. — Ces vérités, adoucies par le ton, émurent fort les assistants, et formèrent le sujet de la conversation jusque bien avant dans la nuit. Ensuite, avec une sorte de résignation supérieure, et des témoignages affectueux, Napoléon quitta ses lieutenants, en leur disant qu'il fallait se préparer tous à se bien battre, car on aurait affaire à forte partie le lendemain, et la bataille prochaine déciderait de leur sort, du sien, de celui de la France.

Ce triste retour sur le passé fut le seul signe que Napoléon donna de ses sombres pressentiments, car du reste il était calme, tranquille, résolu, comme si les circonstances eussent été celles qui avaient précédé Austerlitz ou Friedland[1].

Le lendemain matin Napoléon monta de très-bonne heure à cheval, afin d'inspecter le champ de bataille, ne voulant pas prendre l'initiative de l'action à cause de ses corps restés en arrière, et imaginant bien que l'ennemi ne la prendrait pas s'il ne la prenait pas lui-même. Ce soin était urgent, car ce champ de bataille, immortalisé par notre bravoure et nos malheurs, avait besoin d'être étudié dans son immense étendue, pour qu'ayant acquis une entière connaissance des lieux, Napoléon pût com-

Octob. 1813.

Le 15 au matin, Napoléon monte à cheval pour passer la revue du champ de bataille.

---

[1] Je n'ai pas besoin de répéter, après l'avoir dit tant de fois, que je ne rapporte les entretiens de Napoléon que lorsque j'ai la preuve authentique de leur parfaite exactitude, et je ne reproduis celui-ci que parce qu'il me semble avoir une singulière signification à la veille de la bataille de Leipzig. Il prouve que déjà une tristesse confuse se faisait jour dans l'âme de Napoléon. Cet entretien eut un témoin, M. Jouanne, l'un des secrétaires de confiance de Napoléon, homme respectable et digne de toute créance, qui, se trouvant là pour écrire divers ordres sous la dictée de Napoléon, entendit l'entretien que nous venons de rapporter et en consigna sur-le-champ le souvenir par écrit. C'est sur ce document conservé par M. Jouanne que j'ai retracé cette conversation, en résumant les choses, et en leur donnant seulement la forme du style historique, qui n'admet pas toutes les familiarités du langage, et qui n'a pas besoin pour être vrai de rapporter jusqu'à des locutions soldatesques, que les mémoires particuliers peuvent seuls se permettre de reproduire.

mander là même où il ne serait pas de sa personne. Il se porta d'abord au sud de Leipzig, vers le côté où Murat s'était établi en se retirant devant l'armée de Bohême.

La Pleisse et l'Elster, comme la Saale, comme la Mulde, descendent des montagnes de la Bohême (voir les cartes n°ˢ 58 et 60), traversent toute la Saxe en coulant à peu près dans le même sens, jusqu'à ce que séparées ou confondues elles aillent tomber dans l'Elbe qui les recueille en passant. Un peu au-dessus de Leipzig la Pleisse et l'Elster, assez rapprochées l'une de l'autre, et divisées en une multitude de bras, finissent par se réunir au-dessous de cette ville, puis se détournent un peu à gauche, et vont se confondre dans la Saale, avec laquelle elles coulent vers l'Elbe en suivant une direction presque parallèle au cours de la Mulde. Voici donc quel était le mouvement des diverses armées. Le prince de Schwarzenberg ayant débouché des montagnes de la Bohême avec la grande armée des trois souverains, était arrivé sur Leipzig en descendant entre la Mulde, la Pleisse et l'Elster. Napoléon au contraire venant à sa rencontre du bas Elbe, avait remonté ces rivières jusqu'à Leipzig même. Le prince de Schwarzenberg avait sa gauche à la Pleisse et à l'Elster, et sa droite dans les plaines faiblement accidentées des environs de Leipzig. Quant à Napoléon il avait sa gauche dans ces mêmes plaines, et sa droite aux deux rivières. Fortement adossé à Leipzig, et occupant bien cette ville, il avait la prétention de tenir Blucher et même Bernadotte entièrement séparés de Schwarzenberg. En effet Blucher ne pouvant traverser Leipzig, que nous occupions, était forcé de se détourner ou à droite ou à gauche pour rejoindre la grande armée de Bohême. Pour se détourner à droite (droite de Blucher) il lui fallait franchir un obstacle de grande importance, c'étaient la Pleisse, l'Elster, la Saale réunies, couvrant de leurs mille bras une vallée boisée, large de plus d'une lieue, et derrière laquelle il aurait pu trouver les Français, notamment Augereau, qui s'avançait par la route de Lutzen après avoir battu Platow et Thielmann. Si au contraire il eût cherché à se détourner à gauche, il aurait rencontré à travers la vaste plaine de Leipzig l'armée française revenant de Düben, et se serait exposé aux plus grands périls. Dès lors il avait l'armée française comme une muraille entre lui et Schwarzenberg. Il suffisait donc que Napoléon arrêtât Schwarzenberg au sud de Leipzig, Blucher au nord, pour les empêcher de se réunir, et s'il parvenait à battre l'un, puis à se reporter sur l'autre, il était possible qu'il triomphât alternativement de tous deux, surtout Bernadotte étant fort éloigné, et rien encore ne prouvant qu'il dût arriver. Napoléon sachant Schwarzenberg le plus rapproché, voulait d'abord avoir affaire à lui, réservant le combat avec Blucher pour le lendemain.

Octob. 1813.

Il commença donc sa revue par le sud, c'est-à-dire par le champ de bataille où il s'attendait à rencontrer le prince de Schwarzenberg. (Voir la carte nº 60.) La Pleisse et l'Elster, tantôt confondues, tantôt séparées, et embrassant un large terrain, marécageux et boisé, coulaient, avons-nous dit, de la Bohême sur Leipzig, c'est-à-dire du sud

Description du champ de bataille au sud, entre Liebert-Wolk-witz et Wachau.

au nord. Napoléon devait naturellement y appuyer sa droite, comme Schwarzenberg sa gauche, et l'appui était solide, car le lit des deux rivières n'était pas facile à traverser. D'ailleurs ce lit traversé, il aurait fallu gravir un terrain assez élevé pour déboucher par derrière notre droite dans la plaine de Leipzig. Sur son front Napoléon avait pour champ de bataille un terrain peu accidenté, et dont quelques villages formaient à peine les moyens de défense. En partant de Mark-Kleeberg sur la Pleisse, en passant par Wachau et allant finir à Liebert-Wolkwitz, une légère dépression de terrain servant d'écoulement aux eaux vers la Pleisse, séparait notre ligne de celle de l'ennemi. Tel quel, ce vallon, si on peut l'appeler ainsi, était l'obstacle de terrain que nous allions nous disputer avec acharnement. A sa gauche enfin, Napoléon avait la vaste plaine de Leipzig, semée de gros villages, et à peine sillonnée par une très-petite rivière, la Partha, qui, naissant à quelque distance de Liebert-Wolkwitz, allait après de nombreux circuits tomber derrière nous dans la Pleisse, à travers un faubourg de Leipzig. Napoléon de ce côté était presque sans appui, mais la présence de ses colonnes arrivant de Düben devait contenir l'ennemi, et l'empêcher de s'y risquer. Murat ayant pris position au sud, avait établi à Mark-Kleeberg sur la Pleisse Poniatowski, à Wachau Victor, à Liebert-Wolkwitz Lauriston, et dans les intervalles le 4ᵉ de cavalerie (cavalerie polonaise), et le 5ᵉ sous Pajol, dans lequel on avait fondu les dragons d'Espagne.

De l'autre côté de cette espèce de vallon, on apercevait en face de nous Kleist et Wittgenstein, entre

Gross-Pössnau, Gülden-Gossa, Cröbern, avec les gardes russes et prussiennes pour réserve. L'armée autrichienne était partie à notre droite, entre la Pleisse et l'Elster, s'avançant dans l'angle formé par ces rivières, et menaçant le pont de Dölitz, partie à notre gauche, en avant d'un bois dit de l'Université, vis-à-vis de Liebert-Wolkwitz, et devant tendre plus tard la main vers Blucher à travers la plaine de Leipzig, si nous perdions du terrain et si les coalisés en gagnaient.

Napoléon approuva complétement la position prise par Murat. Il résolut de disputer énergiquement la ligne de Liebert-Wolkwitz à Wachau et Mark-Kleeberg, pour cela de doubler les trois corps de Murat, en plaçant Augereau à droite près de Mark-Kleeberg, la garde et la cavalerie de Latour-Maubourg au centre à Wachau, Macdonald avec la cavalerie de Sébastiani à gauche, au delà de Liebert-Wolkwitz, afin d'empêcher que notre aile gauche ne fût débordée, et d'essayer même, comme on le verra bientôt, de déborder l'aile droite de l'ennemi. Les Autrichiens s'avançant entre la Pleisse et l'Elster sur le pont de Dölitz, Napoléon pour n'être pas tourné par sa droite, y plaça la brigade Lefol, tirée des troupes qui formaient la garnison de Leipzig. Après les combats qu'on avait livrés, les marches qu'on avait exécutées dans la boue, les corps de Lauriston, Victor, Poniatowski, Pajol, amenés par Murat, pouvaient monter à 38 mille hommes, Augereau et Lefol à 12 mille, la garde à 36 mille, Latour-Maubourg à 6 mille, Macdonald et Sébastiani à 22 mille, ce qui faisait environ 144 à 145 mille hommes opposés à

Octob. 1813.

Distribution des troupes au sud de Leipzig pour tenir tête à l'armée de Bohême entre Liebert-Wolkwitz, Wachau et Marck-Kleeberg.

160 mille. Mais en manœuvrant bien, en se battant énergiquement, toutes choses dont il n'y avait pas à douter, en se servant par exemple de quelques-uns des corps restés en arrière sous Ney, on pouvait renforcer Macdonald de 25 ou 30 mille hommes, puis se rabattre en masse par la gauche sur la droite de Schwarzenberg, et précipiter celui-ci dans la Pleisse. C'était en effet le projet de Napoléon si les corps actuellement en marche n'étaient pas indispensables au nord contre Blucher et Bernadotte.

Cette revue du terrain terminée et ces dispositions arrêtées, Napoléon revint par la gauche au faubourg de Reudnitz. Il parcourut les bords de cette petite rivière de la Partha, qui roule, comme nous venons de le dire, ses faibles eaux dans une cavité du terrain à peine sensible, et passant par Taucha, Schönfeld, va les verser dans la Pleisse, au nord de Leipzig, à travers le faubourg de Halle. Là, si on se joignait de plus près, pouvait s'offrir un peu en arrière de notre gauche un nouveau champ de bataille; mais il n'y avait pas à s'en occuper, l'ennemi n'osant pas encore s'y montrer, et nous n'ayant que de la cavalerie à y mettre.

Ce n'était pas assez que d'avoir tout disposé pour résister à la grande armée de Bohême; il fallait songer aussi à tenir tête à Blucher, qu'on devait s'attendre à voir paraître d'un moment à l'autre au nord de Leipzig. Heureusement se trouvait de ce côté, en dépassant la Partha, une position assez avantageuse, s'étendant du village de Möckern à celui d'Euteritzsch, barrant la route de Halle à Leipzig, et présentant un terrain large, élevé, appuyé d'un côté à la Pleisse et à l'Elster, de l'autre à un gros ravin, et où un corps pouvait se déployer à l'aise, en ayant sur l'ennemi qui arrivait de Halle un fort commandement. Obligé d'abandonner cette position, on avait la ressource de se replier derrière la Partha, et d'aller s'adosser à Leipzig, en avant du faubourg de Halle.

C'est là que Marmont, n'ayant cessé d'observer Blucher pendant la marche de nos troupes, était venu se placer pour le combattre au besoin. Napoléon approuva la position que Marmont avait prise, et lui recommanda de s'y maintenir. Ney, avec Bertrand, Souham, Reynier, Dombrowski, tous retardés par la destruction des ponts de la Mulde et de l'Elbe, devait se ranger à la droite de Marmont, puis à mesure qu'il arriverait se replier autour de Leipzig, du nord au sud, et se relier à travers la plaine qu'arrose la Partha, avec la gauche de Murat. Ces dernières troupes venues, le cercle autour de Leipzig serait entièrement fermé.

Restait à bien garder la ville même de Leipzig, et non-seulement la ville, mais la grande route du Rhin, qui après avoir franchi la Pleisse et l'Elster sur une longue suite de ponts, débouchait par Lindenau dans la plaine de Lutzen, et allait rejoindre Weissenfels, Erfurt, Mayence. Il était indispensable de garder spécialement la route, parce qu'elle était notre seule ligne de retraite, et parce qu'en l'occupant nous empêchions Blucher et Schwarzenberg de communiquer entre eux par delà l'Elster et la Pleisse. Napoléon avait laissé la division Margaron, composée de troupes de marche, dans Leipzig même, avec mission de défendre les ponts de la Pleisse et de l'Elster, et le gros bourg de Lindenau, qui en forme le débouché dans la plaine de Lutzen. Moyennant qu'on défendît bien ce bourg et la ville, il suffisait de troupes légères sur la grande route de Lutzen, pour qu'on fût averti de ce qui s'y passerait, et qu'on pût y accourir à temps. Napoléon adjoignit aux troupes de Margaron le général Bertrand qui avait marché avec Macdonald, et qui venait d'entrer à Leipzig. Il devait appuyer au besoin, ou Margaron dans la défense de Leipzig et du débouché de Lindenau, ou Marmont dans la défense de la position de Möckern. Les autres corps arrivant successivement devaient, comme nous l'avons dit, se placer derrière Marmont, et le relier avec Murat. Ainsi dans la première journée Napoléon avait pour la bataille qui allait se livrer au sud de Leipzig, 115 mille hommes à opposer aux 160 mille de Schwarzenberg. Si la lutte s'engageait en même temps au nord, il avait à opposer aux 60 mille hommes de Blucher Marmont avec 20 mille, Bertrand avec 10 mille, sans compter les 10 mille de Margaron qui gardaient Leipzig et la grande route du Rhin. Ney, avec Souham, Dombrowski, Reynier, nous amenait un renfort de 35 mille hommes, et pouvait alternativement secourir Marmont ou Napoléon lui-même. Avec lui le total de nos forces devait s'élever à 190 mille hommes; mais il fallait se hâter de vaincre, car si Ney portait nos forces à 190 mille hommes, l'ennemi, dans le même espace de temps, pouvait voir les siennes s'élever à 320 ou 330 mille hommes par l'arrivée probable de Bernadotte demeuré en arrière de Blucher, de Benningsen demeuré en arrière de Schwarzenberg. Napoléon, du reste, songeait à s'assurer des résultats décisifs dès le premier jour, car il espérait avoir au moins la tête de colonne de Ney, la joindre à Macdonald, et, les jetant l'un et l'autre sur la droite de Schwarzenberg, pousser brusquement ce dernier dans la Pleisse. Ces dispositions étaient tout ce qu'on pouvait attendre de la situation et de son génie, et après avoir employé la journée entière du 15 à rallier ses troupes, il résolut de ne pas différer davantage, et d'attaquer Schwarzenberg le lendemain 16. Il redoubla d'assurance à l'égard de ses lieutenants, et même de bienveillance pour eux, voulant les mieux disposer à donner jusqu'à la dernière goutte de leur sang. Au surplus, même en éprouvant de secrètes inquiétudes et en désapprouvant sa politique, ils y étaient déterminés sans réserve. Vaincre ou mourir était le sentiment de tous.

Octob. 1813.

Les alliés de leur côté n'étaient pas restés oisifs, et avaient fait de grands efforts pour opérer leur réunion sous les murs de Leipzig. Blucher et Bernadotte, comme on l'a vu, s'étaient, à l'approche de Napoléon, réfugiés derrière la Mulde, et n'avaient cessé depuis qu'ils se trouvaient ensemble d'être en contestation sur la conduite à suivre. Bernadotte aurait voulu d'abord que l'armée de Silésie vînt prendre position au-dessus de lui sur la Mulde, c'est-à-dire se placer entre lui et Leipzig, afin d'avoir en cas de revers des moyens d'évasion plus prompts et plus sûrs vers l'Elbe. Blucher, qui devinait les motifs de Bernadotte, aurait désiré au contraire se

Ce qui s'était passé du côté des alliés.

Contestations perpétuelles entre Blucher et Bernadotte depuis leur réunion derrière la Mulde.

placer au-dessous pour le tenir enfermé entre lui et Leipzig, et le forcer ainsi à marcher à l'ennemi. Mais Bernadotte se refusant absolument à une semblable disposition des deux armées, et alléguant pour prétexte le soin de ses communications avec la Suède, Blucher avait été obligé de se rendre pour éviter une rupture. Après cette contestation, il s'en était élevé une autre. Bernadotte voulait qu'en remontant vers Leipzig on opérât ce mouvement non pas derrière la Mulde, mais derrière la Saale, afin de mettre deux rivières entre soi et les Français. Blucher, au contraire, voulait qu'on se couvrît seulement de la Mulde pour arriver plus tôt à Leipzig. Toutefois il avait cédé encore, toujours dans l'intention de prévenir un éclat. Mais avec son impatience habituelle, il n'avait porté qu'un de ses corps derrière la Saale, et à la tête des deux autres il avait cheminé en avant de cette rivière, sur la chaussée de Halle, très-près du maréchal Marmont qu'il n'avait cessé de côtoyer. Enfin une troisième contestation avait tout à coup surgi entre les deux chefs des armées de Silésie et du Nord, et avait mis le comble à leur mésintelligence. À la vue des Français occupés au delà de l'Elbe à détruire des ponts, Bernadotte croyant à un mouvement de Napoléon sur Berlin, avait voulu repasser l'Elbe, pour n'être pas coupé du nord de l'Allemagne où était sa base d'opération. Son état-major tout entier, composé en grande partie de Russes et de Prussiens, avait contre l'ordinaire incliné à son opinion. Aussi avait-il fait valoir l'autorité éventuelle dont il était investi à l'égard de l'armée de Silésie, pour enjoindre à Blucher de le suivre sur la rive droite de l'Elbe. En recevant cet ordre Blucher avait contesté le mouvement de Napoléon sur Berlin, allégué à l'appui de son opinion les forces considérables laissées autour de Leipzig, répondu en outre par une désobéissance formelle, et adressé aux officiers prussiens et russes de l'armée de Bernadotte l'invitation de ne pas quitter la rive gauche de l'Elbe. Mais un fait indépendant de leur volonté à tous, la destruction complète des ponts par Ney et Reynier, avait mis fin au débat, et Bernadotte, privé de ses moyens de passage, était resté forcément sur la gauche de l'Elbe, ne suivant d'ailleurs Blucher que de très-loin. Toutefois les divisions Thumen et Hirschfeld, le corps de Tauenzien étaient demeurés de l'autre côté du fleuve, et avaient ainsi causé l'erreur de Napoléon, qui avait cru l'armée entière du Nord résolue à se maintenir sur la droite de l'Elbe et sur la route de Berlin.

Octob. 1813.

Blucher s'était avancé par Halle sur Leipzig; Bernadotte était resté en arrière sur la basse Saale, avec deux divisions laissées sur la droite de l'Elbe.

C'est de cette manière que Blucher et Bernadotte avaient occupé le temps que Napoléon avait employé à revenir sur Leipzig. Blucher était le 15 sur la route de Halle, à quatre ou cinq lieues au nord de Leipzig, ayant grand désir de s'en approcher, n'osant donner la main au prince de Schwarzenberg à travers la plaine de Lutzen, parce qu'il lui aurait fallu franchir la Pleisse et l'Elster, étant fort tenté de le faire du côté opposé, à travers la vaste plaine de Leipzig, mais ne l'osant pas davantage à la vue des corps français qui marchaient dans cette direction, et renouvelant ses instances auprès de Bernadotte pour qu'il vînt le joindre, car réunis ils devaient former une armée de 120 mille hommes,

Blucher, arrivé à quelque distance de Leipzig, envoie un officier pour essayer de pénétrer auprès de Schwarzenberg à travers l'armée française.

TOM. XVI. 25

laquelle n'avait rien à craindre de personne. Il avait en attendant tâché d'envoyer un officier au prince de Schwarzenberg pour lui dire qu'il était là, au nord de Leipzig, à une très-petite distance de lui, prêt à marcher au canon dès qu'il l'entendrait retentir au sud de cette ville.

Mouvement de l'armée de Bohême.

Dans l'armée de Bohême l'accord avait été plus grand, grâce à l'esprit conciliant d'Alexandre, à l'autorité doucement exercée du prince de Schwarzenberg, et surtout à l'évidence de ce qu'on avait à faire. On avait voulu descendre sur Leipzig avec l'intention de s'y joindre aux deux armées de Silésie et du Nord, et dès lors on n'avait qu'une conduite à tenir, c'était de pousser Murat vivement, et d'autant plus vivement qu'on voyait bien que Murat n'était qu'un rideau destiné à couvrir le mouvement des Français sur l'Elbe, et que si on ne se hâtait pas de percer ce rideau, on laisserait à Napoléon le temps d'accabler les armées de Silésie et du Nord. C'est ainsi qu'on était arrivé le 14 devant Liebert-Wolkwitz et Wachau, où l'on avait perdu 1,200 hommes dans un combat de cavalerie imprudemment engagé contre Murat.

Peu de divergences d'avis dans cette armée, qui n'avait d'autre conduite à tenir que de marcher sur Leipzig.

Arrivée le 14 au sud de Leipzig, elle emploie la journée du 15 à se reposer et à prendre position.

La journée du 15 avait été employée à se rallier, à se mettre en ligne, et à délibérer sur le plan d'attaque, sujet fort grave et le seul sur lequel il y eût à discuter. Qu'il fallût livrer bataille, personne ne le mettait en doute, dût-on être vaincu, car si on laissait à Napoléon un jour, une heure de plus, il en profiterait pour détruire les deux armées du Nord et de Silésie. Se battre énergiquement en désespérés et tout de suite, était l'avis que la situation inspirait

Nécessité pour elle de livrer bataille.

et commandait à tout le monde. Restait le plan de la bataille à livrer. A cet égard il y avait grande divergence entre les généraux autrichiens d'une part, et les généraux russes et prussiens de l'autre. En guerre, comme en toutes choses, l'opinion de chacun est généralement dictée par la position qu'il occupe. Les Russes et les Prussiens, sous Barclay de Tolly, ayant débouché directement sur Liebert-Wolkwitz, Wachau et Mark-Kleeberg, devant Murat, sur la rive droite de la Pleisse et de l'Elster, voulaient qu'on portât l'attaque sur ce point, qu'on l'y portât résolûment, et avec presque toutes ses forces. A peine admettaient-ils qu'on fît une diversion à leur droite par Gross-Pösnau, Seyffertshayn, pour déborder notre gauche, et essayer de tendre une main vers Blücher à travers la plaine de Leipzig. Ils admettaient aussi qu'à leur gauche, entre la Pleisse et l'Elster, on fît quelques démonstrations pour tendre la main à Blücher à travers la plaine de Lutzen, s'il cherchait par hasard à percer de ce côté. Mais là encore ils ne voulaient qu'une simple démonstration.

Les Autrichiens ayant été conduits par les routes qu'ils avaient suivies à déboucher en grande partie entre la Pleisse et l'Elster, accordaient sans doute qu'on dirigeât une attaque vigoureuse contre Liebert-Wolkwitz, Wachau et Mark-Kleeberg, mais ils espéraient peu de cette attaque de front, et demandaient qu'on portât le gros des forces dans l'angle formé par la Pleisse et l'Elster, que protégés par les deux côtés de cet angle dont le sommet s'appuyait à Leipzig, on s'y enfonçât, et qu'on essayât d'enlever à coups d'hommes le pont de Dölitz, placé sur la

Octob. 1813.

Discussion sur le plan.

Avis des généraux russes et prussiens.

Avis des généraux autrichiens.

droite des Français en arrière de Mark-Kleeberg. Sans doute, disaient-ils, on y rencontrerait de grandes difficultés, car la Pleisse, coupée en mille bras, présentait des ponts, des corps de ferme, des enclos à forcer, et ensuite un terrain assez escarpé à gravir. Mais ces obstacles vaincus, on se trouverait sur les derrières des Français, la position de ceux-ci ne serait plus tenable, et ce serait un miracle s'ils pouvaient se retirer sains et saufs sur Leipzig. Aussi les généraux autrichiens voulaient-ils que non-seulement on employât à cette opération l'armée autrichienne, mais que les réserves de Barclay de Tolly, composées de la garde impériale russe, et de la garde royale prussienne, fussent chargées d'agir entre la Pleisse et l'Elster. Il y avait certainement quelques raisons à faire valoir pour ce plan, mais il y avait deux fortes objections à lui opposer : la première, c'est qu'avec peu de monde Napoléon pourrait en arrêter beaucoup à la position de Dölitz, et la seconde, c'est qu'en voyant combien était peu considérable la masse chargée de le combattre de front, il se rabattrait par sa gauche sur elle, et la jetterait dans la Pleisse. Or, lorsqu'il aurait anéanti comme à Dresde un tiers de l'armée alliée au moins, la question serait évidemment décidée en sa faveur.

Il ne suffit pas cependant qu'une opinion ait contre elle des raisons excellentes pour qu'on y renonce. Après l'avoir adoptée par position et de bonne foi, on y persiste par amour-propre, et il est rare qu'une opinion logiquement détruite, soit une opinion abandonnée. On contesta vivement, et suivant la coutume, bonne en politique, mais souvent dangereuse à la guerre, on transigea. On répartit les forces avec une certaine égalité. Le corps autrichien de Giulay, renforcé des troupes légères de Lichtenstein et de Thielmann, dut, au delà de la Pleisse et de l'Elster, se porter sur Lindenau, pour s'emparer de la communication des Français avec Lutzen, c'est-à-dire avec Mayence. Ce corps, de 20 à 25 mille hommes, pouvait, s'il était heureux, donner la main à Blucher à travers la plaine de Lutzen. Le gros de l'armée autrichienne, comptant 40 mille hommes environ, composé du corps de Merfeld et de toutes les réserves tant de cavalerie que d'infanterie du prince de Hesse-Hombourg, devait s'enfoncer dans l'angle formé par la Pleisse et l'Elster, et essayer de déboucher par Dölitz sur les derrières des Français. A la droite des deux rivières, sur le front des Français, devant les positions de Mark-Kleeberg, Wachau, Liebert-Wolkwitz, les armées prussienne et russe, appuyées de toutes leurs réserves et présentant une force d'environ 70 mille hommes, devaient se ruer sur la ligne occupée par Napoléon, tandis que le général autrichien Klenau, comptant à peu près 25 mille hommes avec le renfort d'une brigade prussienne et de la cavalerie de Platow, déborderait au loin Liebert-Wolkwitz par la plaine de Leipzig, tâcherait de tourner notre gauche, et de tendre lui aussi la main aux armées de Blucher et de Bernadotte.

Octob. 1813.

et l'Elster, et à la gauche de ces rivières.

Tel fut le plan adopté le 15 au soir pour être exécuté le lendemain 16 dès neuf heures du matin. On essaya de faire parvenir à Blucher, dont on avait appris l'arrivée au nord de Leipzig, l'avis qu'on al-

Octob. 1813.

Dernières
dispositions
de
Napoléon.

lait attaquer le 16, afin que s'il entendait le canon, il se portât lui-même au feu, et ne laissât aux Français que le moindre nombre possible de troupes inoccupées.

Le 16 octobre était donc le jour choisi par les deux armées pour cette grande et terrible lutte, de laquelle allait dépendre l'empire du monde. Napoléon avait déjà disposé ses troupes dès la veille. Macdonald et Sébastiani étant arrivés, il les avait dirigés sur Holzhausen, à gauche de Liebert-Wolkwitz, afin de faire face à Klenau. Quant à Ney et à Reynier, ils ne devaient être rendus à Leipzig, le premier que dans la matinée du 16, et le second que dans celle du 17. Blucher ne se montrant pas encore sur la route de Halle, ce qui était naturel puisqu'il fallait que le canon l'attirât sur le champ de bataille pour qu'il osât s'y aventurer, Napoléon supposa que peut-être il ne l'aurait pas sur les bras dans cette journée, et il enjoignit à Marmont de quitter sa position au nord de Leipzig, de traverser le faubourg de Halle, et de venir se placer sur les derrières de la grande armée, afin de coopérer à la manœuvre décisive contre la droite de Schwarzenberg, par laquelle il espérait assurer le gain de la bataille. Il prescrivit à Ney de prendre la position laissée vacante par Marmont, et d'être prêt, de concert avec Bertrand, à contenir l'ennemi qui se montrerait au nord de Leipzig. Ces ordres donnés, Napoléon était dès la pointe du jour à cheval au milieu de sa garde, sur un tertre élevé, à la bergerie de Meusdorf, d'où il dominait le champ de bataille, et voyait à sa gauche Liebert-Wolkwitz, au centre et un peu dans le fond Wachau, à droite et dans le fond aussi Mark-Kleeberg, plus à droite enfin la Pleisse et l'Elster, entre lesquelles s'avançaient les Autrichiens pour forcer le pont de Dölitz. Il avait, comme nous l'avons dit, environ 160 mille hommes devant lui, et environ 115 mille pour les combattre, Macdonald et Sébastiani compris. Le reste de l'armée française était à deux lieues en arrière, pour faire face aux éventualités qui pouvaient se présenter sur d'autres points.

Octob. 1843.

A neuf heures du matin, trois coups de canon tirés du côté des alliés devinrent le signal d'une épouvantable canonnade. De Mark-Kleeberg à Liebert-Wolkwitz, les coalisés s'avancèrent sur notre front en trois fortes colonnes précédées par 200 bouches à feu. Ils avaient eu l'idée, très-bien entendue, de mêler ensemble les troupes de toutes les nations, pour que les dangers fussent également répartis, et que le voisinage excitât l'émulation. A notre droite, le général Kleist avec la division prussienne du prince Auguste de Prusse, plusieurs bataillons russes et les cuirassiers de Levachoff, marcha par Cröbern et Crostewitz sur Marck-Kleeberg. Au centre, le prince Eugène de Wurtemberg, avec la division russe qu'il commandait et la division prussienne de Klüx, marcha sur Wachau. A notre gauche et à la droite des coalisés, le prince Gortschakoff avec son corps et la division prussienne Pirch marcha sur Liebert-Wolkwitz, que Klenau, avec une quatrième colonne, essayait de tourner par Seyffertshayn. Ces diverses colonnes s'avançaient résolûment, en gens décidés à surmonter tous les obstacles. Notre artil-

Première bataille de Leipzig, dite journée du 16.

Attaque des coalisés sur Ma-k-Kleeberg, Wachau et Liebert-Wolkwitz.

lerie, fort nombreuse, mise en batterie sur la pente du terrain, les couvrit de projectiles, mais ne les arrêta point, et elles arrivèrent sans chanceler jusqu'au pied de nos positions.

La colonne de Kleist, dirigée sur Marck-Kleeberg à notre droite, fut bientôt engagée avec Poniatowski, et malgré la résistance de celui-ci, parvint à emporter ce village situé sur la Pleisse. Elle n'était pas de moins de 18 mille hommes, tandis que Poniatowski n'en avait que huit ou neuf mille. Ce dernier fut obligé de se retirer sur le terrain un peu dominant qui formait l'extrémité droite de notre ligne. Augereau porté alors en avant vint appuyer Poniatowski. Une forte artillerie fut dirigée contre Kleist qui cherchait à gravir le terrain sur lequel nous nous étions repliés. Au centre, le prince Eugène de Wurtemberg avec son infanterie russe et la division de Klüx, arriva devant Wachau sous une grêle de mitraille, et tenta d'y pénétrer. Mais le maréchal Victor, occupant ce village, lui résista opiniâtrément. Enfin à notre gauche, Gortschakoff partant de Störmthal, point de départ plus éloigné que celui des autres colonnes, était encore à quelque distance de Liebert-Wolkwitz que Klenau avec les Autrichiens de Mohr était prêt à déborder. Mais le corps de Lauriston se trouvait à Liebert-Wolkwitz, favorisé par l'élévation du terrain, et devant être bientôt soutenu par Macdonald qui débouchait de Holzhausen.

Cette première marche des coalisés fut ferme et résolue, et s'exécuta sous une grêle de boulets lancés par les trois cents bouches à feu que nous avions de Mark-Kleeberg à Liebert-Wolkwitz. La canonnade de part et d'autre était si violente que personne, parmi nos vieux généraux, ne se souvenait d'en avoir entendu une pareille, et que Napoléon, quoique placé un peu en arrière à la bergerie de Meusdorf, vit tomber autour de lui quantité d'officiers et de chevaux. Avec son ordinaire assurance, il demeura impassible, et laissa la bataille s'engager davantage avant de prendre aucune résolution décisive. A gauche, Liebert-Wolkwitz bâti sur une éminence, et vigoureusement occupé par Lauriston, pouvait se défendre longtemps. Au centre, le prince Eugène de Wurtemberg ne semblait pas en état de surmonter la résistance des trois divisions de Victor. A droite seulement, la nécessité où avait été Poniatowski d'abandonner Mark-Kleeberg, et de céder un peu de terrain, avait amené notre ligne à se courber légèrement en arrière. La division Semelé, du corps d'Augereau, était déjà venue au secours de Poniatowski. Napoléon ordonna de se servir de la nombreuse et excellente cavalerie qu'on avait de ce côté, celle des Polonais et de Pajol (4ᵉ et 5ᵉ corps) pour arrêter l'infanterie de Kleist sur la pente du terrain qu'elle essayait de gravir.

Le général Kellermann, qui dirigeait ce jour-là les 4ᵉ et 5ᵉ corps, se jeta avec ses dragons sur l'infanterie du prince Auguste, et la contint. Mais les cuirassiers de Levachoff, lancés à propos et avec habileté, franchirent un ravin qui était au pied de nos positions, prirent en flanc les dragons de Kellermann et les ramenèrent. Accueillis à leur tour par le feu plongeant de notre artillerie, les cuirassiers de Levachoff furent obligés de revenir sur leurs pas. On se contint

Octob. 1813.

la ligne, sans perdre aucune portion de terrain.

Charge des dragons de Kellermann et des cuirassiers de Levachoff.

réciproquement, les Prussiens ne gagnant pas plus de terrain qu'ils n'en avaient conquis d'abord, nous, ne pouvant recouvrer Mark-Kleeberg, mais restant sur les points dominants que nous avions occupés. Une masse formidable d'artillerie arrêtait l'ennemi, et bien que notre ligne ne fût pas redressée, elle ne paraissait pas devoir se courber davantage.

Au centre, c'est-à-dire à Wachau, à gauche, c'est-à-dire à Liebert-Wolkwitz, le combat ne cessait pas d'être opiniâtre et sanglant. A plusieurs reprises le prince de Wurtemberg et le général Kleist avaient pénétré dans Wachau, qui était dans un fond, mais à chaque fois les divisions de Victor fondant sur eux en colonnes serrées, les en avaient repoussés. Ce village avait été en deux heures pris et repris cinq fois. Il ne présentait plus qu'un monceau de ruines et de cadavres. A Liebert-Wolkwitz, Lauriston, abordé de front par Gortschakoff, de gauche par Klenau, les avait reçus de manière à ne pas leur donner le goût d'y revenir. Klenau s'étant montré le premier sur la gauche avec la brigade Spleny, le général Rochambeau l'avait chargé et culbuté, tandis qu'on canonnait Gortschakoff éloigné encore, et longeant le bois de l'Université. Après avoir criblé de boulets les Russes de Gortschakoff, les Prussiens de Pirch, le général Maison leur avait laissé gravir le terrain saillant sur lequel s'élevait Liebert-Wolkwitz, puis les avait chargés avec vigueur, et rejetés partie sur le bois de l'Université à gauche, partie sur Gulden-Gossa à droite, et, chaque fois qu'ils avaient voulu reparaître, les avait couverts de mitraille.

A midi, 18 mille hommes avaient déjà succombé dans l'une et l'autre armée, mais les deux tiers de ce nombre du côté de l'ennemi, et notre ligne invincible partout semblait ne pouvoir être forcée, sauf à droite, où, comme nous l'avons dit, elle s'était légèrement ployée.

Dans ce moment le canon avait tout à coup retenti au nord, puis on l'avait bientôt entendu dans les autres directions, ce qui annonçait que nous étions assaillis de tous les côtés à la fois. En effet, des aides de camp arrivés au galop avaient appris d'une part que sur la droite de Leipzig, Margaron était attaqué à Lindenau par Giulay, qui voulait nous ôter notre ligne de communication avec Lutzen, et qu'en arrière, c'est-à-dire au nord de Leipzig, Marmont était aux prises avec Blucher accouru de Halle pour prendre part à la bataille générale. Marmont mandait qu'il ne pouvait pas exécuter l'ordre de se porter derrière Napoléon, car il lui fallait tenir tête à Blucher, et même il réclamait du secours. Heureusement le maréchal Ney paraissait en cet instant avec la division Dombrowski et le corps de Souham, et Napoléon fit dire à ce maréchal, que tout en aidant Marmont, il fallait envoyer derrière Macdonald, à l'appui de la grande armée, celles de ses divisions dont il pourrait disposer. Ney commandait à la fois le 4ᵉ corps (Bertrand), le 3ᵉ (Souham), le 7ᵉ (Reynier), plus la division de Dombrowski. Il avait Bertrand dans Leipzig pour appuyer Margaron ; il lui arrivait Dombrowski et Souham pour soutenir Marmont et se reporter sur Napoléon. Il ne pouvait avoir Reynier que le lendemain.

Octob. 1813.

Vers midi, 18 à 20 mille hommes avaient déjà succombé.

Le canon se faisant entendre tout à coup à Lindenau et à Möckern, nous apprend qu'il se livre trois batailles à la fois.

Octob. 1813.

A midi, Napoléon se décide à prendre l'offensive.

Deux colonnes partant, l'une de Wachau, l'autre de Liebert-Wolkwitz, et ayant l'artillerie de la garde entre deux, doivent fondre sur l'ennemi, pendant que Macdonald se rabattant de gauche à droite, cherchera à le pousser vers la Pleisse.

A midi la bataille s'étant plus clairement développée, Napoléon songea enfin à quitter la défensive pour prendre une offensive vigoureuse. Il résolut de déboucher à la fois de Liebert-Wolkwitz et de Wachau afin d'écraser le centre de l'ennemi, tandis qu'à l'extrême gauche Macdonald débouchant de Holzhausen par delà Liebert-Wolkwitz, repousserait Klenau, le rejetterait le plus loin possible, puis se rabattant de gauche à droite, se précipiterait sur le centre de l'ennemi attaqué déjà de front par Liebert-Wolkwitz et Wachau. Pour l'exécution de ce mouvement, Napoléon fit descendre d'un côté deux divisions de la jeune garde sous Mortier, afin que réunies à Lauriston elles tombassent sur Gortschakoff, et de l'autre côté deux autres divisions de cette même jeune garde, sous Oudinot, pour fondre avec Victor sur le prince Eugène de Wurtemberg. La réserve d'artillerie de la garde formant une batterie de quatre-vingts pièces de canon, devait s'avancer entre ces deux colonnes et les seconder de son feu. La cavalerie de Latour-Maubourg fut disposée en arrière afin d'appuyer ce mouvement, et de saisir les occasions de charger. Kellermann avec les 4e et 5e corps se tint également prêt sur la droite. La vieille garde composée des divisions d'infanterie Curial et Friant et de la cavalerie de Nansouty, vint prendre la position laissée vacante par la jeune garde et par Latour-Maubourg. Tout s'ébranla donc pour ce mouvement offensif, dans le moment même où Alexandre, frappé déjà de ce qui se passait devant lui, avait envoyé un de ses officiers allemands, M. de Wolzogen, pour supplier le prince de Schwarzenberg de renoncer à son attaque entre la Pleisse et l'Elster, et de s'occuper davantage de ce que les armées prussienne et russe avaient sur les bras entre Liebert-Wolkwitz et Wachau.

A peine le signal était-il donné que nos deux colonnes d'attaque s'avancèrent, ayant entre elles la batterie formidable de la garde dirigée par Drouot, et dont trente-deux pièces de 12 étaient commandées par le brave colonel Griois. Le feu était épouvantable, et tel qu'il semblait qu'aucune troupe n'y pût résister. D'un côté le maréchal Mortier précédé par la division Maison descendit de Liebert-Wolkwitz, aborda Gortschakoff, et le rejeta entre le bois de l'Université et le village marécageux de Gülden-Gossa. De l'autre côté Oudinot et Victor débouchant de Wachau, repoussèrent le prince Eugène de Wurtemberg, lui firent repasser l'espèce de vallon qui nous séparait, et le refoulèrent sur la bergerie d'Avenhayn, qui se trouvait sur la droite du village de Gülden-Gossa. Tandis que l'on s'avançait ainsi victorieusement vers le milieu de notre ligne, Macdonald faisant irruption à gauche par delà Liebert-Wolkwitz, aborda Klenau, et l'obligea de lui céder une grande étendue de terrain. Chemin faisant, il arriva devant une vieille redoute, dite des Suédois, d'où pleuvaient des flots de mitraille, la masqua au moyen de la division Charpentier, et avec les divisions Ledru et Gérard enleva Seyffertshayn. L'ennemi se défendit vigoureusement, mais on le rejeta d'un côté sur Klein-Pössnau, de l'autre sur Gross-Pössnau et le bois de l'Université. Là favorisé par les difficultés locales, il s'arrêta, et nous tint tête. Si un corps de

Octob. 1813.

Succès de Lauriston et Mortier, précédés de la division Maison.

Succès d'Oudinot et Victor, en avant de Wachau.

Macdonald refoule Klenau sur le bois de l'Université, mais sans pouvoir y pénétrer.

Octob. 1813.

Danger
des alliés.

M. de
Wolzogen
envoyé
au prince
de Schwar-
zenberg pour
le ramener
de la gauche

réserve appuyant alors Macdonald, était venu l'aider à se rabattre de gauche à droite, on aurait pu culbuter une partie de Klenau sur Gortschakoff, l'un et l'autre sur le prince de Wurtemberg et sur Kleist, et tous ensemble dans la Pleisse. Mais Marmont était en ce moment aux prises avec Blucher, Margaron avec Giulay; Bertrand entre deux, se réservait pour aller au secours du plus menacé. Ney n'osait disposer de Souham, tant Marmont lui paraissait attaqué violemment, laissait Dombrowski sur la droite de Marmont, pour faire face à des masses qu'on voyait confusément dans le lointain, et enfin attendait encore Reynier. Il fallait donc que Napoléon remportât la victoire avec ce qu'il avait sous la main.

Les ennemis après avoir perdu toute la largeur du champ de bataille en disputaient pied à pied l'extrême limite. Klenau résistait soit à Gross-Pössnau, soit à la tête du bois de l'Université. Gortschakoff rejeté sur l'autre côté de ce bois s'y défendait, et cherchait en même temps à s'appuyer au village de Gülden-Gossa, qui, étant enfoncé en terre, et présentant une suite de bois et de mares d'eau assez allongée, était très-propre à la défensive. Le prince Eugène de Wurtemberg placé tout auprès, à la bergerie d'Avenhayn, tâchait de s'y maintenir avec les débris de son corps. A l'aspect du danger qui les menaçait, les souverains alliés étaient dans la plus grande perplexité. M. de Wolzogen, comme nous venons de le dire, avait été envoyé au prince de Schwarzenberg, le général Jomini s'était joint à lui, et sur les vives observations de tous deux, le prince reconnaissant la difficulté d'emporter Dölitz pour déboucher sur nos derrières, et le péril pressant des armées russe et prussienne, avait consenti à faire passer sur la rive droite de la Pleisse la réserve du prince de Hesse-Hombourg, forte de plus de 20 mille hommes. Mais ce n'était pas avant trois heures de l'après-midi que ces renforts pouvaient être arrivés. En attendant les souverains se décidèrent à engager toutes leurs réserves, certains qu'ils étaient de les remplacer bientôt par une partie de l'armée autrichienne. On lança d'abord les cuirassiers russes sur notre infanterie, tandis qu'on porta en ligne les dix mille grenadiers de Rajeffsky, dont une colonne fut dirigée sur Gülden-Gossa, et l'autre sur la bergerie d'Avenhayn.

Tels étaient les événements du côté de l'ennemi. Lauriston et Mortier à notre gauche vers Gülden-Gossa, Victor et Oudinot à notre droite vers la bergerie d'Avenhayn, reçurent en carrés les cuirassiers russes, et par un feu imperturbable les renversèrent sous les cadavres de leurs chevaux. Les dix mille grenadiers de Rajeffsky, répartis entre la bergerie d'Avenhayn, le village de Gülden-Gossa et le bois de l'Université, vinrent se placer comme une longue muraille, soutenue d'intervalle en intervalle par du canon. Le brave Drouot qui était resté entre nos deux colonnes d'attaque avec sa formidable batterie, imagina de diriger toutes ses pièces sur cette magnifique infanterie, négligeant l'artillerie ennemie, quelque importance qu'il y eût à éteindre ses feux. Quoiqu'il fût bien près de l'ennemi, il s'avança plus encore, et se mit à tirer à mitraille sur les grenadiers russes qui tombaient comme des pans de murs sous le feu de nos canons. Lorsqu'ils parurent suffisamment ébranlés, la division Dubreton se détachant du corps de Victor à notre droite, exécuta une charge à la baïonnette sur la bergerie d'Avenhayn, et l'emporta. A gauche le général Maison formant la tête de Lauriston, se jeta sur Gülden-Gossa et parvint à y pénétrer. Mais les grenadiers Rajeffsky favorisés par des bâtiments de ferme, des bois, des mares d'eau, s'y défendirent avec la dernière opiniâtreté. On conduisit une partie de la garde russe à leur secours, et tandis que Maison tenait une extrémité du village, les Russes tenaient l'autre, et ne voulaient pas l'abandonner. Maison atteint de plusieurs coups de feu, couvert de sang, changea trois fois de cheval, et ramena ses soldats dans ce village de Gülden-Gossa qu'il ne pouvait enlever aux Russes, et que de leur côté les Russes ne pouvaient lui arracher. A gauche Macdonald tournant Klenau par Seyffertshayn, avait rejeté sur Gross-Pössnau la brigade prussienne Ziethen, les brigades autrichiennes Spleny et Schöffer, la division autrichienne Meyer; mais la redoute suédoise placée à gauche de Liebert-Wolkwitz était demeurée inabordable. Napoléon qui se portait partout, apercevant le 22ᵉ léger au pied de la redoute, demanda quel était le régiment qui se trouvait devant cette position, et sur la réponse que c'était le 22ᵉ léger, il dit : Ce n'est pas possible, le 22ᵉ léger ne resterait pas ainsi sous la mitraille sans courir sur l'artillerie qui le foudroie. — Le 22ᵉ mené par le colonel Charras, gravit la hauteur au pas de charge, tua les artilleurs ennemis à coups de baïonnette, et

LEIPZIG ET HANAU.   561

enleva la redoute. Le point qui arrêtait Macdonald emporté, ce maréchal continua son mouvement à notre gauche jusqu'à la moitié du bois de l'Université.

Octob. 1813.

Il était trois heures : partout l'ennemi acculé, même en arrière de sa première position, semblait prêt à nous céder la victoire. Seulement à notre gauche, vis-à-vis de Liebert-Wolkwitz, il se soutenait au bois de l'Université. Au centre, repoussé de la bergerie d'Avenhayn, il disputait au général Maison Gülden-Gossa, favorisé par la configuration de ce village, qui présentait une rangée de bois et de marécages. A notre droite, il n'avait pas rétrogradé en arrière de Mark-Kleeberg, malgré les efforts héroïques du prince Poniatowski.

L'ennemi concentre tous ses efforts sur Gülden-Gossa.

Napoléon sentait le besoin de décider à tout prix la journée, car il ne pouvait pas ajourner la victoire. Ne pas vaincre aujourd'hui avec la multitude d'ennemis qui approchaient, ce n'était pas être vaincu seulement, c'était s'exposer à être détruit. Il prit donc le parti de jeter toute sa cavalerie sur la ligne ennemie. Murat à gauche descendit entre Liebert-Wolkwitz et Wachan avec dix régiments de cuirassiers. A droite, Kellermann descendit entre Wachau et Mark-Kleeber avec la cavalerie polonaise, les dragons d'Espagne, et les dragons de la garde sous le général Letort. En ce moment Pajol, placé à la tête des dragons d'Espagne, fut enlevé à ses soldats par un obus qui éclatant dans le ventre de son cheval, lui causa sans le tuer une épouvantable commotion.

Napoléon se décide à ordonner une charge générale de cavalerie.

Douze mille chevaux s'avancèrent ainsi en deux masses ; l'une à gauche, l'autre à droite, pleins du

Succès de cette charge

TOM. XVI.   36

souvenir de la victoire de Dresde qui leur était due. Le général Bordessoulle avec ses cuirassiers, lancé par Murat, chargea la cavalerie de Pahlen et la dispersa, fondit ensuite sur les grenadiers et les gardes russes qui, après être restés maîtres de Gülden-Gossa, s'étaient déployés en avant de ce village, les renversa, et leur prit vingt-six bouches à feu. À droite, les dragons d'Espagne et ceux de la garde chargèrent les cuirassiers de Levachoff, et leur firent expier leur succès du matin. Ce premier choc avait partout réussi, et il ne fallait plus qu'un effort pour percer définitivement le centre de l'ennemi, et rabattre à droite Kleist et le prince Eugène de Wurtemberg dans la Pleisse, à gauche Gortschakoff sur le bois de l'Université. Mais il était plus de trois heures. Tout à coup on aperçut à notre droite des masses profondes arrivant de l'autre côté de la Pleisse. C'était la réserve autrichienne de Hesse-Hombourg dont la tête, formée par les cuirassiers de Nostitz, devançait les grenadiers de Bianchi et de Weissenwolf. Les cuirassiers de Nostitz en effet, débouchant au galop, rencontrèrent les cavaliers de Kellermann, dans le désordre de la poursuite, les prirent en flanc et les ramenèrent. Le brave Letort avec les dragons de la garde fondit à son tour sur les cuirassiers de Nostitz, et les contint. Mais au lieu d'être décisif, le mouvement de notre cavalerie sur la droite ne fut plus qu'alternatif, et tantôt nous avancions, tantôt nous reculions. Au centre Murat, après avoir tout renversé du premier choc, avait eu le tort, dans l'espérance d'être appuyé, d'engager tous ses escadrons, et d'ailleurs il s'était avancé sur un terrain qu'il n'avait pas été en mesure de reconnaître, et dont on ne pouvait de loin découvrir la forme. A distance le village de Gülden-Gossa ne laissait voir que quelques touffes d'arbres; mais de près Murat y trouva un grand enfoncement de terrain, et dans cet enfoncement des bâtiments, des bouquets de bois, des mares d'eau, et derrière chaque obstacle de l'infanterie bien postée. Arrivée sur le village, sa cavalerie fut obligée de s'arrêter court, et de demeurer en ligne sous le feu. L'empereur Alexandre consentit alors à ce qu'on fît charger tout ce qui lui restait sous la main, jusqu'aux hussards et Cosaques de sa garde. Ceux-ci passant entre les ouvertures praticables de Gülden-Gossa, dont les Russes étaient encore maîtres, se jetèrent à l'improviste sur le flanc de la cavalerie de Murat, qu'ils surprirent, et qu'ils obligèrent à se replier n'emmenant que six des vingt-six pièces conquises tout à l'heure. Le brave Latour-Maubourg eut la cuisse emportée par un boulet. Ces hussards et ces Cosaques, lancés au galop, entourèrent de toutes parts la grande batterie de la garde qui était restée inébranlable au milieu du champ de bataille. Drouot, rabattant alors les deux extrémités de sa ligne de canons sur ses flancs, opposa pour ainsi dire un carré d'artillerie à la cavalerie ennemie, et lorsque celle-ci en revenant passa à portée de ses pièces, il la couvrit de mitraille.

La bataille n'avait donc pas été décidée par cette action générale de notre cavalerie, bien qu'une bonne partie du champ de bataille fût en notre pouvoir. A droite en effet nous avions presque bloqué

Octob. 1813.

Le village de Gülden-Gossa arrête au centre l'élan de nos cuirassiers.

Charge des hussards et Cosaques de la garde impériale russe sur nos cuirassiers.

Drouot forme son artillerie en carré.

La bataille n'est pas décidée, ainsi que Napoléon l'avait espéré

Kleist dans Mark-Kleeberg; vers le centre Victor n'avait pas cessé d'occuper la bergerie d'Avenhayn; au centre, tirant sur la gauche, Lauriston, la batterie de la garde, la cavalerie de Latour-Maubourg étaient devant Gülden-Gossa; à gauche Macdonald, maître de la redoute suédoise et de Seyffertshayn, bordait de toutes parts le bois de l'Université. Mais l'ennemi, quoiqu'il eût rétrogradé, tenait encore. Napoléon voulut alors tenter un suprême effort. Il reforma ses colonnes d'attaque : Mortier avec Lauriston, Oudinot avec Victor, eurent ordre de se remettre en colonnes, et de s'engager de nouveau. Les deux divisions de la vieille garde, comprenant environ dix mille hommes, seule réserve qui nous restât, durent les soutenir, et s'engager elles-mêmes s'il le fallait. Toute la cavalerie fut rangée en masse derrière cette infanterie : vaincre ou périr était leur mission. Mais tout à coup on entendit de grands cris sur notre droite. Les grenadiers de Bianchi et de Weissenwolf, survenus à la suite des cuirassiers de Nostitz, avaient franchi la Pleisse, relevé au village de Mark-Kleeberg Kleist épuisé de fatigue, et ils tâchaient de faire fléchir Poniatowski, lequel n'avait pas cessé d'opposer à toutes les attaques une résistance invincible. Enfin sur nos derrières à droite, à ce poste de Dölitz que le prince de Schwarzenberg s'était flatté d'enlever, le général Merfeld, faisant une forte tentative, avait forcé tous les passages de la Pleisse, et était prêt à gravir la hauteur qui forme la berge de cette rivière. A ce danger Napoléon arrêta le mouvement de sa vieille garde, et dirigea sur Dölitz la division Curial. Oudinot fut détourné pour tenir tête aux grenadiers de Bianchi et de Weissenwolf. Mais grâce à l'opiniâtreté de Poniatowski et de la division Semelé (du corps d'Augereau) les grenadiers autrichiens furent contenus. Curial, exécutant en arrière un mouvement transversal de gauche à droite, se précipita sur Dölitz. Il lança d'abord les grenadiers de Turin et de Toscane sur les bois qui entourent Dölitz, et ensuite, avec les fusiliers de la garde, il se porta sur Dölitz même pour y entrer à la baïonnette. Il fallait franchir un bras de la Pleisse, et puis s'engager dans une suite de fermes contiguës, dépendantes d'un vieux château. Il mit dans cette charge tant de vigueur, qu'il franchit la Pleisse, traversa les cours de ferme l'une après l'autre, tua à coups de baïonnette quiconque essayait de lui résister, et, devançant l'ennemi au château même, fit prisonnier tout ce qui était resté dans les cours en arrière. Il prit ainsi le général Merfeld avec plus de deux mille hommes.

Il était cinq heures et la nuit s'approchait. Napoléon, après avoir pourvu à cet accident de sa droite, ne pouvait se résoudre à ne pas tenter un dernier effort sur le centre de l'ennemi. Victor était encore à Avenhayn; il ne s'agissait donc que d'enlever Gülden-Gossa. Lauriston, imperturbable au milieu d'un feu horrible, avait éprouvé des pertes énormes; il lui restait toutefois le général Maison, atteint de plusieurs coups de feu, n'ayant plus autour de lui que les débris de sa division, mais insatiable de dangers jusqu'à ce qu'il eût conquis Gülden-Gossa. Suivi de Mortier, Maison était rentré dans ce fatal village. Son succès pouvait tout décider, lorsque Barclay de

Octob. 1813.

de la vieille garde, y prend le général Merfeld avec 2 mille Autrichiens.

Dernière et violente attaque de Maison sur Gülden-Gossa, interrompue par la nuit.

Tolly, appréciant le péril, y lança la division prussienne de Pirch, appuyée de la garde russe. Celle-ci, par un effort désespéré, reprit Gülden-Gossa. Maison essaya encore une fois d'y rentrer; mais une obscurité profonde sépara bientôt les combattants. Demeuré en dehors comme un lion rugissant, Maison était là, privé des cinq sixièmes de sa division, couvert lui-même de blessures, et désolé d'être arrêté par la nuit. Le matin il avait dit à ses soldats ces nobles paroles : Mes enfants, c'est aujourd'hui la dernière journée de la France; il faut que nous soyons tous morts ce soir. — Ces enfants héroïques avaient tenu son engagement. Il n'en survivait pas un millier. Cet acte fut le dernier de la bataille du 16, bataille terrible, dite de Wachau. Environ vingt mille hommes de notre côté, et trente mille du côté des coalisés, jonchaient la terre, les uns morts, les autres mourants.

Mais là ne se bornait pas cette horrible effusion de sang humain. Deux autres batailles avaient été livrées dans la journée, l'une au couchant, l'autre au nord de Leipzig, l'une sur notre droite à Lindenau, l'autre en arrière, à Möckern. A Lindenau, c'était le général Margaron qui avait eu affaire à Giulay, et qui s'en était vaillamment tiré, sans autre avantage toutefois que de repousser l'ennemi, et de demeurer maître du champ de bataille.

A ce bourg de Lindenau, le terrain présentait un plateau se terminant brusquement vers l'Elster, mais incliné en forme de glacis vers la plaine de Lutzen. Il était donc possible de le défendre avec assez d'avantage, surtout en étant sûr des ponts de

LEIPZIG ET HANAU.

l'Elster et de la Pleisse qu'on avait derrière soi. Seulement on courait le danger d'être tourné à droite par le village de Leutzsch, à gauche par celui de Plagwitz, situés tous deux au bord de l'Elster. Les bras de ce cours d'eau sont en effet tellement divisés en cette partie et amoindris par leur division, qu'on pouvait les franchir aisément, s'engager à travers les bois et les marécages, et tourner ainsi le pont de Lindenau, ce qui aurait fait tomber la position. Aussi Giulay, en exécutant une attaque directe sur le plateau en avant de Lindenau, avec la cavalerie de Thielmann et l'infanterie légère de Lichtenstein, avait-il dirigé des attaques latérales par Leutzsch d'un côté, et Plagwitz de l'autre. Il avait même pénétré dans ces deux villages, et lancé au delà de l'Elster des tirailleurs dans les bois. Mais le général Margaron se maintenant avec son artillerie et quatre bataillons sur le plateau, avait poussé soit sur Leutzsch, soit sur Plagwitz, des colonnes d'infanterie qui chargeant successivement à la baïonnette, avaient repris ces villages et dégagé ses deux ailes. Huit à neuf mille hommes en avaient contenu vingt-cinq mille, et néanmoins ils auraient peut-être fini par succomber, si la vue de la division Morand, du corps de Bertrand, rangée entre Lindenau et Leipzig, n'avait intimidé l'ennemi, et arrêté ses entreprises. Ce combat nous avait coûté un millier d'hommes, et le double au moins aux Autrichiens. Demeurés maîtres de Lindenau, nous pouvions toujours nous rouvrir la route de Lutzen.

À Möckern, le combat avait été plus sérieux, surtout par le nombre des combattants, et l'étendue du

Octob. 1813.

Margaron se maintient à Lindenau, après avoir fait essuyer à l'ennemi des pertes sensibles.

Bataille de Möckern, livrée

carnage. Le général Blucher se doutant que la bataille décisive allait commencer, et ne voulant pas laisser le prince de Schwarzenberg exposé à la livrer seul, n'y avait plus tenu dès qu'il avait entendu le canon le 16 au matin, et avait marché par la route de Halle, aboutissant au nord de Leipzig. En partant il avait envoyé officiers sur officiers à Bernadotte pour lui faire connaître la situation, et le presser d'arriver. D'ailleurs ses liaisons particulières avec les états-majors prussien et russe de l'armée du Nord lui donnaient sur cette armée une grande influence, et lui faisaient espérer qu'elle finirait par répondre à son appel. Mais ce ne pouvait être dans la journée du 16; aussi ne s'était-il avancé qu'avec circonspection, craignant, quoiqu'il reconnût distinctement le canon du prince de Schwarzenberg, qui n'était qu'à trois lieues vers le sud, d'avoir la majeure partie de l'armée française sur les bras. Il comptait environ 60 mille combattants, mais s'il en rencontrait 80 à 90 mille, le cas pouvait devenir mauvais pour lui. La vue de nos colonnes remontant de Düben sur Leipzig lui inspirait des craintes, et il avait eu le soin de placer Langeron en observation sur la route de Dölitzsch. Il avait rangé au centre le corps russe de Sacken entre la route de Dölitzsch et celle de Halle, et sur celle-ci qui menait droit au nord de Leipzig il avait porté le corps prussien d'York, le plus animé de tous parce qu'il était allemand et prussien. Ces précautions furent cause qu'il n'arriva pas avant onze heures du matin en vue de Leipzig, ne pouvant rien distinguer de la bataille qui se livrait au sud, et entendant seulement une canonnade formidable. Il avait devant lui vingt mille hommes environ, se retirant lentement de Breitenfeld et de Lindenthal sur Leipzig. C'était le corps du maréchal Marmont, exécutant l'ordre qu'il avait reçu le matin de se replier sur Leipzig, et de traverser cette ville pour venir former la réserve de la grande armée. Cet ordre toutefois était conditionnel, et subordonné à ce qui se passerait sur la route de Halle. L'ennemi s'y montrant en force, l'ordre tombait, et résister à l'armée de Blucher devenait le devoir indiqué, devoir que le maréchal Marmont était disposé à remplir dans toute son étendue.

Marmont, qui avait reçu l'ordre de se replier vers Napoléon, s'arrête pour combattre Blucher.

La position pour le maréchal Marmont était difficile à cause de l'infériorité du nombre, et de certaines circonstances locales. D'abord il n'avait sous la main que 20 mille hommes, et ne comptait que médiocrement sur les secours qui pouvaient lui être envoyés, voyant combien chacun était occupé de son côté. Tout au plus fondait-il quelque espérance sur l'appui de la division Dombrowski, que Ney avait dirigée vers Euteritzsch pour le flanquer. Secondement la hauteur sur laquelle il était venu s'établir entre Möckern et Euteritzsch, appuyée d'une part à l'Elster et à la Pleisse, de l'autre au ravin de Rietschke, quoique étant assez forte par elle-même, présentait un inconvénient grave, c'était d'avoir à dos ce même ravin de Rietschke, lequel, après avoir longé le flanc de la position, passait par derrière pour tomber dans la Pleisse à Gohlis. (Voir la carte nº 60.) Il était possible, si on était repoussé, qu'on y fût jeté en désordre. Aussi le maréchal aurait-il voulu le traverser pour venir se ranger derrière la Partha. Il

Position de Möckern.

Octob. 1813.

n'en eut pas le temps, et ce fut heureux, car s'il avait commis la faute de s'abriter tout de suite derrière la Partha, nous aurions été trop resserrés dans Leipzig, et surtout privés de communication avec celles de nos troupes qui étaient encore en marche. Quoi qu'il en soit, c'est dans cette position assez dominante de Möckern que s'était engagée la troisième bataille livrée dans cette journée funèbre, et avec une passion digne de celle qu'on avait déployée à Wachau.

Efforts du général d'York pour enlever Möckern.

Le combat avait commencé entre onze heures et midi, dès que Blucher était parvenu en ligne. Préoccupé de la vue des dernières troupes de Souham et du parc d'artillerie remontant de Düben sur Leipzig, Blucher avait laissé tout le corps de Langeron en observation devant Breitenfeld, et n'avait dirigé sur Marmont que le corps d'York et une partie de celui de Sacken, ce qui faisait encore trente et quelques mille hommes. Il s'était porté d'abord sur Möckern, pour enlever ce village sur lequel s'appuyait la gauche de Marmont, et l'avait attaqué avec l'acharnement qui signalait cette funeste guerre. Marmont l'avait défendu avec un acharnement égal. Il avait dans ce village le 2ᵉ de marine de la division Lagrange, un peu en arrière la division Lagrange elle-même, au centre sur la pente du plateau la division Compans, à droite et en arrière la division Friederichs, enfin en réserve la cavalerie wurtembergeoise du général Normann, et la cavalerie française de Lorge. Quatre-vingt-quatre bouches à feu couvraient son front. Environ 20 mille hommes composaient ce jour-là le nombre réel de ses combattants.

Vaillante résistance du 2ᵉ de marine.

LEIPZIG ET HANAU. 571

Le village de Möckern avait été disputé longtemps, et plusieurs fois le 2ᵉ de marine, repoussé des ruines fumantes de ce village, y était rentré à la baïonnette. Enfin, accablé par le nombre, il avait été obligé d'en sortir. Alors le 4ᵉ de marine et le 35ᵉ léger, formant la seconde brigade de la division Lagrange, avaient exécuté à la baïonnette une charge furieuse, culbuté l'une des quatre divisions du corps d'York, et repris Möckern. Blucher voyant qu'il ne gagnait rien à vouloir nous arracher cet appui de notre gauche, avait porté deux divisions en avant pour aborder à découvert le plateau incliné sur lequel s'étendait la division Compans. Les deux divisions prussiennes s'étaient bravement déployées devant Marmont, mais foudroyées par nos quatre-vingt-quatre bouches à feu, elles avaient fait des pertes cruelles, et vu tomber un tiers de leurs soldats. Une charge de cavalerie pouvait tout décider, et Marmont l'avait aussitôt ordonnée. Malheureusement la cavalerie wurtembergeoise, mal disposée, apercevant devant elle et sur sa droite les six mille chevaux de la réserve de Blucher, avait chargé tard et faiblement, et s'était même, en revenant, renversée sur un bataillon de marine qu'elle avait mis en désordre.

Le combat s'était ainsi soutenu pendant une moitié de l'après-midi, lorsque Blucher rassuré sur les troupes qu'il avait aperçues dans le lointain, sachant que le gros de l'armée française n'était pas sur son flanc gauche, avait dirigé le corps de Langeron vers Dombrowski, pour tenir celui-ci en respect, amené à lui le corps de Sacken tout entier,

Octob. 1813.

Combat violent entre Compans et les Prussiens sur le plateau de Möckern.

Les Prussiens foudroyés par l'artillerie de Marmont.

Blucher, rassuré sur la marche des troupes qui semblaient venir de Düben, emploie le corps de Sacken

Octob. 1813.

et tous ses Prussiens contre Marmont.

Lutte terrible entre la division Compans et l'armée de Blücher.

Le feu mis à des caissons produit un désordre dans notre ligne.

et attaqué la ligne de Marmont avec trois divisions prussiennes appuyées de toutes les divisions russes de Sacken. A cette vue Marmont s'était avancé sur l'ennemi avec la division Compans, que le brave Compans commandait lui-même. Alors s'était engagée à cent cinquante pas une lutte terrible, et l'une des plus meurtrières de cette guerre. Marmont avait reçu une blessure à la main, une contusion à l'épaule, plusieurs balles dans ses habits, et avait perdu trois de ses aides de camp. Les régiments de Compans avaient déployé une fermeté héroïque, et leur formidable artillerie décimant de nouveau les rangs des Prussiens, avait couvert le sol d'une ligne de cadavres. Un triomphe complet aurait couronné cette résistance, si un obus tombant au milieu de l'une de nos batteries, et en faisant sauter les caissons, n'y avait mis le désordre. L'ennemi profitant de la circonstance, s'était élancé sur cette batterie, et l'avait prise, tandis qu'au même instant plusieurs milliers de chevaux fondant sur la droite de la division Compans déjà écrasée par la mitraille, l'avaient forcée à plier. La division Friederichs était accourue à son secours, mais Möckern étant emporté dans ce moment, cet appui de notre gauche nous manquant, la droite étant menacée par Langeron qui était sur le point d'envelopper Dombrowski, Marmont avait jugé prudent de battre en retraite. Il s'était replié en bon ordre et sans accident, grâce à la précaution qu'il avait prise de faire jeter pendant la bataille plusieurs ponts de chevalets sur le ravin de Rietschke. Dombrowski, secouru par l'une des divisions de Souham, s'était aussi retiré sain et sauf, après avoir eu l'honneur de contenir à Euteritzsch tout le corps de Langeron. Vingt-quatre mille hommes en avaient donc tenu en échec soixante mille, des plus braves et des plus acharnés. Ce combat, d'après l'aveu même de l'ennemi, lui coûtait de neuf à dix mille hommes. Il nous en coûtait six, avec vingt pièces de canon perdues par suite de l'explosion.

Marmont, obligé de céder le terrain se replie avec ordre sur la Partha.

Telle avait été cette affreuse bataille du 16 octobre, composée de trois batailles, qui nous avait enlevé à nous 26 ou 27 mille hommes, et près de 40 mille à l'ennemi. Triste et cruel sacrifice qui couvrait notre armée d'un honneur immortel, mais qui devait couvrir de deuil notre malheureuse patrie, dont le sang coulait à torrents pour assurer non sa grandeur, mais sa chute!

Résultats de cette première journée.

Sur aucun point nous n'avions été forcés dans notre position; nous avions gardé le terrain au sud entre Liebert-Wolkwitz et Wachau, et au couchant vers Lindenau; nous l'avions abandonné, mais presque volontairement, au nord, et pour en prendre un meilleur. Mais dès que nous n'avions pas rejeté loin l'un de l'autre, de manière à ne plus leur permettre de se rejoindre, Schwarzenberg et Blucher, la bataille, quoique non perdue, pouvait se convertir bientôt en un désastre. Dans ce moment Bernadotte s'approchait avec 60 mille hommes; on annonçait Benningsen avec 50 mille, et nous, il nous en arrivait 15 mille sous Reynier, dont 10 mille prêts à nous trahir! La situation, dès que nous n'avions pas remporté une victoire éclatante, était donc bien près de devenir affreuse! Aurait-on pu obtenir un résultat décisif dans cette première journée du 16? Voilà

Quoique ayant eu partout l'avantage, c'était pour nous un immense péril que de n'avoir pas détruit l'un de nos trois adversaires.

Immensité des forces qui arrivaient aux coalisés.

Napoléon pouvait-il agir autrement

ce qu'ont agité tous les historiens spéciaux, ce que les uns ont nié, les autres affirmé. Peut-être si Napoléon, après s'être mis dans une position extrême, avait poussé l'audace jusqu'au dernier terme, et ne laissant à Leipzig que Margaron pour défendre la ville seulement, se bornant de plus à laisser au nord de Leipzig Marmont et Dombrowski sur la Partha pour contenir Blucher, avait attiré à lui Bertrand et Ney pour renforcer Macdonald de 30 mille hommes, ces cinquante mille combattants de Macdonald, Bertrand et Ney, jetés de notre gauche sur la droite du prince de Schwarzenberg, auraient pu l'accabler, et le précipiter dans la Pleisse. Une grande victoire obtenue de ce côté, nos communications avec Lutzen et Mayence eussent été bientôt rouvertes, et Blucher aurait été rudement puni le lendemain des progrès qu'il aurait pu faire. Au lieu de cela, les troupes de Bertrand étaient restées dans Leipzig presque oisives, et les divisions de Souham, tantôt dirigées vers Napoléon, tantôt ramenées vers Marmont, avaient perdu la journée en allées et venues inutiles. C'est ainsi qu'une force décisive avait manqué sur le théâtre de l'action principale. Mais ces raisonnements, vrais d'ailleurs, ont été faits après l'événement. Il aurait fallu que Napoléon eût pu prévoir que Lindenau ne serait pas l'objet d'une attaque principale, que Bernadotte n'arriverait pas avec Blucher au nord et à l'est de Leipzig; il aurait fallu enfin que le corps de Reynier n'eût pas été si loin en arrière. Ce qu'il est juste de reprocher à Napoléon, ce n'est pas d'avoir mal livré la bataille que personne certainement n'aurait mieux livrée que lui, mais de s'être mis dans une position où, assailli de tous les côtés à la fois, obligé de faire face en même temps à toute espèce d'ennemis, il ne pouvait exactement deviner celui qui, à chaque instant donné, serait le plus pressant, et exigerait l'emploi de ses forces disponibles. C'est sa conduite générale et non pas sa conduite particulière dans cette journée, qu'il faut cette fois comme tant d'autres, blâmer sévèrement[1]. Quoi qu'il en soit, la position de Napoléon était tout à coup devenue des plus périlleuses, dès qu'il n'avait pas rejeté loin de lui l'armée de Bohême, afin de se reporter le lendemain sur celles de Silésie et du Nord. Sans doute il pouvait se dire que l'ennemi avait cruellement souffert, et que ses pertes lui ôteraient peut-être le courage de recommencer le combat. C'était possible à la ri-

Octob. 1813.

Napoléon allait dans la prochaine bataille se trouver avec 150 mill hommes en présence de 300 mille.

---

[1] Quelques écrivains qui admettraient que nos généraux ont été lâches ou traîtres, et que nos soldats se sont mal conduits, plutôt que d'attribuer une faute à Napoléon, s'en sont pris à tout le monde, sauf à lui, du résultat de cette journée du 16. D'abord, à les entendre, Murat à Leipzig trahissait déjà, et c'est par ce motif qu'il exécuta mal la grande charge de cavalerie ordonnée par Napoléon. Or le pauvre Murat fort agité, il est vrai, pendant tout l'hiver, et un moment prêt à suivre les impulsions de l'Autriche, était revenu tout entier à Napoléon dès qu'il s'était trouvé auprès de lui, et était incapable d'ailleurs d'une trahison sur le champ de bataille. Au surplus le neveu de lord Cathcart, témoin oculaire de la charge de Murat, et appréciant les lieux mieux qu'on ne le pouvait faire de notre côté, a expliqué dans ses Mémoires, publiés depuis, la cause qui fit échouer cette charge. Cette cause n'était autre que la forme du sol le long du village de Gülden-Gossa, village qu'il suffit de voir pour comprendre comment notre cavalerie dut y être arrêtée. Après Murat, ce sont deux autres lieutenants de Napoléon, c'est-à-dire Marmont et Ney, qu'on a voulu incriminer. Marmont, à ce qu'on prétend, aurait dû repasser la Partha, et Ney ne pas laisser Bertrand inutile dans Leipzig. Or, Bertrand fut laissé dans Leipzig par ordre de Napoléon, et Marmont, quand il voulut se retirer derrière la Partha, ne le pouvait plus, ayant déjà l'ennemi sur les bras, et

gueur, et même vraisemblable, si de nouveaux renforts n'avaient pas dû survenir; mais avec l'ardeur qui animait les coalisés, avec l'apparition certaine de Bernadotte sous un jour ou deux, avec l'arrivée probable de l'armée de Benningsen, la légère espérance qu'ils ne continueraient pas cette terrible bataille, n'était plus que la faible branche à laquelle s'attache le malheureux roulant dans un abîme. Tandis que les coalisés étaient presque assurés de recevoir cent mille hommes, à peine Napoléon en attendait-il quinze mille sous Reynier, dont les deux tiers de Saxons fort douteux, ce qui devait porter ses forces, réduites de 26 ou 27 mille hommes par la journée du 16, à 165 mille hommes présents, et environ à 150 mille hommes sûrs; et

n'ayant qu'un seul pont pour défiler. C'est Napoléon qui avait mis Marmont entre Breitenfeld et Lindenthal, dans la supposition que Blücher était encore loin. S'il avait pu le savoir si rapproché, il aurait dès la veille placé Marmont sur la Partha même, et de la sorte la concentration eût été suffisante et faite à temps. Il est vrai que dans ce cas la route de Düben aurait pu être fermée au reste du corps de Souham et à celui de Reynier; mais alors, si par cette considération il n'y a rien à reprocher à Napoléon, il n'y a pas davantage de reproche à faire à Marmont pour être demeuré au delà de la Partha, où il n'était d'ailleurs que par ordre supérieur. Quant à nous, nous ne cherchons que la vérité, et Napoléon, dans cette campagne, reste si grand homme de guerre, même après d'affreux malheurs, que nous ne comprenons pas comment on consent à faire passer nos généraux pour incapables ou pour traîtres, plutôt que de lui reconnaître une faute. Nous ne voyons pas ce que la France y peut gagner en force dans le monde, le monde sachant bien que Napoléon est mort et ne renaîtra point. Il y a quelque chose qui ne meurt pas et ne doit pas mourir : c'est la France! Sa gloire importe plus que celle même de Napoléon. Voilà ce que devraient se dire ceux qui cherchent à établir son infaillibilité, quand il n'y aurait pas pour eux comme pour nous une raison supérieure même à toutes les considérations patriotiques, celle de la vérité, qu'avant tout il faut chercher et produire au jour.

pouvait-il se flatter, si 300 mille ennemis lui tombaient sur les bras, ennemis acharnés, se battant avec fureur, de leur faire face avec 150 mille soldats, héroïques sans doute, mais ayant en tête des adversaires que le patriotisme rendait leurs égaux au feu ?

Il n'était pas possible que Napoléon se dissimulât cette situation. Espérant la veille encore, qu'après avoir battu la principale des armées coalisées, il aurait bon marché des deux autres, il dut éprouver une sensation bien amère en voyant à la chute du jour une bataille indécise, qui, au lieu de le dégager, l'enfermait au contraire dans les bras d'une espèce de polype composé d'ennemis de toute sorte. Toutefois, pour croire à une situation si nouvelle et si désolante, il fallait qu'il considérât encore la chose de plus près. Après avoir pris à peine quelques heures de repos, il monta à cheval le 17 au matin pour parcourir le champ de bataille. Il le trouva horrible, bien qu'en sa vie il en eût contemplé de bien épouvantables. Une morne froideur se montrait sur tous les visages. Murat, le major général Berthier, le ministre Daru l'accompagnaient. Nos soldats étaient morts à leur place, mais ceux de l'ennemi aussi ! Et s'il y avait certitude de ne pas reculer dans une seconde bataille, il y avait certitude presque égale que les coalisés ne reculeraient pas davantage. Or, une nouvelle lutte où nous resterions sur place, et où nous ne gagnerions rien que de n'être pas arrachés de notre poste, en voyant le cercle de fer formé autour de nous se resserrer de plus en plus, et les issues demeurées ouvertes jusque-là se fermer l'une après l'autre, une nouvelle lutte dans ces conditions ne nous laissait d'autre perspective que celle des Fourches Caudines. Tout le monde le sentait, personne n'osait le dire. Murat, dont le cœur excellent cherchait une consolation à offrir à Napoléon, répéta plusieurs fois que le terrain était couvert des morts autrichiens, prussiens et russes, que jamais, excepté à la Moskowa, on n'avait fait une pareille boucherie des ennemis, ce qui était vrai. Mais il en restait assez, et en tout cas il allait en venir assez, pour réparer les brèches de cette muraille vivante qui s'élevait peu à peu autour de nous. La retraite immédiate par la route de Lutzen, pour ne pas laisser fermer bientôt l'issue de Lindenau, était donc la seule résolution à prendre. Napoléon se promenant à pied avec ses lieutenants, sous un ciel triste et pluvieux, au milieu des tirailleurs qui faisaient à peine entendre quelques coups de feu tant la fatigue était grande des deux côtés, prononça lui-même et le premier le mot de retraite, que personne n'osait proférer. On le laissa dire avec un silence qui cette fois était celui de la plus évidente approbation. Cependant la retraite offrait aussi de graves inconvénients. La bataille que nous venions de livrer pouvait, sans mentir autant que nos ennemis, s'appeler une victoire, car nous avions sans cesse ramené, refoulé les coalisés sur leur terrain, et nous leur en avions même enlevé une partie. Néanmoins ce qui lui donnerait sa vraie signification, ce serait comme à Lutzen, comme à Bautzen, l'attitude du lendemain. Si nous nous retirions, la bataille serait une défaite. C'était donc avouer tout à coup au monde que nous avions été vaincus dans une journée décisive, lorsque nous avions au contraire écrasé l'ennemi partout où il s'était présenté! En vérité l'aveu était cruel à faire. Mais ce n'était pas tout. Les 170 mille Français laissés à Dresde, Torgau, Wittenberg, Magdebourg, Hambourg, Glogau, Custrin, Stettin, Dantzig, comme base d'un édifice de grandeur qu'on s'était flatté de relever en une bataille, qu'allaient-ils devenir? Il y avait dans le nombre bien des malades, bien des écloppés, mais il était possible d'en tirer 100 à 120 mille soldats excellents, qui, se joignant à ceux qui restaient, rendraient invincible la frontière du Rhin. Pourraient-ils se grouper, et former successivement une masse qui sût se rouvrir par Hambourg et Wesel le chemin de la France? C'était une grande question. Le maréchal qui commandait à Dresde, seul en position de commencer ce mouvement, avait assez d'esprit pour en concevoir le projet, aurait-il assez d'audace pour l'exécuter?

Battre en retraite, c'était donc à l'aveu d'une défaite ajouter une perte irréparable, perte qui était la suite d'une immense faute, celle d'avoir voulu garder jusqu'au bout les éléments d'une grandeur impossible à refaire, perte enfin désolante, quelle qu'en fût la cause. On ne peut blâmer Napoléon d'avoir consumé en affreuses perplexités la journée du 17, sans juger bien légèrement les mouvements du cœur humain. Se déclarer soi-même vaincu dans une rencontre générale, abandonner tout de suite 170 mille Français laissés dans les places du Nord, sans quelques heures de méditation, de regrets, d'efforts d'esprit pour tâcher de trouver une autre issue, était un sacrifice qu'il serait peu juste de demander à quelque caractère que ce soit. De plus, il y avait un autre sacrifice, et bien cruel à faire en se retirant tout de suite, c'était celui de Reynier, qui marchait en ce moment entouré d'ennemis, et qui ne pouvait arriver que dans la journée du 17. Il fallait donc de toute nécessité temporiser pendant la plus grande partie de cette journée. Alors, après vingt-quatre heures passées devant les armées de la coalition, on pourrait dire qu'on les avait attendues longtemps comme dans un duel, et que les ayant attendues vainement, on avait décampé pour regagner une ligne plus avantageuse. D'ailleurs, il fallait bien accorder un peu de repos à des soldats accablés de fatigue; il fallait bien rendre quelque ensemble à des corps désorganisés par le combat, approvisionner avec le grand parc les parcs de chaque corps épuisés de munitions, toutes choses indispensables si en se retirant on avait l'ennemi sur les bras. Attendre une journée, et décamper la nuit suivante, était évidemment la seule conduite qui dût convenir à Napoléon, la seule qu'on pût même lui conseiller, mais à la condition de l'adopter résolûment, de tout préparer pour qu'à la chute du jour la retraite commençât, et que le 18 au matin les coalisés n'eussent devant eux que d'insaisissables arrière-gardes.

Malheureusement les perplexités de Napoléon furent extrêmes. Un immense orgueil mis à la plus terrible des épreuves, et s'appuyant au surplus dans sa résistance sur des raisons très-fortes, le retint toute la journée presque sans rien prescrire. Tantôt seul, tantôt accompagné de Murat, du prince Berthier, de M. Daru, il se promenait, sombre, soucieux, à chaque instant se répétant douloureusement qu'il fallait battre en retraite, mais n'en pouvant prendre la résolution, et aimant à croire que l'ennemi demeuré immobile pendant cette journée, ne l'attaquerait point le lendemain, et que Schwarzenberg, usant d'une vieille maxime fort en renom chez les capitaines sages, *ferait un pont d'or à l'adversaire qui voulait se retirer*. Il pourrait alors défiler à travers Leipzig d'une manière imposante, changeant sans être vaincu sa base d'opérations. Vaine espérance, dont son esprit avait besoin, et dont il se nourrit quelques heures !

Octob. 1813.

Dans cet état, il imagina de mander auprès de lui M. de Merfeld, qui avait été fait prisonnier la veille à Dölitz, qu'il connaissait depuis longtemps, et qui était un militaire d'infiniment d'esprit. Il voulait avec art le questionner sur les dispositions des coalisés, lui faire certaines insinuations tendantes à la paix, le charger même d'une proposition d'armistice, puis le renvoyer libre au camp des souverains, pour les amener peut-être à perdre un jour en hésitations, et pour provoquer de leur part quelque ouverture acceptable. Voilà où il en était arrivé pour avoir refusé d'écouter M. de Caulaincourt deux mois auparavant, lorsqu'on négociait à Prague !

Napoléon mande auprès de lui M. de Merfeld, fait prisonnier la veille, afin de jeter en avant quelques idées d'armistice.

Vers deux heures de l'après-midi il reçut M. de Merfeld[1], auquel on avait rendu son épée. Il l'ac-

Curieux entretien avec M. de Merfeld.

[1] M. Fain, qui cependant était au quartier général, a prétendu que ce fut le 16 au soir que Napoléon appela M. de Merfeld, et lui rendit sa liberté. Beaucoup d'autres écrivains ont reproduit la même erreur, parce qu'elle fournit une explication et une excuse toute naturelle pour la perte de la journée du 17. Napoléon dans ce cas aurait attendu pendant toute la journée du 17 une réponse à ses propositions. Or, la publica-

cueillit avec courtoisie, et le complimenta relativement à la tentative faite contre le pont de Dölitz, bien qu'elle eût mal réussi; puis il lui dit qu'en mémoire de son mérite, de ses anciennes relations avec le quartier général français, il allait le renvoyer sur parole, ce dont le général autrichien le remercia fort. Amenant ensuite la conversation sur le sujet qui l'intéressait, Napoléon lui demanda si en attaquant ils avaient su qu'il était présent sur les lieux. — Le général Merfeld ayant répondu que oui, Napoléon lui répliqua : Vous vouliez donc cette fois me livrer bataille? — Le général Merfeld ayant répondu de nouveau, avec respect mais avec fermeté, que oui, parce qu'ils étaient résolus à terminer par une action sanglante et décisive cette longue lutte, Napoléon lui dit : Mais vous vous trompez sur mes forces; combien croyez-vous que j'aie de soldats? — Cent vingt mille au plus, repartit M. de Merfeld. — Eh bien, vous êtes dans l'erreur, j'en ai plus de deux cent mille. — On a vu, par ce qui précède, de combien se trompaient l'un et l'autre interlocuteur, mais l'un par ignorance, l'autre par calcul. Et vous, reprit Napoléon, combien en avez-vous? — Trois cent cinquante mille, dit M. de Merfeld. — Ce chiffre n'était pas très-éloigné de la vérité. Napoléon ayant avoué qu'il n'en

tion de la conversation de M. de Merfeld, due au comte de Westmoreland, récemment encore ambassadeur à Vienne, et alors employé dans la légation britannique auprès des coalisés, permet de redresser cette erreur. M. de Merfeld, dans la pièce publiée, donne l'heure et le jour, et place son entrevue au 17 à deux heures de l'après-midi. Comme on ne peut prétendre qu'il eût intérêt à altérer une pareille circonstance, la supposition de ceux qui placent cette conversation dans la soirée du 16, tombe avec toutes les conséquences qu'ils prétendent en tirer.

avait pas supposé autant, ce qui expliquait du reste la situation où il s'était mis, ajouta avec sang-froid et un semblant de bonne humeur : Et demain, m'attaquerez-vous? — M. de Merfeld répondit avec la même assurance que les coalisés combattraient infailliblement le lendemain, résolus qu'ils étaient à acheter leur indépendance au prix de tout leur sang. — Napoléon dissimulant son impression, rompit le cours de l'entretien, et dit à M. de Merfeld : Cette lutte devient bien sérieuse, est-ce que nous n'y mettrons pas un terme? Est-ce que nous ne songerons pas à faire la paix? — Plût au ciel que Votre Majesté la voulût! s'écria le général autrichien, nous ne demandons pas un autre prix de nos efforts! nous ne combattons que pour la paix! Si Votre Majesté l'eût désirée, elle l'aurait eue à Prague il y a deux mois. — Napoléon, alléguant ici de fausses excuses, prétendit qu'à Prague on n'avait pas agi franchement avec lui; qu'on avait usé de finesse, qu'on avait cherché à l'enfermer dans un cercle fatal, que cette manière de traiter n'avait pu lui convenir, que l'Angleterre ne voulait point la paix, qu'elle menait la Russie et la Prusse, qu'elle mènerait l'Autriche comme les autres, et que c'était à cette dernière à travailler à la paix si elle la souhaitait sincèrement. — M. de Merfeld, après avoir affirmé qu'il parlait pour son compte, et sans mission (ce qui était vrai, mais ce qui n'empêchait pas qu'il ne fût instruit de tout), soutint que l'Angleterre désirait la paix, qu'elle en avait besoin, et que si Napoléon savait faire les sacrifices nécessaires au bonheur du monde et de la France, la paix serait conclue tout de suite. — Des sacrifices, s'écria Napoléon, je suis prêt à en faire! et afin de donner à croire qu'il n'avait tenu à garder certaines possessions en Allemagne qu'à titre de gages, et pour s'assurer la restitution de ses colonies, il ajouta : Que l'Angleterre me rende mes colonies, et je lui rendrai le Hanovre. — M. de Merfeld ayant indiqué que ce n'était pas assez, Napoléon laissa échapper un mot qui, prononcé au congrès de Prague, aurait changé son sort et le nôtre. — Je restituerai, dit-il, s'il le faut, les villes anséatiques... — Malheureusement il était trop tard. Kulm, la Katzbach, Gross-Beeren, Dennewitz, Wachau, avaient rendu ce sacrifice insuffisant. M. de Merfeld exprima l'opinion que pour obtenir la paix de l'Angleterre il faudrait consentir au sacrifice de la Hollande. Napoléon se récria fort, dit que la Hollande serait dans les mains de l'Angleterre un moyen de despotisme maritime, car l'Angleterre, il le savait bien, voulait le contraindre à limiter le nombre de ses vaisseaux. — C'était une idée singulière, qui avait pu traverser certains esprits, mais que jamais le cabinet britannique n'avait sérieusement regardée comme proposable. — Si vous prétendez, Sire, reprit M. de Merfeld, joindre aux vastes rivages de la France ceux de la Hollande, de l'Espagne, de l'Italie, alors comme aucune puissance maritime n'égalerait la vôtre, il se pourrait qu'on songeât à imposer une limite à l'étendue de vos flottes; mais Votre Majesté, si difficile en fait d'honneur, aimera mieux sans doute abandonner des territoires dont elle n'a pas besoin, que subir une condition dont je comprends qu'elle repousse jusqu'à l'idée. —

De cet entretien Napoléon put conclure que tandis qu'il aurait deux mois auparavant obtenu la paix en sacrifiant seulement le duché de Varsovie, le protectorat du Rhin, et les villes anséatiques, il lui faudrait maintenant abandonner en outre la Hollande, la Westphalie, l'Italie, celle-ci toutefois à la condition de la laisser indépendante de l'Autriche comme de la France. Certes la France avec le Rhin, les Alpes, les Pyrénées, restait bien encore assez belle, aussi belle qu'on la pouvait désirer! Sur tous ces objets Napoléon parut admettre qu'à la paix générale il faudrait consentir à de grands sacrifices, et se montra même plus disposé à les accorder qu'il ne l'était véritablement. Mais la paix l'occupait bien moins que l'espérance, malheureusement très-vague, d'un armistice. C'était à cette conclusion qu'il aurait voulu amener son interlocuteur. — Je n'essaye pas, dit-il à M. de Merfeld, de vous parler d'armistice, car vous prétendez vous autres que j'ai le goût des armistices, et que c'est une partie de ma tactique militaire. Pourtant il a coulé bien du sang, il va en couler beaucoup encore, et si nous faisions tous un pas rétrograde, les Russes et les Prussiens jusqu'à l'Elbe, les Autrichiens jusqu'aux montagnes de la Bohême, les Français jusqu'à la Saale, nous laisserions respirer la pauvre Saxe, et de cette distance nous pourrions traiter sérieusement de la paix. — M. de Merfeld répondit que les alliés n'accepteraient point la Saale pour ligne d'armistice, car ils espéraient aller cet automne jusqu'au Rhin. — Me retirer jusqu'au Rhin! reprit fièrement Napoléon; il faudrait que j'eusse perdu une bataille, or je n'en ai point perdu encore! Cela pourra m'arriver sans doute, car le sort des armes est variable, vous le savez, monsieur de Merfeld (celui-ci était venu jadis implorer des armistices après Léoben et après Austerlitz); mais ce malheur ne m'est point arrivé, et sans bataille perdue je ne vous abandonnerai pas l'Allemagne jusqu'au Rhin... — Partez, ajouta Napoléon, je vous accorde votre liberté sur parole; c'est une faveur que j'accorde à votre mérite, à mes anciennes relations avec vous, et si de ce que je vous ai dit vous pouvez tirer quelque profit pour amener une négociation, ou au moins une suspension d'armes qui laisse respirer l'humanité, vous me trouverez disposé à écouter vos propositions. —

Napoléon espère que les paroles dont il charge M. de Merfeld jetteront quelque hésitation dans l'esprit des coalisés.

Cet entretien singulier, dans lequel on voit l'art que Napoléon avait de se dominer, lorsqu'il s'en donnait la peine, avait eu pour but, on le devine, de savoir au juste ce qu'il devait attendre des coalisés le lendemain, et de faire naître, s'il était possible, quelque hésitation parmi eux, en proférant à l'égard de la paix des paroles qui jamais n'étaient sorties de sa bouche. S'ils avaient été aussi maltraités que Napoléon le supposait (et maltraités, ils l'étaient fort, mais ébranlés, point du tout), ils pouvaient trouver dans ces paroles une raison de parlementer, et lui le temps de changer de position.

Vers la fin du 17, on voit à l'horizon paraître de nouvelles colonnes ennemies.

La fin du jour ne fit que jeter de nouvelles et tristes lumières sur cette situation. On vit de fortes colonnes apparaître sur la route de Dresde, et les rangs de l'armée de Schwarzenberg s'épaissir considérablement. Du haut des clochers de Leipzig on discerna clairement l'armée de Bernadotte qui arrivait vers le nord. L'horizon était enflammé de mille feux. Le cercle était presque fermé autour de nous, au sud, à l'ouest, au nord. Il n'y avait qu'une issue encore ouverte, c'était celle de l'est, à travers la plaine de Leipzig, car Blucher jusqu'ici n'avait pu dans cette plaine si vaste étendre son bras vers Schwarzenberg. Mais cette issue, la seule qui nous restât, menait à l'Elbe et à Dresde, où il n'était plus temps d'aller. Napoléon, faisant un dernier effort sur lui-même, prit enfin le parti de la retraite, parti qui lui coûtait cruellement, non-seulement sous le rapport de l'orgueil, mais sous un rapport plus sérieux, celui du changement d'attitude, celui surtout du sacrifice de 170 mille Français laissés sans secours, presque sans moyen de salut, sur l'Elbe, l'Oder et la Vistule.

Octob. 1813.

Malheureusement il se décida trop tard et trop incomplétement. Au lieu d'une retraite franchement résolue, et calculée dès lors dans tous ses détails, devant commencer dans la soirée du 17, et être achevée le 18 au matin, il voulut une retraite imposante, qui n'en fût presque pas une, et qui s'exécutât en plein jour. Il arrêta qu'au milieu de la nuit, c'est-à-dire vers deux heures, on rétrograderait concentriquement sur Leipzig, et l'espace d'une heue; que Bertrand avec son corps, Mortier avec une partie de la jeune garde, iraient par Lindenau s'assurer la route de Lutzen; que le jour venu on défilerait, un corps après l'autre, à travers Leipzig, repoussant énergiquement l'ennemi qui oserait aborder nos arrière-gardes. Une pareille marche, en

Napoléon se décide à se retirer sur la Saale, mais il veut faire une retraite imposante, en arrêtant les coalisés s'ils essayent de poursuivre l'armée française.

nous tirant d'une fausse position, aurait ainsi l'aspect d'un changement de ligne, plutôt que celui d'une retraite.

Napoléon se croyait encore si imposant, qu'il n'imaginait pas qu'on pût troubler une semblable retraite. Il l'était encore beaucoup sans doute, mais pour la passion enivrée de subites espérances, il n'y a rien d'imposant, et c'était une passion de ce genre qui animait alors les coalisés. Telles furent les résolutions de Napoléon pour la nuit du 17 au 18.

Ce qui s'était passé pendant la journée du côté des coalisés ne répondait pas aux illusions dont il avait flatté son malheur. Leur intention première avait été de combattre sans relâche, de faire tuer des hommes sans mesure, jusqu'à ce qu'on fût venu à bout de la résistance des Français, et avec de telles dispositions il n'y avait pas même de motif pour s'arrêter le 17. Pourtant les nouvelles qu'on avait réussi à se procurer du nord de Leipzig, avaient appris que le prince de Suède pourrait se trouver en ligne si on lui accordait un jour de plus. Une autre nouvelle non moins importante était venue des environs de Dresde. On avait laissé devant cette ville la division russe Sherbatow et la division autrichienne Bubna sur la droite de l'Elbe, et l'armée entière de Benningsen avec le corps de Colloredo sur la rive gauche. C'étaient environ 70 mille hommes, bien inutilement employés à contenir un corps français qu'il suffisait d'observer, et dont on n'avait rien à craindre. Ayant profité des leçons de Napoléon, qui avait enseigné à tous les généraux du siècle l'art de réunir ses troupes au point où elles étaient le plus utiles, on avait prescrit au général Benningsen de laisser le corps de Tolstoy devant Dresde, et de marcher avec le sien sur Leipzig. Même ordre avait été expédié au corps de Colloredo et à la division Bubna. C'étaient cinquante mille hommes dont l'arrivée était annoncée pour la fin de la journée. Cinquante mille de ce côté, soixante mille du côté de Bernadotte, composaient un renfort de cent dix mille hommes, dont il eût été bien imprudent de se priver. Il n'y avait donc pas à être avare du temps qui devait tant profiter aux alliés, si peu aux Français, et on ne pouvait mieux faire que de remettre d'un jour l'attaque décisive. Les soldats qui avaient si vaillamment combattu dans la journée du 16 prendraient un peu de repos le 17, et ce repos ne servirait guère aux soldats de Napoléon, qui étaient trop intelligents pour ne pas apercevoir le danger sans cesse croissant autour d'eux, et devaient être plutôt affectés que remis par la prolongation d'une situation pareille. Par ces raisons, qui pour notre malheur étaient toutes excellentes, on avait décidé de différer jusqu'au 18 la dernière bataille[1]. L'arrivée de M. de Merfeld

[1] Les écrivains décidés à ne voir dans les revers de Napoléon d'autre cause que la trahison de ses alliés ou la faiblesse de ses lieutenants, comme si la trahison des alliés, la faiblesse des lieutenants ne provenaient pas elles-mêmes de fautes graves, ces écrivains ont prétendu que les généraux de la coalition ne voulaient pas attaquer le 17 ni le 18, mais qu'ils s'y décidèrent dans la nuit du 18, en apprenant la trahison projetée des Saxons. Dès lors Napoléon aurait encore calculé ici avec une justesse infaillible. En restant en effet un jour de plus en position il se serait retiré sain et sauf avec l'attitude d'un vainqueur, et ce n'est que la trahison des Saxons qui aurait empêché ce calcul de se vérifier. Cette nouvelle supposition est aussi peu fondée que toutes celles du même genre. MM. de Wolzogen, Cathcart, présents aux quartiers généraux des coalisés, nous ont révélé le détail des délibérations de ces

dans l'après-midi, ses récits détaillés n'ébranlèrent personne, et révélèrent au contraire à tout le monde la détresse qui avait arraché à Napoléon des propositions si nouvelles. Ne s'arrêter qu'au bord du Rhin fut la résolution générale.

Au nord de Leipzig, les déterminations prises avec moins d'accord, n'en avaient pas moins tendu au même but. Le prince de Suède, assailli par les reproches violents du ministre d'Angleterre qui taxait son inaction de perfidie, par les remontrances de ses divers états-majors, et notamment par les instances des officiers suédois dont les champs de Leipzig réveillaient les souvenirs patriotiques, avait fini par marcher le 17, et par prendre position derrière Blucher, auquel il avait demandé une entrevue. Celui-ci l'avait déclinée, sachant ce que le prince désirait de lui, et décidé à ne pas y consentir. Il s'agissait de passer hardiment la Partha, afin de compléter l'investissement des Français, et celui qui la traverserait avant d'avoir donné la main au prince de Schwarzenberg pourrait bien essuyer quelque rude choc. Or le prince de Suède, en cette occasion, comme sur la Mulde quelques jours auparavant, voulait que Blucher occupât le poste le plus périlleux. Blucher fatigué, non pas de dangers, mais de quartiers généraux, et on sait aujourd'hui que la résolution était d'attaquer le 17 même, et que l'arrivée de nouveaux renforts fit seule remettre au 18. De plus, la défection des Saxons, si elle était connue d'avance, ne l'était qu'au quartier général de Bernadotte, où des Saxons réfugiés auprès de lui l'avaient préparée ; mais elle était tout à fait ignorée au quartier général des trois souverains. Ces inventions, qui ont pour but de prouver non pas le génie prodigieux de Napoléon, qu'on ne peut mettre en question, mais son infaillibilité, sont donc contraires à la vérité, et dénuées de tout fondement.

LEIPZIG ET HANAU.

complaisances pour un allié dont il suspectait la fidélité autant que l'énergie, avait répondu que ses troupes épuisées par le combat du 16, étaient beaucoup moins propres à supporter une position difficile que celles de l'armée du Nord, et il avait exigé que Bernadotte vînt franchir la Partha sur la gauche de l'armée de Silésie, et se risquer dans la plaine de Leipzig en face de Napoléon. Il s'était en même temps entendu secrètement avec les généraux prussiens et russes qui commandaient les divers corps de l'armée du Nord, et il leur avait promis de passer avec eux la Partha le lendemain pour combattre Napoléon à outrance, car Blucher était bien résolu à participer lui-même à la dernière lutte, mais il voulait contraindre Bernadotte à prendre une position de combat dont il lui fût impossible de revenir[1]. Tout était donc disposé pour que Napoléon eût sur les bras environ 300 mille hommes. Les alliés en avaient effectivement 220 ou 230 mille le 16; s'ils en avaient perdu environ 40 mille dans cette jour-

[1] Nous citons le passage suivant de M. de Wolzogen qui peint ce qui se passait aux états-majors de Blucher et de Bernadotte. Les récits de M. de Muffling, témoin oculaire, sont encore plus frappants et plus amers.

« Le prince Guillaume, frère du roi de Prusse, avait déjà auparavant » décidé le prince qui hésitait, à prendre une part sérieuse à la bataille, » et avait amicalement éveillé son attention sur ce point, que l'opinion » des troupes prussiennes et russes qui se trouvaient dans son armée » lui était très-défavorable, et qu'elles allaient même jusqu'à douter de » son courage personnel et de sa loyale volonté d'agir efficacement dans » l'intérêt de la cause commune des alliés. Cette confidence, ainsi que » les observations du général Adlerkreutz, chef de son état-major général, que les Suédois, loin de rester en arrière, désiraient au contraire soutenir leur ancienne renommée sur le champ de bataille où » Gustave-Adolphe avait combattu si glorieusement, passent pour avoir » exercé une influence décisive sur la résolution de Charles-Jean. »

née, et s'il leur en arrivait 50 avec Benningsen, 60 avec Bernadotte, leur nombre total devait bien être d'à peu près 300 mille. Quant à Napoléon, qui en avait eu 190 mille, Reynier compris, avant la bataille du 16, il ne devait pas, comme nous l'avons dit, en conserver plus de 160 à 165 mille le 18, en comptant même les alliés peu sûrs qui étaient dans ses rangs.

Dispositions de Napoléon autour de Leipzig pour y prendre une attitude imposante, et se retirer après avoir bravé et contenu l'ennemi.

Du reste Napoléon connaissant cette situation, avait pris vers la fin de la journée du 17 le parti de se retirer. Malheureusement ce n'était pas, comme nous l'avons dit, une de ces retraites nocturnes, telles que l'art de la guerre autorise à les faire lorsqu'une armée a besoin de se soustraire à un ennemi supérieur, mais une retraite en plein jour, et à pas lents, qu'il voulait exécuter, de manière à conserver une attitude imposante, et à traverser sans embarras le long défilé de Leipzig à Lindenau, défilé consistant en une multitude de ponts jetés sur les bras divisés de la Pleisse et de l'Elster. A deux heures du matin en effet il était debout, expédiant ses ordres qui furent les suivants. Tous les corps qui avaient combattu au sud, c'est-à-dire Poniatowski, Augereau, Victor, Lauriston, Macdonald, la garde, les 1er, 2e, 4e, 5e de cavalerie, devaient rétrograder d'une lieue, et venir former autour de Leipzig, sur le plateau de Probstheyda, un cercle plus resserré, et dès lors à peu près invincible. Si l'ennemi les suivait, ils se précipiteraient sur lui, et le refouleraient au loin. Au nord et à l'est, Marmont qui après le combat de Möckern avait repassé la Partha, devait se concentrer de Schönfeld à Sellerhausen. Ney qui, avec Reynier arrivé dans l'après-midi du 17, formait le prolongement de la ligne de Marmont, devait replier sa droite en arrière, jusqu'à ce qu'il rencontrât la gauche de Macdonald à travers la plaine de Leipzig, et fermât ainsi le cercle que l'armée française allait décrire. Alors la liaison qui n'avait été établie entre Ney et Macdonald qu'au moyen de la cavalerie, serait établie au moyen d'une ligne continue de troupes de toutes armes occupant les villages de Paunsdorf, Melckau, Holzhausen, Liebert-Wolkwitz. Dès cet instant, au lieu d'un cercle de cinq à six lieues, on n'en formerait plus qu'un de deux lieues à peu près, et partout très-solide. A l'est et au nord, on devait comme au sud rétrograder lentement, culbuter l'ennemi trop pressant, et si on n'était pas suivi, venir à l'exemple des autres corps s'écouler à travers Leipzig par la chaussée de Lindenau. Mais cette chaussée il fallait se l'ouvrir. Margaron, le 16, avait conservé le bourg de Lindenau placé à l'extrémité des ponts de la Pleisse et de l'Elster. Napoléon confia au général Bertrand le soin de franchir Lindenau, de déboucher dans la plaine de Lutzen, d'enfoncer tout ennemi rencontré sur son chemin, et de percer jusqu'à Weissenfels sur la Saale. Il lui donna pour le renforcer la division française Guilleminot, qui avait marché précédemment sous les ordres de Reynier, avec la division Durutte, dans l'intention de placer les Saxons entre deux divisions françaises. Le général Rogniat eut ordre de partir avec les troupes du génie de la garde, afin d'aller jeter de nouveaux ponts sur la Saale, au-dessous de Weissenfels. Margaron et Dombrowski

Octob. 1813.

Bertrand envoyé au delà de Lindenau, pour s'ouvrir la route de Mayence à travers la plaine de Lutzen.

furent chargés de la défense de Leipzig. Margaron devait occuper l'intérieur, Dombrowski le dehors jusqu'à Schönfeld, où était le maréchal Marmont, et où commençait par conséquent la ligne de Ney. Comme Margaron pouvait ne pas suffire, Napoléon se priva de la division de la jeune garde commandée par Mortier, et l'envoya dans Leipzig même. Les parcs, les bagages inutiles eurent ordre de se mettre en marche immédiatement, afin d'avoir défilé lorsque les colonnes de l'armée arriveraient aux ponts. A trois heures du matin tout était en mouvement par un temps sombre et pluvieux, et les caissons qu'on brûlait ou qu'on faisait sauter faute de les pouvoir atteler, ajoutaient de sinistres lueurs et de plus sinistres détonations à cette retraite. Rien ne prouvait mieux qu'on ne voulait pas faire une retraite clandestine, et que l'orgueil mal entendu de la victoire nous restait jusque dans la défaite, défaite, il est vrai, qui n'était pas celle du champ de bataille, mais de la campagne, et celle-ci était malheureusement plus grave.

Napoléon courant toute la nuit pour assurer l'exécution de ses dispositions.

Napoléon après avoir expédié ses ordres était allé lui-même au faubourg de Reudnitz auprès de Ney, pour lui exprimer de vive voix ses intentions[1]. Entre autres instructions qu'il lui avait laissées, était celle de pourvoir à la sûreté du grand quartier général qui était demeuré en arrière sur la route de Düben à Leipzig. Ce grand quartier géné-

---

[1] Nous avons l'exposé bref mais formel de ces intentions dans une lettre du maréchal Ney au général Reynier, datée de cinq heures du matin, et dans laquelle le maréchal dit ce que Napoléon est venu faire et ordonner auprès de lui, c'est-à-dire à Reudnitz, où il avait son quartier général.

LEIPZIG ET HANAU.   595

ral, qui comprenait toutes les administrations, le
trésor de l'armée notamment, le parc du génie, une
partie du parc général de l'artillerie, l'équipage de
pont, avait été conduit à Eilenbourg, et puis, ayant
voulu suivre Reynier, il en avait été empêché par la
présence de l'ennemi. Napoléon lui fit dire, s'il ne
pouvait pas rejoindre, de se replier sur Torgau, et
d'aller s'y enfermer, triste ressource qui ne devait
différer sa perte que de quelques jours, à moins
qu'un armistice ne vînt sauver la garnison des
places.

Octob. 1813.

Ces ordres expédiés, Napoléon s'était transporté
à Leipzig, où il avait communiqué ses vues à ses
autres généraux, et il était revenu fort matin à son
bivouac, au milieu des rangs de l'armée principale
qu'il n'avait pas quittés depuis plusieurs jours.

Le colonel du génie Montfort, qui remplaçait le
général Rogniat parti pour Weissenfels, avait été
extrêmement frappé de la difficulté de faire défiler
toute l'armée par un seul pont d'une immense longueur, celui qui va de Leipzig à Lindenau. Il avait
donc proposé au prince Berthier de jeter, au-dessus
ou au-dessous, d'autres ponts secondaires, qui serviraient au passage de l'infanterie, afin de réserver
la chaussée principale à l'artillerie, à la cavalerie,
aux bagages. Soit que Berthier, tout plein encore de
la peine qu'on avait eue à parler de retraite à Napoléon, n'osât pas lui en parler de nouveau, soit (ce
qui est plus probable), qu'il eût l'habitude invétérée
d'attendre tout de sa prévoyance, il repoussa le colonel, en lui disant qu'il fallait savoir exécuter les
ordres de l'Empereur, mais n'avoir pas la prétention

Le colonel
Montfort solli-
cite en vain
de Berthier
l'autorisation
de jeter
des ponts sup-
plémentaires,
afin
de prévenir
un encombre-
ment sur celui
de
Lindenau.

38.

de les devancer. Peut-être aussi Napoléon avait-il considéré ce cas, et n'avait-il rien voulu ordonner qui annonçât sa retraite trop longtemps à l'avance. Quoi qu'il en soit, on se réduisit volontairement au seul pont de Lindenau, ce qui dans certains cas pouvait devenir extrêmement dangereux [1].

A peine Napoléon était-il retourné à Probstheyda, où il avait eu son bivouac, qu'il aperçut du haut d'un tertre sur lequel il était placé, trois grandes colonnes, mais cette fois bien plus fortes que l'avant-veille, marchant concentriquement sur sa nouvelle ligne de bataille. Vers notre droite ne s'appuyant plus à Mark-Kleeberg mais un peu en arrière à Dölitz, c'était le prince de Hesse-Hombourg, qui avec les grenadiers de Bianchi et de Weissenwolf, avec la

Octob. 1813.

Bataille du 18.

Dès la pointe du jour, Napoléon revenu à Probstheyda, du côté du sud, voit trois grandes colonnes marchant sur la ligne plus resserrée de l'armée française.

---

[1] Il n'est aucune circonstance de cette campagne qui ait donné lieu à plus de controverses que celle de l'existence d'un seul pont pour opérer la retraite de Leipzig. Les écrivains dont le thème ordinaire est que Napoléon en sa vie n'a commis ni une faute ni une omission, prétendent que Napoléon prescrivit à Berthier de jeter plusieurs ponts soit au-dessus, soit au-dessous de celui de Lindenau, et que Berthier n'exécuta pas cet ordre si important, lui qui ne négligeait pas les ordres les plus accessoires. Cette nouvelle assertion, tout invraisemblable qu'elle soit, pourrait être admise, en supposant que Berthier fatigué, affecté, malade (ce qu'il était alors), aurait oublié les prescriptions de Napoléon. Mais par malheur pour cette hypothèse, il y a l'assertion du colonel Montfort, qui depuis l'événement a déclaré qu'il avait adressé à Berthier les plus vives instances pour être autorisé à jeter des ponts secondaires, ce qui aurait dû suffire pour rafraîchir la mémoire du major général s'il en avait eu besoin. Il est vrai qu'on pourrait accuser le colonel Montfort, mis plus tard en jugement pour cette affaire, d'avoir imaginé cette assertion afin de s'excuser. Mais outre la bonne foi du colonel, qui ne saurait être mise en doute quand on l'a connu, j'ai de cette assertion et de son exactitude une autre preuve. Le jour même du passage si embarrassé du pont de Lindenau, c'est-à-dire le 19, le colonel Montfort au milieu de la foule qui se pressait sur le pont, s'entretenant avec le colonel du génie Lamare, lui dit avec chagrin qu'il avait la

réserve de cavalerie de Nostitz, avec le corps de Colloredo et la division légère d'Aloys Lichtenstein, s'avançait sur Poniatowski et Augereau. Au centre c'étaient Kleist et Wittgenstein, aujourd'hui réunis en une seule colonne d'attaque, et suivis des gardes russe et prussienne, qui marchaient de Wachau et de Liebert-Wolkwitz sur Probstheyda, où se trouvaient Victor et la garde. A gauche enfin c'étaient Klenau, Benningsen et Bubna, qui du bois de l'Université et de Seyffertshayn se dirigeaient sur Zuckelhausen et Holzhausen, contre Macdonald. Cette dernière colonne, ployant sa droite autour de notre ligne, venait à travers la plaine de Leipzig menacer la position de Ney, mais avec beaucoup de circonspection, car elle attendait pour s'engager que Berna-

veille adressé les plus vives instances à Berthier pour être autorisé à jeter d'autres ponts, et que Berthier lui avait répondu qu'il fallait attendre les ordres de l'Empereur. Ainsi au moment même, le colonel Montfort n'ayant pas encore à se justifier devant un conseil de guerre, et avant d'avoir pu y penser, produisait le fait avec une sincérité et une spontanéité évidentes. Le fait ne peut donc pas être contesté. Or, comment admettre alors que Berthier ayant des ordres de Napoléon ne les eût pas exécutés? Ici l'invraisemblance est frappante, car il eût fallu que Berthier fût ou stupide ou traître. Or, ce vieux compagnon de Napoléon, quoique fatigué, était aussi dévoué qu'habile. Il n'y a donc qu'une supposition possible, c'est que Napoléon, ou n'y ayant pas pensé, ou, ce qui est plus probable, voulant faire une retraite pour ainsi dire à *volonté*, sans presser le pas, crut le pont de Lindenau suffisant. Probablement aussi il ne voulait pas que des préparatifs indiquant une retraite précipitée affectassent le moral des soldats. Quoi qu'il en soit, c'est la seule explication qui n'offense pas le bon sens. Il est vrai que dans ce cas il faudrait admettre que Napoléon a commis une erreur. Mais quant à nous, tout en le regardant comme un des plus grands génies de l'humanité, nous demandons, non pas à ses admirateurs, car nous sommes du nombre, mais à ses adorateurs, ce que nous ne sommes pas, la permission de croire qu'en sa vie il lui est arrivé de se tromper.

Octob. 1813.

Immense disproportion des forces.

dotte eût passé la Partha. Ces trois colonnes pouvaient comprendre de 55 à 60 mille hommes chacune, excepté celle de Benningsen, qui était de 70 mille environ. Pour tenir tête à ces 180 mille hommes, Napoléon avait comme l'avant-veille Poniatowski, Augereau, Victor, Lauriston, Macdonald, la garde, les 1er, 2e, 4e, 5e de cavalerie, présentant en ce moment une masse totale de 80 et quelques mille hommes. Dans l'angle formé par l'Elster et la Pleisse les coalisés avaient laissé le corps de Merfeld, et au delà de l'Elster vers Lindenau, Giulay, ce qui faisait plus de 25 mille hommes encore. Enfin Bernadotte et Blucher en avaient bien cent mille à eux deux. Ney avait à leur opposer, Marmont réduit à 12 ou 13 mille hommes, Reynier à peu près au même nombre, Souham à 13 ou 14 mille. Margaron avec le duc de Padoue et Dombrowski n'en avaient pas plus de 12 mille. C'étaient donc 130 et quelques mille hommes opposés à 300 mille. Bertrand avec 18 mille était en route pour Weissenfels. Mortier l'appuyait avec deux divisions de la jeune garde.

Lente retraite des troupes françaises pour prendre

Toutes les colonnes de Napoléon en se retirant avaient laissé de fortes arrière-gardes répandues en tirailleurs, lesquelles disputaient le terrain pied à pied, et ne le cédaient qu'après avoir causé de grandes pertes à l'ennemi. En arrière de Wachau et de Liebert-Wolkwitz, à la bergerie de Meusdorf située en avant de Probstheyda, on ne se retira pas sans couvrir la terre de cadavres prussiens et russes. A Zuckelhausen, à Holzhausen, où se trouvait le corps de Macdonald, on tint tête à la division prussienne de Ziethen, et aux Autrichiens de Klenau, et on leur tua beaucoup de monde avant de rétrograder sur Stötteritz. Cette dernière position une fois prise par Macdonald, notre nouvelle ligne de bataille était la suivante. Des bords de la Pleisse, c'est-à-dire de Dölitz à Probstheyda, elle formait une ligne continue, se repliait à angle droit vers Probstheyda, remontait au nord jusqu'au bord de la Partha, par Stötteritz, Melckau, Schönfeld, où étaient Macdonald, Reynier, Marmont.

Probstheyda était donc l'angle saillant que l'ennemi devait emporter, et où Napoléon était bien décidé à tenir opiniâtrément. Outre Victor qui gardait Probstheyda, il y avait en arrière Lauriston qui se liait à Macdonald, la garde et la cavalerie. Jusqu'au moment où ils parvinrent à la ligne des positions que Napoléon voulait conserver, les coalisés ne rencontrèrent que des arrière-gardes, qui disputaient le terrain, mais finissaient par l'abandonner. Arrivés devant Dölitz, Probstheyda, Stötteritz, ils trouvèrent des lignes immobiles, imposantes, et qu'il y avait peu de chance de faire céder. Toutefois ils l'essayèrent avec une sorte d'énergie désespérée.

La colonne du prince de Hesse-Hombourg se jeta sur Dölitz, l'emporta, le perdit, le reprit, le perdit de nouveau. C'étaient Poniatowski et Augereau fort épuisés, ne comptant pas dix mille hommes à eux deux, qui défendaient ce point. Le prince de Hesse-Hombourg y fut gravement blessé, et remplacé aussitôt par le général Bianchi. Nous fûmes obligés d'abandonner toutefois un peu de terrain, et de venir nous placer à Connewitz, derrière une ligne d'eau alternativement stagnante ou courante, qui

Octob. 1813.

une position plus resserrée.

Après avoir lentement rétrogradé, les Français s'arrêtent de Dölitz à Probstheyda.

Violente attaque du prince de Hesse-Hombourg sur Dölitz, et défense héroïque de Poniatowski.

On cède un peu de terrain jusqu'à Connewitz, pour prendre

allait de Probstheyda à Connewitz se jeter dans la Pleisse. Avant de s'y retirer, notre cavalerie exécuta de superbes charges, repoussa plusieurs fois celle des Autrichiens, et puis se replia avec l'infanterie derrière le ruisseau dont il vient d'être parlé. Une fois à Connewitz, Poniatowski et Augereau s'y établirent invinciblement. Oudinot avec les deux divisions de la jeune garde qui restaient (on a vu que les deux autres étaient sous Mortier à Leipzig), se posta derrière le ruisseau, de Connewitz à Probstheyda, la cavalerie rangée dans les intervalles de l'infanterie. Une partie de l'artillerie de la garde se mit en batterie, et foudroya les masses ennemies. Plusieurs fois les Autrichiens voulurent franchir l'obstacle, et chaque fois on les fit mourir au pied de la position. Le corps de Merfeld commandé par Sederer, et placé de l'autre côté de la Pleisse, sur le terrain bas et boisé que la Pleisse et l'Elster traversent en tous sens, renouvelait ses attaques de l'avant-veille contre notre droite, dans l'intention de la tourner. Il ne put nous envoyer que des boulets qu'on lui rendit avec usure.

Il était midi, le canon retentissait au nord, ce qui annonçait que Blucher et Bernadotte entraient en action, et ce qui faisait trois batailles livrées en même temps. De plus il y en avait presque une quatrième, car sur notre droite, au delà de la Pleisse et de l'Elster, dans la plaine de Lutzen, on entendait le canon de Bertrand aux prises avec Giulay pour s'ouvrir la route de Weissenfels. Cette épouvantable étendue de carnage ne troublait pas plus le visage de Napoléon que le cœur de nos soldats, exaltés pour ainsi dire par cette solennité d'une bataille sans égale dans l'histoire, car depuis trois jours cinq cent mille hommes se disputaient dans les plaines de Leipzig l'empire du monde. Jamais on n'avait vu pareil nombre d'hommes sur un même champ de bataille.

Octob. 1813.

Le canon de Blucher et de Bernadotte fut pour l'armée du prince de Schwarzenberg le signal d'une attaque furieuse contre le point décisif de Probstheyda. Déjà Kleist et Wittgenstein formant la colonne du centre, s'étaient avancés, Kleist avec les trois divisions prussiennes Klüx, Pirch et prince Auguste, Wittgenstein avec les divisions russes Eugène de Wurtemberg et Gortschakoff, suivies des réserves. Arrivés devant la position, les Prussiens qui toujours briguaient la tête des attaques, par la raison fort honorable pour eux qu'il s'agissait dans cette lutte terrible d'affranchir l'Allemagne, s'élancent les premiers, et au pas de charge, sur Probstheyda. Drouot, rangé en avant de Probstheyda, les attend avec l'artillerie de la garde, Victor avec son infanterie. Il fallait gravir un terrain incliné en forme de glacis. Drouot les laisse arriver, puis les couvre de mitraille, et les précipite confusément les uns sur les autres. Pourtant, animés d'une véritable rage patriotique, ils se remettent en rang, marchent une seconde fois sur Probstheyda et parviennent à y entrer. Mais Victor, avec ses divisions décimées, les charge à la baïonnette, et les arrête. Après les avoir arrêtés il les pousse dehors, et notre artillerie les mitraille de nouveau. Les trois divisions prussiennes, horriblement traitées, vont se reformer à quelque distance,

En entendant le canon de Blucher et de Bernadotte, le prince de Schwarzenberg veut tenter une attaque décisive sur Probstheyda, qui forme l'angle saillant de notre position.

Combat effroyable autour de Probstheyda.

au bas du glacis sur lequel s'élève Probstheyda. Napoléon fait avancer Lauriston, et lui-même sous une grêle de boulets range par derrière, en colonnes profondes, les deux divisions de la vieille garde, Friant et Curial, seule réserve qui lui reste. Ces beaux grenadiers, avec leurs énormes bonnets à poil, immobiles sous les boulets, sont placés comme deux puissants arcs-boutants derrière Lauriston et Victor. On s'attend à une nouvelle attaque, et on se promet de la recevoir comme la précédente.

En effet, les trois divisions prussiennes ayant un moment repris haleine et resserré leurs rangs, sont rejointes par les divisions russes de Wittgenstein, et d'un même mouvement se reportent en avant, toujours accablées par la mitraille de Drouot. Elles se précipitent toutes ensemble sur Probstheyda, l'enveloppent, y pénètrent, et semblent cette fois devoir en rester maîtresses. Mais Victor quoique avec des troupes épuisées, Lauriston avec les siennes que la bataille du 16 a réduites des deux tiers, fondent à la baïonnette sur les Prussiens et les Russes réunis, combattent corps à corps, puis par un suprême effort refoulent les assaillants hors du village, et les culbutent sur la déclivité du terrain, où notre artillerie, profitant de cette nouvelle occasion, les couvre encore de mitraille.

Tandis qu'on résiste ainsi de face, un autre ennemi se présente par la gauche, c'est la division prussienne Ziethen, qui ayant avec les Autrichiens de Klenau fait une tentative infructueuse sur Stötteritz, s'est rabattue sur Probstheyda. Mais une partie de l'artillerie de Drouot, établie sur le côté gau-

LEIPZIG ET HANAU.

che du village, la reçoit en flanc, et la repousse par le feu seul de ses canons.

Après ces tentatives, le prince de Schwarzenberg ayant déjà plus de douze mille hommes hors de combat, ne pouvait plus se flatter d'emporter une position que la valeur de nos soldats rendait inexpugnable. Il se décida, comme l'avant-veille, à procéder contre l'armée française par voie de resserrement successif. On avait le 16 resserré Napoléon sur Leipzig, et on l'avait amené le 18 à se retirer à une lieue en arrière. On achèverait le 19 de l'acculer dans Leipzig même, en donnant la main à Bernadotte et à Blucher. Le prince généralissime résolut dès lors d'occuper de son côté la journée par un combat d'artillerie, et pour le soutenir avec moins de désavantage, il rétrograda quelques centaines de pas sur un terrain légèrement élevé, et dont l'élévation faisait face à celle de Probstheyda. Là, placé vis-à-vis des Français, il se mit à échanger avec eux l'une des plus épouvantables canonnades qu'on ait jamais entendues.

Pendant ce temps Benningsen, opposé à notre gauche qui de Probstheyda remontait au nord jusqu'à Leipzig, avait essayé d'aborder Melckau, mais moins hardiment que Schwarzenberg, parce qu'il attendait Bernadotte et Blucher avant de s'engager sérieusement. Quant à ceux-ci, voici ce qui avait eu lieu de leur côté.

Après avoir refusé de voir Bernadotte, Blucher avait fini par accepter une entrevue avec lui le matin à huit heures, et ils étaient convenus de franchir la Partha, mais Bernadotte n'y avait consenti qu'à

Octob. 1813.

Après avoir perdu douze mille hommes en deux heures, le prince de Schwarzenberg se décide à convertir le combat en une longue canonnade.

Combat à l'est et au nord contre Bernadotte et Blucher.

condition que Blucher lui prêterait 30 mille hommes, ce que celui-ci avait promis en se mettant à la tête de ces trente mille hommes qui étaient ceux de Langeron. En effet pendant que Sacken et York, restés de l'autre côté de la Partha, tout à fait au nord de Leipzig, échangeaient des boulets avec Dombrowski et Margaron, Blucher avait passé la Partha au plus près, c'est-à-dire vers Neutzsch, puis se portant à l'est de Leipzig, était descendu sur Schönfeld, où la seconde division de Marmont était établie. Marmont avec ses deux autres divisions, Ney avec Souham et Reynier, avaient opéré une conversion en arrière, pour venir par Sellerhausen relier leur droite avec Macdonald qui était à Stötteritz. Quant à Bernadotte, exécutant un long circuit pour traverser la Partha le plus loin possible des Français, il était allé la franchir à Taucha, et les Prussiens en tête, s'était avancé en face de Reynier, par Heiterblick. Tels avaient été les mouvements des uns et des autres dans le courant de la matinée, pendant le terrible combat de Probstheyda.

En avant de Sellerhausen, où était Reynier, se trouvait un village formant saillie dans la plaine et assez dominant, celui de Paunsdorf, que Ney aurait désiré occuper, parce que de ce point on pouvait s'interposer entre l'armée de Bohême et celle du Nord, peut-être même empêcher leur jonction. Reynier n'en était point d'avis par un motif assez sage. Il se défiait des Saxons qui ne cessaient de murmurer et de menacer de désertion. Encadrés jusqu'ici entre les deux divisions françaises Durutte et Guilleminot, ils avaient été assez fidèles; mais depuis le départ de Guilleminot, ils n'étaient flanqués que d'un côté, et Reynier ne voulait pas, en les mettant en avant, les exposer à la tentation de nous quitter. Ney, plus hardi, les fit avancer en colonne vers Paunsdorf, en ayant soin de placer la division Durutte derrière eux, pour les appuyer et les contenir. Mais ils n'eurent pas plutôt aperçu les enseignes de Bernadotte, avec l'état-major duquel plusieurs d'entre eux étaient en communication secrète, que par un hommage qui n'était pas celui de la fidélité à la fidélité, ils marchèrent soudainement à lui. La cavalerie déserta la première, l'infanterie suivit. Le maréchal Marmont, qui était à leur gauche, crut qu'ils se laissaient emporter à trop d'ardeur, et courut après eux, mais il fut bientôt détrompé, et, trahison indigne! à peine à quelques pas de notre ligne de bataille, ils tournèrent leurs pièces contre nous, en tirant sur la division Durutte, avec laquelle ils servaient depuis deux années! Sans doute Napoléon avait violenté leurs sentiments, enchaîné leurs cœurs et leurs bras à une cause qu'ils n'aimaient point; ils avaient le droit de nous quitter, mais pas celui de nous abandonner sur le champ de bataille; et du reste si Dieu nous punissait en ce moment pour avoir trop pesé sur l'Europe, il leur préparait bientôt à eux un terrible et juste châtiment, celui du morcellement de leur patrie!

Octob. 1813.

Ney accourut à ce spectacle pour aider la division Durutte, qui, assaillie tout à coup par le corps de Bulow, avait la plus grande peine à se maintenir. Cinq mille hommes luttèrent pendant plus d'une heure contre vingt mille, et luttèrent héroïquement.

Situation presque désespérée, et conduite héroïque de la division Durutte.

Pourtant il fallut céder et se replier sur Sellerhausen. Ney leur amena la division Delmas pour empêcher qu'ils ne fussent accablés dans leur mouvement rétrograde. Delmas, le vieux soldat de la République, mourut noblement en venant au secours de Durutte avec sa division. Pendant qu'à la droite de Ney, Durutte, Delmas combattaient entre Paunsdorf et Sellerhausen, Marmont à gauche soutenait dans le beau village de Schönfeld un combat furieux. Schönfeld était le point essentiel où notre ligne en remontant au nord, venait s'appuyer à la Partha, et c'était le point que Blucher voulait enlever avec les soldats de Langeron. En quelques heures la division Lagrange perdit ce village et le reprit sept fois. Enfin elle allait succomber quand Ney vint la renforcer avec une des divisions de Souham, celle de Ricard. Une dernière fois on reprit Schönfeld. Entre Schönfeld et Sellerhausen Marmont avec les divisions Compans et Friederichs formées en carré résistait à tous les assauts de la cavalerie prussienne et russe. Mais 28 mille hommes ne pouvaient pas lutter longtemps contre 90 mille, et on céda Schönfeld et Sellerhausen pour se rapprocher de Leipzig, avec la crainte de voir Bernadotte et Bubna, maintenant réunis dans la plaine de Leipzig, pénétrer par la brèche que la défection des Saxons avait opérée dans notre ligne.

Heureusement un renfort considérable de cavalerie et d'artillerie arrivait au galop. C'était Nansouty avec la cavalerie et l'artillerie de la garde qui accourait, sous la conduite de l'Empereur lui-même. Le bruit de la défection des Saxons, retentissant jusqu'au quartier général, y avait soulevé tous les cœurs, et Napoléon, laissant Murat à Probstheyda pour le remplacer à la bataille du sud, qui s'était convertie en canonnade, était venu en toute hâte réparer ce malheur imprévu qui mettait le comble à nos calamités.

Octob. 1813.

notre ligne par la défection des Saxons.

A cet aspect Bulow d'un côté, Bubna de l'autre, qui étaient prêts à se donner la main, formèrent chacun un crochet en arrière, pour présenter un flanc à la cavalerie de Nansouty. Nansouty les chargea à outrance, tantôt à droite, tantôt à gauche, sans pouvoir renverser leur masse épaisse. Mais il arrêta court leur progrès, et là comme sur les trois faces de cet immense champ de bataille, de Leipzig à Schönfeld au nord, de Schönfeld à Probstheyda à l'est, de Probstheyda à Connewitz au sud, une canonnade de deux mille bouches à feu termina cette bataille, justement dite *des Géants*, et jusqu'ici la plus grande certainement de tous les siècles.

Tant qu'on put se voir, on tira les uns sur les autres avec une sorte de fureur, mais sans espoir de la part des coalisés de faire abandonner aux Français la ligne qu'ils avaient prise. Nos soldats demeurèrent immobiles, comme fixés à des limites qu'aucune puissance humaine ne pouvait franchir. L'admiration était dans le cœur même de leurs ennemis acharnés, et justement acharnés puisqu'il s'agissait d'affranchir leur patrie. Ce que coûta cette nouvelle bataille, l'histoire mentirait si elle voulait l'affirmer d'une manière précise. On peut seulement le conjecturer d'après ce qui resta d'hommes valides les jours suivants dans les armées belligérantes. Près

Continuation de la canonnade jusqu'à la chute du jour.

Horrible carnage de la journée du 18.

de vingt mille hommes de notre côté, et de trente mille du côté des coalisés, qui étaient exposés à des feux dominants et bien dirigés, furent le nombre des victimes de cette troisième journée. Ainsi en trois jours plus de quarante mille Français, plus de soixante mille Allemands et Russes, furent atteints par le feu! Ah! disons-le bien haut, en présence de cet horrible carnage, la guerre, quand elle n'est pas absolument nécessaire, n'est qu'une criminelle folie!

Après cette affreuse journée, quelque glorieuse qu'eût été la résistance de notre armée, il était indispensable de battre tout de suite en retraite, et mieux eût valu certainement décamper nuitamment le 17 au soir, que de risquer la terrible bataille du 18, pour conserver quelques heures de plus une attitude victorieuse. Il n'en fallait pas moins se retirer aujourd'hui le plus promptement possible, au risque d'essuyer des pertes énormes en traversant une ville comme Leipzig, avec une armée qui après avoir été immense en personnel et en matériel, l'était encore en matériel, et n'avait pour évacuer ce qui lui restait qu'un seul pont, celui de Lindenau, long d'une demi-lieue, embrassant des bois, des marécages, plusieurs bras de rivières.

Napoléon, quoique souffrant cruellement au fond de son âme, mais cachant sa souffrance sous la hautaine impassibilité de son visage, quitta son poste de Probstheyda vers le soir, et se rendit à Leipzig afin de tout disposer pour une retraite immédiate. Après avoir refusé vingt-quatre heures auparavant la protection des ombres de la nuit, il fallait bien l'accepter maintenant, et soustraire à l'ennemi le plus possible de nos embarras avant l'attaque, facile à prévoir, du lendemain. Napoléon descendit dans une simple hôtellerie située au centre de la ville, et de là expédia tous ses ordres. Il prescrivit aux états-majors des divers corps de défiler toute la nuit avec le matériel, les blessés qu'on pourrait emporter, l'artillerie qu'on avait conservée tout entière, à l'exception seulement d'une vingtaine de pièces qu'une explosion avait fait perdre au combat de Möckern. Il ordonna que les corps d'armée se retirassent ensuite l'un après l'autre, ayant en tête la garde, dont deux divisions avaient déjà passé à la suite du général Bertrand. Le pont franchi, la garde devait se mettre en bataille sur le plateau de Lindenau qui domine l'Elster, et présenter à l'ennemi une arrière-garde invincible. Comme il était probable que les coalisés en voyant notre départ, voudraient se jeter sur nous, afin d'ajouter à notre passage à travers Leipzig toutes les difficultés d'un combat sanglant, il fut prescrit au 7° corps (général Reynier), qui était composé aujourd'hui de l'unique division Durutte, de disputer le faubourg de Halle au nord de la ville. La division Dombrowski devait l'aider dans cette tâche périlleuse. Marmont, avec les débris de son 6° corps et une division du 3° (Souham), devait défendre l'est de la ville, où allaient se presser Blucher et Bernadotte. Enfin Macdonald, dont le corps avait moins souffert que les autres le 18, se liant par sa gauche avec Marmont, devait, avec Lauriston et Poniatowski, protéger le côté sud contre la grande armée de Bohême. Ces corps, pendant que la garde, toute la cavalerie, les restes de Victor, d'Augereau, de Ney, décamperaient, avaient mission de disputer les faubourgs à outrance, d'y barrer les rues comme ils pourraient, puis de défiler eux-mêmes par un vaste boulevard bordé d'arbres, qui régnait autour de la ville et la séparait des faubourgs. Se repliant les uns après les autres sur cette voie, trois ou quatre fois plus large qu'une rue, ils devaient venir par le côté du couchant, gagner le pont de Lindenau, et traverser successivement les deux rivières de la Pleisse et de l'Elster. Le colonel Montfort, appelé chez Berthier, non point pour l'établissement de ponts supplémentaires auxquels il n'était plus temps de songer, mais pour certaines précautions de sûreté, reçut l'ordre de disposer une mine sous l'arche la plus rapprochée de la ville, afin de la faire sauter au moment où le dernier corps français aurait passé, et où la tête des ennemis apparaîtrait : ordre facile à donner, mais soumis quant à son exécution, Dieu sait à quels hasards! Le combat qu'on devait soutenir dans les faubourgs serait-il assez long pour que choses et hommes eussent le temps de s'écouler? Puis les corps chargés de combattre dans les faubourgs auraient-ils à leur tour le temps de se retirer, et de s'arracher des mains de l'ennemi? Enfin n'était-il pas à craindre que les coalisés, perçant sur quelques points, ne parvinssent au pont avant les derniers corps français? Et alors comment arrêter la poursuite des uns sans empêcher aussi la retraite des autres? Napoléon ne s'inquiéta d'aucune de ces questions, et en effet ne le pouvait guère, car les choses arrivées au point où il les avait amenées, le hasard allait seul décider des conséquences. D'ailleurs, tout en paraissant occupé de donner des ordres, il était occupé aussi à plonger d'un regard sinistre dans les sombres profondeurs de l'avenir, où il pouvait déjà voir non-seulement des batailles perdues, mais des empires croulants, et lui-même avec leurs ruines précipité dans un abîme!

Octob. 1813.

A ces instructions pour la retraite de Leipzig il en ajouta quelques autres destinées aux corps laissés sur l'Elbe, et réduits tous à capituler, si un miracle d'énergie et de présence d'esprit, en les réunissant sur le bas Elbe au maréchal Davout, ne leur rouvrait les portes de France actuellement fermées. Il fit prescrire au grand quartier général, duquel on était resté séparé, de s'acheminer avec les parcs sur Torgau. Il envoya des émissaires à Dresde, à Torgau, à Wittenberg, pour leur indiquer un moyen de salut, c'est que le maréchal Saint-Cyr, qui avait trente mille hommes encore, et pouvait en ne perdant pas de temps renverser tout ce qui serait sur son chemin, sortît de Dresde, se rendît à Torgau, puis à Wittenberg, puis à Magdebourg, et, ramassant successivement toutes les garnisons, allât se joindre à Davout avec soixante-dix mille hommes. En ayant cent mille à eux deux, ils pouvaient sauver encore quelques garnisons de l'Oder, et ensuite rentrer en France par Wesel à la tête de cent vingt mille soldats. Mais que de miracles pour qu'un tel ordre arrivât, fût exécuté et réussit! A peine aurait-on pu attendre ce miracle de soldats et d'officiers ayant l'élan et la confiance de la victoire! et dans ce cas même, que de milliers de blessés, quarante mille peut-être, li-

Ordres aux corps laissés dans les places de l'Elbe, depuis Dresde jusqu'à Hambourg.

39.

vrés à la barbarie d'un vainqueur qu'une sorte de fanatisme patriotique aveuglait jusqu'à lui faire croire que le patriotisme dispense d'humanité.

Le défilé des divers corps dura toute la nuit du 18 au 19, et fut surtout ralenti par le passage de l'artillerie qui était très-nombreuse, et qui avait bravement conservé ses pièces. Les malheureux blessés du 18 étaient presque tous sacrifiés d'avance, l'impossibilité de les emporter étant absolue. Mais on avait eu le temps de ramasser quelques-uns de ceux du 16, et on les traînait après soi sur les petites voitures qu'on avait pu se procurer. Cette suite de canons, de caissons, de voitures portant des blessés, formait un prodigieux encombrement, et retardait beaucoup l'écoulement des colonnes. La garde qui avait vaillamment combattu, mais qui avait l'esprit de domination des corps d'élite, prétendant passer dès qu'elle paraissait, et souvent foulant aux pieds la multitude sans armes qui obstruait les ponts, augmentait le tumulte, et provoquait contre elle des cris de haine. Le triste orgueil d'emmener cinq ou six mille prisonniers les uns faits à Dresde, les autres à Leipzig même, occasionna un nouvel embarras, car ils prirent la place de pareil nombre de blessés ou de soldats valides. Lorsque le jour fut venu, l'affluence devint encore plus grande, parce que chacun songeant à fuir après quelques heures de repos, se hâtait de regagner le temps employé à dormir. C'étaient des efforts inouïs pour entrer dans ce torrent serré qui s'écoulait vers Lindenau, et qui en certains moments finissait par s'arrêter, comme s'arrêtent faute d'espace les glaçons que charrie un fleuve près de geler. Chaque troupe nouvelle qui voulait s'introduire dans cette foule pressée, y provoquait des résistances, des cris, des combats véritables. Qu'on ajoute à ce lugubre spectacle le bruit de mille bouches à feu ayant recommencé à tonner dès le matin, et on aura une idée à peine exacte de notre horrible départ de l'Allemagne.

Octob. 1813.

Napoléon, dès que le jour commença de luire, alla présenter ses adieux à la famille de Saxe. Il lui avait rendu un moment le rêve de ses ancêtres en lui donnant la couronne de Pologne, mais à ce prix il l'avait perdue, sans le vouloir du reste, comme il s'était perdu lui-même! Et par surcroît de misère, de la seule chose impérissable en lui, la gloire, il ne laissait rien à cette malheureuse famille, tandis qu'aux Polonais, qu'il avait perdus aussi, il laissait du moins une part d'honneur immortel! La cour honnête et timide de Saxe avait en effet passé au pied des autels les dix dernières années, que tant d'autres avaient passées sur les champs de bataille. Napoléon avait de grands reproches à essuyer du vieux roi, et il pouvait de son côté trouver matière à des reproches non moins graves dans la conduite tenue la veille par les soldats saxons, mais il avait un trop haut orgueil pour employer de la sorte les quelques instants qu'il avait à consacrer à son allié. Il lui témoigna ses regrets de le livrer ainsi sans défense à tout le courroux de la coalition; il l'engagea à traiter avec elle, à se séparer de la France, et lui affirma que quant à lui, en aucun temps il ne songerait à s'en plaindre. Relevant fièrement son visage grave, mais non abattu, il lui exprima l'espoir de

Adieux de Napoléon à la famille royale de Saxe.

Octob. 1813.

Difficultés que Napoléon éprouve lui-même à passer au pont de Lindenau.

Combat dans les faubourgs de Leipzig.

redevenir bientôt formidable derrière le Rhin, et lui promit de ne pas stipuler de paix dans laquelle la Saxe serait sacrifiée. Après de réciproques embrassements, il quitta cette bonne et malheureuse famille, épouvantée de le voir rester si tard au milieu des dangers qui le menaçaient de tous côtés.

Sorti de chez le roi, Napoléon essaya en vain de se faire jour à travers les rues de Leipzig. Il fut obligé de gagner les boulevards par un détour, et de les suivre jusqu'au pont, où la presse s'ouvrit pour lui, car bien qu'il commençât à inspirer des sentiments amers, l'admiration, la foi en son génie, l'obéissance étaient complètes encore. Il franchit les ponts, et alla vers Lindenau attendre de l'autre côté de la Pleisse et de l'Elster, que l'armée eût défilé sous ses yeux.

Pendant ce temps un nouveau combat s'était engagé autour de Leipzig. Les souverains et les généraux coalisés ne pouvaient croire à leur bonheur, car c'était la première victoire que depuis le commencement du siècle ils eussent remportée sur Napoléon, et ce n'était pas même encore une victoire que celle qui venait de leur coûter tant de sang et tant d'angoisses, c'était une suite d'actions violentes, dont la dernière allait seule décider le vrai caractère. Or ce quatrième jour, ils s'attendaient à un conflit épouvantable, dont ils étaient résolus à supporter les horreurs en vrais martyrs de leur cause. Mais quelles ne furent pas leur surprise et leur joie, lorsque entre huit et neuf heures du matin, le brouillard d'automne étant dissipé, ils aperçurent l'armée française se resserrant successivement autour de Leipzig, et s'écoulant à travers l'interminable pont de Lindenau, dans les plaines de Lutzen! Ils remercièrent le ciel d'un résultat qu'ils avaient à peine osé espérer, et sur-le-champ ils ordonnèrent à leurs soldats de se jeter sur l'enceinte de Leipzig pour essayer de rendre plus difficile et plus meurtrière la retraite de l'armée française. Chacun marchant dans l'ordre de la veille, la colonne du prince de Hesse-Hombourg qui formait la gauche des coalisés, poursuivit Poniatowski dans le faubourg correspondant à la porte de Peters-Thor. La colonne du centre, celle de Kleist et Wittgenstein, se présenta devant le même faubourg, mais à une barrière placée un peu à droite, celle de Windmühlen. La colonne de droite, celle de Klenau et Benningsen, se présenta à la barrière de l'Hôpital, aboutissant à l'ancienne porte de Grimma. Bulow, du corps de Bernadotte, se dirigea sur le faubourg qui est situé entre les portes de Grimma et de Halle. Blucher, Langeron et Sacken se précipitèrent sur le faubourg de Halle, et on chargea le général d'York qui s'était reposé la veille, de se porter par le nord sur les rives de l'Elster et de la Pleisse, pour contrarier autant que possible le défilé de nos colonnes. Mais partout les coalisés rencontrèrent une résistance opiniâtre. Nos soldats étaient à leur tour aussi irrités que leurs adversaires, et se trouvaient autant humiliés de la prétention de les battre, que les Allemands l'avaient été de notre prétention de les dominer. Fiers de leur conduite dans ces journées, ils avaient le sentiment du malheur non celui de la défaite, et étaient décidés à faire payer cher leur retraite ou

Octob. 1813.

Les Français exaspérés à leur tour, repoussent violemment les assaillants.

leur vie. Au nord et à l'est de Leipzig, dans le faubourg de Halle, les restes des 7ᵉ, 3ᵉ et 6ᵉ corps repoussèrent vigoureusement les troupes de Sacken et de Langeron. Ces braves gens postés dans un vaste bâtiment, tuèrent plus de deux à trois mille hommes avant de l'évacuer, et même quelques compagnies légères du 6ᵉ corps fondant par la porte de Halle sur les troupes qui attaquaient le bâtiment, en firent un épouvantable carnage. Marmont avec une division du 6ᵉ corps et une du 3ᵉ défendit la face de l'est contre Bulow, et quelques têtes de colonnes ayant pénétré dans la ville, lança sur elles le 142ᵉ de ligne et le 23ᵉ léger, qui les massacrèrent presque entièrement. Macdonald, Lauriston, Poniatowski avec leurs troupes exaspérées, reçurent de même les colonnes ennemies qui se présentèrent devant les faubourgs du sud. Partout l'impatience des vainqueurs fut cruellement punie, et avec peu de pertes nous fîmes essuyer aux coalisés un immense dommage. Toutefois il fallait renoncer à soutenir longtemps ce combat, par l'impuissance non pas de résister, mais de concerter nos mouvements. Dans l'impossibilité de communiquer d'une rue à l'autre, et de discerner la direction des feux au milieu d'une effroyable canonnade qui embrassait les quatre faces de la ville, on ne savait pas si partout la résistance était également heureuse, et si on ne s'exposait pas, en tenant trop longtemps, à être devancé au pont par l'ennemi victorieux. Quelques Saxons et Badois restés dans l'intérieur de la ville, et tirant sur nos soldats en retraite, ajoutaient à la confusion. Dans les rangs de Marmont, c'est-à-dire vers l'est, on crut que du côté de Macdonald et de Lauriston, c'est-à-dire vers le sud, la ligne des faubourgs avait été forcée; vers ces deux côtés on crut la même chose pour le nord, où combattaient Reynier et Dombrowski. Dans cette crainte on se mit presque simultanément en retraite, en débouchant sur les boulevards qui séparaient les faubourgs de la ville. La presse alors y devint aussi grande que sur le pont. De chaque rue des faubourgs il arrivait des colonnes qui se repliaient en combattant, et qui venaient ajouter à l'encombrement, à tel point que l'ennemi lui-même, avec ses baïonnettes, n'aurait pas pu s'y faire jour. Le maréchal Marmont, obligé à son tour de se retirer, eut une peine extrême à pénétrer dans l'épaisseur de cette foule qui remplissait les boulevards. Heureusement pour lui quelques officiers de son corps l'ayant reconnu, saisirent la bride de son cheval, et lui faisant place à coups de sabre, l'introduisirent dans le torrent serré qui s'écoulait lentement vers les ponts.

On en était là de cette épouvantable évacuation de Leipzig, lorsqu'une subite catastrophe, trop facile à prévoir, vint jeter le désespoir parmi ceux qui pour le salut commun s'étaient dévoués à la défense des faubourgs de Leipzig. On avait ordonné au colonel du génie Montfort de miner la première arche de ce pont continu, qui est tantôt un pont tantôt une levée de terrain, et embrasse, avons-nous dit, les bras nombreux de la Pleisse et de l'Elster. Cette arche était située à l'extrémité de Leipzig qui correspond à Lindenau, et construite sur le principal bras de l'Elster. Le colonel Montfort l'avait minée,

Octob. 1813.

Après avoir défendu longtemps les faubourgs, les troupes françaises, pour n'être pas coupées, regagnent les boulevards.

Encombrement toujours croissant sur les boulevards et sur le pont.

Catastrophe du pont de Leipzig.

Octob. 1813.

Le colonel Montfort, qui avait mission de détruire les ponts, veut aller prendre l'ordre de l'Empereur, lorsqu'un caporal chargé de mettre le feu à la mine croit voir arriver l'ennemi, et fait sauter le pont.

et y avait placé quelques sapeurs avec un caporal qui attendaient le signal la mèche à la main. Mais sa perplexité était grande, car du côté du faubourg de Halle on entendait à travers les bois qui couvrent cette partie des environs de la ville, la fusillade se rapprocher. A tout moment on s'attendait à voir l'ennemi déboucher pêle-mêle avec nos soldats, et on ignorait si au delà il ne restait pas d'autres troupes françaises encore occupées à combattre. Aussi le colonel Montfort demandait-il à tout venant s'il y avait encore plusieurs corps en arrière, dans quel ordre ils se succédaient, quel serait le dernier, et chacun sachant à peine ce qui s'était passé immédiatement sous ses yeux, était incapable de répondre. Dans cet embarras, le colonel imagina de se rendre à l'autre bout du pont, c'est-à-dire à Lindenau, où était Napoléon, pour obtenir qu'on l'éclairât sur ce qu'il devait faire, et, en s'éloignant pour un instant, il prescrivit au caporal des sapeurs de ne mettre le feu à la mine que lorsqu'au lieu des Français il verrait paraître les ennemis. A peine avait-il fait quelques pas à travers la foule épaisse qui encombrait le pont, qu'il s'aperçut de l'impossibilité d'aller jusqu'à Napoléon et de revenir. Il voulut rebrousser chemin vers son poste, vains efforts! Au pont qu'il avait quitté se passait la scène la plus tumultueuse. Quelques troupes de Blucher poursuivant les débris du corps de Reynier à travers le faubourg de Halle, se montrèrent aux abords du pont pêle-mêle avec les soldats du 7ᵉ corps. A cet aspect, des voix épouvantées se mirent à crier : Mettez le feu, mettez le feu! — Le caporal, auquel de toutes parts on répétait qu'il fallait détruire le pont, crut le moment venu, et mit le feu à la mine! Une épouvantable explosion retentit aussitôt; les débris du pont, volant dans les airs et retombant sur les deux rives, y firent des victimes des deux côtés. Mais cette déplorable erreur eut en quelques instants de bien autres conséquences. Reynier avec un reste du 7ᵉ corps, Poniatowski avec ce qui avait survécu de ses Polonais, Lauriston, Macdonald avec les débris des 5ᵉ et 11ᵉ corps, étaient encore sur les boulevards de Leipzig, pressés entre deux cent mille ennemis et plusieurs bras de rivières sur lesquels les moyens de passage étaient détruits. Plus de vingt mille de nos soldats avec leurs généraux étaient ainsi condamnés ou à périr, ou à devenir les prisonniers d'un ennemi que l'exaspération de cette guerre rendait inhumain. Ils se crurent trahis, exhalèrent des cris de fureur, et dans les alternatives d'une sorte de désespoir, tantôt se ruaient baïonnette baissée sur ceux qui les poursuivaient, tantôt revenaient vers la Pleisse et l'Elster pour franchir ces rivières à la nage. Après une mêlée confuse et sanglante, les uns se rendirent, les autres se jetèrent dans les rivières, un certain nombre réussit à les passer à la nage, beaucoup furent emportés par la force des eaux. Les généraux commandants, parmi lesquels il y avait deux maréchaux, ne voulaient pas laisser de si beaux trophées à l'ennemi, et ils cherchèrent à se sauver. Poniatowski, fait maréchal la veille par Napoléon, pour prix de son héroïsme, n'hésita pas à lancer son cheval dans l'Elster. Parvenu à l'autre bord, mais le trouvant escarpé, et

Octob. 1813.

État lamentable de vingt mille soldats, privés de tout moyen de retraite.

Mort de Poniatowski.

Octob. 1813.

Macdonald
sauvé
par miracle.

Reynier
et Lauriston
faits
prisonniers.

Accueil
plein de cour-
toisie
de l'empereur
Alexandre
au général
Lauriston.

chancelant par suite de plusieurs blessures, il dispa-
rut dans les eaux, enseveli dans sa gloire, la chute
de sa patrie et la nôtre. Macdonald ayant suivi son
exemple, atteignit la rive opposée, y trouva des soldats qui l'aidèrent à la gravir, et fut sauvé. Reynier
et Lauriston, entourés avant qu'ils pussent tenter de
s'enfuir, furent conduits devant les souverains de
Russie, de Prusse et d'Autriche, en présence desquels ils n'avaient longtemps paru qu'en vainqueurs.
Alexandre, en reconnaissant le général Lauriston,
ce sage ambassadeur qui avait fait tant d'efforts
pour empêcher la guerre de 1812, lui tendit la main
en lui reprochant d'avoir cherché à se soustraire à
son estime. Il fit traiter avec égard les généraux français devenus ses prisonniers, dissimula pour eux son
orgueil profondément satisfait, mais voulut qu'ils
assistassent à tout l'éclat de son triomphe. En effet,
les généraux, les princes victorieux étaient réunis
sur la principale place de la ville, se félicitant les
uns les autres, se complimentant réciproquement
de ce qu'ils avaient fait, en présence des habitants
de Leipzig qui, pâles encore de la terreur de ces
trois jours, sortaient des caves de leurs maisons, et
poussaient des acclamations en l'honneur des souverains libérateurs. Au milieu de ces personnages
agités se faisait remarquer Bernadotte, persuadé
qu'il avait à lui seul décidé la victoire en arrivant
le dernier, étant seul à le croire, mais bien accueilli
par Alexandre, qui, dans sa politique raffinée, tenait à garder sous son influence le futur souverain
de la Suède. Tandis qu'Alexandre accueillait si bien
ce Français combattant contre la France, il se mon-

ses derrières, ou par l'Elbe inférieur ou par la Bohême, il aurait, sans perdre un instant, décampé de Dresde, en n'y laissant que les malades impossibles à transporter. Il aurait pu amener ainsi, outre les 200 mille hommes qui lui restaient à cette époque, les 30 mille laissés dans Dresde, vraisemblablement aussi les 30 mille de Meissen, Torgau, Wittenberg, et rejoindre la Saale en une masse compacte, que les marches excessives ni les détachements obligés sur l'Elbe n'auraient point affaiblie. Si, dans cette situation, l'une des deux armées ennemies, celle de Bohême ou celle de l'Elbe, avait commis la faute de devancer l'autre d'un jour à Leipzig, il l'eût accablée, et se serait ensuite rabattu sur la seconde. Supposez que l'occasion d'un tel triomphe ne lui eût pas été offerte, il aurait au moins regagné sain et sauf les bords de la Saale, et si cette ligne qui est courte, facile à déborder de tous les côtés, n'avait pu être défendue, il aurait sagement repris le chemin du Rhin, et par des instructions adressées à temps à toutes les garnisons des places de l'Elbe inférieur, il leur aurait prescrit de se replier les unes sur les autres jusqu'à Hambourg, où certainement elles auraient pu parvenir sans accident, l'ennemi étant attiré tout entier à la suite de la grande armée. Elles auraient formé ainsi avec le maréchal Davout une belle armée de 80 mille hommes, qui aurait rejoint le Rhin par Wesel, et dès lors près de 300 mille soldats en bon état se seraient retrouvés sur la frontière de l'Empire, et y auraient opposé à l'invasion une barrière invincible! Mais Napoléon, par caractère, par orgueil, par habitude et besoin de résultats extraordinaires, s'était rendu impossible une conduite aussi simple.

A la nouvelle d'une double marche de ses ennemis sur Leipzig, les uns descendant de la Bohême, les autres remontant de l'Elbe le long de la Mulde, il ne songea pas un instant à sa sûreté. Habitué à les voir se dérober sans cesse, il n'eut qu'une crainte, c'est qu'ils pussent lui échapper encore, et au lieu d'aller droit à Leipzig, par le chemin direct, ce qui lui aurait sauvé douze ou quinze mille soldats laissés au milieu des boues de l'automne, il descendit l'Elbe dans la direction de Düben, pour saisir à coup sûr Blucher et Bernadotte, toujours convaincu dans son orgueil qu'on était beaucoup plus disposé à le fuir qu'à le combattre. A peine en marche, et toujours en quête de combinaisons qui pussent procurer de vastes résultats, il imagina de se jeter sur les traces de Blucher et de Bernadotte, de les suivre à outrance au delà de l'Elbe, de les refouler sur la route de Berlin, puis de remonter par la rive droite l'Elbe jusqu'à Torgau ou Dresde, de passer ce fleuve de nouveau sur ces points, et de tomber à l'improviste sur les derrières de l'armée descendue de Bohême. Certes la combinaison était aussi profonde qu'audacieuse, et avec les soldats, l'ardeur et la fortune d'Austerlitz, elle devait amener des résultats prodigieux. Mais pour cette espérance chimérique, il fallait se résigner à laisser 30 mille hommes à Dresde, et Napoléon les y laissa. Arrivé à Düben, sur la basse Mulde, il put bientôt s'apercevoir que loin de vouloir fuir, Blucher et Bernadotte cherchaient à le gagner de vitesse sur Leipzig, pour s'y réunir à Schwarzenberg, et l'accabler. Il prit son parti sur-le-champ, rebroussa chemin vers cette ville, et avec la sûreté ordinaire de son coup d'œil se plaça de la seule manière propre à empêcher la réunion de ses ennemis. Mais il revenait à Leipzig après une marche inutile de cinquante lieues, qui avait épuisé ses soldats et fort diminué leur nombre; il revenait privé de trente mille combattants laissés à Dresde, d'une quantité égale laissée à Wittenberg, Torgau, Meissen, et il marchait en une longue colonne, dont un tiers au moins ne pouvait pas assister à la première et à la plus décisive bataille. Obligé de faire face à tous ses ennemis, non pas présents mais pouvant l'être, il lui fut impossible le 16 d'amener Bertrand et Ney à lui, de les jeter avec Macdonald sur le flanc droit de Schwarzenberg pour accabler ce dernier, et dès lors n'étant pas vainqueur d'une manière foudroyante le premier jour, il se vit tout à coup dans une position affreuse, où il était condamné à succomber les jours suivants sous une écrasante réunion de forces. Prendre sur-le-champ le parti de la retraite, l'exécuter sinon le 17, puisqu'il attendait encore Reynier, du moins dans la nuit du 17 au 18, regagner au plus tôt par Lindenau, Lutzen et Weissenfels, ses communications menacées, établir pour cela les ponts nécessaires sur la Pleisse et l'Elster, était la seule conduite à tenir, la conduite simple du capitaine sage, plus occupé de sauver son armée que de conserver son prestige. Mais faire une retraite fière, imposante, en plein jour, en se ruant sur l'ennemi qui oserait être pressant, afin non pas de se sauver, mais de garder l'attitude du victorieux, fut, et devait être la pensée du conquérant longtemps gâté par la fortune, du conquérant qui ne sut pas sortir de Moscou à temps, et il s'ensuivit la funeste bataille du 18, et la retraite plus funeste encore du 19, exécutée avec un seul pont. La confusion inévitable qui s'introduisit au dernier moment dans les choses ainsi conduites, amena l'explosion du pont de l'Elster, qui marqua du sceau de la fatalité cette effroyable bataille de quatre jours.

Ce résumé des faits montre donc la vraie cause de tous les malheurs que nous venons de raconter. Ce n'est pas plus ici qu'à Moscou dans l'affaiblissement des talents du capitaine qu'il faut chercher la cause de si déplorables résultats, car le capitaine ne fut jamais ni plus fécond, ni plus audacieux, ni plus tenace, ni plus soldat, mais dans les illusions de l'orgueil, dans le besoin de regagner d'un coup une immense fortune perdue, dans la difficulté de s'avouer assez vite sa défaite, dans tous les vices, en un mot, qu'on aperçoit en petit et en laid chez le joueur ordinaire, risquant follement des richesses follement acquises, et qu'on retrouve en grand et en horrible chez ce joueur gigantesque qui joue avec le sang des hommes, comme d'autres avec leur argent. De même que les joueurs perdent leur fortune en deux fois, une première pour ne pas savoir la borner, une seconde pour vouloir la rétablir d'un seul coup, de même Napoléon compromit la sienne à Moscou pour la vouloir faire trop grande, et dans la campagne de Dresde pour la vouloir refaire tout entière. C'était toujours l'action des mêmes causes, l'altération non du génie, mais du caractère gâté par la toute-puissance et le succès.

A la suite de tels revers, retourner immédiatement sur le Rhin était la seule ressource qui restât à Napoléon. Après avoir eu 360 mille hommes de troupes actives à la reprise des hostilités, sans compter les garnisons, après en avoir eu 250 mille encore deux semaines auparavant, et en avoir laissé 30 mille à Dresde, un nombre peut-être égal sur la route de Dresde à Düben, de Düben à Leipzig, après en avoir perdu 60 à 70 mille dans les diverses batailles de Leipzig et un nombre qu'on ne peut guère préciser par la défection des alliés, il en conservait 400 à 110 mille tout au plus, dans l'état le plus déplorable. La seule chose qu'il eût encore en quantité considérable et en excellente qualité, mais malheureusement difficile à ramener, c'était l'artillerie. Il en avait une très-belle, très-bien servie, qui avait toujours mis son honneur à sauver ses canons, et n'avait perdu que ceux que la destruction du pont de l'Elster avait empêché de transporter à temps d'une rive à l'autre. Ce qui restait d'artillerie était le double en proportion de ce qui restait de soldats. Si c'était un embarras, c'était au moins une ressource et des plus précieuses dans un jour de combat.

Napoléon passa autour de Lutzen la nuit du 19 au 20 octobre avec les débris de son armée. Bertrand et Mortier avaient culbuté Giulay, et parvenus à Weissenfels s'étaient assuré la possession de la Saale. Le 20 au matin Napoléon courut à Weissenfels pour diriger lui-même la retraite, et devancer tous les corps ennemis aux passages essentiels. Si on suivait à gauche (gauche en retournant vers le Rhin) la grande route de Weissenfels à Naumbourg et Iéna, on rencontrait le fameux défilé de Kosen, où le maréchal Davout s'était couvert de gloire en défendant la plaine d'Awerstaedt, et où l'on était exposé à trouver Giulay qui, repoussé par Bertrand et Mortier, pouvait bien aller y chercher une revanche. Napoléon, dont le malheur n'avait pas troublé la prévoyance, imagina de faire un détour à droite, et au lieu de passer la Saale à Naumbourg, de la traverser à Weissenfels, dont on possédait les ponts, de gagner ensuite Freybourg pour y franchir l'Unstrutt, de déboucher de là dans la plaine de Weimar et d'Erfurt, tandis que Bertrand porté rapidement par un mouvement à gauche sur le défilé de Kosen, tâcherait d'y prévenir l'ennemi, et de s'y défendre le plus longtemps possible contre la grande armée de Schwarzenberg. Ce plan de marche à peine conçu, Napoléon en ordonna l'exécution. Bertrand dont le 4ᵉ corps avait été augmenté, comme on l'a vu de la division Guilleminot, fut acheminé tout de suite sur Freybourg, avec Mortier qui commandait deux divisions de la jeune garde, avec la cavalerie légère de Lefebvre-Desnoëtte, avec le 2ᵉ de cavalerie du général Sébastiani. Cette nombreuse cavalerie, battant partout l'estrade et sabrant les Cosaques, devait précéder et flanquer l'avantgarde, puis, lorsqu'on serait rendu à Freybourg, et qu'on aurait occupé la ville et les ponts sur l'Unstrutt, Bertrand devait courir à Kosen, et Mortier rester à Freybourg pour protéger le passage de l'armée.

Ces ordres furent ponctuellement exécutés. Bertrand arriva le 21 au soir à Freybourg avec les divers corps qui escortaient sa marche. Il n'y avait dans cette ville que quelques troupes légères ennemies que l'on expulsa. On s'empara d'un pont de pierre sur l'Unstrutt, solide mais étroit. On en jeta un en charpente dans la nuit, pour faciliter le passage de l'armée, et tandis que Mortier se livrait à ces soins, Bertrand gravissant les hauteurs à gauche alla prendre position à Kosen. Il y parvint avant l'ennemi.

Octob. 1813.

Ces mesures résolues à temps et exécutées avec vigueur, eurent le résultat qu'on devait en attendre. L'armée après s'être écoulée à travers les plaines de Lutzen, arriva le 21 au soir à Weissenfels, où elle franchit la Saale sans être poursuivie par d'autres troupes que les coureurs de l'ennemi. Schwarzenberg et Bernadotte étaient restés dans Leipzig, l'un à refaire son armée épuisée par trois batailles, l'autre à passer des revues. Giulay seul avait marché par la route de Naumbourg et de Kosen. De l'infatigable armée de Silésie, il n'y avait que le corps du général d'York qui eût pu nous suivre, et les moyens de passage sur la Pleisse et l'Elster ayant été détruits à Leipzig, Blucher lui-même avait été obligé de faire un détour, et de descendre fort au-dessous de Leipzig pour traverser ces rivières. Nous l'avions à notre droite, mais en arrière, tandis qu'à notre gauche nous n'avions que Giulay, lequel pour nous atteindre était réduit à forcer le défilé de Kosen.

Le 21, l'armée passe la Saale à Weissenfels

La Saale franchie le 21, l'armée alla coucher à

Le 21 au soir

Freybourg, où, comme on vient de le voir, les moyens de passer l'Unstrutt avaient été préparés. Les quelques mille prisonniers que Napoléon avait voulu mener avec lui, avaient été délivrés par la cavalerie ennemie. C'était un désagrément d'amour-propre bien plus qu'une perte véritable, mais qui prouvait par quelles masses de troupes à cheval nous étions poursuivis, car nous avions subi cet affront entre Bertrand, Mortier, Sébastiani, Lefebvre-Desnoëtte. Cette cavalerie avait peu d'inconvénients contre les corps organisés, mais la débandade qu'on avait vue recommencer dans les corps de Macdonald, d'Oudinot et de Ney, à la suite des revers de la Katzbach, de Gross-Beeren, de Dennewitz, était devenue très-générale dans l'armée après l'épouvantable bataille de Leipzig. Le premier prétexte à la sortie des rangs, c'étaient les blessures légères qui obligeaient de marcher sans armes à la queue des colonnes ; le second c'était la faim qui autorisait à courir çà et là pour trouver des vivres. Sorti des rangs on n'y rentrait plus. Les habitudes militaires étaient en effet trop récentes chez nos jeunes soldats pour qu'ils pussent s'éloigner du drapeau impunément. Une fois le cadre quitté, le dépit, la souffrance, le goût de la maraude, le penchant naturel à s'épargner de nouveaux dangers, empêchaient d'y revenir. Sur les 100 à 110 mille hommes que Napoléon possédait encore, il y en avait plus de 20 mille qui, les uns portant le bras en écharpe, les autres boitant, la plupart se disant blessés sans l'être, ou alléguant la perte de leurs armes qu'ils avaient jetées, marchaient entre les colonnes armées, ou à leur suite, se répandaient le soir dans les villages qu'ils pillaient, et sans rendre aucun service dévoraient les ressources dont auraient pu vivre les corps organisés. Ce qu'il y avait de pire encore, c'était l'exemple qui menaçait de devenir contagieux, et contre lequel les répressions de la cavalerie étaient impuissantes. La bravoure n'avait pas fléchi un moment chez ces jeunes gens, mais les habitudes militaires trop peu enracinées, n'avaient pas tenu contre une grande défaite, et ils avaient presque oublié qu'ils étaient soldats. La cavalerie qui ordinairement poursuit ce genre de vice, et le réprime, en était atteinte elle-même, et on voyait dans la masse débandée des cavaliers à pied, quelques-uns même à cheval. C'est sur cette portion de l'armée que les coureurs de l'ennemi avaient surtout prise. Ils dispersaient ces maraudeurs comme de timides bandes d'oiseaux, et les ramassaient en grand nombre, ce qui fournissait à la coalition l'occasion de dire qu'elle avait fait des milliers de prisonniers. Des canons abandonnés faute de chevaux, ou des maraudeurs enlevés dans les villages, lui procuraient de prétendus trophées, bien plus dommageables pour nous, que véritablement glorieux pour elle. Il fallut employer toute la nuit du 21 et la journée du 22 pour faire écouler cette masse d'hommes, armés et désarmés, par les deux ponts de Freybourg. On y réussit pourtant, moyennant la résistance énergique que le maréchal Oudinot opposa sur les bords de l'Unstrutt aux Prussiens du corps d'York. Ce maréchal depuis Leipzig avait protégé la retraite avec deux divisions de la jeune garde, tandis que Mortier avec les deux

Octob. 1813.

Oudinot défend énergiquement l'Unstrutt

Octob. 1813.

le 22, et donne à toute l'armée le temps de défiler.

Le général Bertrand, de son côté, défend vaillamment les défilés de Kösen.

Napoléon s'arrête à Erfurt et y donne trois jours de repos à l'armée.

Réorganisa-

autres et Bertrand avec le 4ᵉ corps étaient chargés d'ouvrir la route. Oudinot perdit quelques centaines d'hommes dans ce combat opiniâtre, mais en tua beaucoup plus au corps prussien d'York. Il ne quitta ce poste que lorsque toute l'armée eut défilé. Sur ces entrefaites le général Bertrand arrivé à temps à Kösen pour y prévenir Giulay, lui avait livré un combat violent, le dos tourné vers Awerstaedt, et le front vers la Saale. Pendant une journée entière il fut assailli par les Autrichiens, et autant de fois il fut attaqué par eux, autant de fois il les repoussa avec la vaillante division Guilleminot, et les précipita des hauteurs de Kösen dans les gorges profondes de la Saale. Lorsque Bertrand sut qu'Oudinot avait évacué Freybourg, et que toutes nos colonnes avaient défilé sur Erfurt, il abandonna son poste, craignant que l'ennemi ne le devançât, et ne le coupât du reste de l'armée en allant passer la Saale à Iéna. Le 22 au soir on campa dans divers villages entre Apolda, Battelstedt et Weimar. Le 23 toute l'armée fut réunie aux environs d'Erfurt, la cavalerie battant le pays autour d'elle pour la protéger contre les Cosaques.

Napoléon à Erfurt voulut, appuyé sur cette place qui contenait de grandes ressources, donner deux ou trois jours de répit à l'armée. Elle en avait un extrême besoin, soit pour se reposer, soit pour remettre un peu d'ordre dans ses rangs. Il y avait à Erfurt beaucoup de détachements venus en bataillons et escadrons de marche; il y avait en abondance des vêtements, des souliers, des vivres et des munitions de guerre. On répartit entre les différents corps les détachements qui se trouvaient à Erfurt, et que la difficulté des communications avait empêché de diriger sur l'Elbe. Le corps d'Augereau réduit à la seule division Semelé et à 1,600 hommes d'infanterie, au lieu de 8 mille qu'il comptait la veille de la bataille de Leipzig, fut par ce moyen reporté à 4 mille. Il dut marcher avec la division Durutte, seul reste du 7ᵉ corps. Les autres corps ne gagnèrent pas dans cette proportion, bien entendu, car c'étaient neuf à dix mille hommes tout au plus que pouvait fournir le dépôt d'Erfurt. On distribua les vêtements, les souliers, les vivres, on réapprovisionna les parcs de l'artillerie, et on essaya par l'appât des distributions de faire reprendre des fusils aux maraudeurs. Le succès sous ce rapport ne fut pas grand, car le vice de la maraude favorisé par la saison, le mauvais temps, l'âge de nos soldats, était déjà fort répandu.

Octob. 1813.

tion de quelques-uns des corps de l'armée.

Napoléon profita de ces deux jours de loisir pour écrire à Paris, et faire part de sa situation aux principaux membres de son gouvernement. Tout en palliant ses revers, et cherchant pour les expliquer des causes imaginaires, il ne dissimulait pas les besoins, et réclamait, outre les 280 mille hommes déjà demandés, de nouvelles levées, mais en hommes faits, pris sur les conscriptions arriérées. « Je » ne puis pas, disait-il, défendre la France avec » des enfants... *Rien n'égale la bravoure de notre* » *jeunesse, mais au premier événement douteux elle* » *montre le caractère de son âge.* » — Napoléon sans doute avait raison, mais des hommes faits qui auraient compté si peu de temps de présence au drapeau, et qu'on eût, pour leur début, soumis à de pareilles épreuves, ne les auraient pas beaucoup mieux supportées. Ils auraient seulement fourni moins de malades aux hôpitaux.

De même qu'il demandait *des hommes et non des enfants*, Napoléon demandait des impôts, c'est-à-dire de l'argent, et ne voulait plus de papier bien ou mal hypothéqué sur les domaines de l'État. Il exigeait 500 millions, au moyen de centimes de guerre ajoutés à tous les impôts directs et indirects. Les choses arrivées au point où elles étaient, il n'y avait certainement pas mieux à faire que ce qu'il proposait.

Aux impressions douloureuses du moment vint s'ajouter le départ de Murat. Napoléon, tout en blâmant la légèreté de son beau-frère, admirait sa bravoure héroïque, son coup d'œil sur le terrain, et de plus il était sensible à l'excellence de son cœur. Il savait ce qui s'était passé dans l'âme de Murat mieux que Murat lui-même; il savait tous les conflits auxquels le malheureux roi de Naples avait été en proie entre le désir de garder sa couronne et le désir d'être fidèle à son bienfaiteur. Murat alléguait pour partir la nécessité de défendre l'Italie menacée, l'espoir de fournir au prince Eugène trente mille Napolitains parfaitement organisés, l'utilité enfin de procurer aux armées française et italienne, en se mettant à leur tête, un chef bien autrement expérimenté que le prince Eugène. Napoléon admettait ces raisons, comme il admettait aussi que si la série des revers continuait, il se pourrait que Murat cédât à l'entraînement général, et imitât ces princes allémands nos alliés, qui pendant dix années gorgés par nous des richesses de l'Église allemande, prétendaient aujourd'hui qu'ils avaient été les victimes de la France. Mais Napoléon, malgré quelques illusions qu'il se faisait encore, malgré les derniers mensonges de ses flatteurs, sentait bien au fond de son cœur qu'il avait abusé et des choses et des hommes. Sachant se rendre justice, il la rendait aux autres, et entrevoyant la prochaine défection de Murat, il la lui pardonnait d'avance pour ainsi dire. En le quittant et en recevant ses protestations de fidélité comme très-sincères, il l'embrassa plusieurs fois avec une sorte de serrement de cœur. Il lui semblait en effet qu'il ne reverrait plus cet ancien compagnon d'armes d'Italie et d'Égypte! Hélas! si la prospérité aveugle, l'adversité au contraire procure en certains moments une étrange clairvoyance, et l'on dirait qu'alors, pour mettre le comble à la punition, la Providence rémunératrice lève tous les voiles de l'avenir! Napoléon quitta donc Murat comme s'il avait su qu'il ne devait plus le revoir. Murat partit regretté de toute l'armée, car dans cette campagne d'automne il s'était montré aussi habile que brave, et malgré les légèretés de détail qu'il commettait souvent, il avait rendu à nos armes d'immortels services.

Il fallait décamper cependant, car de tous côtés les troupes des coalisés avançaient, et de plus on annonçait la présence d'un nouvel ennemi sur nos derrières, prêt à nous fermer le chemin de la France. Cet ennemi n'était autre que l'armée bavaroise, si longtemps notre compagne, et pressée de se faire pardonner sa longue alliance avec nous par une dé-

Octob. 1813.

sur la route de Mayence.

Événements de Bavière.

Comment avait été amenée la défection de cette cour alliée.

fection qui s'approchât le plus possible de celle de Bernadotte et des Saxons. Napoléon venait d'apprendre non-seulement la défection de la Bavière qu'il avait connue sommairement en arrivant à Leipzig, mais la manière dont cette défection avait été amenée. Voici ce qui s'était passé à Munich, pendant cette seconde partie de la campagne de Saxe.

Le roi, faible et assez attaché à Napoléon qui l'avait comblé de biens, secondé par un ministre spirituel et ambitieux qui avait cherché sa grandeur personnelle et celle de son pays dans l'alliance de la France, le roi était contrarié dans cette politique par sa femme, princesse vaine, entêtée, sœur de l'impératrice de Russie et de la reine déchue de Suède, ayant les passions de la feue reine de Prusse et quelque peu de sa beauté. Il était contrarié aussi par son fils, prince plus ami des arts que de la guerre, que Napoléon avait eu à son service et qu'il avait traité durement. La reine exerçait son opposition dans l'intérieur du palais. Le fils du roi, retiré à Inspruck, fomentait lui-même l'esprit insurrectionnel des Tyroliens contre la Bavière. Tant que la France avait été victorieuse, le roi avait souri des saillies aristocratiques de sa femme et de son fils, les laissant dire l'un et l'autre, et prenant ce que Napoléon lui donnait après chaque guerre, comme bon à prendre d'abord, et comme bon aussi à montrer, à titre de réponse, aux détracteurs de sa politique. Depuis Moscou, le doute élevé sur la puissance de Napoléon, le cri des populations, la nouvelle des pertes essuyées par les Bavarois, les suggestions de l'Autriche, la contagion de l'esprit germanique, avaient ébranlé le roi, que les victoires de Lutzen et de Bautzen avaient un moment raffermi. Mais la reprise des hostilités, le caractère tous les jours plus triste des événements, les pertes récentes du corps bavarois à la bataille de Dennewitz, mandées et exagérées à Munich, les efforts des trois cours d'Autriche, de Prusse et de Russie, avaient plus que jamais remis en question la fidélité de la Bavière à l'égard de la France. L'arrivée d'un nouveau personnage à Munich avait surtout contribué à rendre cette situation infiniment critique. Le général de Wrède, caractère bouillant et sans consistance, officier brave mais de peu de discernement, plein d'un amour-propre excessif, était revenu dans son pays profondément blessé des dédains du maréchal Saint-Cyr, sous lequel il avait servi pendant la campagne de la Dwina. Ayant apporté à Munich tous ses mécontentements et les ayant manifestés imprudemment, il s'était toutefois rapproché, comme son souverain, après Lutzen et Bautzen, et nous avait dévoilé lui-même le secret de la défection à demi consommée de la cour de Bavière, afin de rentrer en faveur auprès de Napoléon. M. d'Argenteau sentant le besoin de nous l'attacher, avait demandé pour lui le grand cordon de la Légion d'honneur, rendu vacant par la mort du respectable général Des Roys, et Napoléon, qui avait déjà donné au général de Wrède des titres et des richesses, n'avait pas cru devoir y ajouter cette dernière distinction. Le général de Wrède redevenu mécontent, était resté en Bavière, et avait acquis tout à coup une grande importance en obtenant le

Octob. 1813.

Conduite du général de Wrède.

commandement de l'armée bavaroise placée sur l'Inn, en face de l'armée autrichienne du prince de Reuss. Si Augereau avec une vingtaine de mille hommes était venu le joindre sur l'Inn, on l'aurait maintenu, et M. d'Argenteau avait fort insisté pour qu'on prît cette précaution. Mais Napoléon avait eu besoin d'Augereau ailleurs, et les Bavarois n'étant ni soutenus ni contenus, avaient bientôt cédé au sentiment de tous les Allemands. Au lieu de tenir tête au prince de Reuss, le général de Wrède était entré en pourparlers avec lui. Les Autrichiens, au nom de la coalition, avaient promis au général de Wrède le commandement des deux armées bavaroise et autrichienne réunies sur l'Inn, et au roi la conservation de ses États, sauf un équivalent en population et en revenu pour les provinces qu'ils entendaient recouvrer, c'est-à-dire le Tyrol et les bords de l'Inn. M. de Mongelas lui-même, sentant qu'il ne pouvait se maintenir à son poste qu'en changeant bien vite de politique, avait accueilli les propositions des puissances coalisées, espérant que la Bavière conservant ses agrandissements, il conserverait sa situation. Seulement il avait changé, non comme change la force (ainsi qu'avait fait M. de Metternich), mais comme change la faiblesse, et il avait adhéré à la coalition sans même nous avertir. Il nous avait abandonnés en protestant toujours de sa fidélité. Le roi ayant contre lui sa femme, son fils, son peuple, son ministre, son général, n'était pas de caractère à résister à tant de contradicteurs, et quand on était venu lui dire que, sauf équivalent, il conserverait ses États, et surtout quand on avait ajouté que s'il refusait il fallait, comme en 1805, évacuer sa capitale devant l'armée autrichienne, pour aller se jeter dans les bras de Napoléon, non pas vainqueur mais vaincu, il n'avait plus hésité, et avait signé le 8 octobre un traité d'alliance offensive et défensive avec la coalition. Des transports de joie avaient éclaté à cette nouvelle dans toute la Bavière, et avaient confirmé sa résolution.

Rien n'était plus amené par des causes irrésistibles qu'un pareil changement, mais la décence voulait au moins que la Bavière, que nous avions si richement dotée, en nous quittant pour sa sûreté, laissât à d'autres pour son honneur, le soin de nous détruire. Il n'en fut point ainsi, et le gouvernement bavarois, afin de s'assurer sa rentrée en grâce auprès des souverains coalisés, le général de Wrède afin de s'assurer le bâton de maréchal, mirent grande hâte à porter l'armée austro-bavaroise de l'Inn sur le haut Danube, du Danube sur le Main. Cette armée composée par moitié d'Autrichiens et de Bavarois, et forte de 60 mille hommes, avait marché avec une telle rapidité, qu'on la disait déjà rendue à Wurzbourg, et prête à couper aux environs de Francfort la route de Mayence.

A cette annonce Napoléon sourit de mépris, et du reste sentit l'erreur de sa politique à l'égard de l'Allemagne, politique qui, au lieu de se borner à un peu d'appui donné aux États secondaires, s'était étendue jusqu'à vouloir en faire des sujets de la France. Il se décida donc à quitter Erfurt pour prendre la route de Mayence. L'armée austro-bavaroise

Octob. 1813.

Distribution de l'armée française dans sa marche sur Mayence.

ne l'effrayait guère, mais ayant 200 mille hommes derrière lui, il devait compter les jours et les heures avec une extrême précision.

Après trois jours passés à Erfurt, il partit pour Eisenach afin de franchir avant les coalisés les défilés de la forêt de Thuringe. Le général Sébastiani avec le 2ᵉ corps de cavalerie, le général Lefebvre-Desnoëtte avec la cavalerie légère de la garde et le 5ᵉ de cavalerie, formaient l'avant-garde, et couvraient les flancs de l'armée en battant la campagne à droite et à gauche. Les maréchaux Victor et Macdonald suivaient avec les débris des 2ᵉ et 11ᵉ corps; puis venait le maréchal Marmont qui réunissait sous ses ordres les débris des 6ᵉ, 5ᵉ et 3ᵉ corps, Durutte et Semelé qui conduisaient leurs divisions, uniques restes des 7ᵉ et 16ᵉ corps. Napoléon ayant sous la main la vieille garde, le 1ᵉʳ de cavalerie et la grosse cavalerie de la garde, formait le noyau principal de l'armée. Oudinot et Mortier avec les quatre divisions de la jeune garde, Bertrand avec le 4ᵉ corps, accru de la division Guilleminot, et le 4ᵉ de cavalerie, composaient l'arrière-garde. Le total de ces troupes ne montait pas à plus de 70 mille hommes ayant un fusil à l'épaule, tant la débandade s'était propagée de Leipzig à Erfurt. Venaient ensuite 30 à 40 mille hommes sans armes, toujours logés entre les corps organisés, les gênant dans le combat, dévorant leurs vivres au bivouac.

Mouvements des armées coalisées.

Les armées coalisées, après deux ou trois jours passés à Leipzig, et employés soit à triompher, soit à se remettre d'une lutte si rude, avaient été distribuées d'une manière nouvelle, et s'étaient ensuite dirigées vers leur destination ultérieure. Le général Klenau avait été renvoyé sur Dresde avec son corps, pour tâcher d'amener la reddition de cette place et des troupes françaises qui l'occupaient. Le général Tauenzien, déjà détaché de l'armée du Nord, avait été chargé de poursuivre la reddition de Torgau et de Wittenberg, et le général Benningsen, avec l'armée dite de Pologne, avait été expédié sur Magdebourg et Hambourg pour opérer le blocus, et, s'il était possible, la conquête de ces places. L'armée du Nord avait été acheminée sur Cassel afin d'achever, si elle n'était consommée déjà, la destruction de la monarchie du roi Jérôme. Elle devait ensuite revenir vers la Westphalie, le Hanovre, la Hollande. Enfin Blucher et le prince de Schwarzenberg, avec 160 mille hommes environ, s'étaient mis à la poursuite de l'armée de Napoléon qu'ils serraient de près dans l'espérance de le placer entre deux feux, de Wrède devant l'attaquer en tête, tandis qu'ils l'attaqueraient en queue. Blucher, élevé par son roi à la dignité de maréchal, et ayant mérité plus qu'aucun autre les récompenses de la coalition, avait été dirigé sur Eisenach, pour de là se rendre, non sur Francfort mais sur Wetzlar, afin d'empêcher que Napoléon, coupé de la route de Mayence, ne se rejetât sur celle de Coblentz. La grande armée de Bohême, divisée en deux, devait marcher partie par Eisenach, Fulde, Francfort, sur Mayence, partie par Gotha, Smalkalden, Schweinfurt, sur Wurzbourg. C'étaient les Autrichiens que le prince de Schwarzenberg, par un calcul facile à deviner, envoyait sur Francfort, tandis qu'il envoyait sur Wurzbourg les Russes et les

Prussiens. Bien que l'empereur François, ainsi que son habile ministre, eussent sagement renoncé à la couronne impériale germanique, cependant ils voulaient en Allemagne la suprématie sous une forme quelconque, et leur présence à Francfort, ville de l'élection impériale, pouvait y faire éclater des manifestations utiles, dont ils se serviraient pour recouvrer quelque chose de leur ancienne domination, ou pour faire valoir au moins leur désintéressement.

La distribution des forces étant ainsi faite, chacun avait suivi l'armée française. En effet Sébastiani et Lefebvre-Desnoëtte avaient trouvé aux environs d'Eisenach quantité de Cosaques et de coureurs de toute espèce, tant à pied qu'à cheval, et les avaient dispersés, en les obligeant à se cacher dans la forêt de Thuringe. Les 26 et 27 octobre l'armée elle-même avait défilé sans grande difficulté, pourtant l'arrière-garde d'Oudinot et de Mortier, composée de la jeune garde, s'était vue assaillir par l'impétueux Blucher, à qui elle avait résisté énergiquement. On avait perdu de part et d'autre un millier d'hommes, mais l'ennemi avait ramassé de nombreux traînards que, dans ses bulletins beaucoup plus inexacts que les nôtres, il présentait comme des prisonniers recueillis sur le champ de bataille.

Le 26, Napoléon vint coucher à Vach, au delà des défilés de la Thuringe, le 27 à Hünfeld, le 28 à Schlüchtern. Une fois arrivés sur le versant de la forêt de Thuringe qui regarde vers le Rhin, nous fûmes poursuivis moins vivement, parce que Blucher s'était détourné à droite pour s'acheminer par Wetzlar sur le Rhin, et que les Prussiens et les

Russes avaient pris à gauche pour se diriger sur Wurzbourg. Il n'y avait plus dès lors sur nos traces que les Autrichiens, vigoureusement contenus par Mortier, Oudinot et Bertrand. On avait surtout affaire aux Cosaques et en général à la cavalerie ennemie qui nous causait, en ramassant les traînards, tout le mal qu'elle pouvait nous faire. Ce mal n'était, hélas! que trop grand, car la rapidité des marches et la difficulté de subsister, faisaient sortir des rangs les hommes par milliers. La division Semelé, par exemple, qui après sa réorganisation à Erfurt comptait environ 4 mille hommes, était réduite de l'autre côté des montagnes de la Thuringe, à 1,800. Les divisions de la jeune garde, atteintes elles-mêmes de cette contagion, étaient tombées de 3 mille hommes chacune après Leipzig, à moins de 2 mille. Les malades, les blessés, qui composaient à l'origine la population flottante et désarmée, avaient expiré sur les routes par la fatigue ou par la lance des Cosaques. Ils étaient remplacés par les affamés, les dégoûtés du service, les mauvais sujets, dont le nombre augmentait à vue d'œil. Heureusement le froid n'était pas celui de Russie, et on approchait de Mayence, car les soldats de 1813, bien inférieurs à ceux de 1812, n'auraient certainement pas soutenu les mêmes épreuves.

Dès le 27 octobre on apprit à Schlüchtern la présence du général de Wrède à Wurzbourg, occupé à canonner cette place que le général Thareau ne voulait pas rendre. Le général de Wrède n'avait qu'un pas à faire pour couper la route de Hanau à Mayence. On fit partir une avant-garde avec ce qu'on put

Octob. 1813.

Pertes de l'armée par suite de la débandade.

réunir des traînards et des équipages, afin de se délivrer de ce qu'il y avait de plus embarrassant. Quelques troupes légères de l'armée bavaroise étaient déjà parvenues jusqu'à Hanau, petite place à demi fortifiée, au confluent de la Kinzig et du Main, qui domine de son canon la grande route de Mayence. Ces avant-gardes bavaroises n'étaient pas de force à intercepter la route, et d'ailleurs le général Préval, envoyé par le maréchal duc de Valmy à la rencontre de la grande armée, venait d'arriver à Francfort avec quatre à cinq mille hommes. Ce général avait pris position entre Francfort et Hanau sur la Nidda, afin que l'ennemi ne pût pas nous opposer l'obstacle de cette rivière et empêcher ainsi la grande armée de passer. Grâce à cette précaution nos soldats débandés, une fois Hanau franchi, rencontraient une force pour les recueillir et les protéger jusqu'à Mayence. Divers détachements défilèrent les 27 et 28 octobre, obligeant à se replier dans Hanau les troupes légères de l'ennemi, et sauvant chaque fois quelques milliers d'éclopés, de malades ou de vagabonds. Il s'en écoula ainsi 15 à 18 mille; mais le 29 la route se trouva entièrement fermée, car le général de Wrède désespérant de vaincre la résistance du général Thareau, avait laissé un simple détachement pour bloquer Wurzbourg, et s'était porté à Hanau avec 60 mille hommes, moitié Bavarois, moitié Autrichiens. Arrivé là, il avait détaché une division sur Francfort, et s'était placé avec le gros de ses forces en avant de Hanau, dans la forêt de Lamboy, que traverse la grande route.

Le 29, Napoléon étant venu coucher à Langen-Sebold, apprit que la tête de l'armée était refoulée sur lui, et que les Austro-Bavarois au nombre de 50 à 60 mille hommes, avaient la prétention de lui barrer la route du Rhin. Indigné d'une telle impudence, mais n'en étant pas fâché, car il se proposait de faire sentir le poids de son indignation au téméraire qui venait se mettre sur son chemin, il résolut de hâter le pas dans la journée du 30, pour s'ouvrir lui-même le passage avec sa vieille garde. Ce n'était pas sur ses forces numériques qu'il comptait, mais sur le sentiment de ses soldats, car n'eussent-ils été que dix mille, ils auraient passé sur le corps de l'adversaire qui, leur allié si longtemps, se montrait si avide de leur sang et de leur liberté. Hélas! il ne nous restait pas plus de quarante à cinquante mille hommes sous les armes, tant la désorganisation allait croissant depuis les dernières marches, et de ces quarante à cinquante mille hommes, Napoléon n'en pouvait guère réunir plus d'un tiers sous sa main dans la journée du 30. Il n'avait à l'avant-garde que Sébastiani avec les 2ᵉ et 5ᵉ de cavalerie, Lefebvre-Desnoëtte avec la cavalerie légère de la garde, ce qui faisait environ quatre mille chevaux, Macdonald et Victor avec cinq mille hommes d'infanterie, la vieille garde, forte de quatre mille grenadiers et chasseurs, la grosse cavalerie de la garde conservant deux à trois mille cavaliers montés, enfin la réserve d'artillerie de Drouot, en tout 16 à 17 mille hommes. Marmont avec les débris des 5ᵉ, 3ᵉ et 6ᵉ corps, Sémelé, Durutte avec leurs divisions, Mortier, Oudinot avec la jeune garde, Bertrand avec le 4ᵉ, étaient en arrière, et ceux-ci à deux journées. Néanmoins Na-

Octob. 1813.

au matin, Napoléon arrive devant Hanau.

Ses forces à Hanau.

poléon n'hésita pas à fondre sur l'armée bavaroise et à la faire repentir de sa témérité. Il importait de forcer le passage pour ne pas laisser grossir et se consolider l'obstacle élevé sur nos pas.

Le 30 au matin on partit de Langen-Sebold et on marcha sur Hanau.

A quelque distance on rencontra la division d'avant-garde du général de Wrède, la division Lamotte, postée à Rückingen. On l'aborda brusquement et on la culbuta. On la suivit vivement, et on rencontra en avant de la forêt de Lamboy, à travers laquelle passe la grande route de Mayence, l'armée austro-bavaroise elle-même. Voici quelles avaient été les dispositions adoptées par le général de Wrède.

Description du champ de bataille de Hanau.

La forêt de Lamboy s'étendait de gauche à droite, de la Kinzig aux montagnes du pays de Darmstadt. Au delà de la forêt le terrain était découvert, mais on y trouvait l'obstacle de la Kinzig, petite rivière allant tomber dans le Main, et enveloppant avant d'y tomber la place de Hanau. La route, après avoir traversé la forêt dans sa profondeur, débouchait en plaine, atteignait la Kinzig près du point où cette rivière se réunit au Main, passait ensuite à droite sous le canon de Hanau, enfin continuait jusqu'à Francfort et Mayence, entre le Main et les montagnes. Le général de Wrède avait placé en avant et sur la lisière de la forêt soixante bouches à feu, bien servies et bien appuyées, avait rempli l'intérieur de la forêt d'une multitude de tirailleurs, et rangé son armée dans la plaine au delà, le dos à la Kinzig, la droite au pont de Lamboy sur la Kinzig, la gauche en avant de Hanau. Il s'était couvert par

10 mille hommes de cavalerie. Il disposait ainsi, défalcation faite de ce qu'il avait laissé sous Wurzbourg, et de ce qu'il avait détaché sur Francfort, de cinquante-deux mille hommes environ. Les coureurs de Thielmann et de Lichtenstein l'avaient rejoint.

Octob. 1813.

Napoléon accouru de sa personne à la tête de son avant-garde avait reconnu et jugé les dispositions de l'ennemi. Il n'avait sous la main que la cavalerie de l'avant-garde, et les cinq mille fantassins restant à Macdonald et à Victor. La vieille garde suivait.

Il fit ranger à droite sous le général Charpentier l'infanterie de Macdonald, à gauche sous le général Dubreton celle de Victor, et prescrivit à l'un et à l'autre de se répandre en tirailleurs dans les bois. Il se tint avec toute sa cavalerie sur la grande route et en présence de l'artillerie bavaroise, jusqu'à ce qu'il fût rejoint par l'artillerie de la garde. A peine le signal donné, nos adroits tirailleurs lancés dans la forêt y pénétrèrent avec la hardiesse et l'intelligence qui les distinguaient. Une fusillade multipliée éclatant dans la sombre épaisseur des bois, les éclaira bientôt de mille feux. Nos tirailleurs gagnèrent successivement du terrain sur le flanc des troupes qui soutenaient l'artillerie ennemie, et les obligèrent à rétrograder. Peu après une portion de notre artillerie ayant été amenée, canonna vivement celle des Bavarois qui était dénuée de l'appui de l'infanterie, et la contraignit à se replier. On poussa ainsi les Bavarois dans l'intérieur de la forêt, et on en traversa la plus grande partie à leur suite, en tiraillant toujours sur leurs flancs. Cependant la di-

Bataille de Hanau, livrée le 30 octobre.

vision Curial de la vieille garde ayant rejoint, Napoléon dirigea deux bataillons de cette division sur la colonne en retraite, et acheva de la rejeter de la forêt dans la plaine. Parvenu à la lisière des bois on aperçut cinquante mille hommes en bataille, le dos à la Kinzig, s'appuyant d'un côté au pont de Lamboy en face de notre gauche, et de l'autre à la ville de Hanau en face de notre droite. En avant se trouvait la belle et nombreuse cavalerie de l'ennemi. Napoléon, pour déboucher, attendit que toute son artillerie fût venue, ainsi que l'infanterie et la cavalerie de la vieille garde. Lorsque les Bavarois, qui avaient honorablement servi dans nos rangs, mais qui savaient ce qu'était la garde, la virent paraître en ligne, ils en furent profondément émus, surtout leur général de Wrède, qui comprit quelle faute il avait commise en se plaçant avec une rivière à dos devant de pareilles troupes. Il avait cru que la grande armée arriverait tellement talonnée par les coalisés, qu'il n'aurait plus que des prisonniers à recueillir.

Napoléon en apercevant ces dispositions dit avec ironie : Pauvre de Wrède, j'ai pu le faire comte, mais je n'ai pu le faire général. — Sur-le-champ il rangea quatre-vingts bouches à feu de la garde à la lisière de la forêt, étendit à gauche les grands bonnets à poil de la division Friant, et à droite la cavalerie de Sébastiani, de Lefebvre-Desnoëtte, de Nansouty.

Après quelques instants d'une violente canonnade, il agit d'abord par sa droite et lança toute sa cavalerie sur celle du général de Wrède. Nos grenadiers, nos chasseurs à cheval de la garde, étaient impatients de fouler aux pieds les alliés infidèles qui venaient imprudemment leur barrer le chemin de la France. Les escadrons bavarois furent rejetés d'un seul choc sur les escadrons autrichiens. Ceux-ci chargèrent à leur tour, mais l'exaspération de notre cavalerie était au comble; elle renversa tout ce qui s'offrit à elle, et culbuta sur la Kinzig et Hanau la gauche de l'armée austro-bavaroise. Au centre les flots de la cavalerie ennemie, dans le va-et-vient de ces charges répétées, vinrent un moment se jeter sur les quatre-vingts bouches à feu de la garde. Drouot faisant serrer ses pièces, et plaçant en avant ses canonniers la carabine à la main, arrêta les escadrons ennemis, puis les cribla de mitraille lorsqu'ils se replièrent. Quand notre infanterie accourut à son secours, il était déjà dégagé.

Octob. 1813.

Le général de Wrède acculé sur la Kinzig, ne vit d'autre ressource que de ramener son armée sur sa droite, afin de lui faire repasser la Kinzig au pont de Lamboy. Pour favoriser ce mouvement, et se procurer l'espace dont il avait besoin, il essaya une attaque sur notre gauche. Mais là justement se trouvaient les grenadiers de Friant. Ces braves gens, dont le courage était trop souvent enchaîné, partageaient l'exaspération de toute l'armée. Ils marchèrent appuyés des troupes de Marmont dont la tête venait d'arriver, abordèrent les Bavarois à la baïonnette, les poussèrent sur les troupes occupées à franchir la Kinzig, et en percèrent sept à huit cents de leurs baïonnettes. De Wrède repassa la Kinzig en désordre, laissant dans nos mains dix à onze mille

L'armée austro-bavaroise écrasée.

morts, blessés ou prisonniers. Cette brillante rencontre nous avait coûté tout au plus trois mille hommes. La majesté de l'armée française était dignement vengée.

Toutefois il ne fallait pas perdre de temps à compter nos trophées, car de Wrède replié avec quarante mille hommes derrière la Kinzig, pouvait apercevoir notre petit nombre, et déboucher de Hanau pour nous barrer le chemin. Le lendemain 31 octobre Napoléon, fier non pour lui mais pour ses soldats, de cette nouvelle bataille de la Bérézina, se mit en marche avec Sébastiani, Lefebvre-Desnoëtte, Macdonald, Victor et la vieille garde, afin d'aller rouvrir la route de Mayence, si elle était interceptée quelque part. Il laissa Marmont pour border la Kinzig, et empêcher l'ennemi de déboucher de Hanau, dont le canon enfilait la chaussée.

Le 31 au matin le maréchal Marmont fit enlever Hanau que l'ennemi dans sa terreur avait presque entièrement évacué, et en partant vers le milieu du jour confia au général Bertrand qui le suivait, la garde de ce poste. Le général Bertrand y passa la nuit, toujours dans l'intention de contenir les Bavarois et de les empêcher de couper la route. Le 1ᵉʳ novembre au matin, de Wrède voulant prendre une revanche, et se flattant de ne plus trouver devant lui qu'une faible arrière-garde sur laquelle il se dédommagerait de son échec, essaya de déboucher de la Kinzig en traversant le pont de Lamboy à notre gauche, et en tâchant de reprendre Hanau à notre droite. Devant le pont de Lamboy Bertrand avait placé la division Guilleminot, au centre la division

Morand qui pouvait canonner Hanau par dessus la
Kinzig, devant Hanau même la division italienne,
partie dans cette ville, partie le long de la Kinzig,
avec mission de protéger la grande route.

De Wrède à la pointe du jour assaillit les Italiens
dans Hanau, leur prit une des portes, pénétra dans
la ville, et les refoula sur le pont de la Kinzig, vers
lequel il courut pour s'en emparer, et occuper ensuite la route. Mais Morand tirant par-dessus la Kinzig
atteignit en flanc la colonne du général de Wrède,
et la couvrit de projectiles. Les Italiens reprenant
courage revinrent à la charge, et rejetèrent les Bavarois dans Hanau. De Wrède reçut une blessure
au bas-ventre qui le fit supposer mort, tant elle était
grave.

Au même instant sur notre gauche les Austro-
Bavarois tentèrent de franchir la Kinzig sur les chevalets du pont de Lamboy à demi-brûlés. Guilleminot
en laissa passer un certain nombre, puis les culbuta
dans la Kinzig à la baïonnette. De toutes parts ils
furent ainsi refoulés au delà de la Kinzig, et condamnés à une nouvelle humiliation. Cette tentative
leur coûta encore de 1,500 à 2,000 hommes. Nos
canons libres enfin de courir sur ce chemin de
Mayence, y trouvèrent tant de cadavres qu'ils rou-
laient, dit un témoin oculaire fort illustre, dans une
boue de chair humaine [1]. Funèbre et terrible rentrée
de la grande armée en France !

Au surplus le corps du général Bertrand avait été
le dernier à prendre la route de Hanau. Le maréchal

[1] Expression du maréchal Gérard, de la bouche duquel je l'ai autrefois recueillie.

Mortier avec la jeune garde informé des difficultés qu'on rencontrait sur cette voie, avait fait un détour à droite, et avait regagné Francfort sain et sauf. Le 4 novembre, la grande armée acheva d'entrer dans Mayence, tristement triomphante! La cavalerie resta seule en dehors pour recueillir les plus attardés de nos traînards. Il en avait passé près de quarante mille en quelques jours.

<small>Arrivée de l'armée française sur les bords du Rhin.</small>

Ainsi nous revîmes le Rhin, après tant de victoires suivies maintenant de tant de revers, le Rhin que nous avions l'espérance fondée de repasser paisiblement, après une paix glorieuse et générale. Il aurait pu en être ainsi, mais l'orgueil indomptable de Napoléon ne l'avait pas permis!

<small>État de dénûment de la frontière du Rhin.</small>

Napoléon était en ce moment dans Mayence, pouvant se convaincre de ses yeux de toute l'étendue de ses fautes. Ce Rhin devenu tellement notre propriété, que six mois auparavant on aurait regardé comme une grande preuve de modération de notre part de nous en contenter, ce Rhin il était douteux que nous pussions le défendre! Napoléon avait tant songé à la conquête, et si peu à la défense, que le sol de l'Empire se trouvait presque entièrement découvert. Excepté en Italie, qui était de la conquête aussi, on n'avait rien fait aux places de la frontière. Napoléon avait bien commencé à y penser, mais à une époque où il ne restait plus assez de temps pour que les ordres donnés reçussent leur exécution. Les grands approvisionnements mêmes provoqués par l'intermédiaire de M. de Bassano après la bataille de Dennewitz, délibérés, résolus entre les principaux ministres à Paris, avaient été contremandés par Napoléon à cause de la dépense, et surtout à cause des alarmes qu'il craignait de répandre sur le Rhin. Aussi le long de cette frontière qui aurait dû être le premier objet de nos soins, tout était-il dans un état déplorable. On s'était épuisé en munitions, en armes de toutes espèces pour Erfurt, Dresde, Torgau, Magdebourg, Hambourg, et les arsenaux français étaient vides. Les approvisionnements en bois ordonnés depuis peu de jours n'étaient pas commandés. Les approvisionnements de siége se trouvaient dans le même cas[1]. Le personnel était encore plus insuffisant que le matériel. A Strasbourg, Landau, Metz, Coblentz, Cologne, Wesel, il n'y avait que quelques compagnies de gardes nationales levées à la hâte par les préfets, et qui savaient à peine tirer un coup de fusil. Mayence seule, vaste dépôt de recrues qu'on n'avait pas eu le temps d'expédier, de maraudeurs successivement rentrés, de malades, de blessés transportés comme on avait pu, centre enfin de ralliement pour nos débris de toute espèce, Mayence contenait des moyens de défense. Mais c'est une armée qu'il aurait fallu dans cette place, et ce qui rentrait, quoique ce fût la grande armée, n'aurait pas fourni 40 mille hommes en état de combattre. Les divisions de la jeune garde qui s'étaient si bien conduites, comprenant 8 mille hommes à la reprise des hostilités, 3 mille encore après Leipzig, étaient réduites les unes à 1,000, les autres à 1,100 hommes. Tous les corps étaient diminués dans la même proportion.

Nov. 1813.

[1] Nous parlons d'après les rapports des maréchaux envoyés sur le Rhin pour y commander.

Nov. 1813.

Le 4ᵉ corps, renforcé des divisions Guilleminot, Durutte et Semelé, est cantonné à Mayence.

Napoléon voulant réserver à Mayence ce qu'il avait ramené de meilleur, y laissa le 4ᵉ corps sous le général Bertrand. Ce corps était destiné à former l'avant-garde de la future armée que Napoléon espérait composer. Il devait comprendre la division Morand qui en avait toujours fait partie, la division Guilleminot qu'on lui avait récemment adjointe, les divisions Durutte et Semelé, seuls restes, comme nous l'avons dit, des 7ᵉ et 46ᵉ corps. Ces quatre divisions, même après quelques jours de repos, ne comptaient pas quinze mille soldats. Napoléon ordonna qu'elles fussent immédiatement réorganisées au moyen des hommes débandés qu'on arrêtait au passage du Rhin. La cavalerie de la garde fut employée à recueillir ces hommes à plusieurs lieues au-dessus et au-dessous de Mayence. Mais les fusils, les vêtements, les souliers, les vivres qu'on leur distribuait ne pouvaient surmonter l'influence des mauvaises habitudes qu'ils avaient contractées, et bien que la plupart d'entre eux se fussent comportés très-bravement deux ou trois semaines auparavant, il était douteux qu'on parvînt à en faire encore des soldats. A peine cessait-on d'avoir l'œil sur eux qu'ils désertaient à l'intérieur. Les cadres restaient excellents, et tout prouvait que, grâce à eux, il serait plus facile de créer des soldats avec des conscrits sortant de leurs chaumières, qu'avec des hommes qu'on venait d'exposer trop tôt, trop à l'improviste, et sans l'encouragement de la victoire, aux plus cruelles extrémités de la guerre.

Lefebvre-Desnoëtte est aussi

En quelques jours cependant on reporta au nombre de vingt et quelques mille hommes ce 4ᵉ corps, dernière représentation de l'armée qui avait combattu à Lutzen, Dresde et Leipzig. Lefebvre-Desnoëtte lui fut attaché avec la cavalerie légère de la garde et les vieux dragons du 3ᵉ corps, composant en tout 3 à 4 mille chevaux. On lui donna une bonne artillerie. La garde du Rhin fut partagée entre les trois maréchaux Marmont, Macdonald et Victor. Le maréchal Marmont fut chargé de garder depuis Landau jusqu'à Coblentz avec les débris des 6ᵉ, 5ᵉ et 3ᵉ corps d'infanterie, des 1ᵉʳ et 5ᵉ de cavalerie. Il devait avoir Mayence et le général Bertrand sous ses ordres, et procéder à la recomposition des troupes comprises dans l'étendue de son commandement. La jeune garde fut placée un peu en arrière de Mayence, pour se réorganiser sous les yeux du maréchal Mortier. Il en fut de même pour la cavalerie de la garde. Le maréchal Macdonald fut envoyé à Cologne avec le 11ᵉ corps, qu'il devait également recomposer. On lui donna le 2ᵉ de cavalerie pour veiller à la garde du Rhin, et empêcher les Cosaques de le franchir. Ce qui restait des Polonais, infanterie et cavalerie, fut envoyé à Sedan, où était l'ancien dépôt de ces troupes alliées, pour y recevoir une nouvelle organisation. Le maréchal Victor fut établi à Strasbourg avec le 2ᵉ corps, qui avait fait sous ses ordres la campagne de 1813, et s'y était couvert de gloire. C'est avec ces débris que les trois maréchaux devaient protéger la frontière de l'Empire. Les gendarmes, les douaniers revenus de tous les pays que nous avions occupés, arrêtaient sur le Rhin les hommes débandés qui arrivaient, et tâchaient de les faire rentrer à leurs corps. C'est avec cette ressource, dont nous

Nov. 1813.

cantonné à Mayence avec la cavalerie légère de la garde.

La défense du Rhin confiée aux maréchaux Victor, Marmont et Macdonald.

Nov. 1813.

La fièvre
d'hôpital
transportée
par l'armée
sur les bords
du Rhin,
y exerce
d'affreux
ravages.

avons dit la valeur, qu'on espérait recruter les troupes cantonnées sur la frontière. Malheureusement, outre leurs mauvaises dispositions morales, elles venaient d'être atteintes par une affreuse contagion physique. La fièvre d'hôpital née dans nos vastes dépôts de l'Elbe, due à l'encombrement des hommes, aux fatigues, à la mauvaise nourriture, aux pluies continuelles des deux derniers mois, et aux passions tristes dont avaient été affectés nos blessés et nos malades, s'était répandue partout où nous avions passé, et avait déjà envahi les bords du Rhin. De tous les fléaux qui nous avaient poursuivis celui-là était le plus redoutable. Il venait de pénétrer à Mayence, d'y exercer déjà de notables ravages, et en faisait craindre de terribles ! De là il avait descendu le Rhin, et l'avait même remonté. Ainsi aucune calamité ne semblait devoir nous être épargnée.

Départ
de Napoléon
pour Paris le 7
novembre.

Napoléon, après avoir pourvu au plus pressé par un séjour d'une semaine à Mayence, partit pour Paris le 7 novembre, afin de se transporter au centre d'un gouvernement dont il était le moteur indispensable, et de préparer les moyens d'une nouvelle et dernière campagne. Tandis qu'il était occupé à faire des efforts inouïs pour tirer de la France épuisée les ressources qu'elle contenait encore, et arrêter sur la frontière des ennemis qu'une longue oppression avait rendus implacables, il y avait du Rhin à la Vistule, en soldats vieux ou jeunes, et actuellement assiégés ou bloqués par les légions de l'Europe coalisée, de quoi composer l'une des meilleures armées qu'il eût jamais rassemblées.

Situation

Il avait laissé à Modlin 3 mille hommes, à Zamosc 3,

à Dantzig 28, à Glogau 8, à Custrin 4, à Stettin 12, à Dresde 30, à Torgau 26, à Wittenberg 3, à Magdebourg 25, à Hambourg 40, à Erfurt 6, à Wurzbourg 2, ce qui faisait une force totale de 190 mille hommes, presque tous valides (car nous n'avons admis dans cette évaluation ni les malades ni les blessés), tous aguerris ou instruits, commandés par des officiers excellents, et comprenant notamment des soldats d'artillerie et du génie incomparables. Jamais plus belle armée n'eût porté le drapeau de la France, si, par un miracle, on avait pu réunir ses débris épars, et leur rendre l'ensemble que leur isolement dans des postes éloignés leur avait fait perdre. Napoléon, ainsi qu'on l'a vu, dans l'espérance de se retrouver en une seule bataille reporté sur l'Oder et la Vistule, avait voulu en conserver les forteresses, de manière à se replacer soudainement dans son ancienne position. C'est par ce motif qu'il avait consacré une soixantaine de mille hommes aux places fortes de l'Oder et de la Vistule. Pendant l'armistice il aurait pu les ramener tous, et en renforcer sa ligne de l'Elbe; mais, séduit par la même espérance, il avait persisté dans la même faute, et il venait de l'aggraver prodigieusement, en quittant l'Elbe sans en retirer les garnisons. C'est ainsi que ces 190 mille hommes si précieux, suffisant au printemps pour former le fond d'une superbe armée de 400 mille hommes, avaient été sacrifiés. Il est vrai que dans ces 190 mille hommes il y avait 30 mille étrangers, voulant rentrer au sein de leur patrie depuis que leurs gouvernements avaient rompu avec la France; mais dans ces 30 mille hommes, s'il

Nov. 1813.

des troupes laissées dans les garnisons de l'Elbe, de l'Oder et de la Vistule.

Le nombre des troupes laissées dans les places n'est pas de moins de 190 mille hommes.

Nov. 1813.

y avait 20 mille Allemands ou Illyriens sur lesquels il ne fallait plus compter, il y avait 10 mille Polonais devenus aussi braves, et restés aussi fidèles que les soldats de notre vieille armée. C'était donc toujours la perte certaine de 170 mille hommes, due à une confiance aveugle dans la victoire, et à la funeste passion de rétablir en une journée une grandeur détruite par plusieurs années de fautes irréparables!

Comment on aurait pu les sauver.

Il aurait fallu que par une résolution spontanée l'un des commandants de garnison sortît de la place qu'il occupait, allât recueillir les autres garnisons, et formât ainsi une armée avec laquelle il pût regagner les bords du Rhin.

Un miracle, avons-nous dit, pouvait les rendre à la France. Sans doute si un homme intrépide, audacieux, et surtout heureux, se trouvant à la tête de l'une de ces garnisons, était sorti de la place qu'il occupait, en forçant le blocus établi autour de ses murs, qu'il se fût réuni à la garnison la plus voisine, et qu'allant ainsi de l'une à l'autre il eût composé une armée, il est probable, vu le peu de troupes laissées par les coalisés sur leurs derrières, qu'il aurait pu atteindre l'Elbe et le Rhin, et entrer en France à la tête d'une force redoutable. Mais dans laquelle des places bloquées ce miracle pouvait-il s'accomplir? Ce n'est pas assurément dans les places les plus éloignées. Les garnisons de Modlin et de Zamosc, par exemple, composées de Lithuaniens et de Polonais peu enclins à sortir de chez eux, étaient beaucoup trop distantes l'une de l'autre, trop peu nombreuses, pour essayer de hardies concentrations de troupes. Celle de Dantzig, qui même après les maladies rapportées de Russie, comptait encore vingt et quelques mille hommes, aurait pu s'échapper sans doute, en culbutant ceux qui auraient essayé de

Raisons

l'arrêter. Mais elle aurait été suivie à outrance par

des forces supérieures, peut-être détruite avant d'arriver à l'Oder, où l'attendaient du reste si elle y était arrivée, 9 mille Français ou alliés à Stettin, 4 mille à Custrin. Mais, outre la difficulté naissant de la distance, il y en avait une dans les instructions de Napoléon. Il avait ordonné au général Rapp de ne livrer Dantzig que sur un ordre de sa main, de s'y faire tuer plutôt que de se rendre, et le général Rapp, privé de nouvelles, ne devant pas ajouter foi à celles de l'ennemi, ne pouvait pas assez connaître la situation pour se croire autorisé à changer les instructions si précises, si formelles, qu'il avait reçues de Napoléon. Les trois garnisons de l'Oder, celles de Stettin, Custrin, Glogau, quoique plus rapprochées de l'Elbe, étaient encore trop distantes entre elles, trop peu considérables, et trop surveillées, pour tenter avec quelques chances de succès des réunions de forces qui leur eussent permis de regagner le Rhin.

Ce sont les garnisons de l'Elbe, celles de Hambourg, Magdebourg, Wittenberg, Torgau, Dresde, qui formaient des rassemblements de 20 et 30 mille hommes, qui étaient fort voisines les unes des autres, et n'avaient pour rejoindre la France qu'à traverser la Westphalie exempte de la présence de l'ennemi, ce sont celles-là qui auraient pu prendre l'initiative, et rendre à la France cent mille hommes, avec des chefs illustres tels que Saint-Cyr et Davout. Entre ces places fortes de l'Elbe c'étaient évidemment les deux places extrêmes de Dresde et de Hambourg, ayant des maréchaux en tête, et chacune 30 mille hommes au moins, qui auraient pu essayer d'opérer une concentration subite, et entre ces der-

Nov. 1813.

qui ne permettaient pas aux garnisons de la Vistule et de l'Oder de tenter une semblable entreprise.

Les commandants de Hambourg et de Dresde pouvaient seuls prendre l'initiative

nières enfin c'est de la garnison de Dresde qu'on était le plus fondé à l'attendre.

Nov. 1813.

d'une subite concentration.

Pour qu'un chef commandant une force considérable et chargé d'un poste important prît sur lui de l'évacuer spontanément, afin de revenir sur le Rhin, il fallait que l'ordre d'idées dans lequel il avait été entretenu l'y autorisât. Le maréchal Davout n'était pas dans ce cas. Il savait que Hambourg avait été la cause principale de la rupture des négociations de Prague, que Napoléon y tenait au point d'avoir bravé une guerre mortelle plutôt que d'y renoncer, que Hambourg était l'appui des garnisons de l'Oder et de Dantzig, le boulevard de la Westphalie et de la Hollande, le lien avec le Danemark, et que l'abandonner était une résolution capitale, ne pouvant appartenir qu'au chef de l'État lui-même. Voilà tout un ensemble de considérations qui n'était pas fait pour lui inspirer la pensée de l'évacuation. Mais il y avait de plus pour l'en détourner deux raisons décisives. Il possédait à Hambourg tous les moyens de se soutenir longtemps, et il le prouva bientôt; dès lors il n'y avait pour lui aucune obligation immédiate de changer de position. Secondement, en supposant qu'il sentît la nécessité de rentrer en France à la tête des garnisons restées au dehors, il ne pouvait prendre sur lui de remonter l'Elbe pour se porter à Torgau et à Dresde, car il serait allé dans un cul-de-sac sans retraite possible, puisque entre Dresde et Mayence il y avait la coalition tout entière. Il devait donc, s'il avait cette pensée d'une concentration spontanée, attendre dans le poste où il était qu'on vînt à lui avec les garnisons de Dresde, de

Raisons qui devaient en détourner celui qui commandait à Hambourg.

Torgau, de Magdebourg, et alors avec cent mille hommes il serait retourné en France par la Westphalie et Wesel. Ainsi outre que l'ordre d'idées dans lequel il avait été entretenu ne devait pas l'engager à quitter Hambourg, à moins d'une nécessité pressante, la concentration ne se présentait pas comme chose exécutable du bas Elbe vers le haut, mais du haut vers le bas.

Nov. 1813.

Ces simples réflexions démontrent que c'est à Dresde qu'aurait dû naître la résolution de réunir les garnisons voisines, et de former une force successivement croissante, pour rentrer en France. Tout devait en effet y disposer le maréchal Saint-Cyr, commandant à Dresde, et les idées antérieures dont il avait eu l'esprit rempli, et l'urgence de sa situation, et enfin les moyens dont il était pourvu. D'abord Dresde n'était point une place forte où l'on pût se maintenir; c'était un poste militaire à conserver quelques jours seulement, que Napoléon n'avait entendu garder que très-passagèrement, et que, sans le prescrire formellement, il avait presque d'avance ordonné d'évacuer, en disant dans ses instructions que si des accidents imprévus empêchaient le maréchal Saint-Cyr de rester à Dresde, il devait se diriger sur Torgau. Ainsi la pensée naturelle qu'il était impossible de ne pas concevoir, c'était celle de quitter Dresde, si on apprenait que Napoléon se fût retiré sur le Rhin. Ensuite cette place hors d'état de tenir huit jours, n'avait plus aucune importance après le départ de la grande armée, ne couvrait rien, demeurait purement en l'air, et ne contenait pas la moindre ressource en vivres. Il y avait donc

Toutes ces raisons au contraire devaient y décider celui qui commandait à Dresde.

Nov. 1843.

On pouvait en descendant de Dresde à Hambourg, y former avec les garnisons de l'Elbe successivement ramassées, une armée de plus de cent mille hommes, et à sa tête regagner le Rhin victorieusement.

urgence de prendre un parti à son égard, et ne pouvant revenir en France à travers la Saxe, car il aurait fallu passer sur le corps des armées coalisées, il était évident que c'est sur Torgau qu'il fallait se replier. Pour se rendre à Torgau on n'avait que deux journées de marche. On y aurait trouvé 26 mille hommes, dont 18 mille Français valides, et on aurait été porté à 48 mille hommes, force supérieure à tout ce qu'il y avait d'ennemis sur les bords de l'Elbe. On aurait recueilli en passant 3 mille hommes à Wittenberg. En deux jours on serait arrivé à Magdebourg, où l'on se serait renforcé de 18 à 20 mille hommes valides. On aurait donc formé tout de suite une armée de 70 mille combattants, armée qui avant trois semaines était sûre de ne pas rencontrer son égale jusqu'au bord de la mer. A Hambourg, on aurait fini par réunir 110 mille soldats excellents, et alors qui est-ce qui pouvait empêcher ces braves gens de regagner le Rhin?

Si donc l'impulsion première avait dû partir de quelque part pour opérer ces concentrations spontanées, c'était évidemment de Dresde et du maréchal qui commandait cette place. Il faut ajouter que l'excuse bien réelle alors, et souvent alléguée, du défaut d'indépendance et de spontanéité chez les lieutenants de Napoléon, toujours habitués à obéir, jamais à commander, que cette excuse ne saurait être donnée pour le maréchal Saint-Cyr. Indépendant par force d'esprit, et par indocilité de caractère, n'admirant personne, pas même Napoléon, blâmant toutes les instructions qu'il recevait, il ne pouvait pas, comme tant d'autres, expliquer son défaut de détermination par sa soumission ponctuelle aux ordres supérieurs, ordres d'ailleurs qui, après la retraite de l'armée, étaient plutôt dans le sens de l'évacuation que de la conservation de Dresde. Par conséquent, si les 170 mille Français laissés par une déplorable faute de Napoléon sur la Vistule, l'Oder et l'Elbe, avaient chance d'être sauvés, c'était, pour 100 mille au moins, par une résolution spontanée du maréchal Saint-Cyr. Cette résolution il ne la prit point, et on va juger par les faits eux-mêmes s'il est suffisamment justifié de ne l'avoir pas prise.

À peine Napoléon avait-il quitté Dresde pour Düben que des mouvements incessants de troupes s'étaient exécutés autour de la ville, que l'intérêt des coalisés avait paru évidemment se porter ailleurs, et qu'ils n'avaient laissé devant Dresde que des forces insignifiantes, dont il était très-possible de triompher pour tenter quelque entreprise salutaire. Au moment même de la bataille de Leipzig, lorsque Bubna, Colloredo, Benningsen, se détournèrent pour rejoindre la grande armée du prince de Schwarzenberg, leur disparition devint promptement sensible, et un général aussi heureusement audacieux que Richepanse le fut à Hohenlinden, aurait pu être tenté de suivre ces corps, et s'il eût paru sur leurs derrières le 18, il eût certes apporté d'immenses changements à nos destinées. Il est vrai que c'eût été une résolution singulièrement téméraire, et difficile à concilier avec l'instruction de garder Dresde, que Napoléon avait donnée lorsqu'il avait formé son grand projet de marcher sur Berlin à la suite de Bernadotte et de Blucher, pour revenir par Dresde

Octob. 1813.

Ce qui s'était passé à Dresde après le départ de Napoléon pour Düben.

Octob. 1813.

Inquiétudes du maréchal Saint-Cyr et du corps d'armée laissé à Dresde.

sur les derrières de l'armée de Bohême. On n'est donc pas fondé à faire au maréchal Saint-Cyr un reproche de ne l'avoir pas prise. Ce maréchal s'aperçut assez vite de la disparition des principales forces stationnées devant Dresde, et il se procura la satisfaction fort légitime, fort louable, de faire essuyer un échec au faible corps de blocus qu'on avait laissé devant lui, mais il s'en tint là. Quelques jours après, n'apprenant rien, ne voyant rien venir, il commença d'être inquiet; on le fut bientôt autour de lui, et on se demanda ce qu'avait pu devenir la grande armée. Rester enfermé dans cette prison, où il y avait peu de vivres, peu de munitions, au milieu d'une population tranquille, mais peu bienveillante, à laquelle on était fort à charge, rester, disons-nous, dans un tel coupe-gorge, répugnait à tout le monde, et à chaque instant surgissait l'idée de s'en aller, car on savait bien qu'on n'avait rien à faire à Dresde, si ce n'est d'y périr. Cette pensée de se retirer étant dans toutes les têtes, le maréchal Saint-Cyr convoqua un conseil de guerre, composé du comte de Lobau, du général Durosnel, du général Mathieu Dumas et de quelques autres. Avec sa remarquable sagacité le comte de Lobau dit qu'il n'y avait qu'une chose à tenter, c'était de se retirer sur Torgau, où l'on trouverait une garnison nombreuse, des vivres, et en tout cas la route ouverte de Magdebourg. Les autres généraux furent effrayés de la responsabilité qu'on assumerait sur soi en se retirant, et dirent que le moment n'était pas venu de se croire abandonné, et dès lors de prendre un parti aussi décisif. A la vérité le doute était encore permis le 24 oc-

L'idée de sortir de Dresde pour aller se réunir aux garnisons de Torgau et de Magdebourg était dans tous les esprits.

tobre, l'évacuation de Leipzig n'ayant eu lieu que le 19. Bientôt cependant la joie non dissimulée des Saxons, les communications de l'ennemi intéressé à nous désespérer, nous apprirent le désastre de Leipzig, et la retraite forcée de Napoléon sur le Rhin. Dès lors il était évident qu'il fallait prendre un parti, et le prendre sur-le-champ, avant que toutes les routes fussent fermées. C'est en ce moment qu'il eût fallu convoquer un conseil de guerre, et obliger chacun à délibérer en présence du désastre constaté de la grande armée, et de l'impossibilité démontrée d'être secouru.

Octob. 1813.

En adoptant les évaluations les plus affaiblies, on pouvait mettre sous les armes 25 mille hommes parfaitement valides, et tout porte à croire qu'à la nouvelle du départ on aurait été 30 mille le fusil à l'épaule. On n'avait pas 25 mille hommes devant soi, et fussent-ils le double, comme ils devaient être répartis sur les deux rives de l'Elbe, il y avait certitude de se faire jour, en perçant sur un point quelconque le cercle très-étendu qu'ils étaient obligés de décrire autour de la place. Enfin on avait la perspective assurée de mourir de faim et de misère sous peu de jours, sans pouvoir s'honorer par une défense que les fortifications de la ville ne rendaient pas possible, et d'être tous tués ou pris, si on attendait que les forces ennemies parties pour Leipzig fussent revenues sur Dresde. Si jamais il y a eu urgence à se décider, évidence dans le parti à embrasser, c'était certainement dans cette occasion.

On pouvait sortir de Dresde avec 30 mille hommes valides, qui n'auraient pas trouvé une seule force capable de leur fermer la route de Torgau.

Le maréchal Saint-Cyr avait infiniment d'esprit, était au feu un brave soldat, avait de plus une

Hésitations du maréchal Saint-Cyr.

véritable indépendance de caractère, et cependant il donna ici la preuve que ces qualités très-réelles ne sont pas celles qui dans certaines circonstances produisent les grandes inspirations. Il ne résolut rien, ne fit rien, et laissa écouler le temps en hésitations regrettables. Il eut la singulière pensée d'envoyer un agent secret au gouverneur de Torgau, pour savoir si on aurait des vivres à lui donner dans le cas où il se replierait sur cette place. La question était inutile, car, outre que nous avions toujours tiré de Torgau nos approvisionnements en grains, et qu'on avait avec soi l'excellent général Mathieu Dumas, au fait par ses fonctions de toutes les ressources de l'armée, il ne s'agissait pas de descendre sur Torgau pour y rester, mais pour y passer, chose bien différente. L'agent pénétra, reçut pour réponse qu'on avait des vivres, dont on ferait part volontiers à ses voisins de Dresde s'ils avaient la bonne inspiration de venir; mais il ne put pas remonter l'Elbe, et fut arrêté. On demeura ainsi sans réponse et sans résolution, non-seulement pendant la fin d'octobre, mais jusqu'aux premiers jours de novembre. Deux semaines s'étant écoulées, le cordon du blocus se resserrant à chaque heure, toute espérance de secours étant évanouie, le maréchal Saint-Cyr prit enfin un parti, mais malheureusement un demi-parti, et le plus dangereux qu'on pût prendre. Comme il n'y avait qu'une chose à essayer, celle de se retirer sur Torgau, il n'imagina pas d'en tenter une autre, et résolut d'envoyer le comte de Lobau avec 14 mille hommes dans la direction de cette place, de lui faire descendre l'Elbe par la rive droite, puis, si le comte de Lobau réussissait à percer, de suivre lui-même avec le reste de son armée. On ne comprend pas qu'un homme qui avait tant de fois déployé une si grande sagacité à la guerre, pût songer à faire une tentative pareille. Si on avait une chance, et on n'en avait pas une, mais cent, de percer la ligne de blocus, c'était en marchant tous ensemble, et en ne laissant rien après soi. Il était impossible en effet qu'en donnant tête baissée sur cette ligne, nécessairement mince à cause de son étendue, on ne parvînt pas à la rompre. Le général Brenier avait eu pour sortir de Ciudad-Rodrigo en 1811 de bien autres dangers à courir, et les avait néanmoins surmontés.

Le maréchal Saint-Cyr confia donc au comte de Lobau le soin de descendre par la rive droite sur Torgau avec 14 mille hommes. Ce dernier fit la remarque fort juste que l'entreprise, sûre quinze jours auparavant, et avec toutes les forces du corps d'armée, devenait bien douteuse dans le moment, et avec la moitié de ce corps seulement. Il obéit néanmoins, et il sortit de Dresde le 6 novembre. Il avait avec lui un lieutenant du plus grand mérite, le brave et intelligent général Bonnet. À quelques lieues de Dresde, sur la rive droite, on rencontra les premiers postes ennemis, et on leur passa sur le corps. Plus loin on trouva une position bien défendue, qu'on ne pouvait emporter sans doute qu'avec une large effusion de sang, mais qui ne présentait rien d'insurmontable. D'ailleurs on voyait l'ennemi s'affaiblir sur son front, et se renforcer sur ses ailes, pour courir sur nos derrières et nous interdire le retour vers Dresde. Ce mouvement prouvait clairement que, dans le dé-

Nov. 1813.

Cette tentative faite avec des forces insuffisantes échoue.

sir naturel de ne pas nous laisser rentrer à Dresde, l'ennemi allait nous ouvrir lui-même la route de Torgau. Si toute l'armée eût été réunie, on n'aurait pas pu souhaiter mieux que de voir l'ennemi exécuter une semblable manœuvre, puisque la difficulté au lieu d'être derrière nous était devant nous. Mais une moitié du corps d'armée étant restée à Dresde, ce mouvement devenait très-inquiétant, et on se hâta de revenir sur Dresde pour n'être pas séparé de tout ce qui s'y trouvait encore.

Le résultat était certes la démonstration la plus évidente de la faute commise, faute étrange de la part de l'un des militaires les plus distingués de cette grande époque guerrière. Une fois la colonne rentrée à Dresde, cette fausse démarche fut tenue pour la condamnation formelle de toute entreprise sur Torgau, et comme il n'y en avait pas d'autre à proposer, on attendit dans une profonde tristesse que l'extrémité de cette situation fût atteinte. Le général Klenau, envoyé devant Dresde, avait résolu, quoique très-entreprenant par caractère, d'attendre la reddition volontaire des trente mille hommes enfermés dans cette place. Huit jours de patience seulement suffisaient pour le dispenser de verser des torrents de sang. Il temporisa en effet, et il eut bientôt satisfaction.

Tout le monde dans l'armée était désolé. Les vivres manquaient, l'affreuse contagion étendue de l'Elbe au Rhin sévissait. Les habitants soumis, mais désespérés par la longueur de notre séjour, nous suppliaient de nous retirer, et, quoique Allemands, ils avaient été si peu hostiles, qu'on devait quelque chose à leur souffrance. On n'avait plus aucune espérance, pas même celle d'une mort glorieuse. On entra donc en négociation, et le 11 on capitula. Il n'y avait pas autre chose à faire, car on ne pouvait ni rester, ni partir, ni se battre. Il n'y a par conséquent pas à blâmer la capitulation, mais la conduite qui l'avait amenée.

Nov. 1813.

Les conditions d'ailleurs étaient telles qu'on pouvait les désirer. La garnison devait déposer les armes, rentrer en France par journées d'étapes, avec faculté de servir après échange. On avait ainsi l'espoir de conserver à la France 30 mille soldats, éprouvés par une campagne terrible, et avec eux beaucoup de blessés, de malades qui auraient été perdus sans une capitulation. Ceux qui l'avaient signée pouvaient se flatter de s'être tirés de cette situation désastreuse d'une manière qui n'était très-dommageable ni pour eux ni pour la France qu'ils seraient bientôt en mesure de défendre encore. Sans doute on était affligé de capituler, mais consolé par l'impossibilité de faire autrement, et réjoui par la pensée de revoir la France sous quelques jours. On fit les préparatifs de départ, et c'est alors qu'on vit quelles forces on aurait réunies vers le bas Elbe si on y avait marché, car lorsqu'il fut question de s'en aller il parut trente et quelques mille hommes dans les rangs.

Conditions de la capitulation.

On se mit donc en route avec encore plus d'espérance que de tristesse. Mais à peine avait-on quitté Dresde, qu'une affreuse nouvelle vint consterner tous les cœurs. Le général Klenau, avec beaucoup d'excuses, fit savoir que l'empereur Alexandre n'ad-

Violation de la capitulation de Dresde.

mettait pas la capitulation, et exigeait que la garnison se constituât prisonnière de guerre, sans permission de retourner en France. Cette décision fut pour tous un coup de foudre, et un amer sujet de regrets. On put apprécier alors quelle faute on avait commise en se mettant à la merci d'un ennemi qui, quoique honnête, devenait par passion un ennemi sans foi. Le maréchal Saint-Cyr réclama avec hauteur et énergie. On lui répondit par une cruelle ironie, en lui disant que s'il voulait rentrer dans Dresde et se replacer dans la position où il était auparavant, on était prêt à y consentir, comme si, au milieu d'habitants tout joyeux d'être délivrés de nous, peu disposés certainement à nous recevoir de nouveau, avec des moyens de défense détruits ou divulgués, un tel retour était possible. Il fit sentir l'indignité d'un tel procédé; on ne lui répliqua que par la même proposition dérisoire, et il fallut se soumettre, et aller expier en captivité une carrière de vingt ans de gloire.

Indignité de la conduite tenue en cette circonstance par les souverains alliés.

La violation de cette capitulation fut un acte indigne, commis cependant par d'honnêtes gens, car l'empereur de Russie, le roi de Prusse, l'empereur d'Autriche, étaient d'honnêtes gens, dont l'histoire doit flétrir la conduite en cette occasion. Il faut en tirer une leçon qui s'adresse surtout aux honnêtes gens eux-mêmes, c'est qu'ils doivent se défendre des passions politiques, car elles peuvent à leur insu les conduire à des actes abominables. La passion qu'on avait conçue contre la France à cette époque, ressemblait aux passions politiques qu'éprouvent à l'égard de leurs adversaires les partis qui divisent un même pays, et qui se croient tout permis les uns contre les autres. Ainsi, après une longue domination, nous avions attiré sur nous une guerre étrangère, qui avait toute la violence de la guerre civile! Triste temps quoique bien grand! Triste temps, aussi glorieux que déraisonnable et inhumain!

Nov. 1813.

L'impulsion n'étant point partie de Dresde, seul point où existât une force considérable, un chef de grade élevé, de capacité reconnue, et mis par ses instructions antérieures sur la pente de la retraite vers le bas Elbe, chacune de nos garnisons devait tristement expirer à sa place, et finir misérablement par la faim, le typhus, le feu ou la captivité. Tout près de Dresde, à Torgau, se trouvaient, sous le brillant comte de Narbonne, au moins 26 mille hommes, compris le quartier général que le général Durrieu y avait conduit. Dans ces 26 mille hommes, il y avait environ 3,400 Saxons, Hessois, Wurtembergeois, qui moururent ou sortirent. Le reste était composé de Français dont quelques-uns appartenaient aux troupes spéciales attachées aux grands parcs de l'artillerie et du génie. Il y avait donc là une force qui, réunie à celle de Dresde, eût tout à coup fourni une armée de 45 à 50 mille hommes, capable de culbuter tout ce qui se serait présenté entre Torgau et Magdebourg. La place était assez forte, située sur la rive gauche, et protégée par un ouvrage d'excellente défense, le fort Zinna. Elle contenait des quantités immenses de grains, de spiritueux, de viandes salées. Le hasard d'une chute de cheval lui avait procuré la

Sort des autres garnisons.

Situation de Torgau, qui renfermait 26 mille hommes.

Nov. 1813.

Ravages
du typhus.

Affreuse
situation
de
la garnison.

plus utile des accessions, celle du général Bernard, aide de camp de l'Empereur, et l'un des premiers officiers du génie de cette époque. Bientôt remis, il s'était joint au comte de Narbonne avec le zèle patriotique dont il était animé, et tous deux promettaient de s'illustrer par une longue résistance. Profitant des bras nombreux dont ils disposaient, des ressources pécuniaires introduites à la suite du quartier général, ils avaient fait exécuter de grands travaux, et la place était en mesure de se défendre énergiquement. Mais un ennemi des plus redoutables s'y était introduit, c'était le typhus. Il faisait des victimes nombreuses, et déjà il avait emporté en septembre 1,200 de nos malheureux soldats, et en octobre 4,900. Les assiégeants n'avaient donc qu'à laisser agir le fléau, qui suffirait bientôt pour leur ouvrir les portes de Torgau. Aussi l'ennemi s'était-il borné jusqu'ici à un bombardement qui causait de grands ravages parmi les habitants, mais bien peu parmi nos soldats. Seulement les bombes étant tombées dans le cimetière sur les voitures qui emportaient les morts, et les agents des inhumations s'étant enfuis sans vouloir reprendre leurs fonctions, les hôpitaux s'étaient remplis de cadavres qu'on ne pouvait pas ensevelir, et qui auraient exhalé une affreuse infection s'ils n'avaient été changés en blocs de pierre par la gelée. La plus triste des circonstances était venue s'ajouter à toutes celles dont nous sommes condamné à tracer le lugubre tableau. Le comte de Narbonne s'étant fait, en tombant de cheval, une légère contusion à la tête, avait vu une blessure insignifiante se convertir en attaque de typhus, et il était mort entouré des regrets de la garnison et de tous ceux qui l'avaient connu. Ainsi avait fini cet homme si intéressant, qui joignant à l'esprit de l'aristocratie française du dix-huitième siècle les connaissances positives d'un administrateur éclairé, la sagacité d'un diplomate, les nobles sentiments d'un grand seigneur libéral, s'était, malheureusement pour lui, rattaché à l'Empire par admiration pour l'Empereur, lorsqu'il n'y avait qu'à assister aux déconvenues de notre diplomatie et aux désastres de nos armées. Le général Dutaillis avait remplacé le comte de Narbonne dans le commandement de Torgau et s'y comportait vaillamment. Du reste il n'avait plus qu'à être témoin de la lente agonie d'une garnison qui avait presque égalé une armée.

Nov. 1813.

Mort de M. de Narbonne.

A Wittenberg le général Lapoype, qui avec 3 mille hommes seulement, avait pendant la campagne du printemps défendu énergiquement la place contre la première apparition des coalisés, s'était, depuis la campagne d'automne, emparé de sa petite garnison, et l'avait préparée à tenir tête vigoureusement aux assiégeants du corps de Tauenzien. Il ne pouvait guère exercer d'influence sur les événements par sa persévérance, mais il pouvait s'honorer. Il l'avait fait, et il était prêt à le faire encore. Les vivres ne lui manquaient pas. N'ayant point, comme la place de Torgau, recueilli les restes des armées battues, il comptait peu de malades, mais beaucoup d'étrangers. Il les contenait par son énergie, et paraissait disposé à soutenir un long siége.

Vigoureuse défense du général Lapoype à Wittenberg.

Le général Lemarois, aide de camp de l'Empe-

Situation

Nov. 1813.

de Magdebourg.

reur, revêtu de toute sa confiance et la méritant, avait reçu le gouvernement de Magdebourg. Quant à lui, il n'y avait aucune raison qui pût l'autoriser à évacuer spontanément une forteresse aussi importante, si capable de résistance, commandant le milieu du cours de l'Elbe et le centre de l'Allemagne. Il n'aurait pu être entraîné à en sortir que par l'intérêt d'une grande concentration dont il n'avait pas à prendre l'initiative, et dont personne ne venait malheureusement lui fournir l'occasion. Il était dès lors dispensé de se poser à lui-même la grave question de l'évacuation, et il s'était tranquillement enfermé dans sa forteresse, où avec des vivres considérables, une garnison nombreuse, des murailles puissantes, peu de malades, parce qu'il était resté loin du carnage pestilentiel de la Saxe, il pouvait tenir tête longtemps aux armées de la coalition, et avoir le douloureux honneur de survivre à la France elle-même.

Force de la place, et moyen qu'elle possède de se soutenir longtemps.

Situation de Hambourg.

A Hambourg se trouvait l'intrépide et imperturbable Davout, que Napoléon, par des mécontentements qui se rattachaient à la campagne de Russie, et aussi par estime pour son inflexible caractère, avait placé dans une position éloignée, au grand détriment des opérations de cette guerre, car il s'était privé ainsi du seul de ses généraux auquel, depuis la mort de Lannes et la disgrâce de Masséna, il pût confier cent mille hommes. Le maréchal, parti de Hambourg avec 32 mille soldats pour commencer sur Berlin un mouvement que les batailles de Gross-Beeren et de Dennewitz avaient rendu impossible, y était rentré en apprenant les malheurs de la Saxe,

Préparatifs du maréchal Davout pour s'y défendre contre toutes les armées de la coalition.

avait résolu, avec ses trente mille hommes, avec dix mille autres laissés dans les ouvrages de la place, de soutenir un long siége, qui fût plus qu'un siége, mais une vraie campagne défensive, de nature à couvrir la basse Allemagne, la Hollande et le Rhin inférieur. Lui aussi, séparé de l'Empereur et de la France, impassible au milieu de tous les désastres, les prévoyant sans en être ému, se proposait d'être le dernier des grands hommes de guerre de ce règne qui remettrait son épée à la coalition!

Sur l'Oder, les places de Stettin, Custrin, Glogau, tenaient encore, mais uniquement pour l'honneur des armes. Stettin avait pour gouverneur le général Grandeau, remplacé quelque temps par le brave général Dufresse, celui qui pendant l'armistice s'était si peu ému des coups de fusil tirés sur Bernadotte. Il avait des vivres, 12 mille hommes de garnison, dont 3 mille éclopés de Russie, et 9 mille hommes valides. Son autorité s'étendait sur Stettin et la place de Damm, qui commande de vastes lagunes dépendantes du Grosse-Haff. C'était le général Ravier qui défendait Damm, et il le faisait avec la plus grande énergie. Outre l'armée prussienne, on avait affaire à toutes les flottilles anglaises venues par l'Oder. La vigueur de la défense avait été admirable, et on avait réduit les assiégeants à entourer les deux places d'une vingtaine de redoutes, dans lesquelles ils paraissaient plutôt occupés à se garder contre les assiégés qu'à les attaquer. Ils laissaient aux flottilles anglaises le soin de bombarder la garnison, qui, ne s'en inquiétant guère, souriait en quelque sorte d'un moyen d'attaque funeste seule-

Nov. 1813.

Belle défense de Stettin, Custrin et Glogau.

ment aux malheureux habitants prussiens. Toutefois, avec cette impassibilité, on pouvait bien résister au feu de l'ennemi, mais non pas aux angoisses de la faim. Le moment approchant où les vivres allaient manquer (on était bloqué depuis près d'un an), le général Grandeau, de l'avis de son conseil, était entré en pourparlers avec l'ennemi, afin de n'être pas réduit à se rendre à discrétion, s'il traitait quand il n'aurait plus un morceau de pain. On lui avait proposé de déclarer sa garnison prisonnière de guerre, car la coalition était résolue à ne laisser retourner en France aucun des soldats qui pourraient la défendre, et ce but, elle le poursuivait, comme on l'a vu, par des blocus persévérants contre les garnisons qui résistaient, par des violations de foi contre les garnisons qui avaient capitulé. Le général Ravier, avec les troupes de Damm et presque toutes celles de Stettin, s'était insurgé à la nouvelle des conditions offertes, et refusait d'obéir au général Grandeau. Cette vaillante garnison voulait jusqu'au dernier moment tenir flottant sur l'Allemagne le drapeau de la France. À la fin de novembre rien n'était encore décidé.

À Custrin le général Fornier d'Albe, ayant à peine un millier de Français au milieu de 3 mille Suisses, Wurtembergeois, Croates, qu'il maintenait avec une grande énergie, tenait bon contre tous les efforts de l'ennemi. Quoique sa garnison souffrît cruellement du scorbut, il n'annonçait pas la moindre disposition à se rendre.

À Glogau le général Laplane, après un premier siège glorieusement soutenu au printemps, en sou-

tenait un second avec la même énergie. Ayant
8 mille hommes, des vivres, des ouvrages assez bien
armés, il avait jusqu'ici repoussé toutes les attaques.
Mais ces braves gens de Stettin, Custrin, Glogau,
sans espoir ni de rejoindre l'armée française, ni de
voir l'armée française venir à eux, se défendaient
pour soutenir l'honneur du drapeau. Ce qui était
vrai d'eux, l'était bien plus encore, s'il est possible,
de l'immortelle garnison de Dantzig, qui, bloquée
sans interruption depuis le mois de janvier, n'avait
reçu qu'une fois des nouvelles de France, et n'avait
vécu que de son courage et de son industrie. En se
retirant dans la place en décembre 1812, à la suite
de la retraite de Russie, le général Rapp, gouverneur et défenseur de Dantzig, s'y était enfermé avec
environ 36 mille hommes et quelques mille malades.
Cette garnison, mélange de troupes de toute espèce,
en plus grande partie de troupes françaises et polonaises, avait rapporté avec elle un autre fléau que
celui qui dévorait Torgau et Mayence, mais non
moins funeste, c'était la *fièvre de congélation*, née du
froid, tandis que la fièvre d'hôpital était née de l'humidité et du mauvais air. Cette fièvre qui avait emporté les généraux Éblé et Lariboisière, avait réduit
la garnison de près de 4 mille hommes. Néanmoins
les troupes qui restaient étaient belles, bien commandées, mais insuffisantes pour les immenses ouvrages de Dantzig, qui consistaient dans la place
elle-même, dans un camp retranché, et dans la citadelle de Weichselmunde située à l'embouchure de la
Vistule. A peine entré dans la place, qui n'était pas
encore armée, Rapp s'était trouvé d'abord dans un

Nov. 1813.

Mémorable
défense
de Dantzig

extrême embarras. En effet, les eaux de la Vistule qui entourent tous les ouvrages de Dantzig et en forment la principale défense, étant gelées, on courait le danger de voir les soldats russes du corps de Barclay de Tolly passer les fossés et les inondations sur la glace, et prendre Dantzig à l'escalade. Il avait donc fallu rompre sur cinq lieues de pourtour une glace de deux à trois pieds d'épaisseur, hisser l'artillerie sur les remparts, et tenir tête à un ennemi hardi, enivré de ses triomphes inespérés, et pressé de s'emparer de Dantzig, parce qu'il craignait de revoir Napoléon sur la Vistule, autant que Napoléon lui-même l'espérait. La garnison après avoir pourvu à tous les travaux préparatoires de la défense, avait repoussé l'ennemi au loin, et l'avait culbuté partout où il s'était présenté. Puis elle avait songé à se procurer des vivres, par des fourrages dans l'île de Nogat. Des grains, des viandes salées, des spiritueux, des munitions de guerre, elle en possédait une grande quantité, car elle avait hérité des approvisionnements accumulés pour la campagne de Russie, et restés en magasin faute de moyens de transport. Mais la viande fraîche et les fourrages lui manquaient. Elle les avait trouvés dans les îles de la Vistule, grâce à la hardiesse de ses excursions. Elle avait ainsi employé le temps de l'hiver à se faire redouter, et à désespérer l'ennemi qui ne se flattait plus d'en venir à bout par une attaque en règle.

L'armistice signé, elle n'avait pas reçu plus d'un cinquième des vivres qu'on lui aurait dus, mais elle avait recommencé ses excursions dans les îles de la

Vistule, et mis la dernière main aux ouvrages qui n'étaient pas encore achevés. A la reprise des hostilités elle était reposée, bien retranchée et résolue. Il restait à cette époque environ 25 mille hommes en état de porter les armes, et de résister aux fatigues d'un siége.

Nov. 1813.

Les ouvrages extérieurs avaient été vaillamment disputés, et à la fin perdus, comme il arrive dans toute place, même la mieux défendue. Mais secondé par d'habiles officiers du génie, le général Rapp avait élevé quelques redoutes bien situées et bien armées, lesquelles prenant à revers les tranchées de l'ennemi, les lui avaient rendues inhabitables.

C'est autour de ces redoutes qu'on avait de part et d'autre déployé le plus grand courage, soit pour les défendre, soit pour les attaquer. L'ennemi désespérant de s'en rendre maître, avait imaginé là comme ailleurs de recourir à l'affreux moyen du bombardement. Les munitions et les bouches à feu ne manquant pas, grâce à la mer qui permettait aux Anglais de les apporter en abondance, on avait dressé contre Dantzig la plus formidable artillerie qui eût jamais été dirigée contre une place assiégée. De plus une centaine de chaloupes canonnières anglaises étaient venues joindre leur feu à celui des batteries de terre. Tout le mois d'octobre avait été employé sans relâche et sans pitié au plus abominable bombardement qui se fût encore vu dans les sanglantes annales du siècle. Nos soldats habitués à des canonnades comme celle de la Moskowa, et méprisant la chance presque nulle à leurs yeux d'un éclat de bombe dans une ville spacieuse, ne

Bombardement de Dantzig, héroïquement supporté.

s'inquiétaient pas plus de ce genre d'attaque que d'une fusillade hors de portée, et se bornaient à prendre pitié des habitants inoffensifs, et beaucoup plus exposés qu'eux à la pluie de feu qui tombait sur leur ville. Les assiégeants avaient fait un abominable calcul, celui de nous embarrasser beaucoup en mettant le feu aux amas de bois que contenait Dantzig. Le 1ᵉʳ novembre en effet le feu avait pris aux chantiers de Dantzig, et un incendie effroyable s'était allumé. Les habitants éperdus s'étaient enfuis ou cachés dans leurs caves, n'osant pas aller éteindre l'incendie sous les éclats des bombes. Nos soldats l'avaient essayé pour eux, et n'y avaient réussi que lorsque déjà ces vastes dépôts de bois étaient aux trois quarts consumés. D'immenses tourbillons de flammes ne cessaient de s'élever au-dessus de l'infortunée ville de Dantzig, au milieu du roulement d'un tonnerre continuel, sans que nos soldats parussent disposés à se rendre. Rapp ne cherchant pas à deviner ce que deviendrait cette guerre à la suite du désastre de Leipzig, croyant qu'il y avait des prodiges dont il ne fallait jamais désespérer avec Napoléon, s'en tenait à ses instructions, qui lui enjoignaient de ne livrer Dantzig que sur un ordre écrit et signé de la main impériale. En conséquence ayant encore 18 mille hommes pour se défendre, quelques bœufs de la Nogat pour se nourrir, il laissait tirer les Anglais, brûler les bois de Dantzig, et attendait pour se rendre que l'ordre de Napoléon arrivât, ou que la France fût détruite, ou que l'ennemi fût entré par la brèche. Modlin et Zamosc après avoir fait leur devoir avaient capitulé. Les garnisons polonaises avaient été conduites en captivité.

Nov. 1813.

Voilà comment sur l'Elbe, l'Oder et la Vistule, vivaient ou mouraient les 190 mille soldats laissés si loin du Rhin qu'ils auraient pu rendre invincible! Voilà comment s'était terminée cette campagne de 1813, qui était destinée à réparer les désastres de la campagne de 1812, et qui les aurait réparés en effet, si Napoléon avait su borner ses désirs.

Cette grande et terrible campagne, sans égale jusqu'ici dans l'histoire des siècles, par l'immensité de la lutte, par la variété des péripéties et des combinaisons, par l'horrible effusion du sang humain, est marquée en ce qui concerne Napoléon d'un trait particulier et significatif, que nous avons déjà signalé, c'est d'avoir achevé de tout perdre, en voulant regagner d'un seul coup tout ce qu'il avait perdu. Avec la seule volonté d'arrêter l'ennemi dans son essor victorieux, de rétablir le prestige de nos armes, et ce résultat obtenu de transiger sur des bases qui laissaient la France encore plus grande qu'il ne fallait, Napoléon aurait infailliblement triomphé. Effectivement si après Lutzen et Bautzen, ses armes étant redevenues victorieuses par son génie et la bravoure inexpérimentée de ses jeunes soldats, il avait poussé les Russes et les Prussiens jusqu'à la Vistule, sans accepter l'armistice de Pleiswitz, il les aurait séparés des Autrichiens, et très-certainement il eût mis la coalition dans une complète déroute. Mais pour le faire impunément, il aurait fallu être prêt à donner une réponse satisfaisante à l'Autriche qui le pressait de s'expliquer tout de suite

Caractères de la campagne de 1813 en Saxe.

Causes qui firent échouer toutes les combinaisons de Napoléon dans cette campagne.

sur les conditions de la paix! Quelque long qu'ait été ce tragique récit, on se rappelle, hélas! pour quel motif Napoléon s'arrêta : ce fut, avons-nous dit, pour préparer une armée contre l'Autriche, et être en mesure de ne pas subir ses conditions, même les plus modérées. Pour ce triste motif il s'arrêta, et il laissa volontairement la Russie et la Prusse à portée de l'Autriche, en mesure de lui tendre la main, et de s'unir à elle.

Pendant ce funeste armistice, on a vu encore combien il eût été facile à Napoléon, en sacrifiant le duché de Varsovie qui ne pouvait pas survivre à la campagne de Russie, en renonçant au protectorat du Rhin qui n'était qu'un inutile outrage à l'Allemagne, en restituant enfin les villes anséatiques que nous ne pouvions ni défendre ni faire servir avantageusement à notre commerce, on a vu combien il lui eût été facile de garder le Piémont, la Toscane, Rome en départements français, la Westphalie, la Lombardie, Naples, en royaumes vassaux du grand empire! Hambourg, possession impossible pour nous, le protectorat du Rhin, titre vain s'il en fut, furent les causes d'une rupture insensée. Pourtant la résolution de continuer la guerre étant prise, c'était le cas de profiter de l'armistice pour retirer de Zamosc, de Modlin, de Dantzig, de Stettin, de Custrin, de Glogau, les 60 mille hommes que nous n'avions plus aucune raison politique ni militaire d'y laisser, puisque l'Elbe devenait le siége de nos opérations, et leur limite autant que leur appui. Napoléon cette fois encore, par le désir et l'espérance d'être reporté par une seule victoire sur l'Oder et la Vistule, persista dans ce déplorable sacrifice, qui devait en entraîner bien d'autres ! Afin de pouvoir donner la main à ses garnisons, il étendit le cercle de cette guerre concentrique, qui lui avait jadis si bien réussi sur l'Adige en la resserrant autour de Vérone, il l'étendit à quarante lieues du côté de Goldberg, à cinquante du côté de Berlin, remporta la belle victoire de Dresde, mais au moment d'en recueillir le fruit à Kulm, fut rappelé par les désastres de ses lieutenants laissés trop loin de lui, voulut courir à eux, arriva trop tard, s'épuisa deux mois en courses inutiles, vit disparaître le prestige des victoires de Lutzen, de Bautzen et de Dresde, n'eut bientôt plus autour de lui que des soldats exténués, des généraux déconcertés, des ennemis exaltés par des triomphes inattendus, et enfin tandis qu'une simple retraite sur Leipzig en y amenant tout ce qui restait sur l'Elbe, l'eût sauvé encore une fois, sans éclat mais avec certitude, il essaya, voulant toujours rétablir ses affaires par un coup éclatant, il essaya sur Düben des manœuvres savantes, d'une conception admirable, péchant malheureusement par les moyens d'exécution qui ne répondaient plus à l'audace des entreprises, se trouva comme pris lui-même au piége de ses propres combinaisons, et succomba dans les champs de Leipzig, après la plus terrible bataille connue, bataille où périrent, chose horrible à dire, plus de cent vingt mille hommes, puis rentra sur le Rhin avec 40 mille hommes armés, 60 mille désarmés, laissant sur la Vistule, l'Oder, l'Elbe, 170 mille Français condamnés à défendre sans profit des murailles étrangères, tandis que les murailles de leur patrie n'avaient pour les défendre que des bras impuissants de jeunesse ou de vieillesse!

Certes, nous le répéterons, Napoléon ne fut, dans ces jours funestes, ni moins fécond en vastes combinaisons, ni moins énergique, ni moins imperturbable dans le danger, mais il fut toujours l'ambitieux dont les insatiables désirs troublaient et pervertissaient l'immense génie. En 1812, pour avoir entrepris l'impossible, il essuya un revers éclatant. En 1813, pour ne pas se borner à réparer ce revers, mais pour vouloir l'effacer en entier et tout d'un coup, il s'en prépara un aussi éclatant et plus irréparable, parce que ce dernier emportait jusqu'à l'espérance. Ainsi un premier revers pour avoir voulu dépasser le terme du possible, un second pour vouloir réparer entièrement le premier, tels étaient les échelons successifs par lesquels il descendait dans l'abîme! Il ne lui en fallait plus qu'un seul pour arriver au fond. Napoléon s'arrêterait-il sur cette pente fatale? Les coalisés immobiles depuis qu'ils étaient parvenus au bord du Rhin, tremblant à l'idée de franchir cette limite redoutable, étaient résolus à lui offrir la France, la vraie France, celle qu'enferment et protégent si puissamment le Rhin et les Alpes, celle que la révolution lui avait léguée, et dont après Marengo et Hohenlinden il s'était contenté. S'en contenterait-il en 1814? Telle était la dernière question que le sphinx de la destinée allait proposer à son orgueil. Suivant la réponse qu'il ferait, il devait finir sur le plus grand des trônes, ou dans le plus profond des abîmes. Oublions un moment cette histoire de 1814 et de 1815, que nous connaissons tous, de manière à ne pouvoir l'oublier; effaçons de notre mémoire le bruit que fit à nos oreilles, jeunes alors, la chute de ce trône glorieux, plaçons-nous au mois de décembre 1813, tâchons d'ignorer ce qui se passa en 1814, et posons-nous la question qui allait être posée à Napoléon. Eh bien! lequel de nous, après avoir lu le récit des campagnes de Russie et de Saxe, lequel de nous peut douter de la réponse? Hélas! les hommes portent dans leur caractère une destinée qu'ils cherchent autour d'eux, au-dessus d'eux, partout en un mot, excepté en eux-mêmes, où elle réside véritablement, laquelle, suivant qu'ils cèdent à leurs passions ou à leur raison, les perd ou les sauve, quoi qu'ils puissent faire, quelque génie qu'ils puissent déployer! Et lorsqu'ils se sont perdus, ils s'en prennent à leurs soldats, à leurs généraux, à leurs alliés, aux hommes, aux dieux, et se disent trahis par tous quand ils l'ont été par eux seuls!

Nov. 1813.

Le caractère des hommes est la cause principale de leur destinée.

FIN DU LIVRE CINQUANTIÈME

ET DU TOME SEIZIÈME.

TABLE DES MATIÈRES

CONTENUES

DANS LE TOME SEIZIÈME.

LIVRE QUARANTE-NEUVIÈME.

DRESDE ET VITTORIA.

Napoléon se hâte peu d'arriver à Dresde, afin de différer sa rencontre avec M. de Bubna. — Ses dispositions pour le campement, le bien être et la sûreté de ses troupes pendant la durée de l'armistice. — Son retour à Dresde et son établissement dans le palais Marcolini. — A peine est-il arrivé que M. de Bubna présente une note pour déclarer que la médiation de l'Autriche étant acceptée par les puissances belligérantes, la France est priée de nommer ses plénipotentiaires, et de faire connaître ses intentions. — En réponse à cette note, Napoléon élève des difficultés de forme sur l'acceptation de la médiation, et évite de s'expliquer sur le désir exprimé par M. de Metternich de venir à Dresde. — Conduite du cabinet autrichien en recevant cette réponse. — M. de Metternich se rend auprès des souverains alliés pour convenir avec eux de tout ce qui est relatif à la médiation. — Il obtient l'acceptation formelle de cette médiation, et repart après avoir acquis la connaissance précise des intentions des alliés. — Comme l'avait prévu M. de Metternich, Napoléon en apprenant cette entrevue, veut le voir, et l'invite à se rendre à Dresde. — Arrivée de M. de Metternich dans cette ville le 25 juin. — Discussions préalables avec M. de l'assuna sur la médiation, sur sa forme, sa durée, et la manière de la concilier avec le traité d'alliance. — Entrevue avec Napoléon. — Entretien orageux et célèbre. — Napoléon, regrettant les emportements imprudents auxquels il s'est livré, charge M. de Bassano de reprendre l'entretien avec M. de Metternich. — Nouvelle entrevue dans laquelle Napoléon, déployant autant de souplesse qu'il avait d'abord montré de violence, consent à la médiation, mais en arrachant à M. de Metternich une prolongation d'armistice jusqu'au 17 août, seule chose à laquelle il tint, dans l'intérêt de ses préparatifs militaires.

— Acceptation formelle de la médiation autrichienne, et assignation du 5 juillet pour la réunion des plénipotentiaires à Prague. — Retour de M. de Metternich à Gitschin, auprès de l'empereur François. — La nécessité de s'entendre avec la Prusse et la Russie sur la prolongation de l'armistice et sur l'envoi des plénipotentiaires à Prague entraîne un nouveau délai, d'abord jusqu'au 8, puis jusqu'au 12 juillet. — Napoléon, auquel ces délais convenaient, s'en réjouit en affectant de s'en plaindre, et en fait naître de nouveaux en partant lui-même pour Magdebourg. — Son départ le 10 juillet. — Il apprend en route les événements d'Espagne. — Ce qui s'était passé dans ce pays depuis que les Anglais avaient été expulsés de la Castille, et que les armées du centre, d'Andalousie et de Portugal avaient été réunies. — Projets de lord Wellington pour la campagne de 1813. — Il se propose de marcher sur la Vieille-Castille avec 70 mille Anglo-Portugais et 20 mille Espagnols. — Projets des Français. — Possibilité en opérant bien de tenir tête aux Anglais, et de les rejeter même en Portugal. — Nouveaux conflits entre l'autorité de Paris et celle de Madrid, et fâcheuses instructions qui en sont la suite. — Il résulte de ces instructions et de la lenteur de Joseph à évacuer Madrid une nouvelle dispersion des forces françaises. — Reprise des opérations en mai 1813. — Quatre divisions de l'armée de Portugal ayant été envoyées au général Clausel dans le nord de la Péninsule, Joseph, qui aurait pu réunir 76 mille hommes contre lord Wellington, n'en a que 52 mille à lui opposer. — Retraite sur Valladolid et Burgos. — Le manque de vivres précipite notre marche rétrograde. — Deux opinions dans l'armée, l'une consistant à se retirer sur la Navarre afin d'être plus sûr de rejoindre le général Clausel, l'autre consistant à se tenir toujours sur la grande route de Bayonne afin de couvrir la frontière de France. — Les ordres réitérés de Paris font incliner Joseph et Jourdan vers cette dernière opinion. — Nombreux avis expédiés au général Clausel pour l'engager à se réunir à l'armée entre Burgos et Vittoria. — Retraite sur Miranda del Ebro et sur Vittoria. — Espérance d'y rallier le général Clausel. — Malheureuse inaction de Joseph et de Jourdan dans les journées du 19 et du 20 juin. — Funeste bataille de Vittoria le 21 juin, et ruine complète des affaires des Français en Espagne. — A qui peut-on imputer ces déplorables événements? — Irritation violente de Napoléon contre son frère Joseph, et ordre de le faire arrêter s'il vient à Paris. — Envoi du maréchal Soult à Bayonne pour rallier l'armée, et reprendre l'offensive. — Retour de Napoléon à Dresde, après une excursion de quelques jours à Torgau, à Wittenberg, à Magdebourg et à Leipzig. — Suite des négociations de Prague. — MM. de Humboldt et d'Anstett nommés représentants de la Prusse et de la Russie au congrès de Prague. — Ces négociateurs, rendus le 11 juillet à Prague, se plaignent amèrement de n'y pas voir arriver les plénipotentiaires français au jour convenu. — Chagrin et doléances de M. de Metternich. — Napoléon, revenu le 15 à Dresde, après avoir différé sous divers prétextes la nomination des plénipotentiaires français, désigne enfin MM. de Narbonne et de Caulaincourt. — Une fausse interprétation donnée à la convention qui prolonge l'armistice lui fournit un nouveau prétexte pour ajourner le départ de M. de Caulaincourt. — Son espérance en gagnant du temps est de faire remettre au 1er septembre la reprise des hostilités. — Redoublement de plaintes de la part des plénipotentiaires, et déclaration de M. de Metternich qu'on n'accordera pas un jour de plus au delà du 10 août pour la dénonciation de l'armistice, et du 17 pour la reprise des hostilités. — La difficulté soulevée au sujet de l'armistice étant levée, Napoléon expédie M. de Caulaincourt avec des instructions qui soulèvent des questions de forme presque insolubles. — Pendant ce temps il quitte Dresde le 25 juillet pour aller voir l'Impératrice à Mayence. — Finances et police de l'Empire durant la guerre de Saxe; affaires des séminaires de Tournay et de Gand, et du jury d'Anvers. — Retour de Napoléon à Dresde le 4 août, après avoir passé la revue des nouveaux corps qui se rendent en Saxe. — Vaines difficultés de forme au moyen desquelles on a même empêché la constitution du congrès de Prague. — M. de Metternich déclare une dernière fois que si le 10 août à minuit les bases de paix n'ont pas été posées, l'armistice sera dénoncé, et l'Autriche se réunira à la coalition. — Pensée véritable de Napoléon dans ce moment décisif. — Ne se flattant plus d'empêcher la Russie et la Prusse de reprendre les hostilités le 17 août, il voudrait, en ouvrant une négociation sérieuse avec l'Autriche, différer l'entrée en action de celle-ci. — Il entame effectivement avec l'Autriche une négociation secrète qui doit être conduite par M. de Caulaincourt et ignorée de M. de Narbonne. — Ouverture de M. de Caulaincourt à M. de Metternich le 6 août, quatre jours avant l'expiration de l'armistice. — Surprise de M. de Metternich. — Sa réponse sous quarante-huit heures, et déclaration authentique des intentions de l'Autriche, donnée au nom de l'empereur François. — Avantages tout à fait inespérés offerts à Napoléon. — Nobles efforts de M. de Caulaincourt pour décider Napoléon à accepter la paix qu'on lui offre. — Contre-proposition de celui-ci, envoyée seulement le 10, et jugée inacceptable par l'Autriche. — Le 10 août s'étant passé sans l'adoption des bases proposées, l'Autriche déclare le congrès de Prague dissous avant qu'il ait été ouvert, et proclame son adhésion à la coalition. — Napoléon, éprouvant un moment de regret, ordonne, mais inutilement, à M. de Caulaincourt de prolonger son séjour à Prague. — L'empereur de Russie ayant précédé le roi de Prusse en Bohême, et ayant conféré avec l'empereur François, déclare, au nom des souverains alliés, les dernières propositions de Napoléon inacceptables. — Retour et noble affliction de M. de Caulaincourt. — Départ de Napoléon de Dresde le 16 août. — Sa confiance et ses projets. — Profondeur de ses conceptions pour la seconde partie de la campagne de 1813. — Il prend le cours de l'Elbe pour ligne de défense, et se propose de manœuvrer concentriquement autour de Dresde, afin de battre successivement toutes les masses ennemies qui voudront l'attaquer de front, de flanc ou par derrière. — Projets de la coalition et forces immenses mises en présence dans cette guerre gigantesque. — L'armée de Silésie, commandée par Blucher, étant la première en mouvement, Napoléon marche à elle pour la rejeter sur la Katzbach. — Combats des 20, 21 et 22 août, à la suite desquels Blucher est obligé de se replier derrière la Katzbach. — Napoléon apprend le 22 au soir l'apparition de la grande armée des coalisés sur les derrières de Dresde. — Son retour précipité sur Dresde. — Il s'arrête à Stolpen, et forme le projet de déboucher par Kœnigstein, afin de prendre l'armée coalisée à revers, et de la jeter dans l'Elbe. — Les terreurs des habitants de Dresde et les hésitations du maréchal Saint-Cyr en cette circonstance détournent Napoléon de la plus belle et de la plus féconde de ses conceptions. — Son retour à Dresde le 26, et inutile attaque de cette ville par les coalisés. — Célèbre bataille de Dresde livrée le 27 août. — Défaite complète de l'armée coalisée et mort de Moreau. — Position du général Vandamme à Péterswalde sur les derrières des alliés. — Nouveau et vaste projet sur Berlin qui détourne Napoléon des opérations autour de Dresde. — Désastre du général Vandamme à Kulm amené par le plus singulier concours de circonstances. — Conséquences de ce désastre. — Retour de confiance chez les coalisés et aggravation de la situation de Napoléon, dont les dernières victoires se trouvent annulées. — Sa situation au 30 août 1813.   1 à 362

LIVRE CINQUANTIÈME.

LEIPZIG ET HANAU.

Événements accomplis en Silésie et dans les environs de Berlin pendant les opérations des armées belligérantes autour de Dresde. — Forces et instructions laissées au maréchal Macdonald lorsque Napoléon était revenu du Bober sur l'Elbe. — Pressé d'exécuter ses instructions et craignant de perdre les avantages de l'offensive, ce maréchal avait mis ses trois corps en mouvement le 26 août. — Le général Blucher s'était jeté sur la division Charpentier et la cavalerie Sébastiani, et les avait culbutées du plateau de Janowitz. — Cet accident avait entraîné la retraite de toute l'armée, qu'une pluie torrentielle de plusieurs jours avait rendue presque désastreuse. — Prise et destruction de la division Puthod. — Le maréchal Macdonald réduit de 70 mille hommes à 50 mille. — Son mouvement rétrograde sur le Bober. — Événements du côté de Berlin. — Marche du maréchal Oudinot à la tête des 4°, 12° et 7° corps. — Composition et force de ces corps. — Armée du prince royal de Suède. — Arrivée devant Trebbin. — Premières positions de l'ennemi enlevées dans les journées des 21 et 22 août. — Isolement des trois corps français dans la journée du 23, et combat malheureux du 7° corps à Gross-Beeren. — Retraite du maréchal Oudinot sur Wittenberg. — Beaucoup de soldats se débandent, surtout parmi les alliés. — C'est la connaissance de ces graves échecs qui le 28 août avait ramené Napoléon de Pirna sur Dresde, et avait détourné son attention de Kulm. — Ne sachant pas encore ce qui était arrivé à Vandamme, il avait formé le projet de déplacer le théâtre de la guerre, et de le transporter dans le nord de l'Allemagne. — Vastes conséquences qu'aurait pu avoir ce projet. — A la nouvelle du désastre de Kulm, Napoléon, obligé de restreindre ses vues, réorganise le corps de Vandamme, en confie le commandement au comte de Lobau, envoie le maréchal Ney pour remplacer le maréchal Oudinot dans le commandement des trois corps retirés sur Wittenberg, et se propose de s'établir avec ses réserves à Hoyerswerda, afin de pousser d'un côté le maréchal Ney sur Berlin, et de prendre de l'autre une position menaçante sur le flanc du général Blücher. — Départ de la garde pour Hoyerswerda. — Nouvelles inquiétantes de Macdonald, qui détournent encore Napoléon de l'exécution de son dernier projet, et l'obligent à se porter tout de suite sur Bautzen. — Arrivée de Napoléon à Bautzen le 4 septembre. — Prompte retraite de Blücher dans les journées des 4 et 5 septembre. — A peine Napoléon a-t-il rétabli le maréchal Macdonald sur la Neisse, qu'une seconde apparition de l'armée de Bohême sur la chaussée de Péterswalde le ramène à Dresde. — Son entrevue aux avant-postes avec le maréchal Saint-Cyr dans la journée du 7. — Projet pour le lendemain 8 septembre. — Dans cet intervalle, Napoléon apprend un nouveau malheur arrivé sur la route de Berlin. — Le maréchal Ney ayant reçu l'ordre de se porter sur Baruth, avait fait dans la journée du 5 septembre un mouvement de flanc devant l'ennemi, avec les 4e, 12e et 7e corps. — Ce mouvement, qui avait réussi le 5, ne réussit pas le 6, et amène la malheureuse bataille de Dennewitz. — Retraite le 7 septembre sur Torgau. — Débandade d'une partie des Saxons. — Napoléon reçoit cette nouvelle avec calme, mais commence à concevoir des inquiétudes sur sa situation. — Avis indirect, donné par l'intermédiaire de M. de Bassano, au ministre de la guerre pour l'armement et l'approvisionnement des places du Rhin. — Conformément au plan convenu le 7 avec le maréchal Saint-Cyr, Napoléon, dans la journée du 8, pousse vivement les Prussiens et les Russes, afin de les rejeter en Bohême. — Sur l'avis du maréchal Saint-Cyr, on suit le 9 et le 10 la vieille route de Bohême, celle de Furstenwalde, par laquelle on a l'espérance de tourner l'ennemi. — L'impossibilité de faire passer l'artillerie par le Geyersberg empêche d'achever le mouvement projeté. — Ignorant qu'en ce moment les Autrichiens sont séparés des Prussiens et des Russes, et pressé de réparer les échecs de ses lieutenants, Napoléon s'arrête et revient à Dresde. — Évidence du plan des coalisés, consistant à courir sur les armées françaises dès que Napoléon s'en éloigne, et à se retirer dès qu'il arrive, à fatiguer ainsi ses troupes, pour l'envelopper ensuite, et l'accabler lorsqu'on le jugera suffisamment affaibli. — Déplorable réalisation de ces vues. — Les forces de Napoléon réduites de 360 mille hommes de troupes actives sur l'Elbe à 250 mille. — En considération de cet état de choses, Napoléon resserre le cercle de ses opérations, ramène Macdonald avec les 8e, 5e, 11e, 3e corps près de Dresde, établit le comte de Lobau et le maréchal Saint-Cyr au camp de Pirna, derrière de bons ouvrages de campagne, afin que l'ennemi ne puisse plus se faire un jeu de ses apparitions sur la route de

Péterswalde, envoie un fort détachement de cavalerie sur ses derrières pour disperser les troupes de partisans, réorganise le corps de Ney sur l'Elbe, place le maréchal Marmont et Murat à Grossenhayn pour protéger l'arrivée de ses approvisionnements, et se concentre à Dresde avec toute la garde, de manière à ne plus être mis en mouvement par de vaines démonstrations de l'ennemi. — Troisième apparition des Prussiens et des Russes sur Péterswalde. — Les ouvrages ordonnés entre Pirna, Gieshübel et Dohna, n'étant pas achevés, Napoléon est obligé d'accourir encore une fois sur la route de Péterswalde pour rejeter l'ennemi en Bohême. — Prompte retraite des coalisés. — Retour de Napoléon à Pirna, et ses soins pour bien asseoir sa position, afin de ne plus s'épuiser en courses inutiles. — Sa résolution de s'établir sur l'Elbe, de Dresde à Hambourg, pour la durée de l'hiver. — Projets de l'ennemi. — Napoléon étant partout resserré sur l'Elbe, et la saison avançant, les souverains coalisés songent à mener la guerre à fin par une tentative décisive sur les derrières de notre position. — Blucher fait prévaloir l'idée d'employer en Bohême la réserve du général Benningsen, et, après avoir ainsi renforcé la grande armée des alliés, de la faire descendre sur Leipzig, tandis qu'il ira lui-même joindre Bernadotte, passer l'Elbe avec lui aux environs de Wittenberg, et remonter sur Leipzig avec les armées du Nord et de Silésie. — Premiers mouvements en exécution de ce dessein. — Napoléon découvre sur-le-champ l'intention de ses adversaires, et fait repasser toutes ses troupes sur la gauche de l'Elbe. — Il ne laisse sur la droite de ce fleuve que Macdonald avec le 11e corps; il achemine Marmont et Souham, l'un par Leipzig, l'autre par Meissen, sur le bas Elbe, afin d'appuyer Ney; il envoie Lauriston et Poniatowski sur la route de Prague à Leipzig pour soutenir Victor contre l'armée de Bohême. — Attente de quelques jours pour laisser dessiner plus clairement les projets de l'ennemi. — Blucher s'étant dérobé pour se joindre à Bernadotte et passer l'Elbe à Wartenbourg, Napoléon quitte Dresde le 7 octobre avec la garde et Macdonald, et descend sur Wittenberg dans le dessein de battre Blucher et Bernadotte d'abord, et puis de se reporter sur la grande armée de Bohême. — Belle et profonde conception de Napoléon tendant à refouler Blucher et Bernadotte sur Berlin, et à surprendre ensuite Schwarzenberg en remontant la rive droite de l'Elbe pour repasser ce fleuve à Torgau ou à Dresde. — Mouvement prononcé de Blucher et de Bernadotte sur Leipzig, qui change tous les projets de Napoléon. — Celui-ci voyant les coalisés près de se réunir tous sur Leipzig, se hâte d'y arriver le premier pour s'interposer entre eux, et empêcher leur jonction. — Retour de la grande armée française sur Leipzig. — Terrible bataille, la plus grande du siècle et probablement des siècles, livrée pendant trois jours sous les murs de Leipzig. — Retraite de Napoléon sur Lutzen. — Explosion du pont de Leipzig, qui amène la destruction ou la captivité d'une partie de l'armée française. — Mort de Poniatowski. — Marche sur Erfurt. — Défection de la Bavière et arrivée de l'armée austro-bavaroise dans les environs de Hanau. — Mouvement accéléré de l'armée française et bataille de Hanau. — Humiliation de l'armée austro-bavaroise. — Rentrée des Français sur le Rhin. — Leur état déplorable en arrivant à Mayence. — Opérations du maréchal Saint-Cyr sur l'Elbe. — Triste capitulation de Dresde. — Situation, forces, conduite héroïque, et malheurs des garnisons françaises inutilement laissées sur la Vistule, l'Oder et l'Elbe. — Caractère de la campagne de 1813. — Effrayants présages qu'on en peut tirer.   363 à 685

FIN DE LA TABLE DU SEIZIÈME VOLUME.

www.ingramcontent.com/pod-product-compliance
Lightning Source LLC
Chambersburg PA
CBHW061959300426
44117CB00010B/1404